edition suhrkamp

Redaktion: Günther Busch

Dieter Senghaas, geboren 1940, ist Professor für Sozialwissenschaft an der Universität Bremen. Autor u. a. von *Weltwirtschaftsordnung und Entwicklungspolitik* (es 856).

Dieser Sammelband ist eine Fortsetzung der in der *edition suhrkamp* erschienenen Diskussionsbücher *Imperialismus und strukturelle Gewalt* (es 563) und *Peripherer Kapitalismus* (es 652). Haben jene Bände die grundlegende Revision der Deutung von Unterentwicklung in Theorie und empirischer Forschung sowie in der entwicklungspolitischen Debatte der vergangenen Jahre dokumentiert, so befaßt sich der Folgeband mit der Entwicklung der kapitalistischen Weltökonomie der Neuzeit. In den Beiträgen wird der systematische Zusammenhang zwischen der Entwicklungsdynamik der Metropolen (West- und Nordeuropa, Nordamerika, Japan und Ozeanien) und den Gesellschaften der Dritten Welt (Peripherien) untersucht. Dabei werden Fragestellungen entfaltet, die eine differenzierte Untersuchung der hauptsächlichen Entwicklungspole kapitalistischer Weltökonomie erlauben. Die Beiträge dokumentieren weitgehend den Beginn einer neuen Diskussion, keineswegs ihren Abschluß.

Kapitalistische Weltökonomie
Kontroversen über ihren Ursprung und ihre Entwicklungsdynamik

Herausgegeben von Dieter Senghaas

Mit Beiträgen von Hamza Alavi, Samir Amin
Hartmut Elsenhans, André Gunder Frank,
Johan Galtung, Terence K. Hopkins, Huri Islamoğlu,
Çaglar Keyder, Ulrich Menzel, Dieter Senghaas
und Immanuel Wallerstein

Suhrkamp Verlag

Die Übersetzung der fremdsprachigen Texte besorgten Erika Deiters und Hedda Wagner.

edition suhrkamp 980
Erste Auflage 1979

Satz, in Linotype Garamond, Druck und Bindung bei Georg Wagner, Nördlingen. Gesamtausstattung Willy Fleckhaus.

Inhalt

Vorwort

Im vorliegenden Band werden einige neuere Ansätze zur Analyse kapitalistischer Weltökonomie dokumentiert. Dabei wurden sowohl Studien aufgenommen, die im wesentlichen theoretische und methodische Fragestellungen entwickeln, als auch Analysen, die ihrerseits schon Ergebnisse neuerer Forschung darlegen. In beiden Fällen handelt es sich keineswegs um Endprodukte (sofern solche in einer wissenschaftlichen Diskussion jemals erreichbar sein sollten), sondern eher um Zwischenüberlegungen.

Der vorliegende Band ist eine Fortsetzung der in der *edition suhrkamp* erschienenen Diskussionsbücher *Imperialismus und strukturelle Gewalt. Analysen über abhängige Reproduktion* (es 563) und *Peripherer Kapitalismus. Analysen über Abhängigkeit und Unterentwicklung* (es 652). Wurde mit diesen Publikationen 1972 und 1974 versucht, neue Trends in der internationalen (makroanalytischen) Entwicklungsforschung zu dokumentieren, so soll auch der vorliegende Band diesem Zweck dienen. Welche neuen Akzente lassen sich heute, am Ende der siebziger Jahre, in der internationalen Entwicklungsforschung beobachten? Ein kurzer Rückblick auf die Diskussionsetappen der vergangenen zwanzig Jahre mag den Stellenwert der neueren Diskussion erläutern helfen.

Die internationale Entwicklungsdiskussion gewinnt erst heute eine Komplexität, die sie eigentlich von Beginn an hätte haben sollen. Noch vor wenigen Jahren galten *modernisierungstheoretische* Ansätze als richtungweisend.[1] Ihnen zufolge sind Struktur und Dynamik von Entwicklungsprozessen universell vergleichbar: Die Entwicklung Europas im allgemeinen und die Englands und der USA im besonderen galten, idealtypisch überhöht, als Richtmaß. Nach dem Zweiten Weltkrieg sahen Modernisierungstheoretiker in der englischen und nordamerikanischen Entwicklung der vergangenen 150-200 Jahre eine ideale Kombination von ökonomischer Kraftentfaltung, sozialer Differenzierung, institutioneller Durchstrukturierung und politischer Partizipation. Fälle ohne solche »ideal ausgewogenen« Merkmale galten nicht selten als abweichend, im Extremfall als Ausdruck von Pathologie.[2]

Im Rückblick erstaunt, wie wenig konkrete historische und sozialwissenschaftliche Forschung über *metropolitane* Entwicklung der herkömmlichen Modernisierungstheorie zugrunde lag.[3] Bis heute besteht, von wenigen Ausnahmen abgesehen, ihr wesentliches Defizit darin, über die europäisch-nordamerikanische Entwicklung der vergangenen 200 Jahre Aussagen gemacht zu haben, ohne jemals umfassend – und sei es auch nur in Form einer alle Fälle einschließenden Typologie – die historische Abfolge und die Vielfalt der Entwicklungsprozesse hochindustrialisierter Gesellschaften untersucht zu haben. Darin sind die zu Recht oft kritisierte Ahistorizität, der Mangel an vergleichender Analyse und der Trend zu stilisierender Darstellung begründet.[4]

Eine Theorie auf solcher Grundlage konnte, sobald sie auf die Entwicklungsproblematik der Dritten Welt angewandt wurde, nur zu Trugschlüssen führen. Die modernisierungstheoretischen Fehleinschätzungen der Entwicklungsprozesse in der Dritten Welt und die entwicklungspolitische Sackgasse, in die eine modernisierungstheoretisch motivierte Entwicklungspolitik hineinführte, haben in den vergangenen Jahren eine *Krise der modernisierungstheoretisch orientierten Entwicklungsforschung* ausgelöst. Der Paradigmenwechsel in der Entwicklungsländer-Forschung, der mit Stichworten wie *Dependencia-Theorie* (Mittel- und Lateinamerika), *Theorie des peripheren Kapitalismus* (frankophones Nord- und Westafrika) und Diskussionen über *koloniale Produktionsweise* (Indien) umschrieben werden kann, wurde inzwischen in mehreren dataillierten Abhandlungen nachgezeichnet, wobei die Aussagefähigkeit und die Grenzen des neuen Paradigmas deutlich wurden.[5]

Ungeachtet berechtigter Kritik im einzelnen ist der bleibende Erkenntnisgewinn des neuen Paradigmas nicht in Abrede zu stellen. In den unterschiedlichen Versionen der *Dependencia-Theorie* und der *Theorie des peripheren Kapitalismus*, aber auch in der hierzulande weniger rezipierten indischen Diskussion über *koloniale Produktionsweise* wurde im allgemeinen und im einzelnen schlüssig nachgewiesen, daß die Entwicklungsprozesse in der Dritten Welt keineswegs den von der Modernisierungstheorie unterstellten universellen »Gesetzlichkeiten« folgen. Die entsprechenden Argumente sind inzwischen auch hierzulande zu bekannt, als daß sie hier noch einmal wiederholt werden müßten. Im übrigen dienten die eingangs zitierten Diskussionsbücher, Vorläufer des vorliegenden Bandes, der Vermittlung dieses in der internationalen Debatte seinerzeit beobachtbaren Paradigmenwechsels.

Die analytische Fruchtbarkeit des neuen Paradigmas erwies sich in vielfältigen theoretischen und empirischen Untersuchungen, die heute kaum noch überschaubar sind. Natürlich ist, wie in jeder Forschung, auch in den Untersuchungen über peripher-kapitalistische Entwicklungswege eine ungleichgewichtige Aufmerksamkeit zu beobachten: Erstaunlich viele theoretische und empirische Untersuchungen wurden der Darstellung der typisch peripher–kapitalistischen Akkumulationsstruktur gewidmet, erstaunlich wenige der Vermittlung solch ökonomischer Strukturen mit vorherrschenden politischen Regimetypen oder gar sozialen Bewegungen. Solche Lücken lassen sich jedoch innerhalb des neuen Paradigmas (*»peripherer Kapitalismus«)* schließen, ohne daß dies grundlegende analytische Reorientierungen zur Folge haben müßte.

Ist es das Verdienst der neueren Analysen zum peripheren Kapitalismus, auf die spezifischen Strukturmerkmale und die eigenartige, keineswegs eigenständige Entwicklungsdynamik des peripheren Kapitalismus aufmerksam gemacht zu haben, so blieben Analysen über den Peripherie–Kapitalismus mit Analysen über die Entwicklungsdynamik des *metropolitanen* Kapitalismus weitgehend unvermittelt.[6] *So differenziert die Binnenstruktur peripher–kapitalistischer Gesellschaftsformationen ausgeleuchtet wurde, so undurchschaut blieb die Entwicklungsdynamik der Metropolen.* Dies ist um so erstaunlicher, als in der Theorie des peripheren Kapitalismus dem aus dem metropolitanen Kapitalismus herrührenden Durchdringungsprozeß bei der Erklärung fehlgeleiteter Entwicklung in der Dritten Welt eine vorrangige Bedeutung zugeschrieben wird. Wie einst die klassische Imperialismus–Theorie in der Regel keine differenzierte Analyse kolonial und imperialistisch durchsetzter Gesellschaftsformationen zustande brachte, die peripher-kapitalistische Entwicklung also eine *black box* blieb, so vermochte bisher der Übergang von einer modernisierungstheoretisch orientierten Entwicklungsforschung zur Entwicklungsforschung im Rahmen von Analysen über den peripheren Kapitalismus keine differenzierte Analyse *metropolitaner* Entwicklung hervorzubringen. Meistenteils blieb diese unthematisiert; in manchen Beiträgen wurde zu unterschiedlichen Versionen der klassischen Imperialismus–Theorie als analytischer Krücke gegriffen, ohne daß auch nur ansatzweise die Aussagefähigkeit dieser in der Regel mehr als 50 Jahre alten Theorien ernsthaft überprüft worden wäre.

Eine Ausstrahlung der neueren Entwicklungsforschung auf eine erneute, wenn nicht gar erstmalige *systematische historisch–vergleichende Analyse metropolitaner Entwicklung* konnte jedoch nicht ausbleiben. Den theoretischen Durchbruch hat sicherlich das Werk Samir Amins gebracht. Schon 1970 veröffentlichte Amin, ein vorzüglicher Theoretiker des peripheren Kapitalismus, eine bahnbrechende Studie über *kapitalistische Akkumulation im Weltmaßstab*.[7] Auch diese Studie zeichnet sich trotz aller Verdienste noch durch eine gewisse Asymmetrie zwischen einer relativ differenzierten Analyse peripher–kapitalistischer Gesellschaftsformationen und einer relativ wenig differenzierten Analyse metropolitanen Kapitalismus aus. Es ist den späten Studien André Gunder Franks[8] und den Untersuchungen Immanuel Wallersteins[9] vorbehalten geblieben, differenzierte Fragestellungen für die Untersuchung metropolitan-kapitalistischer und peripher-kapitalistischer Entwicklungsdynamik, einschließlich ihrer Wechselwirkungen, formuliert zu haben. Unabhängig von diesen Versuchen hat in der Bundesrepublik Hartmut Elsenhans[10] frühzeitig begonnen, die Konstitutionsbedingungen kapitalistischer Entwicklung in Metropolen und Peripherien historisch-systematisch zu untersuchen. Wie wenig bisher die Entwicklung kapitalistischer Weltökonomie unter entwicklungstheoretischen Problemstellungen untersucht worden ist, obgleich seit vielen Jahren eine kaum mehr überschaubare Fülle von wirtschaftshistorischen Einzelstudien über Teilabschnitte und Teilaspekte neuzeitlicher Entwicklungen vorliegt, belegen insbesondere die materialreichen Untersuchungen von Wallerstein und Elsenhans, die wie alle anderen einschlägigen Versuche ohne Rückgriff auf solche Vorarbeiten undenkbar wären. Wie insbesondere die Auseinandersetzung mit dem 1974 veröffentlichten 1. Band einer auf vier Bände angelegten Untersuchung Wallersteins über das moderne Weltsystem zeigt, vermag eine solche sozialwissenschaftliche Sekundäranalyse die in den historiographischen Primäranalysen angelegten Mängel und Begrenzungen nicht zu beheben.[11] Dennoch gibt es für das von den genannten Autoren gebrauchte methodische Verfahren angesichts der Überfülle sozialwissenschaftlich unausgewerteter Primärforschung keine Alternative. Das Dilemma dieser ersten bahnbrechenden makrotheoretischen Versuche einer Analyse kapitalistischer Weltökonomie besteht darin, vermittels noch relativ grobrastiger Theoreme Erklärungsversuche zu formulieren, die angesichts einer mehr als 400jährigen Zeitspanne und einer schier grenzenlosen weltumgreifenden Empirie notwendigerweise zunächst *abstrakt*-allgemein sein müssen.[12] Auch hierzu gibt es keine Alternative, will man nicht den Beginn einer neuen Stufe entwicklungstheoretischer Diskussion bis zu jenem unbestimmten Zeitpunkt in der Zukunft verschieben, an dem eine ausreichende Zahl von theoretischen und empirischen Untersuchungen von vornherein optimale Gesamtinterpretationen verspräche. Wissenschaft schreitet mäanderhaft-aufsteigend voran. Wenn Autoren nunmehr nach mehr als 20 Jahren zum ersten Mal Untersuchungen vorlegen, in denen historisch–systematisch dem Wechselverhältnis metropolitaner und peripher-kapitalistischer Entwicklungsdynamik nachgespürt wird, können Revisionen ihrer heute kontrovers formulierten Positionen im Fortgang der Diskussion nicht ausbleiben. In dieser neuen Etappe gehört es zu den vornehmlichen wissenschaftspolitischen Aufgaben solcher Forschung, anknüpfend an den erarbeiteten Erkenntnisstand in der Disziplin, neue theoretische Perspektiven zu vermitteln, die Lücken in der bisherigen Diskussion aufzuzeigen vermögen und die möglicherweise ganz neue Fragestellungen anzuregen imstande sind.

Diesem Ziel dient auch der vorliegende Band.

Die neuere Entwicklungsforschung konzentrierte sich im wesentlichen auf die Untersuchung der Beziehungen von Metropolen und Peripherien und deren Rückwirkungen auf die *Binnenstruktur von Peripherien* innerhalb der vergangenen Jahrzehnte. Es ist unbestreitbar das Verdienst Immanuel Wallersteins, der selbst als Afrikanist aus dieser Forschung herkommt[13], den Ertrag dieser Arbeit für eine *historisch-systematische Untersuchung der Konstitutionsbedingungen kapitalistischer Weltökonomie seit ihrem Beginn* fruchtbar gemacht zu haben. Seit wann bildet sich *kapitalistische Weltökonomie* heraus? Im ersten seiner auf vier Bände konzipierten Studie datiert Wallerstein den Beginn kapitalistischer Weltökonomie auf das sogenannte lange 16. Jahrhundert (1450-1640)[14]. In diesem Zeitraum, der der sogenannten »Krise des Feudalismus«[15] folgt (1250/1300-1450), beginnen sich *Kernländer* herauszubilden, die auch später noch als Metropolen zu den dynamischen Polen kapitalistischer Weltökonomie gehören. Im selben Zeitraum setzt eine internationale Arbeitsteilung ein, in der manche Bereiche internationaler Gesellschaft (wie die Karibik und Teile Lateinamerikas und Ostindiens sowie Osteuropa) zu Lieferanten von Edelmetallen, Rohstoffen, Luxusgütern und Nahrungsmitteln für die Kernländer werden, während sich in den Kernländern in Landwirtschaft und Fertigwarenproduktion neue Produktionsformen durchzusetzen beginnen, deren Dynamik auf institutionellen Innovationen[16] und später auf laufenden Produktivitätssteigerungen aufbaut – ein Prozeß, der schließlich in der Mitte des 18. Jahrhunderts in die industrielle Revolution mündet. Wallerstein glaubt im Zeitraum zwischen 1450 und 1640 die Struktur einer »Weltökonomie« ausmachen zu können, in der im Ansatz schon alle wesentlichen Merkmale späterer Etappen von *Weltökonomie* beobachtbar sind: eine weltweit strukturierte *internationale Arbeitsteilung*, insbesondere zwischen den Produzenten von Fertiggütern und den Produzenten von agrarischen und mineralischen Rohstoffen; eine damit verbundene *Hierarchisierung* von Weltökonomie, deren Binnenstruktur sich aufgliedert in Zentren *(core)*, Semi–Peripherien und Peripherien, wobei die Existenz von zwischen Zentren und Peripherien liegenden Semi–Peripherien dem Gesamtgebilde eine bemerkenswerte politische Flexibilität verleiht; unterschiedliche Formen der *Kontrolle von Arbeitskraft* (im Spektrum zwischen »freier« Arbeitskraft und unterschiedlichen Ausprägungen von Zwangsarbeit, in Abstufungen vorfindbar zwischen Zentren und Peripherien); unterschiedliche Prozesse der *Staatsbildung*, differenziert je nach Rollenzuweisung bei der Herausbildung von schwachen und starken Staatsgebilden (stark in Zentren, schwach in Peripherien).[17]

Die Tatsache, daß Weltökonomie zwar *eine ökonomische Einheit* darstellt, nicht jedoch eine politische, daß in ihr eine weltweit strukturierte internationale Arbeitsteilung mit *politischer Dezentralisierung* zusammengeht – und also keine *Weltreich*struktur entstanden ist –, hält Wallerstein für eine der durchschlagenden Erfindungen der Neuzeit, obgleich es ihm zufolge Ansätze solcher »weltökonomischen« Strukturen auch in China, Persien und Rom gab, die jedoch frühzeitig sich in Weltreiche transformierten, also in Gebilde, bei denen ökonomische *und* politische Einheit identisch sind und die politische Struktur sich durch ein extremes Maß von Zentralisierung auszeichnet (tributäre Gesellschaftsformationen / asiatische Produktionsweise). Die europäische Weltökonomie, die Wallerstein zufolge im späten 15. und frühen 16. Jahrhundert ihren Ursprung hat, ist *ökonomisch*, weil die grundlegenden Beziehungen zwischen den Teilen dieses Systems ökonomischer Natur sind (internationale Arbeitsteilung); es handelt sich um ein *Weltsystem*, das Reiche, Stadtstaaten, Nationalstaaten und andere politische Gebilde einschließt, weil dieses System umfassender als die es konstituierenden juristisch definierten politischen Einheiten ist. Diese *Weltökonomie*, die zu Beginn des 16. Jahrhunderts noch keineswegs weltweit strukturiert war, sieht Wallerstein als die eigentliche analytische Bezugsgröße – nicht also Portugal und Spanien, Holland, Frankreich und England, Lateinamerika, die Karibik, Ostindien oder den baltischen Raum, sondern die Weltökonomie mit diesen und anderen (und immer mehr) konstitutiven Teilen, deren Entwicklungsdynamik systematisch aufeinander bezogen ist und die deshalb in ein und dasselbe System eingegliedert sind, die *also eine Totalität darstellen.*[18] Welche Konsequenzen eine derartige analytische Perspektive in sich birgt, hat Wallerstein zusammen mit Terence K. Hopkins in dem in diesem Band veröffentlichten Beitrag im einzelnen dargelegt. Wenn nicht politische Einheiten und die ihnen zugrunde liegenden sozialen und wirtschaftlichen Räume die angemessenen Bezugsgrößen sozialwissenschaftlicher Analyse sind, sondern die Weltökonomie und die sie charakterisierende vielfältige politische Struktur (das moderne Weltsystem), dann impliziert eine solche theoretische Perspektive, wird sie konsequent eingehalten, eine grundlegende Kritik an sämtlichen sozial- und wirtschaftswissenschaftlichen Disziplinen, deren analytische Bezugsgröße der moderne Nationalstaat europäischen Typs ist. Denn was würde es weiterhin für einen Sinn machen, über nationale politische Prozesse und soziale Bewegungen, über nationale Wirtschaftskonjunktur usf. zu reflektieren, ohne diese als Ausdruck politischer, sozialer und ökonomischer Prozesse einer arbeitsteilig gegliederten einheitlichen Weltökonomie *und* eines politisch vielfältig strukturierten uneinheitlichen Weltsystems zu begreifen?[19] In der seit 1974 einsetzenden Diskussion über Wallersteins erste Monographie, die den Zeitraum 1450-1640 umfaßt, ist diese theoretische und methodische Provokation kaum wahrgenommen worden. Es hat wenig Sinn, über ihre analytische Fruchtbarkeit abstrakt zu rechten; das Konzept, die Weltökonomie als erstrangige, ihre Untergliederungen als zweitrangige Bezugsgrößen zu unterstellen, wird sich in konkreter Forschung bewähren oder nicht. Der 1974 von Wallerstein versuchte Nachweis einer Konkordanz von ökonomischer Rollenzuweisung in der Weltökonomie, von interner Klassenformation und unterschiedlicher Staatsbildung wird dabei ebenso kritisch zu prüfen sein wie die ersten Ergebnisse aus den im vorliegenden Beitrag von Wallerstein und Hopkins avisierten Forschungsvorhaben über langfristige Entwicklungstrends innerhalb der Weltökonomie und ihrer Subsysteme.[20]

Für Wallerstein ist die neuzeitliche Weltökonomie von Anfang an eine *kapitalistische*, und in diesem Sinne benutzt er beide Begriffe synonym.[21] Wallerstein kann von einer solchen Charakterisierung ausgehen, weil er einen sehr weit gefaßten Kapitalismusbegriff gebraucht. *Kapitalismus* ist für ihn eine Produktionsweise, vermittels derer innerhalb multipler Strukturen eine endlose Akkumulationsdynamik um des Profites willen (und nicht um der Gebrauchswertproduktion willen) dominant wird.

»In jedem historischen System hat es einige Gebrauchswertproduktion gegeben und einige Tauschwertproduktion, aber nur im Kapitalismus werden alle Produzenten zuallererst nach Maßgabe von Tauschwertproduktion entlohnt, sie werden in dem Maße bestraft, in dem sie diese vernachlässigen. Belohnungen und Bestrafungen vermitteln sich durch eine Struktur, welche man mit Markt bezeichnet.«[22]

Die weite Definition von Kapitalismus als einer Produktionsweise, welche ein System bezeichnet, in dem ein Primat der Kapitalakkumulation um ihrer selbst willen vorherrscht, und die terminologische und theoretische Ineinssetzung des Kapitalismusbegriffs mit dem Begriff der Weltökonomie haben eine Fülle von kritischen Auseinandersetzungen mit Wallerstein und über Probleme neu ausgelöst, deren Diskussion seit einiger Zeit ad acta gelegt zu sein schien:

- Warum entstand Kapitalismus in Nordwesteuropa und nicht an anderen Stellen in der Welt? Was waren die spezifischen Bedingungen, die den Übergang zu kapitalistischer Produktionsweise in anderen Teilen der Welt blockierten?
- Auf welche Weise kam es zum Übergang von feudalistischer Produktionsweise zur kapitalistischen? Wann hört feudalistische Produktionsweise insgesamt und im einzelnen auf zu existieren, und von welchem Zeitpunkt an und angesichts welcher Erscheinungsformen ist es sinnvoll, von sich ausprägender kapitalistischer

Produktionsweise und einer schließlich vorherrschenden kapitalistischen Produktionsweise zu sprechen?

- Wie ist insbesondere das Verhältnis von Handelskapital, einem von mehreren bestimmenden Faktoren im Übergang vom Mittelalter zur Neuzeit, und dem Industriekapital als der in den Metropolen dominant werdenden Erscheinungsform kapitalistischer Produktionsweise seit der industriellen Revolution im 18. Jahrhundert zu begreifen? Ist das eine wirklich Vorläufer des anderen?
- Sind die Konstitutionsbedingungen industriekapitalistischer Entwicklung seit der Mitte des 18. Jahrhunderts und insbesondere während des 19. Jahrhunderts überhaupt vergleichbar mit den Strukturen »kapitalistischer Weltökonomie« des langen 16. (und auch des 17.) Jahrhunderts, wie sie in dem 1974 erschienenen Werk von Wallerstein herausgearbeitet worden sind?

Wenig kontrovers läßt sich heute die Frage beantworten, warum Kapitalismus im Nordwesten Europas und nicht an anderen Stellen der Welt als eine Produktionsweise, die im Laufe der Zeit, zumindest in den kapitalistischen Kernländern, zur exklusiven Produktionsweise wurde, zum Durchbruch kam. Die Gründe werden in der Regel in Struktur und Entwicklungsdynamik des westeuropäischen Feudalismus gesehen. Dieser wiederum erscheint als das spezifische Produkt einer Synthese zwischen der zerfallenden kommunalen Produktionsweise, die auf einer primitiven Agrikultur beruht und von rudimentären Kriegeraristokratien beherrscht wurde, und der sich auflösenden Produktionsweise der Sklaverei, mit ausgedehnter, auf Warenaustausch beruhender Stadtkultur und einem imperialen Staatssystem, wie es das späte Römische Reich darstellt.[23] Samir Amin hat diese Beobachtung auf den Begriff gebracht, als er den westeuropäischen Feudalismus als eine unvollständige tributäre Produktionsweise *(mode de production tributaire inachevé)* gekennzeichnet hat.[24] Eine vollendete tributäre (beispielsweise asiatische) Produktionsweise zeichnet sich durch die Teilung der Gesellschaft in zwei Hauptklassen aus: Bauern, die in Gemeinschaften organisiert sind, und herrschende Klasse, die über einen hochzentralisierten politisch-administrativen Apparat verfügt, vermittels dessen sie aus den naturalwirtschaftlich wirtschaftenden ländlichen Gemeinschaften Tribut abzieht. Demgegenüber stellt der westeuropäische Feudalismus eine unvollendete Form tributärer Produktionsweise dar, weil die staatliche Souveränität zerstückelt ist, der von den Bauern abgepreßte Surplus nicht zentralisiert wird und der bewegende Mittelpunkt des Feudalismus, wenigstens zunächst, nicht die Stadt, sondern der ländliche Raum war. Norbert Elias hat in seiner inzwischen vielbeachteten Untersuchung *Über den Prozeß der Zivilisation* die zentripetalen und zentrifugalen Machtverlagerungsmechanismen zwischen Grundherren und zentralem Königshaus sowie die spezifische Entwicklungsdynamik des nordwesteuropäischen Feudalismus beschrieben, die aus der Kräftekonstellation zwischen Grundherren, Königshaus, Bauern und Städten, die allmählich eine eigenständige Kraft gewannen, resultiert.[25]

Die Debatte über die Spezifika des europäischen Feudalismus als einer unvollendet gebliebenen tributären Produktionsweise ist nicht nur von akademischem Interesse, da sie auf die wesentlichen Unterschiede zu Gesellschaftsformationen mit vollendet-tributärer Produktionsweise hinweist, deren innere Zersetzung im Laufe ihrer Eingliederung in kapitalistische Weltökonomie in eine Art von »Feudalisierung« mündet. Im vorliegenden Band haben die beiden türkischen Sozialwissenschaftler Islamoğlu und Keyder am Beispiel der Analyse des osmanischen Reichs nicht nur die Fragwürdigkeit modernisierungstheoretischer Ansätze aufgewiesen, sondern auch die Grundzüge einer Analyse des osmanischen Reiches als Gesellschaftsformation auf der Grundlage tributärer Produktionsweise dargelegt, die im Verlauf ihrer Eingliederung in die kapitalistische Weltökonomie zunehmend verfällt – ein Prozeß, der nur dann als »Feudalisierung« sinnvoll gekennzeichnet werden kann, wenn dabei nicht die Spezifika des westeuropäischen Feudalismus mitgedacht werden. Indem Teile des politisch-administrativen Zentralapparats sich lokal verselbständigen, die Zentralgewalt geschwächt wird, Grund und Boden privatisiert wird und Monetarisierung sowie Kommerzialisierung voranschreiten, kommen keineswegs dem europäischen Feudalismus vergleichbare »feudale« Strukturen zum Zuge; vielmehr entsteht eine Konstellation, die die Grundlage für spätere ausgeprägtere Formen von Peripheriebildung innerhalb kapitalistischer Weltökonomie bildet: eine starke Landoligarchie, eine auf Import- und Exportgeschäfte ausgerichtete Kompradoren-Klasse, Formen bäuerlicher Überausbeutung und daraus resultierender Stagnation von Binnenmarktentwicklung. Was am Fall des osmanischen Reiches von Islamoğlu und Keyder nachgewiesen wird, ist exemplarisch für die Konstitutionsbedingungen und den Verfall anderer »Weltreich-Strukturen«, die Wallerstein zu Recht den Konstitutionsbedingungen kapitalistischer Weltökonomie gegenübergestellt hat.[26]

Was ist im Übergang vom nordwesteuropäischen Feudalismus zum Kapitalismus jeweils noch feudalistisch und was schon kapitalistischer Produktionsweise zuzuordnen? An Wallersteins weitem Kapitalismus-Begriff entbrannte erneut eine Kontroverse über frühkapitalistische Entwicklung, eine Kontroverse, die zu Beginn der fünfziger Jahre über Fragen des *Übergangs vom Feudalismus zum Kapitalismus* ausgebrochen war; nicht zufällig erlebte sie erst jetzt eine publizistische Neuauflage.[27] Eine andere Kontroverse, die sich später in Reaktion auf André Gunder Franks erste Studien über die Eingliederung Lateinamerikas in die kapitalistische Weltökonomie in der Mitte der sechziger Jahre entfaltete[28], hat ebenfalls eine Wiederbelebung erfahren angesichts der Frage, ob die Nutzung nicht auf Lohnarbeit beruhender Arbeitskraftreserven in der sich herausbildenden, von Wallerstein diagnostizierten Peripherie (und auch Semi-Peripherie) kapitalistischer Produktionsweise zuzuschlagen ist oder nicht.[29] Wird kapitalistische Produktionsweise, wie sonst üblich, in der Trennung von Kapital und Arbeit und in Akkumulation vermittels Innovation (relativer Mehrwertproduktion) gesehen, kann eine auf politische, militärische oder juristische Zwangsverhältnisse aufbauende Produktion, in der also freie Lohnarbeit keine durchschlagende Bedeutung annimmt, nicht als kapitalistisch bezeichnet werden. Geht man aber wie Frank seinerzeit und Wallerstein heute davon aus, daß Kapitalismus Akkumulation um des Profites willen und darin sein wesentlicher Charakter begründet ist, ist der Einsatz von Arbeitskraft unter politischen, juristischen und militärischen Zwangsverhältnissen (Sklaverei, Schuldknechtschaft, Leibeigenschaft, Pachtbauern mit Feudalrentenabgaben und eine Fülle von weiteren, kaum überschaubaren zwangsmäßigen Arbeitsverhältnissen) nicht weniger Ausdruck von Kapitalismus als der Einsatz proletarisierter »freier« Arbeitskraft. Das für Frank und Wallerstein entscheidende Kriterium ist, ob die Nutzung auch unfreier Arbeitskraft der Akkumulation von Kapital im weltweiten Prozeß kapitalistischer Akkumulation dient oder nicht. Frank hat eher implizit, Wallerstein explizit die außerhalb freier Lohnarbeit beobachtbaren unterschiedlichen Nutzungsformen von Arbeitskraftreserven *(labor control systems)* als mit kapitalistischer Produktionsweise vereinbar definiert.[30] Dadurch können sich beide Autoren der inzwischen äußerst verwickelten Debatte über die Verschränkung von Produktionsweisen innerhalb von Gesellschaftsformation bei Dominanz kapitalistischer Produktionsweise entziehen, also einem der nicht unerheblichen Ergebnisse der neueren Diskussion über den peripheren Kapitalismus, das insbesondere von der französischen Forschung erarbeitet wurde.[31]

Warum kommen an unterschiedlichen Orten innerhalb der von Wallerstein diagnostizierten Weltökonomie des langen 16. Jahrhunderts unterschiedliche Formen der Nutzung von Arbeitskraft (von freier Lohnarbeit bis zur Sklaverei) zum Zuge? Wallerstein bemüht sich, die äußerst variablen Nutzungsformen von Arbeitskraft – und damit auch unterschiedlichste Produktionsformen innerhalb kapitalistischer Weltökonomie – auf ihre spezifische Profitabilität zurückzuführen. Man hat Wallerstein vorgeworfen, er unterstelle den dominanten Klassen seines Weltsystems des 16. Jahrhunderts ricardianische komparative Kosten- und Vorteilskalküle bei der Nutzung von Arbeitskraft[32], so als ob dominante Klassen (wie beispielsweise die englische Landaristokratie, der polnische Feudaladel und andere) wirklich machiavellistisch kalkulierbare Optionen gehabt hätten und sie nicht vielmehr in einer Konstellation von Klassenauseinandersetzungen sich behaupten mußten, die – von Wirtschaftshistorikern übereinstimmend beobachtet – in der Krise des Feudalismus im ausgehenden Mittelalter an Schärfe zugenommen haben.[33]

Die Streitfrage ist keine Nebensächlichkeit, und sie bezieht sich nicht nur auf ein semantisches Problem. Ob die sogenannte »zweite Leibeigenschaft« Osteuropas[34], die in den Zeitraum der Konstitution kapitalistischer Weltökonomie im 16. Jahrhundert fällt, Ausdruck eines revitalisierten Feudalismus ist oder integraler Teil kapitalistischer Weltökonomie (und damit, nach Wallerstein, auch des Kapitalismus und kapitalistischer Produktionsweise), könnte als akademische Auseinandersetzung erscheinen, handelte es sich nur um die Etikettierung oft keineswegs kontrovers diagnostizierter empirischer Sachverhalte.[35] Aber hinter dieser Auseinandersetzung steht die zentrale Frage, ob der Kapitalismus Nordwesteuropas des Surplus-Zuflusses aus semi-peripheren und peripheren Räumen und der sie charakterisierenden zwangsmäßigen Arbeitsverhältnisse bedurfte, damit Kapitalismus in den Zentren zum Durchbruch kommen konnte. Bei Frank und Wallerstein ist eine solche These zu unterstellen; Elsenhans lehnt sie in seinem Beitrag im vorliegenden Band und in seiner Studie über kapitalistische Entwicklungsdynamik ab. Die analytische Schwierigkeit der Theoretiker, die einen *engen* Zusammenhang zwischen Surplus-Transfer aus Semi-Peripherien und Peripherien und der Entwicklungsdynamik kapitalistischer Zentren annehmen, besteht darin, den Kausalzusammenhang zwischen Surplus-Transfer, handelskapitalistischen Veräußerungsprofiten und industriekapitalistischer Entwicklungsdynamik, also einer Akkumulation via Innovation (relativer Mehrwertproduktion), schlüssig nachzeichnen zu müssen.[36] Ist die im langen 16. Jahrhundert einsetzende internationale Arbeitsteilung zwischen der Karibik, Lateinamerika, Osteuropa, Ostindien einerseits und Nordwesteuropa andererseits, welche Wallerstein akribisch erhellt hat, unbestreitbar, so ist doch keineswegs schlüssig nachgewiesen worden, in welchem absoluten und relativen Ausmaße ein Surplus-Zufluß stattfand und wie dieser in Nordwesteuropa, den künftigen Zentren kapitalistischer Weltökonomie, im einzelnen genutzt wurde.[37] Ohne Nachweis der Größenordnung und Verwendungsfähigkeit solchen Surpluses bleibt die Kausalität eine Hypothese, und der Verweis auf eine Theorie des ungleichen Tausches (welche?) überspielt nur den nicht stringent erhärteten kausalen Zusammenhang. Es ist das Verdienst von Elsenhans, der seine Forschungen über die Konstitutionsbedingungen kapitalistischer Entwicklungsdynamik außerhalb der neueren Wallerstein-Diskussion vorantrieb, eine alternative Erklärung zur schließlichen Herausbildung kapitalistischer Produktionsweise im Nordwesten Europas formuliert zu haben. Elsenhans diagnostiziert schon für Frühphasen kapitalistischer Entwicklungsdynamik innerhalb kapitalistischer Weltökonomie, was sich in neueren Untersuchungen des Herausgebers über die Frühphasen industriekapitalistischer Entwicklung heute hochindustrialisierter Gesellschaften während des 19. Jahrhunderts tendenziell abzeichnet:[38] *die entwicklungsstrategisch zentrale Bedeutung der Erschließung von Binnenmärkten* auf der Grundlage kapitalistischer Akkumulation via Innovation, was die Trennung von Kapital und Arbeit, institutionelle Innovationen, den Konkurrenzkampf der Kapitale untereinander um Produktionskostensenkung und Markterweiterung (Massenmärkte für Ausrüstungs- und Konsumgüter), die politische Auseinandersetzung zwischen Kapitaleignern und Lohnarbeitern um Realeinkommenszuwächse und den Zwang zur laufenden Reinvestition in Maßnahmen zur Erhöhung von Arbeitsproduktivität voraussetzt. Dies ist die Grundlage einer Wirtschaftsweise, in die der Zwang zur Innovation systemnotwendig eingebaut ist und in der Innovation also nicht eine beliebig manipulierbare Variable darstellt (wie dies prinzipiell in planwirtschaftlichen sozialistischen Gesellschaften der Fall sein müßte). Sie ist auf andersartige Grundlagen gestellt als *extensiv* sich entfaltende Produktionsweisen[39], beispielsweise Typen *asiatischer Produktionsweise* (Wallersteins »Weltreich«-Strukturen), die flächendeckend sind, ohne Binnenmärkte zu erschließen,[40] anders auch als die auf Sklaverei aufbauende *antike Wirtschaft*, welche randsäumig küstennahe Gebiete durch Handel miteinander in Verbindung gebracht hat, ohne Erschließung der weiten Hinterräume;[41] anders auch als die *Fernhandelsgesellschaften* zwischen Südasien und Europa, deren städtische Hauptumschlagsplätze in Blütezeiten des Fernhandels von den Veräußerungsprofiten des Transithandels lebten, während in stagnativen Phasen des Fernhandels auf das lokale agrarische Hinterland als eine eher dürftige Quelle von Surplusaneignung zurückgegriffen wurde, ohne daß dadurch kohärente Ökonomien entstanden wären.[42] Der krasseste Gegensatz zur intensiven kapitalistischen Produktionsweise besteht sicherlich im *Nomadismus*, dessen extensive Entwicklungsdynamik in einem Zyklus von räuberischer Erweiterung und Zusammenziehung oft innerhalb großer Räume besteht – einer beutevollen Reproduktion, die als oberflächlichste aller Reproduktionsstrukturen sich frühzeitig als Sackgasse erwies.[43]

Elsenhans' Beobachtung, daß kapitalistisches Wachstum akkumulierbaren Mehrwert *und* eine ausreichende Gesamtnachfrage voraussetzt, die nicht aus rein ökonomischen Mechanismen resultiert, sondern Ergebnis politischer Kräfteverhältnisse zwischen Kapitaleignern und Lohnarbeit ist[44], Über-Ausbeutung also den sichersten Weg in Nichtentwicklung und in die Stagnation kapitalistischen Wachstums darstellt, ist mit dem bei Wallerstein und Frank angelegten, wenn auch nicht explizit theoretisch aufbereiteten Surplus-Zufluß-Theorem zu kontrastieren. Die Kontroverse scheint akademisch, doch natürlich ist sie rückbezogen auf die Frage, ob die Zentren kapitalistischer Weltökonomie von Anfang an, d. h. seit dem Wallersteinschen langen 16. Jahrhundert, sich aufgrund einer durch politischen Zwang und spezifische ökonomische Mechanismen vermittelten Bereicherung von außen entwickelten, diese Bereicherung also konstitutive Bedeutung für die Herausbildung *und* die Entwicklung des Kapitalismus hat, oder ob kapitalistische Akkumulation ihre Dynamik vor Ort entfaltete, möglicherweise sogar gegen die an handelskapitalistischen Veräußerungsprofiten interessierten Händler erfolgte, vielleicht nur in Koexistenz mit ihnen, wobei ihre Rolle für die Herausbildung kapitalistischer Entwicklungsdynamik in den Zentren nur von marginaler Bedeutung wäre.[45] Mag der Übergang vom nordwesteuropäischen Feudalismus zur kapitalistischen Produktionsweise in diesem Raum auf den, wie Amin formulierte, peripheren Status dieses Feudalismus innerhalb des Typus tributärer Produktionsweisen zurückzuführen sein, und mag, wie Wallerstein zu Recht beobachtete, im langen 16. Jahrhundert eine Weltökonomie sich herausgebildet haben, die sich durch ökonomische Einheit und politische Zergliederung auszeichnet, so erklärt dies noch keineswegs den Durchbruch kapitalistischer Produktionsweise als einer, säkular betrachtet, in den Zentren kapitalistischer Weltökonomie exklusiv werdenden Wirtschaftsstruktur. Die Kontroverse über die Quellen, aus denen sich kapitalistische Entwicklungsdynamik speist, ist in Gang gekommen,[46] und auch wenn sie sich erneut an der Auseinandersetzung über den Übergang von Feudalismus zu Kapitalismus entzündete, also an der Debatte über den Anfang kapitalistischer Weltökonomie, ist sie alles andere als nur von historischem Interesse. Franks These über die *anhaltende ursprüngliche Akkumulation,* die er als *primäre* Akkumulation bezeichnet und von der *ursprünglichen* Akkumulation als einer historischen Frühphase kapitalistischer Entwicklung unterscheidet[47], verweist auf die aktuellen Momente der Kontroverse, nicht anders als der Beitrag von Alavi, in dem am Beispiel der indischen Diskussion über die *koloniale Produktionsweise* die seinerzeit zwischen Frank und seinen theoretischen Widersachern (Laclau u. a.) geführte Diskussion wiederauflebte.[48]

Die von Ulrich Menzel und dem Herausgeber betriebene Untersuchung über die Frühphasen kapitalistischer Entwicklung heute hochindustrialisierter kapitalistischer Gesellschaften während des 19. Jahrhunderts und der ersten Jahrzehnte des 20. Jahrhunderts, deren Fragestellungen in dem in diesem Band veröffentlichten Beitrag sich finden, weisen – zumindest für die genannte Periode – auf die relative Zweitrangigkeit der Frankschen Überlegung hinsichtlich der aus primärer Akkumulation resultierenden Antriebsimpulse für die kapitalistische Entwicklungsdynamik kapitalistischer Zentren hin.[49] Kapitalistische Entwicklung hat sich in der Regel in solchen Gesellschaften am schnellsten durchgesetzt, in denen die politische Kräftekonstellation und die demographischen Grundlagen für die von Frank zitierte Überausbeutung von Arbeitskraft fehlten – Gesellschaften, die überdies keineswegs über direkte oder indirekte Zuflüsse andernorts mobilisierten Surplus verfügten. Im übrigen erfolgte der industriekapitalistische Durchbruch in Europa und in außereuropäischen, heute hochindustrialisierten Gesellschaften im wesentlichen *aus eigener Kraft* – nicht im Gefolge der Eingliederung von Kolonialländern in die internationale Arbeitsteilung kapitalistischer Weltökonomie im 19. Jahrhundert.[50] Dies heißt nicht, wie Elsenhans zu Recht betont, daß diese Eingliederung, allermeist über den Typus von Exklavenwirtschaft vermittelt, nicht zu strukturellen Deformationen geführt hat, die im Laufe der Zeit sich zu den typischen Strukturen peripher-kapitalistischer Gesellschaftsformationen verdichtet haben. Da unter den von Menzel und dem Herausgeber untersuchten Fällen (17 der heute existierenden OECD-Gesellschaften) eine Reihe von Fällen vorkommen, die sich im Rahmen internationaler Arbeitsteilung innerhalb kapitalistischer Weltökonomie, Peripherien in der Dritten Welt vergleichbar, auf die exportorientierte Produktion unverarbeiteter mineralischer und agrarischer Rohstoffe spezialisierten[51], stellt sich um so mehr die Frage, warum trotz vergleichbarer Position in der internationalen Arbeitsteilung aus den einen Peripherien wurden, die Peripherien blieben, und aus den anderen Peripherien zu werden drohten, um schließlich ausgereifte metropolitankapitalistische Gesellschaften zu werden. Die aus diesem Forschungsvorhaben hervorgehenden Ergebnisse werden, höchstwahrscheinlich mehr als die zuvor geschilderte Kontroverse, Fingerzeige für die Erfolgsbedingungen kapitalistischer Entwicklung im Rahmen kapitalistischer Weltökonomie geben können.

Letztlich wird Entwicklungsforschung jedoch nicht um ihrer selbst willen betrieben, sondern auch in der Absicht, klärend in die aktuelle entwicklungspolitische Debatte einzugreifen.[52] Die abschließenden Beiträge von Amin, Galtung und dem Herausgeber sollen, wenigstens ausschnitthaft, den aktuellen Bezug der Auseinandersetzung um Ursprung und Entwicklungsdynamik kapitalistischer Weltökonomie verdeutlichen.[53] Dieser aktuelle Bezug wird durch die internationale politische und wissenschaftliche Debatte über eine *Neue internationale Wirtschaftsordnung* hergestellt. Unter welchen Bedingungen ist heute noch Entwicklung denkbar und praktisch durchsetzbar? Ist auch unter heutigen Bedingungen kapitalistische Entwicklung im Rahmen kapitalistischer Weltökonomie als nachholende Entwicklung möglich? Die gängige entwicklungspolitische Diskussion in Metropolen und Peripherien geht in der Regel wie selbstverständlich von einer solchen Prämisse aus.[54] Alle drei Autoren betrachten diese Prämisse und die auf ihr aufbauende praktische Entwicklungspolitik mit erheblicher Skepsis. Ihre Argumente sind, ohne sich zu widersprechen, unterschiedlich. Doch ist nicht zu übersehen, daß sie Entwicklungsprozessen nur dann eine Chance einräumen, die heute weithin geteilten Entwicklungsziele zu erreichen, wenn die innergesellschaftlichen Reproduktionsbedingungen derart umstrukturiert werden, daß Entwicklung überhaupt denkbar wird. Da in den genannten Beiträgen diese internen Bedingungen für Entwicklung eingehend diskutiert werden, bedürfen sie hier keiner zusammenfassenden Kommentierung. Auch soll an dieser Stelle noch nicht die These begründet werden, warum selbst eine optimale Weltwirtschaftsordnung für Versuche nachholender Entwicklung nicht genügt, um nachholende Entwicklung wirklich realisieren zu helfen, sofern nicht interne Konditionen ausreichend entwicklungsfördernd sind. Die historische Erfahrung scheint ohnehin die zu sein – und sie soll an anderer Stelle dokumentiert werden[55] –, daß zu keinem Zeitpunkt nachholende, gerade auch kapitalistische Entwicklung unter anhaltenden optimalen weltwirtschaftlichen Bedingungen sich vollzog, daß auch abträgliche weltwirtschaftliche Bedingungen Entwicklungserfolge keineswegs zu blockieren imstande waren.

Die internationale Entwicklungsforschung ist auf dem besten Wege, zum ersten Mal wirklich historisch-systematisch und komparativ zu werden und dabei zu einer fruchtbaren Beziehung zwischen Makro- und Mikroanalyse zu gelangen. Auf solcher Grundlage wird sie sich auch mit der Frage zu beschäftigen haben, welche alternativen Entwicklungsprojekte in der Zukunft politisch sinnvoll, ökonomisch realisierbar und ökologisch vertretbar sind.

Anmerkungen

1 Siehe Peter Flora, *Modernisierungsforschung,* Opladen 1974; Hugo C. S. Mansilla, *Entwicklung als Nachahmung. Zu einer kritischen Theorie der Modernisierung,* Meisenheim am Glan, 1978.

2 Das gilt insbesondere hinsichtlich mancher modernisierungstheoretischer Beiträge über die japanische Entwicklung, einem der wenigen metropolitanen Fälle, der nicht zuletzt aus politisch-ideologischen Gründen eingehender untersucht worden ist. Siehe hierzu die instruktive Darstellung von John W. Dower, *E. H. Norman, Japan and the Uses of History,* in: John W. Dower (Hrsg.), *Origins of the Modern Japanese State. Selected Writings of E. H. Norman,* New York 1975, S. 3–102.

3 Einen kritischen Überblick gibt Hans-Ulrich Wehler, *Modernisierungstheorie und Geschichte,* Göttingen 1975.

4 Siehe hierzu die interessanten, durchaus auch selbstkritischen Beiträge von Samuel N. Eisenstadt, *Tradition, Wandel und Modernität,* Frankfurt 1979.

5 Eine Einführung in die neuere Literatur findet sich in Manfred Wöhlcke u. a., *Die neuere entwicklungstheoretische Diskussion. Einführende Darstellung und ausgewählte Bibliographie,* Frankfurt 1977. Ausführliche Bibliographien finden sich über die bis 1974 erschienene Literatur in den beiden eingangs erwähnten Diskussionsbüchern. Als neuere Überblicksarbeiten eignen sich Gabriel Palma, *Dependency: A Formal Theory of Underdevelopment or a Methodology for the Analysis of Concrete Situations of Underdevelopment?,* in: *World Development,* Bd. 6, 1978, S. 881-924, sowie Gavin Williams, *Imperialism and Development: A Critique,* in: *World Development,* Bd. 6, 1978, S. 925-936.

6 Eine löbliche Ausnahme ist neuerdings Folker Fröbel, Jürgen Heinrichs und Otto Kreye, *Die neue internationale Arbeitsteilung. Strukturelle Arbeitslosigkeit in den Industrieländern und die Industrialisierung der Entwicklungsländer,* Reinbek b. Hamburg, 1977.

7 Samir Amin, *L'accumulation à l'échelle mondiale,* Paris 1970. Aus dem französischen Bereich wären hier noch ergänzend die Studien von Christian Palloix zu nennen.

8 André Gunder Frank, *L'accumulation mondiale, 1500-1800,* Paris 1977.

9 Immanuel Wallerstein, *The Modern World-System. Capitalist Agriculture and the Origins of the European World Economy in the 16th Century,* New York 1974. Dies ist die erste einer auf 4 Bände konzipierten Untersuchung über die Entwicklung der kapitalistischen Weltökonomie seit der Mitte des 15. Jahrhunderts.

10 Hartmut Elsenhans, *Geschichte und Ökonomie der europäischen Welteroberung,* Frankfurt 1980. In diesem Zusammenhang verdienen auch die konzeptuellen und historisch systematischen Untersuchungen von Ekkehart Krippendorff erwähnt zu werden, *Internationales System als Geschichte. Einführung in die internationalen Beziehungen I,* Frankfurt 1975; *Internationale Beziehungen als Wissenschaft. Einführung II,* Frankfurt 1977, sowie Ekkehart Krippendorff (Hrsg.), *Internationale Beziehungen,* Köln 1973.

Auch in Frankreich ist ein reges Interesse an den in diesem Band thematisierten Problemstellungen zu beobachten. Siehe hierzu die unter Leitung von Pierre Léon publizierten Bände *L'histoire économique et sociale du monde,* Paris 1978 ff.; Bd. 1: *L'ouverture du monde XIVe-XVIe siècle;* Bd. 2: *Les hésitations de la croissance 1580-1730;* Bd. 3: *Inertie et révolutions 1730-1840;* Bd. 4: *La domination du capitalisme 1840-1914;* Bd. 5: *Guerres et crises 1914-1947;* Bd. 6: *Le second XXe siècle 1947 à nos jours.*

Aus der englischen Diskussion siehe Perry Anderson, *Lineages of the Absolutist State*, London 1974.

11 Eine Zusammenstellung der bisherigen Reaktionen auf Wallersteins Untersuchung findet sich in dem Rezensionsartikel von Peter Gourevitch, *The International System and Regime Formation*, in: *Comparative Politics*, April 1978, S. 437-38, FN 5. Die Auseinandersetzung um Wallersteins Interpretationsversuch bezieht sich auf sämtliche Dimensionen, die er ins Zentrum seiner Analyse gerückt hat und die weiter unten noch angesprochen werden.

12 Im Unterschied zu *konkret*-allgemeinen Aussagen – also Aussagen, bei denen die Vermittlung von makrotheoretischer Interpretation und mikroanalytischer Beobachtung optimal ist.

13 Siehe den von Wallerstein mitedierten Sammelband Peter Gutkind und Immanuel Wallerstein (Hrsg.), *The Political Economy of Contemporary Africa*, London 1976.

14 Der zweite Band wird sich auf die Zeit 1640-1815, der dritte auf die Jahre 1815-1917 und der vierte auf die Zeit seit 1917 beziehen.

15 Zur Krise des Feudalismus s. jetzt Guy Bois, *Crise du féodalisme*, Paris 1976.

16 Über die Rolle von Innovationen in dieser Umbruchszeit siehe den wichtigen Artikel von Douglass C. North und Robert Paul Thomas, *An Economic Theory of the Growth of the Western World*, in: *Economic History Review*, Bd. 23, 1970, S. 1-17; sowie von denselben Autoren *The Rise of the Western World. A New Economic History*, Cambridge 1973. Gegenüber institutionellen Innovationen kommen Arbeitsproduktivität steigernde Innovationen erst mit dem Durchbruch zum Industriekapitalismus voll zum Tragen. Der Übergang von extensivem zu intensivem Wirtschaften findet also keineswegs in aller Breite während des langen 16. Jahrhunderts statt. S. hierzu Ben Fine, *On the Origins of Capitalist Development*, in: *New Left Review*, Nr. 109, 1978, S. 88-95. Eine in jeder Hinsicht vorbildliche Untersuchung über die Übergangsphase zwischen der Krise des Feudalismus und dem Industriekapitalismus ist Dieter Kriedte, Hans Medick und Jürgen Schlumbohm, *Industrialisierung vor der Industrialisierung. Gewerbliche Warenproduktion auf dem Land in der Formationsperiode des Kapitalismus*, Göttingen 1977.

17 Wallerstein hat die genannten Konzeptionen in dem in Anm. 9 zitierten Buch entwickelt, daneben jedoch auch in einer Reihe von Aufsätzen, die vor und nach der Monographie erschienen sind und nun gesammelt unter dem Titel vorliegen *The Capitalist World-Economy. Essays*, London und Paris 1979. In diesen Essays, in denen in der Regel nur kursorisch auf das historische Material eingegangen wird, vertritt Wallerstein seine theoretische Position weit zugespitzter als in der in Anm. 9 zitierten Monographie, in der er angesichts einer Überfülle von empirischem Material seine theoretischen Konzepte weit weniger »aggressiv« präsentiert. Man darf gespannt sein, wie in den weiteren Monographien die einmal eingenommene theoretische Position angesichts weiteren empirischen Materials über spätere Stufen kapitalistischer Weltökonomie variiert wird. Siehe jetzt I. Wallerstein, *The Crisis of the Seventeenth Century*, in: *New Left Review*, Heft 110, 1978, S. 65-73.

18 Wallersteins methodologischer Ansatz ist explizit der französischen *Annales*-Schule verpflichtet. Das von ihm gegründete und geleitete Forschungszentrum an der State University of Binghamton wurde *Fernand Braudel Center for the Study of Economies, Historical Systems, and Civilizations* getauft. In der dort neu herausgegebenen Zeitschrift *Review* erschien als Nr. 3-4 des Bandes I, 1978, die Dokumentation einer Konferenz über *»The Impact of the Annales School on the Social Sciences«*. Über die *Annales*-Schule siehe neuerdings Claudia Honegger (Hrsg.), *M. Bloch,*

F. Brandel, L. Febre, u. a., Schrift und Materie der Geschichte. Vorschläge zur systematischen Aneignung historischer Grundsätze, Frankfurt 1977; Michael Erbe, *Zur neueren französischen Sozialgeschichtsforschung. Die Gruppe um die ›Annales‹*, Darmstadt 1979 (Erträge der Forschung, Bd. 110).

19 Man verdeutliche sich den fundamentalen Unterschied zwischen Wallersteins theoretischer Perspektive und zwei neueren umfassenden Monographien zur Entwicklungsforschung wie derjenigen von Walt Rostow, *The World Economy. History and Prospect*, London 1978, (wo die Weltökonomie weiterhin als eine Summe nationaler Ökonomien thematisiert wird, obgleich interessanterweise übergreifende Problemstellungen wie Entwicklungszyklen jetzt, im Unterschied zu früheren Publikationen des Autors, ins Blickfeld geraten) und Reinhard Bendix, *Kings or People. Power and the Mandate to Rule*, London 1978, (eine Studie, in der in bester komparativ-soziologischer Manier die Entwicklungsgeschichte Englands, Frankreichs, Deutschlands, Japans und Rußlands je individuell historisch weit ausgreifend thematisiert wird).

20 Wallerstein ist neuerdings der Herausgeber eines Jahrbuches, das sich explizit mit den theoretischen und methodischen Problemstellungen einer weltsystemorientierten Analyse der politischen Ökonomie kapitalistischer Weltökonomie beschäftigt: *Political Economy of the World-System Annuals*, London 1978 ff., (das erste Jahrbuch 1978 ist von Barbara Hockey Kaplan herausgegeben und trägt den Titel *Social Change in the Capitalist World Economy)*.

21 In dem in Anm. 17 zitierten Essay-Band von Wallerstein heißt es im Index deshalb treffend »capitalism, same phenomenon as world economy«.

22 Wallerstein, a.a.O., Anm. 17, S. 285.

23 Siehe hierzu Perry Anderson, *Von der Antike zum Feudalismus. Spuren der Übergangsgesellschaft*, Frankfurt 1978.

24 Samir Amin, *Sociétés précapitalistes et capitalisme*, Paris 1978, S. 279-327, insbes. S. 320 ff; ders., *La nation arabe*, Paris, 1976, S. 115 ff. Zur Diskussion des Feudalismus als Produktionsweise siehe Ludolf Kuchenbuch (Hrsg.), *Feudalismus. Materialien zur Theorie und Geschichte*, Berlin 1977. Neuere historische Darstellungen finden sich in Carlo M. Cipolla (Hrsg.), *The Fontana Economic History of Europe. The Middle Ages*, London 1972; M. M. Postan, *The Medieval Economy and Society*, London 1975; Carlo M. Cipolla, *Before the Industrial Revolution. European Society and Economy, 1000-1700*, London 1976; sowie Georges Duby, *Krieger und Bauern. Die Entwicklung von Wirtschaft und Gesellschaft im frühen Mittelalter*, Frankfurt 1977.

25 Norbert Elias, *Über den Prozeß der Zivilisation*, Frankfurt 1976, Bd. 2.

26 Als Fallstudien siehe über die Entwicklung der koreanischen Gesellschaftsformation Gerd Wontroba und Ulrich Menzel, *Stagnation und Unterentwicklung in Korea. Von der Yi-Dynastie zur Peripherisierung unter japanischer Kolonialherrschaft*. Mit einem Vorwort von Dieter Senghaas, Meisenheim am Glan, 1978, Teil 1; für das Beispiel China siehe Ulrich Menzel, *Theorie und Praxis des chinesischen Entwicklungsmodells*. Mit einem Vorwort von Dieter Senghaas, Opladen 1978, Teil I, Kapitel 1 und 2. Weiterhin neuerdings M. Massarat, *Gesellschaftliche Stagnation und die asiatische Produktionsweise, dargestellt am Beispiel der iranischen Geschichte. Eine Kritik der Grundformationstheorie*, Göttingen 1977 (Geographische Hochschul-Manuskripte, Heft 4: Studien über die Dritte Welt).

27 S. Rodney Hilton (Hrsg.), *Der Übergang vom Feudalismus zum Kapitalismus*, Frankfurt 1978.

28 André Gunder Frank, *Kapitalismus und Unterentwicklung in Lateinamerika*,

Frankfurt 1969. Frank hat die durch seine Publikationen ausgelöste Diskussion zusammengefaßt und kommentiert im Artikel *Dependence is Dead, Long Live Dependence and the Class Struggle. An Answer to Critics,* in: *World Development,* Bd. 5, Nr. 4, April 1977.

29 Siehe den wichtigen Artikel von Robert Brenner (dessen Übersetzung ursprünglich in den vorliegenden Band aufgenommen werden sollte, was an Copyright-Problemen scheiterte), *The Origins of Capitalist Development: A Critique of Neo-Smithian Marxism,* in: *New Left Review,* Nr. 104, 1977, S. 25-92. Dieser Artikel sollte im Kontext des vorliegenden Bandes, die Überlegungen Elsenhans' flankierend, die Breite der heute existierenden kontroversen Positionen aufzeigen.

30 Das gilt natürlich auch hinsichtlich dominanter Klassen. So hat Wallerstein keinerlei Schwierigkeit, die Sklavenhalter der Südstaaten Amerikas als Kapitalisten zu etikettieren, denn sie waren, vermittels einer exportorientierten Produktion von Stapelgütern, in den kapitalistischen Weltmarkt integriert; sie waren profitorientiert u.s.f., siehe Wallersteins diesbezügliche Auseinandersetzung mit neuerer Literatur zur Frage amerikanischer Sklaverei in dem in Anm. 17 zitierten Buch, dort S. 202 ff.

31 Hier ist an Autoren wie Meillassoux, Rey, Olivier u. a. zu erinnern. Siehe neuerdings den Überblick von Aidan Foster-Carter, *The Modes of Production Controversy,* in: *New Left Review,* Heft 107, 1978, S. 47-77.

33 Siehe zu dieser Problematik Robert Brenner, *Agrarian Class Structure and Historical Critique,* in: *American Journal of Sociology,* Bd. 82, 1977, S. 1075-1090, besonders S. 1078 f.; ebenfalls Brenner, a.a.O., Anm. 29, S. 78 ff. Der in dieser Kritik enthaltene Vorbehalt gegen Wallersteins »Voluntarismus« ist nicht unberechtigt, wenn man Formulierungen wie die folgende liest, die sich auf die Reaktion herrschender Klassen auf die Krise des Feudalismus beziehen: »Instead there was a sort of creative leap of imagination on the part of the ruling strata. It involved trying an alternative mode of surplus appropriation, that of the market, to see whether it might serve to restore the declining real income of the ruling groups. This involved geographical expansion, spacial economic specialization, the rise of the absolutist state – in short, the creation of a capitalist world-economy«, zit. aus Wallerstein, a.a.O. Anm. 17, S. 161.

33 Siehe zu dieser Problematik Robert Brenner, *Agrarian Classe Structure and Economic Development in Pre-Industrial Europe,* in: *Past and Present,* Nr. 70, Febr. 1976, S. 30-75, sowie die sich an Brenners Artikel anschließende intensive Diskussion in Nr. 78 (Febr. 78) und Nr. 79 (Mai 1978) sowie in weiteren zum Zeitpunkt der Abfassung dieses Vorworts noch nicht erschienenen Heften. Ebenfalls hierzu Martin Murray, *Recent Views on the Transition from Feudalism to Capitalism,* in: *Socialist Revolution,* Bd. 7, Nr. 4, 1977, S. 64-91, bes. S. 82 ff.

34 Siehe hierzu jetzt Witold Kula, *An Economic Theory of the Feudal System. Towards a Model of the Polish Economy, 1500-1800,* London 1976.

35 Eine betont antipodische Position zu Wallersteins Thematisierung der »Zweiten Leibeigenschaft« in Osteuropa findet sich in Jairus Banaji, *Modes of Production in a Materialist Conception of History,* in: *Capital and Class,* Heft 3, 1977, S. 1-44. Antipodisch zu Wallerstein betont Banaji die eigene Logik feudaler Produktionsverhältnisse, die er in den Peripherien gerade dann zu einem vollendeten Ausdruck kommen sieht, als zur Sicherung der Existenz des Luxuskonsums der Grundherren für den Weltmarkt produziert wurde. »Hired labour functions in this economy as an expression of specifically feudal relations of production the motive-force of which lies in the social consumption needs of the owners of the feudal enterprises; it functions in an economy in which the production of commodities is itself only

a mediation of consumption« (S. 31). Die Produktion osteuropäischer Grundherren würde demzufolge also nicht primär kapitalistischen Profitabilitätskalkülen unterliegen und all dem, was aus ihnen folgt: einem typischen kapitalistischen Investitionsverhalten, sondern Imperativen feudaler Produktionsverhältnisse, in denen unter Krisenbedingungen bei spezifischen internen Kräftekonstellationen zugunsten gutsherrlicher Macht spezifische Zwangsdimensionen (wie beispielsweise Arbeitsdienste) erst recht zur Geltung kommen.

36 Eine solche bruchlose Sequenz unterstellt beispielsweise M. Massarat, *Hauptentwicklungsstadien der kapitalistischen Weltwirtschaft,* Lollar 1976.

37 Diese Schwäche der Argumentation Wallersteins ist erstaunlich, hängt doch von einer solchen unterstellten kausalen Sequenz sein Erklärungsschema wesentlich ab.

38 Bezug genommen wird auf die vom Herausgeber und Ulrich Menzel gegenwärtig erfolgte Forschung, deren Fragestellungen in dem im vorliegenden Band publizierten Beitrag entwickelt wurden.

39 die sich alle, früher oder später, durch Involution zugrunderichten. Dies gilt auch gerade hinsichtlich der gewerblichen Warenproduktion auf dem Lande in der Phase der sogen. Proto-Industrialisierung, wie Peter Kriedte in dem oben in Anm. 16 zitierten Buch aufgewiesen hat, insbes. S. 292 ff.

40 Vgl. hierzu insbes. die in Anm. 26 zitierten Studien von Menzel und Menzel/Wontroba.

41 Siehe u. a. Moses I. Finley, *Die antike Wirtschaft,* München 1977.

42 Samir Amin in *La nation arabe,* Paris 1976, passim.

43 Siehe hierzu Anderson, a.a.O., Anm. 23, S. 262 ff.

44 Siehe hierzu auch Arghiri Emmanuel, *Le profit et les crises. Une approche nouvelle des contradictions du capitalisme,* Paris 1974, sowie Samir Amin, *L'échange inégal et la loi de la valeur,* Paris 1973, S. 30 ff., und ders., *La loi de la valeur et le matérialisme historique,* Paris 1977. Über die spezifisch internationale Problematik solcher Kräfteverhältnisse hinsichtlich der Reproduktionsbedingungen von Arbeitskraft in Gesellschaften mit unterschiedlicher durchschnittlicher Totalproduktivität, welche jedoch in ein und denselben Weltmarkt integriert sind, vgl. jetzt die Studie von Eva Senghaas-Knobloch, *Reproduktion von Arbeitskraft in der Weltgesellschaft. Zur Programmatik der internationalen Arbeitsorganisation,* Frankfurt 1979.

45 Vgl. hierzu den vorzüglichen Artikel von Robert Brenner, *Dobb on the Transition from Feudalism to Capitalism,* in: *Cambridge Journal of Economics,* Bd. 2, 1978, S. 121-140, in dem am Beispiel einer Auseinandersetzung mit Maurice Dobb's großer früher Studie *Entwicklung des Kapitalismus. Vom Spätfeudalismus bis zur Gegenwart,* Köln 1970, Stück um Stück die Frage verfolgt wird, ob sich der Kapitalismus nur unter spezifischen Bedingungen aus politischen Auseinandersetzungen eines krisengeschüttelten Spätfeudalismus heraus entwickelte – oder ob er das Ergebnis von Entwicklungsprozessen »entlang und außerhalb der feudalen agrarischen Wirtschaftsweise« war.

46 Brenner hat im angelsächsischen Bereich die deutlichste, differenzierteste Gegenposition zu Wallerstein, Frank u. a. formuliert, indem er in der Analyse unterschiedlicher Entwicklungswege (beispielsweise Nordwesteuropa im Unterschied zu Osteuropa oder Südeuropa) auf die sozialstrukturellen und politischen Faktoren insistiert, die bei vergleichbarer Problemlage (beispielsweise der »Krise des Feudalismus«) zu höchst unterschiedlichen, solche Problemlagen bearbeitenden Reaktionsweisen führen.

47 Siehe Franks Beitrag im vorliegenden Band.

48 Siehe Alavis Beitrag im vorliegenden Band. Laclaus frühe Kritik an Frank ist erneut erschienen in Ernesto Laclau, *Politics and Ideology in Marxist Theory. Capitalism, Fascism, Populism,* London 1977, S. 15-50.

49 Die beiden Autoren bedauern, noch keine endgültigen Ergebnisse der erst vor kurzem begonnenen Untersuchungen im vorliegenden Band veröffentlichen zu können. Eine publizistische Auswertung ist jedoch für 1980/81 vorgesehen.

50 Siehe hierzu auch David S. Landes, *The ›Great Drain‹ and Industrialization: Commodity Flows from Periphery to Center in Historical Perspective,* publiziert in den *Proceedings of the 5th World Congress of the International Economic Association,* Tokio 1977 (hektographiertes Ms).

51 Dabei handelt es sich um Länder wie Finnland, Schweden, Norwegen, Dänemark, Holland, Kanada, Australien und Neuseeland und in gewisser Hinsicht auch die USA.

52 Siehe u. a. Albert Fishlow u. a., *Rich and Poor Nations in the World Economy,* New York 1978; Dieter Senghaas, *Weltwirtschaftsordnung und Entwicklungspolitik. Plädoyer für Dissoziation,* Frankfurt 1978 (2. Aufl.)

53 Siehe auch Samir Amin, *La structure de classes du système impérialiste contemporain,* in: *L'homme et la société,* Nr. 45/46, 1977, S. 69-87.

54 Siehe hierzu auch die wichtige, von einer solchen Prämisse ausgehende Studie von Juergen B. Donges und Lotte Müller-Ohlsen, *Außenwirtschaftsstrategien und Industrialisierung in Entwicklungsländern,* Tübingen 1978.

55 In der Auswertung der vom Herausgeber und Ulrich Menzel in Bearbeitung befindlichen Untersuchungen.

I. Positionen

Immanuel Wallerstein
Aufstieg und künftiger Niedergang des kapitalistischen Weltsystems. Zur Grundlegung vergleichender Analyse

/

Das Wachstum des industriellen Sektors der Produktion innerhalb der kapitalistischen Weltwirtschaft, die sogenannte »industrielle Revolution«, wurde begleitet von einer starken Strömung der Philosophie, welche diesen Wandel als organischen Entwicklungsprozeß und als Fortschritt zugleich begriff. Da waren einmal jene, die in diesen ökonomischen Entwicklungen und den damit verbundenen Veränderungen der Gesellschaftsstruktur gewissermaßen das vorletzte Stadium der Weltentwicklung sahen, deren Beendigung nur eine Frage der Zeit sei. Hierzu gehörten so unterschiedliche Denker wie Saint-Simon, Comte, Hegel, Weber und Durkheim. Dann waren da die Kritiker, allen voran Marx, die folgendermaßen argumentierten: Die Gegenwart des 19. Jahrhunderts ist erst das vorvorletzte Entwicklungsstadium; die kapitalistische Welt erfährt eine tiefgreifende politische Umwälzung, die, wenn die Zeit reif ist, zu einer letzten Gesellschaftsform führt, in diesem Falle zur klassenlosen Gesellschaft.

Eine der Stärken des Marxismus bestand darin, daß er – als oppositionelle und mithin kritische Lehre – nicht nur auf die Widersprüche des Systems aufmerksam machte, sondern auch auf die Widersprüche der System-Ideologen; er tat dies unter Berufung auf empirische Daten der geschichtlichen Wirklichkeit, welche die Bedeutungslosigkeit der zur Erklärung der sozialen Realität angebotenen Modelle entlarvten. Die marxistischen Kritiker erblickten in abstrahierten Modellen eine konkrete Rationalisierung, und sie verfochten ihre Sache hauptsächlich mit dem Hinweis auf das Versäumnis ihrer Gegner, Gesellschaft mit Gesamtheit zu analysieren. Lukács formulierte dies so: »Nicht die Vorherrschaft der ökonomischen Motive in der Geschichtserklärung unterscheidet entscheidend den Marxismus von der bürgerlichen Wissenschaft, sondern der Gesichtspunkt der Totalität.«[1]

Mitte des 20. Jahrhunderts hat die herrschende Entwicklungstheorie in den Ländern des Zentrums der kapitalistischen Weltwirtschaft zur Theoriebildung der Väter dieser Art der Analyse aus dem 19. Jahrhundert wenig mehr beigetragen, als die Modelle zu quantifizieren und insofern weiter zu abstrahieren, als sie ihnen epizyklische Kodas anhängte, um immer mehr Abweichungen von empirischen

Erwartungen zu erklären. Was an solchen Modellen falsch ist, ist oft und aus vielerlei Sicht aufgezeigt worden. Ich zitiere hier nur einen Kritiker, einen Nicht-Marxisten, Robert Nisbet, der seine sehr überzeugenden Überlegungen zu dem, was er die »westliche Entwicklungstheorie« nennt, mit folgenden Worten beschließt:

»Suchen wir nach den wirklichen Ursachen, Quellen und Bedingungen für offenkundige Veränderungen von gesellschaftlichen Mustern und Strukturen, dann müssen wir uns an die Geschichte und nur an die Geschichte halten. Entgegen der herkömmlichen Weisheit in der modernen Gesellschaftstheorie, werden wir die Erklärung für sozialen Wandel nicht in jenen Untersuchungen finden, die von der Geschichte abstrahieren, und das heißt: weder in Untersuchungen über Kleingruppen im sozialen Versuchsraum oder Gruppendynamik allgemein, noch in durchgeführten Experimenten über soziale Interaktion oder mathematischen Analysen von sogenannten Gesellschaftssystemen. Ebensowenig finden werden wir die Ursachen für sozialen Wandel in zeitgenössischen Neuauflagen der vergleichenden Methode mit ihrer aufsteigenden Stufenleiter kultureller Ähnlichkeiten und Unterschiede, die aus jeglichem räumlichen und zeitlichen Zusammenhang gerissen sind.«[2]

Sollen wir uns also an die kritischen Schulen, insbesondere den Marxismus halten, um eine bessere Erklärung der gesellschaftlichen Wirklichkeit zu gewinnen? Im Prinzip: ja; in der Praxis gibt es viele verschiedene, oft einander widersprechende Versionen von »Marxismus«. Noch schwerer wiegt jedoch die Tatsache, daß der Marxismus heute in zahlreichen Ländern offizielle Staatsdoktrin ist. Der Marxismus ist nicht mehr ausschließlich eine oppositionelle Lehre, wie er das im 19. Jahrhundert war.

Nun ist das soziale Schicksal offizieller Lehren dies, daß sie unter ständigem gesellschaftlichem Druck stehen, in Dogmatismus und Apologie zu erstarren drohen, dem schwer, wenn auch keineswegs unmöglich zu begegnen ist, und daß sie dadurch häufig in dieselbe geistige Sackgasse ahistorischer Modellbauerei geraten. Hierzu hat Fernand Braudel die einschlägige Kritik formuliert:

»Der Marxismus ist eine ganze Sammlung von Modellen. [. . .] Ich würde protestieren [. . .] mehr oder weniger, nicht gegen das Modell, sondern mehr gegen dessen Benutzung, zu der manche Leute sich befugt meinten. Das Genie von Marx, das Geheimnis seines anhaltenden Einflusses, liegen darin, daß er der erste war, der echte Gesellschaftsmodelle konstruierte und dabei von langen Fristen ausging (la longue durée). Diese Modelle sind permanent in ihrer Einfachheit fixiert worden: Man hat ihnen die Kraft von Gesetzen verliehen und sie wie vorgefertigte, automatische Erklärungen behandelt, die für alle Orte und auf alle Gesellschaften anwendbar seien. [. . .] Auf diese Weise ist die schöpferische Kraft der stärksten Gesellschaftsanalyse des vergangenen Jahrhunderts gefesselt worden. Sie kann ihre Stärke und Vitalität nur auf lange Sicht wiedererlangen.«[3]

Nichts veranschaulicht die Verzerrungen ahistorischer Modelle sozialen Wandels besser als die Probleme, die der Begriff der »Entwicklungsstadien« aufwirft. Wenn wir uns mit gesellschaftlichen Veränderungen über eine lange historische Zeit (Braudels »longue durée«) befassen und wenn wir eine Erklärung sowohl der Kontinuität als auch des Wandels geben sollen, dann müssen wir die »langen Fristen« logischerweise in Abschnitte teilen, um die strukturellen Veränderungen von der Zeit A zur Zeit B beobachten zu können. Diese Abschnitte stehen jedoch nicht getrennt nebeneinander, sondern hängen in Wirklichkeit miteinander zusammen; *ergo* sind sie »Stadien« der »Entwicklung« einer Sozialstruktur, einer Entwicklung, die wir jedoch nicht *a priori*, sondern *a posteriori* bestimmen. Das bedeutet: Wir können keine konkrete Vorhersage der Zukunft machen, aber wir können die Vergangenheit vorhersagen.

Bei einem Vergleich der »Stadien« kommt es entscheidend darauf an, die Einheiten zu bestimmen, von denen die »Stadien« synchrone Abbilder (bzw. »Idealtypen«, wenn man so will) sind. Und der grundlegende Fehler ahistorischer Sozialwissenschaft (einschließlich ahistorischer Versionen des Marxismus) ist der, daß sie Teile der Totalität zu solchen Einheiten konkretisiert und dann diese konkretisierten Strukturen miteinander vergleicht. So kann man beispielsweise Formen der Verfügungsgewalt über landwirtschaftliche Produktionsmittel als »subsistence cropping« (Produktion von Agrarerzeugnissen zur Deckung des eigenen Existenzminimums) und »cash cropping« (Produktion im Export vermarktbarer Agrarerzeugnisse) bezeichnen. Sodann kann man diese beiden Verfügungsformen als Einheiten betrachten, die »Stadien« einer Entwicklung sind. Man kann über Entscheidungen von Bauerngruppen sprechen, den Übergang von der einen zur anderen Form zu vollziehen. Andere Teileinheiten, etwa Staaten, kann man als solche beschreiben, die in sich zwei getrennte »Ökonomien« beherbergen, von denen jede auf einer anderen Form der Verfügungsgewalt über landwirtschaftliche Produktionsmittel beruht. Am Ende jedes einzelnen dieser aufeinander folgenden Schritte, die allesamt falsch sind, steht der irreführende Begriff der »dualistischen Volkswirtschaft«, zu dem viele liberale Ökonomen bei der Beschäftigung mit den sogenannten unterentwickelten Ländern der Welt gelangt sind. Und was noch schlimmer ist: Eine Fehlinterpretation der englischen Geschichte wie die durch Rostow konkretisiert sich in einer ganzen Reihe allgemeiner »Stadien«.

Marxistische Wissenschaftler sind oft in die nämliche Falle getappt. Nimmt man verschiedene Formen der Bezahlung landwirtschaftlicher Arbeitskräfte und kontrastiert eine »feudale« Zahlungsweise, die es dem Arbeiter gestattet, einen Teil seiner Agrarproduktion zur Deckung des Existenzminimums zu behalten, mit einer »kapitalistischen« Entlohnungsweise, bei welcher derselbe Arbeiter seine gesamte Produktion an den Grundbesitzer abgeben muß, um anschließend einen Teil davon in Form von Lohn zurückzubekommen, dann kann man die beiden Zahlungsweisen als »Stadien« einer Entwicklung betrachten. Man kann von dem Interesse der »Feudalherren« sprechen, die Umwandlung ihrer Zahlungsweise in ein Lohnsystem zu verhindern. Sodann kann man die Tatsache, daß eine Teileinheit, sagen wir: ein Staat in Lateinamerika, im 20. Jahrhundert noch nicht industrialisiert ist, als ein Ergebnis davon erklären, daß dieser Staat von Großgrundbesitzern beherrscht wird. Jeder einzelne dieser aufeinanderfolgenden Schritte, die allesamt falsch sind, mündet am Ende in der irreführenden Vorstellung eines »von feudalen Elementen beherrschten Staates«, als ob es so etwas in einer kapitalistischen Weltwirtschaft überhaupt geben könnte. Wie André Gunder Frank sehr klar dargelegt hat, bestimmte ein derartiger Mythos lange Zeit das »traditionell marxistische« Denken in Lateinamerika.[4]

Die fälschliche Identifikation der zu vergleichenden Einheiten führt aber nicht nur zu falschen Begriffen und Vorstellungen, sondern schafft ein Nicht-Problem: Können Stadien übersprungen werden? Diese Frage ist logischerweise nur dann sinnvoll, wenn wir »Stadien« haben, die in einem einzigen empirischen Rahmen »koexistieren«. Definieren wir innerhalb einer kapitalistischen Weltwirtschaft einen Staat als feudalistisch, einen zweiten als kapitalistisch und einen dritten als sozialistisch, dann und nur dann können wir sinnvoll fragen: Kann ein Land aus dem feudalistischen Stadium in das sozialistische Stadium der nationalen Entwicklung »springen«, ohne »den Kapitalismus zu durchlaufen«? Wenn es jedoch so etwas wie »nationale Entwicklung« (verstanden als Geschichte) gar nicht gibt, und wenn die eigentliche Vergleichseinheit das Weltsystem ist, dann ist die Frage nach dem Überspringen von Stadien unsinnig. Ein Stadium, das übersprungen werden kann, ist kein Stadium. Und wir wissen dies *a posteriori*.

Wenn wir schon von Stadien sprechen wollen – und wir sollten dies tun –, dann müssen dies Stadien von Gesellschaftssystemen, sprich: Totalitäten sein. Und die einzigen Totalitäten, die existieren oder historisch existiert haben, sind Minisysteme und Weltsysteme, und im 19. und 20. Jahrhundert gab und gibt es nur ein Weltsystem, die kapitalistische Weltwirtschaft.

Für das bestimmende Merkmal eines Gesellschaftssystems erachten wir, daß es in ihm eine Arbeitsteilung gibt von der Art, daß seine verschiedenen Sektoren oder Gebiete auf wirtschaftlichen Austausch mit anderen angewiesen sind, um die Bedürfnisse des eigenen Gebiets reibungslos und kontinuierlich zu befriedigen. Ein solcher wirtschaftlicher Austausch kann offensichtlich ohne eine gemeinsame politische

Struktur stattfinden und, nicht minder offensichtlich, ohne daß dieselbe Kultur geteilt wird.

Ein Minisystem ist eine Einheit, innerhalb derer es eine vollständige Arbeitsteilung und einen einzigen kulturellen Rahmen gibt. Solche Systeme finden sich nur in sehr einfachen Agrar- oder Jäger- und Sammler-Gesellschaften. Heute besteht kein derartiges Minisystem mehr. Und auch in der Vergangenheit waren sie seltener, als meist behauptet wird. Denn jedes derartige System, das durch die Zahlung von Tribut qua »Schutzkosten«[5] in die Abhängigkeit eines Imperiums geriet, hörte auf, ein »System« zu sein, da es keine unabhängige Arbeitsteilung mehr besaß. Für ein solches Gebiet markierte die Tributzahlung eine tiefgreifende Veränderung, die Polanyi als das Ende einer Wirtschaft auf Gegenseitigkeit (reciprocal economy) und den Beginn der Beteiligung an einer größeren Umverteilungswirtschaft (redistributive economy) beschrieben hat.[6]

Läßt man die heute ausgestorbenen Minisysteme beiseite, so bleibt als einzige Art des Gesellschaftssystems ein Weltsystem, das wir ganz schlicht als eine Einheit mit einer einzigen Arbeitsteilung und mannigfaltigen Kultursystemen definieren. Logisch gefolgert, kann es freilich zwei Spielarten solcher Weltsysteme geben: ein Weltsystem mit einem gemeinsamen politischen System und ein Weltsystem ohne gemeinsames politisches System. Wir wollen die erste Variante mit dem Begriff »Weltreiche«, die zweite mit dem Begriff »Weltwirtschaften« kennzeichnen.

Empirisch zeigt sich, daß Weltwirtschaften in der Geschichte unbeständige Strukturen waren, die entweder zerfielen oder von einer Gruppe erobert und infolgedessen zu einem Weltreich umgestaltet wurden. Beispiele für solche Weltreiche, die aus Weltwirtschaften hervorgingen, sind die sogenannten großen Zivilisationen, die vor der Neuzeit existierten, wie China, Ägypten, Rom (jedes zur geeigneten Zeit seiner Geschichte). Demgegenüber waren die sogenannten Weltreiche des 19. Jahrhunderts wie England oder Frankreich keine Weltreiche, sondern Nationalstaaten mit kolonialen Anhängseln, die im Rahmen einer Weltwirtschaft operierten.

Weltreiche waren ihrer Wirtschaftsform nach grundsätzlich »redistributiv«. Zweifellos brachten sie eine Vielzahl von Händlern hervor, die sich im wirtschaftlichen Austausch (vor allem im Fernhandel) betätigten. Aber wie groß diese Händlergruppen auch immer gewesen sein mögen – sie waren ein relativ unbedeutender Teil der Gesamtwirtschaft und für deren Schicksal im Grunde nicht bestimmend. Dieser Fernhandel war nach Polanyi im allgemeinen nicht Handel auf dem Markt (market trade), sondern »gelenkter Handel« (administered trade) unter Ausnutzung von Handelshäfen. Erst mit der Herausbildung der modernen Weltwirtschaft im Europa des 16. Jahrhunderts kam es zur vollen Entfaltung und ökonomischen Vorherrschaft des »Markthandels« – zu der Errichtung des Systems, das »Kapitalismus« heißt. Kapitalismus und Weltwirtschaft (d. h. eine einzige Arbeitsteilung, aber vielfältige Gemeinwesen und Kulturen) sind zwei Seiten ein und derselben Medaille. Das eine ist nicht Ursache des anderen. Wir definieren dasselbe unteilbare Phänomen lediglich nach anderen Merkmalen.

Wie und warum es dazu kam, daß diese besondere europäische Weltwirtschaft des 16. Jahrhunderts nicht zu einem »redistributiven« Weltreich umgestaltet wurde, sondern sich definitiv als kapitalistische Weltwirtschaft entwickelte, habe ich an anderer Stelle erläutert.[7] Die Genesis dieser welthistorischen Wende ist für die im vorliegenden Aufsatz zu erörternden Fragen von untergeordneter Bedeutung, denn hier geht es vor allem darum zu klären, mit welchem Begriffsapparat man Entwicklungen beikommt, die sich im Rahmen einer solchen kapitalistischen Weltwirtschaft vollziehen.

Wir wollen uns also der kapitalistischen Weltwirtschaft zuwenden und versuchen, zwei Pseudoprobleme zu entlarven, die entstehen, wenn man die Totalitäten nicht analysiert: das Problem des angeblichen Fortbestehens feudalistischer Formen und das der Schaffung sozialistischer Systeme. In diesem Zusammenhang werden wir ein Alternativmodell anbieten, mit dessen Hilfe man in eine vergleichende Analyse eintreten kann und das in der historisch spezifischen Totalität »kapitalistische Weltwirtschaft« seine Wurzeln hat. Dabei hoffen wir, zeigen zu können, daß historische Spezifizierung nicht den Verzicht auf analytische Allgemeingültigkeit bedeutet. Im Gegenteil, der einzige Weg zu nomothetischen Propositionen führt über das historisch Konkrete, so wie in der Kosmologie der einzige Weg zu einer Theorie der das Universum regierenden Gesetze der Weg der konkreten Analyse der geschichtlichen Entwicklung eben dieses Universums ist.[8]

Was die »Feudalismus«-Debatte angeht, so nehmen wir A. G. Franks Begriff der »Entwicklung der Unterentwicklung« als Ausgangspunkt, d. h. die Auffassung, daß die Wirtschaftsstruktur der heutigen unterentwickelten Länder nicht diejenige Form ist, die eine »traditionelle« Gesellschaft nach dem Kontakt mit »entwickelten« Gesellschaften annimmt, nicht ein Anfangsstadium im »Übergang« zur Industrialisierung, sondern das Ergebnis der Eingliederung dieser Länder in die Weltwirtschaft als periphere, rohstofferzeugende Gebiete oder, wie Frank es für Chile formuliert, »daß die Unterentwicklung [...] notwendiges Produkt einer vier Jahrhunderte währenden kapitalistischen Entwicklung und der inneren Widersprüche des Kapitalismus selbst ist«.[9]

Diese Formulierung widerspricht den Aussagen einer Vielzahl von

Schriften zum Thema »unterentwickelte Länder«, die zwischen 1950 und 1970 publiziert wurden, einer Literatur, welche die Erklärungsfaktoren für »Entwicklung« in Nicht-Systemen wie »Staaten« oder »Kulturen« suchte und dann, nachdem sie diese Faktoren angeblich entdeckt hatte, deren Reproduktion in unterentwickelten Gebieten als den Weg zum Heil empfahl.[10]

Franks Theorie steht – wie wir bereits angemerkt haben – auch im Gegensatz zur herrschenden orthodoxen Version von Marxismus, die in marxistischen Parteien und Intellektuellenkreisen beispielsweise in Lateinamerika lange Zeit dominiert hatte. Diese ältere »marxistische« Auffassung von Lateinamerika als einem Ensemble feudaler Gesellschaften, die sich mehr oder weniger in einem vorbürgerlichen Entwicklungsstadium befinden, ist vor der Kritik von Frank und vielen anderen ebenso zusammengebrochen wie vor der politischen Realität, die z. B. durch die Kubanische Revolution und deren vielfältige Folgen symbolisiert wird. Die neueren Analysen in Lateinamerika gehen statt dessen von dem »Dependenz«-Begriff aus.[11]

Nun ist A. G. Frank vor gar nicht langer Zeit von Ernesto Laclau angegriffen worden, der einerseits zwar der Frankschen Kritik an den »Dualismus«-Thesen zustimmt, es andererseits aber ablehnt, die Kategorisierung lateinamerikanischer Staaten als kapitalistisch zu akzeptieren. Statt dessen behauptet Laclau, daß »das kapitalistische Weltsystem [. . .] *auf der Ebene seiner Definition* verschiedene Produktionsweisen einschließt«. Er wirft Frank vor, die zwei Begriffe »kapitalistische Produktionsweise« und »Beteiligung an einem kapitalistischen Weltwirtschaftssystem« durcheinander zu bringen.[12] Freilich, wenn es eine Sache der Definition ist, dann läßt sich darüber nicht streiten. Aber dann ist auch die Polemik nicht sonderlich nützlich, weil sie auf eine Frage der Semantik beschränkt bleibt. Außerdem beharrt Laclau darauf, daß die Definition nicht von ihm, sondern von Marx stamme, was nicht minder strittig ist. Rosa Luxemburg hat auf ein entscheidendes Element Marxscher Widersprüchlichkeit in dieser spezifischen Debatte aufmerksam gemacht, das es Frank und Laclau gleichermaßen erlaubt, sich auf Marx zu berufen:

»Marx behandelt freilich eingehend sowohl den Prozeß der Aneignung nichtkapitalistischer Produktionsmittel [Luxemburg bezieht sich hier auf Erzeugnisse des Primärsektors, die in peripheren Gebieten unter Bedingungen von Zwangsarbeit produziert werden; I. W.] wie den Prozeß der Verwandlung des Bauerntums in kapitalistisches Proletariat. Das ganze 24. Kapitel im I. Band des ›Kapital‹ ist der Schilderung der Entstehung des englischen Proletariats, der agrikolen kapitalistischen Pächterklasse sowie des industriellen Kapitals gewidmet. Eine hervorragende Rolle im letzteren Vorgang spielt in der Marxschen Schilderung die Ausplünderung der Kolonialländer durch das europäische Kapital. Dies alles aber wohlgemerkt nur unter dem Gesichtswinkel der sogenannten ›primitiven Akkumulation‹. Die angegebenen Prozesse illustrieren bei Marx nur die Genesis, die Geburtsstunde des Kapitals, sie bezeichnen die Geburtswehen bei dem Heraustreten der kapitalistischen Produktionsweise aus dem Schoße der feudalen Gesellschaft. Sobald er die theoretische Analyse des Kapitalprozesses gibt – Produktion wie Zirkulation –, kehrt er ständig zu seiner Voraussetzung: allgemeine und ausschließliche Herrschaft der kapitalistischen Produktion zurück.« [D. h. zur Produktion, die auf Lohnarbeit basiert; I. W.][13]

Nun gibt es in dieser Debatte tatsächlich eine reale Streitfrage. Es ist dieselbe, die der Debatte zwischen Maurice Dobb und Paul Sweezy Anfang der fünfziger Jahre zugrunde lag, jener Debatte um den »Übergang vom Feudalismus zum Kapitalismus«, der zu Beginn der Neuzeit in Europa einsetzte.[14] Wie ich es sehe, geht der Streit darum, welche Einheit der Analyse für den Zweck des Vergleichs geeignet ist. Obwohl weder Sweezy noch Frank sich zu diesem Punkt deutlich äußern, und obgleich sowohl Dobb als auch Laclau auf Texte von Marx verweisen können, die scheinbar eindeutig darauf schließen lassen, daß sie beide sich stärker an die Marxsche Argumentation halten, so glaube ich im Grunde doch, daß Sweezy und Frank dem Geiste Marx', wenn nicht gar seinem Buchstaben strenger folgen[15] und daß sie uns – läßt man Marx einmal ganz außer acht – dem Verständnis für das, was geschah und geschieht, näher bringen als ihre Opponenten.

Wie sieht nun das analytische und historische Bild aus, das Laclau konstruiert? Der Kern des Problems ist die Existenz von freier Lohnarbeit als Definitionsmerkmal einer kapitalistischen Produktionsweise:

»Das grundlegende ökonomische Verhältnis des Kapitalismus wird dadurch begründet, daß der *freie* [Hervorhebung von mir] Lohnarbeiter seine Arbeitskraft verkauft, und die notwendige Voraussetzung dafür ist, daß der direkte Produzent das Eigentum an den Produktionsmitteln verliert. [. . .]

Konfrontieren wir nun Franks Behauptung, die sozioökonomischen Gebilde Lateinamerikas seien seit der Zeit der Eroberung kapitalistisch, [. . .] mit dem gegenwärtig verfügbaren empirischen Material, so müssen wir zu dem Schluß kommen, daß die ›kapitalistische‹ These unhaltbar ist.

In Regionen mit dichter einheimischer Bevölkerung – Mexiko, Peru, Bolivien oder Guatemala – wurden die direkten Produzenten nicht ihres Eigentums an den Produktionsmitteln beraubt, wenn auch der außerökonomische Druck zur Maximierung verschiedener Arbeitsdienstsysteme [. . .] zunehmend verstärkt wurde. Auf den Plantagen Westindiens basierte die Wirtschaft auf einer Produktionsweise, deren konstitutives Merkmal Sklavenarbeit war, während sich in den Bergbaugebieten versteckte Formen von Sklaverei und andere Arten von Zwangsarbeit entwickelten, die nicht die geringste Ähnlichkeit mit der Herausbildung eines kapitalistischen Proletariats aufwiesen.«[16]

Da haben wir es in einer kurzen Formel: Westeuropa, zumindest England seit Ende des 17. Jahrhunderts, hatte in erster Linie landlose

Arbeiter, Lohnabhängige. In Lateinamerika waren die Arbeiter damals und sind bis zum gewissen Grade auch heute noch keine Proletarier, sondern Sklaven oder »Leibeigene«. Wenn Proletariat, dann Kapitalismus. Sicherlich. Aber ist England oder Mexiko oder Westindien jeweils eine separate analytische Einheit? Haben sie jeweils eine eigene »Produktionsweise«? Oder ist die analytische Bezugsgröße (für das 17. und 18. Jahrhundert) die europäische Weltwirtschaft, einschließlich Englands *und* Mexikos, und wenn ja, welches war die »Produktionsweise« dieser Weltwirtschaft?

Bevor wir unsere Antwort darlegen, wollen wir uns einer ganz anderen Debatte zuwenden, die Mao Tse-tung und Liu Shao-chi in den sechziger Jahren darüber führten, ob die Volksrepublik China ein »sozialistischer Staat« sei oder nicht. Diese Debatte hat eine lange Vorgeschichte in der sich entwickelnden Theorie marxistischer Parteien.

Von Marx – das ist häufig angemerkt worden – gibt es im Grunde keine Aussagen zur politischen Entwicklung nach der Revolution. Engels sprach ziemlich spät in seinen Schriften von der »Diktatur des Proletariats«. Es blieb Lenin überlassen, eine Theorie zu einer solchen »Diktatur« zu erarbeiten, was er in seiner Schrift *Staat und Revolution* tat, die in der letzten Phase vor der bolschewistischen Machtübernahme in Rußland, d. h. im August 1917, publiziert wurde. Die Machtübernahme der Bolschewiki führte zu erheblichen Diskussionen über das Wesen des Systems, das errichtet worden war. Schließlich kam man in der Sowjetunion zu einer theoretischen Unterscheidung zwischen »Sozialismus« und »Kommunismus«, dergestalt, daß es sich um zwei geschichtliche Stadien handele, wobei das eine in der Gegenwart, das andere in der Zukunft zu verwirklichen sei. 1936 verkündete Stalin, die UdSSR sei ein sozialistischer (aber noch kein kommunistischer) Staat geworden. Somit gab es *drei* fest eingeführte Stadien nach Überwindung der bürgerlichen Herrschaft: eine nachrevolutionäre Regierung, einen sozialistischen Staat und zuletzt den Kommunismus. Als nach dem Zweiten Weltkrieg in einigen osteuropäischen Staaten diverse von der Kommunistischen Partei beherrschte Regimes errichtet wurden, wurden diese zu »Volksdemokratien« erklärt. Dies war dann ein neuer Name für das nachrevolutionäre Stadium I. Später behaupteten manche dieser Länder, beispielsweise die Tschechoslowakei, sie seien in das Stadium II eingetreten, d. h. auf dem Wege, eine sozialistische Republik zu werden. 1961 erfand der 22. Parteitag der KPdSU ein viertes Stadium, das zwischen dem zuvor bekannten zweiten und dritten Stadium liegen sollte: das Stadium eines sozialistischen Staates, der ein »Staat des ganzen Volkes« geworden ist. Und dieses Stadium, so wurde behauptet, hatte die UdSSR zu jener Zeit erreicht. Das Programm des Parteitags stellte fest: »Der Staat als Organisation des gesamten Volkes wird bis zum vollen Sieg des Kommunismus überleben.«[17] Einer der Programm-Kommentatoren definiert den »wahren Gehalt [und] das Hauptunterscheidungsmerkmal« dieses Stadiums so: »Der Staat des ganzen Volkes ist der erste Staat der Welt, in dem es keinen Klassenkampf zu kämpfen und folglich keine Klassenherrschaft und keine Unterdrükkung gibt.«[18]

Eines der ersten Anzeichen für Meinungsverschiedenheiten zwischen der Kommunistischen Partei der Sowjetunion und der Kommunistischen Partei Chinas in den fünfziger Jahren war eine theoretische Debatte um den »allmählichen Übergang zum Kommunismus«. Die KPdSU vertrat dabei die Auffassung, verschiedene sozialistische Staaten würden bei der Verwirklichung eines solchen Übergangs getrennt vorgehen, während die KPCh meinte, alle sozialistischen Staaten würden diesen Schritt gleichzeitig vollziehen. Hier wird deutlich, daß der letzte Stand der Debatte über »Stadien« implizit die Frage nach der analytischen Bezugsgröße aufwarf, denn die Argumentation der KPCh lief im Endeffekt darauf hinaus, daß »Kommunismus« nicht ein Charakteristikum von Nationalstaaten, sondern der Weltwirtschaft insgesamt sei. Die Debatte wurde auf die interne chinesische Szene transponiert, und zwar durch die ideologischen Auseinandersetzungen, die schließlich zur Kulturrevolution führten und von denen man heute weiß, daß sie tiefreichende und alte Wurzeln haben.

Eine der Fragen, die aus den Debatten über »Stadien« folgte, war diese: Geht der Klassenkampf in nachrevolutionären Staaten vor Erringung des Kommunismus weiter oder hört er auf? Der 22. Parteitag der KPdSU von 1961 hatte behauptet, die UdSSR sei ein Staat ohne Klassenkampf im Innern geworden, es gebe in ihm keine antagonistischen Klassen mehr. Ohne die UdSSR anzusprechen, hatte Mao Tse-tung 1967 von China gesagt:

> »Der Klassenkampf ist keineswegs zu Ende. [. . .] Er wird noch lange dauern, verschlungen und zuweilen sogar sehr heftig sein. [. . .] Ob in der Gesamtbevölkerung oder unter den Intellektuellen, die Marxisten sind immer noch eine Minderheit. Darum muß sich der Marxismus wie eh und je kämpfend entwickeln. [. . .] Diese Kämpfe werden niemals enden. Das ist das Gesetz von der Entwicklung der Wahrheit, und das ist natürlich auch das Gesetz von der Entwicklung des Marxismus.«[19]

Wenn solche Kämpfe *niemals* enden, dann werden viele der leichthin gesetzten Verallgemeinerungen über »Stadien«, welche »sozialistische« Staaten erwartungsgemäß durchlaufen sollen, in Zweifel gezogen.

Während der Kulturrevolution wurde behauptet, daß Maos Bericht *Über die richtige Behandlung der Widersprüche im Volke*, aus dem wir oben zitiert haben, ebenso wie ein anderer »die von Liu Shao-chi verfochtene ›Theorie vom Aussterben des Klassenkampfes‹ vollkommen widerlegten«.[20] Insbesondere sagte Mao: »Die Beseitigung des Eigentumssystems der Ausbeuterklassen durch sozialistische Umgestaltung ist nicht gleichbedeutend mit dem Verschwinden des Kampfes im politischen und ideologischen Bereich.«[21]

Dies ist in der Tat die Logik einer *Kultur*revolution. Mao behauptet, daß die Revolution auch dann noch nicht abgeschlossen sei, wenn die *politische* Macht errungen (Diktatur des Proletariats) und die *wirtschaftliche* Umgestaltung (Abschaffung des Privateigentums an den Produktionsmitteln) vollzogen sind. Revolution ist kein (einmaliges) Ereignis, sondern ein (fortwährender) Prozeß. Diesen Prozeß nennt Mao »sozialistische Gesellschaft«, und »die sozialistische Gesellschaft erstreckt sich über eine ziemlich lange historische Periode«.[22] Überdies »gibt es Klassen und Klassenkampf während der ganzen Periode der sozialistischen Gesellschaft«.[23] Das 10. Plenum des 8. Zentralkomitees der KPCh, das vom 24.-27. September 1962 zusammentrat, stimmte Maos Ansichten zu, ließ jedoch den Ausdruck »Sozialistische Gesellschaft« fallen und sprach statt dessen von »der historischen Periode der proletarischen Revolution und der proletarischen Diktatur [...], der historischen Periode des Übergangs vom Kapitalismus zum Kommunismus«, von der es sagte, sie werde »viele Jahre oder noch länger« dauern, und in ihrem Verlauf werde es »Klassenkampf zwischen Proletariat und Bourgeoisie und Kampf zwischen dem sozialistischen und dem kapitalistischen Weg« geben.[24]

Wir haben Lius Gegenargumente hier nicht zur Hand. Doch als Ausdruck der alternativen Position könnten wir eine neuere, in der UdSSR erschienene Analyse über das Verhältnis von sozialistischem System und Weltentwicklung heranziehen. Dort wird behauptet, daß an einem bestimmten, nicht näher bezeichneten Punkt nach dem Zweiten Weltkrieg »der Sozialismus über die Grenzen eines Landes hinauswuchs und zu einem Weltsystem wurde«.[25] Weiter heißt es: »Der Kapitalismus, der im 16. Jahrhundert entstand, wurde erst im 19. Jahrhundert zu einem Weltwirtschaftssystem. Die bürgerlichen Revolutionen brauchten 300 Jahre, um der Macht der feudalen Elite ein Ende zu setzen. Der Sozialismus brauchte 30 oder 40 Jahre, um die Kräfte für ein neues Weltsystem hervorzubringen.«[26] Schließlich ist in diesem Buch die Rede von der »internationalen Arbeitsteilung des Kapitalismus«[27] und von der »internationalen sozialistischen Kooperation der Arbeit«[28] als zwei getrennten Phänomenen. Und aus dieser Gegenposition wird dann der politische Schluß gezogen: »Die sozialistische Einheit hat durch den spalterischen Kurs, der von der amtierenden Führung der chinesischen Volksrepublik verfolgt wird, einen schweren Rückschlag erlitten«, was dem »Großmacht-Chauvinismus Mao Tse-tungs und seiner Fraktion« anzukreiden sei.[29]

Man beachte, worin der Gegensatz zwischen diesen beiden Positionen besteht: Mao Tse-tung spricht sich dafür aus, die »sozialistische Gesellschaft« mehr als einen Prozeß denn als Struktur zu verstehen. Wie Frank und Sweezy – wiederum eher implizit als explizit – nimmt er als analytische Bezugsgröße das Weltsystem und nicht den Nationalstaat. Die Analyse der sowjetischen Wissenschaftler dagegen argumentiert ausdrücklich mit der Existenz *zweier* Weltsysteme mit zwei nebeneinander bestehenden Arbeitsteilungen, wiewohl eingeräumt wird, daß das sozialistische System »gespalten« sei. Wenn politisch gespalten, ist es dann wirtschaftlich eine Einheit? Wohl kaum, sollte man meinen. Aber wenn dem so ist, welches ist dann die substrukturelle Basis für das Argument der Systemexistenz? Ist es lediglich ein moralischer Imperativ? Und verteidigen die sowjetischen Wissenschaftler ihre Vorstellungen auf der Grundlage kantianischer Metaphysik?

Wir wollen sehen, ob wir die in diesen beiden Debatten entwickelten Fragen im Rahmen eines allgemeinen Begriffsapparates neu interpretieren können, eines Begriffsapparates, der dazu benutzt werden könnte, die Funktionsweise von Weltsystemen und insbesondere der historisch spezifischen kapitalistischen Weltwirtschaft, die es mittlerweile seit rund vier oder fünf Jahrhunderten gibt, zu analysieren.

Beginnen müssen wir mit der Frage, wie man die Existenz einer einzigen Arbeitsteilung nachweist. Wir können eine Arbeitsteilung als ein Netz betrachten, das im wesentlichen interdependent ist. Ökonomische Akteure operieren auf der Basis der Annahme (die dem einzelnen Akteur offensichtlich selten klar ist), daß die Gesamtheit ihrer lebenswichtigen Bedürfnisse – Nahrung, Schutz und Vergnügen – im Laufe einer angemessenen Zeit durch eine Kombination der eigenen produktiven Tätigkeiten mit einem wie auch immer gearteten Austausch befriedigt werden. Das kleinste Netz, das die Erwartungen der großen Masse der Akteure innerhalb jener Grenzen im wesentlichen erfüllen würde, ist eine einzige Arbeitsteilung.

Die Erklärung dafür, warum eine kleine bäuerliche Gemeinde, deren einzige erhebliche Verbindung zur Außenwelt die jährlichen Tributzahlungen sind, keine solche einzige Arbeitsteilung darstellt, ist die, daß die Erwartungen der in ihr lebenden Menschen hinsichtlich der Bereitstellung von Schutz einen »Austausch« mit anderen Teilen des Weltreiches gebieten.

Dieser Begriff eines Netzes von Austauschbeziehungen setzt freilich eine Unterscheidung zwischen *lebensnotwendigem* Austausch und »Luxus«-Austausch voraus. Natürlich hat eine solche Unterscheidung ihre Wurzeln in den sozialen Wahrnehmungen der Akteure und damit in deren Gesellschaftsstruktur und Kultur. Diese Wahrnehmungen können sich ändern. Aber die Unterscheidung ist ausschlaggebend, wenn wir nicht in die Falle gehen wollen, *jede* Austauschtätigkeit als Beweis für die Existenz eines Systems zu nehmen. Die Mitglieder eines Systems (eines Minisystems oder eines Weltsystems) können in begrenzten Austäuschen mit Elementen verbunden sein, die außerhalb des Systems, in der »externen« Arena des Systems, begründet sind. Ein solcher Austausch ist in seiner Form überaus begrenzt. Elemente der zwei Systeme können einen Austausch von Kostbarkeiten (preciosities) eingehen, d. h., jeder kann zu dem anderen das exportieren, was in *seinem* System gesellschaftlich als von geringem Wert gilt, und dafür das importieren, was in seinem System als wertvoll definiert wird. Dies ist keine bloß pedantische Definitionsübung, denn der Austausch von Kostbarkeiten *zwischen* Weltsystemen kann in der historischen Entwicklung eines gegebenen Weltsystems überaus wichtig sein. Die Wichtigkeit liegt darin begründet, daß der Importeur bei einem Austausch von Kostbarkeiten »Veräußerungsgewinn« und nicht Profit erzielt. Beide Austauschpartner können gleichzeitig Veräußerungsgewinne machen, aber nur einer kann Höchstgewinn erzielen, da der Austausch von Mehrwert innerhalb eines Systems ein Nullsummen-Spiel ist.

Wie man sieht, kommen wir damit zum Wesensmerkmal einer kapitalistischen Weltwirtschaft: Produktion zum Zweck des Absatzes auf einem Markt mit dem Ziel, den größtmöglichen Profit zu realisieren. In einem solchen System wird die Produktion ständig ausgeweitet, solange weitere Produktion profitabel ist, und die Menschen ersinnen ständig neue Möglichkeiten, Dinge zu produzieren, die die Gewinnspanne erweitern können. Die klassischen Ökonomen bemühten sich, die Behauptung zu belegen, daß eine derartige Produktion für den Markt gewissermaßen der »Natur« des Menschen entspreche. Doch die Schriften der Anthropologen und Marxisten ließen insgesamt kaum einen Zweifel daran, daß eine solche Produktionsweise (in unserer Zeit »Kapitalismus« genannt) nur eine von mehreren möglichen Produktionsweisen sei.

Da nun aber die geistige Auseinandersetzung zwischen Liberalen und Marxisten in der Zeit der industriellen Revolution stattfand, gab es tendenziell eine *de facto*-Verwirrung zwischen Industrialismus und Kapitalismus. Deshalb war es für die Liberalen nach 1945 schwer zu erklären, wie eine der Annahme nach nichtkapitalistische Gesellschaft, die UdSSR, sich industrialisieren konnte. Eine spitzfindige Antwort auf diese Frage ist die Hypothese, »liberaler Kapitalismus« und »Sozialismus« seien zwei Varianten einer »Industriegesellschaft«, zwei Varianten, die dazu bestimmt seien, zu »konvergieren«. Dieses Argument ist nachdrücklich ausgeführt worden von Raymond Aron.[30] Doch dieselbe Verwirrung gab den Marxisten, einschließlich

Marx, das Problem auf, zu erklären, welches die Produktionsweise gewesen sei, die in Europa vom 16. bis zum 18. Jahrhundert, d. h. *vor* der industriellen Revolution, herrschte. Im Grunde haben die meisten Marxisten von einer Phase des »Übergangs« gesprochen, was nun in der Tat ein schwammiger Nicht-Begriff ohne jegliche operationale Indikatoren ist. Das Dilemma wird noch größer, wenn man als analytische Bezugsgröße den Staat nimmt, denn in diesem Fall muß man erklären, warum der Übergang in verschiedenen Ländern mit unterschiedlicher Geschwindigkeit und zu unterschiedlichen Zeiten eingetreten ist.[31]

Marx selbst bearbeitete dies Problem so, daß er eine Unterscheidung zwischen »Handelskapitalismus« und »Industriekapitalismus« vornahm. Ich halte dies für eine mißglückte Terminologie; sie verleitet zu Schlüssen, wie Maurice Dobb sie zieht, der von dieser »Übergangs«-Periode sagt:

»Aber warum hier überhaupt von einem Stadium des Kapitalismus sprechen? Die Arbeiter waren im allgemeinen nicht proletarisiert, d. h. sie waren nicht von den Produktionsinstrumenten getrennt, ja in vielen Fällen nicht einmal vom Besitz eines Stücks Land. Die Produktion war weitgestreut und dezentralisiert, nicht konzentriert. *Der Kapitalist war noch vorwiegend ein Händler,* der die Produktion nicht direkt kontrollierte und der seine eigene Zucht und Ordnung nicht der Arbeit der Handwerker aufzwang, die sowohl als Einmann- (oder Familien-)betrieb arbeiteten und dabei ein erhebliches (wenn auch schwindendes) Maß an Selbständigkeit behielten.«[32]

Tatsächlich könnte man da fragen: Ja, warum denn nur? Besonders wenn man bedenkt, wie viel Gewicht Dobb wenige Seiten zuvor dem Kapitalismus als einer *Weise* der Produktion beimißt – wie kann dann der Kapitalist vorwiegend Händler sein? –, der Konzentration solchen Eigentums in den Händen einiger Weniger und der Tatsache, daß Kapitalismus nicht gleichbedeutend mit Privateigentum ist, insofern er sich unterscheidet von einem System, in welchem die Eigentümer »kleinbäuerliche Produzenten oder Handwerker« sind. Dobb argumentiert, es sei ein bestimmendes Merkmal des Privateigentums unter dem Kapitalismus, daß einige »gezwungen« sind, für diejenigen zu arbeiten, die über Eigentum verfügen, »denn [sie besitzen] nichts und [haben] keinen Zugang zu Produktionsmitteln [und folglich] keine anderen Mittel der Existenzsicherung«.[33] Angesichts dieses Widerspruchs ist die Antwort, die Dobb auf seine eigene Frage gibt, meines Erachtens unzulänglich: »Obwohl es richtig ist, daß die Situation zu diesem Zeitpunkt eine Übergangssituation war und die Beziehungen zwischen Kapital und Lohnarbeit noch nicht voll entwickelt waren, begannen letztere bereits ihre charakteristischen Züge anzunehmen.«[34]

Wenn Kapitalismus eine Produktionsweise ist, nämlich die Weise, für Profit auf einem Markt zu produzieren, dann sollte man, so meine ich, feststellen, ob es sich um eine solche Produktion handelte oder nicht. Tatsächlich stellt sich heraus, daß es eben jene war, und zwar in sehr realer Gestalt. Freilich war der größte Teil dieser Produktion keine Industrieproduktion. Was in Europa vom 16. bis zum 18. Jahrhundert zu beobachten war, ist, daß in einem großen geographischen Gebiet, das sich von Polen im Nordosten in westlicher und südlicher Richtung über ganz Europa erstreckte und große Teile der westlichen Hemisphäre einschloß, *eine Weltwirtschaft mit einer einzigen Arbeitsteilung heranwuchs*, innerhalb derer es einen *Weltmarkt* gab, für den die Menschen größtenteils landwirtschaftliche Erzeugnisse zu Verkaufs- und Gewinnzwecken produzierten. Ich denke, daß es am besten wäre, dies als *Agrarkapitalismus* zu bezeichnen.

Damit hätten wir auch eine Lösung für die Probleme, die dadurch geschaffen werden, daß die Dominanz von *Lohn*arbeit als Definitionsmerkmal für Kapitalismus genommen wird. Ein Individuum ist um nichts weniger ein Arbeit ausbeutender Kapitalist, weil der Staat ihn dabei unterstützt, seinen Arbeitern niedrige Löhne (einschließlich Löhne in Naturalien) zu zahlen, und diesen Arbeitern das Recht auf Arbeitsplatzwechsel verweigert. Sklaverei und sogenannte »zweite Leibeigenschaft« sind nicht Anomalien in einem kapitalistischen System. Vielmehr arbeiteten der sogenannte Leibeigene in Polen oder der Indianer auf einer spanischen *encomienda* in Neu-Spanien in dieser Weltwirtschaft des 16. Jahrhunderts für Großgrundbesitzer, die sie dafür »bezahlten« (wie beschönigend dieser Ausdruck auch sei), daß sie Agrarerzeugnisse lieferten, die sich auf ausländischen Märkten absetzen ließen *(cash-crop production)*. Dies ist ein Verhältnis, in dem Arbeitskraft eine Ware ist (wie könnte es je mehr der Fall sein als in einem Sklavenhaltersystem?), ganz anders als das Verhältnis eines Leibeigenen zu seinem Feudalherrn im 11. Jahrhundert in Burgund, wo die Wirtschaft nicht auf einen Weltmarkt ausgerichtet war und Arbeitskraft (deshalb?) keineswegs ge- oder verkauft wurde.

Kapitalismus bedeutet also, daß Arbeitskraft eine Ware ist, soviel ist gewiß. Aber im Zeitalter des Agrarkapitalismus ist Lohnarbeit *nur eine Weise*, auf welche Arbeitskraft auf dem Arbeitsmarkt rekrutiert und bezahlt wird. Sklaverei, Zwangsproduktion von Agrarerzeugnissen, die sich auf ausländischen Märkten absetzen lassen (*coerced cash-crop production*, meine Bezeichnung für den sogenannten »zweiten Feudalismus«), ein System, das Landarbeiter zu »Kleinpächtern« macht, die für die ihnen zugewiesene Parzelle mit einem Teil der von ihnen erzeugten Produkte bezahlen *(share-cropping)* und das übliche Pachtwesen *(tenancy)* – dies alles steht alternativ zur Verfügung. Es sprengte den Rahmen meines Aufsatzes, wollte ich mich hier ausführlich über die Bedingungen auslassen, unter denen unterschiedliche

Regionen der Weltwirtschaft die Neigung ausbilden, sich auf jeweils besondere Agrarerzeugnisse zu spezialisieren. Ich habe dies an anderer Stelle getan.[35]

Was wir hier zur Kenntnis nehmen müssen, ist die Tatsache, daß diese Spezialisierung in ganz bestimmten und voneinander unterschiedenen geographischen Regionen der Weltwirtschaft auftritt. Diese regionale Spezialisierung ergibt sich aus dem Bestreben der Akteure am Markt, die üblichen Marktmechanismen auszuschalten, wann immer sie nicht der Maximierung ihres Profits dienen. Da diese Akteure marktfremde Mittel einzusetzen wünschen, um sich kurzfristig Profite zu sichern, wenden sie sich an die politische Instanz, die tatsächlich die Macht hat, den Markt zu beeinflussen: an den Nationalstaat. (Auch hier würde es wiederum zu weit führen, im einzelnen zu erörtern, warum die Akteure in diesem Stadium sich nicht an Stadtstaaten hätten wenden können; aber es hat dies zu tun mit dem Stand der Militär- und Transporttechnologie, damit, daß Europa im 15. Jahrhundert nach Übersee expandieren mußte, wenn das Einkommensniveau der diversen Aristokraten aufrechterhalten werden sollte, und schließlich mit dem politischen Zerfall, in den Europa im Mittelalter hineingeraten war.) Jedenfalls wandten sich die Angehörigen der lokalen Kapitalistenklasse – Grundbesitzer, die auf ausländischen Märkten absetzbare Agrarerzeugnisse produzierten (häufig, ja in der Regel Adlige), und Händler – an den Staat nicht nur, damit er sie von alten Marktzwängen befreie (wie üblicherweise von der liberalen Geschichtsschreibung betont wird), sondern auch, um neue Beschränkungen für den neuen Markt zu schaffen, *den Markt der europäischen Weltwirtschaft*.

Infolge einer Reihe glücklicher Umstände – historischer, ökologischer und geographischer – war das nordwestliche Europa im 16. Jahrhundert besser als andere Teile Europas in der Lage, seine spezialisierte Landwirtschaft zu diversifizieren und ihr bestimmte Industrien (etwa die Textilindustrie, den Schiffbau und die Metallverarbeitung) hinzuzufügen. So wurde Nordwesteuropa zum Zentrum dieser Weltwirtschaft; es spezialisierte sich auf eine Agrarproduktion mit höherqualifizierten Arbeitskräften, welche (wiederum aus Gründen, die zu vielschichtig sind, um hier im einzelnen dargetan zu werden) Pachtwesen und Lohnarbeit als Mittel zur Kontrolle der Arbeiter begünstigten. Osteuropa und die westliche Hemisphäre wurden zu Peripherien, die sich auf den Export von Getreide, Edelmetallen, Holz, Baumwolle, Zucker spezialisierten, eine Festlegung, die den Einsatz von Sklaven sowie zwangsverpflichteten Landarbeitern (coerced cash-crop labor) als Mittel zur Arbeitskontrolle förderte. Das mediterrane Europa entwickelte sich zur Semiperipherie dieser Weltwirtschaft; es spezialisierte sich auf teure Industrieerzeugnisse (z. B. Seidenwaren) sowie auf Kreditgeschäfte und Metallgeldtransaktionen, was im Agrarbereich das »share-cropping«-System als Mittel der Arbeiterkontrolle und wenig Export in andere Gebiete zur Folge hatte.

Die drei strukturbedingten Positionen in einer Weltwirtschaft – Zentrum, Peripherie und Semiperipherie – waren bis etwa 1640 gefestigt worden. Wie bestimmte Gebiete das eine und nicht das andere wurden, ist eine lange Geschichte.[36] Das entscheidende Faktum ist, daß es – bei nur geringen Unterschieden in den Ausgangsbedingungen – im Nordwesten Europas zu einer Konvergenz der Interessen verschiedener lokaler Gruppen kam, was zur Entwicklung starker Staatsapparate führte, während die Interessen in den peripheren Gebieten kraß divergierten, was schwache Staatsapparate zur Folge hatte. Sobald es einen Unterschied in der Stärke der Staatsapparate gibt, beginnt auch der Mechanismus des »ungleichen Tausches«[37] zu wirken, ein Mechanismus, den starke Staaten gegen schwache, Länder des Zentrums gegen periphere Gebiete einsetzen. Kapitalismus bedeutet also nicht nur, daß die Produktionsmittelbesitzer sich von denen, die nichts anderes als ihre Arbeitskraft besitzen, den Mehrwert aneignen, sondern Kapitalismus heißt auch die Aneignung des volkswirtschaftlichen Überschusses (Surplus) der gesamten Weltwirtschaft durch die Länder des Zentrums. Und dies galt für das Stadium des Agrarkapitalismus ebenso, wie es für das Stadium des Industriekapitalismus gilt.

Gewiß gab es in den Anfängen des Mittelalters Handel – zum überwiegenden Teil entweder »Lokalhandel«, d. h. Handel in einer Region, die man als »erweiterten« Gutsbezirk bezeichnen könnte, oder »Fernhandel«, der in erster Linie Handel mit Luxusgütern war. Es gab jedoch keinen Austausch von »Massengütern«, »Stapelgütern« über mittelgroße Gebiete hinweg und folglich auch keine Produktion für derartige Märkte. Das Mittelalter kann man als diejenige Epoche bezeichnen, in der Weltwirtschaften entstanden, und zwar eine mit Zentrum in Venedig und eine zweite, die um die Städte Flanderns und der Hanse zentriert war. Aus unterschiedlichen Gründen nahmen diese Strukturen durch die (ökonomischen, demographischen und ökologischen) Rückschläge bzw. Schrumpfungsprozesse in der Zeit zwischen 1300 und 1450 Schaden. Erst mit der Schaffung einer *europäischen* Arbeitsteilung nach 1450 konnte der Kapitalismus feste Wurzeln schlagen.

Der Kapitalismus war von Anfang an eine Sache der Weltwirtschaft, nicht eine Sache von Nationalstaaten. Es ist eine falsche Deutung der Lage zu behaupten, daß der Kapitalismus erst im 20. Jahrhundert »weltweit« geworden sei, wiewohl diese Behauptung häufig aufgestellt wird, insbesondere von Marxisten. Ein typisches

Beispiel für diese Argumentation ist Charles Bettelheims Erwiderung auf Arghiri Emmanuels Ausführungen zum »ungleichen Tausch«:

»Die Tendenz der kapitalistischen Produktionsweise, weltweit zu werden, offenbart sich nicht nur in der Schaffung einer Gruppe von Volkswirtschaften, die eine komplexe und hierarchische Struktur, einschließlich eines imperialistischen und eines imperialistisch beherrschten Poles bilden, und nicht nur in den antagonistischen Beziehungen, die sich zwischen den verschiedenen ›Volkswirtschaften‹ und den verschiedenen Staaten entwickeln; sie zeigt sich auch in der fortwährenden ›Überschreitung‹ der ›nationalen Grenzen‹ durch Großkapital (in der Formierung des ›internationalen Großkapitals‹, der Gründung von ›Weltfirmen‹ etc.).«[38]

Hier wird übersehen, daß das Kapital in einer kapitalistischen Weltwirtschaft die Beschränkung seiner ehrgeizigen Ziele durch nationale Grenzen niemals zuläßt und daß die Aufrichtung »nationaler« Schranken – generell: des Merkantilismus – historisch betrachtet eine Verteidigungsmaßnahme jener Kapitalisten ist, die in Staaten ansässig sind, welche auf der Rangliste der Stärksten des Systems den zweiten Platz einnehmen. Dies war der Fall bei England gegenüber den Niederlanden 1660-1715, Frankreich gegenüber England 1715-1815, Deutschland gegenüber England im 19. und der Sowjetunion gegenüber den USA im 20. Jahrhundert. Der Prozeß beginnt damit, daß zahlreiche Länder nationale Wirtschaftsschranken aufrichten, eine Maßnahme, deren Folgen häufig noch anhalten, wenn die ursprünglichen Ziele längst erreicht sind. An diesem späteren Punkt des Prozesses empfinden die nämlichen Kapitalisten, die ihre nationale Regierung ehedem dazu drängten, die Restriktionen zu verfügen, diese selben Schranken nun als beengend. Das ist keine »Internationalisierung« des »nationalen« Kapitals. Das ist schlicht eine neue politische Forderung bestimmter Gruppen der Kapitalistenklassen, denen es zu allen Zeiten darauf ankam, ihre Profite innerhalb des realen ökonomischen Marktes, des Marktes der Weltwirtschaft, zu maximieren.

Wenn das so ist, was hat es dann für einen Sinn, von strukturbedingten Positionen innerhalb dieser Weltwirtschaft zu sprechen und auszumachen, welcher Staat in welcher Position ist? Und warum von drei Positionen reden, indem man zwischen die weithin gebrauchten Begriffe »Zentrum« und »Peripherie« den der »Semiperipherie« einfügt? Die Staatsapparate der Länder des Zentrums wurden gestärkt, um den Ansprüchen der kapitalistischen Grundeigentümer und der mit ihnen verbündeten Händler zu genügen. Das heißt freilich nicht, daß diese Staatsapparate beliebig manipulierbar waren. Offensichtlich hat jeder einmal geschaffene Apparat eine gewisse Autonomie von denjenigen, die ihn einst durchgesetzt haben, und zwar aus zwei Gründen: *Erstens* bildet er eine Schicht von Beamten heran, deren Karriere und Interessen durch die fortgesetzte Stärkung des Apparates selbst gefördert werden, also unabhängig von den jeweiligen Interessen ihrer kapitalistischen Hintermänner. Könige und Bürokraten wollen an der Macht bleiben und ihren persönlichen Gewinn mehren. *Zweitens:* Im Verlauf der Herstellung des starken Staates mußten bestimmte »konstitutionelle« Kompromisse mit anderen Kräften innerhalb der Staatsgrenzen geschlossen werden, und diese institutionalisierten Kompromisse schränken den Spielraum der Führer des Staatsapparates ein, was sie ja auch sollen. Die Formel vom Staat als dem »Exekutivausschuß der herrschenden Klasse« gilt mithin nur dann, wenn man nicht vergißt, daß Exekutivausschüsse niemals das bloße Spiegelbild des Willens ihrer Wähler sind – wie jedem, der jemals in einer Organisation tätig war, hinlänglich bekannt ist.

Das direkte Pendant zur Stärkung des Staatsapparates in Ländern des Zentrums ist der Zerfall des Staatsapparates in Ländern der Peripherie. Der Niedergang der polnischen Monarchie im 16. und 17. Jahrhundert ist ein schlagendes Beispiel für dieses Phänomen[39], für das es zwei Gründe gibt. Erstens: In peripheren Ländern sind die Interessen der kapitalistischen Grundbesitzer ganz andere als die der lokalen Handelsbourgeoisie. Die Grundbesitzer-Interessen liegen in der Aufrechterhaltung einer offenen Wirtschaft zum Zweck der Maximierung ihres Profits aus dem Weltmarkthandel (keine Beschränkungen des Exports und des Zugangs zu kostengünstigeren Industrieprodukten aus Ländern des Zentrums) sowie in der Ausschaltung der lokalen Handelsbourgeoisie zugunsten auswärtiger Händler (die keine lokale politische Bedrohung darstellen). Mit anderen Worten und bezogen auf den Staat: Die Koalition, die den Staatsapparat in Ländern des Zentrums stärkte, war in Ländern der Peripherie nicht vorhanden.

Der zweite Grund, der im Verlauf der Geschichte des modernen Weltsystems immer mehr zur Wirkung gekommen ist, ist, daß die Stärke des Staatsapparates in Ländern des Zentrums eine Funktion der Schwäche anderer Staatsapparate ist. Deshalb sind Eingriffe von außen mit Mitteln des Krieges, der Subversion und der Diplomatie das Schicksal peripherer Staaten.

All dies scheint offenkundig zu sein. Wir wiederholen es hier nur, um zweierlei klarzumachen. Erstens: Man kann die Stärke verschiedener Staatsapparate zu bestimmten Zeitpunkten der Geschichte des modernen Weltsystems vernünftigerweise nicht primär mit genetisch-kulturellen Argumenten erklären, sondern eher mit der strukturellen Rolle, die das jeweilige Land zur fraglichen Zeit in der Weltwirtschaft spielt. Zwar entscheidet sich die ursprüngliche Eignung für eine bestimmte Rolle häufig an der Frage nach dem zufälligen Vorteil, den ein Land besitzt, und dieser »Zufall« liegt zweifellos teils in vergangener Geschichte, teils in gegenwärtiger Geographie begründet. Doch wenn dieser relativ unbedeutende Zufall einmal gegeben ist, dann ist es das Wirken der Weltmarktkräfte, das die Unterschiede akzentuiert, sie institutionalisiert und kurzfristig unüberwindbar macht. Zweitens: Die strukturellen Unterschiede zwischen Zentrum und Peripherie sind nicht hinreichend zu begreifen, wenn man nicht zur Kenntnis nimmt, daß es eine dritte strukturbedingte Position gibt: die Position der Semiperipherie. Dies ist nicht das Ergebnis einer willkürlichen Einführung von Schnittpunkten in ein Kontinuum von Merkmalen. Unsere Logik ist nicht bloß induktiv derart, daß die Existenz einer dritten Kategorie aus einem Vergleich von Indikatorkurven ermittelt wird. Sie ist auch deduktiv. Die Semiperipherie ist nötig, damit eine kapitalistische Weltwirtschaft reibungslos funktionieren kann. Beide Arten von Weltsystem, das Weltreich mit einr redistributiven Ökonomie und die Weltwirtschaft mit einer kapitalistischen Marktwirtschaft, bringen eine auffällig ungleiche Verteilung von Vorteilen und Gewinnen mit sich. Logischerweise stellt sich somit die Frage, wie ein solches System sich politisch überhaupt halten kann. Warum überwältigt die Mehrheit der Ausgebeuteten nicht einfach die Minderheit derer, die aus dem System unverhältnismäßig große Vorteile ziehen? Schon ein flüchtiger Blick auf die Geschichte zeigt, daß diese Weltsysteme ziemlich selten mit einem fundamentalen, das ganze System erfassenden Aufruhr konfrontiert worden sind. Obschon Unzufriedenheit im Innern zu allen Zeiten zu beobachten war, hat es gewöhnlich lange gedauert, bevor die fortschreitende Aushöhlung der Macht zum Zerfall eines Weltsystems führte, und es waren ebensooft externe wie interne Kräfte, die bei diesem Zerfall die entscheidende Rolle spielten.

Drei wesentliche Momente haben es möglich gemacht, daß die Weltsysteme sich eine relative politische Stabilität bewahren konnten (Stabilität nicht im Sinne der Gruppen, die die Führungsrolle im System spielen, sondern im Sinne des Überlebens des Systems selbst). Das erste ist offensichtlich die Konzentration militärischer Stärke in den Händen der herrschenden Kräfte. Die Bedingungen hierfür sind je nach Technologie andere, und natürlich bedarf eine solche Konzentration bestimmter politischer Voraussetzungen; nichtsdestoweniger ist die bloße Tatsache militärischer Stärke ein zentraler Umstand. Das zweite Moment ist eine durchgängig starke ideologische Bindung an das System als Ganzes. Damit meine ich nicht das, was häufig mit dem Begriff der »Legitimation« eines Systems bezeichnet wird, weil dieser Begriff impliziert, daß die Unterschichten des Systems eine gewisse Affinität zu der Loyalität gegenüber den Herrschenden empfinden; ich bezweifle, daß dies jemals ein bedeutender Faktor für das Überleben von Weltsystemen gewesen ist. Nein, ich meine etwas anderes: das Ausmaß, in dem der Mitarbeiterstab (staff) oder die Kader des Systems (und ich drücke mich hier absichtlich vage aus) das Gefühl haben, daß ihr eigenes Wohlergehen gänzlich abhängt vom Überleben des Systems und von der Kompetenz der Führer dieses Systems. Es ist dieser Stab, der Mythen nicht nur verbreitet, sondern sie auch glaubt. – Doch weder militärische Stärke noch ideologische Bindung reichten aus, gäbe es nicht die Spaltung der Mehrheit in eine größere Unterschicht und eine kleinere Mittelschicht. Sowohl der revolutionäre Ruf nach Polarisierung als Veränderungsstrategie wie auch der liberale Hymnus auf den Konsens, die Übereinstimmung als Grundlage des liberalen Staatswesens, spiegeln diesen Sachverhalt. Die Bedeutung dieser Erkenntnis geht sehr viel weiter, als man nach ihrer Anwendung in der Analyse politischer Probleme der Gegenwart vermuten könnte. Es ist der Normalzustand beider Arten von Weltsystem, eine *dreischichtige Struktur* zu haben. Wenn und falls dies nicht mehr der Fall ist, muß das Weltsystem zerfallen.

In einem Weltreich wird der Mittelschicht de facto die Rolle zuerkannt, den marginal erwünschten Fernhandel mit Luxusgütern aufrechtzuerhalten, während die Oberschicht ihre Mittel auf die Kontrolle des Militärapparates konzentriert, der Tribut eintreiben kann, die entscheidende Möglichkeit, volkswirtschaftlichen Überschuß umzuverteilen. Indem sie jedoch dafür sorgt, daß die urbanisierten Elemente der Mittelschicht in begrenztem Umfang am Surplus teilhaben – jene, die in vorneuzeitlichen Gesellschaften allein fähig waren, isolierten Gruppen von Produzenten des Primärsektors politischen Zusammenhalt zu geben –, kauft die Oberschicht effektiv die potentiellen Führer einer koordinierten Revolte. Und indem sie dieser vom Handel lebenden städtischen Mittelschicht politische Rechte verwehrt, hält sie sie mit der Androhung von Konfiskationsmaßnahmen in Schach, wann immer deren wirtschaftliche Gewinne so anschwellen, daß sie beginnen könnten, militärische Stärke für sich selbst aufzubauen.

In einer Weltwirtschaft ist eine derartige »kulturelle« Schichtung nicht so einfach, weil die Abwesenheit eines einheitlichen politischen Systems bedeutet, daß die ökonomischen Rollen im Gesamtsystem eher vertikal als horizontal konzentriert sind. Daher ist die Lösung die dreier *Arten* von Staaten, innerhalb derer es jeweils Zwänge zur kulturellen Homogenisierung gibt. Mit anderen Worten: Neben der Oberschicht von Staaten des Zentrums und der Unterschicht von peripheren Staaten gibt es eine Mittelschicht von Staaten der Semiperipherie.

Dieser *Semiperipherie* wird nun gewissermaßen eine spezifische ökonomische Rolle zugewiesen, die jedoch weniger ökonomisch als politisch begründet ist. Man könnte durchaus sagen, daß die Weltwirtschaft als Ökonomie ohne Semiperipherie genauso gut funktionieren würde wie mit einer solchen. Aber sie wäre *politisch* weit weniger stabil, weil das Fehlen der Semiperipherie ein polarisiertes Weltsystem zur Folge hätte. Die Existenz der dritten Kategorie bedeutet gerade, daß die Oberschicht nicht mit einer *vereinigten* Opposition aller übrigen konfrontiert wird, weil die *Mittel*schicht sowohl ausgebeutet wird als auch selbst ausbeutet. Daraus folgt, daß die spezifische ökonomische Rolle nicht sonderlich wichtig ist und sich deshalb durch die verschiedenen historischen Stadien des modernen Weltsystems verändert hat. Wir wollen kurz über diese Veränderungen sprechen.

Wie paßt die Klassenanalyse in dieses Gesamtbild hinein? Und was sind in einer solchen Formulierung Nationen, Nationalitäten, Völker, ethnische Gruppen? Ohne das hier im einzelnen darzulegen[40], behaupte ich zunächst einmal, daß die letztgenannten Begriffe Varianten eines einzigen Phänomens bezeichnen, das ich »Ethno-Nationen« nennen will. Beides, Klassen und ethnische Gruppen bzw. Standesgruppen oder Ethno-Nationen, sind Phänomene von Weltwirtschaften, und ein großer Teil der beträchtlichen Verwirrung, die in der konkreten Analyse ihrer Wirkungsweise herrscht, läßt sich der Tatsache zuschreiben, daß diese Phänomene so analysiert worden sind, als existierten sie in den Nationalstaaten dieser Weltwirtschaft und nicht in der Weltwirtschaft insgesamt. Dies hat sich in der Tat als Prokrustesbett erwiesen.

Da der Bereich wirtschaftlicher Tätigkeiten im Zentrum erheblich größer ist als in der Peripherie, ist der Bereich syndikalistischer Interessengruppen dort erheblich größer.[41] So ist allgemein beobachtet worden, daß es in vielen Teilen der Welt heute kein Proletariat von der Art gibt, wie es beispielsweise in Europa oder Nordamerika existiert. Doch ist dies eine verwirrende Darstellung der Beobachtung. Da industrielle Tätigkeiten in bestimmten Teilen der Weltwirtschaft unverhältnismäßig stark konzentriert sind, sind industrielle Lohnarbeiter prinzipiell in bestimmten geographischen Regionen anzutreffen. Ihre Interessen als syndikalistische Gruppe werden durch ihr kollektives Verhältnis zur Weltwirtschaft bestimmt. Ihre Fähigkeit, das politische Funktionieren dieser Weltwirtschaft zu beeinflussen, wird geprägt durch die Tatsache, daß sie in einer souveränen politischen Einheit über einen größeren Anteil an der Bevölkerung verfügen als in einer anderen. Die Form, die ihre Organisationen annehmen, wird ebenfalls weitgehend von diesen politischen Grenzen bestimmt. Dasselbe könnte man von den industriellen Kapitalisten sagen. Die Klassenanalyse kann durchaus die politische Lage beispielsweise der französischen Facharbeiter erklären, betrachtet man deren strukturelle Position und Interessen in der Weltwirtschaft. Ähnlich ist es mit Ethno-Nationen. Die Bedeutung ethnischen Bewußtseins in einem Lande des Zentrums unterscheidet sich erheblich von der Bedeutung ethnischen Bewußtseins in einem peripheren Lande, gerade weil solche ethnischen Gruppen in der Weltwirtschaft eine andere Klassenlage haben.[42]

Politische Kämpfe von Ethno-Nationen oder Klassenteilen innerhalb nationaler Grenzen sind das tägliche Brot lokaler Politik. Aber ihre Bedeutung oder Folgen können nur nutzbringend analysiert werden, wenn man die Implikationen ihrer organisatorischen Tätigkeit oder politischen Forderungen für das Funktionieren der Weltwirtschaft herausfindet. Das ermöglicht übrigens auch rationalere Einschätzungen dieser Politik im Sinne eines Katalogs von Bewertungskriterien wie »links« und »rechts«.

Das Funktionieren einer kapitalistischen Weltwirtschaft erfordert, daß Gruppen ihre Wirtschaftsinteressen innerhalb eines einzigen Weltmarktes verfolgen, während sie versuchen, diesen Markt zu ihrem Vorteil umzuformen, indem sie sich organisieren, um Einfluß auf Staaten auszuüben, von denen einige weit mächtiger sind als andere, keiner jedoch den Weltmarkt gänzlich kontrolliert. Natürlich wird man bei genauer Prüfung erkennen, daß es Zeiten gibt, in denen ein Staat relativ viel Macht hat, und andere Zeiten, in denen die Macht stärker zersplittert und umkämpft ist, was schwächeren Staaten größere Aktionsspielräume verschafft. Wir können also von der relativen Festigkeit oder Brüchigkeit des Weltsystems als einer wichtigen Variable sprechen und zu analysieren versuchen, warum diese Dimension die Tendenz hat, zyklisch zu sein, wie sie es seit mehreren hundert Jahren offenbar ist.

Wir sind nun in der Lage, die historische Entwicklung dieser kapitalistischen Weltwirtschaft selbst zu betrachten und zu klären, inwieweit es sinnvoll ist, von verschiedenen Stadien ihrer Entwicklung als System zu sprechen. Die Entstehung der europäischen Weltwirtschaft im »langen« 16. Jahrhundert (1450-1640) wurde durch einen geschichtlichen Umstand ermöglicht, nämlich dadurch, daß jene langfristigen Trends, welche die Kulmination dessen waren, was man bisweilen als »Krise des Feudalismus« beschrieben hat, überlagert wurden von einer unmittelbaren Konjunkturkrise sowie klimatischen Veränderungen, die zusammengenommen ein Dilemma erzeugten, das einzig mittels einer geographischen Ausweitung der Arbeitsteilung behoben werden konnte. Überdies kam das intersystemare Kräftegleichgewicht der Verwirklichung einer solchen Idee entgegen. So kam es zu einer geographischen in Verbindung mit einer demographischen Expansion und einem Preisanstieg.

Das Bemerkenswerte daran war nicht, daß eine europäische Weltwirtschaft geschaffen wurde, sondern daß diese den Plan der Habsburger, aus ihr ein Weltreich zu machen, überlebte – ein Plan, der von Karl V. mit allem Ernst betrieben wurde. Der spanische Versuch, sich »alles« einzuverleiben, scheiterte, weil die rapide ökonomisch-demographisch-technologische Explosion des vorangegangenen Jahrhunderts das ganze Unternehmen für die Erhaltung der imperialen Basis zu teuer machte, besonders da die kastilische Wirtschaftsentwicklung zahlreiche strukturelle Defizite aufwies. Spanien konnte sich weder die Bürokratie noch die Armee leisten, die für dieses Unternehmen erforderlich waren, und ging ebenso bankrott wie die französischen Monarchen, die einen ähnlichen, wenngleich noch weniger einleuchtenden Versuch wagten. Als der Traum der Habsburger vom Weltreich ausgeträumt war – und 1557 war er ein für allemal ausgeträumt –, da war die kapitalistische Weltwirtschaft ein etabliertes System, das aus dem Gleichgewicht zu bringen fast unmöglich war. Es erreichte rasch einen Punkt des Ausgleichs in seinen Beziehungen zu anderen Weltsystemen: dem osmanischen und dem russischen Weltreich, der Proto-Weltwirtschaft des Indischen Ozeans. Jeder der aktuell oder potentiell bestehenden Staaten innerhalb der europäischen Weltwirtschaft trat eilig an zum Wettlauf um Bürokratisierung, Aufstellung eines stehenden Heeres, Homogenisierung seiner Kultur und Diversifizierung seiner Wirtschaftstätigkeiten. Bis 1640 war es den Staaten im Nordwesten Europas gelungen, sich als Staaten des Zentrums zu etablieren; Spanien und die norditalienischen Stadtstaaten sanken zur Semiperipherie herab; Nordosteuropa und Ibero-Amerika waren zur Peripherie geworden. Jene Staaten, die zu dieser Zeit den Platz der Semiperipherie einnahmen, hatten diesen dem Abstieg von einer vormals überlegeneren Position zu verdanken.

Es war die das ganze System erfassende Rezession der Jahre 1650-1730, die die europäische Weltwirtschaft konsolidierte und das Stadium II der modernen Weltwirtschaft eröffnete. Denn die Rezession zwang zur Kürzung der Ausgaben, und der Rückgang des relativen Überschusses erlaubte nur einem einzigen Staat des Zentrums zu überleben. Das Mittel des Kampfes war der Merkantilismus, ein Mittel der partiellen Absonderung und Abwendung vom Weltmarkt, das von *großen* Gebieten angewandt wurde, die selbst hierarchisch aufgebaut waren, d. h. von Imperien innerhalb der Weltwirtschaft (was etwas anderes ist als Weltreiche). In diesem Kampf verdrängte England zuerst die Niederlande aus deren Vormachtstellung im Handel und widerstand dann erfolgreich dem Bestreben Frankreichs, ihm die neugewonnene Position streitig zu machen. Als England nach 1760 den Industrialisierungsprozeß zu beschleunigen begann, unternahmen die in Frankreich ansässigen kapitalistischen Kräfte einen letzten Versuch, die drohende britische Hegemonie zu brechen. Dieser Versuch fand seinen Ausdruck zuerst in der Französischen Revolution, in deren Verlauf die alten Herrschaftskader durch neue ersetzt wurden, und dann in der Kontinentalblockade Napoleons. Doch der Versuch scheiterte.

Hier nun beginnt das dritte Stadium der kapitalistischen Weltwirtschaft, ein Stadium, das eher als Industriekapitalismus denn als Agrarkapitalismus zu kennzeichnen ist. Fortan ist die industrielle Produktion kein untergeordnetes Moment des Weltmarktes mehr, vielmehr umfaßt sie einen stetig wachsenden Anteil der Weltbruttoproduktion und – was noch wichtiger ist – des Weltbruttosurplus. Dies hat eine ganze Reihe von Konsequenzen für das Weltsystem.

Zuallererst folgte daraus die weitere geographische Ausweitung der europäischen Weltwirtschaft. Dies war zum Teil das Ergebnis gesteigerter technologischer Standards im Sinne von erhöhter militärischer Schlagkraft und verbesserten Transporteinrichtungen, die den regulären Handel billig genug machten, um lebensfähig zu sein. Hinzu kam jedoch, daß die Industrieproduktion Zugang zu bestimmten Rohstoffen und diese in einer solchen Menge *verlangte,* daß der Bedarf innerhalb der früheren Grenzen nicht gedeckt werden konnte. Zunächst spielte die Suche nach neuen Märkten jedoch keine leitende Rolle bei der geographischen Expansion, da es – wie wir sehen werden – leichter war, die neuen Märkte innerhalb der alten Grenzen zu finden.

Die geographische Expansion der europäischen Weltwirtschaft bedeutete sowohl die Ausschaltung anderer Weltsysteme als auch die Einverleibung der restlichen Minisysteme. Das bis dahin wichtigste Weltsystem außerhalb der europäischen Weltwirtschaft, Rußland, wurde zur Semiperipherie. Dieser Statuswandel ergab sich folgerichtig aus der Stärke des russischen Staatsapparates (einschließlich Armee) und dem bereits im 18. Jahrhundert erreichten Industrialisierungsgrad. In den lateinamerikanischen Ländern änderten die Erfolge bei der Erlangung der Unabhängigkeit nichts an deren peripherem Status. Sie beseitigten lediglich die letzten Überreste der semiperipheren Rolle Spaniens und beendeten die Situation der Nichteinbeziehung des lateinamerikanischen Binnenlandes in die Weltwirtschaft. Asien und Afrika wurden im 19. Jahrhundert in die Peripherie aufgenommen; Japan allerdings konnte sich – aufgrund der Stärke seines Staatsapparates, der Schwäche seiner Ressourcenbasis (die ein gewisses Desinteresse der weltkapitalistischen Kräfte bewirkte) und seiner geographischen Ferne von den Gebieten des Zentrums – rasch für eine semiperiphere Rolle qualifizieren.

Die Aufnahme Afrikas als Teil der Peripherie bedeutete das Ende der Sklaverei in der ganzen Welt, und zwar aus zwei Gründen. Erstens: Die Arbeitskräfte, die ehedem als Sklaven benutzt wurden,

wurden nun dazu gebraucht, exportfähige Agrarerzeugnisse in Afrika selbst zu produzieren (cash-crop production), während die Europäer im 18. Jahrhundert alles daran gesetzt hatten, eben diese Form der Produktion zu verhindern.[43] Zweitens: Sobald Afrika einmal Teil der Peripherie geworden war und nicht mehr zur externen Arena zählte, wurde die Sklaverei unökonomisch. Um dies zu begreifen, muß man sich die Ökonomie der Sklaverei vor Augen halten: Sklaven, die den denkbar geringsten Lohn für ihre Arbeit erhalten, sind die am wenigsten produktive Arbeitskraft und haben sowohl wegen Unterernährung und Mißhandlung als auch infolge verminderter psychischer Widerstandskraft gegen den Tod die kürzeste Lebenserwartung. Hinzu kommt, daß die Fluchtrate zu hoch ist, wenn sie in Gegenden rekrutiert werden, die in unmittelbarer Nachbarschaft zum Arbeitsplatz liegen. Folglich entstehen hohe Transportkosten für ein Produkt von niedriger Produktivität. Dies ist nur dann ökonomisch sinnvoll, wenn der Kaufpreis praktisch gleich Null ist. Im kapitalistischen Markthandel hat ein Kauf stets seinen realen Preis. Einzig beim Fernhandel, dem Austausch von Kostbarkeiten, kann der Kaufpreis im Gesellschaftssystem des Käufers praktisch gleich Null sein. Ein solcher Handel war der Sklavenhandel. Beim Sklavenkauf waren die direkten Kosten gering (die Produktionskosten der Artikel wechselten), und die üblichen unsichtbaren Kosten fielen nicht an. Das heißt, die Tatsache, daß die zwangsweise Entfernung eines Menschen aus Westafrika das produktive Potential der Region verringerte, kostete die europäische Weltwirtschaft *gar nichts,* da diese Gebiete nicht Teil der Arbeitsteilung waren. Freilich, hätte der Sklavenhandel Afrika völlig der Möglichkeit beraubt, weitere Sklaven zu liefern, dann wären Europa reale Kosten entstanden. Aber dieser Punkt wurde historisch nie erreicht. Sobald Afrika jedoch Teil der Peripherie geworden war, stieg der tatsächliche Preis eines Sklaven im Sinne der Produktion von Surplus in der Weltwirtschaft so weit an, daß es weitaus kostengünstiger war, Lohnarbeiter einzusetzen, auch und sogar auf Zucker- und Baumwollplantagen – und eben dies geschah im 19. Jahrhundert im Karibischen Raum und in anderen Sklavenarbeitsregionen.

Die Eingliederung riesiger neuer Gebiete in die Peripherie der ausgeweiteten Weltwirtschaft ermöglichte einigen anderen Gebieten, ihre Rolle zu wechseln. Vorab die Vereinigten Staaten und Deutschland vereinigten ehedem periphere und semiperiphere Regionen in sich. Sowohl in den USA als auch in Deutschland konnte der Verarbeitungssektor in dem Maße politisch beherrschenden Einfluß gewinnen, wie die peripheren Subregionen für die Weltwirtschaft an ökonomischer Bedeutung verloren. Der Merkantilismus wurde nun zum wichtigsten Instrument der semiperipheren Länder, die Länder des Zentrums werden wollten; er hatte mithin immer noch fast dieselbe Funktion wie die merkantilistischen Ansätze des ausgehenden 17. und 18. Jahrhunderts in England und Frankreich. Allerdings ging der Kampf der semiperipheren Länder um »Industrialisierung« in der Periode vor dem Ersten Weltkrieg verschieden aus: In den USA war er durchweg erfolgreich, in Deutschland nur partiell und in Rußland überhaupt nicht.

Die innere Struktur der Länder des Zentrums wandelte sich unter dem Industrialismus ebenfalls grundlegend. Für ein Gebiet des Zentrums bedeutete Industrialismus den Verzicht auf praktisch sämtliche landwirtschaftliche Aktivitäten (sieht man einmal davon ab, daß die weitere Mechanisierung im 20. Jahrhundert eine neue Form der Bodenbearbeitung schaffen sollte, die so hochgradig mechanisiert war, daß sie den Namen »industriell« verdient). Während etwa England in der Zeit von 1700 bis 1740 nicht nur bei Industrieerzeugnissen das führende Exportland Europas war, sondern auch bei Agrarerzeugnissen – dies auf dem Höhepunkt der die ganze Wirtschaft erfassenden Rezession –, waren um 1900 nur noch weniger als 10% der englischen Bevölkerung in landwirtschaftlichen Berufen tätig.

In der ersten Periode des Industriekapitalismus betrieb das Zentrum den Austausch von Fertigwaren gegen die landwirtschaftlichen Produkte der Peripherie – daher die Bezeichnung »workshop of the world« (der Welt größte Werkstatt bzw. Fabrik) für das England von 1815 bis 1873. Selbst jene semiperipheren Länder, die in gewissem Umfang eigene Industrieproduktion besaßen (Frankreich, Deutschland, Belgien und die USA), belieferte England in dieser Zeit mit etwa der Hälfte aller von ihnen benötigten Fertigwaren. In dem Maße jedoch, wie die merkantilistischen Praktiken der letztgenannten Länder England nicht nur von Absatzmärkten abschnitten, sondern ihm sogar beim Export in periphere Gebiete Konkurrenz zu machen begannen, eine Konkurrenz, die Ende des 19. Jahrhunderts zur »Balgerei um Afrika« führte, wurde die Weltarbeitsteilung so umstrukturiert, daß sie dem Zentrum eine neue Sonderrolle garantierte: weniger die Lieferung von Fertigwaren, mehr die Lieferung von Maschinen zur Herstellung der Fertigwaren sowie die Bereitstellung von Infrastruktur (in dieser Periode insbesondere Eisenbahnlinien).

Das Aufblühen der Industrieproduktion führte unter dem Kapitalismus erstmals zur Entstehung eines städtischen Proletariats in großem Umfang. Als Folge davon bildete sich das, was Michels den »antikapitalistischen Massengeist« genannt hat[44], eine Einstellung, die in konkrete Organisationsformen (Gewerkschaften, sozialistische Parteien) übersetzt wurde. Dies bedeutete die Einführung eines neuen Faktors, der für die Stabilität der Staaten und der kapitalistischen Kräfte, die diese Staaten zu diesem Zeitpunkt sicher beherrschten, ebenso bedrohlich war, wie es im 17. Jahrhundert die zentrifugalen Vorstöße regionaler antikapitalistischer Grundbesitzer gewesen waren.

Zur gleichen Zeit, da die Bourgeoisien der Länder des Zentrums dieser Bedrohung der inneren Stabilität ihrer Staatsstrukturen ausgesetzt waren, sahen sie sich außerdem der Wirtschaftskrise des letzten Drittels des 19. Jahrhunderts konfrontiert, die daraus entstanden war, daß die Agrarproduktion (und tatsächlich auch die Produktion der Leichtindustrie) rascher gewachsen war als der potentielle Absatzmarkt für diese Güter. Ein Teil des Überschusses mußte also umverteilt werden, damit diese Güter gekauft wurden und die Wirtschaftsmaschinerie wieder reibungslos funktionieren konnte. Durch Erhöhung der Kaufkraft des Industrieproletariats in den Ländern des Zentrums wurde die Weltwirtschaft von zwei Problemen zugleich entlastet: dem Problem der schwachen Nachfrage und dem des Unruhe schaffenden »Klassenkonfliktes« in den Zentralstaaten – daher der Sozialliberalismus oder die Wohlfahrtsstaatsideologie, die just zu diesem Zeitpunkt aufkamen.

Der Erste Weltkrieg war – wie zeitgenössische Beobachter sagen – das Ende einer Ära, und die russische Oktoberrevolution 1917 war der Anfang einer neuen, der Beginn unseres vierten Stadiums. Dieses Stadium war zweifellos ein Stadium des revolutionären Umbruchs, aber zugleich – ein scheinbares Paradox – das Stadium der *Konsolidierung* der industriekapitalistischen Weltwirtschaft. Die russische Oktoberrevolution war im Grunde die Revolution eines semiperipheren Landes, dessen inneres Kräftegleichgewicht einen Rückfall in den Peripherie-Status wahrscheinlich machte. Dies war die Folge davon, daß ausländisches Kapital in großem Umfang in den industriellen Sektor eindrang und dabei war, alle einheimischen kapitalistischen Kräfte auszuschalten, daß der Landwirtschaftssektor sich der Mechanisierung widersetzte und daß das relativ starke Militär geschwächt wurde (wofür die Niederlage gegen die Japaner im Jahre 1905 zeugt). Die Revolution brachte eine Gruppe von Staatsführern an die Macht, die diese Trends umkehrte, indem sie die klassische merkantilistische Methode des partiellen Rückzugs aus der Weltwirtschaft anwandte. Der Erfolg dieser Methode in dem Land, das nun nicht mehr Rußland, sondern die Sowjetunion war, beruhte auf der Mobilisierung der Bevölkerung, vor allem in den Städten. Am Ende des Zweiten Weltkrieges war die Sowjetunion wieder ein starkes Mitglied der Semiperipherie und wieder auf dem Wege zum Status eines Zentrums.

Unterdessen prägte sich der Abstieg Englands, der 1873 begonnen hatte, immer deutlicher aus, und die USA übernahmen die ehedem englische Rolle der Hegemonialmacht. Während die Vereinigten Staaten also aufstiegen, fiel Deutschland infolge seiner militärischen Niederlage weiter zurück. Verschiedene Versuche der Deutschen in den zwanziger Jahren, im Nahen Osten und Südamerika neue Absatzmärkte für Industrieprodukte zu finden, wurden angesichts des US-amerikanischen Vordringens, verbunden mit der anhaltenden relativen Macht Englands, vereitelt. Deutschlands verzweifeltes Streben, verlorenen Boden zurückzugewinnen, nahm die verderbliche und erfolglose Gestalt des Nazismus an.

Der Zweite Weltkrieg war es, der den USA für eine kurze Periode (1945-1965) erlaubte, den Rang der größten Macht zu erlangen, den England in der ersten Hälfte des 19. Jahrhunderts innegehabt hatte. Das US-amerikanische Wachstum in dieser Periode war spektakulär und erzeugte ein erhebliches Bedürfnis nach erweiterten Absatzmöglichkeiten. Der Abbruch der Gespräche im Kalten Krieg hatte zur Folge, daß nicht nur die Sowjetunion, sondern ganz Osteuropa für US-Exporte verschlossen blieb. Und die Revolution in China bedeutete, daß diese Region, die im großen Umfang auszubeuten beabsichtigt gewesen war, ebenfalls ausgeklammert werden mußte. Drei alternative Gebiete standen den USA als Aktionsraum zur Verfügung und wurden mit Eifer genutzt. Erstens: Westeuropa mußte rasch »wieder-aufgebaut« werden; es war der Marshall-Plan, der diesem Gebiet gestattete, bei der Ausweitung der Weltproduktion eine Hauptrolle zu spielen. Zweitens: Lateinamerika wurde zum Residuum für US-Investitionen, von dem England und Deutschland nun völlig abgeschnitten waren. Drittens: Das südliche Asien, der Nahe Osten und Afrika mußten entkolonisiert werden. Dies war einerseits notwendig, um den Anteil am Surplus, den die westeuropäischen Zwischenhändler aus diesen Gebieten zogen, zu verringern – so wie Canning in den zwanziger Jahren des 19. Jahrhunderts heimlich die lateinamerikanischen Revolutionäre gegen Spanien unterstützt hatte.[45] Andererseits mußten diese Gebiete entkolonisiert werden, damit das Produktionspotential wie nie zuvor mobilisiert werden konnte. Schließlich war die Kolonialherrschaft eine *niedere* Form des Verhältnisses zwischen Zentrum und Peripherie gewesen, deren Ursache in dem aufreibenden Konflikt zwischen den Industriestaaten Ende des 19. Jahrhunderts lag, die jedoch vom Standpunkt der neuen Hegemonialmacht nicht mehr erwünscht war.[46]

Aber eine kapitalistische Weltwirtschaft duldet kein wahres Imperium. Karl V. konnte seinen Traum vom Weltreich nicht verwirklichen. Die Pax Britannica begünstigte ihren eigenen Zusammenbruch, desgleichen die Pax Americana. In jedem Falle waren die Kosten des *politischen* Imperiums wirtschaftlich zu hoch, und in einem kapitalistischen System bei mittelfristig sinkenden Profiten sind neue *politische* Formeln gefragt. In diesem Fall stiegen die Kosten an mehreren

Fronten. Die Anstrengungen der Sowjetunion, die Industrialisierung im eigenen Land voranzutreiben, ein bevorzugtes Absatzgebiet (Osteuropa) zu protektionieren und den Zugang zu anderen Absatzgebieten zu erzwingen, bewirkten eine gewaltige Steigerung der Militärausgaben, was der sowjetischen Seite langfristige Gewinne verhieß, während es für die Vereinigten Staaten lediglich um einen schnellen Lauf zum Stillstand ging. Der wirtschaftliche Wiederaufstieg Westeuropas, der einerseits notwendig geworden war, um den US-Exporten und -Investitionen Märkte zu verschaffen, andererseits, um dem militärischen Vorstoß der UdSSR zu begegnen, bedeutete über Zeit, daß die Staatsstrukturen Westeuropas kollektiv ebenso stark wurden wie die der USA. Dies führte Ende der sechziger Jahre zur »Dollar- und Goldkrise« und dazu, daß Nixon die Freihandelshaltung aufgab – das entscheidende Zeichen des selbstsicheren Führers in einem kapitalistischen Marktsystem. Als dann die geballten Probleme und Spannungen in der Dritten Welt, am augenfälligsten in Vietnam, hinzukamen, wurde eine Umstrukturierung der internationalen Arbeitsteilung unvermeidlich, die in den siebziger Jahren vermutlich die Aufteilung des größeren Teils des Welt-Surplus auf die USA, die EWG, Japan und die UdSSR nach sich zog.

Tatsächlich hat der Abbau der US-Hegemonie den Handlungsspielraum der kapitalistischen Unternehmen *erweitert;* die größten von ihnen haben mittlerweile die Gestalt multinationaler Konzerne angenommen, die in der Lage sind, Manöver gegen die Staatsbürokratie zu inszenieren, wann immer die nationalen Politiker zu nachgiebig auf internen Druck der Arbeiter reagieren. Ob sich effektive Verbindungen zwischen den Multis, die gegenwärtig auf bestimmte Operationsgebiete beschränkt sind, und der Sowjetunion herstellen lassen, bleibt abzuwarten, ist jedoch keineswegs ausgeschlossen.

Damit kommen wir auf eine der Fragen zurück, mit denen wir den Aufsatz eingeleitet haben, nämlich auf die scheinbar esoterische Debatte zwischen Liu Shao-chi und Mao Tse-tung, ob China – wie Liu meinte – ein sozialistischer Staat ist, oder ob – wie Mao argumentierte – Sozialismus ein *Prozeß* ist, der permanenten Klassenkampf verlangt. Wem die Terminologie fremd ist, dem erscheint die Diskussion gewiß theologisch. Wie schon gesagt, ist der Streitpunkt jedoch ein realer. Wenn die russische Oktoberrevolution eine Reaktion auf den drohenden weiteren Abbau der strukturellen Position Rußlands in der Weltwirtschaft war, und wenn man fünfzig Jahre später davon sprechen kann, daß die Sowjetunion dabei ist, den Status einer Zentralmacht zu erringen, welche Bedeutung haben dann die diversen sogenannten sozialistischen Revolutionen, die es in jedem dritten Land der Welt gegeben hat? Halten wir zunächst fest, daß weder Thailand noch Liberia noch Paraguay eine »sozialistische Revolution« hatten, sondern Rußland, China und Kuba. Das heißt, diese Revolutionen sind in Ländern ausgebrochen, die in ihrer internen Wirtschaftsstruktur in der vorrevolutionären Periode eine Mindeststärke im Sinne von qualifizierten Arbeitskräften, Ansätzen zur Industrieproduktion und anderen Faktoren besaßen, die es einleuchtend machten, daß ein solches Land im Rahmen einer kapitalistischen Weltwirtschaft seine Rolle in der internationalen Arbeitsteilung im Verlauf einer angemessenen Zeit (sagen wir: 30-50 Jahre) ändern konnte, und zwar durch Anwendung der merkantilistischen Methode des partiellen Rückzugs aus dem Weltmarkt. Natürlich erlebten andere Länder im geographischen Feld und militärischen Wirkungsbereich dieser revolutionären Kräfte ebenfalls Machtwechsel, ohne daß sie diese Kennzeichen aufwiesen (beispielsweise die Mongolei oder Albanien). Es gilt auch festzuhalten, daß viele der Länder, in denen ähnliche Kräfte stark sind bzw. nur unter massivem Einsatz konterrevolutionärer Repression niedergehalten werden können, eine solche Mindeststärke haben – ich denke an Chile, Brasilien oder Ägypten und, natürlich, Italien.

Erleben wir nicht die Entstehung einer dem Stadium IV des kapitalistischen Weltsystems angepaßten Struktur für *semiperiphere* Länder? Aus der Tatsache, daß alle Wirtschaftsunternehmen in diesen Ländern verstaatlicht sind, folgt nicht, daß die Beteiligung dieser Unternehmen an der Weltwirtschaft nicht der Funktionsweise eines kapitalistischen Marktsystems entspricht – womit wir das Bestreben meinen, die Produktionsleistung ständig zu steigern, um beim Verkauf Höchstpreise zu erzielen und damit eine günstigere Verteilung des Welt-Surplus zu erreichen. Angenommen, die U.S. Steel würde morgen gemeinschaftliches Eigentum der Arbeiter, ein Unternehmen, in dem sämtliche Beschäftigten ausnahmslos denselben Gewinnanteil erhielten und alle Aktionäre entschädigungslos enteignet würden – hörte U.S. Steel deshalb plötzlich auf, ein kapitalistisches Unternehmen in einer kapitalistischen Weltwirtschaft zu sein?

Welche Konsequenzen hat es nun für das Weltsystem, wenn viele Staaten entstehen, in denen es kein Privateigentum an den entscheidenden Produktionsmitteln gibt? Bis zu einem gewissen Grade folgt daraus eine interne Umverteilung des Konsums. Es hat fraglos die ideologischen Rechtfertigungen des Weltkapitalismus erschüttert, insofern es zeigt, daß kapitalistische Unternehmer politisch verwundbar sind, und zugleich beweist, daß die Eigentumsform für die rasche Ausweitung der Industrieproduktion ohne Bedeutung ist. Aber insoweit dadurch die Fähigkeit der neuen semiperipheren Gebiete erhöht wird, in den Genuß eines größeren Anteils am Welt-Surplus zu kommen, hat es die Welt wieder einmal entpolarisiert, hat es erneut jene Dreischichtung hervorgerufen, die ein entscheidender Faktor für das Überleben des Weltsystems war und ist.

Schließlich muß gesagt werden, daß die fortwährende ökonomische Expansion des Zentrums (wenn das Zentrum auch selbst eine gewisse Umverteilung des Surplus erlebt) und die neue Stärke der Semiperipherie für die peripheren Gebiete der Weltwirtschaft eine weitere Schwächung ihrer politischen und mithin auch ihrer ökonomischen Stellung mit sich bringen. Die großen Gelehrten notieren: »Die Kluft wird immer breiter.« Aber bis heute hat es noch niemand vermocht, etwas Entscheidendes dagegen zu unternehmen, und es ist nicht ersichtlich, daß es sehr viele gibt, in deren Interesse es wäre, dies zu tun. Was wir heute in vielen Teilen der Welt beobachten, ist alles andere als eine Aufwertung staatlicher Autorität, sondern vielmehr die nämliche Art von Abwertung, wie Polen sie im 16. Jahrhundert erfuhr, eine Abwertung, für die die Häufigkeit von Militärputschen nur eines von vielen Zeichen ist. Dies alles veranlaßt uns zu dem Schluß, daß das Stadium IV das Stadium der *Konsolidierung* der kapitalistischen Weltwirtschaft ist.

Nun bedeutet »Konsolidierung« nicht, daß es keine Widersprüche mehr gäbe und daß das Überleben des gegenwärtigen Weltsystems auf lange Sicht wahrscheinlich ist. Damit kommen wir zu dem Punkt, ein Bild von der Zukunft zu entwerfen – ein Spiel, das zu allen Zeiten für den Menschen verlockend war, seine wahre Hybris, das überzeugendste Argument für das Dogma von der Erbsünde. Da ich Dante gelesen habe, werde ich mich kurz fassen.

Mir scheint, es gibt zwei Hauptwidersprüche im Wirken des kapitalistischen Weltsystems. Der erste ist der Widerspruch, auf den das Marxsche Hauptwerk im 19. Jahrhundert aufmerksam machte und den ich folgendermaßen formulieren möchte: Während die Profitmaximierung kurzfristig verlangt, daß vom unmittelbaren Konsum der Bevölkerungsmehrheit maximaler Surplus abgezogen wird, erfordert die fortgesetzte Produktion von Surplus langfristig eine Massennachfrage, die nur durch Umverteilung des abgezogenen Surplus geschaffen werden kann. Da diese zwei Gedankengänge sich in entgegengesetzte Richtungen bewegen (ein »Widerspruch«), erlebt das System regelmäßige Krisen, die es langfristig schwächen und das Spiel für jene, die Privilegien besitzen, weniger spielenswert machen.

Der zweite Hauptwiderspruch, auf den Maos Begriff vom Sozialismus als Prozeß verweist, ist folgender: Wann immer die Privilegierten sich darum bemühen, eine oppositionelle Bewegung zu kooptieren, indem sie ihr einen kleinen Anteil an den Privilegien einräumen, mögen sie zwar für kurze Zeit zweifellos Gegner ausschalten, aber sie treiben auch den Anteil für die nächste oppositionelle Bewegung, die in der nächsten Krise der Weltwirtschaft entsteht, in die Höhe. Mit anderen Worten: Der Preis für die »Kooptation« steigt weiter an, und die Vorteile der Kooptation erscheinen den Preis immer weniger wert.

Es gibt heute in der Weltwirtschaft ebensowenig sozialistische Systeme, wie es Feudalsysteme gibt, denn es gibt nur *ein einziges* Weltsystem. Dieses System ist die Weltwirtschaft, und sie ist der Form nach per definitionem kapitalistisch. Sozialismus bedeutet die Durchsetzung eines neuartigen *Welt*systems, und dies wäre weder ein redistributives Weltreich noch eine kapitalistische Weltwirtschaft, sondern eine sozialistische Weltregierung. Ich halte dieses Bild von der Zukunft nicht im mindesten für utopisch, habe allerdings nicht den Eindruck, als stehe seine Verwirklichung unmittelbar bevor. Die »sozialistische Weltregierung« wird das Ergebnis eines langen Kampfes sein, der sich in vertrauten Formen vollziehen kann, vielleicht auch in sehr neuen Formen, und der in *sämtlichen* Gebieten der Weltwirtschaft stattfinden wird (Maos permanenter »Klassenkampf«). Regierungen mögen in der Hand von Individuen, Gruppen oder Bewegungen sein, die mit einer solchen Transformation einverstanden sind, aber *Staaten* als solche sind weder progressiv noch reaktionär. Bewegungen und Kräfte sind es, die solche Werturteile verdienen.

Nachdem ich nun das Bild von der Zukunft so weit ausgemalt habe, wie es mir sinnvoll erschien, möchte ich zur Gegenwart zurückkehren und zum Geschäft des Wissenschaftlers, das niemals neutral ist, sondern seine eigene Logik und bis zu einem gewissen Grade seine eigenen Prioritäten hat. Wir haben als unsere grundlegende Untersuchungseinheit einen Begriff von Weltsystemen skizziert, welche Strukturteile und sich entwickelnde Stadien haben. Es ist dieser Rahmen, so meine ich, innerhalb dessen wir sinnvollerweise vergleichende Analysen anstellen können – Analysen des Ganzen und von Teilen des Ganzen. Gedankliche Entwürfe gehen Messungen und Bewertungen voraus und leiten sie. Ich bin sehr für minutiöse und hochempfindliche quantitative Indikatoren. Ich bin sehr für sorgfältige und fleißige Archivarbeit, die eine konkrete Kette historischer Ereignisse vom Standpunkt ihrer unmittelbar folgenden Komplikationen aus zurückverfolgt. Aber bei beidem kommt es vor allem darauf an, daß wir fähig werden, besser zu erkennen, was geschehen ist und was geschieht. Dazu brauchen wir eine Brille, mit der wir die Dimensionen des Unterschieds wahrnehmen können, wir brauchen Modelle, mit denen wir die Bedeutung wägen können, und wir brauchen zusammenfassende Begriffe, mit deren Hilfe wir zu Erkenntnissen gelangen können, die wir dann einander zu vermitteln suchen. Und zwar deshalb, weil wir Menschen mit Hybris und Erbsünde und darum auf der Suche nach dem Guten, dem Wahren und dem Schönen sind.

1 Georg Lukács, *Rosa Luxemburg als Marxist,* in: *Geschichte und Klassenbewußtsein,* Neuwied und Berlin: Hermann Luchterhand Verlag, Sonderausgabe November 1970, S. 94 (39).

2 Robert A. Nisbet, *Social Change and History,* New York: Oxford University Press 1969, S. 302 f. Ich selbst würde die wirtschaftsgeschichtliche Literatur von dieser Kritik ausnehmen.

3 Fernand Braudel, *History and the Social Sciences,* in Peter Burke (Hrsg.), *Economy and Society in Early Modern Europe,* London: Routledge and Kegan Paul 1972, S. 38 f.

4 Vgl. André Gunder Frank, Kapitel IV, A. *Der Mythos des Feudalismus,* in: *Kapitalismus und Unterentwicklung in Lateinamerika,* Frankfurt: Europäische Verlagsanstalt 1969, S. 220-241.

5 Vgl. Frederic Lanes Erörterung über »Schutzkosten« (protection costs), die als Teil III von *Venice and History,* Baltimore: Johns Hopkins Press 1966, abgedruckt ist. Zum speziellen Tribut-Problem siehe S. 389 f. und S. 416-420.

6 Vgl. Karl Polanyi, *The Economy as Instituted Process,* in Karl Polanyi, Conrad M. Arsenberg und Harry W. Pearson (Hrsg.), *Trade and Market in the Early Empire,* Glencoe: Free Press 1957, S. 243-270.

7 Vgl. meine Arbeit *The Modern World System: Capitalist Agriculture and the Origins of the European World Economy in the Sixteenth Century,* New York: Academic Press 1974.

8 Philip Abrams schließt ein ähnliches Plädoyer mit folgenden mahnenden Worten: »Die akademische und intellektuelle Trennung von Geschichte und Soziologie hat also offenbar die Wirkung gehabt, beide Disziplinen von der ernsthaften Beschäftigung mit den wichtigsten Fragen, die zum Verständnis sozialen Wandels [transition] gehören, abzuhalten.« *The Sense of the Past and the Origins of Sociology,* in: *Past and Present,* Nr. 55, Mai 1972, S. 32.

9 André Gunder Frank, a.a.O., S. 21.

10 A. G. Franks heute schon klassische Kritik dieser Theorien trägt die Überschrift *Soziologie der Entwicklung und Unterentwicklung der Soziologie,* in *Latin-America: Underdevelopment or Revolution,* New York: Monthly Review Press 1969, S. 21-94.

11 Vgl. Theotonio dos Santos, *La Nueva Dependencia,* Buenos Aires: s/ediciones 1968.

12 Ernesto Laclau, *Feudalism and Capitalism in Latin America,* in: *New Left Review,* Nr. 67, Mai/Juni 1971, S. 37 f.

13 *Die Akkumulation des Kapitals,* Frankfurt: Verlag Neue Kritik, Archiv sozialistischer Literatur 1, Dritte Auflage 1969, S. 335-337. Luxemburg – das wird deutlich – trägt allerdings selber zur Verwirrung bei, indem sie die Terminologie von »kapitalistischen« und »nichtkapitalistischen« Produktionsweisen gebraucht. Lassen wir diese Termini beiseite, so ist ihre Einsicht fehlerlos: »So ist von beiden Standpunkten: der Realisierung des Mehrwerts wie der Beschaffung der Elemente des konstanten Kapitals von vornherein der Weltverkehr eine historische Existenzbedingung des Kapitalismus, Weltverkehr, der in den gegebenen konkreten Verhältnissen wesentlich ein Austausch zwischen der kapitalistischen und den nichtkapitalistischen Produktionsformen ist.« Ibid., S. 330-331. Sie zeigt eine ähnliche Einsicht in die Notwendigkeit, Arbeitskräfte für Gebiete des Zentrums aus der Peripherie zu

rekrutieren, was sie» das Wachstum des variablen Kapitals« nennt. Siehe ibid., S. 333.

14 Die Debatte beginnt mit Maurice Dobb, *Studies in the Development of Capitalism*, London: Routledge and Kegan Paul 1946; Paul Sweezy kritisierte Dobb in *The Transition from Feudalism to Capitalism*, in: *Science and Society*, XIV. Jg., Heft 2, Frühjahr 1950, S. 134-157, mit einer »Erwiderung« von Dobb in derselben Ausgabe. Seit dieser Zeit haben sich viele andere in verschiedenen Teilen der Welt in dieser Debatte zu Wort gemeldet. Ein Überblick über und eine Erörterung der Debatte finden sich *in extenso* im ersten Kapitel meiner oben zitierten Arbeit. Siehe zu den Texten der Debatte Paul Sweezy u. a., *Der Übergang vom Feudalismus zum Kapitalismus*, Frankfurt 1978.

15 Wir kämen in einen langen Disput, wollten wir die Behauptung belegen, daß Marx – wie alle großen Denker – einerseits der Gefangene seiner sozialen Lage war, andererseits das Genie, das gelegentlich aus einer besseren Position zu sehen vermochte. Der erste Marx zog allgemeine Schlüsse aus der englischen Geschichte; der zweite Marx ist der, der den Grundstein zu einem kritischen Begriffsrahmen für die Bewertung gesellschaftlicher Realitäten legte. W. W. Rostow versucht übrigens, den ersten Marx mit einer alternativen Verallgemeinerung englischer Geschichte zu widerlegen. Er ignoriert jedoch den zweiten und bedeutenderen Marx. Vgl. *The Stages of Economic Growth: A Non-Communist Manifesto*, Cambridge: University Press 1960.

16 Laclau, a.a.O., S. 25, 30.

17 Zit. in F. Burlatsky, *The State and Communism*, Moskau: Progress Publishers o. J., ca. 1961, S. 95.

18 Ibid., S. 97.

19 Mao Tse-tung, *On the Correct Handling of Contradictions Among the People*, 7. Aufl., überarbeitete Übersetzung, Peking: Foreign Languages Press 1966, S. 37 f.

20 *Long Live the Invincible Thought of Mao Tse-tung!*, nicht datiertes Pamphlet, erschienen zwischen 1967 und 1969, übersetzt in *Current Background*, Nr. 884, 18. Juli 1969, S. 14.

21 Diesen Standpunkt vertrat Mao Tse-tung in seiner Rede vor der Arbeitskonferenz des Zentralkomitees in Peitaiho im August 1962; ein Bericht darüber findet sich in dem in Anm. 20 zitierten Pamphlet auf S. 20. Maos Position wurde später auf dem 10. Plenum des 8. Zentralkomitees der KPCh im September 1962 gebilligt; das Pamphlet *Long Live ...* beschreibt diese ZK-Tagung als »einen großen Wendepunkt im erbitterten Kampf zwischen dem proletarischen Hauptquartier und dem bürgerlichen Hauptquartier in China«. Ibid., S. 21.

22 Bemerkungen von Mao auf dem 10. Plenum, zit. in ibid., S. 20.

23 Mao Tse-tung, *Talk on the Question of Democratic Centralism*, 30. Januar 1962, in: *Current Background*, Nr. 891, 8. Oktober 1969, S. 39.

24 *Kommuniqué der 10. Plenarsitzung des 8. Zentralkomitees der Kommunistischen Partei Chinas*, in: *Current Background*, Nr. 691, 5. Oktober 1962, S. 3.

25 Jurij Sdobnikow (Hrsg.), *Socialism and Capitalism: Score and Prospects*, Moskau: Progress Publ. 1971, S. 20. Das Buch wurde von Mitgliedern des Institute of World Economy and International Relations kompiliert und herausgegeben, die Leitung des Autorenkollektivs oblag Prof. V. Aboltin.

26 Ibid., S. 21.

27 Ibid., S. 26.

28 Ibid., S. 24.

29 Ibid., S. 25.

30 Vgl. Raymond Aron, *Dix-huit leçons de la société industrielle,* Paris: Edition Gallimard 1962.

31 Dies ist meiner Meinung nach auch das Dilemma von E. J. Hobsbawm bezüglich der Erklärung seiner sogenannten »Krise des 17. Jahrhunderts«. Vgl. seinen Artikel *Past and Present,* der (mit diversen Kritiken) abgedruckt ist in Trevor Aston (Hrsg.), *The Crisis of the Seventeenth Century,* London: Routledge and Kegan Paul 1965.

32 Maurice Dobb, *Capitalism Yesterday and Today,* London: Lawrence and Wishart 1958, S. 21. Hervorhebung von mir; I. W.

33 Maurice Dobb, a.a.O., S. 6 f.

34 Ibid., S. 21.

35 Vgl. meine Arbeit *The Modern World System,* a.a.O., Kapitel 2.

36 Eine kurze Darstellung dieses Vorgangs findet sich in meinem Aufsatz *Three Paths of National Development in the Sixteenth Century,* in: *Studies in Comparative International Development,* VII, 2, Sommer 1972, S. 95-101.

37 Vgl. Arghiri Emmanuel, *Unequal Exchange,* New York: Monthly Review Press 1972.

38 Charles Bettelheim, *Theoretical Comments,* in: Emmanuel, a.a.O., S. 295.

39 Vgl. J. Siemenski, *Constitutional Conditions in the Fifteenth and Sixteenth Centuries,* in: *Cambridge History of Poland,* Band I; W. F. Reddaway u. a. (Hrsg.), *From the Origins to Sobieski (to 1696),* Cambridge: At the University Press 1950, S. 416-440; Janusz Tazbir, *The Commonwealth of the Gentry,* in: Aleksander Gieysztor u. a., *History of Poland,* Warschau: PWN – Polish Scientific Publ. 1968, S. 169-271.

40 Vgl. meine umfassendere Analyse in *Social Conflict in Post-Independence Black Africa: The Concepts of Race and Status Group Reconsidered,* in Ernest W. Campbell (Hrsg.), *Racial Tensions and National Identity,* Nashville: Vanderbilt Univ. Press 1972, S. 207-226.

41 Mit »Bereich« meinen wir hier die Anzahl verschiedener Berufe, in denen ein bedeutender Teil der Bevölkerung tätig ist. So ist in einer peripheren Gesellschaft die Masse der Menschen typischerweise in der Landwirtschaft beschäftigt. In einer Gesellschaft des Zentrums sind die Berufe typischerweise gut verteilt über alle drei von Colin Clark definierten Wirtschaftssektoren. Verschöbe man den Bedeutungsgehalt von »Bereich« so, daß Lebensstil, Konsummuster, ja sogar Einkommensverteilung gemeint wären, dann könnte man die Korrelation möglicherweise durchaus umkehren. In einer typischen Gesellschaft der Peripherie sind die Unterschiede zwischen einem Bauern, der das Existenzminimum erwirtschaftet (subsistence farmer), und einem städtischen Selbständigen mit hoher Wahrscheinlichkeit erheblich größer als jene, die in einem typischen Staat des Zentrums zu finden wären.

42 Vgl. meinen Aufsatz *The Two Modes of Ethnic Consciousness: Soviet Central Asia in Transition?,* in Edward Allworth (Hrsg.), *The Nationality Question in Soviet Central Asia,* New York: Praeger 1973, S. 168-175.

43 A. Adu Boahen zitiert die Instruktionen, die das englische Wirtschaftsministerium (Board of Trade) 1751 dem Gouverneur von Cape Castle (einem kleinen britischen Fort und Handelsniederlassung im heutigen Ghana) gab, um die Eingeborenen, die Fante, davon abzuhalten, Baumwolle anzupflanzen. Die Begründung dafür lautete: »Die Einführung von Agrokultur und Industrie bei den Negern steht im Gegensatz zur wohlbegründeten Politik unseres Landes; niemand kann sagen, wohin das führt und ob es nicht auf Tabak, Zucker und alle anderen Rohstoffe übergreift, die wir heute aus unseren Kolonien beziehen; und die Afrikaner, die sich

heute von Kriegen ernähren, würden dadurch zu Pflanzern werden, und ihre Sklaven würden zu Angestellten im Anbau dieser Produkte in Afrika, so wie sie es in Amerika schon sind.« Zit. in A. Adu Boahen, *Topics in West Africa History*, London: Longmans, Green and Co. 1966, S. 113.

44 Robert Michels, *The Origins of the Anti-Capitalist Mass Spirit*, in: *Man in Contemporary Society*, New York: Columbia University Press 1955, Band I, S. 740-765.

45 Vgl. William W. Kaufman, *British Policy and the Independence of Latin America, 1804-1828*, New Haven: Yale University Press 1951.

46 Vgl. Cathérine Coquéry-Vidrovich, *De l'impérialisme britannique à l'impérialisme contemporaine – l'avatar colonial*, in: *L'Homme et la société*, Nr. 18, Oktober/November/Dezember 1970, S. 61-90.

André Gunder Frank
Über die sogenannte ursprüngliche Akkumulation

Der Prozeß der Kapitalakkumulation ist ein starker, wenn nicht überhaupt der stärkste Motor der modernen Geschichte. Nun wirft jedoch das Thema »Kapitalakkumulation« – und seine Erörterung in diesem Rahmen – immer noch eine Reihe von grundlegenden theoretischen und mithin auch empirischen Fragen auf, die weitgehend ungeklärt sind. Der vorliegende Aufsatz will einige dieser Fragen untersuchen, und zwar unter folgenden aufeinander bezogenen Überschriften:

1. Über ursprüngliche, primäre und kapitalistische Akkumulation
2. Über ungleiche Produktionsverhältnisse, Zirkulation und Verwertung bei Kapitalakkumulation
3. Über ungleichmäßige Stadien, Zyklen und Krisen bei Kapitalakkumulation
4. Über endlosen Klassenkampf bei Kapitalakkumulation.

Insofern es – nach unserer These – in dieser einen Welt seit mehreren Jahrhunderten einen einzigen, kontinuierlichen Prozeß der Kapitalakkumulation gibt, ist die hier vorgenommene heuristische Gliederung der Problematik in ungleiche Struktur, ungleichmäßige Entwicklung etc. notwendigerweise willkürlich. Andererseits sind strukturelle Ungleichheit und zeitliche Ungleichmäßigkeit der Kapitalakkumulation dem Kapitalismus inhärent.

1. Über ursprüngliche, primäre und kapitalistische Akkumulation

Eine wichtige ungeklärte Frage gilt der Grundlage und den Modalitäten der kapitalistischen Akkumulation des Kapitals selbst und insbesondere dem Übergang zu diesem Prozeß über »die sogenannte ursprüngliche Akkumulation« sowie dem weiteren Übergang von der kapitalistischen zur »sozialistischen Akkumulation«. Da unsere These lautet, daß die Welt im Laufe der vergangenen Jahrhunderte einen einzigen, allumfassenden, wiewohl ungleichen und ungleichmäßigen Prozeß der Kapitalakkumulation erlebt hat, der seit mindestens zwei Jahrhunderten ein kapitalistischer ist, müssen wir untersuchen, wie dieser Prozeß begann, auf welchen Grundlagen er sich fortentwickelte und inwieweit er bedeutende Veränderungen erfahren hat.

Marx schrieb: »Anwendung von Mehrwert als Kapital oder Rückverwandlung von Mehrwert in Kapital heißt Akkumulation des Kapitals.« (*Das Kapital*, Erster Band, Zweiundzwanzigstes Kapitel, S. 605)[1] »Durch Verlängrung des Arbeitstags produzierten Mehrwert nenne ich absoluten Mehrwert; den Mehrwert dagegen, der aus Verkürzung der notwendigen Arbeitszeit und entsprechender Verändrung im Größenverhältnis der beiden Bestandteile des Arbeitstags entspringt, – relativen Mehrwert.« (*Das Kapital*, Erster Band, Zehntes Kapitel, S. 334) Obwohl der *absolute* Mehrwert für die Akkumulation gewiß von Belang ist, beruht die wichtigste Akkumulation der neueren Zeit, die kapitalistische Akkumulation – und Marxens Analyse derselben –, auf der gesteigerten Produktion von *relativem* Mehrwert. Obwohl Marx es »nur empirisch« erwähnt (in fünf Zeilen als »eine der bedeutendsten Ursachen, die die Tendenz zum Fall der Profitrate aufhalten«, Dritter Band, S. 245, und in vier Seiten unter den »Umstände[n], welche [...] den Umfang der Akkumulation bestimmen«, Erster Band, S. 625-629), schreibt er auch: »In den Abschnitten über die Produktion des Mehrwerts ward beständig unterstellt, daß der Arbeitslohn wenigstens gleich dem Wert der Arbeitskraft ist. Die gewaltsame Herabsetzung des Arbeitslohns unter diesen Wert spielt jedoch in der praktischen Bewegung eine zu wichtige Rolle, um uns nicht einen Augenblick dabei aufzuhalten. Sie verwandelt faktisch, innerhalb gewisser Grenzen, den notwendigen Konsumtionsfonds des Arbeiters in einen Akkumulationsfonds von Kapital.« (S. 626) »Welche Rolle heutzutag der direkte Raub am notwendigen Konsumtionsfonds des Arbeiters in der Bildung des Mehrwerts und daher des Akkumulationsfonds des Kapitals spielt, hat beispielsweise die sog. Hausarbeit [or putting-out industry] gezeigt.« (S. 629) Das heißt, die kapitalistische Akkumulation des Kapitals beruht auch auf einer Überausbeutung von Arbeitskraft mit Hilfe von Extramehrwert; häufig – und dies nicht nur in der englischen »Hausarbeit« – verweigert diese Überausbeutung dem Arbeiter das Existenzminimum (und dies nach allen denkbaren Definitionen) und verhindert zu bestimmten Zeiten und an bestimmten Orten sogar die Reproduktion der Arbeitskraft. Zudem tritt diese Überausbeutung bis unter das Existenzminimum (less-than-subsistence super-exploitation) ebenso durch Lohnarbeit und durch andere Produktionsverhältnisse auf wie durch den Zusammenhang zwischen beiden.

Eine weitere, mit der ersten verbundene Frage gilt der Art bzw. Modalität der *Kapitalakkumulation*. Gewissermaßen ist Kapitalakkumulation per definitionem »kapitalistisch« und wird von Marx und Marxisten folgendermaßen definiert und analysiert: Schaffung freier Arbeiter durch die Scheidung der früheren Eigentümer von ihren

Produktionsmitteln, Produktion von absolutem Mehrwert und – durch technologische Innovation und wachsende organische Zusammensetzung des Kapitals – von relativem Mehrwert, Reproduktion dieses Zyklus durch die Realisierung von Mehrwert und dessen Anwendung in neuer Produktion und Innovation, Konzentration und Zentralisation des Kapitals etc., die Kennzeichen von Industriekapitalismus und Imperialismus. Aber bevor dieser industriekapitalistische Prozeß der Kapitalakkumulation sich selbst tragen konnte, was anscheinend um 1800 der Fall war, gab es eine lange Periode der »sogenannten ursprünglichen Akkumulation«, die der »kapitalistischen« Akkumulation *vorausging* und in hohem Maße auf vorkapitalistischen Produktionsverhältnissen und/oder deren Verwandlung in kapitalistische beruhte. Auf die Bedeutung dieser »sogenannten ursprünglichen Akkumulation«, die es in den Jahrhunderten gab, mit denen wir uns an anderer Stelle beschäftigt haben[2], soll im folgenden näher eingegangen werden. In dieser Periode der *vor*herigen, *vor*ausgehenden, ursprünglichen, *vor*kapitalistischen Akkumulation vorkapitalistischer Zeiten und basierend auf vorkapitalistischen Produktionsverhältnissen waren diese Produktionsverhältnisse und die von ihnen geprägte Produktionsweise auch *nicht*-kapitalistisch. Folglich kann man nicht sagen, daß die Akkumulation direkt auf Mehrwert beruhte, insofern dieser nicht von freien Lohnarbeitern produziert wurde. Dennoch war der Wert, den die Produzenten erhielten, gewissermaßen kleiner als der, den sie produzierten, sonst wäre keinerlei Akkumulation möglich gewesen. Was die Konsumtion angeht, die den Produzenten zugestanden wurde, so mag sie deren existentiellen Bedürfnissen und den Erfordernissen der Reproduktion der Produktivkraft entsprochen haben, höher oder niedriger gewesen sein.

Wenn »vorkapitalistische« Akkumulation eine Akkumulation vor der kapitalistischen meint, dann ist sie per definitionem auch »nicht«-kapitalistisch. Bedeutet »vorkapitalistische« Akkumulation den Beginn der kapitalistischen Akkumulation, dann ist sie teils kapitalistisch, teils nicht-kapitalistisch. *Aber in beiden Fällen muß »nicht«-kapitalistische Akkumulation nicht gleich »vorkapitalistische« Akkumulation sein; sie kann durchaus gleichzeitig mit der kapitalistischen stattfinden oder gar nachkapitalistisch sein.* Mit anderen Worten: Insofern »ursprüngliche« Akkumulation sich auf Akkumulation auf der Grundlage von Produktion mit nicht-kapitalistischen Produktionsverhältnissen bezieht, muß sie der kapitalistischen Produktion und Akkumulation nicht vorausgehen, sondern *kann sehr wohl gleichzeitig mit ihr vor sich gehen.* Solche nicht-kapitalistische Produktion und die auf ihr beruhende Akkumulation können – um sie von vorkapitalistischer »ursprünglicher« Akkumulation und Produktion zu unterscheiden – als *»primäre« Akkumulation (»primary accumulation«)* bezeichnet werden (Roger Barta nennt sie »permanente primäre Akkumulation«). Diese primäre Akkumulation, die zum Teil auf Produktion mit nicht-kapitalistischen Produktionsverhältnissen basiert, ist eine häufige, wenn nicht gar ständige Begleiterin des kapitalistischen Prozesses der Kapitalakkumulation auch im entwikkelten Stadium der Dominanz von Lohnarbeit und gar des relativen Mehrwerts. *Tatsächlich leistet derlei primäre Akkumulation einen bedeutenden, wenn nicht unverzichtbaren Beitrag zur kapitalistischen Akkumulation des Kapitals.* Sie kann die Überausbeutung des nichtlohnabhängigen Produzenten bis unter die Grenze seines Existenzminimums und der Notwendigkeit, sich zu reproduzieren, einschließen oder auch nicht. Sie impliziert die Überausbeutung des Lohnarbeiters insofern, als dessen Konsumtionsfonds und die Reproduktion seiner Arbeitskraft einen direkten Bezug zu dieser nicht-kapitalistischen Produktion haben.

Vor dem Hintergrund dieser begrifflichen Unterscheidungen können wir nun eine Reihe weiterer Fragen stellen, die sich aus unserer Untersuchung der Genesis, Grundlagen und Modalitäten der Kapitalakkumulation, insbesondere der »sogenannten ursprünglichen Akkumulation«, wie Marx sie im 24. Kapitel des *Kapital* erörtert, ergeben. Wenn es so ist, daß der Prozeß der »sogenannten ursprünglichen Akkumulation« in den drei oder mehr Jahrhunderten stattfand, die dem kapitalistischen Prozeß der Kapitalakkumulation, der mit der industriellen Revolution einsetzte, vorausgingen, inwiefern beinhaltete er überhaupt Akkumulation von Kapital? Inwiefern war er »sogenannt ursprünglich«? Inwiefern führte er und/oder trug er bei zum späteren kapitalistischen Akkumulationsprozeß? Und welche Ähnlichkeiten oder Unterschiede bestehen zwischen dem früheren Prozeß (oder Prozessen?) und dem späteren Prozeß der Kapitalakkumulation?

In dem Kapitel mit der Überschrift *Die sogenannte ursprüngliche Akkumulation* schreibt Marx folgendes zum »Geheimnis der ursprünglichen Akkumulation«:

»Indes setzt die Akkumulation des Kapitals den Mehrwert, der Mehrwert die kapitalistische Produktion, diese aber das Vorhandensein größerer Massen von Kapital und Arbeitskraft in den Händen von Warenproduzenten voraus. Diese ganze Bewegung scheint sich also in einem fehlerhaften Kreislauf herumzudrehn, aus dem wir nur hinauskommen, indem wir eine der kapitalistischen Akkumulation vorausgehende ›ursprüngliche‹ Akkumulation (›previous accumulation‹ bei Adam Smith) unterstellen, eine Akkumulation, welche nicht das Resultat der kapitalistischen Produktionsweise ist, sondern ihr Ausgangspunkt. [. . .] Die sog. ursprüngliche Akkumulation ist also nichts als der historische Scheidungsprozeß von Produzent und Produktionsmittel. Er erscheint als ›ursprünglich‹, weil er die Vorgeschichte des Kapitals und der ihm entsprechenden Produktionsweise bildet.« (*Das Kapital*, Erster Band, S. 741 und 742)

Nun werfen diese Sätze mehr Fragen auf, als sie beantworten. Zunächst stellen sich folgende zwei Probleme: Wie kommt es zu der *Anhäufung* »größerer Massen von Kapital«, und welcher Zusammenhang besteht zwischen dieser Kapitalanhäufung und dem »Scheidungsprozeß von Produzent und Produktionsmittel«? Marx selbst argumentiert, daß eine größere Masse des Kapitals, das im vorgeschichtlichen Stadium des Kapitals, also vor der industriellen Revolution, angehäuft wurde, unter Bedingungen von Produktionsverhältnissen produziert wurde, welche die für Lohnarbeiter typische Scheidung der Produzenten von ihren Produktionsmitteln weder implizierten noch erforderten oder zuließen. Es war eine Vielfalt von nicht- und vorkapitalistischen Produktionsverhältnissen – »Kolonialismus«, »Sklaverei«, »zweite Leibeigenschaft«, aber auch »erste« Leibeigenschaft und Feudalismus – außerhalb, aber auch innerhalb Europas und Westeuropas, die zu dieser Anhäufung größerer Massen von Kapital vor der industriellen Revolution beitrugen.

Marxens rhetorische Bemerkungen, daß »die verhüllte Sklaverei der Lohnarbeiter in Europa zum Piedestal die Sklaverei sans phrase in der neuen Welt [bedurfte]« und daß »das Kapital von Kopf bis Zeh, aus allen Poren, blut- und schmutztriefend [zur Welt kommt]« (*Das Kapital*, Erster Band, S. 787 und 788), besagen nicht nur, daß diese »nicht-kapitalistischen« Quellen und Produktionsverhältnisse für die kapitalistische Akkumulation des Kapitals unverzichtbar waren, sondern auch, daß sie den gewaltsamen Raub am notwendigen Konsumtionsfonds der Produzenten als Voraussetzung für die Akkumulation des Kapitals einschlossen. Die sieben »nützlichen« Jahre eines Sklavenlebens in vielen Teilen der neuen Welt, der Rückgang der indianischen Bevölkerung von 2,5 auf 1,5 Millionen – und der Anstieg der Kosten für Arbeitskräfte im Bergbau – in Mexiko in kaum mehr als hundert Jahren nach der Conquista, ganz zu schweigen von der Dezimierung der eingeborenen Bevölkerung des Karibischen Raumes innerhalb von fünfzig Jahren, das erhöhte Auftreten und die verschärften Folgen von Hungerkatastrophen in Bengalen nach seiner Vergewaltigung durch die Engländer und viele weniger massive Eingriffe, die es der Masse der Bevölkerung nach ihrer Eingliederung in den Prozeß der Kapitalakkumulation unmöglich machten, sich zu reproduzieren – all das beweist den extrem ausbeuterischen Charakter dieser Produktionsverhältnisse, Gesellschaftsformationen und des Akkumulationsprozesses in seinem vorindustriellen Stadium.

Viele dieser Produktionsverhältnisse – und die aus ihnen entspringende Produktion – blieben für den kapitalistischen Prozeß der

Kapitalakkumulation von Bedeutung und sind es heute noch. Eine damals und heute wichtige Frage ist ja gerade, wie die Produktion unter nicht-kapitalistischen Produktionsverhältnissen zur kapitalistischen Akkumulation beitrug oder in diese verwandelt wurde, und zwar sowohl vor dem Beginn der eigentlichen kapitalistischen Akkumulation wie danach, d. h. seit beide nebeneinander bestehen. Die Hervorhebung der Bedeutung dieser Produktionsverhältnisse und des durch sie letztlich produzierten Mehrwerts sowohl vor der industriellen Revolution als auch danach (in der Periode des klassischen Imperialismus, wie sie beispielsweise von Rosa Luxemburg und Lenin untersucht wurde) heißt natürlich nicht, die Bedeutung des historischen Scheidungsprozesses von Produzent und Produktionsmittel und der Verwandlung des Produzenten in einen Lohnarbeiter zu bestreiten. Tatsächlich lag dieser Prozeß nicht nur der Entwicklung der kapitalistischen Produktionsverhältnisse zugrunde, sondern war auch Bestandteil des Akkumulationsprozesses, insofern die Scheidung der Produzenten von ihren Produktionsmitteln zur Konzentration des Kapitals beitrug. Überdies kann man durchaus so argumentieren: Die in der »Dritten Welt« während der imperialistischen Periode vollzogene Scheidung vieler Produzenten von ihren Produktionsmitteln und die Tatsache, daß den daraus hervorgehenden Lohnarbeitern oder den verbleibenden nicht-lohnabhängigen Produzenten oder beiden das Existenzminimum verweigert wurde (dergestalt, daß die einen gezwungen wurden, entweder mit Unterstützung oder auf Kosten der anderen zu überleben), bildeten einen materiellen Beitrag nicht nur zur Akkumulation des Kapitals, sondern auch zur Erhöhung der Lohntarife in metropolitanen Ländern.[3] Mit anderen Worten: Der Prozeß der Scheidung der Produzenten von ihren Produktionsmitteln und ihrer Verwandlung in Lohnarbeiter war nicht nur ursprünglich oder ging dem kapitalistischen Stadium lediglich voraus. Er setzte sich im kapitalistischen Stadium fort und dauert noch an. Und so dauert auch die primäre nicht-kapitalistische Akkumulation fort, die freilich in den kapitalistischen Prozeß der Kapitalakkumulation übergeht. Diese dauert freilich nicht bloß deshalb fort, weil die kapitalistische Entwicklung der Lohnarbeit die Produzenten von ihren Produktionsmitteln scheidet, sondern vielmehr *trotz* dieser Scheidung, und zwar dadurch, daß Verhältnisse aufrechterhalten und sogar neu geschaffen werden, die keine Lohnarbeitsverhältnisse im strikten Sinne sind. Die Frage, wie und warum diese sogenannte ursprüngliche und die primäre nicht-kapitalistische Akkumulation stattgefunden haben und seit der industriellen Revolution andauern, ist nach wie vor Gegenstand erheblicher Debatten. Aber die Frage nach dem Verhältnis und Beitrag der primären Akkumulation zur kapitalistischen Akkumulation des Kapitals hat

Ähnlichkeit mit und bringt uns zurück zu der Frage nach dem Verhältnis und Beitrag der ursprünglichen, vorkapitalistischen Akkumulation zur kapitalistischen Akkumulation selbst: Wie entgehen wir dem Teufelskreis um den Ausgangspunkt der kapitalistischen Kapitalakkumulation, indem wir eine der kapitalistischen Akkumulation vorausgehende sogenannte ursprüngliche Akkumulation (»previous accumulation«) unterstellen? Wann also *war* der Ausgangspunkt der kapitalistischen Produktionsweise? Wie fand die vor- (und folglich nicht-) kapitalistische, die sogenannte *ursprüngliche Akkumulation* statt, und wie wurden größere Massen von Kapital angehäuft, wenn es keine erweiterte kapitalistische Reproduktion gab? Inwiefern bildete diese vorausgehende Akkumulation eine notwendige, wenn nicht hinreichende Bedingung für den Beginn der kapitalistischen Akkumulation des Kapitals? Und schließlich: Wann war der Ausgangspunkt nun nicht der kapitalistischen Akkumulation, sondern der vorkapitalistischen Akkumulation, die materiell und ökonomisch zur wirklichen kapitalistischen Akkumulation beitrug?

Marx unterscheidet offensichtlich zwei historische Ausgangspunkte: einerseits »die ersten Anfänge kapitalistischer Produktion«, die im 14. und 15. Jahrhundert liegen, andererseits »die moderne Lebensgeschichte des Kapitals«, die »Welthandel und Weltmarkt im 16. Jahrhundert [eröffnen]«. »Den aufschießenden Manufakturen sicherte die Kolonie Absatzmarkt und eine durch das Marktmonopol potenzierte Akkumulation. Der außerhalb Europa direkt durch Plünderung, Versklavung und Raubmord erbeutete Schatz floß ins Mutterland zurück und verwandelte sich hier in Kapital.« (*Das Kapital*, Erster Band, S. 743, 161, 781) Aber die Produktion und die Konzentration von produktionsgestütztem Handelskapital in den italienischen Städten waren wesentlich, um die Entdeckungsreisen und die frühzeitige Herausbildung eines weltumspannenden Handels wünschenswert und möglich zu machen. Also: *Wie* verwandelte sich der »Schatz« in Kapital? Wie wichtig war hierbei die unverdiente Beute, und wie wichtig war der Absatz der Manufakturwaren auf dem Markt? Wie trug die Silbergräberei in Amerika und der Transport des Silbers nach Europa dazu bei, »größere Massen von Kapital« in Europa anzuhäufen? Eine Antwort ist, daß dieses Silber und später das Gold den Kauf von Gebrauchs- und Tauschwert aus dem Orient und Osteuropa finanzierten (wer wiederum tat was mit den Edelmetallen, außer sie zum Teil zu horten?). Eine andere Antwort ist, daß die Inflation, die sich in dem Maße ergab, wie die Edelmetalle nicht gehortet wurden, direkt und indirekt zur Konzentration von Kapital, zur Scheidung der Produzenten von den Produktionsmitteln und zur erhöhten Ausbeutung von mehr und geringer bezahlten Arbeitskräften führte. Auf welche Weise trugen die durch Plünderung und Versklavung ebenso wie durch Lohnarbeit und nichtlohnabhängige Arbeit geschaffenen Gebrauchswerte und deren Verwandlung in Tauschwerte zur Anhäufung und Konzentration von Kapital bei? Wie wurde das im 16., 17. und 18. Jahrhundert angehäufte Kapital denn reproduziert – ohne daß es entwickelte kapitalistische Produktionsverhältnisse gegeben hätte – und schließlich in Kapital verwandelt, das imstande war, sich selbst zu reproduzieren, mindestens zum Teil über auf Lohnarbeit beruhender industrieller Produktion und Reproduktion? *Die Frage, wann und wie die vorkapitalistische, die sogenannte ursprüngliche Akkumulation des Kapitals zur kapitalistischen (bzw. zum Ausgangspunkt für den kapitalistischen Prozeß der Kapitalakkumulation) wurde, bleibt in wesentlichen Punkten offen.*

Eine weitere Frage, die von unmittelbarem politischem und ökonomischem Gewicht für die Gegenwart ist, ist die *nach der möglichen Fortdauer und Bedeutung der sogenannten ursprünglichen oder eher primären Akkumulation heute.* Kein Zweifel, die Produktion von Gebrauchswerten im Rahmen nicht- und vorkapitalistischer Produktionsverhältnisse dauert heute fort, und die Gebrauchswerte werden nach wie vor direkt in Tauschwert für den Prozeß der kapitalistischen Akkumulation verwandelt. Aber vielleicht hat es einen Bedeutungsverlust gegeben? Wie groß die Bedeutung nicht-kapitalistischer Produktionsverhältnisse für den kapitalistischen Prozeß der Kapitalakkumulation heute ist, kann an drei Punkten überprüft werden: 1. an der Unterhaltung und, falls nötig, Bereitstellung einer potentiellen Reservearmee von Arbeitskräften und Bildung eines Arbeitskräftepools; 2. am Beitrag zum Unterhalt und zur Reproduktion von Lohnarbeitern, für die das Kapital weniger als den Subsistenzlohn zahlt, d. h. zu wenig, als daß der Lohnarbeiter davon existieren und sich reproduzieren könnte; 3. am Nutzen »sozialistischer« nicht-kapitalistischer Produktionsverhältnisse für die Produktion von Werten, die in den weltweiten kapitalistischen Prozeß der Kapitalakkumulation eingehen.

Die Unterhaltung einer *potentiellen Reservearmee von Arbeitskräften* durch teilweise nicht-kapitalistische Produktionsverhältnisse, die dem Kapital neue Arbeitskraft anbieten können und ihm gleichzeitig helfen, den Lohn des Arbeitsheeres herabzudrücken, läßt sich heute an dem massiven – obschon vielleicht in Stufen vom Dorf über das regionale Zentrum zu Orten außerhalb der Region verlaufenden – Strom von »Gastarbeitern« aus dem ländlichen Süden in den industriellen Norden Europas und an dem zunehmenden Transfer von für den Export bestimmten Industrieprodukten und -anlagen aus Industrieländern in einige unterentwickelte Länder ablesen. Die quantitative Bedeutung dieser Kategorie von Produktionsverhältnissen für die Akkumulation des Kapitals ist schwer zu erklären und abzuschätzen, aber sie ist zweifellos groß.

Der *Beitrag der nicht-kapitalistischen Dorfgemeinschaftsproduktion zur Erhaltung von Arbeitskraft* und zur Sicherung des Lebensabends von Lohnarbeitern im Umfeld afrikanischer und asiatischer Bergwerke, von Plantagen und städtischer Beschäftigungen, von Lohnarbeitern also, die buchstäblich weniger als den Existenzlohn erhalten, ist ganz erheblich; es gibt Analysen dazu von Meillassoux, Rey und anderen. Zwar produzieren die Angehörigen der Großfamilien dieser Wanderarbeiter und anderer Lohnarbeiter im Süden und Westen Afrikas möglicherweise wichtige Gebrauchswerte, die nicht direkt in den Zirkulationsprozeß eingehen; doch wird ein Teil dieser Gebrauchswerte von lohnarbeitenden Familienmitgliedern konsumiert, die direkt Tausch- und Mehrwert, oft Extramehrwert und häufig für den Export produzieren, *so daß die nicht-ausgetauschte, nicht-kapitalistische Produktion in jedem Falle indirekt zum kapitalistischen Prozeß der Kapitalakkumulation beiträgt.* Besäßen sie nichts als den Anteil an den von ihnen geschaffenen Werten, den das Kapital diesen Arbeitern in Form von Löhnen zurückgibt, so wären viele von ihnen tatsächlich außerstande, überhaupt Mehrwert für das Kapital zu produzieren – d. h., das Kapital hat sich für den Mehrwert, den sie nun einmal produzieren, bei ihren »nichtkapitalistischen« Familienmitgliedern zu bedanken. (Natürlich tut es das mitnichten, sondern beschimpft sie als zusätzliche »Fürsorge«-Last.) Dasselbe »Wanderarbeiter«-Prinzip »nicht-kapitalistischer« primärer Akkumulation des Kapitals gilt auch in bezug auf die europäischen »Gastarbeiter«, insofern diese erst herangebildet und später wieder zurückgenommen werden von Gemeinschaften im südlichen Europa oder im Falle Englands in Asien oder im Karibischen Raum, wo zum Teil unter »nicht-kapitalistischen« Produktionsverhältnissen produziert wird. Führt man diesen Gedankengang bis zu seinem logischen Schluß weiter, so kommt man nicht um folgende Feststellung herum: Die verbreitetste und wichtigste Form von kapitalistischer Akkumulation auf der Basis zum Teil primärer Akkumulation unter »nicht-kapitalistischen« Produktionsverhältnissen ist die vom Kapital nicht entlohnte Produktion und Reproduktion (im Sinne des Wortes) der Frau und Mutter in der bürgerlichen Familie und in der Arbeiterfamilie. Denn wenn das Kapital sie für den gesamten Beitrag bezahlen müßte, den sie – wie die Familie des afrikanischen Wanderarbeiters – leistet, damit der Arbeiter imstande ist, Mehrwert zu produzieren, und wenn das Kapital sie als zusätzliche unterbezahlte Arbeitskraft und Reservearmee, die man beliebig entlassen kann, nicht hätte, dann wäre kapitalistische Kapitalakkumulation schwierig, wenn nicht geradezu unmöglich.

Abschließend ist zu fragen: Wenn vor-/nicht-kapitalistische Produktionsverhältnisse Wert produzieren, der auf eine Weise direkt oder indirekt in den Zirkulationsprozeß eingeht, daß er kapitalistische Verwertung und Akkumulation zuläßt oder unterstützt, *kann dann nicht eine unter nach-/nicht-kapitalistischen Produktionsverhältnissen stattfindende Produktion dasselbe bewirken?* Welchen anderen Sinn hätte für den kapitalistischen Prozeß der Kapitalakkumulation das allgemeine Interesse des imperialistischen Kapitals an billigen, gut ausgebildeten und disziplinierten Arbeitskräften in den sozialistischen Volkswirtschaften der Sowjetunion und Osteuropas? Vielleicht muß das imperialistische Kapital den Produzenten der sozialistischen Länder direkt oder indirekt mehr zahlen als ein Subsistenzeinkommen, oder der sozialistische Staat subventioniert ihre gesellschaftliche Konsumtion; aber ob imperialistische Firmen den Weg über »Lohnveredelung« von Industrieprodukten für die Wiederausfuhr aus den sozialistischen Ländern wählen oder ob sie deren Fertigwaren und Rohstoffe schlicht kaufen, ein Teil des durch Arbeit in diesen Volkswirtschaften produzierten Werts wird zum Kapitalisten transferiert, dessen Profitrealisierung und Akkumulation in jedem Fall gefördert wird, entweder durch die Güter, die er aus den sozialistischen Ländern erhält, oder durch die kapitalistisch produzierten Güter, oder durch beide. Zu einer Zeit, da diese ökonomische Ost-West-Integration unter dem politischen Schirm der Entspannung rasch voranschreitet, ist zu fragen, inwieweit diese Gesellschaftsformationen mit sozialistischen, »nichtkapitalistischen« Produktionsverhältnissen von dem einen, einzigen kapitalistischen Prozeß der Kapitalakkumulation isoliert sind. Und nach den Debatten – zwischen Anhängern und Gegnern von Althusser in Frankreich, zwischen Kommunisten und der »Neuen Linken«in Europa, Asien, Afrika und Lateinamerika – über die Wege und Mittel des Übergangs vom Feudalismus zum Kapitalismus und vom Kapitalismus zum Sozialismus erhebt sich (oder bleibt) die Frage, was wir unter »Übergang« verstehen – einen Übergang zwischen zwei Übergängen? Und sind Übergänge notwendigerweise kumulativ und ohne Zielrichtung?[4]

2. Über ungleiche Verhältnisse der Produktion, Zirkulation und Verwertung bei Kapitalakkumulation

Welches *Ausmaß* der einzige, weltweite Prozeß der Kapitalakkumulation und das durch diesen Prozeß seit mehreren Jahrhunderten geprägte kapitalistische *System* haben, bleibt ein wichtiges Problem. Seine Klärung in der Debatte wird erschwert durch – wie wir es nennen wollen – die inhärente strukturelle Ungleichheit der kapitalistischen Entwicklung selbst, die verschiedene Interpretationen zuläßt. Das Problem hat über ein Jahrhundert große theoretische und politische Bedeutung gehabt. Marx destillierte seine Theorie vom Kapital in erster Linie aus dessen hochentwickeltem Stadium in England und machte bis zu seinem Tode keine Aussagen darüber, inwieweit dieses Kapital die weniger entwickelten und unterentwikkelten Teile Europas und der Welt einschloß, die er selbst mehr mit historischen Beschreibungen als mit theoretischen Kategorien wie ursprüngliche Akkumulation, asiatische Produktionsweise erfaßte. In seinen Reportagen über die Engländer in Indien, den mexikanisch-amerikanischen Krieg, den amerikanischen Bürgerkrieg etc. bezeichnete er überdies die Ausweitung *des* Prozesses der Kapitalakkumulation und ihrer am weitesten entwickelten Gesellschaftsformationen auf diese Teile der Welt als »fortschreitend« und hoffte, daß England ihnen den Spiegel ihrer Zukunft vorhielt. Rosa Luxemburg betrachtete die Eingliederung scheinbar externer nicht- und vorkapitalistischer Volkswirtschaften in *den* Akkumulationsprozeß als für die Lösung ihrer internen Verwertungsprobleme notwendig. Für Lenin, Trotzki und Stalin waren Asien, Afrika und Lateinamerika, ganz zu schweigen vom nicht-europäischen Rußland, Objekte imperialistischer Expansion, die der ununterbrochenen Revolution unmittelbare Nationalitätenprobleme aufgaben. Die Dritte Internationale stellte sowohl die theoretische Ausarbeitung als auch die politische Lösung dieser Fragen zugunsten des Aufbaus des Sozialismus in einem Lande zurück, und manche ihrer zeitgenössischen Anhänger versuchen dies noch heute zu tun. In den letzten Jahren, d. h. nachdem an die Stelle des Kolonialismus der Neokolonialismus getreten ist, seit um nationale Befreiung gekämpft und in manchen Ländern der Sozialismus aufgebaut wird, werden Fragen, die sich auf das Ausmaß der Kapitalakkumulation und die Struktur des kapitalistischen Systems beziehen, wieder zunehmend erörtert. Die Begriffe, die dabei eine Rolle spielen, sind nicht so sehr »externe« »Zirkulation« oder Handelsbeziehungen, sondern eher »Primat« oder »Determinanz« »interner« »Produktionsverhältnisse«, womit die Frage nach Art, Umfang und Zusammenwirken kapitalistischer und nicht-kapitalistischer Produktionsverhältnisse, Produktionsweisen und Gesellschaftsformationen (und danach, inwieweit diese für die sozialistische Revolution reif sind oder nicht) in den Vordergrund rückt.

Wenn kapitalistische Produktion die Produktion von Tauschwert ist, dann beinhaltet sie auch die Zirkulation oder den Austausch von Gebrauchswert. Kapitalistische Akkumulation bedeutet (ist) die erweiterte Reproduktion von Tauschwert über den Kreislauf der Realisierung von Tauschwert durch den Austausch von Gebrauchswert. »Soviel ist jetzt schon gesagt, daß die Zirkulation selbst ein Moment der Produktion ist, da erst durch diese das Kapital als Kapital wird«

(Marx, *Grundrisse der Kritik der politischen Ökonomie*, S. 419), und Zirkulation kann nur durch fortwährende Produktion von Gebrauchswert fortwährend Tauschwert schaffen. Mit anderen Worten: Wie zentral die *Produktion* von Tauschwert (nicht einfach von Gebrauchswert, da gleichermaßen unabdingbar für jedes Produktionssystem) für die kapitalistische Akkumulation des Kapitals auch immer sei, die Kapitalverwertung durch den Austausch von Gebrauchs- und Tauschwerten im Zirkulationsprozeß ist ebenfalls ein wesentlicher Bestandteil des Prozesses kapitalistischer Produktion und Akkumulation und sollte ein wesentlicher Bestandteil ihrer Definition bzw. ein Kriterium für dieselben sein. Weder die Verhältnisse der Produktion von Gebrauchswert noch die Produktion von Tauschwert durch Lohnarbeit können also an und für sich ein hinreichendes Kriterium für die Existenz oder Nicht-Existenz kapitalistischer Produktion und Akkumulation darstellen, da sie andere Verhältnisse, die für die Realisierung und Reproduktion von Kapital und damit für die Kapitalakkumulation wesentlich sind, außer Betracht lassen.

Die Reichweite des kapitalistischen Systems bzw. das Ausmaß, in dem bestimmte Wirtschaftstätigkeiten oder Gesellschaftsformationen in den kapitalistischen Prozeß der Kapitalakkumulation eingespannt sind, muß demnach unter Berücksichtigung der Verhältnisse der Produktion, des Austausches und der Verwertung des Kapitals, die zu diesem Akkumulationsprozeß beitragen, untersucht werden. Die entscheidende Frage, um das Ausmaß kapitalistischer Akkumulation und die Reichweite des kapitalistischen Systems festzustellen, gilt prinzipiell nicht den Produktionsverhältnissen an sich und noch weniger der Existenz von Lohnarbeit (denn diese kann isoliert existieren, ohne zur Reproduktion und Akkumulation von Kapital beizutragen, wohingegen eine Produktion unter Produktionsverhältnissen, die auf anderen Formen von Arbeit als auf Lohnarbeit beruhen, als Kapital ausgetauscht und verwertet werden kann und auch wird und deshalb entscheidend zur Akkumulation des Kapitals während seiner ganzen Geschichte beitragen kann und beiträgt). Insofern die Produktionsverhältnisse – freilich im Zusammenhang mit Austausch und Verwertung – das herausragende Kriterium sind, ist es die *Transformation* der Verhältnisse der Produktion, Zirkulation und Verwertung durch ihre Eingliederung in den Prozeß der Kapitalakkumulation, die im Prinzip das relevante Kriterium für die Existenz von Kapitalismus darstellt (auch wenn in Teilen Indiens und Chinas eine tiefgreifende Veränderung der bestehenden Produktionsverhältnisse nicht nötig war, damit ein Teil ihrer Produktion eine Zeitlang zur Kapitalakkumulation anderswo beitragen konnte – bis eben jene Transformation doch notwendig wurde). In der historischen Praxis hängen Beteiligung am weltweiten Prozeß der Kapitalakkumulation und Transformation der Produktionsverhältnisse durchaus miteinander zusammen, ist das eine für das andere notwendig – obwohl die Transformation der bestehenden Produktionsverhältnisse nicht unbedingt zur Folge haben muß (und auch nicht hat), daß überall Lohnarbeit eingeführt wird; vielmehr kann die Eingliederung in den weltweiten Prozeß der Kapitalakkumulation die Trans*formation* der Produktionsverhältnisse aus einer »nichtkapitalistischen« in eine andere Form oder die Nutzung bestehender Produktionsformen zur Förderung der Kapitalakkumulation in Kombination mit verschiedenen Zirkulationskreisen nach sich ziehen.

Die Darstellung dieses theoretischen Ansatzes, die Vielfalt der Formen im Prozeß der Kapitalakkumulation und die Ungleichheit in der Struktur des kapitalistischen Systems zu erfassen, sowie die nachfolgenden Überlegungen zum ungleichmäßigen Akkumulationsprozeß – und die Anwendung dieses Ansatzes in der Untersuchung des weltweiten Prozesses der Kapitalakkumulation – kann manche Kontroversen über die Ausmaße des Kapitalismus, an denen ich selbst in der Vergangenheit – häufig gegen meinen Willen – beteiligt war, klären helfen.

Am leichtesten zu beantworten ist die Frage nach der Reichweite des Weltsystems – »Weltsystem« verstanden als Alternative zu den ideellen und häufig idealisierten analytischen Bezugsgrößen, die in sozialwissenschaftlichen und historischen Untersuchungen gerne verwendet werden, wie Dorfgemeinschaft, Stammesgemeinschaft, Nation (Nationalstaat) oder (europäischer) Kontinent und deren vermuteten einstigen oder gegenwärtigen Bestimmungsmerkmalen. Man kann durchaus behaupten, daß die meisten dieser sozialen Gebilde nicht existierten oder existieren und nicht als voneinander und vom ganzen Prozeß der Weltgeschichte isoliert zu begreifen sind.[5]

Wie schwierig es in der Praxis auch sei, im einzelnen nachzuweisen, welches die wechselseitige und bestimmende Beziehung aller und jeder dieser sozialen »Einheiten« zum weltgeschichtlichen Prozeß ist – man kann davon ausgehen, daß die derzeitige Existenz und die Grundzüge sowie große Teile der jüngsten Entwicklung der Mehrzahl dieser »Einheiten« wesentlich dadurch geprägt wurden, daß sie schon eine geraume Weile am *weltweiten Prozeß der Kapitalakkumulation* und am *kapitalistischen Weltsystem* beteiligt sind. Die Anfangsgeschichte der Beteiligung vieler dieser »Einheiten« an diesem Prozeß macht deutlich, daß es nicht so war, daß das Kapital in jüngster Zeit die Staatsgrenzen überschritt, um international zu werden, sondern eher so, daß der Nationalstaat selbst schon vor langer Zeit als Nebenprodukt und Diener des Kapitals geformt wurde, daß also Existenz und Akkumulation des Kapitals bereits »international« waren, bevor der Nationalstaat geboren wurde – ja, eigentlich von

Anbeginn an. Betrachtet man die Gegenwart, so ist klar, daß es nach wie vor keine unabhängige internationale sozialistische Wirtschaft, Marktform oder Akkumulation gibt, wie Stalin angenommen hatte. Doch inwieweit sind die sozialistischen Länder an kapitalistischer Akkumulation und am Weltkapitalismus beteiligt oder nicht beteiligt?

Schwieriger ist die Frage zu beantworten, die von denjenigen gestellt wird, die der Auffassung sind, daß die Produktionsverhältnisse »intern« und daher bestimmend, während Austauschbeziehungen oder Zirkulation »extern« und von oberflächlicher Bedeutung oder praktisch bedeutungslos für die kapitalistische Akkumulation und ihre Definition seien: Sind der Kapitalismus und erst recht der Übergang zum Kapitalismus, kurz: sind die Determinanten kapitalistischer Entwicklung auf bestimmte Zentren wirtschaftlicher Tätigkeit beschränkt, so daß der größte Teil der Welt lange Zeit außerhalb des kapitalistischen Systems war und ein großer Teil es heute noch ist und mit den Zentren kapitalistischer Produktion nur geringe Austauschbeziehungen bestanden, die sowohl für die kapitalistischen als auch für die nicht-kapitalistischen Produktionsverhältnisse »extern« sind? Wir meinen, nein. Ohne daß sich eine solche Formulierung bei ihm fände, beantwortet Marx die Frage der »Determinanz« von Produktion oder Zirkulation implizit dadurch, daß er in seiner Analyse den Produktionsverhältnissen (verstanden als Verhältnisse der Produktion von Tauschwert, wohlgemerkt), die der kapitalistischen Akkumulation zugrunde liegen, Priorität vor den mehr oberflächlich sichtbaren Austauschbeziehungen einräumt. Die Frage der determinierenden Priorität der Produktionsverhältnisse gegenüber den Austauschbeziehungen stellte sich auch in Lenins Kritik der populistischen Bewegung der Narodniki im zaristischen Rußland. In der Debatte unter dem Titel *Der Übergang vom Feudalismus zum Kapitalismus* vertrat Dobb die Auffassung, das bestimmende Moment dieses Übergangs sei die Transformation der Produktionsverhältnisse gewesen; die Produktionsverhältnisse begriff er als »internen« Faktor des zerfallenden Feudalismus und des aufsteigenden Kapitalismus sowie als »intern« für bestimmte Teile Westeuropas. Demgegenüber galt Sweezy als Vertreter einer »zirkulationistischen« Position, in deren Interpretation der Übergang zum Kapitalismus sich aus den Austauschbeziehungen ergab, die als »externer« Faktor sowohl der feudalistischen als auch der kapitalistischen Produktionsverhältnisse und ebenso als »extern« für Europa begriffen wurden, und zwar insofern, als sie die Bedeutung der Handelsausweitung Europas und der *produktiven* Eingliederung insbesondere der Bergbau-Ökonomien der Neuen Welt in den Akkumulationsprozeß unterstrichen. Die Debatte ist häufig als Streit um »Huhn oder Ei« aufgefaßt worden: Dobb habe in dieser Debatte so argumentiert, daß die Transformation der »inneren« Produktionsverhältnisse in Europa – also im »Zentrum« – die Ursache für die Expansion des europäischen Handels gewesen sei, während Sweezy davon ausgegangen sei, daß die »äußere« Expansion des europäischen Handels – in der »Peripherie« – die Ursache für die Transformation der Produktionsverhältnisse vom Feudalismus zum Kapitalismus in Europa gewesen sei. Takahashi erscheint in dieser Debatte als derjenige, der eine Lösung angestrebt habe, die der Dobbschen Analyse zuneigte, und sei es nur deshalb, weil im Marxismus wie auch in Wirklichkeit die »inneren« Widersprüche die »äußeren« bestimmen. (So veranschaulichte Mao Tse-tung dieses Prinzip in seinem Aufsatz über »Widersprüche« mit folgendem Beispiel: Setzt man ein Ei und einen Stein derselben äußeren Hitze aus, so kommt aus dem Ei ein Küken, aus dem Stein aber nichts. Warum? Wegen der unterschiedlichen »inneren« Zusammensetzung von Ei und Stein.)[6]

Die Analyse eines einzigen Akkumulationsprozesses und der Entwicklung eines einzigen kapitalistischen Weltsystems macht die Frage, ob »innere« oder »äußere« Faktoren bestimmt sind, mindestens für diesen Prozeß selbst, unbedeutend und unbeantwortbar. Der bestimmende Faktor ist natürlich geographisch und sektoral »intern« für den Ort, an dem dieser Prozeß sich vollzieht, und muß wissenschaftlich als »inneres« Moment des Handelns der Menschen – einschließlich Bevölkerungsveränderungen – und ihrer Beziehungen, die diesen Prozeß auslösen und an ihm beteiligt sind, verstanden werden, auch wenn klimatische und andere physikalische Umstände mitwirkende Faktoren sein mögen.[7] Die Priorität »innerer« Produktionsverhältnisse gegenüber »äußeren« Austauschbeziehungen wird noch fragwürdiger, wenn man – wie oben angeregt – den Zusammenhang der Produktionsverhältnisse *und* der Austauschbeziehungen berücksichtigt, der notwendig ist für die Verwertung und damit für die erweiterte Reproduktion und Akkumulation des Kapitals – bei unterschiedlichen Produktionsverhältnissen und Produktionsweisen.

Die Debatte über die kapitalistische und andere Produktionsweisen und die ihnen entsprechenden Produktionsverhältnisse wird in jüngster Zeit in vielen Teilen der Welt wieder intensiver geführt.[8] Das Ergebnis ist Einigkeit darüber, daß Stalins Formel vom universell fortschreitenden Übergang von der Urgesellschaft zur Sklavenhaltergesellschaft, zum Feudalismus, zum Kapitalismus aufgegeben werden muß und ganz und gar nicht mit der geschichtlichen Realität übereinstimmt. Es herrscht wachsende Einigkeit darüber, daß die vorkapitalistischen Produktionsweisen und -verhältnisse, die noch bestehen, und viele, die bis vor kurzem existierten, weder »feudal« noch »asiatisch« sind und gewiß nicht sein müssen. Es gibt eine Vielfalt von

Produktionsweisen oder mindestens Produktionsverhältnissen und Kombinationen zwischen ihnen sowie zwischen ihnen und der kapitalistischen Produktionsweise. Viele davon werden dadurch aufrechterhalten oder gar erst geschaffen, daß die Produktion, die mit dieser Vielfalt »nicht-kapitalistischer« Produktionsverhältnisse oder -weisen organisiert wird, in den kapitalistischen Prozeß der Kapitalakkumulation eingegliedert wird. Obschon man sich weitgehend einig ist, daß zu einer Zeit und an einem Ort nur eine Produktionsweise die herrschende sein kann – und die anderen beherrscht –, gibt es Meinungsverschiedenheiten, ob die herrschende Produktionsweise hier oder da tatsächlich die kapitalistische ist. Noch größer ist der Dissens – vielleicht weil eine Meinung zu dieser Frage unmittelbar in Zusammenhang gebracht wird mit politischer Strategie für nationale Befreiung und demokratische oder sozialistische Revolution – darüber, welche Regionen, welche Produktions- und Austauschtätigkeiten und welche Produktionsverhältnisse oder Gesellschaftsformationen Teil des kapitalistischen Systems und seines Akkumulationsprozesses sind und welche nicht. Wie weit erstreckt sich der Kapitalismus heute oder wie weit reichte er zu bestimmten Zeiten und an bestimmten Orten in der Vergangenheit? Mit ihrer Behauptung, es könne nur dort von Kapitalismus die Rede sein, wo die Produktion vollkommen oder überwiegend auf Lohnarbeit beruhe – eine These, die Hunderten von Millionen von Menschen, die in der Landwirtschaft in Indien und Lateinamerika beschäftigt sind, die Bezeichnung »Lohnarbeiter« abspricht, obwohl fast die Hälfte davon keinen Boden zu besitzen, ja häufig nicht einmal ein Stück Land in Pacht haben –, möchten manche Leute den Schluß suggerieren, daß die indische Landwirtschaft (vgl. Utsa Patnaik) oder ganze Länder in Lateinamerika (vgl. Fernandez/Ocampo) heute »feudal« und keineswegs kapitalistisch sind. Nach den oben angeführten Kriterien ist dieser Schluß selbstverständlich inakzeptabel. Die ganze Argumentation ist die Extremform einer Tendenz, die vergangenen und gegenwärtigen »Produktionsverhältnisse« bestimmter Teile der Welt losgelöst vom weltweiten kapitalistischen Prozeß der Kapitalakkumulation zu betrachten und nur einen Teil des kapitalistischen Prozesses der Reproduktion von Kapital zu beachten.

Mit anderen Worten: Ohne die Bedeutung der detaillierten Analyse, die andere in der Vergangenheit von der Transformation der Produktionsverhältnisse in Europa oder in neuerer Zeit in anderen Teilen der Welt angestellt haben, bestreiten oder vernachlässigen zu wollen, sind wir der Meinung, daß diese Analyse als Teil eines einzigen weltweiten Prozesses der Kapitalakkumulation ebenfalls Beachtung gebietet, und zwar erheblich mehr, als sie bisher erfahren hat. Die meisten Wirtschaftsgeschichten der »Welt« sparen nicht nur die außereuropäische (ja, den größten Teil nicht-westeuropäischer und eigentlich sogar den größten Teil nicht-nordwesteuropäischer) Produktion und den außereuropäischen Austausch aus; sie ignorieren die Beteiligung dieser außereuropäischen Produktions- und Austauschtätigkeiten am europäischen, um nicht zu sagen: weltweiten, Akkumulationsprozeß und an der europäischen Entwicklung, und sie lassen außer acht, welche Rolle ihre Produktions- und Austauschverhältnisse im sich fortentwickelnden Weltsystem spielten. Wie immer die Antwort auf unsere Fragen lauten mag, sie muß da gesucht werden, wo der weltweite Akkumulationsprozeß sich vollzog, und das schließt die »koloniale« »Peripherie« des Weltsystems ebenso ein wie das »metropolitane« »Zentrum«. Wie aus dem Überblick über den Anfang dieses Prozesses, den wir in unserem Buch *L'accumulation mondiale, 1500-1800* geben, hervorgeht, hatten bestimmte Peripherien und bestimmte ebenfalls sich wandelnde Teile der Metropole in der Tat eine unterschiedliche Rolle in und eine wechselnde Beteiligung an diesem Prozeß und System. Hinzu kommt, und hierin stimmen wir einer der Hauptthesen Wallersteins zu, daß die Rolle und wechselnde Beteiligung diverser »intermediärer« Teile der Welt, nämlich der zwischen »Zentrum« und »Peripherie« angesiedelten »Semiperipherien« – einst die iberische Halbinsel und Osteuropa, später die Vereinigten Staaten und vielleicht Rußland, heute möglicherweise die aufsteigenden »subimperialistischen« Zentren und/oder die Sowjetunion und die sozialistischen Volkswirtschaften Osteuropas – nach wie vor unzureichend verstanden werden.

Der Versuch, den Prozeß der Reproduktion und Akkumulation des Kapitals »im Weltmaßstab« zu untersuchen, um die Terminologie aus Amins Titel zu gebrauchen (»à l'échelle mondiale«), und »die Ursprünge der europäischen Weltwirtschaft« zu erforschen, um aus dem Untertitel des Buches von Wallerstein zu zitieren (»the origins of the European world economy«) – dies ist die Absicht unserer umfassenden Studie über die Zeit zwischen 1500 und 1800, und daraus ergeben sich einige der folgenden weiteren Fragen und möglichen Antworten zu Ausmaß und Struktur von Produktion, Austausch und Verwertung im Kapitalismus.

Wo und wann ist Kapitalismus zu finden? Genauer: Welche Teile der Erde – oder welche, beim richtigen Namen genannte, Produktionstätigkeiten und Gesellschaftsformationen – waren am kapitalistischen System bzw. am einzigen weltweiten kapitalistischen Prozeß der Kapitalakkumulation beteiligt? Bei Marx ist nachzulesen, woran er die Existenz des Kapitals (nicht des Kapitalismus?) erkannt hat: an der Schaffung von »Welthandel und Weltmarkt« im 16. Jahrhundert, »obgleich die ersten Anfänge kapitalistischer Produktion uns schon im 14. und 15. Jahrhundert in einigen Städten am Mittelmeer sporadisch entgegentreten« (*Das Kapital,* Erster Band, S. 161 und 743), oder am »Übergang der feudalen Produktionsweise in die kapitalistische« im 16. und 17. Jahrhundert (*Das Kapital,* Dritter Band, S. 345-348), oder an der Entwicklung des Industriekapitals in England und Teilen Europas in der ersten Hälfte des 18. Jahrhunderts. Manch einer folgert daraus, große Teile und ganze Länder Asiens, Afrikas und Lateinamerikas seien heute noch vom Kapitalismus unberührt. Sklaverei, zum Beispiel, ist nicht Lohnarbeit. Berechtigt das dazu, Marx so zu lesen, als habe er gesagt, die Plantagenwirtschaft mit Sklavenarbeit im Süden (der Vereinigten Staaten) und im Karibischen Raum sei nicht kapitalistisch gewesen, oder hilft es uns, Marx so zu verstehen, sie sei kapitalistisch gewesen? Ein Kriterium, das – anders als das Kriterium der erweiterten Reproduktion/Kapitalakkumulation – uns nicht dahin bringt zu erkennen, daß die mit Sklaven betriebenen Zuckerplantagen Brasiliens im 16. Jahrhundert, von mehr und mehr Karibischen Inseln im 17. und 18. Jahrhundert und die Baumwollplantagen in den amerikanischen Südstaaten im 19. Jahrhundert wesentliche *Bestandteile eines einzigen Systems und eines historischen Prozesses* waren, in dem sie einen materiellen Beitrag leisteten zur ursprünglichen und dann zur industriellen Akkumulation des Kapitals, das in bestimmten Teilen des Systems und zu bestimmten Zeiten des Prozesses konzentriert war, muß in unserem (oder in jedem?) Sinne als unzureichend verworfen werden. Heißt das, daß die entflohenen Negersklaven und die kleinen Grundbesitzer, die am Rande der Plantagen Subsistenzlandwirtschaft betrieben, »außerhalb« des kapitalistischen Systems standen? Wenn die mit Sklavenarbeit funktionierenden Ökonomien des amerikanischen Kontinents integraler Bestandteil des Systems waren und zu dessen Entwicklung wesentlich beitrugen, waren dann nicht die Gesellschaften Afrikas, die Sklaven zum »Alleinexport« produzierten, gleichermaßen oder erst recht Bestandteile des Systems, also beteiligt an einem Akkumulationsprozeß? Selbstverständlich waren sie das. Aber wie weit reichten der Sklavenhandel und die Sklavenkriege in das Innere Afrikas hinein, um vorkapitalistische Gesellschaften in den weltweiten Akkumulationsprozeß einzugliedern? Gleichgültig, welche »koloniale« Produktionsweise in den Bergwerken von Mexiko, Peru und Minas Gerais (Brasilien) erzeugt oder diesen – und vermittelt über sie den umliegenden Gebieten, den dort lebenden Völkern und deren Gesellschaftsformationen – aufgezwungen wurde, sie wirkten materiell an demselben Prozeß und System mit. Heißt das, daß ganz Mexiko, Peru und andere umliegende Gebiete und Völker bereits zu Kolonialzeiten integraler Bestandteil des weltweiten, wenn nicht allumfassenden Systems waren? Waren der Bergbau und selbst rückwärtig verkettete Wirtschaftstätigkeiten, die Agrarprodukte und andere Bedarfsgüter lieferten, metropolitane Enklaven in Übersee? Und wenn ja, wann – wenn überhaupt – prägten diese »Enklaven« ihren Entwicklungsprozeß den anderen auf und/oder begannen, einen eigenen Akkumulationsprozeß in Gang zu setzen, der schließlich partiell autonom, wenn nicht unabhängig von demjenigen war, der sich anderswo in der Welt vollzog?

Das Osmanische Reich förderte den orientalischen Fernhandel und den afrikanischen Handel – und, soweit man davon sprechen kann, die Expansion des Reiches –, die im 15. Jahrhundert zur Entdeckung Amerikas führten und beide eng mit dem Übergang vom Feudalismus zum Kapitalismus in Westeuropa zusammenhingen. Im 15. und vor allem im 16. Jahrhundert erlangten die nördlichen Mittelmeeranrainer ihrerseits Gewicht in diesem Handel und den damit verbundenen Wirtschaftstätigkeiten. Im 17. Jahrhundert verloren der Mittelmeerraum und seine Grenzvölker im südlichen Europa und nördlichen Afrika sowie der Mittlere Osten oder das westliche Asien diese bedeutende Stellung. Wenn die Beteiligung des südlichen Europa an der kapitalistischen Entwicklung also gedämpft wurde, wurde der Platz des osmanischen und arabischen Volkes im System völlig gelöscht? Eher könnte man wohl behaupten, daß sie eine Involution erlebten, die sich entsprechend den Unterschieden in ihrer inneren Struktur je anders ausprägte (wie Amin vermutet), ähnlich der Involution anderer Gebiete in der neueren Geschichte. Dieselbe Produktionssteigerung und Handelsausweitung, von denen die Wirtschaftstätigkeiten und Gesellschaftsformationen in den genannten Regionen erfaßt wurden, erforderten, veranlaßten oder erzwangen jedoch bis zur zweiten Hälfte des 18. Jahrhunderts und später keine tiefgreifende Transformation der Produktionsweise in Süd- und Südostasien (und dies obwohl erhebliche Produktionsaktivitäten und weite Regionen in diesen Subkontinenten an diesem nämlichen Prozeß aktiv beteiligt waren) oder in China und Japan (die bis zur Mitte des 19. Jahrhunderts gänzlich oder doch weitgehend von diesem Prozeß und System isoliert blieben). Nach unserem Kriterium blieben diese wichtigen Regionen lange Zeit nicht oder waren nur sehr marginal in den Prozeß der Kapitalakkumulation einbezogen, obschon manche von ihnen, insbesondere Teile Indiens, schon vorher einen gewissen Beitrag zu diesem Prozeß leisteten. Man könnte fragen, in welchem Maße und auf welche Weise das Opfer indianischer Arbeiter in den Silberminen von Mexiko und Peru oder das Opfer »afrikanischer« Arbeiter auf den Sklavenplantagen der karibischen Inseln – und die Transformation und Formation der dortigen Produktionsverhältnisse – die Transformation »asiatischer« Produktionsweisen und das Opfer indischer Arbeiter in Indien eine Zeitlang unnötig machen oder aufschieben, letztlich jedoch um so unvermeidlicher machen.

Im 16. Jahrhundert erlebte Osteuropa eine »zweite Leibeigenschaft«, während Westeuropa sich zunehmend von seiner »ersten« befreite. Mit der Produktion und dem Export von Getreide und Rohstoffen halfen die »zweiten Leibeigenen« Osteuropas, die Lücke zwischen dem Angebot an und der Nachfrage nach eben jenem Getreide und jenen Rohstoffen in Westeuropa zu schließen (wofür Westeuropa die osteuropäischen Großgrundbesitzer zum Teil mit amerikanischem Silber und orientalischen Gewürzen bezahlte) – jene Lücke, die dadurch entstanden war, daß die Schafe in der Zeit der Einhegungen *(enclosures)* das Korn fraßen und die Menschen in die Städte zogen, um bei ihrem Übergang vom Feudalismus zum Kapitalismus in Westeuropa freiere Luft zu atmen. Rußland war offenbar noch nicht einbezogen oder beteiligt, bis Peter der Große in Petrograd ein Fenster öffnete. Können wir all dies inhaltlich und dem Ausmaß nach als kapitalistische (und sei es proto-kapitalistische) Entwicklung fassen? Und »warum kolonisierten ›sie‹ nicht ›uns‹?«, um eine ethnozentrische Herausforderung an den Ethnozentrismus zu zitieren. Warum entwickelten und beherrschten die Chinesen keinen Fernhandel, dieselben Chinesen, die im 15. Jahrhundert Handelsflotten von 200 Schiffen, jedes größer als die Europäer sie noch Jahre später hatten, zur Küste Ostafrikas sandten? Statt dessen hemmten sie den Handel und zügelten ihre Händler – aus »internen« Gründen. Warum vollzogen die Inder nicht die industrielle Revolution, dieselben Inder, deren Baumwolltextiltechnologie damals die fortgeschrittenste der Welt und deren Export von Textilerzeugnissen bis 1800 bei weitem der bedeutendste war? Ernest Mandel schreibt (in einem privaten Brief vom 19. Februar 1975):

»Du kennst meine Antwort: weil die höherentwickelte Landwirtschaft im Osten zu einer stärkeren Bevölkerungszunahme führte, was Bewässerungsarbeiten unerläßlich machte; daher Zentralisierung des landwirtschaftlichen Surplus; daher politische Schwäche der Bourgeoisie; daher diskontinuierlicher Prozeß der ursprünglichen Akkumulation. In Westeuropa ermöglichte die niedrigere Arbeitsproduktivität bei geringerer Bevölkerung die Spaltung der politischen Macht, was wiederum den Aufstieg einer politisch mächtigeren Bourgeoisie und eine große Wendung von diskontinuierlicher zu kontinuierlicher Kapitalakkumulation im 15. Jahrhundert möglich machte . . .«

Wie dem auch sei – und die Frage bleibt trotz der Antwort von Mandel, Barrington Moore, Amin und anderen ungeklärt –, selbst Max Weber erkannte in seiner vergleichenden Untersuchung der orientalischen und der westlichen Gesellschaft und deren Religionen, daß die Antwort nicht im Bereich der »Ethik« oder des »Geistes« zu finden sei, sondern in den Kräften und Verhältnissen von Produktion und Austausch sowie in der damit verbundenen politischen Organisation der Gesellschaft. Dieselben Umstände, die im Osten eine frühere kapitalistische Entwicklung und Expansion verhinderten, verliehen diesem Osten auch die Stärke, sich den Angriffen des Westens lange Zeit zu widersetzen und/oder ökonomische und politisch-militärische Angriffe – außer an isolierten Küstenorten und natürlich in strukturell anderen Gebieten Südostasiens – bis ins späte 18. und ins 19. Jahrhundert hinein überaus kostspielig und also unattraktiv zu machen.

3. Über ungleichmäßige Stadien, Zyklen und Krisen bei Kapitalakkumulation

Ein weiterer Fragenkomplex betrifft die zeitliche Ungleichmäßigkeit des Prozesses der Kapitalakkumulation und der kapitalistischen Entwicklung. Hier stehen wir wieder vor dem Problem der Unterscheidung von Phasen, Stadien oder Epochen und vor dem Problem des Übergangs von einem zum anderen Stadium. Zusätzlich zu, jedoch nicht unabhängig von diesen Problemen bleibt das Problem der Feststellung und Analyse der Schwankungen bzw. der – kurzen, mittleren und langen – Zyklen im Akkumulationsprozeß. Wenn es in den Jahrhunderten vor der industriellen Revolution eine »vorausgehende«, eine »sogenannte ursprüngliche Akkumulation« während der Vorgeschichte des Kapitals gab, wie hingen der Ausgangspunkt dieser vorkapitalistischen Geschichte, ihre eigenen Übergangsphasen und ihr Übergang zu kapitalistischer Akkumulation und Entwicklung miteinander zusammen, so daß Schwankungen oder Zyklen in diesem Prozeß der »sogenannten ursprünglichen Akkumulation« festzustellen sind?

Zusammen mit einigen Geschichtsforschern stelle ich folgende Hypothesen auf: Wahrscheinlich gab es einen langen »Auf- und Abschwung«, der sich in der Expansion manifestierte, die mit den Kreuzzügen im 12. und 13. Jahrhundert verbunden war. Darauf folgte ein langer Abschwung im 14. und zum Teil 15. Jahrhundert; in seinem Gefolge erschien neben sozioökonomischen und demographischen Erschütterungen der schwarze Tod. Allem Anschein nach gab es dann in einigen Gebieten Europas eine wirtschaftliche Erholung, die Ende des 15. Jahrhunderts anhob und sich fast das ganze 16. Jahrhundert hindurch fortsetzte und die mit der Entdeckung, Eroberung und Ausbeutung Amerikas nur ungenügend beschrieben ist. Lassen sich diese Hypothesen belegen, und wenn ja, bedeuten sie, daß die sogenannte ursprüngliche Akkumulation im gewissen Sinne bereits in diesen Jahrhunderten begann?

Wenn es solche vorkapitalistischen und gar vor-vorkapitalistischen Konjunkturschwankungen gab, inwiefern hingen sie mit dem Prozeß, um nicht zu sagen: Zyklus der Akkumulation zusammen – zu einer Zeit, als es noch keinen industriekapitalistischen Zyklus der Kapitalakkumulation gab? Waren diese Auf- und Abschwünge ganz und gar Zufallsschwankungen oder Spiegelungen durch das Klima hervorgerufener und/oder demographischer Fluktuationen, die nicht Zyklen genannt werden sollten, insofern der Aufschwung noch nicht den Keim des Abschwungs und noch weniger der Abschwung den Keim des Aufschwungs in sich trug? Sofern sich diese langen Schwünge auf die Preise auswirkten, waren sie – wie Braudel und Spooner in der *Cambridge Economic History* offenbar meinen – *lediglich* Preisschwankungen (denen Schwankungen in der Versorgung mit Agrarprodukten und Geld zugrunde lagen)? Oder waren sie – wie wir meinen – mehr als das? Und *was* mehr? Können wir lange Schwünge in der Produktion oder in den Wachstumsraten der Produktion erkennen? Können wir, um noch weiter zu gehen, Investitionsschwankungen und gar Profitabilitätsschwankungen ausmachen, die man insofern als Zyklen bezeichnen könnte, als der Abschwung vom Aufschwung selbst *verursacht* wird? Wenn das der Fall ist, läßt sich – wie wir vermuten – nachweisen, *daß dies zyklische Auf- und Abschwünge im Akkumulationsprozeß oder im Prozeß der sogenannten ursprünglichen Akkumulation des Kaufmannskapitals waren?* Brachten die Abschwünge, insbesondere die Krisen, Fehlanpassungen mit sich, die Neuanpassungen in der Wirtschaft, einschließlich der Produktionsverhältnisse, erlaubten und/oder erzwangen, so daß wir behaupten können – wie wir es tun –, *daß die Wirtschaftskrisen selbst in der vorgeschichtlichen Phase des Industriekapitals eine wesentliche kathartische Rolle in der Entwicklung des Akkumulationsprozesses spielten, insofern sie Transformationen der Produktions- und Austauschverhältnisse auslösten?* Mit einem Wort: Auch wenn der Reproduktionszyklus des Industriekapitals noch nicht entwickelt war, kann man legitimerweise behaupten, der Akkumulationsprozeß habe bereits *vor* der industriellen Revolution begonnen? Und wenn das der Fall ist, inwiefern ist jener Akkumulationsprozeß mit dem industriekapitalistischen Zyklus vergleichbar oder anders als dieser?

Der historische Prozeß der Kapitalakkumulation und der kapitalistischen Entwicklung vollzieht sich in Phasen oder Stadien. Natürlich existieren diese Phasen nicht unabhängig vom Prozeß selbst, ebensowenig wie es den Prozeß ohne seine Phasen gibt. Desgleichen sind der Akkumulationsprozeß und seine Entwicklungsphasen zeitlich ungleichmäßig verlaufen, und zwar dergestalt, daß sie expansive Aufschwünge und kontraktive Abschwünge erlebt haben, die ebenfalls integrale Momente des Prozesses sind. Anscheinend ist es möglich – wie wir es versucht haben –, sogenannte lange konjunkturelle Auf- und Abschwünge zu unterscheiden. Aber der Akkumulationsprozeß ist auch durch »mittlere« und kurze Konjunkturschwankungen und -zyklen gekennzeichnet. Diese sind gleichermaßen integrale Bestandteile der längeren Schwünge, ebenso wie Tages- und kurzlebige Ereignisse integrale Elemente dieser Bewegungen und des gesamten geschichtlichen Prozesses sind. Das heißt, Geschichte und jeder ihrer Zyklen existieren nicht losgelöst von den vielfältigen Ereignissen, aus denen sie sich zusammensetzen, und die Ereignisse sowie deren Ungleichmäßigkeit sind nicht Phänomene außerhalb der Geschichte.[9]

Damit sind wir genötigt zu klären, welche Regelmäßigkeiten und welche Muster von Unregelmäßigkeiten und welche Konjunkturzyklen wir zur Beobachtung und Untersuchung auswählen wollen. Natürlich hängt das davon ab, was wir bezwecken wollen. Jemand, der kurzfristig spekuliert, mag vor allem an den jede Minute wechselnden Börsennotierungen interessiert sein. Während der sogenannten Warenzyklen werden Warenlager auf- und abgebaut. In den »klassischen« »Juglar«-Zyklen von 8 bis 10 Jahren Dauer wird die Investitionstätigkeit beschleunigt oder verlangsamt, wobei die angewandte Technologie und die Produktionsverhältnisse im wesentlichen dieselben bleiben. Die Schwankungen der Bautätigkeit folgen den »Kuznets«-Zyklen von 18 bis 20 Jahren Dauer. Die größeren Veränderungen und Transformationen im Prozeß der Kapitalakkumulation schließen all diese kleineren Bewegungen ein, hängen aber insbesondere mit den technologischen Innovationen, Veränderungen der Produktivkräfte und Transformationen der Produktionsverhältnisse zusammen, die mit den nach Kondratieff benannten (ohne daß dies die Anerkennung seiner Theorie der Zyklen bedeutet) langen Wellen von 50 Jahren Dauer oder mehreren dieser Wellen und mit der Transformation der Produktionsweise von einem zum anderen Entwicklungsstadium verbunden sind. Es sind diese langwelligen Zyklen und innerhalb derselben die ökonomischen und politischen Krisenzeiten, die vorrangig untersucht werden sollten. Doch dies wirft wiederum Probleme auf: Gibt es diese langen Wellen überhaupt, da ihre bloße Existenz selbst für unsere Zeiten bezweifelt wird? Gab es sie – und wie konnte es sie geben – vor dem Zeitalter des Industriekapitalismus? Und wie kann man feststellen, daß sie *während der Vorgeschichte des Kapitals* hundert Jahre oder länger dauerten? Konkret: Inwiefern gab es eine »Krise des 17. Jahrhunderts«? Man hat behauptet, daß die Expansion an der Wende zum 17. Jahrhundert abzuflauen begann. Gegenüber der vorausgegangenen ungleichmäßigen Expansion erlebte das 17. Jahrhundert folgende Abwärtsbewegungen: Rückgang der Silberproduktion und geringeres Wachstum in der Geldversorgung, lange Deflationsperioden, sehr starke Reduzierung des transatlantischen Handels, verminderte bzw. verlangsamte Ausweitung des Orienthandels, vielleicht insgesamt

Rückgang der Produktion oder ihrer Wachstumsraten. Zweifellos gab es mehr, längere und ernstere wirtschaftliche und politische Krisen. Der Mittelmeerraum, Portugal, Spanien, Italien und das Osmanische Reich, die im 16. Jahrhundert zu wirtschaftlicher Bedeutung aufgestiegen waren, erlebten nun einen in vielerlei Hinsicht absoluten (und bis heute andauernden) und verglichen mit dem europäischen Nordwesten relativen Niedergang.[10] *Warum?* Verloren die Mittelmeerregionen an Konkurrenzfähigkeit? Hatten sie – als Reaktion auf einen generellen Rückgang der Nachfrage – mindestens bei international gehandelten Gütern die Fähigkeit eingebüßt, die Produktionskosten zu senken und die gesellschaftlichen Veränderungen der Produktionsverhältnisse und/oder technologische Veränderungen der Produktivkräfte durchzusetzen, die nötig gewesen wären, um konkurrenzfähig zu bleiben? Manche Autoren meinen, daß es in den italienischen Städten die wirksame Opposition der Zünfte war, die derartige Veränderungen verhinderte. Was verhinderte sie in Spanien und Portugal, wo der Staat verhältnismäßig stark war? In Portugal wurde die relative Stärke vielleicht dadurch aufgehoben, daß wirtschaftliche Konzessionen an England gemacht wurden, als Gegenleistung dafür, daß England politischen Schutz gegen Spanien bot. Und in Spanien? Ein Teil der wirtschaftlichen Schwäche und »anti-nationalen« Wirtschaftspolitik Spaniens mag – allerdings schon im 16. Jahrhundert – seinen Habsburger Herrschern zugeschrieben werden, die in dauernder Schuld bei ausländischen Bankiers standen, um ihre europäischen Kriege zu finanzieren.

Um zur Frage der internationalen Konkurrenzfähigkeit zurückzukehren: Waren die Produktionskosten, beispielsweise bei Textilien, im europäischen Süden höher als im Norden? Die Inflation des 16. Jahrhunderts war im Süden (der näher an der Geldquelle lag) schlimmer gewesen als im Norden, so daß die Preise im Süden stärker stiegen als im Norden und der Norden seine Exporte nach dem Süden ausweitete. Aber da die Inflation ein wichtiges Instrument war, um die Reallöhne zu drücken – waren sie nicht im europäischen Süden stärker und vielleicht weiter abgesunken als im Norden? Wie erklärt sich, daß die abweichende Entwicklung Nordeuropas sich auch im 17. Jahrhundert fortsetzte? Deutschland war durch den Dreißigjährigen Krieg effektiv aus dem Wettbewerb geworfen worden.[11] Doch war dieser Krieg eine Ursache dieses Niedergangs oder – wie wir vermuten – eher sein Ergebnis? Holland genoß sein »goldenes 17. Jahrhundert«; dessen Basis war freilich der Handel (die Ausweitung des holländischen Handels im Orient geschah vor allem auf Kosten Portugals und zum Teil auch auf Kosten Englands und des deutschen Nordens, war also kaum einem Nettowachstum des europäischen Handels zu verdanken), und es konnte die Jahrhundertwende nicht überdauern. Warum wurde dieser Handel ebenso wie die holländische Verarbeitung englischer Tuche nicht in produktive Entwicklung übersetzt, derart, daß die Produktionskapazität des Textilgewerbes und die Erfahrung in den flämischen Gebieten (dem heutigen Belgien) genutzt worden wären? Warum schließlich war England, das zu Beginn des Jahrhunderts nicht einmal mit Holland konkurrieren konnte, gegen Ende des Jahrhunderts in der Lage, das viel größere Frankreich herauszufordern und im 18. Jahrhundert den französischen Rivalen zu überrunden? Die Entwicklung der »neuen Tuche« durch Einführung des Verlagssystems war ein Faktor; weitere Faktoren waren die damit verbundenen »bürgerlichen« Revolutionen von 1640 und 1688 und die intervenierenden anti-holländischen Navigation Acts. Das heißt, das englische Gewerbe und der englische Überseehandel konnten zunehmend auf die wirksame Unterstützung eines erstarkenden Staates rechnen. Aber hatte nicht das Frankreich Ludwigs XIV. ebenfalls einen starken Staat? War nicht Colbert das Vorbild staatlich gelenkten Überseehandels, der Archetypus des Merkantilismus? Eine Antwort ist, daß Colbert trotz allem nur die relativ schwachen Handels- und Gewerbeinteressen vertrat, während der Kriegsminister Ludwigs XIV. die stärkeren, auf den Kontinent gerichteten Grundbesitzerinteressen verteidigte. Und wenn in England die Interessen von Handel und Gewerbe (und welches waren die Interessenkonflikte zwischen diesen?) nach 1640 unter Cromwell so eindrucksvoll die Oberhand gewannen, warum war dann die »glorreiche« »bürgerliche« Revolution von 1688 nötig?

Um zu den langen zyklischen Wellen in der Silber- und Goldproduktion, bei den Preisen und in der Produktion oder gar der Investitionstätigkeit allgemein zurückzukehren: Waren der Rückgang der Silberproduktion und die Verschlechterung der Geldversorgung die »Ursache« der »Krise«, oder waren sie vielmehr die Folge eines Zyklus von Über- und Unterakkumulation, der damals zwar auf eine andere Weise bestimmt wurde, aber doch innerhalb des Akkumulationsprozesses selbst? Und warum gab es eine ebenfalls ungleichmäßige Erholung der Wirtschaft im 18. Jahrhundert? Wenn es einen »Investitionszyklus« gab, wieso? Und wie unterschied sich der Prozeß der sogenannten ursprünglichen Akkumulation von dem der kapitalistischen Akkumulation?

Wir überspringen die erste Hälfte des 18. Jahrhunderts und wenden uns einigen wichtigen Fragen zu, die damit verknüpft sind, daß die Periode von 1761/63 bis 1790/93 als langer, krisengeschüttelter »Abschwung« verstanden wird, der nicht nur die Amerikanische und die Französische, sondern auch die »industrielle« Revolution mit sich brachte. Ist hinreichend beweisbar, daß es während dieser drei Jahrzehnte einen wirtschaftlichen Abstieg gab? Gab es eine Drosselung der Produktion und der Investitionen in der Produktion oder zumindest im Handel? Beweisbar ist, daß zumindest die Profite in der an England orientierten Weltwirtschaft zurückgingen. Und ebenso läßt sich beweisen, daß versucht wurde, diesem Rückgang entgegenzuwirken, beispielsweise mit Maßnahmen auf dem Gebiet der Geldversorgung wie Papiergeldvermehrung durch die Bank of England und Gründung von Banken auf dem Lande. Die Goldproduktion ging zurück, und gegen Ende des Jahrhunderts begann die Produktion von und die Versorgung mit Silber wieder deutlich zu steigen. Eine unserer Hypothesen ist, daß der Akkumulationsprozeß in jeder größeren Wirtschaftskrise die Tendenz hat, in erheblichem, ja kritischem Maße abhängig zu werden von einer jähen Verschärfung der Überausbeutung und der sogenannten ursprünglichen Akkumulation. Diese offensichtliche Tendenz scheint sich nach 1760 in der jähen Forcierung der Einhegungsbewegung in England (wie sie Oliver Goldsmith in *Deserted Village* dargestellt hat) und in der Plünderung Bengalens nach der Schlacht von Plassey 1757 in Indien ausgedrückt zu haben. Beide Ereignisse markieren eine abrupte Steigerung der ursprünglichen Akkumulation, wobei die Einhegungen die Lohnarbeit konstituierten. Sind diese und andere Veränderungen in den Produktionsverhältnissen und in der Kapitalmenge, die angehäuft wurde, aus der Krise geborene Anpassungen im Prozeß der Kapitalakkumulation (die auf eine vorausgehende Überakkumulation folgte) mit anderen Mitteln? Wenn aus der vorausgehenden, Mitte des Jahrhunderts und früher stattfindenden Akkumulation nun »der Dampf raus« war und dies zu fallenden Profitraten führte, geschah das nur im Bereich des Handelskapitals? Oder geriet – wie wir vermuten – das produktive Kapital, das beispielsweise in die überseeischen Zuckerplantagen, in die heimische Landwirtschaft und bestimmte Verarbeitungszweige in Europa investiert wurde, ebenfalls in eine Profitabilitätskrise? (Es besteht kein Zweifel, daß der Niedergang der englischen Zuckerplantagen auf den Karibischen Inseln nach 1763 einsetzte, aber die französischen standen damals gerade erst am Anfang ihres »goldenen Zeitalters«, sie gerieten erst nach der Revolution in Haiti in Vergessenheit, und diese Revolution war vermutlich die Reaktion auf eine Periode der Überausbeutung der Haitianer durch die Franzosen, nachdem diese alle weiteren Gelegenheiten in Indien, Nordamerika und Afrika nach dem Pariser Frieden von 1763 verloren hatten). Wenn also diese Ereignisse schon zyklische Schwankungen der produktiven Investitionen darstellen, wie unterschied sich dann diese *Vorgeschichte des Kapitals* von jener *Kapitalgeschichte*, die mit der industriellen Revolution begann? Und welches waren »die Ursachen der industriellen Revolution«? Wir meinen, daß ein Teil der Ursachen der industriellen Revolution in dieser Wirtschaftskrise nach

1761 gesucht werden muß. Dagegen kann man einwenden (und dieser Einwand ist auch erhoben worden), daß – selbst wenn es auf alle übrigen Fragen zu dieser Periode nach 1760 eine befriedigende Antwort gäbe – eine Umwälzung von so großer weltgeschichtlicher Tragweite wie die industrielle Revolution schwerlich einer angeblichen dreißigjährigen Wirtschaftskrise zugeschrieben werden kann. Mag sein. Aber wir sagen ja nur, daß die Krise eine Transformation beschleunigte und endgültig machte, die bereits im 18. Jahrhundert und früher im Gange war. Im übrigen sind nicht nur wir, sondern – wie Hartwells Zusammenfassung der Diskussion zeigt – ist bis heute niemand in der Lage, eine umfassende oder völlig zufriedenstellende Erklärung für die Ursachen der industriellen Revolution anzubieten.

4. Über endlosen Klassenkampf bei Kapitalakkumulation

»Die Geschichte aller bisherigen Gesellschaft ist die Geschichte von Klassenkämpfen«, schreiben Marx und Engels im *Kommunistischen Manifest*. Nichtsdestoweniger und ungeachtet zahlreicher Untersuchungen zu verschiedenen Aspekten des Klassenkampfes und trotz der weiten Verbreitung »politischer« Geschichte in Lehrbuchform bleibt die wahre Geschichte des Klassenkampfes eines der unvollständigsten Kapitel marxistischer, ganz zu schweigen von sonstiger, Sozial- und Wirtschaftsgeschichtsschreibung. Besonders schwach entwickelt ist die Analyse des Verhältnisses von Klassenformation und Klassenkampf zum Prozeß der Kapitalakkumulation insgesamt. Wir wollen uns hier beschränken auf wenige isolierte und oberflächliche Betrachtungen oder Fragen zu Kapitalakkumulation und Klassenformation und -zusammensetzung und zu Klassenkonflikt und -kampf, wie sie sich in staatlicher Gewalt, Kriegen, ideologischen oder religiösen und politischen Konflikten oder Revolutionen offenbaren.

Der ungleiche und ungleichmäßige Akkumulationsprozeß war sowohl Ursache als auch Folge der zunehmenden Differenzierung der Produktivkräfte und Produktionsverhältnisse, die ihrerseits das Ergebnis unterschiedlicher Klassenzusammensetzung und -interessen waren. Zum Beispiel: Relativ geringe Unterschiede in den Produktionsbedingungen und gesellschaftlichen Umständen zwischen Ost- und Westeuropa im ausgehenden Mittelalter erlaubten dennoch (bzw. die wirtschaftliche Expansion im 16. Jahrhundert hatte zum Ergebnis), daß in manchen Teilen des Westens die Leibeigenschaft abgebaut und die Fertigung bestimmter Waren entwickelt wurde, während sie im Osten eine Klasse von Großgrundbesitzern hervorbrachten bzw. stärkten, deren Interessen einer solchen Entwicklung entgegenstanden und statt dessen auf die Produktion von Stapelgütern zum Export in den Westen gerichtet waren. Ergebnis: In Abwesenheit einer hinlänglich starken städtischen Opposition setzte die Großgrundbesitzerklasse in Osteuropa ihre Interessen durch und zwang die Kleinbauern in eine »zweite Leibeigenschaft«. Auch in der Neuen Welt und, vermittelt über den Sklavenhandel, in Afrika war der Stellenwert der lokalen Organisation der Produktion in der internationalen Arbeitsteilung der Ausgangspunkt für die Entwicklung mächtiger Klassen von Unternehmern und Beamten (die häufig schwer zu unterscheiden waren) in Produktion, Handel, Politik und Militär, deren unmittelbare Wirtschaftsinteressen an die Produktion für und den Handel mit Europa gebunden waren – auf Kosten der Masse der Bevölkerung, auf Kosten der autonomen Entwicklung bzw. um den Preis der Unterentwicklung dieser Regionen wie in Asien und weiten Gebieten Afrikas. Weniger klar ist, wie und warum diese metropolitanen und lokalen Interessen so erfolgreich ihre Wirtschafts-, Gesellschafts- und politische Ordnung durchzusetzen vermochten, trotz der häufigen, wenn nicht dauernden passiven, aktiven und gewaltsamen Opposition der unterdrückten und ausgebeuteten Bevölkerungsschichten, einer Opposition, die – mit wenigen Ausnahmen – von den herrschenden Gruppen, die Geschichte geschrieben haben, weitgehend nicht dokumentiert worden ist. In Europa selbst war dieser Prozeß der Differenzierung und der Erzeugung von Interessengegensätzen ebenfalls keineswegs einheitlich und trug zu seiner Geschichte innerer und äußerer Konflikte bei.

Wie Marx beobachtete, waren Macht und Gewalt allenthalben die Geburtshelfer dieses Prozesses. Ein großer Teil dieser Macht und Gewalt wurde organisiert und institutionalisiert vom Staat, für den diese Funktion und die damit verbundene Unterstützung einer gesellschaftlichen Klasse und Gruppe auf Kosten einer anderen die oberste *raison d'être* war, ist und bleibt. Obschon vielleicht immer noch unzulänglich erforscht, die Bedeutung des Staates im Kolonialsystem, sowohl im Mutterland als auch in der Kolonie, sowie im damit einhergehenden merkantilistischen System und den Handelskriegen liegt auf der Hand. Doch wie Smith selbst – wiewohl nicht all jene, die ihn als Vater ihres Fach anerkennen – betonte und Marx bekräftigte, spielten die Genese und das Handeln des Staates eine gleichermaßen wesentliche Rolle in der Entwicklung des »einheimischen« oder »nationalen« Kapitalismus, sei es, daß er die Trennung der Produzenten von ihren Produktionsmitteln vorantrieb und ein Arbeitsheer bereitstellte, das Mehrwert, um nicht zu sagen: Extramehrwert, produzieren konnte, sei es, daß er Gesetze machte und Maßnahmen ergriff, die dem Kapital die Realisierung des Mehrwerts gestatteten bzw. erleichterten. Die Entwicklung des Staates und insbesondere des absoluten Staates im 17. Jahrhundert vollzog sich – wie Wallerstein (1974, S. 136 ff.) meint – nicht eher, als bis die Bemühungen, vor allem der Habsburger, ein Weltreich aufzubauen, gescheitert waren. Man kann daraus aber auch den Schluß ziehen (obwohl Wallerstein sagt, dies sei unmöglich), daß das Nichtzustandekommen des Weltreichs selbst mit dem Ende der wirtschaftlichen Expansion zusammenhing. Ebenso kann man behaupten, daß der Aufstieg des starken Staates mit eher begrenzter »nationaler« Souveränität das Ergebnis der Wirtschaftskrise im 17. Jahrhundert, in Frankreich zum Teil schon im 16. Jahrhundert war, einer Krise, die zu wirtschaftlichen Einschränkungen zwang und die ökonomischen, sozialen und politischen Konflikte innerhalb benachbarter Regionen und sozioökonomischer Gruppen zur selben Zeit verschärfte, da sie diese zu Rivalen im Kampf um die eher begrenzten Möglichkeiten der Regionen und Gruppen in anderen sich herausbildenden »Nationen« machte. Ludwig XIV. und Colbert auf der einen und Cromwell und das Lange Parlament auf der anderen Seite waren Ergebnisse der Wirtschaftskrise des 17. Jahrhunderts, auch wenn sie nicht die einzig möglichen Lösungen waren. Die »nationalistische« Politik ihrer Staaten war die Antwort in einer Zeit wirtschaftlicher Schwierigkeiten, des Kompromisses und der Schlichtung zwischen einander bekämpfenden wirtschaftlichen Interessengruppen und der Umsetzung der obsiegenden Interessen in staatliche und nationale Politik. Dies zeigte sich deutlich an den internationalen Bündnissen und den englisch-holländischen, englisch-französischen und spanischen Kriegen des 17. und 18. Jahrhunderts, deren Grund in zunehmendem Maße der Handel war. Bei diesen *Handelskriegen* können wir unterscheiden zwischen »Angriffskriegen« oder militärischen Feldzügen und internationaler Diplomatie während oder unmittelbar im Anschluß an Perioden des wirtschaftlichen Aufschwungs sowie »Verteidigungskriegen« in wirtschaftlichen Abschwungs- und Krisenzeiten. Der Stellenwert von »Glaubenskriegen« und »Erbfolgekriegen« bedarf noch eingehender Untersuchungen.

Der Zusammenhang zwischen ideologischen und konfessionellen Konflikten und dem Prozeß der Kapitalakkumulation – und deren ungleichem Auftreten und ungleichmäßigem Entwicklungstempo – erfordert ebenfalls systematischere Studien. Freilich, in der Sicht des Historischen Materialismus ist Tawneys Argumentation in *Religion and the Rise of Capitalism* – daß die Bedingungen des kapitalistischen Aufstiegs den Kontext für die Religion bilden – überzeugender als die These Webers in *Die protestantische Ethik und der Geist des Kapitalismus.* Wir haben dargetan (Frank 1975), wie unbefriedigend diese These Webers im Gegensatz zur Analyse der Produktions- und

Austauschverhältnisse im Prozeß der Kapitalakkumulation ist. Mit anderen Worten: Wenn es einen engen Zusammenhang zwischen Juden und Protestanten in Europa mit wirtschaftlicher Expansion gäbe – obgleich nicht aus Gründen ihrer »Ethik« –, dann will es scheinen, daß ihre Vertreibung hier und dort und die Gegenreformation in dem einen oder anderen Fürstentum unmittelbar verknüpft war mit wirtschaftlicher Kontraktion und/oder wiederhergestellter Herrschaft der Großgrundbesitzerinteressen. (Zu einer ähnlichen Argumentation siehe Wallerstein, 1974, S. 147 ff.) Daß Rebellion und Revolution etwas zu tun haben mit Veränderungen in der Klassenzusammensetzung, die ihrerseits aus Veränderungen der Produktivkräfte und der Produktionsverhältnisse entspringen, und daß sie sich häufig an Wirtschaftskrisen entzünden, ist im Gesamtzusammenhang des Akkumulationsprozesses zur Genüge dokumentiert, obschon noch nicht systematisch analysiert worden. Die Revolutionen des 17. und 18. Jahrhunderts in England, Frankreich und Amerika, ganz zu schweigen von späteren und gegenwärtigen Revolutionen und Gegenrevolutionen, hängen mit solchen wirtschaftlichen und politischen Krisen zusammen.

Wenn wir beobachten und behaupten, daß diese politischen und ideologischen – also dem »Überbau« zuzurechnenden – Ereignisse nicht zufällig oder schlicht aus sich selbst bestimmt sind, sondern seit Jahrhunderten entschiedener Bestandteil des ungleichen Auftretens und der ungleichmäßigen Entwicklung des Prozesses der Kapitalakkumulation sind, und zwar nicht nur auf lokaler oder nationaler Ebene, sondern weltweit, dann leugnen wir damit nicht, daß sie ihrerseits qualitativ entscheidenden und weitreichenden Einfluß auf diesen Akkumulationsprozeß und seine »Infrastruktur« ausüben. Im Gegenteil, obwohl unsere Analyse in dieser Hinsicht immer noch unzureichend ist, sind wir der Meinung, daß politische und ideologische ebenso wie kulturelle und wissenschaftliche Bewegungen von entscheidender Bedeutung für den »wirtschaftlichen« Prozeß sind. Eine unserer Hypothesen hierzu lautet, daß das Auftreten großer wissenschaftlicher und technischer Erfindungen sowie einer »Revolution« in Philosophie und Kunst zusammenfällt mit und ausgelöst oder beschleunigt wird durch wirtschaftliche – und damit politische – Krisen. Vielleicht wird kumulativer, schrittweiser Fortschritt in Wissenschaft und Kultur genährt durch und erreicht in Zeiten wirtschaftlicher Expansion, zu deren Fortdauer sie beitragen mögen. Unsere Hypothese ist, daß »Kuhnianische Revolutionen« wissenschaftlicher, philosophischer oder kultureller Paradigmen direkt oder indirekt aus Wirtschaftskrisen geboren werden, in denen das Motto »Not macht erfinderisch« gilt. Wir meinen, daß die »wissenschaftliche Revolution« des 17. Jahrhunderts, die mit Namen wie Galileo, Leibniz,

Descartes u. a. verbunden ist, ebenso wie die »technische Revolution« des ausgehenden 18. Jahrhunderts, für die Namen wie Watt, Arkwright, Ely u. a. stehen, zum Teil an Wirtschaftskrisen gekoppelte Anstrengungen waren, die Produktionskosten zu senken und die ökonomischen Grenzen auszudehnen in Zeiten, da die Möglichkeiten dazu beschränkt waren. Zwar gibt es Beispiele für vom Staat und von anderen Einrichtungen geförderte und finanzierte technologische Forschung – und die Gründung von wissenschaftlichen Gemeinschaften und Instituten – im Zusammenhang mit der Krise des 17. Jahrhunderts, doch die Tatsache, daß viele bedeutende wissenschaftliche und technische Fortschritte damals und seither von nicht an Institutionen gebundenen Außenseitern (Einzelgängern, Autodidakten) kamen, verleiht unserer Hypothese einige Plausibilität: Diese Persönlichkeiten sind es – und deshalb sind sie Außenseiter –, die sich von den Umwälzungen besonders erschüttern lassen. Unsere Hypothese lautet, daß die Wirtschaftskrise auch indirekt wirkt, nämlich über die politische Krise, die sie auslöst. Diese Wirkung zeigt sich besonders bei denjenigen – ebenfalls Einzelgängern oder Rebellen –, die revolutionäre Vorstöße in Philosophie und Kunst sowie in den Wissenschaften anregen. Die Renaissance koinzidierte auf weiten Strecken mit der Krise bzw. den Krisen des 14. und 15. Jahrhunderts, und viele ihrer bedeutenden Köpfe ließen sich davon politisch beeinflussen (auch wenn die »Hochrenaissance« in Italien in eine Zeit fiel, die offenbar bereits eine des wirtschaftlichen Aufschwungs war). Viele der führenden Köpfe der Erneuerung auf dem Gebiet von Philosophie und Kunst im 17. Jahrhundert und der »Aufklärung« im ausgehenden 18. Jahrhundert arbeiteten und kamen zu Geltung in wirtschaftlichen und politischen Krisenzeiten. Desgleichen kann man von den wissenschaftlichen, philosophischen und kulturellen »Revolutionen« des 19. und 20. Jahrhunderts behaupten, daß sie in wirtschaftlichen und politischen Krisenzeiten auftraten bzw. von diesen hervorgerufen und vermittelt wurden von Köpfen, die sich von diesen Krisen hatten erschüttern lassen. Natürlich hatte ihre Arbeit wiederum großen Einfluß auf den späteren Gang der Menschheitsgeschichte und den Prozeß der Kapitalakkumulation. Bis zu einem gewissen Grade kann man also sagen, daß sogar die »revolutionäre« Geschichtsinterpretation und -schreibung Einfluß auf den Gang der Geschichte gehabt hat und haben kann.

Amin, Samir, *L'accumulation à l'échelle mondiale,* Paris: Anthropos 1970.

Ders., *Underdevelopment and Dependence in Black Africa. Their Historical Origin and Contemporary Form,* Dakar: United Nations African Institute for Economic and Development Planning 1971; in überarbeiteter Form veröffentlicht in: *Le développement inégal,* Paris: Minuit 1973, S. 278-292.

Barta, Roger, *Modos de producción y estructura agraria en México,* in: *Historia y Sociedad,* Mexiko, 2. Jg., Nr. 1, S. 23-30.

Braudel, Fernand, *La Méditerranée et le monde méditerranéen à l'Epoque de Philippe II,* Paris.

Chaunu, Pierre und Huguette, *The Atlantic Economy,* in: *Essays in European Economic History 1500-1800,* hrsg. von Peter Earle, Oxford: Clarendon Press 1974.

Dies., *Seville et l'Atlantique,* Paris 1959, 7 Bd.

Fernandez, Raúl A. und Ocampo, José F., *The Latin American Revolution: A Theory of Imperialism, not a Theory of Dependence,* in: *Latin American Perspectives,* 1974, Bd. 1, Nr. 1, S. 30-61.

Frank, André Gunder, *L'accumulation mondiale, 1500-1800,* Paris: Calmann-Lévy 1977 (engl. *World Accumulation, 1492-1789,* New York: Monthly Review Press 1978).

Ders., *Kapitalismus und Unterentwicklung in Lateinamerika,* Frankfurt: Europäische Verlagsanstalt 1969.

Ders., *Dependence is Dead, Long Live Dependence and the Class Struggle: A Reply to Critics,* in: *Latin American Perspectives,* Frühjahr 1974, Bd. 1, Nr. 1, S. 87-106.

Ders., *Latin America: Underdevelopment or Revolution,* New York: Monthly Review Press 1969.

Ders., *Lumpenbourgeoisie: Lumpendevelopment,* New York: Monthly Review Press 1972.

Ders., *On the Roots of Development and Underdevelopment in the New World: Smith and Marx vs. the Weberians,* frz. Version in: *L'homme et la société,* Nr. 35/36, 1975, S. 149-185.

Ders., *On Dalton's 'Theoretical Issues in Economic Anthropology',* in: *Current Anthropology,* Bd. 11, Nr. 1, Februar 1970, S. 67-71.

Ders., *Unbalanced Merchandise Trade and Uneven Economic Development,* frz. Version in A. G. Frank und Samir Amin: *L'accumulation dépendente,* Paris 1978, S. 217-237.

Le Roy Ladurie, Emmanuel, *A Long Agrarian Cycle,* in: *Essays in European Economic History 1500-1800,* hrsg. von Peter Earle, Oxford: Clarendon Press 1974.

Marx, Karl, *Das Kapital,* in: *Marx-Engels-Werke,* Bd. 23-25, Berlin: Dietz Verlag 1972-73.

Ders., *Grundrisse der Kritik der politischen Ökonomie,* Nachdruck der Moskauer Ausgabe von 1939 und 1941 bei Europäische Verlagsanstalt Frankfurt/Europa Verlag Wien. (bes. S. 419).

Moore, Barrington Jr., *Soziale Ursprünge von Diktatur und Demokratie. Die Rolle der Grundbesitzer und Bauern bei der Entstehung der modernen Welt,* Frankfurt: Suhrkamp Verlag 1969.

Patnaik, Utsa, *Capitalist Development in Agriculture,* in: *Economic & Political Weekly,* Bombay, 25. September 1971, S. A 123-A 130.

Ders., *Development of Capitalism in Agriculture,* in: *Economic & Political*

Weekly, Bombay, 30. September 1972.

Rey, P. P., *Colonialisme, neo-colonialisme et transition au capitalisme. Exemple de la Comilog au Congo-Brazzaville*, Paris: Maspero 1971.

Sweezy, Paul M., Dobb, Maurice, Takahshi, H. K., Hilton, Rodney und Hill, Christopher, *The Transition from Feudalism to Capitalism*, New York: Science & Society 1963 (dt.: *Der Übergang vom Feudalismus zum Kapitalismus*, Frankfurt 1978).

Tawney, R. H., *Religion and the Rise of Capitalism*, New York: Mentor 1947 (Originalausgabe 1926).

Topolsky, Jerzy, *Polish Economic Decline*, in: *Essays in European Economic History 1500-1800*, hrsg. von Peter Earle, Oxford: Clarendon Press 1974.

Wallerstein, Immanuel, *The Modern World System. Capitalist Agriculture and the Origins of the European World Economy in the Sixteenth Century*, New York: Academic Press 1974.

Weber, Max, *The Protestant Ethic and the Spirit of Capitalism*, New York: Scribners 1958 (Originalausgabe 1904-05).

Anmerkungen

1 Die hier erscheinenden *Kapital*-Zitate sind den Bänden 23-25 der Marx/Engels Werke, erschienen im Dietz Verlag Berlin 1972-73, entnommen.

2 Vgl. mein Buch über die Geschichte der Weltkapitalakkumulation: *L'accumulation mondiale, 1500-1800*, Paris 1977.

3 Zu einer Bewertung des ungleichen Tausches siehe Samir Amin, *L'accumulation à l'échelle mondiale*, Paris: Anthropos 1970; zu Schätzungen des Warenexportüberschusses der unterentwickelten Länder zwischen 1880 und 1910 vgl. Frank 1978.

4 In einer Rede vor den Delegierten des Parteitags der ungarischen KP am 19. März 1975 in Budapest sagte der sowjetische Parteichef Leonid Breschnjew, daß wegen der »umfassenden wirtschaftlichen Bindungen zwischen kapitalistischen und sozialistischen Ländern die üblen Auswirkungen der gegenwärtigen Krise im Westen auch Einfluß auf die sozialistische Welt hatten«.

5 Ich habe schon verschiedentlich diese Auffassung vertreten, und zwar unter den Überschriften *Sociology of Development and Underdevelopment of Sociology* und *Functionalism and Dialectics*, in Frank 1969, sowie *On Theoretical Issues in Economic Anthropology*, Frank 1970.

6 Man hat mich oft als »Narodnik« und »Zirkulationist« kritisiert, als einen, der – in der Tradition solcher weniger Schuldigen wie Baran und Sweezy – angeblich Kapitalismus und Austausch so weitgehend miteinander verwechselt, daß er die Produktionsverhältnisse ausklammert, und der irrigerweise behauptet, daß »äußere« Beziehungen in oder mit der Peripherie bestimmend seien und nicht die »inneren« Verhältnisse im Zentrum. Eine Sammlung von Zitaten, deren Einordnung sowie eine partielle Antwort auf ca. 50 Kritiken findet sich in meiner Erwiderung auf diese Vorwürfe (Frank 1974). Obwohl ich zugebe, den Austauschbeziehungen in meinen Untersuchungen vielleicht zu großen Raum gewidmet zu haben, mußte ich doch die Behauptung, die Produktionsverhältnisse vernachlässigt zu haben, zurückweisen; dies ist geschehen in den Vorworten zu den überarbeiteten Ausgaben von *Kapitalis-*

mus und Unterentwicklung in Lateinamerika, 1969, und *Lumpenbourgeoisie: Lumpendevelopment*, 1972.

7 Mein Buch *L'accumulation mondiale, 1500-1800*, soll ein Schritt in die Richtung sein, diesen weltweiten Prozeß mit »inneren« Faktoren zu erklären. Ein anderer wichtiger Beitrag hierzu ist Immanuel Wallersteins Arbeit *The Modern World System*, Band I (von vier geplanten Bänden): *Capitalist Agriculture and the Origins of the European World Economy in the Sixteenth Century*, New York: Academic Press 1974.

8 In Indien führt die *Economic and Political Weekly* seit 1971 eine Debatte über Produktionsweisen in der indischen Landwirtschaft und koloniale Produktionsweisen (zusammengefaßt in Frank 1973), und das *Journal for Contemporary Asia* tut dies für andere Teile der Welt. In Frankreich haben die Recherches Internationales à la Lumière du Marxisme und das Centre d'Etudes Sammelbände über die »zweite Leibeigenschaft« in Osteuropa respektive über Feudalismus veröffentlicht; *La Pensée* bringt sporadische Einzelartikel, und Amin, Meillassoux, Rey und andere haben wichtige Bücher herausgebracht, die unsere Analyse des Problems der Produktionsweisen, insbesondere für Afrika, stützen. Ahlers u. a. in der Bundesrepublik Deutschland und Kossok in der DDR haben neue Analysen von Produktionsweisen in Lateinamerika erstellt. In Lateinamerika selbst haben *Cuadernos del Pasado y Presente* in Buenos Aires, *Cuadernos de la Realidad Nacional* in Chile vor dem Putsch, *Estudios Centroamericanos* in San José, Costa Rica, *Historia y Sociedad* in ihren neuen Serien in Mexiko und *Ciencias Economicas y Sociales* in Caracas im Laufe der letzten vier oder fünf Jahre der Analyse von Laclau, Sempat, Cardoso, Cordova, Semo, Cuevas, Barta und anderen über die koloniale und andere Produktionsweisen und Gesellschaftsformationen in Lateinamerika und im Karibischen Raum gut über 1000 Seiten gewidmet. Der mehr oder weniger gemeinsame Nenner für die in dieser Diskussion benutzte Terminologie, die wir hier übernehmen wollen, ist dieser: »Produktionsverhältnisse« beziehen sich konkret auf diese im engeren Sinne; »Produktionsweise« ist ein abstrakterer Begriff, der idealtypische Kombinationen eines oder mehrerer Produktionsverhältnisse mit Produktivkräften bezeichnet und damit auch bisweilen Kombinationen von Surplusgewinnung und dem damit verbundenen Überbau; »Gesellschafts- (und Wirtschafts)formation« bezieht sich auf eine konkrete Kombination von Produktionsverhältnissen/Produktionsweise und Überbau zu einer bestimmten Zeit an einem bestimmten Ort. Obwohl von diesen drei Begriffen der der »Produktionsweise« in der Diskussion der gebräuchlichste ist, ziehen wir, wann immer das möglich ist, es vor, von den konkreter zu identifizierenden »Produktionsverhältnissen« zu sprechen.

9 So stellen Pierre und Huguette Chaunu (1974) in ihrer klassischen Studie zur Wirtschaft des atlantischen Raumes fest: »Die Ökonomie des spanisch-amerikanischen Atlantik [. . .] ist also eine Ökonomie langer Phasen, jener langen Phasen, die französischen Historikern so sehr am Herzen liegen. Es ist jedoch möglich, innerhalb dieser großen Bewegungen – erst der Aufschwung, dann das Sich-Einpendeln oder der Abschwung – eine Reihe [. . .] kurzfristiger zyklischer Schwankungen in den Ökonomien des 16. und 17. Jahrhunderts auszumachen: Schwankungen, die in Ermangelung statistischen Beweismaterials eher erraten als erkannt werden können. Zyklische Schwankungen verursachen leichte Wellenbewegungen [. . .] von 1504 bis 1650. Von 1590 bis 1650 ist ein Zyklus von ungefähr 10/11 Jahren deutlich erkennbar, der leicht vom Dezennium abweicht – wobei die Abschwungsphase im großen und ganzen der ersten, die Aufschwungsphase der zweiten Hälfte des Dezenniums entspricht. Es bleibt zu untersuchen, was diese kurzen Schwankungen

implizieren [. . .]. Ebensowenig ist es ausgeschlossen, daß wir zwischen den 10/11-Jahresschwankungen und den Jahrhundertschwankungen (Aufschwungsphase 1508-1620, Abschwungsphase 1620-1680) intermediäre Phasen von 15 oder 20 Jahren oder länger, je nach Periode, erkennen können: Schwankungen, die den Historikern der französischen Schule als ›interdezenniale Schwankungen‹ bekannt sind. [. . .] Mit einem Wort: Es gibt keine goldene Regel zur Bestimmung kurz- und mittelfristiger Schwankungen in der spanisch-atlantischen Ökonomie von 1504-1650.« (Chaunu, S. 122 f.)

10 Andererseit schreiben Pierre und Huguette Chaunu: »Ebensowenig gibt es – und mit diesem Punkt wollen wir schließen – einen *einzigen* Konjunkturzyklus für den spanisch-atlantischen Wirtschaftsraum. [. . .] Es gibt *mehrere* Konjunkturzyklen, von denen der Zyklus des spanischen Atlantik bestenfalls eine Resultante ist. Der Wirtschaftsraum des 16. Jahrhunderts und noch mehr der des 17. Jahrhunderts war zweifellos viel stärker aufgesplittert als der des 20. und *a fortiori* des 19. Jahrhunderts.« (Chaunu, S. 123) Und der Kenner des französischen Languedoc, Le Roy Ladurie, wendet ein: »[. . .] ist es richtig, im Zusammenhang mit einer solchen Periode Pauschalausdrücke wie ›die Krise des 17. Jahrhunderts‹ zu verwenden oder vom ›Konjunkturumschwung‹ zu sprechen, der in den ersten Jahrzehnten des Jahrhunderts eingetreten sei? Derlei Ausdrücke mögen durchaus für die spanisch-koloniale Wirtschaftslage, für Iberoamerika gelten. [. . .] Sie gelten gleichermaßen für Kastilien und Italien, und sie könnten wenige Jahrzehnte später auch auf das vom Dreißigjährigen Krieg verwüstete Deutschland und das benachbarte Burgund angewendet werden. Aber außerhalb dieser geographischen Grenzen, so weitreichend sie sein mögen, ist schlichtes Extrapolieren unmöglich. Man kann nicht einmal behaupten, die ›mediterrane Konjunktur‹ stütze insgesamt die These von einem Richtungswechsel um 1620: ein paar heftige, kurzlebige Krisen – ja; eine demographische Verlangsamung (beginnend im letzten Drittel des 16. Jahrhunderts) – ohne Zweifel; eine allumfassende säkulare Depression – nein, mindestens zu der Zeit noch nicht; denn Provence, Languedoc und Katalonien – das ganze beträchtliche mediterrane Küstengebiet des Golfe du Lion, von Tarragona bis Toulon – entgingen dem radikalen Umschwung der Konjunktur, die fortan einen südlichen, halbinselförmigen und aus europäischer Sicht nachgerade marginalen Charakter annahm. An den nördlichsten Ufern des Mittelmeers flaute die Konjunktur ab; sie wechselte ihr Tempo; sie wurde schleppend; aber sie *schlug noch nicht um.*« (Le Roy Ladurie, S. 146) Ich behaupte, daß Le Roy Laduries eigene Darstellung den Schluß nahelegt, daß die Konjunktur am Ende so »marginal« nicht war, und das um so weniger, als wir beobachten, daß sie in England, Portugal und dem östlichen Mittelmeerraum sowie in Teilen Osteuropas genauso aussah. Es liegt in der Natur dieses Prozesses, daß Krisen unterschiedliche Sektoren und Regionen nicht in gleicher Weise und nicht in gleichem Maße treffen, so daß einige von ihnen sich einen relativen – und manche schließlich gar einen absoluten – Vorteil gegenüber anderen verschaffen können.

11 Und doch wird behauptet, daß der »Dreißigjährige Krieg [. . .] keinen langanhaltenden wirtschaftlichen Niedergang in den Ländern mit sich brachte, in denen er geführt wurde. [. . .] Auch in Deutschland erholte sich das Gewerbe ziemlich rasch . . . aber eher kann man sagen, daß das Gewerbe seine Organisation änderte, indem es zu primitiven Formen zurückkehrte.« (Topolsky)

Hartmut Elsenhans
Grundlagen der Entwicklung der kapitalistischen Weltwirtschaft

Eine Analyse der Grundlagen der Entwicklung des kapitalistischen Weltsystems steht prinzipiell vor folgendem Problem: Dieses System besteht aus zwei Hauptformationen, einem *zentralen* Kapitalismus mit steigenden Realeinkommen, der sich laufend weiterentwickelt, und einem sogenannten *peripheren* Kapitalismus, der sich trotz sektoraler Entwicklungsprozesse »unter«entwickelt, und zwar unabhängig davon, ob er in die kapitalistische Weltökonomie integriert ist oder nicht, da sich zeigt, daß die Wachstumsprozesse, die in Phasen abnehmender Beziehungen mit dem Zentrum zustande kommen (Mexiko 18. Jh., Lateinamerika ab 1930 bis Anfang der 50er Jahre), keineswegs das Fundament für ein selbsttragendes Wachstum gelegt haben. Das damit aufgeworfene Problem – warum entwickelt der Kapitalismus Produktivkräfte im einen Fall umfassend, im anderen nicht – wird dadurch verstärkt, daß die Anhänger einer marktwirtschaftlich organisierten Weltwirtschaft im allgemeinen das Eindringen kapitalistischer Produktionsverhältnisse in die Dritte Welt als Ursache für Unterentwicklung leugnen und diese aus sogenannten inneren, oft, im Anschluß an Max Webers Analyse der Entstehung des Kapitalismus, aus sozialpsychologischen Faktoren ableiten, während die Gegner einer marktwirtschaftlich organisierten Weltwirtschaft aufgrund ihrer offenen oder impliziten Forderung nach einer zentralistischen oder dezentralisierten, aber stets administrativen Steuerung der Wirtschaft die Entwicklung von Produktivkräften im Zentrum nur mit Hilfskonstruktionen, z. B. der Aneignung von Mehrwert aus der Peripherie, erklären.

Von seiner solchen Betrachtung der »Kapitalismen« – als durch marktwirtschaftliche Steuerung und private Aneignung von Mehrprodukt als Mehrwert gekennzeichnet – grenzt sich der folgende Aufsatz ab, der im wesentlichen die Thesen einer längeren Untersuchung über »Geschichte und Ökonomie der europäischen Welteroberung« zusammenfaßt (Elsenhans 1976a; siehe auch die Nachbemerkung zum vorliegenden Beitrag).

1. Kapitalismus als ökonomisches System, in dem Privilegierte sich über den Markt Mehrprodukt aneignen, setzt wachsende Masseneinkommen voraus. Kapitalistisches Wachstum erfordert akkumulierbaren Mehrwert und eine ausreichende Gesamtnachfrage.

Den Ausgangspunkt bildet die These, daß kapitalistische Entwicklung – mit Marktsteuerung und privater Aneignung von Mehrprodukt – nur möglich ist, wenn die Masseneinkommen wachsen. Entscheidend für kapitalistische Entwicklung sind nicht nur die Formen der Wirtschaftssteuerung und die Durchsetzung einer von dem Gegensatz zwischen Lohnarbeit und Besitzern von Produktionsmitteln bestimmten Klassenstruktur, sondern auch die Existenz von Widerstandsmöglichkeiten der Unterprivilegierten, die durch steigenden Massenkonsum Absatz und Anreize für Neuinvestitionen schaffen. Kapitalismus setzt von Anbeginn solche Widerstandsmöglichkeiten voraus und schafft sich nicht erst den Gegner, der ihn überwindet – in der Form einer »revolutionären« Arbeiterklasse –; er hängt von dieser sozialen »Basis« und ihrer Fähigkeit, Konzessionen der »Kapitalbesitzer« direkt oder über den Umweg des Staatsapparats durchzusetzen, ab. Kapitalismus als ökonomisches System, in dem Akkumulation von Kapital stattfindet, setzt sich erweiternde Massenmärkte voraus. Er kann dann nur als kapitalistischer Wachstumsprozeß verstanden werden, der sich auf der Grundlage steigender Masseneinkommen entwickelt. Ein solcher kapitalistischer Wachstumsprozeß fand bisher einzig im Zentrum statt. Dem sogenannten peripheren Kapitalismus fehlt ein konstitutives (und nicht nur nebensächliches, im Zentrum etwa als *Folge* der Entwicklung auftretendes) Element, nämlich der sich durch Widerstand der Unterprivilegierten über wachsende Masseneinkommen erweiternde Binnenmarkt.

Diese These widerspricht drei Vermutungen bisheriger Versuche, den Kapitalismus zu erklären:

– der »marxistischen« Interpretation des Kapitalismus als System der *Mehrwertextraktion*, bei dem die Konkurrenz der Kapitalisten um Akkumulation quasi-automatisch erfolge und einen ausreichenden Markt schaffe,

– der neoliberalen Interpretation des Wachstums der Lohneinkommen auf den Wert des Grenzertrags, so daß *allein die Nachfrage der Unternehmen* nach Produktionsfaktoren eine ausreichende Nachfrage sichert, und

– der liberalen und marxistischen Autoren gemeinsamen Vorstellung, daß die Entwicklung zu Marktwirtschaft/Kapitalismus eine *historische Notwendigkeit* gewesen sei, einerseits als Behauptung der naturwüchsigen Zunahme von Arbeitsteilung, die den Übergang von einer geschlossenen Hauswirtschaft zu einer Marktwirtschaft erzwinge, andererseits in der Form mehr oder weniger deterministischer Ableitungen einer wegen historischer Gesetzmäßigkeiten notwendigen Abfolge von Produktionsweisen.

2. Als historische Tendenz läßt sich nur die Auflösung von »Gemeinschaften« in bürokratische Systeme, sogenannte asiatische Produktionsweisen, nicht aber die Entwicklung des Kapitalismus als notwendig nachweisen.

Ist die Entstehung des Kapitalismus an spezifische politische Bedingungen, nämlich ein politisches Widerstandspotential der Unterprivilegierten gebunden, dann muß zunächst die Annahme widerlegt werden, daß kapitalistische Entwicklung in einem gesetzmäßigen Zusammenhang mit den Auflösungsmechanismen vorkapitalistischer Produktionsweisen stehe. Dazu ist zu begründen, daß vorkapitalistische Produktionsweisen sich im Regelfall – also ohne das Hinzutreten der in Europa wirksamen *besonderen* Kräfteverhältnisse – zu Gesellschaften entwickeln, in denen das Mehrprodukt von einer zentralistisch organisierten Klasse angeeignet und nach dem Rang verteilt wird, und daß solche Gesellschaften weder durch die Entfaltung von Produktivkräften noch durch Verfall ohne kapitalistische Penetration von außen zum Kapitalismus übergehen können. Diese These läßt sich empirisch an zwei Beispielen nachvollziehen und theoretisch ableiten, nämlich

- an der sozialen Differenzierung afrikanischer Gemeinschaften und
- an den Zyklen sogenannter asiatischer Produktionsweisen.

Ohne auf die Mechanismen beginnender sozialer Differenzierung in *gemeinschaftlichen Produktionsweisen* einzugehen – ich vertrete die These, daß die Existenz eines Mehrprodukts, d. h. ein bloßer Fortschritt in der Entwicklung der Beherrschung der Natur eine ausreichende Bedingung ist –, läßt sich zeigen, daß die Mechanismen der Aneignung des Mehrprodukts in sogenannten gemeinschaftlichen Produktionsweisen als Formen der Anwendung *außerökonomischen Zwangs* aufgefaßt werden können. Geschenke an Häuptlinge, Altersklassen, hervorragende Familien oder an Eroberer bzw. von Neusiedlern an schon etablierte Gruppen sind, unabhängig davon, ob sie freiwillig oder unfreiwillig bzw. gegen Verpflichtungen der Begünstigten (Vorratshaltung, Rechtsprechung, Landzuteilung) gegeben werden, ein Transfer von Mehrprodukt aufgrund politisch-rechtlicher Beziehungen. Sobald dieses Mehrprodukt gehandelt werden kann, wächst der Appetit der Begünstigten nach (aus verschiedenen Ländern stammenden) Produkten (Gebrauchswerten), weshalb eine Erhöhung des tauschfähigen Mehrprodukts unerläßlich ist. Die Erhöhung des Mehrprodukts erfordert im Regelfall eine Organisation zu seiner Eintreibung (und, im Falle der aktiven Beteiligung am Handel, zur Sicherung von Handelsrouten), deren Mitglieder eine Klasse sind (ob diese nun für soziale Aufsteiger offen ist oder nicht). Diese Klasse ist aufgrund ihrer militärischen und administrativen Aufgaben unter der Leitung eines »Königs« hierarchisch gegliedert, dessen Herrschaftsanspruch religiös legitimiert wird. In seinem Namen wird Mehrprodukt angeeignet und verteilt, wobei, entsprechend der inneren Organisation der Klasse die Verteilung notwendig dem *Rang* und *nicht* der ökonomischen *Innovationsleistung* folgt.

Solche administrativ-militärischen Apparate sind Vorformen der Beamtenklassen, die in den sogenannten *asiatischen Produktionsweisen* beobachtet werden. Die Kontroversen über diese Produktionsweise können hier nicht ausführlich dargestellt werden. In unserem Zusammenhang ist lediglich auf folgende Tatsachen hinzuweisen: Von den häufig herausgestellten Kennzeichen, nämlich der Existenz einer Klasse von *»Beamten«*, die mit politisch-administrativen und/oder offen repressiven Mitteln (außerökonomischem Zwang) Mehrprodukt von egalitären *Dorfgemeinschaften* eintreiben, ist nur das erste von Bedeutung. Aus den Überlegungen über die »Auflösung« egalitärer Gemeinschaften durch zunehmende Schichtung folgt, daß bei einem selbst nur geringen Entwicklungsstand auch in Dorfgemeinschaften Ungleichheit und Ausbeutung bestehen. Außerdem haben solche Beamtenklassen alsbald ein Interesse ausgebildet, durch Individualisierung der Steuerabgaben und damit meist durch Privatisierung der Rechte an Böden (selbst wenn es kein echtes kapitalistisches Eigentum gibt) die Steuereintreibung wirksamer zu machen, auch wenn daneben kollektive Verpflichtungen des Dorfes (z. B. im Fall der Zahlungsunfähigkeit einzelner Bauern Verpflichtung der Begleichung auch dieser Steuerschulden durch das Dorf) bestehen. Die egalitäre indische Dorfgemeinschaft ohne Privatbesitz an Boden, die über Marx in die Definition der asiatischen Produktionsweise Eingang fand, ist ein von Teilen der britischen Kolonialverwaltung in Indien Anfang des 19. Jahrhunderts erfundener Mythos.

Gibt es in solchen asiatischen Produktionsweisen eine Vielzahl von Eigentumsformen auf dem Dorf, dann ist – im Sinne einer Definition von Produktionsweisen nach den Kriterien: *wer arbeitet, wer leitet die Produktion, wer eignet sich ein Mehrprodukt mit welchen Mechanismen an und welche Mechanismen führen zu welcher Verwendung des Mehrprodukts?* – die Existenz einer *»Staats«klasse* entscheidend.

Asiatische Produktionsweise liegt dann vor, wenn der überwiegende Teil des gesellschaftlichen Mehrprodukts von einer zentralistisch verfaßten Klasse angeeignet und innerhalb dieser Klasse nach dem Rang verteilt wird. Aus dieser Definition lassen sich Folgen für den möglichen Wachstumsprozeß ableiten, die auch empirisch belegt sind. Wofür das Mehrprodukt verwendet wird, ist ökonomisch nicht bestimmt. Luxus (Hof) und Investitionen (z. B. Bewässerung) sind gleichermaßen möglich. Ob ein Beamter Mehrprodukt, das er als Steuer eintreibt oder das er verwaltet, investiert oder nicht, hat keinen Einfluß auf sein eigenes Einkommen. Die gewerbliche Produktion ist angesichts des tendenziell wachsenden Luxuskonsums und der großen Einkommensungleichheit in drei Sektoren gespalten: Dorfhandwerk mit geringen Entwicklungsmöglichkeiten für unabweisbare Bedürfnisse der Landbevölkerung, wegen Rohstoffen regional gebundene Produktion (Salz, Salpeter) und Luxusproduktion in unterschiedlichen Arbeitsverhältnissen (»Sklaverei« an Höfen, selbständige Handwerker, die sich meist in Zünften gegen jede Konkurrenz abschotten) für die Staatsklasse und eventuell andere privilegierte Klassen (Fernhändler, Großgrundbesitzer, wie z. B. in China). Orientiert an der Herstellung immer feinerer Waren (Beispiel: Stickereien), kann dieses sich ausweitende Luxushandwerk kein Interesse an der Herstellung standardisierter Produkte entwickeln. Viele – auch einfache – Produktionsmittel (Beispiel: Schablonen für Stickereien) werden nur beschränkt verwendet. Die »Dialektik Mensch – Natur« orientiert sich nicht am Ziel der Herstellung immer größerer Mengen von Gebrauchswerten mit sinkendem Arbeitsaufwand pro Stück. Dies ist der Grund für die fehlende Nutzung selbst verfügbarer Neuerungen (z. B. Dampfmaschine im alten China). Angesichts des Interesses der Herrschenden an Luxus, der begrenzten Entwicklung der Produktivkräfte und der Grenzen für Ausbeutung ist von folgender Entwicklungsdynamik einer solchen Gesellschaft auszugehen:

– Die Erhöhung der Ausbeutung der Bauern führt zu Widerstand und Rebellion oder zum Zusammenbruch der Landwirtschaft und in beiden Fällen zum Zusammenbruch des Systems. Nach einer Zerfallsperiode steigt eine neue Dynastie auf, schützt zunächst die Bauern und erhöht dann allmählich wieder den Luxuskonsum mit den beschriebenen Folgen.
– Die Vermehrung des verfügbaren Mehrprodukts wird über Eroberungen (und damit eine Vergrößerung des »Reiches«) erreicht. Angesichts der immer schwierigeren Probleme der Kommunikation und der Tendenz lokaler Amtsträger, sich zu verselbständigen, bricht das Reich auseinander.

Beide Entwicklungen sind zyklisch. Sie führen nicht zu Strukturen, in denen die Privilegierten sich als private Kapitalbesitzer Konkurrenz machten und zur Entwicklung von Produktivkräften gezwungen wären. Bestehende Ware–Geld-Beziehungen, z. B. im Handel, stellen keineswegs die Aneignungsmöglichkeiten der Staatsklasse in Frage, da Geldkapitalbesitzer (z. B. Fernhändler) einerseits mit von der Staatsklasse gewährten Monopolen ihre Gewinne erhöhen und verstetigen können, andererseits – angesichts der hohen Einkommen der Staatsklassen – sich eher in die Staatsklasse einkaufen statt diese zu entmachten.

3. Der europäische Feudalismus beruht auf dem Zusammentreffen außergewöhnlicher Umstände, durch die Konkurrenz verstärkt und Ausbeutung vermindert wurde.

Ist ein solcher oft als »Feudalismus« bezeichneter Verfall asiatischer Produktionsweisen nicht für eine Zerschlagung politisch-administrativer Aneignungsmöglichkeiten, sondern für die zyklische Stärkung der Staatsklasse und die wiedererfolgende Reichsbildung offen, dann muß gefragt werden, warum in Europa eine *solche* »Rezentralisierung« im Ausgang des europäischen Mittelalters unmöglich wurde, kann diese Periode doch als »Verfallsperiode« nach der Entwicklung einer asiatischen Produktionsweise im späten Westrom betrachtet werden. Zunächst ist festzuhalten, daß solche Rezentralisierungstendenzen auch im neuzeitlichen Europa festzustellen sind (Absolutismus). Zu klären ist also nur, welche Faktoren einen Rezentralisierungsprozeß behinderten, so daß *Durchsetzung von Konkurrenz* und *steigender Massenkonsum* möglich wurden. Eine Reihe dieser Faktoren ist in der spezifischen Form der »tributären« Produktionsweise des europäischen Mittelalters zu sehen, dem *Feudalismus*, in dem die privilegierte Klasse ihre Einnahmen überwiegend aus dem Besitz von Ländereien (und nicht aus Ämtern) zog. Das Einkommen jedes Grundherrn war vor allem durch das Mehrprodukt bestimmt, das er sich als einzelner von seinen Bauern aneignen konnte; Produktivitätssteigerungen kamen zunächst ihm, nicht anderen Mitgliedern der Grundherrnklasse zugute. Gleichzeitig war die Ausbeutungsrate begrenzt. Aus Verbesserungen der Produktivität zogen auch die Bauern Nutzen, so daß diese ein Interesse an Innovation hatten und langsam einen Markt für gewerbliche Produkte bildeten.

Die *Fraktionierung der Grundherrnklasse* und das *für die Bauern relativ günstige Kräfteverhältnis* sind auf folgende Faktoren zurückzuführen, die eine mögliche Rezentralisierung der herrschenden Klasse allerdings nur behindern, nicht aber verhindern konnten:

– Durch die weitgehende *Kommerzialisierung des Bodens* in der Antike bestand nach dem Zusammenbruch Westroms ein stark abgesichertes Besitzrecht am Boden. Die Grundbesitzer eigneten sich Mehrprodukt als je einzelne an, wobei sowohl das Ende der Zufuhr billiger Sklaven als auch der Differenzierungsprozeß innerhalb der einwandernden germanischen Völkerschaften in Richtung auf feudale Abhängigkeitsverhältnisse wirkten (Kolonatssystem, Klientelmitglieder, die den Nießbrauch an Boden gegen Abgabe- und Arbeitsverpflichtungen an Adlige erhalten).

– Das *geringe Mehrprodukt,* das sich die Privilegierten zunächst aneignen konnten, bedingte, daß der staatliche Aufbau sich auf der Grundlage der *Beleihung von Funktionsträgern* mit Boden vollzog. »Zunächst« deshalb, weil mit der Zunahme des verfügbaren Mehrprodukts durchaus Tendenzen zum Aufbau von zentralistischen Staatsklassen auftraten (Normannenstaaten). Die große Verfügungsmacht über den Boden in den Händen von Grundherren schufen jedoch, zusammen mit dem hohen Rang des Erbrechts in Gesellschaften mit geringer Entfaltung politisch-administrativer Strukturen (Germanen), ein Interesse an der Erblichkeit der Lehen und wirkten der Zentralisierung der herrschenden Klasse in eine Beamtenklasse entgegen.

– Die *gesellschaftliche Differenzierung* war *relativ gering,* z. T. wegen des zunächst geringen Mehrprodukts, der Fraktionierung der Herrschenden und aufgrund ideologischer Faktoren (Egalitarismus des Christentums; alle Bewegungen zur Reform der Religion waren mit Bauernbewegungen zur Verminderung von Abgaben verknüpft).

– Innerhalb der herrschenden Klasse gab es – wegen der Fortdauer des *Papsttums* (das auch weltliche Aufgaben übernahm) und des mit ihm rivalisierenden *Kaisertums* (das auch im geistlichen Bereich Kompetenzen beanspruchte) – einen permanenten Konflikt.

– Die Fraktionierung der herrschenden Klasse erlaubte eine größere *Selbständigkeit der Städte,* durch die – wegen der Möglichkeit der Abwanderung vom Land (»Stadtluft macht frei«) – der Erhöhung der Ausbeutungsrate durch die Grundherren Schranken gesetzt waren.

Diese *Widerstandsmöglichkeiten der Bauern* wurden im 14. Jahrhundert entscheidend verstärkt: Die *Pest* führte zu einer *Verknappung von Arbeitskräften.* Während in den Regionen, in denen sich Kapitalismus nicht durchsetzte, die Leibeigenschaft der Bauern verschärft wurde, gewannen im späteren Kerngebiet des Kapitalismus die Bauern ihre persönliche Freiheit und konnten die Abgabenbelastung senken: Die Grundherren mußten, um Arbeitskräfte zu bekommen, den Bauern einen höheren Anteil an der Produktion belassen.

4. Der innere und der äußere Markt können sich nicht über nur-ökonomische Mechanismen entwickeln.

Aus dem Argument, daß die für den europäischen Feudalismus bestimmenden Elemente Rezentralisierung zwar behinderten, aber nicht notwendig verhinderten, folgt nicht zwangsläufig, daß sich über Konkurrenz Kapitalismus entwickelte. Der oft beschriebene Mechanismus, daß durch das Wachstum des Handels und damit einer neuen Klasse, der Handelskapitalisten, an deren Reichtum die Grundherren anders als die Staatsklassen nicht durch Anwendung außerökonomischen Zwangs teilhaben konnten, könnte nur folgende Entwicklung erklären: Mit ihrem Geldkapital konnten die Handelskapitalisten durch Prestigekonsum verschuldete Grundherren aufkaufen. Denkbar ist weiter, daß in diesem Prozeß Arbeitskräfte freigesetzt wurden, weil die zu Grundbesitzern gewordenen Handelskapitalisten »rationeller« wirtschafteten. Eine Steigerung der Arbeitsproduktivität erfordert aber auch vermehrte Absatzmöglichkeiten.

An dieser Stelle sind die von anderen Autoren, z. B. Marx, behaupteten Mechanismen der Markterweiterung zu diskutieren, nämlich die *Bildung eines inneren Markts durch Niederkonkurrierung* des ländlichen Gewerbes, staatlicher Markt und äußerer Markt (*MEW* 23; S. 773-788). Durch Niederkonkurrierung der ländlichen »vorkapitalistischen« gewerblichen Produktion kann kein Binnenmarkt entstehen. Folgendes Beispiel belegt dies: Vor der Niederkonkurrierung habe die Landbevölkerung 20% ihrer Arbeitszeit für gewerbliche Produkte, 80% ihrer Arbeitszeit für agrarische Produkte aufgewandt. Werden die gewerblichen Produkte in der Stadt von kapitalistischen Unternehmen hergestellt, dann müssen sie – unter Einrechnung aller Kostenfaktoren (c+v+p) – für die Landbevölkerung günstiger sein als die selbstproduzierten. Für ein gleiches Quantum an Gebrauchswerten, die bisher die Landbevölkerung selbst hergestellt hat, wird in Geld weniger Einkommen bezahlt, als der Konsumtionskraft entspricht, die die Landbevölkerung in den übrigen 20% der Arbeitszeit vor Spezialisierung sich erarbeitet hat. Der Massenkonsum nimmt ab. 20% der Arbeitskräfte auf dem Land werden eingespart; aber zur Herstellung der Güter, die – gleiches Versorgungsniveau der Landbevölkerung vorausgesetzt – jetzt von kapitalistischen Unternehmen geliefert werden, werden nicht nur weniger Arbeitskräfte benötigt (Massennachfrage sinkt), sondern es werden insgesamt weniger Einkommen an andere Unternehmen für Vorprodukte (c), an Arbeit (v) und Kapital (p) bezahlt.

Der *äußere Markt* kann nicht größer sein als die Importe aus diesem Markt in die sich entwickelnde kapitalistische Wirtschaft. Was in den äußeren Markt geliefert wird, muß bezahlt werden. Zahlungsfähigkeit gebietet Exporte. Was auf dem äußeren Markt an zusätzlicher Nachfrage entsteht, fällt auf dem »inneren« Markt im sich entwickelnden kapitalistischen Sektor weg, weil gerade so viel äußerer Markt entsteht, wie im kapitalistischen Sektor bezahlte Einkommen für vom äußeren Markt gelieferte Waren verwendet werden. Die Ausweitung des äußeren Markts war noch kleiner, wenn die nichtkapitalistischen Wirtschaften der heutigen Dritten Welt durch »Raub und Plünderung« ausgebeutet wurden.

Die Möglichkeit der Erweiterung des Marktes durch die Konsumnachfrage der Kapitalisten setzt »feudale Kapitalisten« voraus: Kapitalisten müssen aber, um konkurrenzfähig zu bleiben, Mehrprodukt investieren oder ihre Preise senken.

Bleibt die von Lenin behauptete Möglichkeit einer Entwicklung des Markts durch den Produktionsmittelsektor. Auch dies setzt nichtkapitalistische Kapitalisten voraus. Der Produktionspreis ist $c+v+p$, wobei p, die Profitmasse, durch die Durchschnittsprofitrate $\pi = \frac{p}{c+v}$ bestimmt ist, so daß $c+v+p = c+v+\pi(c+v)$. Folglich ist eine kapitalintensivere Technologie B konkurrenzfähiger als eine weniger kapitalintensive A, wenn

$$c_A + v_A + \pi(c_A + v_A) > c_B + v_B + \pi(c_B + v_B).$$

Da $c + v + \pi(c + v) = 1(c + v) + \pi(c + v)$, läßt sich diese Ungleichung umformen in

$$(c_A + v_A)(\pi + 1) > c_B + v_B + (\pi + 1), \text{ so daß}$$

$$c_A + v_A > c_B + v_B.$$

Die kapitalintensivere Technologie ist nur dann rentabel, wenn die Summe der nachfragewirksamen Einkommen aus der Produktion von Vorprodukten und aus den Arbeitseinkommen kleiner ist als bei der Technologie A (ausführlich Elsenhans 1978 b; 27). Auch der Sektor der Kapitalisten kann keine ausreichende Nachfrage schaffen.

Marx hat in dem Abschnitt über die Staatsschuld das Problem angedeutet, wo er darlegt, daß die Erhöhung der Staatsschuld, die ein Abzug von Mehrwert ist, der potentiell den Kapitalisten zur Verfügung steht, weitere Akkumulation und Gewinne ermöglicht, ohne daß der Staat mit seiner Staatsschuld produktive Investitionen tätigt; im Abschnitt *Kostpreis und Profit* (*MEW* 25; 41-47) hat er die Frage nach der Realisierung des Profits erörtert und festgestellt, daß die Kapitalisten so lange produzieren, wie sie einen näher nicht definierten Profit erzielen, der allerdings nicht so hoch wie der »produzierte« Mehrwert ist. Wenn man nun alle Konsumgüter und alle dem Ersatz vernutzten Kapitals dienenden Güter zum Preis von $c + v + x$ (wobei x ein minimaler Profit ist) summiert, ergibt sich, daß der Gesamtumsatz den Arbeitseinkommen (jedes c ist mit $c + v$ produziert worden) und dem minimalen Profit x entspricht. Daraus folgt, daß ein höherer Verkaufspreis nur dann erzielt wird, wenn über den Ersatzbedarf hinaus neue Kapitalgüter produziert wurden, indem die hier erzielten Arbeitseinkommen und Profite Nachfrage für die bisherigen Produktionssektoren erzeugen. *Profite hängen von den Neuinvestitionen ab.* Dies ist der Kern der keynesianischen Profittheorie (Sparen = Investieren, Investieren = Profit, wenn die Unternehmen nicht konsumieren und die Arbeiter nicht sparen).

Neuinvestitionen schaffen aber neue Kapazitäten: Wenn weder der äußere Markt noch ein vorkapitalistischer inländischer Sektor, noch die Kapitalisten durch Konsum und Akkumulation diesen Markt bilden können, bleibt nur eine Erhöhung des staatlichen Konsums (und damit die Stärkung eines nicht der Konkurrenz unterworfenen Sektors) oder die Erhöhung des Massenkonsums. Diese Erweiterung des Massenkonsums hat die Form der Erhöhung der Realeinkommen. Dann werden auch kapitalintensivere Technologien, die Arbeit substituieren, rentabel, ohne daß die Gesamtnachfrage nach Arbeit abnehmen muß. Zwar erfordert der Kapitalismus ein Mehrprodukt, weil sonst kein Mehrwert angeeignet werden kann, *dessen Akkumulation durch Investitionen ist aber nur im Fall sich erweiternder Massenmärkte möglich.*

5. Das Handelskapital und damit die handelskapitalistische Expansion Europas mögen zwar die kapitalistische Entwicklung Europas begünstigt haben, aber nur deshalb, weil das Handelskapital seinen Monopolanspruch in den Kernländern kapitalistischer Entwicklung nicht durchgesetzt hat.

Die Beobachtung der Akkumulation von Geld und der Entwicklung einer kapitalistischen »Rechenhaftigkeit« durch die seit dem 13. Jahrhundert in Italien, später im übrigen Westeuropa aufsteigenden Fernhändler und Fernhandelskompanien hat die Vorstellung begünstigt, daß durch diesen Binnen- und Fernhandel der Kapitalismus entstanden wäre. (Die Händler investierten in der Produktion gewerblicher Waren, beschäftigten Lohnarbeit, akkumulierten Gewinne in der Produktion usw.). Dagegen ist einzuwenden:

– Der *Fernhandel ist aus nahezu allen vorkapitalistischen Produktionsweisen bekannt.* Die Afrikanistik hat das Problem der Staatsbildung in Afrika auf die Entwicklung sehr ausgedehnter Handelsbeziehungen zurückgeführt, von denen der auch in Europa seit langem bekannte Goldhandel mit Westafrika nur ein kleiner Teil ist. Indischer Fernhandel mit Rom und Südostasien geht vor die Zeit von Christi Geburt zurück, ebenso wie der Seidenexport aus China in den Mittelmeerraum. Die Verbindung zwischen den drei Hauptsiedlungszonen der Alten Welt: Ostasien/Südasien, Schwarzafrika und Mittelmeerraum, besteht seit Jahrtausenden und hat dem Vorderen Orient und Malaya in nahezu allen Zeiten eine strategische Schlüsselrolle verliehen. Seit dem 7. Jahrhundert hat sich der Islam, wie ein Blick auf eine Karte der Verbreitung der Weltreligionen zeigt, entlang dieser Verbindungslinien ausgebreitet.

– Der *Fern- und Binnenhandel hat nirgends zu Investitionen in der gewerblichen Produktion geführt.* Nicht nur in England, wo die Einkommen aus dem Handel zum Kauf von Land (z. B. durch die sogenannten Nabobs) verwandt wurden, sondern auch überall sonst in Europa (Brügge, Venedig), Afrika, Lateinamerika und Asien wurden Geldeinkommen aus dem vorkapitalistischen Handel zunächst in der Absicherung von Handelsrouten, dann in Land und Staatsstellen investiert.

– Handelskapital ist zwar an einem in Geld ausgewiesenen Gewinn interessiert. Dieser Geldgewinn ist aber verschieden vom Gewinn eines kapitalistischen Unternehmens. *Handelskapitalismus beruht auf der Monopolisierung* von Vertriebswegen: Monopole (z. B. Salzmonopol) im Innern einer Gesellschaft und monopolistische Kontrolle von Handelswegen zwischen verschiedenen Gesellschaften. Der Preis wird entsprechend der Nachfrage (und dem Nutzen einer Ware) tendenziell so festgesetzt, daß der größte Gewinn erzielt wird (auch bei sinkenden abgesetzten Mengen), und sinkt nicht wie bei Konkurrenz auf die Produktionskosten. *Solche hohen Gewinne mit geringen Stückzahlen lassen sich am ehesten in Gesellschaften mit stark ungleicher Einkommensverteilung durch die Lieferung von Luxusgütern erzielen.*

– Handelskapital ist aufgrund der Mechanismen der Gewinnmaximierung weniger an gewerblicher Produktion und Konkurrenz interessiert als vielmehr an *Luxusproduktion und Monopol* und verbündet sich rasch mit den »monopolistischen« Strukturen in vorkapitalistischen Produktionsweisen. Die Stützung des Absolutismus auf dem europäischen Kontinent, die massive Finanzhilfe der englischen Fernhandelskompanien für die englische Krone in den Auseinandersetzungen um die Verwirklichung der Rechte des Londoner Parlaments im 17. Jahrhundert und die permanenten Konflikte zwischen Ostindienkompanie und gewerblichen Produzenten in England veranschaulichen diese *antikapitalistische, weil antikonkurrentielle Orientierung des Handelskapitals.* Die Handelspolitik der englischen Ostindienkompanie, die nicht nur auf den Überseemärkten, sondern auch in England – dort gebremst durch den Widerstand der englischen Weber – nicht englische, sondern profitablere indische Textilien zu verkaufen suchte, widerlegt die verbreitete Vermutung, daß der vorkapitalistische Fernhandel automatisch die gewerbliche Produktion gefördert habe.

Aus diesen Einwänden gegen eine Interpretation des Fernhandels als eines Motors der Durchkapitalisierung läßt sich die potentielle Blockierung einer beginnenden kapitalistischen Akkumulation begründen. *Der Fernhandel schafft zwar hohe Geldeinkommen, ist aber an Monopolisierung interessiert und stützt daher Zentralisierungstendenzen in der herrschenden Klasse der eigenen Gesellschaft.* Die Aufhäufung von Geldprofiten führte unter der Voraussetzung von Marktbeziehungen zu Inflation, wie dies in der Preisrevolution des 16. und frühen 17. Jahrhunderts in Europa (und dem Nahen Osten), vor allem in Spanien zu beobachten ist. Der Zufluß von Edelmetall entwertete die (nominalen) Einkommen von Grundbesitzern und die Arbeitseinkommen insbesondere in Spanien, hatte Verelendung zur Folge und führte – wie die Entwicklung der Bevölkerung der spanischen Städte bis 1630 zeigt – nach einer anfänglichen Anregung des Wirtschaftswachstums zu ökonomischem Rückschritt. Ohne Ware–Geld-Beziehungen in der Produktionssphäre erhöhten die Klassen, die sich von den Produzenten ein Mehrprodukt aneigneten, die Ausbeutungsrate, um die begehrten, vom monopolistischen Fernhandelskapital angebotenen Produkte kaufen zu können.

Die Möglichkeit, sich durch Export von Waren importierte »seltene« Waren zu verschaffen, muß im übrigen keineswegs über eine vermehrte Nachfrage nach Arbeitskräften zur Erweiterung des Binnenmarkts für »Massenkonsumgüter« führen. Die mit der Intensivierung des Getreideexports in Osteuropa auftretende zweite Welle der Leibeigenschaft ist dafür ein Beleg. Angesichts der möglichen Gewinne aus dem Agrarexport haben die Grundherren wieder Naturalabgaben (die Geldrente hatte sich im 14. und 15. Jahrhundert durchgesetzt) eingeführt, um den abhängigen Bauern und Pächtern Differentialrenten vorzuenthalten (ähnliche Entwicklungen sind in der Landwirtschaft der heutigen Dritten Welt zu beobachten, Elsenhans 1979 a) und sie haben die persönlichen Bindungen der Bauern verstärkt, um die Konkurrenz um Arbeitskräfte und die Gefahr der Erhöhung der Arbeitseinkommen auszuschalten. Einer Ausweitung des Handels kann also durchaus eine Einschränkung von Marktbeziehungen in der Produktion entsprechen.

6. Aus der notwendigen Verknüpfung von Konkurrenz und kapitalistischem Wachstumsprozeß folgt, daß eine verstärkte staatliche Wirtschaftsförderung (meist verbunden mit einer Förderung des Exports) nicht zur Durchsetzung des »Kapitalismus« führt.

Oft wird eine erhebliche Rolle des Staates in der Genese des Kapitalismus in Westeuropa behauptet. Der Ansatzpunkt dazu ist die Analyse des sich im Ausgang des Mittelalters bis zum Ende des 18. Jahrhunderts herausbildenden *Merkantilismus*. Er hat zwei Elemente: *Förderung des Exports* und *Förderung der Produktion*, vor allem (aber nicht nur) im gewerblichen Bereich. Tatsächlich handelt es sich um sehr unterschiedliche Arten der Wirtschafts- und Außenhandelspolitik, denen allerdings die Zielsetzung einer aktiven Handelsbilanz (durch Exporte und Importsubstitution) gemeinsam ist. Bedingt ist diese Politik durch den Finanzbedarf der Kronen, die nach dem Zusammenbruch des mittelalterlichen Universalismus von Kaiser und Papst ihre politische Stellung mit ökonomischen und militärischen Mitteln zu festigen suchten.

Nicht zu bestreiten ist, daß die europäischen Kronen, die über keinen Zugang zu den Edelmetallieferungen Lateinamerikas und wegen ihrer (zunächst) schwachen Stellung auf den Überseerouten über geringe Möglichkeiten verfügten, Monopolprofite zu erzielen oder an ihnen teilzuhaben, sich Gold durch Exporte gewerblicher Waren beschaffen mußten. Dies gilt insbesondere für England bis Mitte des 17. Jahrhunderts und für Frankreich. In dem Maße, wie der Staat allerdings *selbst* durch Aufbau der Manufaktur in die gewerbliche Produktion fördernd eingriff, behinderte er gleichzeitig den kapitalistischen Wachstumsprozeß. Ein Vergleich Englands und Frankreichs im 16. und 17. Jahrhundert zeigt, daß die geringen Möglichkeiten der englischen Krone, direkt in die Produktionssphäre einzugreifen, das Wachstum der gewerblichen Betriebe, den Einsatz von Maschinen und Energie und technische Innovation begünstigt haben, während die staatliche Wirtschaftsförderung in Frankreich zu unrentablen staatlichen Manufakturen und »Schutz«bestimmungen in den Betrieben vom Typ der Zunftbeschränkungen (z. B. Verbot des Einsatzes neuer Technologien und Beschränkung der Zahl der abhängig Beschäftigten) führte, durch die der Wachstumsprozeß behindert wurde. Durch die Ausschaltung von Konkurrenz im Rahmen der staatlichen Wirtschaftsförderung wurden im übrigen jene ungleichen Verteilungsstrukturen begünstigt, die die französische Manufaktur – tendenziell ähnlich der städtischen gewerblichen Produktion in den oben erwähnten »asiatischen Produktionsweisen«

– auf einen durch Luxusgüterkonsum bestimmten Markt hin orientierte, mit der Folge eines geringen Interesses an arbeitsparender Innovation.

Die merkantilistische Wirtschaftsförderung erweist sich als ambivalent: Sicherlich wurde über die Förderung von gewerblichen Exporten und den Aufbau von Manufakturen für die Befriedigung der inneren Nachfrage der Privaten, aber auch des Staates (Heer, Flotten) die gewerbliche Produktion angeregt, jedoch ohne daß diese Anregung zu einem sich selbst tragenden kapitalistischen Wachstumsprozeß führen mußte.

Die unterschiedliche Entwicklung in England und – dem im übrigen im 18. Jahrhundert technologisch fortgeschritteneren, in der kommerziellen Nutzung von Technologie rückständigen – Frankreich könnte die Vermutung nahelegen, daß die staatlichen Förderungsmaßnahmen und der Fernhandel allerdings dann den Übergang zum Kapitalismus beförderten, wenn Kapital freie (und verelendende) Lohnarbeiter beschäftigte, weil die staatliche Wirtschaftsförderung nicht mit Schutzmaßnahmen für die Arbeitskräfte verbunden war.

7. Die Genese des Kapitalismus war nicht mit einer massiven Verelendung der Landbevölkerung verbunden.

Die Behauptung, daß der Kapitalismus eine verelendende, weil von ihren landwirtschaftlichen Produktionsmitteln getrennte Lohnarbeit voraussetzt, ist die verbreitetste Argumentation über die Genese des Kapitalismus. Sie kann mit Protesten der Zeitgenossen gegen Verelendung, die allerdings auch Zeichen einer größeren Sensibilität für das Schicksal der Unterprivilegierten in den Kreisen der Schreibenden sein können, vielfältig belegt werden. Marx gründet seine These, daß die Entwicklung des Kapitalismus mit einer massiven Verelendung der Bevölkerung verbunden war, auf drei Beobachtungen:

1. Daß sich im 16. Jahrhundert die Klagen wegen der drohenden Vertreibung des Landvolks vom Boden mehrten (*MEW* 23; 747).
2. Daß während der Napoleonischen Kriege die englische Bevölkerung verarmte.
3. Daß in England Teile der Landbevölkerung ihr Land verloren, woraus er schließt, daß sie verelendeten.

Alle drei Behauptungen sind so nicht stichhaltig: Die aufblühende Wollproduktion im 15. und 16. Jahrhundert war selbst die Folge einer durch Verbesserung der Lebenssituation breiter Massen wachsenden Nachfrage. Sie hat im 16. Jahrhundert zu keiner massiven Vertreibung von Bevölkerung vom Land in England geführt; vielmehr war die englische Krone gezwungen, gegen den Versuch der Umstellung von Ackerfläche auf Weide sogenannte »Depopulation Acts« zu erlassen, unter anderem weil sie sich – im Unterschied zu den reicheren Kronen auf dem europäischen Kontinent – kein stehendes Söldnerheer leisten konnte und deshalb die ökonomische Grundlage des Milizsystems respektieren mußte.

Einfriedungen mit der Folge des Verlustes von Produktionsmöglichkeiten sind massiv erst in der zweiten Hälfte des 18. Jahrhunderts erfolgt. Auch wenn man mit dem Hinweis auf die nicht durch Parlamentsgesetz verfügten Einfriedungen die statistischen Grundlagen für diese These bezweifelt, ist festzuhalten, daß die Marktorientierung der englischen Landwirtschaft und die Durchsetzung eines kapitalistischen Privateigentums am Boden nicht über das Exportprodukt Wolle verliefen, sondern über die Nahrungsmittelproduktion Getreide – England war hier bei den Hektarerträgen bis ins 19. Jahrhundert führend – und die neuen Produkte wie Rüben usw. Der erweiterte Absatz dieser Produkte verlangte nach einem sich erweiternden Binnenmarkt. Die in der Hauptphase der Einfriedungen beobachtbare sehr rasche Zunahme der englischen Bevölkerung im 18. Jahrhundert muß, ob nun die fallende Sterberate oder eine steigende Geburtenrate als Ursache angesehen wird, als Verbesserung der Ernährungssituation der Massen gewertet werden. Die Folge dieser Orientierung der »Durchkapitalisierung« an der inneren Nachfrage war neben einem hohen Produktionsmittelbedarf der Landwirtschaft (die Landwirtschaft verbrauchte um 1730 30% des Eisens) ein hoher Arbeitsbedarf in der Landwirtschaft. Die neuere englische Forschung zur Agrargeschichte, die auf das bis in die Zeit nach den Napoleonischen Kriegen wachsende Arbeitsplatzangebot in der Landwirtschaft verweist, ist nicht damit widerlegt, daß gezeigt wird, daß die Bauern und Pächter in Lohnarbeiter verwandelt wurden. Marx erblickt in dieser Expropriation nicht nur die Schaffung von Lohnarbeit, sondern auch die Freisetzung von Arbeit als Vertreibung vom Land, so daß ein städtisches Proletariat entstand, das zu Subsistenzkosten beschäftigt wurde.

Die Marxsche Vermutung einer massiven Vertreibung des Landvolks durch Umstellung der Landwirtschaft auf Wollproduktion trifft nicht für England, wohl aber für Spanien zu und führt dort eben nicht zu Akkumulation, trotz der Verfügbarkeit von Gewinnen. Daß – abgesehen von den von Marx und Engels sehr einseitig benutzten Quellen über die Lage der Arbeiter im England der industriellen Revolution – die Zeit der Napoleonischen Kriege mit einer starken Beanspruchung des Produktionsapparats durch den Krieg eine Phase der Verschlechterung des Lebensstandards der Massen war, teilt sie mit allen Kriegsperioden.

8. In England wird Marktkonkurrenz möglich, weil über eine breite Streuung des Bodenbesitzes der Massenmarkt wächst. Dadurch werden Tendenzen zu einer absolutistischen Rezentralisierung geschwächt.

Wenn weder Verelendung durch Freisetzung von Arbeit noch der Fernhandel und nur bedingt die staatliche Wirtschafts- und Exportförderungspolitik die Genese des Kapitalismus erklären, dann müssen andere Mechanismen ermittelt werden, die die im Feudalismus aufgrund von dessen Offenheit für Konkurrenz angelegten Möglichkeiten für kapitalistisches Wachstum verwirklichten, ohne daß sich die gleichermaßen vorhandenen Tendenzen zur Rezentralisierung, die durch den Handel und die staatliche Wirtschaftsförderung verstärkt wurden, durchsetzten. Im Mittelpunkt dieser Erklärung steht die These, *daß in England Strategien zur Senkung der Masseneinkommen wegen des Widerstands der Betroffenen und der geringen Rezentralisierungsmöglichkeiten der Herrschenden nicht durchgesetzt werden konnten.* Der sich bildende breite Massenmarkt erlaubte rentable Investitionen in der gewerblichen Produktion, durch die eine nichtmonopolistische Unternehmerklasse entstand, die an Rezentralisierung nicht interessiert und zur Absenkung der Arbeitseinkommen zu schwach war.

Dieser Mechanismus hat seine Grundlage in der *Agrarverfassung Englands* und wurde in den politischen Kämpfen des Dritten Standes durchgesetzt. Die Agrarverfassung Englands am Ausgangspunkt des Mittelalters war durch den Zusammenbruch des Großadels bestimmt: Gegenüber den Bauern konnte er nach der großen Pest nicht mehr die Unfreiheit verstärken, gegenüber Krone, niederem Adel und den Städten war er durch die Verluste in den Rosenkriegen (1455-1485) geschwächt. Die Brutperiode des Kapitalismus im 15. und 16. Jahrhundert war durch den Aufstieg freier kleiner und mittlerer Bauern und eines niederen Adels, der Gentry, gekennzeichnet. Nach der Reformation, die zum Verkauf von zwei Dritteln des Kirchenlands durch die Krone führte, wurde der Bodenbesitz noch weiter gestreut. Konzentrationstendenzen und die »Vertreibung des Landvolks« im Rahmen der erhöhten Wollproduktion konnten durch politischen Druck von unten abgewehrt werden.

Als im Zuge des Aufstiegs des britischen Überseehandels nach der Ausschaltung Spaniens, der Öffnung des portugiesischen Weltreiches für britische gewerbliche Produkte (ab Mitte des 17. Jahrhunderts) und dem Niedergang der niederländischen Vormachtstellung auf den Überseerouten seit Ende des 17. Jahrhunderts die monopolistischen Gewinne des Handelskapitals zunahmen, war dieses Handelskapital nicht in der Lage, billig Land aufzukaufen. Zwar finden sich auch in England Beispiele für den Mechanismus: Grundherren treiben Luxuskonsum – Verschuldung – Landkauf, doch wehrten sich der niedere Adel und die Bauernschaft gegen den ökonomischen Niedergang durch Entwicklung der gewerblichen Produktion.

Das Eindringen der Gentry in gewerbliche Sektoren, die häufig gerühmte Bereitschaft des niederen Adels, selbst gewerblich zu arbeiten (Beispiel: nachgeborene Söhne erlernten ein Handwerk), hat seine Grundlage darin, daß der niedere Adel in England keine Chance hatte, auf andere Weise ökonomisch zu überleben.

Die Folge war, daß sich – im Gegensatz zu der Theorie, daß die Städte für die Entwicklung der gewerblichen Produktion entscheidend waren – *auf dem Land gewerbliche Produktion* (im Nebenerwerb) *bildete.* Sie war den Zunftregeln nicht unterworfen und konnte mit niedrigeren Produktionskosten die Zünfte in den Städten niederkonkurrieren.

Die Entwicklung solcher Einnahmequellen auf dem Land mußte den Aufkauf von Boden durch das Handelskapital erschweren. Mit dem wachsenden Geldreichtum aus dem Fernhandel, der in England wie überall sichere Anlagen in Land suchte, stieg der Preis für Land allein 1760-1815 von 10,5 sh/Acre auf 67,3 sh/Acre. Das Verhältnis zwischen Mehrprodukt aus der Landwirtschaft und Bodenpreisen sank, sichtbar am Zerfall des Geldzinses. Diese Bewegung, aufgrund derer der (Geld-)Kapitaleinsatz (also nicht der Einsatz von Produktionsmitteln ohne Boden) 1810 in der Landwirtschaft 10mal so hoch wie in der Industrie war, zeigt, daß das Handelskapital nur unter Hinnahme großer »Zinsverluste« die freien Bauern und den niederen Adel aufkaufen konnte. Diese verfügten über Geld, das sie, anders als die monopolistischen Fernhändler, allein in der gewerblichen Produktion anlegen konnten, in der im übrigen zu Beginn der industriellen Revolution der Kapitalbedarf niedrig war. Die Konzentration von Reichtum hatte zur Folge, daß dieses Geld wieder umverteilt wurde.

Eine Verwertung des Kapitals durch Investitionen in der gewerblichen Produktion setzte indes voraus, daß der Markt wuchs. Deshalb kommt der gesellschaftlichen Entwicklung auf dem Land *vor* der industriellen Revolution entscheidende Bedeutung zu. Wegen der breiten Streuung des Bodenbesitzes im 16. und 17. Jahrhundert waren die Gentry zahlreich und die Ausbeutungsrate niedrig. Aus dem verfügbaren Mehrprodukt konnte nicht der überwiegende Teil der Gentry mit gutbezahlten Pfründen versorgt werden. Große Teile des niederen Adels widersetzten sich deshalb dem Versuch der Entwicklung eines absolutistischen Regierungssystems, das die Fernhandelsmonopole stützte und dessen politisch-ökonomische Grundlage die Zentralisierung der herrschenden Klasse und des Mehrprodukts war.

Die Ergebnisse waren ein neues Ideal des Gentleman, das sich von den kontinentalen Normen des Luxuskonsums löste, und eine – angesichts der größeren Zersplitterung der Privilegierten – erhöhte Durchsetzungschance der Bauern. Die Verbindung zwischen gewerblicher Produktion und dem Besitz wenn auch kleiner landwirtschaftlicher Flächen verhinderte, daß der Angebotspreis von Arbeit für die gewerbliche Produktion auf das Subsistenzminimum sank, weil der eigene Bodenbesitz Verweigerungsmöglichkeiten bot. Die industrielle Revolution setzte sich in England gerade in jenen Regionen durch, in denen aufgrund der Schwäche des Handelskapitals diese Streuung des Bodenbesitzes länger fortdauerte als im Umfeld des handelskapitalistischen Zentrums London.

Eine Vielzahl von Quellen belegt, daß die Privilegierten das Wachstum des Konsums der Unterprivilegierten im 18. Jahrhundert als skandalös ansahen, also Wachstum der Masseneinkommen stattfand (wie dies auch die demographische Entwicklung zeigt). In einem solchen gesellschaftlichen Kräfteverhältnis konnten frühzeitig gewerkschaftsähnliche Vereinigungen entstehen (seit Beginn des 18. Jahrhunderts). Die Verbote von Vereinigungen (Anti-Combination-Laws), die nach dem Ausbruch der Französischen Revolution erlassen wurden, belegen nicht, daß sie hätten durchgesetzt werden können, sondern daß die Privilegierten vor der Effizienz dieser Vereinigungen Angst hatten. Die erfolgreiche Vertretung von Interessen gewerblicher Produzenten/Arbeiter ist auch durch Petitionen, z. B. für den Schutz vor der Konkurrenz vor indischen Textilien, belegt (wo die »Unternehmer« dann auch schon das Argument der Erhaltung von Arbeitsplätzen vorbrachten).

Trotz der bis ins 19. Jahrhundert unzuverlässigen Reallohnstatistiken ist von einer schrittweisen Verbesserung des Lebensstandards der Masse der Bevölkerung auszugehen.

Bei einem wachsenden Markt stieß die Erweiterung der gewerblichen Produktion auf eine steigende Nachfrage. Neuinvestitionen waren »rentabel«, führten zu Beschäftigung (und unter der Bedingung eines freien, tendenziell durch Angebotsknappheit bestimmten Arbeitsmarkts) zu steigenden Realeinkommen entsprechend einer neoliberalen Lohntheorie (Lohn = Grenzertrag). Gleichzeitig stieg die Nachfrage für Agrarprodukte aufgrund der wachsenden Zahl der in der gewerblichen Produktion Beschäftigten, so daß (arbeitsintensive) Investitionen in der Landwirtschaft rentabel waren (mit der Folge einer zunehmenden Nachfrage nach Arbeitskräften in der Landwirtschaft).

Wenn über Marktbeziehungen eine »Realisierung« von Profit, nur in Höhe der Neuinvestitionen möglich ist, so mußte eine solche Struktur der sich bildenden Kapitalistenklasse erlauben, Gewinne zu erzielen, da sie investieren konnte. Dies begrenzte wiederum das Gewicht von Interessen, die eine absolutistische Zentralisierung anstrebten.

Anders im kontinentalen Westeuropa. Hier, z. B. in Frankreich, waren zwar parallel zur englischen Entwicklung die Marktbeziehungen ausgedehnt worden, allerdings innerhalb stärker inegalitärer Gesellschaftsstrukturen. War die Nachfrage vorab auf Luxusprodukte ausgerichtet, so mußten geringe depressive Impulse zu Konsumenthaltung und dann zu Investitionsenthaltung mit dem Ergebnis beträchtlicher Arbeitslosigkeit führen. In der Krise des 17. Jahrhunderts, auf deren Ursprung hier nicht eingegangen werden kann (z. B. Rückgang der Importkapazität Osteuropas), setzte sich deshalb auf dem Kontinent der Absolutismus durch, der auf der Grundlage einer Zentralisierung des Mehrprodukts Pfründen für einen Adel schuf, der – der Marktkonkurrenz enthoben – den Luxuskonsum abermals steigerte. Die Unterprivilegierten, deren Ausbeutungsrate stieg, wurden über die vermehrten Beschäftigungsmöglichkeiten zufriedengestellt. Fehlende Expansion der Masseneinkommen stärkte also gleichzeitig Tendenzen zu einer Rezentralisierung der Privilegierten, die Ursache der fehlenden Expansion der Masseneinkommen war.

Die *Besonderheit der englischen Entwicklung* läßt sich so zusammenfassen: Die im Feudalismus angelegte Offenheit für Konkurrenz wurde durch die Entscheidung des Konflikts über den Preis von Arbeit nach der großen Pest und durch die Dekonzentration des Bodenbesitzes in der Reformation zugunsten einer Gesellschaftsstruktur entschieden, in der ein erheblicher Teil der Mehrprodukt aneignenden Klasse (Gentry) von einer Rezentralisierung nichts erhoffen konnte. Sie mußte deshalb gewerbliche Sektoren entwickeln und auf eine Einschränkung der Widerstands- und Verweigerungsmöglichkeiten der Unterprivilegierten verzichten. Die Folge war eine Ausdehnung des Massenkonsums, die Investitionen rentabel machte, so daß wiederum ein geringeres Interesse an Rezentralisierung bestand. Grundlegend für diesen Prozeß war das gesellschaftliche Kräfteverhältnis *zuungunsten* des »Kapitals«, das einen kapitalistischen Wachstumsprozeß innerhalb dieses Rahmens entsprechend neoliberalen Wachstumstheorien erlaubte.

Anzumerken wäre, daß mit der raschen Durchsetzung industrieller Produktionsverfahren ab 1780 die Hypothese nicht ausgeschlossen werden kann, daß die Widerstandsmöglichkeiten der Unterprivilegierten nicht mehr ausreichten, um die Konsumtionskapazität proportional zur Produktionskapazität zu steigern. Dann hätte die (kriegsbedingte) staatliche Nachfragesteigerung einen Ausgleich geschaffen, der in den Krisenjahren nach den Napoleonischen Kriegen wegfiel. Die in dieser Zeit relativ schnellen sozialen Umbruchs auftretenden Organisationsprobleme der sich ausdehnenden Klasse von (jetzt besitzlosen) Lohnarbeitern wurden wegen der Herstellung der Infrastruktur (Eisenbahn) und dem damit rasch wachsenden Kapitalbedarf (bei steigendem Kapitalkoeffizienten kann die Konsumtion hinter der Produktion herhinken) für die Sicherung einer effektiven Gesamtnachfrage nicht bedeutsam. Nach Abschluß des Eisenbahnbaus hatte sich dann die moderne (auch damals wieder reformistische) Arbeiterbewegung gebildet, die durch gewerkschaftliche und politische Aktionen auf eine Auslastung der Produktionskapazität relativ erfolgreich hinwirken konnte.

9. Die Peripherie hat zwar den Akkumulationsprozeß im Zentrum gestützt, ihr Beitrag in Gestalt einer Wertübertragung und der Eröffnung von Absatzchancen wird jedoch häufig überschätzt.

Die zentrale Bedeutung der *innergesellschaftlichen* Faktoren gegenüber *außenwirtschaftlichen* Zusammenhängen belegt eine Analyse des Außenhandels, die den – nicht bestrittenen – Zufluß von Edelmetall nicht mit Produktionsmittelproduktion (Akkumulation ist nichts anderes als Nettoneuinvestition) verwechselt und die aus einem steigenden Überseehandel nicht vorschnell auf eine die Kapitalakkumulation stützende Ausbeutung der Peripherie schließt.

Nicht bestritten wird, daß die handelskapitalistische Expansion mit außerökonomischem Zwang Arbeitskraft in der Dritten Welt ausgebeutet hat (Sklaverei, Zwangsarbeit, Erzielung von Monopolprofiten) und daß der sich entwickelnde Kapitalismus in Europa (auch) in der Dritten Welt die gewerbliche Produktion niederkonkurriert hat und damit die ungleiche Spezialisierung zwischen Zentrum und Peripherie erzwang (zu beiden Problemen unten These 11).

Wenn in einer Beziehung ein »Partner« Nachteile erleidet, ist jedoch noch nicht erwiesen, daß der andere Partner Vorteile – und wenn – in gleicher Höhe erlangt, und erst recht nicht, daß diese Vorteile für seinen Entwicklungsprozeß entscheidend waren. Genau dies wird aber mit dem Argument, daß die Entwicklung des Zentrums sich kraft der Benachteiligung der Peripherie vollzogen habe, behauptet. Gegen einen solchen Beitrag der Peripherie sprechen folgende Argumente (die, um es nochmals zu betonen, nicht die These widerlegen, daß die Peripherie durch den kapitalistischen Entwicklungsprozeß im Zentrum benachteiligt worden ist):

Das kapitalistische Zentrum hat aus der Peripherie mit wenigen Ausnahmen bis ins späte 19. Jahrhundert ausschließlich Waren bezo-

gen, die für den Akkumulationsprozeß keine Rolle spielten. Akkumulation hängt, soweit es die Verfügbarkeit von Gütern betrifft, davon ab,

– daß Arbeitskräfte mit Lohngütern, die der jeweiligen »sozialen und historischen Situation« entsprechen, versorgt werden,

– daß Produktionsmittel verfügbar sind bzw. durch Arbeitskräfte, die aus der Lohngüterproduktion versorgt werden, hergestellt werden.

Importe gegen Bezahlung (ob im äquivalenten Tausch oder nicht) oder durch gewaltsame Aneignung können die Akkumulation begünstigen,

– wenn sie Produktionsmittel sind oder in die Produktionsmittelproduktion eingehen und diese, z. B. durch im Verhältnis zur heimischen Produktion kostengünstige Rohstoffe, verbilligen,

– wenn sie Lohngüter sind, oder in die Lohngüterproduktion als Vorprodukte eingehen und damit die Kosten der Reproduktion, d. h. des Unterhalts der Arbeitskräfte und ihrer Familien, vermindern.

Betrachtet man die Warenstruktur des Imports aus der Peripherie, so zeigt sich zunächst die Dominanz von *Edelmetallen* und *Gewürzen.* Diese Waren hatte das an seltenen Agrarprodukten arme Europa für seine privilegierten Klassen stets dann einführen müssen, wenn das wachsende Mehrprodukt eine Erhöhung des Luxuskonsums ermöglichte. Gewürze und *feine Textilien* (Seide) bildeten schon die Importe des Römischen Reichs aus dem Osten. Mit dem Wiederaufstieg Europas nach dem 11. Jahrhundert wurden vermehrt Gewürze importiert, die mit Edelmetall bezahlt wurden. Neben religiösen Faktoren war die Suche nach Gewürzen und Edelmetallen ein entscheidendes Motiv für die Erforschung des Seewegs nach Indien gewesen, da durch einen direkten Zugang zu Ostasien der arabische Zwischenhandel ausgeschaltet werden konnte. Im 17. Jahrhundert traten die Edelmetallimporte gegenüber den Importen an *Pfeffer, Zucker, Kaffee* und *Tee* zurück, die – im Ostasienhandel – im 18. Jahrhundert von *Porzellan, Papieren, Lacken, Seidenwaren* und *Baumwolltextilien* ergänzt wurden.

Alle genannten Waren spielen weder als Lohngüter noch als Produktionsmittel oder deren Vorprodukte eine wichtige Rolle im Akkumulationsprozeß, auch wenn man einräumt, daß der im 18. Jahrhundert rasch steigende Kaffee-, Tee- und Zuckerimport Englands eine verbesserte Versorgung auch der Massen (bei steigenden Realeinkommen) erlaubte. Ähnlich haben einzelne tropische Farbstoffe (Betelnuß, Indigo, Brasilholz) die Exportchancen europäischer Textilien verbessert, ohne daß sie für eine Ausweitung der binnenmarktorientierten Textilproduktion notwendig gewesen wären. Für die Absenkung der Reproduktionskosten der Arbeit hat die Peripherie durch den *Mais* und die *Kartoffel* der Indianer zwar einen wichtigen Beitrag in der Form des Anbaus bisher unbekannter Nahrungsmittel geleistet, doch ist dies nicht mit der Ausbeutung peripherer Arbeitskraft verbunden gewesen, denn diese neuen Sorten wurden *in Europa* angebaut. Die Warenstruktur der Importe zeigt, *daß* – auch wenn ein Teil der Importe Lohngüter waren – *die Reproduktion der Arbeitskräfte, also auch der Produktionsmittel herstellenden Arbeitskräfte, aus der eigenen Wirtschaft stammte.* Erst im 19. Jahrhundert spielte die Peripherie durch die Getreideexporte des Nahen Ostens (Türkei, Rumänien), dann Indiens und die Fleisch- und Weizenexporte Argentiniens vorübergehend eine wichtige Rolle bei der Versorgung (im wesentlichen) von Großbritannien mit Lohngütern, hier Nahrungsmitteln, eine Rolle, in der sie ab Ende des 19. Jahrhunderts von den »neuen Zentren« USA, Kanada und Australien abgelöst wurde. Einzige frühere Ausnahmen sind die *Baumwolle,* wo aber schon zu Beginn des 19. Jahrhunderts die USA führender Exporteur waren, und *Tee,* insofern sein Verbrauch seit Mitte des 17. Jahrhunderts den Verbrauchszuwachs des teureren Biers in England zu beschränken gestattete.

Die *Gold- und Silberimporte* waren, soweit sie als Zahlungsmittel für Importe aus anderen Peripherieländern genutzt wurden, entsprechend der Verwendung, der die gekauften Produkte dienten, für Akkumulation nicht notwendig. Soweit die Metalle in Europa blieben, förderten sie die Einkommensungleichheit (Preisrevolution des 16. Jahrhunderts) und erhöhten den Geldumlauf. Selbst wenn bezweifelt wird, daß ohne Erhöhung des Warengeldumlaufs die Durchsetzung von Marktbeziehungen erschwert gewesen wäre, ein Mangel an Warengeld also durch Papiergeld (Wechsel etc.) wegen der Manipulierungsmöglichkeiten der »vorkapitalistischen« Klassen (z. B. Finanzskandal John Law 1720) nicht hätte ausgeglichen werden können, ist nicht nachgewiesen, daß Europa eine gleich große Geldmetallmenge hätte selbst produzieren müssen. Warengeld repräsentiert als Wertausdruck stets seine Produktionskosten. Steigen diese Produktionskosten, dann wäre Warengeld wertvoller geworden, so daß die zur Geldzirkulation notwendige Menge langsamer als die Warenzirkulation hätte steigen müssen.

Bei der *Produktionsmittelproduktion* leistete die Peripherie erst ab Ende des 19. Jahrhunderts (seltenere Nichteisenmetalle wie Kupfer, Zinn) einen nennenswerten Beitrag zur Weltproduktion. Die Energieträger der Industrialisierung wurden bis nach 1945 fast ausschließlich in den Industrieländern produziert. Erst die Niederkonkurrierung der Kohle durch das billige Nahostöl seit den 50er Jahren änderte die auf die heimische Produktion ausgerichtete Energieversorgung. Der wichtigste Werkstoff der industriellen Revolution, Eisen und Stahl, wurde bis in die 60er Jahre vorwiegend aus Erzen in den Industrieländern hergestellt.

Wenn die Peripherie weder essentielle Lohngüter (bis Mitte des 19. Jahrhunderts) noch Rohstoffe für die Herstellung von Produktionsmitteln lieferte (bis Ende des 19. Jahrhunderts), dann hat sie keinen wesentlichen Beitrag zum Akkumulationsprozeß geleistet. Die Ausbeutung peripherer Gesellschaften erfolgte eher im Interesse des Luxuskonsums europäischer privilegierter Klassen. Geht man allerdings davon aus, daß bei Wegfall von Importen für diesen Luxuskonsum die Privilegierten in Europa zur Absicherung ihres Prestiges gegenüber anderen Klassen die Ausbeutung heimischer Arbeitskraft zu konsumtiven Zwecken erhöht hätten, so erlaubten die Importe aus der Peripherie, die Ansprüche der Privilegierten leichter zu befriedigen und vermehrt Produktionsfaktoren für heimische Lohngüter und Produktionsmittel einzusetzen. *Der Übergang von einer durch außerökonomischen Zwang charakterisierten zu einer auf Akkumulation durch Massenkonsum und Konkurrenz beruhenden kapitalistischen Gesellschaft wurde durch die Importe aus der Peripherie erleichtert.*

Als *Absatzmarkt* für Produkte der Industrie des Zentrums hat die Peripherie eine nicht zu bestreitende, wiewohl häufig überschätzte Rolle gespielt. Die famose These, daß im 18. Jahrhundert für die englische Industrie/gewerbliche Produktion vor allem der Überseemarkt gewachsen sei, gründet auf einer irrigen Interpretation der Statistiken, die in den Begriff »Übersee« auch die Siedlungskolonien Nordamerikas, in den Begriff »Europa« den Export nach Lissabon und Spanien einschließen, über die Anfang des 18. Jahrhunderts ein Teil des Exports nach Lateinamerika getätigt wurde. Um diese Aggregierungsfehler bereinigt, betrug der Anteil der Peripherie (Asien, Afrika, Amerika ohne Nordamerika, südeuropäische Länder) an den englischen Exporten 1700 41% und 1797-98 43%, der Anteil Nordamerikas 2% und 31%. Den wachsenden äußeren Markt für die englische Industrie bildeten vor allem die *Siedlungskolonien* in Nordamerika, in denen die Aneignung »freien« Landes durch an die Siedlungsgrenze abwandernde Bauern die Ausbeutung von Arbeitskraft beschränkte.

Auch wenn die Exportindustrien im England des 18. Jahrhunderts erheblich schneller wuchsen als die Binnenmarktindustrien, muß angesichts der regionalen Zusammensetzung der Exporte davon ausgegangen werden, daß der Beitrag der Peripherie als äußerer Markt zur Industrialisierung nicht höher eingeschätzt werden darf als das Wachstum des inneren Markts in der Gesamtregion »kapitalistisches« Zentrum.

Dennoch dürfen drei Formen des Beitrags der Peripherie zum Wachstumsprozeß nicht übersehen werden:

– Dieser zusätzliche Markt *fördert Innovation:* Die industrielle Revolution hat sich am raschesten in der Baumwollindustrie durchgesetzt. Hier wurden Maschinen entwickelt und angewandt, die den Produktionsmittelsektor entscheidend anregten. Ohne äußeren Markt hätte dieser Sektor nur langsamer wachsen können (Exportquote 1798-1807 wechselnd zwischen 50 und 66%) und die Veränderung der Produktionsverfahren (Dampfmaschine) weniger entscheidend beeinflussen können.

– *Wachstumsimpulse für moderne Sektoren* werden ausschließlich *für das* in der Industrialisierung fortgeschrittene *Zentrum reserviert.* Der Fortschritt der Produktivkräfte besteht überwiegend – neben der an Bedeutung verlierenden Nutzung neuer agrarischer und mineralischer Rohstoffe – in der Entwicklung neuer Technologien zur Verarbeitung von (alten und neuen) Rohstoffen und der Herstellung »neuer« Produkte. Die Kosten der Anwendung dieser neuen Technologien sind um so geringer, als eine »industrielle Infrastruktur« und an den bisher fortgeschrittensten Technologien ausgebildete Arbeitskräfte verfügbar sind. Dies trifft im Regelfall für die in der Industrialisierung am weitesten fortgeschrittenen Länder zu, auch wenn bei noch relativ geringen Entwicklungsunterschieden die fortgeschrittenere Infrastruktur und das erreichte Anspruchsniveau qualifizierter Arbeitskräfte Hindernisse in der Konkurrenz mit zurückliegenden Wirtschaften sein können (Deutschlands Aufholen gegenüber England in der zweiten industriellen Revolution – Chemie und Elektrotechnik – Ende des 19. Jahrhunderts). Die Entwicklungsunterschiede gegenüber der Dritten Welt sind aber so groß, daß das Auftreten neuer Waren nicht zum Aufbau entsprechender Kapazitäten in der Dritten Welt führt, mit der Folge, daß Märkte für neue Produkte vorab dem Zentrum zugute kommen.

– Die entstehenden Kostenstrukturen verschaffen dem Zentrum laufend rentenähnliche Einkommen, die – in der Form von Kostenvorteilen – die Entwicklungsunterschiede zementieren. Die Einführung neuer Technologien ist – wie die Theorie des Produktzyklus zeigt – im Regelfall humankapital- und infrastrukturintensiv. Die neuen Produkte erfordern hohe Ausbildungskosten für qualifizierte Arbeitskräfte und neue Infrastrukturen, in der industriellen Revolution z. B. Eisenbahnen und Kanäle. Hohe Kosten der Ausbildung bei Aufnahme einer Produktion heißt im Regelfall nicht, daß die damit erzielte Qualifikation an sich teurer ist als Qualifikationen der Arbeitskraft in der Dritten Welt. Höhere Qualifikation heißt vielmehr im Regelfall, daß die in Familie und Schule vermittelten Qualifikationen nicht anwendbar sind und zusätzliche Qualifikationen erworben werden müssen, die in folgenden Generationen kostengünstiger vermittelt werden. Zu finanzieren ist also nicht eine an sich höhere Qualifikation, sondern die Umstellung auf eine andere Qualifikation. Danach kann Qualifikation wieder billiger erworben werden.

Ähnlich kosten Infrastrukturmaßnahmen, z. B. der Aushub eines Kanals oder die Erdarbeiten für eine Eisenbahnlinie bzw. eine Straße, erheblich mehr als der spätere Unterhalt. Damit läßt sich eine einmal geschaffene Infrastruktur anschließend mit relativ geringen Kosten nutzen. Dies gilt so lange, bis der Erweiterungsbedarf an Infrastruktur durch den Verbrauch bis dahin als frei angesehener Güter (Natur) so teuer wird, daß Länder ohne eine solche Infrastruktur neue Infrastrukturen billiger erstellen können (Beispiel: Umweltbelastung mit Folgeinvestitionen in den Industrieländern, ohne notwendige Folgeinvestitionen in den Entwicklungsländern).

Die kostengünstige Nutzung »umgestellter« Qualifikation und einmal ersteller Infrastrukturen gibt der fortgeschritteneren Wirtschaft die Möglichkeit, kostengünstiger zu produzieren als eine Wirtschaft, die diese »Neben«kosten erst im nachhinein aufbringen muß. Diese Vorteile sind vergleichbar mit der Verfügung über kostengünstige Rohstofflager, die ihrem Besitzer erlauben, billiger als der Durchschnitt zu produzieren und auf diese Weise eine *Differentialrente* zu erzielen. Besteht einmal ein Eisenbahnnetz oder ein Kanal, so wirkt sich diese Einrichtung wie die Existenz eines gutgegliederten Flußsystems aus – die Transportkosten sinken.

An der Finanzierung einer solchen Umstellung auf die jeweils fortgeschrittenste Infrastruktur und Qualifikation sind bei den ökonomisch entfalteten Wirtschaften immer auch die Handelspartner beteiligt. Die Kosten der Umstellung der Qualifikation und der Infrastruktur sind »gesellschaftlich notwendige« Kosten der Produktion, ohne die die Produktion unmöglich ist. Ob sie nun in der Form von Steuern auf alle Produkte umgelegt werden oder in der Form privater Finanzierung von Ausbildung und Infrastruktur nur auf die neuen Produkte, sie erhöhen die Preise entweder für alle Exportprodukte oder für die exportierten neuen Produkte. Jede Wirtschaft, die später diese Produktionen aufnimmt, sieht sich aber einem Konkurrenten gegenüber, der die Umstellung von Infrastruktur und Qualifikation finanziert hat, und kann deshalb die eigenen Kosten für diese Maßnahmen nicht mehr auf die Exportpreise überwälzen, solange durch die Steigerung anderer Kostenelemente (z. B. Arbeit) dem fortgeschritteneren Land kein Wettbewerbsnachteil erwächst.

10. Auch der Kapitalexport stellt keine Notwendigkeit für das sich entwickelnde kapitalistische Zentrum dar, verschärft aber die ungleiche Entwicklung im Weltmaßstab.

Hat die traditionelle Theorie im Handel mit der sich unterentwickelnden Peripherie ein dauernd wirksames Mittel der Förderung der industriellen Entwicklung im Zentrum gesehen, so ist die Rolle des Kapitalexports für verschiedene Phasen unterschiedlich interpretiert worden. Für die Zeit vor der »imperialistischen« Expansion im 19. Jahrhundert wird im allgemeinen angenommen, daß die Kapitalimporte in das Zentrum dort industrielle Entwicklung begünstigt hätten. Neben dem Beitrag der lateinamerikanischen Edelmetallzuflüsse wäre hier der Zufluß europäischen Kapitals nach England im 18. Jahrhundert (insbesondere aus den Niederlanden) oder der überwiegend britische Kapitalexport in die sich rasch entwickelnden »neuen Zentren« der Siedlungsgebiete (USA, Kanada, Australien) zu nennen, die nach unserer Interpretation des kapitalistischen Wachstumsprozesses durch hohe Realeinkommen gekennzeichnet waren. Der für die vorimperialistische Phase und die neuen Zentren behauptete positive Effekt von Kapitalimporten ist primär eine Folge der inneren Struktur der Empfängerländer, in denen eine *wachsende Massennachfrage* die rentable Umwandlung von Geldkapital in Produktionsmittel sicherte.

Mit der imperialistischen Phase sei, so wieder die traditionelle Theorie, Kapitalexport notwendig geworden, entweder um den Absatz einer im Zentrum überschüssigen Produktion zu sichern (Luxemburg) oder durch Produktionsverlagerung in Gebiete mit niedrigen Arbeitskosten Mehrwert anzueignen. Über eine Steigerung der Mehrwertmasse durch Überausbeutung peripherer Arbeitskraft sei die Tendenz des Falls der Profitrate ausgeglichen worden (Lenin, Hilferding).

Gegenüber der ersten Erklärung (Absatzmarkt) gelten die Einwände, die gegen eine globale Markterweiterung durch die Peripherie vorgebracht wurden: »Irgendwann« muß die Peripherie wieder zurückzahlen. Wichtiger ist die zweite Erklärung. Abgesehen von der logischen Konsistenz des Gesetzes des tendenziellen Falls der Profitrate (die »organische Zusammensetzung« des Kapitals *kann* nicht schneller steigen, als daß mindestens die gleiche Profitrate erhalten bleibt – Elsenhans 1978 a –, und Reallohnsteigerungen führen nur zu einer begrenzten Veränderung der organischen Zusammensetzung des Kapitals – Elsenhans 1976 b), widerlegt die Empirie der Kapitalbewegung die These. Nur zwei Momente sind herauszugreifen.

– Zur Überwindung des tendenziellen Falls der Profitrate muß Kapitalexport vor allem in Perioden ökonomischer Krisen stattfinden, da die Krisen in dieser Theorie als Folge eines Profitratenfalls erklärt werden, der durch die steigende organische Zusammensetzung des Kapitals bedingt sei. Dafür wird als Beleg der Ende des 19. Jahrhunderts massiv einsetzende Kapitalexport angeführt. Er habe die Steigerung der organischen Zusammensetzung des Kapitals gebremst, indem mit der Verbilligung der Kosten industrieller Rohstoffe der Welt des konstanten Kapitals gesunken sei oder (bei Fortdauer hoher Preise) Extraprofite erzielt wurden. Genauso habe dieser Kapitalexport durch Verbilligung des variablen Kapitals (Löhne) auf dem Umweg der Verbilligung der Lebensmittel die Steigerung der Ausbeutungsrate (eine von Marx erwähnte Gegentendenz gegen den Fall der Profitrate) ermöglicht. Man fragt sich freilich, warum das möglich war, wenn die Kapitalexporte vorwiegend in Hochlohnländer gingen. Gerade 37% der britischen Kapitalanlagen waren 1913 in der Dritten Welt, davon der größte Teil (indische Eisenbahnen) mit staatlich garantierter Rendite.

– Auch die Weltwirtschaftskrise der Dreißiger Jahre des 20. Jahrhunderts belegt: Kapital wird aus der Peripherie massiv abgezogen. Neuinvestitionen nur in wenigen Branchen (Öl) getätigt.

Beide Phänomene lassen sich als unterschiedliche Aspekte des kapitalistischen Wachstumsprozesses erklären. Hängt dieser Prozeß von der Erweiterung des Marktes durch steigende Masseneinkommen ab, so ergibt sich folgendes Problem: Aufgrund der zwangsläufigen Herausbildung eines Lohngefüges, in dem die Löhne für einzelne Tätigkeiten entsprechend der physischen und psychischen Belastung und der Knappheit von Qualifikationen über die Berufswahl der Arbeitskräfte langfristig um einen Durchschnittslohn schwanken, steigen die Masseneinkommen proportional zur durchschnittlichen Steigerung der Arbeitsproduktivität (± Veränderungen der Kapitalproduktivität und der Terms of Trade). Branchen, in denen die Arbeitsproduktivität unterdurchschnittlich wächst, haben dann steigende Arbeitskosten. Ihre Produktionskosten nehmen gegenüber den Produktionskosten in der Dritten Welt zu. Sobald diese Differenz der Stückkosten in der Produktion größer als die Differenz der Nebenkosten (z. B. höhere Infrastrukturkosten in der Peripherie) ist, wird die Peripherie konkurrenzfähig und die betreffende Branche im Zentrum »strukturschwach«.

Der Prozeß des *Kapitalexports* ist also grundlegend *abhängig vom Wachstum der Arbeitseinkommen* in der Metropole. Allerdings führt auch die Nutzung von Naturreichtümern (Rohstoffen) zu einer Erhöhung der Kosten der Produktion im Zentrum. Da zunächst die günstig zu erschließenden Lager abgebaut werden, müssen immer schlechtere natürliche Bedingungen der Produktion hingenommen werden: Die Bergwerke werden tiefer, der Rohstoffgehalt der Erze sinkt usw. Diesen Hindernissen wirkt zwar der technische Fortschritt entgegen, doch ist die damit höhere Effizienz auch in der Peripherie zu erzielen. Ein Schaufelbagger zur Förderung von Kupfererz mit einem Metallgehalt von 0,5% im Zentrum fördert in der Peripherie genauso billig Kupfererz mit einem Metallgehalt von 2,5%, so daß die Kosten der Förderung von Erz pro Tonne Metall nur 1/5 sind.

Die Schere zwischen dem Vorsprung der Produktivität und dem Vorauseilen der Reallöhne im Zentrum gegenüber der Peripherie hat sich zunächst in den Rohstoffsektoren gezeigt und war die ökonomische Grundlage für die Konkurrenz um Rohstofflager während der imperialistischen Periode, die einen Teil des damals beobachteten Kapitalexports auslöste (ähnliches gilt für ganz neue Rohstoffe, die erst entdeckt oder nutzbar werden). Dieser Kapitalexport findet auch während einer Krise statt, ja, er wird in ihr beschleunigt, da die Unternehmen stärker gezwungen sind, ihre Kosten zu vermindern. Sobald aber die Rohstofflager erschlossen sind, hört – auch wegen des Rückgangs der Nachfrage in Depressionen im Zentrum – dieser Kapitalexport auf. In den 30er Jahren waren nur die sehr kostengünstigen Ölquellen der Dritten Welt nicht erschlossen und gleichwohl konkurrenzfähig auch gegenüber den laufenden Kosten der Kohleproduktion im Zentrum und der amerikanischen Ölproduktion.

Sobald Teile des verarbeitenden Sektors angesichts der im Zentrum wachsenden, in der Peripherie aber eher stagnierenden, manchmal sogar sinkenden Arbeitseinkommen von dieser Schere Produktivitätsentwicklung/Lohnentwicklung betroffen sind, findet Kapitalexport vorwiegend in und im Hinblick auf Wachstumsphasen mit Steigerungen der Arbeitskosten statt.

Die Eingliederung der Peripherie in die kapitalistische Weltwirtschaft ist also primär ein Ergebnis des im Zentrum wirksamen Zusammenhangs zwischen Wachstum und steigenden Realeinkommen. Wenn Wachstum durch steigende Realeinkommen bedingt ist, kann dann nicht die allmähliche Auslagerung von Produktion in die Niedriglohngebiete der Peripherie dort doch Arbeitsplätze schaffen und – entsprechend der neoliberalen Theorie (Löhne = Grenzertrag) – die Bildung von Binnenmärkten in der Peripherie mit selbsttragendem Wachstum ermöglichen?

11. Das bloße Eindringen von Ware-Geld-Beziehungen in vorkapitalistische Gesellschaften verschärft die soziale Ungleichheit, wenn keine Gegenkräfte mobilisiert werden können.

Wenn der Kapitalexport aus unterschiedlichen Kostenstrukturen in Zentrum und Peripherie erklärt werden kann, dann gehorcht er im Prinzip ähnlichen Gesetzen wie der Handel. Damit Handel stattfindet, genügt es, daß das Verhältnis zwischen den Produktionskosten von Gütern in verschiedenen Wirtschaften unterschiedlich ist. Nach dem Gesetz der komparativen Kosten ist Handel auch dann sinnvoll, wenn eine Wirtschaft in allen Bereichen Produktivitätsvorsprünge hat, diese aber unterschiedlich groß sind, weil dann das fortgeschrittenere Land sich auf Bereiche spezialisiert, in denen sein Vorsprung am größten, das rückständigere Land auf die Bereiche, in denen der Rückstand am geringsten ist. Der monopolistische Fernhandel mit Luxusgütern ist nur ein Sonderfall dieses Gesetzes.

Zur Begründung der These muß erklärt werden, warum diese Spezialisierung, die zunächst im gegenseitigen Vorteil liegend erscheint, die Dritte Welt benachteiligt. Die Benachteiligung der Dritten Welt geschieht in doppelter Weise: durch *Deformation* und durch *Ausbeutung*. Unter *Deformation* verstehen wir die Herausbildung ökonomischer Strukturen, die auf eine Ausweitung der Massennachfrage nicht mit Produktionssteigerungen reagieren können, und sozialer Strukturen, die durch Machtverhältnisse zuungunsten der Masse der Bevölkerung eine Erweiterung der Massennachfrage nicht zulassen. Der Begriff der *Ausbeutung* ist in den internationalen Wirtschaftsbeziehungen problematisch, weil die Kategorie des Werts Durchschnittslöhne/-einkommen voraussetzt. Wie soll der Wert der Arbeitskraft eines Schlossers mit dem Wert der Arbeitskraft eines Kleinbauern in der Dritten Welt verglichen werden? Auch für zunächst offensichtliche Ausbeutungsverhältnisse ist deshalb die Quantifizierung schwierig. Zu zeigen ist, daß die schon vorher existierenden inegalitären Strukturen der Gesellschaften der Peripherie (Beispiel: sich auflösende Gemeinschaften) unter dem Einfluß von Marktbeziehungen dazu tendieren, über ein Absinken der Massennachfrage Akkumulation zu erschweren. Verfügen die Gesellschaften der Peripherie nicht über den Wachstumsmechanismus des Zentrums (Massennachfrage schafft Rentabilität), dann ergeben sich Ausbeutung und Deformation zwangsläufig.

Dringen in asiatische Produktionsweisen mit ihrer stark inegalitären Struktur Ware–Geld-Beziehungen ein, so kann die zentralisierte Staatsklasse zunächst versuchen, das Land durch Verstärkung der bürokratischen Kontrolle, vor allem des Außenhandels, abzuschirmen, wie in China seit dem beginnenden 17. Jahrhundert. Die militärische Überlegenheit der Europäer erlaubte aber selbst in diesem Fall seit dem frühen 19. Jahrhundert eine »Öffnung der Märkte« (China ab 1839, Türkei 1840). Um die neuen Waren kaufen zu können, haben die Beamten ihre Einkommen zu erhöhen (durch Abgaben – »Geschenke« – der Kaufleute oder durch Erhöhung der Ausbeutung der Bauern) und insbesondere reichere Einkommensquellen (bestimmte Ländereien) zu privatisieren versucht. Diese Entwicklung trat dort rascher ein, wo sich die zentralistische Staatsklasse in einer Phase der Auflösung befand (Indien 17./18. Jahrhundert) oder durch europäische Eroberer (Lateinamerika 16. Jahrhundert) vernichtet und (private Grundbesitzer) ersetzt wurde. Verschärfte Ausbeutung bedeutete aber Einschränkung oder Verhinderung eines durch Masseneinkommen bestimmten Binnenmarkts.

Relativ egalitäre Gesellschaften reagieren – nach anfänglichem Widerstand – auf das Eindringen von Marktbeziehungen mit einer Verschärfung der sozialen Ungleichheit und, unter der Voraussetzung eines zunächst relativ offenen Zugangs zu landwirtschaftlich nutzbarem Boden, mit der Bildung einer Klasse sogenannter agrarkapitalistischer Mittelbauern. Da die Nachfrage des Zentrums nach tropischen Agrarprodukten niemals die Produktion noch des letzten Bauern gebot, konnte nur ein Teil der Bevölkerung gewinnbringend für den Export produzieren; der Rest wurde in Subsistenzwirtschaft zurückgedrängt oder aufgekauft – mit der Folge von Verelendung statt Ausdehnung der Massennachfrage.

12. Vor dem Eindringen freihändlerischer Marktbeziehungen erlitt die Peripherie in der europäischen handelskapitalistischen Expansion Ausbeutung und Deformation.

Die europäische Expansion erfolgte, vor allem in der handelskapitalistischen Phase des 16., 17. und 18. Jahrhunderts, nicht allein über den Marktmechanismus. Die vielfältigen Formen des *außerökonomischen Zwangs* lassen sich auf folgende Muster reduzieren:

1. Wie bei allem vorkapitalistischem Fernhandel können *Zwischenhandelsprofite* angeeignet werden. Die schrittweise Ausschaltung der arabischen Schiffahrt im Indischen Ozean seit Beginn des 17. Jahrhunderts, das Handelsmonopol mit den Kolonialreichen in Amerika und die Kontrolle der afrikanischen Küste erlaubten die Aneignung solcher monopolistischer Handelsprofite. Gleiches gilt für die Kon-

trolle zwischen einzelnen, formal selbständigen Regionen in der heutigen Dritten Welt, z. B. den Handel zwischen Indonesien, Indien, China und Japan, den europäische Seefahrtnationen seit dem 17. Jahrhundert betrieben. In einzelnen Fällen (Indonesien: 17. Jahrhundert, Indien: 18. Jahrhundert) konnten europäische monopolistische Kompanien sich über Zwischenhandelsprofite im Binnenhandel Mehrprodukt aneignen.

2. Durch die *Ersetzung einheimischer Staatsklassen* konnte das bisher von diesen eingetriebene Mehrprodukt für Zwecke der Vertreter des Zentrums verwendet werden. Hier ist auf die Ersetzung der »Aristokratien« der indianischen Hochkulturen durch spanische Siedler *(encomenderos)* oder die Übernahme der Steuereinnahmen indischer Fürsten durch die englische Ostindienkompanie zu verweisen.

3. Im Falle der Übernahme der politischen Kontrolle durch das Zentrum konnte versucht werden, die Ausbeutungsrate zu erhöhen. Die *Zwangsarbeit* der Indianer in den Bergen Lateinamerikas und auf den Gütern spanischer Großgrundbesitzer war mit einer solchen Steigerung der physischen Belastung verbunden, so daß im 16. Jahrhundert in den Kolonisationsgebieten Spaniens die Bevölkerung rasch abnahm.

4. Die Kontrolle von Seerouten, die Verfügbarkeit von Produkten, die in der Dritten Welt wertvoll erschienen (auch wenn sie in Europa billig produziert werden konnten; Beispiel: Glasperlen) und die Kontrolle von leicht zu verteidigenden Territorien begünstigten die Anwendung der *Sklaverei.* Eine Gesellschaft der Dritten Welt fing Sklaven (in Afrika), verkaufte sie an europäische Händler, die sie in Lateinamerika, vor allem auf den westindischen Inseln verkauften. Sklaverei ist rentabel, wenn die Arbeitskraft von der Sklaven fangenden Gesellschaft an die Sklaven einsetzende Gesellschaft so billig geliefert wird (einschließlich der Transportkosten und der Zwischenhandelsprofite), daß die »Aufzucht« von unfreien Arbeitskräften teurer ist.

Dieses Kostenkalkül muß noch durch die bei Sklaverei im Vergleich zur Zwangsarbeit niedrigeren Kosten der Herrschaftssicherung der Ausbeuter ergänzt werden. Die räumliche Distanz zwischen der Bevölkerung, die Kinder aufzieht, die als Sklaven gefangen werden (können), und den im Produktionsprozeß eingesetzten Sklaven erlaubt, anders als bei der Zwangsarbeit, eigene Repressionsmittel geographisch auf das Produktionsgebiet zu beschränken, also die Kosten der Herrschaftssicherung zu vermindern.

Die Aneignung von Handelsprofiten und bestehenden Steuerquellen sind übliche vorkapitalistische Ausbeutungsformen, die Aneignung von Mehrprodukt durch die von den europäischen Kolonisatoren eingeführte Intensität der Zwangsarbeit und Sklaverei bezeichne ich als *handelskapitalistisch dominierte Ausbeutungsformen.* Die Möglichkeit des europäischen Handelskapitals, sich seit dem 16. Jahrhundert weltweit Arbeitskraft zu beschaffen, gestattete ihm, anders als z. B. den Staatsklassen asiatischer Produktionsweisen, die Arbeitsbelastung ohne Rücksicht auf die Reproduktion der ausgebeuteten Bevölkerungsgruppen zu erhöhen. Am rationellsten wurde die Erpressung von Mehrarbeit ohne Bezahlung der Reproduktionskosten mit dem Mittel der Sklaverei erreicht: die europäischen Pflanzer beuteten Sklaven aus, indem sie ihnen häufig so wenig zum Leben ließen, daß sie nach sieben Jahren starben, und kauften neue Sklaven unter den Kosten der »Aufzucht« von Sklavenkindern. Die *Reproduktionskosten wurden also auf andere Gesellschaften überwälzt.* Der Sklavenhalter bezahlte nur die minimale Subsistenz der Sklaven während des arbeitsfähigen Alters.

Weniger grausame Formen der Erzwingung von Arbeit (Zwangsarbeit, Kopf- und Hüttensteuer) sind auch im 19. und 20. Jahrhundert vor allem in Afrika zu beobachten. Wanderarbeit in der Dritten Welt, aber auch die exportorientierte Agrarproduktion stellen Arbeitsformen dar, bei denen nicht die gesamten Reproduktionskosten bezahlt werden müssen. Wanderarbeiter leben während der Kindheit und im Alter von der Produktion ihrer zurückgebliebenen Familien, denen sie Ersparnisse aus der Arbeit im fremden Land schicken. Diese Ersparnisse können kleiner sein als die Kosten des Lebensunterhalts in der nichtarbeitsfähigen Periode. Bei agrarischer Exportproduktion wird ein großer Teil der Subsistenzmittel von den Produzenten selbst erzeugt. Auf Plantagen wird ein Stück Land gegen Leistung von Arbeit auf der Plantage überlassen, auf dem die Familie Nahrungsmittel auch für das auf der Plantage arbeitende Familienmitglied anbaut. Im Fall kleinbäuerlicher Produktion wird ein Teil der Arbeitszeit für Subsistenzproduktion aufgewandt, ein anderer Teil für »cash crops«. Sobald die Reproduktion der Ware Arbeitskraft durch diese Subsistenzsektoren gesichert ist, kann der Preis der Arbeitskraft im Fall der Plantage, der Preis der »cash crops« im Fall der kleinbäuerlichen Produktion gegen Null tendieren, weil diese Produkte nicht mehr anteilig die Kosten der Reproduktion der Arbeiter-/Bauern-/Pächterfamilie erwirtschaften müssen.

Zwangsarbeit, Sklaverei, aber auch die Spezialisierung auf Produkte, bei denen weiterhin die landwirtschaftlichen Subsistenzsektoren die Reproduktion von Arbeit »finanzieren«, erlauben eine Aneignung von Arbeit zu einem Preis unter den Reproduktionskosten, die zu einem je unterschiedlichen Grad außerhalb des »kapitalistischen« oder des für handelskapitalistischen Export produzierenden Sektors aufgebracht werden müssen.

Angesichts der hohen Ausbeutungsrate entsteht kein Binnenmarkt für Massenkonsumgüter und für einfache Investitionsgüter für die Landwirtschaft (Ausnahme: landwirtschaftliche Nebenbeschäftigung in Gesellschaften mit relativ egalitärer Bodenverteilung; Beispiel: Taiwan), so daß die Investitionsmöglichkeiten begrenzt bleiben. Schon deshalb wird das Mehrprodukt tendenziell in das Zentrum transferiert. Allerdings standen bis zum Ende des 18. Jahrhunderts nicht-marktförmige Mechanismen des Retransfers dieses Mehrprodukts im Vordergrund (soweit dieses Mehrprodukt nicht für den Luxuskonsum von Pflanzern usw. verschwendet wurde). Dazu gehören der Retransfer mit dem Mittel der Steuereintreibung für die Metropole und die Aneignung von Profiten im Handel durch die Fernhändler (z. B. Konflikt Pflanzer – monopolistische Händler in der Karibik).

13. Die Deformation der Peripherie durch Niederkonkurrierung ihrer gewerblichen Produktion

Es gibt eine breite Literatur, die die These zu vertreten sucht, daß Europa schon im Mittelalter allen übrigen Gesellschaften bei der gewerblichen Produktion überlegen war. Zu Recht verweisen andere Autoren auf die großen technischen Erfindungen der asiatischen Produktionsweisen. Gerade im Textilsektor war bis Anfang des 19. Jahrhunderts die indische Produktion noch wettbewerbsfähig selbst auf den europäischen Märkten, wie die Wiedereinführung von Schutzzöllen Ende des 18. Jahrhunderts zeigt. Aber auch afrikanische Textilien wurden zu Beginn der europäischen handelskapitalistischen Expansion in Europa verkauft. Dennoch ist davon auszugehen, daß angesichts der Ausrichtung gerade des technologisch fortgeschritteneren Teils der gewerblichen Produktion auf Luxuskonsum in den asiatischen Produktionsweisen Europa bei der arbeitsparenden Herstellung von gewerblichen Produkten einen Vorsprung hatte. Der häufige Hinweis auf die schlechte Qualität englischer, die hohe Qualität indischer Tuche ist ein Beleg.

Dennoch war dieser Vorsprung nicht ausreichend, um für die europäische gewerbliche Produktion große Märkte in Übersee zu erschließen. In der handelskapitalistisch dominierten Phase sind deshalb widersprüchliche Tendenzen zu beobachten. Monopolistische Handelskapitale hatten grundsätzlich kein Interesse an der Förderung der gewerblichen Produktion im Zentrum. Ihr Ziel war es, über Produkte möglichst billig zu verfügen, die unter monopolistischen Bedingungen möglichst teuer verkauft werden konnten. Die englische Ostindienkompanie hat indische Tuche auf der ganzen Welt verkauft, sogar – wegen des Widerstands der englischen Weber allerdings erfolglos – den englischen Markt für indische Tuche zu öffnen gesucht und die technische Entwicklung dieses Sektors in Indien durch Ausbildungsmaßnahmen gefördert (Ende 17. und 18. Jahrhundert). Genauso hat die spanische Krone den Aufbau von Manufakturbetrieben in ihren amerikanischen Kolonien gefördert (16. Jahrhundert).

Dennoch sind frühzeitig auch staatliche Maßnahmen gegen die gewerbliche Produktion in der Peripherie zu beobachten, so der Befehl der portugiesischen Krone zu Anfang des 16. Jahrhunderts, in Afrika gewerbliche Produktionspotentiale zu zerstören (daß afrikanische Städte schon in dieser Zeit Einwohnerzahlen um 50 Tausend erreichten, ist in Europa weitgehend unbekannt), oder die Verweigerung der Lieferung erbetener technischer Hilfe an das afrikanische Königreich Kongo (16. Jahrhundert). Diese Produktionsverbote stehen in der Tradition des mittelalterlichen Monopolsystems, in dem Städte den Bauern des Umlands die Heimindustrie verboten und später die Kronen zur Steigerung ihrer Devisenerlöse die eigene gewerbliche Produktion schützten.

In dem Maße, wie sich der Überseehandel ausweitete und die Europäer weiterhin über keine ausreichende Rohstoffgrundlage für Exporte verfügten, mußte sich zwangsläufig, z. B. in den englischen Kolonien der Karibik und Nordamerikas, die Politik der Produktionsverbote verstärken, die allerdings in den amerikanischen Siedlungskolonien des Nordens, die keine *eigenen* Exportgüter hatten, sehr selektiv war und Eisen- oder Schiffsproduktion während der gesamten Kolonialzeit zuließ. Neben dieser Ausweitung des Imports überseeischer Produkte nach Europa wirkten die politische Schwäche des Handelskapitals in England und die internationale Rivalität der sich herausbildenden Territorialstaaten auf eine Reservierung der überseeischen Märkte für die europäische gewerbliche Produktion hin.

Dem monopolistischen Handelskapital in England gelang es nicht, die englische gewerbliche Produktion mit billigeren Produkten niederzukonkurrieren. Im Interesse der Erhöhung der Beschäftigung (und der Profite der anderen handelskapitalistischen Fraktionen) hat zunächst England äußere Märkte der eigenen gewerblichen Produktion zu reservieren gesucht. Dazu gehörten neben den englischen Kolonien seit Mitte des 17. Jahrhunderts Portugal und sein Weltreich, seit 1713 Spanien. Die Schlesischen Kriege in Deutschland sind lediglich ein Nebenschauplatz einer umfassenderen Auseinandersetzung zwischen England und den bourbonischen Königreichen Frankreich und Spanien um die Kontrolle des spanischen Markts vor der endgültigen Abschaffung der kolonialen Handelsmonopole in

Spanisch-Amerika 1788. Als spätestens im 18. Jahrhundert deutlich wurde, daß ohne eine eigene Manufaktur Kriege nicht mehr geführt werden konnten, haben alle europäischen Mächte in einer Art von »aufgeklärtem Absolutismus« die Forcierung von Handel, Landwirtschaft und Gewerbe betrieben, selbst die damals schon rückständigen Portugal und Spanien, und sich dabei auf koloniale Märkte zu stützen versucht.

Die Armut Europas an exportfähigen Rohstoffen, der in Europa im Vergleich zur Peripherie erfolgreiche Widerstand der Produzenten und die Notwendigkeit für die europäischen Kronen, sich in der internationalen Rivalität der Staaten zu behaupten, haben vor der industriellen Revolution dazu geführt, daß »geöffnete« Überseemärkte zur Stützung der europäischen Produktion gebraucht wurden. Die Verarmung dieser Gebiete durch Ausbeutung (die im Widerspruch zu ihrer Nutzung als Absatzmarkt steht) hat gleichzeitig ihre Spezialisierung auf Rohprodukte (gegen gewerbliche Waren) erleichtert: Mit der Verminderung gerade der Einkommen der Privilegierten verlor der entwickeltste Sektor des peripheren Handwerks seinen Markt (Indien 18. Jahrhundert).

Mit dem Durchbruch zur industriellen Revolution erlangten zunächst England, dann Europa und Nordamerika Konkurrenzvorteile, die ihnen erlaubten, zwar nicht nicht überall in der Dritten Welt die gewerbliche Produktion niederzukonkurrieren, aber doch auf vielen Märkten der Dritten Welt kostengünstigster Anbieter zu werden. Die Zerschlagung der indischen Baumwollweberei, der »Aufstieg Lancastershires auf den gebleichten Knochen der indischen Weber«, ist ein seit Marx häufig genanntes Beispiel, doch lag der Anteil der heimischen Produktion auch 1880-81 bei 40%, als Indiens Anteil an den Baumwolltextilexporten des Weltreichs nach China und Japan schon 35% betrug.

Doch letztlich widerlegen Beispiele für die Fortdauer starker gewerblicher Sektoren in der Peripherie trotz europäischen Konkurrenzdrucks nicht die These von der »Zerschlagung« der gewerblichen Produktion in der Periode des Freihandels (der im übrigen nicht gewaltlos war. Damit sich die europäische Konkurrenzfähigkeit auswirken konnte, mußten die Märkte erst einmal militärisch geöffnet werden, Türkei 1840, China 1839). Entscheidend ist nämlich, daß die handwerkliche Produktion der Dritten Welt vor allem in verkehrsungünstig liegenden Gebieten (Inneres Lateinamerikas, Kano in Nigeria) überlebte. In den verkehrsgünstig gelegenen Regionen der Peripherie, in denen sich gerade wegen der günstigen Verkehrs- und Binnenhandelsbedingungen auch die jeweils produktivste gewerbliche Produktion gebildet hatte, wirkte sich die europäische Konkurrenz am stärksten aus. Die Peripherie verlor die eigenen Wachstumszentren und behielt die schwächsten gewerblichen Produktionspotentiale.

Diese Spezialisierung mußte auch der sich aus Großgrundbesitzern, Mitgliedern der sich auflösenden Staatsklasse und heimischen Kaufleuten bildenden Kapitalistenklasse ökonomisch rational erscheinen: Weil die Nachfrage nach Rohstoffen aus der Peripherie im Zentrum wegen der Erschöpfung heimischer Rohstofflager (Beispiel: Kupfer) oder wegen der Erhöhung der Masseneinkommen in Europa (Beispiel: im Verhältnis zum Bruttosozialprodukt rascher wachsender Kaffeeverbrauch im Zentrum bis zum Ersten Weltkrieg) zunahm, waren die Preise für solche Rohstoffe hoch und die Preise für gewerbliche Produkte niedrig. Die Profitraten waren dann in der Peripherie im Rohstoffsektor höher als in der gewerblichen Produktion.

Angesichts der schon vor der europäischen Expansion im 16. Jahrhundert in der Peripherie niedrigen Masseneinkommen und ihrer Absenkung durch koloniale Ausbeutung konnten allerdings die begrenzte Nachfrage nach Arbeitskräften in diesen Rohstoffsektoren und das in der Peripherie ungünstigere Kräfteverhältnis zwischen Privilegierten und Arbeitskräften nicht zur Bildung eines breiten Massenmarkts führen.

14. Der Kapitalexport und der Handel mit den Zentren haben in der Peripherie keine akkumulationsfähigen Strukturen geschaffen.

Die durch starke Ungleichheit gekennzeichneten Gesellschaftsstrukturen der Peripherie werden durch den Ende des 19. Jahrhunderts einsetzenden Kapitalexport nicht grundlegend aufgebrochen und durch die neue Welle der Kolonisierung (Afrika) in widersprüchlicher Weise verändert. Die Ursachen der verstärkten Eingliederung der Peripherie in die Weltarbeitsteilung wurde oben behandelt. Daß dabei ausländisches und nicht lokales Kapital akkumulierte, ergibt sich aus dem erheblichen technischen Know-how der bis dahin im Zentrum operierenden Firmen. Überwiegend handelte es sich um Rohstoffirmen, die eine nur geringe Nachfrage nach Arbeitskräften erzeugten. Aber auch die sich schon Ende des 19. Jahrhunderts entwickelnde exportorientierte verarbeitende Industrie (z. B. in Indien) hat die Arbeitsmärkte nicht zugunsten der Unterprivilegierten umstrukturiert.

Ausländisches Kapital in der Peripherie mußte die bestehenden Herrschaftsstrukturen verstärken, zumindest in bezug auf die Benachteiligung der Unterprivilegierten. Kapitalistische Unternehmer sind durch die Konkurrenz zur Senkung der Kosten gezwungen, auch der Kosten des Faktors Arbeitskraft. Die These, daß kapitalistisches Wachstum an steigende Masseneinkommen gebunden ist, besagt nicht, daß die kapitalistischen Unternehmen steigende Masseneinkommen durchsetzen können, da sie vorrangig an der Steigerung der Löhne anderer Unternehmen interessiert sind, die für sie Kaufkraft darstellen, aber nur die eigenen Löhne direkt beeinflussen können, die für sie Kosten sind. Unter der Voraussetzung, daß Herrschaftsstrukturen bestehen, mit denen niedrige Löhne durchgesetzt werden können, stützt Auslandskapital diese Strukturen, und zwar in dem Maße, wie durch Marktbeziehungen geschwächte herrschende Klassen (z. B. Staatsklassen) Gefahr laufen, ihre Repressionsfähigkeit zu verlieren.

Ähnlich versuchten Kolonialmächte, die Kosten kolonialer Präsenz durch Stärkung der Macht lokaler privilegierter Klassen zu senken (z. B. in der Form der indirekten Herrschaft, der Umwandlung von Steuereintreibungsrechten in Großgrundbesitz).

15. Gesellschaftliche Ungleichheit führt unter Einwirkung kapitalistischer Systeme von außen zu struktureller Heterogenität. Strukturelle Heterogenität festigt gesellschaftliche Ungleichheit.

Die Ausweitung von Marktbeziehungen und die (partielle) Eingliederung der Wirtschaften der Peripherie in die kapitalistische Weltwirtschaft haben auch ohne monopolistische Handelsstrukturen zur Folge, daß die Ökonomien der Peripherie deformiert werden. Die Deformation der Peripherie kann nicht an der Höhe der Exportquote oder dem geringen Grad der Verflechtung des Exportsektors mit der übrigen Wirtschaft gemessen werden. Beides sind Phänomene, die nur (und nicht notwendiger) Ausdruck struktureller Heterogenität sind. Diese strukturelle Heterogenität läßt sich ökonomisch als sektorales Auseinanderklaffen der Faktorproduktivitäten definieren.

Die aufgrund des Wachstums des äußeren Marktes sich in der Peripherie entwickelnden Produktivkräfte sind (wie alle Exportsektoren) auf einzelne Branchen beschränkt. Die Arbeitsproduktivität ergibt sich aus dem Weltmarkterlös und der Zahl der eingesetzten Arbeitsstunden. Da in den Erlösen Differentialrenten versteckt sind, werden überdurchschnittliche Profitraten erzielt. Gleichzeitig wird – finanziert aus den Exporterlösen, häufig, zumindest seit Ende des 19. Jahrhunderts in den Bergbausektoren – moderne Technologie angewandt, die nicht einheimische Produktivkraftentwicklung widerspiegelt. Werden in einzelnen Fällen lokale Vorprodukte eingesetzt, so kommt es durchaus zu Verflechtungen mit dem lokalen Produktionsapparat, auch wenn z. T. die von nichtökonomischen Faktoren bestimmte Technologiewahl einen solchen Einsatz von Vorprodukten ausschließt (Beispiel: Raffinerie, die nur Importöl verarbeiten kann).

Solange aber die Herstellung solcher Vorprodukte nicht dazu führt, daß Vorproduktkapazitäten (und Exportkapazitäten) bei Wegfall des äußeren Markts für andere Zwecke genutzt werden können, bleiben sie vom Export abhängig. Um eine solche Vermaschung zu bewirken, müßte der Exportsektor so stark wachsen, daß über die Verknappung des Faktors Arbeit ein Binnenmarkt entsteht, der durch wachsende Arbeitseinkommen gebildet wird. Nur in diesem Fall

– steigen in allen Sektoren die Kosten, so daß sich die Anwendung von Technologie generalisiert,
– entsteht ein breiter Markt für Massenkonsumgüter, der die Entwicklung eigener (oder die Anpassung importierter – in der Form kreativer Übernahme) Technologie ermöglicht.

In allen Sektoren steigende Arbeitseinkommen und Ausweitung des Massenkonsums sind die Bedingungen für den Aufbau eines heimischen Maschinenbausektors. Ohne diese Bedingungen sind die Arbeitskosten und die Technologieausstattung sektoral unterschiedlich – mit der Folge, daß die in Preisen gemessene Produktivität (größere Unterschiede der Arbeitskosten) verschiedener Branchen sehr unterschiedlich ist. Die Kosten der Aufnahme der Produktion zur Substitution von bisherigen Importen werden in vielen Sektoren prohibitiv. Die soziale Ungleichheit, die die verstärkte Exportorientierung nicht durch Anspannung auf den Arbeitsmärkten mildert, begünstigt eine Produktionsstruktur, die auf Veränderungen der Nachfrage nicht »flexibel« reagiert, weil der Produktionsapparat nicht selbst Technologie entsprechend den eigenen Faktorkosten und der Grenzproduktivität dieser Faktoren in verschiedenen Verwendungen herstellen kann. Hier liegt der entscheidende Unterschied zu den kleinen kapitalistischen Ländern (Beispiel: Schweiz) mit hoher Exportquote.

Ändern sich in einer Wirtschaft mit eigener Maschinenbaukapazität (die keineswegs Autarkie in diesem Sektor voraussetzt) die Erlöse für Exportprodukte durch Verminderung der Weltmarktnachfrage, dann sinkt die Profitrate im Exportsektor. Ausreichende Gesamtnachfrage vorausgesetzt, werden Investitionen in anderen Sektoren rentabel und führen zur Bestellung von Maschinen, die im Fall eines sich verschlechternden Wechselkurses von einheimischen Produzenten bezogen werden können. Sind solche Maschinenproduzenten aber entweder nicht vorhanden oder nicht in der Lage, selbst bei steigenden Preisen für ausländische Maschinen (weil sie mit durch den Wechselkursverfall teureren Devisen bezahlt werden müssen) solche Investitionsgüter herzustellen, wird sich der Rückgang der Weltmarktnachfrage nicht in einer veränderten Produktenpalette ausdrücken: Sinkende Deviseneinnahmen bedeuten geringere Exportkapazität, so daß wegen fehlender oder nicht ausreichender Investitionsgüter der Produktionsfaktor Arbeit nicht für neue Produkte eingesetzt werden kann.

Sobald die Differenz der Produktivität bei der Herstellung von Produktionsmitteln im Vergleich zum Zentrum so groß wird, daß selbst bei hohen Wechselkursschwankungen (und zusätzlichem Zollschutz) eine eigene Produktionsmittelproduktion »unmöglich« ist, können die Produktionsfaktoren nicht mehr flexibel sein. *Strukturelle Heterogenität ist die Unfähigkeit eines ökonomischen Systems, auf Veränderungen der relativen Preise durch Veränderungen des Faktoreinsatzes entsprechend den neoliberalen mikroökonomischen Theorien zu reagieren.*

Sie ist die *Folge der gesellschaftlichen Ungleichheit* bei Eindringen von Marktbeziehungen. Das Eindringen von Marktbeziehungen erzeugt nicht eine Nachfrage, die Knappheit auf den Arbeitsmärkten hervorriefe, da das kapitalistische Zentrum mit seinem auf Binnenmärkte gestützten Wachstum bevölkerungsmäßig zu klein war und ist, um über die verschiedenen Mechanismen der Auslagerung von Produktion große Teile der peripheren Arbeitskraft zu beschäftigen. Wird die soziale Ungleichheit durch das *quantitativ* (die Art der Produkte ist nicht wichtig – es sei denn, daß bestimmte Produktionen zu intensiveren Formen sozialer Konflikte mit Auswirkungen auf die Massenkaufkraft führen als andere, z. B. Landarbeiter/Industriearbeiter) beschränkte Eindringen des Kapitalismus noch verstärkt, dann wirken sich im zentralen Kapitalismus vorhandene Mechanismen des Wachstums der Gesamtnachfrage nicht aus, nämlich Multiplikator und Akzelerator.

Soziale Ungleichheit führt, dringt der Kapitalismus von außen ein, zu einer Begrenzung der kapitalistischen Wachstumsmechanismen – die Arbeitsmärkte werden nicht verändert. Es fehlt an einheimischen Kapazitäten für die Produktionsmittelproduktion, wodurch der Preismechanismus nicht zur Flexibilität der Produktionsfaktoren beitragen kann.

Eine nach solchen Deformationen des Produktionsapparats erfolgende Erhöhung der Masseneinkommen kann ohne umfangreiche, durch den Preismechanismus nicht zu steuernde Eingriffe in den Produktionsapparat nicht eine für diese Massennachfrage ausreichende Produktionssteigerung auslösen, sondern hat notwendig Inflation und Handelsbilanzdefizite zur Folge.

16. Die Überwindung von Unterentwicklung erfordert selektive Kooperation mit dem kapitalistischen Zentrum und führt erst zu der Fähigkeit, sich in ein marktwirtschaftliches Weltwirtschaftssystem zu integrieren.

Die Frage, warum sich in der Peripherie kein dem kapitalistischen Wachstumsprozeß des Zentrums vergleichbares System trotz der jahrhundertelangen Koexistenz von unterentwickelter Peripherie und sich entwickelndem Zentrum hat bilden können, kann von verschiedenen Befunden aus erwogen werden. Nach den bisherigen Überlegungen können zwei verbreitete Annahmen ausgeschlossen werden, nämlich daß die Peripherie ausgebeutet wurde (sobald auch nur ein geringes Mehrprodukt verfügbar war, hätte ein Akkumulationsprozeß auch für Massenbedürfnisse stattfinden können), und daß die Peripherie Handel mit dem Zentrum getrieben hat, weil eine intensivere Handelsbeziehung möglicherweise durch Eingliederung des gesamten Arbeitspotentials in den »modernen« Sektor die Grundlage für Entwicklung gelegt hätte.

Anzusetzen ist vielmehr an der schon vor dem Eindringen des Kapitalismus bestehenden Sozialstruktur mit ihrer starken Ungleichheit (bzw. einer ökonomischen Grundlage für rasche Differenzierungsprozesse bei niedriger Arbeitsproduktivität, so daß die begrenzte äußere Nachfrage zu einer so geringen Gesamtnachfrage führt, daß das Grenzprodukt vieler Arbeitskräfte unter den Grenzerlös fällt). Die Peripherie konnte keine komparativen Vorteile bei der Herstellung einfacher verarbeiteter Konsumgüter erlangen. Exportprodukte waren Rohstoffe. Es kam zur Bildung entweder einer in Bergbauregionen isolierten Arbeiterschaft oder einer schwer organisierbaren Landarbeiterklasse bzw. Klein- und Mittelbauernklasse. Ohne frühzeitige Erweiterung der Massennachfrage traten ökonomische Deformationen auf, die jeden gesellschaftlichen Wandel erschwerten und die bestehenden Herrschafts- und Distributionsverhältnisse zementierten. Widerstandspotentiale wurden erst umgesetzt, wenn die Radikalisierung der Unterprivilegierten reformistische Maßnahmen der Einkommensverteilung ausschlossen. Der Starrheit der Herrschaftsstrukturen entspricht die Radikalität des Widerstands und beiden die Inflexibilität des Produktionsapparats. *Widerstandsbewegungen in der Peripherie, an denen die Geschichte der Dritten Welt reich ist, schlagen sich anders als die sozialen Bewegungen im Zentrum nicht in einer flexiblen Anpassung des Produktionsapparats nieder.*

Entwicklungsstrategien, die diese Einkommensverteilungs- und Herrschaftsstrukturen nicht grundlegend verändern, werden in bezug auf die Überwindung von Unterentwicklung durch Wirtschaftswachstum für den Massenmarkt *konterproduktiv*. Dies gilt für die »nach innen gerichtete« importsubstituierende Industrialisierung, die exportorientierte Industrialisierung und die Verbesserung der Austauschbedingungen *(terms of trade)* durch Erhöhung der Rohstoffpreise.

Die *importsubstituierende Industrialisierung*, wie sie vor allem seit der Krise der 30er Jahre in Lateinamerika verfolgt wurde, hat – trotz z. T. steigender Arbeitseinkommen in der Industrie – die Arbeitsmärkte nicht grundlegend verändert. Solange die jährliche Steigerung der industriellen Produktion nicht deutlich über 6% liegt, nimmt das Arbeitsplatzangebot im verarbeitenden Sektor ab. Ohne massive Ausweitung der Beschäftigung blieb die Nachfrage von Schichten mit hohem Einkommen dominant. Geringe Produktionsserien für eine Vielzahl von Produkten erlaubten nur in geringem Umfang eine heimische Produktionsmittelproduktion mit geringen Multiplikator- und Akzeleratorwirkungen in der Peripherie, aber mit großen Problemen durch Handelsbilanzdefizite und Kapitalmangel (Kapitalabfluß wegen fehlender rentabler Investitionsmöglichkeiten).

Insofern ist die *exportorientierte Industrialisierung* möglicherweise ein Fortschritt für die Dritte Welt. Der Investitionsbedarf pro Arbeitsplatz und die Qualifikationsintensität sind im Regelfall niedriger.

Die Kritik, die an dieser Strategie häufig deshalb vorgebracht wird, weil sie von multinationalen Konzernen betrieben wird, ist oft falsch formuliert: Daß die multinationalen Konzerne zu kapitalintensive Arbeitsplätze schüfen, wird durch einen Vergleich mit der hohen Kapitalintensität in »nationalen« privaten und öffentlichen Unternehmen der Peripherie widerlegt. Daß die multinationalen Konzerne überdurchschnittlich häufig gebrauchte Technologie verwendeten, steht zu dieser Kritik in Widerspruch und ist ein Mittel zur Steigerung der Beschäftigung. Die These höherer Ausbeutung kann zwar mit höheren Profitraten der Filialen multinationaler Konzerne belegt werden; dies führt jedoch nicht zu einer Verschlechterung der Einkommen und der Arbeitssituation der abhängig Beschäftigten. Die geringe Vermaschung mit der lokalen Produktion ist zwar nachweisbar, aber durch den insgesamt noch geringen Umfang der Auslagerung bedingt. Sind Kostensenkungen über die gegenwärtige Verbilligung der Produktion durch Nutzung billiger Arbeitskräfte in großem Ausmaß dadurch erreichbar, daß mehr billige Arbeitskräfte mit Technologie, die den Faktorkosten der Peripherie angepaßt ist, beschäftigt werden, dann steht zu erwarten, daß die Kostenkonkurrenz die Konzerne dazu zwingt, solche Technologien zu entwickeln, sobald die Auslagerung einen solchen Umfang erreicht, daß die Ersparnis ins Gewicht fällt. Im Prinzip gilt dies auch für die fehlende »Vermaschung« aufgrund der Anwendung konzernintern produzierter Vorprodukte, allerdings mit der Einschränkung, daß das große Gewicht konzernspezifischer Technologien das Umsteigen auf in der Dritten Welt produzierte Vorprodukte erschwert. Fehlende Akkumulation durch Gewinntransfer ist eine Folge ökonomischen Verhaltens und damit der Rahmendaten, die die periphere Ökonomie setzt: Ohne Expansion der Massenmärkte gibt es zu wenig rentable Investitionsmöglichkeiten.

Zwei Argumente sprechen gegen den Erfolg einer exportorientierten Industrialisierung:

– Wegen der anfangs sehr niedrigen Profitraten in der Landwirtschaft kann ausländisches Kapital den Agrarsektor nicht in einen produktiven und beschäftigungsintensiven Zweig verwandeln und hier einerseits Massennachfrage, andererseits Produktion für die Befriedigung von Grundbedürfnissen schaffen.

– Wegen des Ausmaßes der Arbeitslosigkeit und Unterbeschäftigung wird die exportorientierte Industrialisierung nicht die Arbeitsmärkte so verändern, daß durch breitgestreute Masseneinkommen ein breiter Binnenmarkt entsteht.

Ohne diese beiden Bedingungen dauert strukturelle Heterogenität als Wachstumsbarriere fort (Elsenhans 1979 b; 20).

Die Forderung der Dritten Welt nach Erhöhung der *Rohstofferlöse* könnte die finanziellen Mittel erbringen, um durch komplementäre Maßnahmen eine ökonomische und gesellschaftliche Struktur zu schaffen, in der Massennachfrage und Produktion für Massenbedürfnisse dominieren, mit der Folge, daß ausländische Investitionen auf einen Arbeitsmarkt stoßen, auf dem durch allmähliche Verknappung von Arbeitskraft die Reallöhne analog zum Zentrum steigen. Daß Rohstoffpreissteigerungen sowohl für bergbauliche als auch für agrarische Produkte durch die Aneignung von Differential- und Verbraucherrenten möglich sind, wurde an anderer Stelle nachgewiesen (Elsenhans 1976 c; 122-129, 1979 b; 19). Der zu solchen Preissteigerungen notwendige Ausbau bürokratischer Verfügung über das Mehrprodukt bewirkt jedoch, daß eine *Staatsklasse* entsteht, die die angeeigneten Fonds nicht notwendig investiert (Elsenhans 1976 d; 257, 1977; 34). Nur unter bestimmten Voraussetzungen wird eine solche Staatsklasse die Überwindung von Unterentwicklung anstreben. Dies setzt vielmehr die Umstrukturierung der Einkommensverteilung durch Agrarreformen und komplementäre Maßnahmen zur Entwicklung der Landwirtschaft voraus, so daß auf dem Lande ein Massenmarkt für Konsumgüter und Produktionsmittel entsteht. Durch gleichzeitige Steigerung der Agrarproduktion können die Bedürfnisse der Masse der Bevölkerung nach mehr Nahrungsmitteln aus eigener Produktion befriedigt werden (Elsenhans 1974; 173-178). Eine solche

Umverteilung der Böden und Einkommen schaffte in der Landwirtschaft Beschäftigung und würde die Arbeitsmärkte verändern. Ein steigender Angebotspreis für unqualifizierte Arbeit wäre die Folge. Produktionsauslagerungen aus dem Zentrum hätten unter dieser Voraussetzung wenigstens über die Verbrauchsnachfrage multiplikative Effekte und erweiterten den Binnenmarkt zuerst über den Multiplikator, dann über den Akzelerator.

Das Funktionieren kapitalistischer Wachstumsmechanismen in peripheren Ökonomien setzt also die Überwindung struktureller Heterogenität voraus (auch wenn zunächst die Produktivität und damit die Einkommen noch niedrig sind) *und resultiert nicht automatisch aus einer weiteren Eingliederung vorhandener Strukturen in den Weltmarkt.* Strukturreformen in ökonomisch deformierten Gesellschaften sind – trotz der Bedeutung der Planung (z. B. zum Aufbau von Vorprodukteindustrien für die Landwirtschaft) und anderen nicht marktförmigen Eingriffen (staatliche Aneignung von Knappheitsrenten auf dem Binnenmarkt, Differential- und Verbraucherrenten im Export) – als Parallelen zu der Beeinflussung der Gesamtnachfrage durch Steigerung der Masseneinkommen (bei gleichzeitiger Steuerung der Produktion durch den Markt) im Zentrum zu sehen und bilden die Grundlage dafür, daß Marktsteuerung zur Befriedigung von Massenbedürfnissen führen kann. Politische und gesellschaftliche Strukturen in der Dritten Welt behindern allerdings eher solche Strukturreformen, als daß sie diese begünstigten.

17. Das Verhältnis zwischen Peripherie und Zentrum verändert sich durch die exportorientierte Industrialisierung grundlegend. Dem Zentrum droht die Gefahr der Peripherisierung. Sozialer Fortschritt im Zentrum und Überwindung von Unterentwicklung in der Peripherie durch Strukturreformen werden komplementär.

Die kapitalistische Weltwirtschaft ist heute an einem Wendepunkt angelangt: Gelingt es nicht, in der Dritten Welt gesellschaftliche und ökonomische Strukturen herzustellen, die die Masseneinkommen begünstigen, wird auch das kapitalistische Zentrum peripherisiert. Die dann drohende Massenarbeitslosigkeit im Zentrum ist weder eine Chance für die internationale Durchsetzung des Sozialismus noch für die »Emanzipation« der Peripherie.

Wenn kapitalistisches Wachstum von der Steigerung der Masseneinkommen abhängt, dann ergibt sich folgendes Problem: Sobald die Realeinkommensunterschiede zwischen Zentrum und Peripherie die

Produktivitätsunterschiede in Sektoren, die für die Beschäftigung im Zentrum entscheidend sind, übersteigen, wird ausgelagert. Relative Hochlohnarbeitsplätze werden durch Niedriglohnarbeitsplätze ersetzt. Da die Arbeitsmarktstrukturen in der Peripherie nur begrenzt Lohnsteigerungen zulassen (Beispiel: Steigende Reallöhne in Singapur führen zur Auslagerung nach Malaysia etc.), kann der Nachfrageausfall nur mit Reallohnsteigerungen in der Metropole aufgefangen werden. Diese müssen der Verbesserung der *terms of trade* zwischen dem ausgelagerten Sektor und den verbleibenden Branchen wegen höher als die Steigerung der Arbeitsproduktivität sein (± Veränderung der Kapitalproduktivität). Der Kostendruck auf »strukturschwache« Branchen beschleunigt sich. Lohnzurückhaltung führt zu unzureichender Nachfrageexpansion, angemessene Lohnsteigerungen beschleunigen die Auslagerung. Die drohende Folge ist *»Peripherisierung des Zentrums«* durch Ausschaltung des kapitalistischen Wachstumsmechanismus: »Masseneinkommen schaffen Rentabilität«.

Die – hypothetische – Reglementierung der Außenwirtschaftsbeziehungen im Zentrum kann in dieser Situation nicht den Rückgang der Konkurrenzfähigkeit der Industrieproduktion des Zentrums auf dem Weltmarkt stoppen, nähme allerdings der Peripherie die Chance, über Märkte in den Industrieländern Wachstumsimpulse zu erhalten und – im Fall von Rohstoffpreisabsprachen – sich Verbraucher- und Differentialrenten anzueignen. Der trotz einzelner Ausnahmen (Beispiel: Fertigwarenimporte aus Indien) geringe Beitrag der »sozialistischen Länder« zur Entwicklung der Peripherie (die RGW-Länder profitieren heute genauso wie die kapitalistischen Industrieländer von den niedrigen Rohstoffpreisen in der Dritten Welt) zeigt, daß eine solche Etatisierung der Wirtschaft in den Industrieländern der Peripherie Einkommen und Wachstumsimpulse entzieht, weil ein etatisiertes Zentrum alle Renteneinkommen selbst abschöpfen und die Auswirkung von Konkurrenzvorteilen der Dritten Welt in der verarbeitenden Industrie durch Protektionismus ausschalten kann.

Die durch strukturelle Heterogenität verursachte Verelendung in der Peripherie würde dort – noch stärker, als es heute der Fall ist – bürokratische Lösungen oder die Repression begünstigen und durch Bürokratisierung sich entwickelnde Ungleichheit verfestigen. Beschäftigungskrisen in der Metropole würden dirigistische Maßnahmen begünstigen, die angesichts des politischen Kräfteverhältnisses (mittlere Einkommensschichten werden wahlentscheidend) eher die Zementierung der Schichtung innerhalb der Beschäftigten als eine Egalisierung der Arbeitseinkommen bewirkten, die über die Überproduktion qualifizierter Arbeitskräfte infolge der Bildungsreform heute greifbar scheint und die Chance auf Überwindung des Gegensatzes zwischen »Hand- und Kopfarbeit« bietet.

Es ist davon auszugehen, daß die egalitäre Gesellschaft, die in der Tradition des 19. Jahrhunderts als Sozialismus bezeichnet wird, durch eine Ausdehnung und Vervollständigung der Marktsteuerung erreicht wird. Vervollständigung z. B. dadurch, daß »on the job« Qualifikation, die heute vielen, die einmal in eine Karriere hineinkommen, erlaubt, auf Dauer über Einkommensvorteile und privilegierte Arbeitsbedingungen zu verfügen, durch die zeitliche Begrenzung des Verweilens auf solchen Stellen abgebaut werden kann. Angesichts des Drucks einer Überzahl für solche Stellen Qualifizierter wird die Zirkulation von Personal möglich und mit ihr die Angleichung der Einkommens- und Arbeitsbedingungen.

Daß eine solche Perspektive, die entfremdete Arbeit nicht aufhebt, aber zusammen mit einer Verkürzung der Arbeitszeit einschränkt, weiteres Wachstum erfordert und sich in einer Verteuerung der Zugangskosten zu Arbeitskraft im Zentrum niederschlägt, ist offensichtlich. *Wenn die Zugangskosten für Arbeit in der Metropole weiter steigen, dann muß die Gefahr der Peripherisierung des Zentrums gebannt werden.* Sozialer Strukturwandel in der Peripherie und sozialer Fortschritt im Zentrum werden heute komplementär.

Nachbemerkung

Im vorliegenden Beitrag wird auf Anmerkungen verzichtet. Ausführliche Belege finden sich zu sämtlichen Thesen in der eingangs erwähnten Studie *Geschichte und Ökonomie der europäischen Welteroberung* (1976 a; erscheint bei Campus in Frankfurt 1980). Seit 1976 habe ich spezifische Fragestellungen weiterentwickelt und in folgenden, im Text zitierten Beiträgen behandelt:

(1974) *Die Überwindung von Unterentwicklung*, in Dieter Nohlen und Franz Nuscheler (Hrsg.), *Handbuch der Dritten Welt*, Bd. 1., Hamburg 1974, S. 162-189

(1976 b) *Lohnerhöhungen; Wachstumschance des Kapitalismus*, in: *Forum ds*, Nr. 2, 1976, S. 78-133

(1976 c) *Ökonomie der Rohstoffproduktion*, in: *Leviathan*, Bd. 1, 1976, S. 122-129

(1976 d) *Zur Rolle der Staatsklasse bei der Überwindung von Unterentwicklung*, in Alfred Schmidt (Hrsg.), *Strategien gegen Unterentwicklung*, Frankfurt 1976

(1977) *Die Staatsklasse/Staatsbourgeoisie in den unterentwickelten Ländern zwischen Privilegierung und Legitimationszwang*, in: *Verfassung und Recht in Übersee*, Heft 1, 1977, S. 29-42

(1978 a) *Die Mobilität der Arbeitskraft und Akkumulation. Aspekte einer sozioökonomischen Theorie des internationalen Systems*, in Hartmut Elsenhans (Hrsg.), *Migration und Wirtschaftswachstum*, Frankfurt 1978, S. 9-30

(1978 b) *Les contradictions de la théorie de la croissance chez Marx et leurs implications sur les théories des crises et de l'impérialisme*, Séminaire de doctorat. Département des sciences politiques. Université de Montréal, November 1978

(1979 a) *Agrarverfassung, Akkumulationsprozeß und Demokratisierung*, in Hartmut Elsenhans (Hrsg.), *Agrarreform in der Dritten Welt*, Frankfurt 1979

(1979 b) *Für eine sozialreformerische Ausgestaltung der NIWO*, in: *Entwicklung und Zusammenarbeit*, Mai 1979, S. 19-23

II. Fragestellungen

Terence K. Hopkins und Immanuel Wallerstein

Grundzüge der Entwicklung des modernen Weltsystems. Entwurf für ein Forschungsvorhaben*

I. Das moderne Weltsystem als alternatives Konzept

Seit etwa einem Jahrzehnt ist in der Sozialwissenschaft das »entwicklungsorientierte« (»developmentalist«) Konzept, jenes, welches zur Darstellung und Deutung sozialen Wandels in der Welt von heute (und, mutatis mutandis, in der modernen Ära überhaupt) vorwiegend herangezogen wird, auf wachsende Kritik gestoßen. Dieses Konzept geht von der Grundannahme aus, daß die theoretische Bezugsgröße für die Untersuchung sozialen Wandels die »Gesellschaft« als Abstraktum sei. Daraus wird gefolgert, daß die Welt aus einer Reihe von aufeinander bezogenen, jedoch grundsätzlich autonomen »Gesellschaften« bestehe (die sich bei näherem Hinsehen gewöhnlich als eben jene nationalstaatlichen Gebilde erweisen, welche man auf Weltkarten sehen kann), und daß sich diese Gesellschaften jeweils auf dem im Grunde gleichen Entwicklungsweg vorwärtsbewegten, obschon manche von ihnen ihren Aufstieg eher als andere begonnen und damit den »Spätstartern« den Weg gewiesen hätten, obwohl einige rascher als andere vorangeschritten seien und dementsprechend unter dem forcierten historischen Wandel gelitten hätten. Im großen und ganzen folgten sie alle parallelen Entwicklungslinien in einem Koordinatensystem, dessen y-Achse der Grad oder Stand ihrer Entwicklung und dessen x-Achse die historische Zeit seien. Aus solchen Vorstellungen ergibt sich für den Sozialwissenschaftler eine klare Aufgabe: Er soll Modelle konstruieren und überprüfen, die folgende Fragen zu beantworten vermögen: Warum hat in manchen »Gesellschaften« Entwicklung früher eingesetzt und in anderen später? Warum sind manche viel weiter fortgeschritten als andere? Warum (und um welchen Preis) haben einige sich rascher entwickelt als andere? Warum liegen jene, die gegenwärtig hinterherhinken (»Entwicklungsgesellschaften«), im Rückstand, und was müßten sie tun, um diejeni-

* Der Entwurf zu diesem Forschungsvorhaben stammt von Terence K. Hopkins und Immanuel Wallerstein, die ihn nach zahlreichen Sitzungen einer Arbeitsgruppe des Fernand Braudel Center for the Study of Economies, Historical Systems, and Civilizations an der State University of New York verfaßten. Weitere Mitglieder der Arbeitsgruppe waren Nicole Bousquet, Neville Dyson-Hudson, Philip McMichael und Dale Tomich.

gen einzuholen, die bereits entwickelt sind (»entwickelte Gesellschaften«)? Was da auf dieser Basis an Theorien, Konstrukten und Hypothesen als mögliche oder gar plausible Erklärung für Entwicklung angeboten wird und heute den Kern des »entwicklungsorientierten« Konzepts ausmacht, ist recht mannigfaltig.

Die Kritik an diesem Konzept macht sich jedoch immer weniger an den Unzulänglichkeiten »entwicklungsorientierter« Theorien und Interpretationen fest; sie gilt immer mehr der paradigmatischen Prämisse des Konzepts: daß es auf der Welt relativ autonome »Gesellschaften« gebe, deren Entwicklung im großen und ganzen demselben Weg folge, auch wenn sie zu unterschiedlichen Zeiten einsetze und mit unterschiedlicher Geschwindigkeit voranschreite. Anstelle dieser Prämisse und anstelle des darauf fußenden Konzepts plädieren die Kritiker für eine alternative Prämisse und, darauf aufbauend, für ein alternatives Konzept zur Untersuchung sozialen Wandels in unserer Zeit. Wir bezeichnen dieses Konzept hier als das eines *»Weltsystems«*.[1] Die Prämisse lautet: Die Arena, in der soziales Handeln und sozialer Wandel sich vollziehen, ist nicht eine »Gesellschaft« in abstracto, sondern eine konkrete »Welt«, ein raum-zeitliches Ganzes, wobei der Raum dieselben Ausmaße hat wie die einfache Arbeitsteilung zwischen den das Ganze bildenden Teilen oder Regionen, und wobei die Zeit sich so weit erstreckt, wie die einfache Arbeitsteilung die »Welt« beständig als soziales Ganzes reproduziert (ob es sich bei diesem Prozeß nun um Wachstum, Schrumpfung oder Stagnation handelt). Genauer gesagt: Die Arena sozialen Handelns und sozialen Wandels in der Neuzeit war und ist das *moderne Weltsystem*, das sich im 16. Jahrhundert als europazentrierte Weltwirtschaft herausbildete. Dieses Weltsystem ist seither in Zyklen von Expansion und Kontraktion gewachsen, und zwar in geographischer Hinsicht (es umspannt heute die ganze Erde), im Hinblick auf seine Produktionskapazität (Kapitalbildung), bezüglich seiner Integration als Ganzes (weltweite Interdependenz) und der Durchdringung und Organisierung der gesellschaftlichen Verhältnisse (Herausbildung der Warenwirtschaft und Klassenstruktur). Insgesamt wirkt das System »räumlich« als allgegenwärtige Trennung in Zentralländer und Hinterländer oder, wie wir sagen: *»Zentren«* (»cores«) und *»Peripherien«*, verbunden und reproduziert durch Prozesse der Kapitalakkumulation und des ungleichen Tauschs; »zeitlich« funktioniert es im wesentlichen zyklisch, dergestalt, daß sein »Wachstum« (abzulesen an säkularen Trends) bislang in »Wellen« verlief und weiterhin verläuft (»Wellen«, die abzulesen sind an sich beschleunigenden und dann wieder verlangsamenden »Wachstumsraten«). Die einzelnen Phasen der Zyklen des Systems sind somit – wie die Zonen seiner Arbeitsteilung – nicht nur die fortgesetzte Folge sozialen Handelns, sondern auch die sehr reale Bedingung und die sehr reale Einschränkung des Ergebnisses solchen Handelns.

Man könnte sagen, daß die moderne Weltwirtschaft zur Zeit ihrer Entstehung im 16. Jahrhundert in ihrer Gesamtheit einen schwachen Integrationsgrad aufwies. Aber dasselbe wäre zu sagen von den verschiedenen politischen Hoheitsbereichen oder Monarchien, die durch die Entstehung der Weltwirtschaft in zunehmend festere Beziehungen zueinander gebracht wurden. Die fortschreitende Formierung dieser Gemeinwesen als aufeinander bezogene stärkere und schwächere Staaten im entstehenden europäischen (später internationalen) Staatensystem ging Hand in Hand mit der sich zyklisch entfaltenden Arbeitsteilung zwischen den sich zu »Zentren« entwikkelnden und den immer mehr zu »Peripherien« werdenden Gebieten des Weltsystems. Und die Struktur der Weltwirtschaft prägte sich in ihren Grundzügen als ein System von zunehmend aufeinander bezogenen *starken* »Staaten des Zentrums« und *schwachen* »Peripherie-Staaten« aus, in welchem zwischenstaatliche Beziehungen – und folglich Muster der Staatenbildung und in diesem Rahmen die Formierung national organisierter »Gesellschaften« – immer wieder durch die sich vertiefende und ausweitende weltweite Teilung und Integration der Produktion bestimmt werden und diese ihrerseits bestimmen. Doch wie sehr sie sich zu gewissen Zeiten und an gewissen Orten auch immer gegenseitig verstärken mögen, feststeht, daß die beiden Organisierungsprinzipien – *das der internationalen Integration der Produktion und das der Bildung starker Nationalstaaten* – einander im Grunde widersprechen. Was die Staaten zu vereinen suchen, reißt die Weltwirtschaft auseinander. Und die allgegenwärtige Spannung bzw. Antinomie zwischen beiden ist einer der grundlegenden Orientierungspunkte, um die es unserem alternativen Konzept zu tun ist.

Neben dem spezifisch »ökonomischen« (Arbeitsteilung) und dem spezifisch »politischen« (Staatenbildung) gibt es noch einen dritten wichtigen Aspekt des modernen Weltsystems – den »kulturellen«, der genannt werden muß, obwohl wenig systematische Erkenntnisse über ihn als einen integralen Bestandteil weltgeschichtlicher Entwicklung vorliegen. So wie das Weltsystem sozusagen aus einer Vielfalt von aufeinander bezogenen Staaten besteht, so enthält es auch eine Vielfalt von aufeinander bezogenen (und hier häufig sich überlappenden) *Kulturgemeinschaften*: Sprachgemeinschaften, religiöse Gemeinschaften, ethnische Gemeinschaften, Rassen, Standesvereinigungen, Klassen, Gemeinschaften der Wissenschaftler usf. Manche vorstaatlichen Gemeinschaften wurden eingegliedert und neu konstituiert, andere wurden zerstört; völlig neue Gemeinschaften, einschließlich ganzer »Völker«, wurden aufgebaut. Wir wollen uns im Rahmen dieses Forschungsvorhabens nicht speziell mit diesem Aspekt des Weltsystems beschäftigen, in erster Linie deshalb nicht, weil hier noch viel konzeptuelle Vorarbeit geleistet werden muß. Andererseits bilden Aufbau und Zerfall von Kulturgemeinschaften einen eigenen großen Komplex von Prozessen, ein drittes organisierendes Prinzip, das sich von den anderen beiden unterscheidet. Daher wird die von uns vorgeschlagene Linie der Untersuchung diese grundlegende Dimension modernen sozialen Wandels notwendigerweise an vielen Punkten berühren.

II. Der gegenwärtige Stand der Untersuchungen über das Weltsystem

In dem Maße, wie eine Reihe von Wissenschaftlern sich daran gemacht hat, das neue *Weltsystem-Konzept* weiter auszuführen und anzuwenden, ist ein weithin gemeinsames Vokabular für die zentralen Begriffe entstanden. Nur wenige der Begriffe sind in sich neu, doch werden sie bis zum gewissen Grade auf neue Weise gebraucht und miteinander verbunden. Wir wollen sie unter folgende vier Überschriften stellen: Arbeitsteilung, Staatensystem, zyklische Rhythmen und säkulare Trends.

A. Arbeitsteilung

Der allgemeine analytische Begriff der Arbeitsteilung ist, in der einen oder anderen Version, natürlich für alle Theorien vom sozialen Wandel grundlegend und hat in der modernen Anthropologie, Ökonomie und Soziologie einen zentralen Stellenwert. Um so bemerkenswerter ist es, daß über die Prozesse, die der Begriff einschließt und der Terminus anzeigt (also nicht nur über die Bedingungen von Arbeitsteilung), in jüngerer Zeit so wenig ernsthaft gearbeitet worden ist.

Nach Smith (*The Wealth of Nations*, 1776), der Arbeitsteilung als gegeben annahm, und Marx, der die Unterscheidung zwischen gesellschaftlicher Arbeitsteilung und Arbeitsteilung im Betrieb für unabdingbar erklärte (*Das Kapital*, Band I, 1867), beschrieb Bücher (*Die Entstehung der Volkswirtschaft*, 1893) fünf Formen des Prozesses, und zwar etwa in der Reihenfolge, in der sie historisch in Europa auftraten. Er sah die Entwicklung so, daß steigende Kapitalintensität zunehmende Kapitalakkumulation und Zentralisation erforderte. Webers berühmtes Kapitel (*Wirtschaft und Gesellschaft*, Teil I, 1922) über die ökonomische und technische Arbeitsteilung und ihre sozialen Aspekte war weitgehend eine Neuformulierung der Bücherschen Arbeit (was Weber zugibt) in Form einer sehr detaillierten Typisierung, aus der jedoch »nicht nur die empirisch-historische, sondern auch die typisch-genetische Aufeinanderfolge der einzelnen möglichen Formen« ausgeklammert war.

Leontiefs Arbeit über Input-Output-Analyse muß nun allerdings gesondert kommentiert werden. Sie setzte die Entwicklungsprozesse der Arbeitsteilung als gegeben voraus, anstatt sie zum Gegenstand der Untersuchung zu machen: Die bestehende Anordnung der Wirtschaftszweige in einem Land – wie üblicherweise dort aufgegliedert (in den USA gemäß dem SIC-Code) – wurde als für den Zweck gegeben angesehen, und der Zweck war, die jeweiligen Wechselbeziehungen zwischen den einzelnen Wirtschaftszweigen zu erfassen. Nichtsdestoweniger war die Leontiefsche Arbeit theoretisch (wie auch technisch) sehr bedeutsam, und dies aus einem sehr einfachen Grunde: Sie enthüllte mit unübertroffener Klarheit den grundsätzlich *vermaschten* Charakter der Produktion als jener Struktur, die der Distribution sozusagen »zugrunde liegt«. Derjenige, der zu einer bestimmten Zeit etwas hat, galt als nur eine Gestalt aus dem fortlaufenden Film darüber, wer was von wem bekommt und wer was wem gibt. (Selbst die »rechnerischen« Vorgänge, die der Input-Output-Analyse zugrunde liegen, vermittelten noch den Eindruck, als ob die Gesamtheit der Distributionen, die Summe von Zeilen oder Spalten, das »Ergebnis« der in den Zellen der Matrix dokumentierten Beziehungen sei.) Leontiefs Arbeit machte deutlich, daß die »Teilung« der Arbeit auf Prozesse *innerhalb eines bestehenden Beziehungsgefüges* verweist, und eben dies ist Durkheims Punkt: »Die Arbeitsteilung kann nur unter Mitgliedern einer schon konstituierten Gesellschaft durchgeführt werden.«

Wir gebrauchen also den Begriff »Arbeitsteilung« zur Bezeichnung von Prozessen, durch welche die Beziehungsstrukturen der Produktion begründet, fortwährend reproduziert und periodisch verändert werden. In der Welt von heute sind dies in erster Linie *internationale* Beziehungen, deren manifeste Form grundsätzlich bestimmt ist durch die raum-zeitlichen Bewegungen materieller Güter, wie diese auf Rechnungen verbucht, auf Karten verzeichnet oder anders belegt sind.

Insbesondere die *weltweiten Produktionsbeziehungen* lassen eine umfassende Prägung der Arbeitsteilungsprozesse erkennen, derart, daß bestimmte Gebiete als *Kerngebiete* bzw. *Zentren* auftreten, was sie den zahlreichen Beziehungssträngen, die von ihnen ausgehen und zu ihnen hinführen, zu verdanken haben, während andere als das *Hinterland* dieser Zentren erscheinen, weil die von ihnen ausgehenden oder zu ihnen hinführenden Beziehungen quantitativ gering sind und sie darauf festlegen, Austragungsort für Aktivitäten des Weltsystems zu sein. (So gesehen haben wir hier eine Analogie zum bekannten, kleineren Bild von den Stadt-Land-Beziehungen.) Im Weltmaßstab sind die Prozesse der Arbeitsteilung, welche die Wirtschaft definieren und integrieren, dyadisch: Sie teilen die »Welt« in ein komplexes Gebilde aus gepaarten Gegensätzen, die wir als *»Zentrum«* und *»Peripherie«* bezeichnen.

1. Zentrum – Peripherie

Das Gegensatzpaar »Zentrum – Peripherie« wurde in seiner heute gängigen Bedeutung erstmals in den ersten Tagen der UN-Wirtschaftskommission für Lateinamerika (ECLA) umfassend verwendet, und zwar von Raúl Prebisch und seinen Mitarbeitern.[2] Der Schwerpunkt ihrer Arbeit lag auf der Verschlechterung der realen Austauschbedingungen (»terms of trade«) für agrarische und mineralische Produkte gegenüber Industrieprodukten im internationalen Handel, und die Begriffe dienten dazu, die zwei Hauptbeteiligten an diesem Handel zu benennen: die Exporteure von Industrieprodukten (die Industrieländer des nordatlantischen Raumes und Japan), die das »Zentrum« bilden, und die Exporteure von Agrarprodukten und Erzeugnissen der extraktiven Industrie (der Rest der nicht-kommunistischen Welt), welche die »Peripherie« bilden.[3] Diese beiden Pole wurden als für den untersuchten Zeitraum gegeben angesehen, und das Hauptaugenmerk wurde auf einen besonderen Mechanismus gerichtet (der so, wie er formuliert wurde, allerdings zum Teil die – später kurz erörterte – Analyse Emmanuels über »ungleichen Tausch« vorwegnahm), dessen Wirken für die Verschlechterung der Austauschbedingungen verantwortlich sei. Die Existenz dieses Mechanismus stand im Widerspruch zu einer Grundannahme der herrschenden »Theorie des internationalen Handels« von Ricardo und wurde deshalb als Erklärung dafür genommen, warum das, was theoretisch hätte eintreten sollen, in der historischen Wirklichkeit tatsächlich nicht eintrat. Der theoretische Ansatz bot somit einen stabilen Rahmen für einen Prozeß, der, nicht unähnlich Myrdals »Prinzip der zirkulären und kumulativen Verursachung« oder Nurkses »Teufelskreis der Armut«, zeigte, wie die *regionale* Arbeitsteilung international, einmal errichtet, aufrechterhalten wurde.[4]

Aber die Analyse befaßte sich nicht mit den Prozessen der Arbeitsteilung, aufgrund derer das jeweilige Muster der Exportspezialisierung sich ursprünglich herausgebildet hatte, im Zuge der Entwicklung des Weltsystems vertieft worden war, sich eingewurzelt hatte in und zementiert worden war von der Sozialstruktur und der Staatsformation, in der es sich befand. Es waren im wesentlichen jene, die später als die »Dependenz«-Theoretiker bekannt wurden (und hier wieder vor allem jene, die sich dem Studium der lateinamerikanischen Verhältnisse und Geschichte gewidmet hatten), welche, unter Berufung auf Barans Arbeit, »die lange Sicht« in die Zentrum-Peripherie-Konzeption einführten und diese so veränderten, daß sie nicht mehr eine gegebene Bedingung zu einem bestimmten Zeitpunkt meinte, sondern ein »konstantes« Merkmal der historischen Entwicklung des Kapitalismus und insbesondere der kapitalistischen Weltwirtschaft.[5] Der theoretische Angelpunkt in ihren Untersuchungen war (mit A. G. Franks Worten) »die Entwicklung der Unterentwicklung«. In dieser Sicht war »wirtschaftliche Rückständigkeit« keineswegs eine Frage des »Spätstarts«, sondern selbst eine im Zuge und als Ergebnis des Aufstiegs des Kapitalismus geschaffene Bedingung. Die Zentrum-Peripherie-Konzeption diente diesen Autoren also in erster Linie als – wenn auch überaus dynamischer – Rahmen für Analysen von Entwicklungstendenzen und -mustern, Ereignissen und Bedingungen in Ländern der Peripherie.

Im *Weltsystem-Konzept* ist das Verhältnis »Zentrum – Peripherie« selbst zentral, insofern es die eine, allumfassende Arbeitsteilung bezeichnet, welche die *Weltökonomie* in ihren aufeinander folgenden Entwicklungsphasen bestimmt und begrenzt. »Zentrum – Peripherie« und »Peripherie – Zentrum« bilden und entwickeln sich stets und ausschließlich im Verhältnis zueinander, per definitionem. Gewiß erfahren zentrale Prozesse und periphere Prozesse im Verlauf der Entwicklung des Weltsystems eine fortwährende Verlagerung (und zwar systematisch, nicht zufällig); doch ihre Integration bleibt ein Strukturmerkmal der gesamten kapitalistischen Weltwirtschaft. Nun geschah es erst in unserem Jahrhundert, daß diese »Welt« sich über die ganze Erde ausdehnte. Etwa vier Jahrhunderte lang waren große Teile der tatsächlichen Welt gar nicht in die Arbeitsteilung einbezogen, sondern in dieser Hinsicht »extern« – und mithin der Expansion des Systems und ihrer daraus folgenden »Peripherisierung« gleichsam ausgeliefert. Es trifft zwar zu, daß die häufig kommentierte spezielle Integration der Produktion – Produkte des Primärsektors aus der Peripherie, Erzeugnisse des Sekundärsektors aus dem Zentrum – zum Begriff der vom Verhältnis »Zentrum – Peripherie« bestimmten Arbeitsteilung, die eine Teilung zwischen integrierten Produktions*prozessen*, nicht zwischen bestimmten *Produkten* ist, dazugehört, jedoch zufällig und nicht wesentlich. Doch derlei Beobachtungen führen den Begriff lediglich näher aus; sie qualifizieren ihn nicht.

Wie mit jedem Beziehungsbegriff, so verhält es sich auch mit diesem: Die Einheiten, Gruppen oder Schichten, die von der Beziehung geformt werden (wobei fälschlicherweise oft geglaubt wird, die

Beziehung verlaufe zwischen ihren Endpunkten, als ob diese die Beziehung und nicht die Beziehung jene machte), können auch als geordnetes Gliederungsschema für Verteilungen unter oder »über« den Einheiten, Gruppen etc. (hier: Weltregionen, Staaten, Länder, Kolonien etc.) dienen. Demnach kann man von einem Staat sagen, daß er »im« Zentrum oder »in« der Peripherie ist, oder gar, daß er sich aus dem »Status als Zentrum« in den »semiperipheren Status«, oder umgekehrt, »bewegt«. Obschon Sprachfiguren, sind derlei Formulierungen im Grunde unverzichtbar, wenn die Analyse auf dem Stand ist, daß Häufigkeitsverteilungen von Merkmalen unter oder über Ländergruppen synchron oder Sequenzen solcher Verteilungen diachron untersucht werden, wie das bei vergleichenden Untersuchungen von Naturgesellschaften der Fall ist.

2. *Semiperipherie*

Wir wollen diese Beziehungskategorie kurz gesondert behandeln, weil sie – obwohl offensichtlich vom Zentrum-Peripherie-Begriff abgeleitet und folglich in ihrem logischen Status recht gesichert – Bestandteil einer immer noch strittigen These ist, der These nämlich, daß es eine dritte Kategorie gebe, die von Zentrum und Peripherie strukturell verschieden sei. Historiker, die sich mit dem Kolonialismus beschäftigt haben, stellten fest, daß eine Großmacht bei der Gründung und Ausweitung von Kolonien häufig eine lokale Gruppe dazu benutzte, ihr bei der Beherrschung anderer lokaler Völker zu helfen, eine Beziehungsentwicklung, auf die das Etikett »Subimperialismus« paßte.[6] Betrachten wir die Weltwirtschaft als Ganzes, so haben manche Staaten in der Zentrum-Peripherie-Struktur eindeutig eine »Zwischenstellung«, und zwar insofern, als sich innerhalb ihrer Grenzen (in benachbarten, aber oft nicht verwandten Bereichen) sowohl periphere Prozesse im Verhältnis zu zentralen Staaten als auch zentrumsähnliche Prozesse im Verhältnis zu benachbarten peripheren Staaten vollziehen.[7] Die systembedingten Gründe dafür, warum es eine solche dritte Kategorie geben sollte, sind einigermaßen ausführlich erörtert worden. Das Argument ist, daß diese Kategorie (sowohl aus ökonomischen als auch aus politischen Gründen) ein *notwendiger* Bestandteil einer grundsätzlich triadischen weltweiten Arbeitsteilung zwischen, nun, zentralen Staaten, semiperipheren Staaten und peripheren Gebieten ist.[8]

3. *Ungleicher Tausch*

Die Zentrum-Semiperipherie-Peripherie-Konzeption ist für die speziellen Regelungen, mit deren Hilfe die verschiedenen Teilproduktionsprozesse fortwährend in ein einziges Weltgesellschaftssystem oder eine weltweite Sozioökonomie integriert werden, an sich ohne Bedeutung. Die Integration kann bewirkt werden durch koloniale Handelsmonopole (wie z. B. die East India Company); durch interne Geschäfte moderner multinationaler Konzerne; durch einen weltweiten Markt, der über einen oder mehrere Warenaustauschprozesse hergestellt wird; durch bi- oder multilaterale tauschähnliche Verträge zwischen Staaten usw. Was für die Konzeption von zentraler Bedeutung ist, ist die Tatsache des *ungleichen Tausches*, der mit Hilfe ganz bestimmter Mechanismen funktioniert (die offenbar in sehr vielfältigen Regelungen oder Formen wirksam werden können), Mechanismen, welche die grundlegende Arbeitsteilung zwischen Zentrum und Peripherie selbst fortwährend reproduzieren – und dies obwohl es im Lauf der Jahrhunderte tiefgreifende Veränderungen in der jeweiligen Organisation der Produktionsprozesse und ständige Verschiebungen zwischen den Gebieten und Prozessen, die das Zentrum, die Semiperipherie und die Peripherie ausmachen, gegeben hat.

Bei all denen, die sich das Weltsystem-Konzept zu eigen gemacht haben, ist das Wesen dieser Mechanismen des ungleichen Tausches eine Sache erheblicher anhaltender Debatten[9] (wie es alle ihre Formulierungen bei jenen sind, die das Konzept verdammenswert finden).[10] Manche verstehen die imperial-kolonialen politischen Beziehungen, über welche die zentralstaatlichen Agenturen u. a. die Arbeits- und Produktionsprozesse, die Zwischen- und Endmärkte für Importe und die Exportaktivitäten der peripheren Länder steuern, als die Grundlage des ungleichen Tausches, obwohl dieses Verständnis den Mechanismus selbst noch nicht hinreichend verdeutlicht. In Untersuchungen der ECLA, die sich auf eine langfristige Verschlechterung der »terms of trade« für Erzeugnisse des Primärsektors (gegenüber Erzeugnissen des Sekundärsektors) konzentrieren, wird die Auffassung vertreten, der Mechanismus komme in der Verteilung der Gewinne und Vorteile aus technischem Fortschritt (Produktivitätssteigerungen) zum Ausdruck: In Staaten des Zentrums führen diese Vorteile aus verschiedenen Gründen gewöhnlich zu Lohnerhöhungen und nicht zu Preissenkungen, während in peripheren Ländern das Umgekehrte der Fall ist. Anders gesagt, die Bevölkerung des Zentrums profitiert vom technischen Fortschritt in der Peripherie, weil die Preise für die Waren aus peripheren Ländern sinken, während die Bevölkerung der Peripherie infolge des relativen Anstiegs der Realpreise, die sie für Waren aus dem Zentrum bezahlen muß, Nachteile erleidet. Emmanuel kehrt die ECLA-Aussage um und argumentiert so: Zwar wird die Kluft zwischen dem Lohnniveau oder Lebensstandard der Bevölkerung des Zentrums und dem der Bevölkerung der Peripherie tatsächlich rasch breiter, jedoch geschieht dies unabhängig von Vorteilen aus technischem Fortschritt oder deren Verteilung; die Kluft ist also weniger die stets wiederkehrende Wirkung des ungleichen Tausches als vielmehr dessen Hauptursache. Amin wiederum bezieht in seinen Ausführungen über Emmanuels These die Kluft zwischen dem Lohnniveau und Lebensstandard von Zentrum und Peripherie auf die langfristigen Unterschiede in der Organisation des Arbeitsprozesses und, darüber vermittelt, auf die Unterschiede in der Gesellschaftsstruktur der zwei integrierten, aber sich gegensätzlich entwickelnden Arenen des Weltsystems.

4. *Kapitalakkumulation*

Der Akkumulationsprozeß (die Ursache des Reichtums der Nationen) war und ist einer der komplexeren und tendenziösen Gegenstände theoretischer Untersuchungen und historischer Studien in den Sozialwissenschaften. Der Boden ist hier also weniger sicher als an anderer Stelle in diesem Teil des Forschungsvorhabens, und der Gedankengang, der zum Weltsystem-Konzept führt, ist dementsprechend schwerer darzustellen, ja sogar schwieriger anzudeuten. Daher müssen wir hier in der Tat das Konzept selbst dem Gegenstand anpassen, um die Kernpunkte auszumachen und sehr knapp zu umreißen. Strukturell betrachtet, gibt es drei strittige Kernpunkte:

Der erste Punkt betrifft die Frage nach der Einheit des Akkumulationsprozesses im Zentrum. Daß es in Europa einen Wandel vom Feudalismus zum Kapitalismus gab; daß der Kapitalismus sich über ein ständig wachsendes Gebiet der Erde ausgebreitet hat; daß die Weltwirtschaft heute zunehmend interdependent ist – derlei Feststellungen finden weitgehende Zustimmung. Darüber hinaus gibt es jedoch zwei unterschiedliche Thesen: Die eine These – jene, die im Mittelpunkt des Weltsystem-Konzepts steht – besagt, daß Kapitalakkumulation ein einziger, einheitlicher Prozeß ist, auch wenn er sich natürlich in der Form der Konkurrenz einer Vielzahl einzelner »Kapitalien« (um einen alten Ausdruck zu gebrauchen) darstellt. Die andere These geht davon aus, daß es sich bei der kapitalistischen Entwicklung um eine Reihe von zwar aufeinander bezogenen, jedoch im Grunde getrennten »nationalen« Akkumulationsprozessen handelt, daß diese zwar wiederum von vielfältigen Einzelkapitalien bewirkt werden, die jedoch hier primär auf national organisierten und geschlossenen »Inlandsmärkten« konkurrieren und nicht (was der Gegensatz wäre) auf einem ständig sich ausweitenden »Weltmarkt«.

Die wohl wichtigste Einzelarbeit hierzu, *Das Kapital* von Marx, ist ein hinlänglicher Beweis dafür, wie strittig diese Frage ist, denn der Marxsche Text läßt beide Lesarten zu, d. h. einmal die, daß er eine Theorie des Akkumulationsprozesses als Weltsystem-Prozeß beschreibt, wobei die Schlüsselpunkte durch lange, abschweifende Ausführungen über Ereignisse oder Verhältnisse in England illustriert werden, und zum anderen die, daß er den Akkumulationsprozeß als eine Reihe getrennter, historisch aufeinander folgender Einzelprozesse darstellt, die einander zwar im Grunde gleichen und gewissermaßen genetisch im Zusammenhang stehen, jedoch jeweils in einer anderen nationalen Einheit, von denen England die erste war, konzentriert sind. Wir bevorzugen die erste Lesart und, allgemeiner, die erste These von der kapitalistischen Entwicklung in Europa. Aber wir fassen eine Reihe der unter Abschnitt III aufgestellten Orientierungshypothesen so, daß das geplante Forschungsprogramm die Richtung erhält, solche Informationen zu sammeln und zu analysieren, die den Zugang zu bestimmten spezifischeren, hier empirisch beantwortbaren Fragen ermöglichen und zu deren Lösung beitragen sollen.

Der zweite strittige Punkt betrifft die Frage nach der Einheit des Akkumulationsprozesses in Zentrum *und* Peripherie. Hier wird die kapitalistische Entwicklung in Europa – sei es in der Form mehrerer nationaler Kapitalismen oder in der Form eines europaweiten Kapitalismus – vorausgesetzt, und die Frage konzentriert sich darauf, welche Rolle Aktivitäten in Teilen der Welt, die von Europa geographisch relativ weit entfernt sind, für die Entwicklung des Kapitalismus dort spielten. Auch hier sind die Anhänger des Weltsystem-Konzepts der Auffassung, daß der Akkumulationsprozeß ein einheitlicher ist, ein Prozeß, der im gesamten System, in der Peripherie ebenso wie im Zentrum, wirkt, der in der Tat beide Pole gleichermaßen umformt, bestimmte Produktionsaktivitäten verlagert, beide fortwährend verbindet und zugleich fortwährend trennt. Die andere Auffassung, die zumindest bis vor kurzem die gängige war, ist die, daß der kapitalistische Akkumulationsprozeß nur im Rahmen des Verhältnisses Industriekapital:Lohnarbeit vonstatten geht; daß er – ungeachtet der Frage, ob dieses Produktionsverhältnis auch andernorts sporadisch vorkam – als »selbstexpandierendes« System von Produktion und Akkumulation (Kapitalismus) nur in Europa (später Nordamerika und Japan) entstand; daß die Ausplünderung anderer Bereiche der Welt im wesentlichen der vorkapitalistischen »ursprünglichen Akkumulation« in Europa entsprach, die historisch die Grundlage der kapitalistischen Entwicklung war, jedoch nicht deren integraler Bestandteil. Der »Reichtum«, der Europa zufloß (infolge der Bergbaugeschäfte auf dem amerikanischen Kontinent, des Sklavenhandels und der Sklaverei in den Zucker- und Tabak-Anbaugebieten, durch Piraterie, den Westindienhandel usw.), wird zwar nicht in Frage gestellt, aber dieser »Reichtum« wird als vom »Kapital« unterschieden betrachtet, nicht als spezifisch integrales Moment der Entwicklung des kapitalistischen Systems. Hier seien wieder einmal stellvertretend für zahlreiche andere die Schriften eines Autors zitiert, der für viele eine Quelle ist: Webers *Allgemeine Wirtschaftsgeschichte* scheint ziemlich deutlich den zweiten Standpunkt zu reflektieren, während kurze theoretische Abrisse, die sich an etlichen Stellen in *Wirtschaft und Gesellschaft* finden, zweifellos den ersten Standpunkt andeuten.

Der dritte strittige Punkt betrifft die Frage, welche theoretische (nicht empirische) Bedeutung die geopolitische Expansion für den Akkumulationsprozeß hat. In Weltsystem-Kategorien handelt es sich hier um die Umwandlung von ehedem für das System »externen« Gebieten der Erde in periphere (in manchen Fällen: semiperiphere) Gebiete des Systems. Dieses Thema erfordert Überlegungen zum zyklischen Charakter von »Krisen« und zur Ausprägung der die Entwicklung des Kapitalismus markierenden säkularen Trends, Überlegungen, die wir später kurz aufgreifen werden. Die theoretische Frage ist die, ob die kapitalistische Entwicklung in den Gebieten des Zentrums ohne die fortgesetzte Expansion der Peripherien des Systems überhaupt hätte fortschreiten können.

Die meisten Autoren, die sich auf das Weltsystem-Konzept stützen, betrachten die Muster geopolitischer Expansion als theoretisch integralen Bestandteil des Akkumulationsprozesses, wiewohl der größte Teil der notwendigen theoretischen Arbeit noch zu tun bleibt. Die Frage lautet dann, ob die Prozesse der sogenannten »ursprünglichen Akkumulation« lediglich die historische Voraussetzung für kapitalistische Entwicklung oder deren dauerndes Wesensmerkmal (mit welchen Modifikationen ihrer institutionellen Formen auch immer) sind.[11]

B. Staatensystem

Die Auffassung, daß die Nationalstaaten, die sich im Rahmen der kapitalistischen Weltwirtschaft entwickelt haben, Teil eines internationalen Staatensystems sind, ist nicht nur für die Internationalen Beziehungen als akademisches Studienfach von zentraler Bedeutung, sondern auch für das Völkerrecht, wie es in der politischen Arena gepredigt und praktiziert wird.[12] Überdies wird weithin behauptet, daß der »Konkurrenzcharakter des Staatensystems des modernen Europa [...] dieses System vom politischen Leben aller früheren europäischen und nicht-europäischen Zivilisationen der Welt unterscheidet«[13] und daß die einzelnen Staaten in diesem Rahmen »gebildet« werden.[14]

Diese systemimmanente Konkurrenz bzw. Konflikte werden auf drei Ebenen gesehen: zwischen den starken und den schwachen Staaten; unter den relativ starken Staaten um die Vormachtstellung;

zwischen verschiedenen Gruppen innerhalb der Staaten um die Kontrolle des Staatsapparates.

1. Herrschaftsmuster: Imperialismus

Die Realität des Imperialismus ist so alt wie die in Dokumenten überlieferte Geschichte. Der Terminus selbst ist abgeleitet aus dem Sprachgebrauch der alten Römer. Was man als neu-römischen Sprachgebrauch bezeichnen könnte, entstammt der Assoziation des alten »imperium« mit Napoleon III. in der Mitte des 19. Jahrhunderts.[15] Die zeitgenössische Deutung des Begriffs als spezifisches Phänomen der kapitalistischen Weltwirtschaft geht auf Hobson und Lenin zurück.[16] Hobson und Lenin begriffen den Imperialismus als »Stadium« des Kapitalismus, dessen Hauptursache die Notwendigkeit des Kapitalexports und dessen Hauptwirkung die Errichtung der Kolonialherrschaft in peripheren Gebieten seien.

In jüngerer Zeit ist die Annahme, der Imperialismus sei ein Phänomen, das nur eine bestimmte Epoche der kapitalistischen Weltwirtschaft bezeichnet und spezifisch an den Kolonialismus gebunden ist, durch zwei neue Begriffe in Frage gestellt worden, die sich auf verschiedene Epochen beziehen, jedoch gleiche Phänomene beschreiben. Auf der einen Seite sahen sich viele Leute – sowohl Politiker als auch Wissenschaftler –, die die »Entkolonisierung« Asiens und Afrikas nach dem Zweiten Weltkrieg beobachteten, zu der Argumentation veranlaßt, das Ende der direkten Kolonialherrschaft bedeute nicht das Ende des Imperialismus. Sie benutzen den Ausdruck »Neo-Kolonialismus« zur Beschreibung der ungebrochenen Fähigkeit der Staaten des Zentrums, sich politisch in das Wirtschaftsgeschehen peripherer Staaten einzumischen.[17]

Auf der anderen Seite haben Wissenschaftler, die sich mit dem unterschiedlichen Verhältnis von Staaten des Zentrums (insbesondere Großbritannien) zu peripheren Gebieten, vor allem im 19. Jahrhundert vor der »Balgerei um Afrika«, befaßt haben, die Meinung vertreten, daß die Durchsetzung imperialer Interessen am besten *ohne* die Zumutung der direkten Kolonialherrschaft zu bewerkstelligen sei. Sie haben dieses Phänomen mit dem Ausdruck »informelle Herrschaft« (»informal empire«) benannt.[18]

Wenn wir den Begriff »Imperialismus« so gebrauchen, daß er jedwede Anwendung politischer Macht eines stärkeren Staates (gewöhnlich eines Zentralstaates) gegen einen schwächeren Staat (gewöhnlich einen peripheren oder semiperipheren Staat) bezeichnet, die darauf abzielt, die Weltmarktanteile direkt oder indirekt zu ändern, dann können wir behaupten, daß dies eine Konstante des zwischenstaatlichen Systems ist, wie es im Rahmen der kapitalistischen Weltwirtschaft funktioniert. Vor diesem Hintergrund könnten wir dann »informelle Herrschaft« und »Kolonialismus« als zyklische Alternativen im Gewand des Imperialismus betrachten.

2. *Hegemonie/Rivalität*

Nun treten zwischenstaatliche Konflikte nicht nur zwischen Staaten auf, die gemessen an ihrer jeweiligen staatlichen Macht und Stärke in völlig entgegengesetzten Lagern stehen. So war es eine wichtige Feststellung von Diplomaten und Politikwissenschaftlern, daß es im Staatensystem der Welt ein »Gleichgewicht der Macht« (balance of power) gibt. Das »Gleichgewicht der Macht« bezieht sich normalerweise auf das Verhältnis zwischen relativ starken Staaten. Dabei hat sich gezeigt, daß das zwischenstaatliche System zu einem relativen Gleichgewicht (equilibrium) auf Zeit tendiert.

Nun gibt es jedoch – wie häufig beobachtet – zwei verschiedene Möglichkeiten, dieses Gleichgewicht zu erreichen. Die eine besteht darin, zwei Bündnisblöcke (sets of alliances) auf einem Gebiet mehrfach »starker« Staaten zu schaffen, und zwar so, daß keiner der beiden Blöcke erdrückend stärker ist als der andere. Das Ergebnis ist ein Zustand des Waffenstillstands (heute nennen wir das »kalten Krieg«), der von Zeit zu Zeit zusammenbricht und dann zu »Weltkriegen« führt.[19] Der zweite Weg, zum Gleichgewicht zu kommen, führt über die relativ große Überlegenheit einer Macht des Zentrums über andere Zentralmächte, und zwar so, daß keine zweite Macht und kein Zusammenschluß zweiter Mächte imstande erscheinen, die *wirtschaftliche* Überlegenheit der stärksten Zentralmacht effektiv anzutasten. Diese Situation wird mit dem Begriff »Hegemonie« bezeichnet.

Der Unterschied zwischen »Hegemonialmacht« und »imperialistischer Macht« besteht darin, daß erstere primär über den Markt wirkt – wenn auch gewiß nicht ausschließlich, da immer auch politisch-militärische und kulturelle Komponenten vorhanden sind. Eine kapitalistische Weltwirtschaft unterscheidet sich von einem Weltreich insbesondere durch die Abwesenheit eines »Imperiums«.[20] Nichtsdestoweniger wird die Auffassung vertreten, daß temporäre Hegemonie nicht nur möglich, sondern auch schon vorgekommen ist, und zwar im Sinne der gleichzeitigen Überlegenheit einer Zentralmacht über andere Mächte des Zentrums auf dem Gebiet der Produktion, des Handels und der Finanzen.

3. *Bourgeoisie / Proletariat*

Dieses Begriffspaar ist in der sozialwissenschaftlichen Literatur seit der Französischen Revolution von zentraler Bedeutung und braucht hier wohl kaum näher erörtert zu werden.

Im Rahmen des Weltsystem-Konzepts mögen sich zwei Streitfragen stellen. Die eine ist die, inwieweit man annehmen soll, daß dieses Konfliktpaar nur innerhalb von Staaten oder per Bündnis über Staatsgrenzen hinweg operiert. Dies ist die herkömmliche Annahme. In neuerer Zeit haben sich einige Wissenschaftler jedoch bemüht nachzuweisen, daß sich der Konflikt zwischen Bourgeoisie und Proletariat hauptsächlich als *zwischenstaatlicher* Konflikt ausprägt. Infolgedessen sprechen sie von »proletarischen Nationen« und »bürgerlichen Nationen«.[21] Aber es hat sich eine zweite, gewichtige Streitfrage ergeben, nämlich die, inwieweit es legitim ist, die Definition von Bourgeoisie und Proletariat derart an Eigentumsrechte zu binden, daß nur knapp 25 Prozent der Weltbevölkerung der einen oder anderen Kategorie zugerechnet werden könnten. Zu fragen ist, ob der Status des Lohnarbeiters nicht nur eine Form von proletarischem Status unter vielen, in der kapitalistischen Weltwirtschaft koexistierenden Formen ist, die primär, nicht zufällig, in verschiedenen Zonen der Weltwirtschaft liegen. Gleichermaßen ist zu fragen, ob der über Eigentum verfügende Unternehmer nicht nur eine Form von »bourgeois« unter vielen ist, vielleicht nicht einmal die übliche oder wichtigste.

C. Zyklische Rhythmen

Daß der Kapitalismus in zyklischen Rhythmen funktioniert, ist eine der allgemeinen Aussagen der Sozialwissenschaften, die wohl am wenigsten umstritten ist. Die Ökonomie als Lehrfach anerkennt »Konjunkturzyklen« als konventionelles Spezialgebiet.

Kurze Zyklen werden gemeinhin als Hauptmechanismus zur Anpassung der Angebots- und Nachfragevektoren auf dem Markt verstanden, eine Art Pendeleffekt, der zwar prinzipiell unvermeidlich, aber potentiell nach Maßgabe des beschriebenen Bewegungsbogens kontrollierbar ist. Lange bzw. »langwellige« Zyklen, allgemein als Kondratieff-Zyklen bekannt, sind stärker umstritten. Sie wurden erstmals in den zwanziger Jahren formuliert von N. D. Kondratieff[22], fanden breite wissenschaftliche Resonanz in den dreißiger Jahren[23] und blieben dann weitgehend aus der Diskussion ausgeklammert[24] bis zum Ende der sechziger Jahre, als die wirtschaftlichen Schwierigkeiten der Länder des Zentrums (die Zahlungsbilanz-Probleme, die Währungsverhandlungen, die Energie-»Krise«, »Stagflation« und eine deutliche Zunahme der Arbeitslosigkeit) zu einem Wiederaufleben des Interesses an diesen Zyklen von 40 bis 50 Jahren Länge führten.[25] Dennoch bleibt die bloße Realität der Konjunkturzyklen und sicherlich die treibende Kraft ihrer Bewegungen eine diskussionswürdige Sache.

Zur gleichen Zeit, als Kondratieff seine Zyklen formulierte, die im wesentlichen für das 19. Jahrhundert (bis zum Ersten Weltkrieg) gemessen waren, sammelten die europäischen Preis-Historiker Daten über Schwankungen der Preise (und bis zum gewissen Grade der Reallöhne) in verschiedenen Teilen Europas vom Mittelalter bis zum 18. Jahrhundert.[26] In den dreißiger Jahren gab es mehrere Untersuchungen, die gerade den langfristigen zyklischen Charakter der gesammelten Daten vermerkten.[27]

Gewissermaßen unabhängig von der Arbeit der Preis-Historiker formulierte François Simiand eine Theorie von A- und B-Phasen des (welt-)wirtschaftlichen Geschehens.[28] Es war nicht schwer, die Auf- und Abschwünge der Kondratieff-Zyklen als A- und B-Phasen zu bestimmen. (Dies war auch bei kürzeren Phasen möglich, die Ernest Labrousse als »Zwischenzyklen« bezeichnete.[29] Tatsächlich war es Labrousse, der eine systematische Verbindung zwischen Simiands Theorie und der empirischen Forschung der Preis-Historiker herstellte.) Schwieriger war die Frage, ob es noch längere Zyklen gebe, etwa solche von 150 bis 300 Jahren Dauer, wie die damals gängigen Vorstellungen von einer »Preisrevolution« im »langen« 16. Jahrhundert und einer Rezession bzw. »Depression« im 17. Jahrhundert suggerierten.[30]

Wir wollen diesen Begriff der langen Zyklen nehmen – wobei wir mindestens die Kondratieff-Zyklen meinen, eventuell in noch längere A- und B-Phasen eingebaute Kondratieff-Zyklen – und wollen darlegen, daß sie nicht nur die geschichtliche Wirklichkeit beschreiben, sondern einen Hauptparameter des Funktionierens der Weltwirtschaft bilden. Es sind eben diese zyklischen Bewegungen, die nicht nur die Veränderungen (locational shifts) erklären, die in der Struktur der Weltwirtschaft auftreten, sondern die die wesentliche Dynamik liefern, deren Ergebnis die säkularen Trends der gesamten Sozio-Ökonomie sind.

D. Hauptrichtungen: Säkulare Trends

Die Perspektive, die wir hier entwerfen, ist die Perspektive eines Systems sozialen Handelns, das nicht nur gemessen an seiner Reichweite umfassend und einzigartig ist, insofern es innerhalb seiner expandierenden geopolitischen Grenzen eine räumliche »Welt« bildet; es ist auch umfassend und einzigartig im Hinblick auf den Faktor Zeit, insofern es über den Fortgang sich vertiefender Synchronisierung, chronologisch geordneten Wachstums und zyklisch modulierter Rhythmen von Expansion und Kontraktion eine zeitliche »Welt« bildet.

Diese Vorstellung ist nicht leicht zu erfassen. Die meisten von uns verstehen »Zeit« nicht als wesentliche Dimension der Systeme, über die wir Aussagen machen und Untersuchungen anstellen, sondern als unabhängig gegebene Ordnungsdimension, die dazu dient, Beobachtungen zu machen und einzuordnen, welche sich auf die von uns untersuchten Systeme beziehen. Man kann sich das moderne Weltsystem jedoch nicht so denken, als ähnele es einem Rennauto, das »gestartet« und dann über die Strecke, die es fuhr und weiter fahren soll, »getimed« wird. Nach unserem Verständnis funktioniert es nicht so sehr *über* Zeit als *durch* Zeit. Zeit in Form von Trends und Zyklen ist konstitutiv für das Weltsystem als System, ist also nicht nur eine Koordinate der Variationen seiner Merkmale. Es ist nicht so, daß das System eine Geschichte oder eine Reihe von Geschichten »hat«; vielmehr begründet es eine Geschichte bzw. eine Reihe von Geschichten.

Natürlich müssen wir nun trotzdem zeitordnende Begriffe verwenden (Jahre, Jahrzehnte, Jahrhunderte etc.), um die konstitutiven zeitlichen Bewegungen des Systems darstellen und verfolgen zu können. Selbst wenn wir mit alternativen Systemen arbeiteten, würden wir die herkömmlichen Zeitskalen benutzen müssen, um den Sinn unserer neuen, ungewohnten zu vermitteln. Aber wir tun es nicht. Was wir meinen, ist dies: Das Weltsystem, wir wir es begreifen, existiert nicht zuerst und bewegt oder entwickelt sich dann (wie es bei einem Rennauto der Fall ist), sondern seine Entwicklung ist seine Existenz. Es »stagniert« *im* Wachstum, d. h., man darf es sich nicht so vorstellen, daß es zuerst stagniert und dann wächst (wenngleich uns zuweilen Versprecher unterlaufen mögen, so daß es scheint, als sei letzteres der Fall).

Mit einem Wort: Die »Entwicklung«, von der die Vertreter des »entwicklungsorientierten« Konzepts sprechen, hat nur Sinn, wenn man sie als dem Wesen der kapitalistischen Weltwirtschaft *als ganzes System* zugehörig begreift. Die kapitalistische Weltwirtschaft hat eine »natürliche Geschichte« in einer Art, wie sie für keine Staatsstruktur gilt. Sie entstand unter spezifischen historischen Bedingungen[31]; sie offenbart spezifische langfristige, säkulare Trends; sie wird mit größter Wahrscheinlichkeit eines Tages ihren Niedergang erleben. Keinem der Übergänge an den historischen »Endpunkten« der natürlichen Geschichte dieses Weltsystems gilt unser vorrangiges Interesse. Unser Vorhaben ist vielmehr, die strukturell determinierten Trends aufzuzeichnen, von denen man sagen kann, daß sie die »Entwicklung« des Weltsystems (im Unterschied zu seinen *bleibenden* Beziehungsmustern und seinen *zyklischen* Rhythmen) sind.

1. Expansion

Dieser Begriff ist für die historische Entwicklung der kapitalistischen Weltwirtschaft von zentraler Bedeutung; er ist der einzige, den die Akteure von Anfang an bewußt zur Kenntnis genommen haben. Zu der spätmittelalterlichen »Expansion« in neue Landgebiete (sei es die deutsche Besiedlung Osteuropas oder die christliche »reconquista« Spaniens) gesellten sich bald »Exploration« und Expansion »nach Übersee« in der Zeit der ersten Anfänge des modernen Weltsystems.

Natürlich war »Expansion« bereits insofern ein vertrauter soziologischer Begriff, als Weltreiche sie lange Zeit am Rande ihrer Rechtshoheit betrieben hatten. Was an der kapitalistischen Expansion anders war, war nicht der Fernhandel mit »externen Gebieten«, etwas, das in der ganzen Geschichte die Form allen Austausches von Stapelgütern gewesen war, der mehr war als »lokaler« Austausch. Der Unterschied war, daß Weltreiche ihre »Ränder« durch die Eintreibung von Tribut an das Zentrum gebunden hatten, ansonsten aber die Produktionssysteme, über die sie Oberhoheit besaßen, relativ unberührt ließen, während die kapitalistische Weltwirtschaft solche Gebiete wirtschaftlich »peripherisierte«, indem sie sie in ihre Arbeitsteilung eingliederte.

Die Ursprünge der kapitalistischen Weltwirtschaft lagen in Europa (von Anfang an eingeschlossen waren Teile des amerikanischen Kontinents). Sporadisch, jedoch in einem systematischen Rhythmus expandierte die Weltwirtschaft geographisch und erfaßte ständig neue Regionen an ihren »Rändern«, bis sie Anfang des 20. Jahrhunderts die Grenzen der bestehenden Möglichkeiten erreicht hatte: Sie erstreckte sich über die ganze Erde. Zweifellos gibt es herausragende »Momente« solcher äußeren Expansion (1450-1520, 1620-1660, 1750-1815, 1880-1900), doch war der Prozeß in vielerlei Hinsicht kontinuierlich. Die Expansionen stehen eindeutig im Zusammenhang mit den bereits erörterten Prozessen im Staatensystem.

Gleichzeitig finden sich in der agrarhistorischen Literatur Hinweise auf ein durchgängiges Muster von »innerer« Expansion in dem Sinne, daß nicht sämtliche Gebiete, die innerhalb der äußeren Grenzen der Weltwirtschaft lagen, auch notwendigerweise von Anfang an in die Sozioökonomie einbezogen waren. Es gab »Subsistenz-Redouten«. Zweifellos war die Eingliederung von Gebieten, die an den äußeren Rändern des Systems lagen, und Gebieten, die Redouten im Innern darstellten, *als Prozeß* ökonomisch im Grunde dasselbe Phänomen, selbst wenn sie juristisch anders definiert wurde und politisch vielleicht andere Voraussetzungen hatte. Während die »äußere« Expansion unzweifelhaft ihre Grenzen erreicht hat, kann es durchaus sein, daß die »innere« Expansion noch nicht völlig abgeschlossen ist.

2. *Herausbildung der Warenwirtschaft* (»commodification«)

Die Verwandlung von Boden, Arbeit und natürlichen Ressourcen aus Phänomenen, die nach Maßgabe begrenzt flexibler gesellschaftlicher Konventionen genutzt und verteilt wurden, in die Form von Waren, die zum »Kauf« auf einem »Markt« verfügbar sind, gilt in der sozialwissenschaftlichen Literatur als das bestimmende Kennzeichen des Kapitalismus. Sie ist auch der Kern des Anathemas der Gesellschaftskritiker, seien sie radikal (wie Marx, der den »Fetischcharakter der Ware« kritisierte) oder konservativ (wie Carlyle, der den »cash nexus« brandmarkte).

Die zwei wichtigsten Phänomene, die in »Warenform« verwandelt worden sind, sind *Boden* und *Arbeit.* Preismechanismen zum Ausbalancieren von Angebot und Nachfrage haben andere soziale Übereinkünfte, diese sogenannten »Produktionsfaktoren« zusammenzubringen und die Ergebnisse der Produktion zu verteilen, zunehmend verdrängt. Eben diese Tatsache bzw. dieser Prozeß war in hohem Maße der konzeptuelle Schwerpunkt der klassischen politischen Ökonomie. Darüber hinaus hat der anhaltende Prozeß der »Entwicklung« der Weltwirtschaft gezeigt, daß Boden und Arbeit nicht die einzigen Faktoren waren, die zur Ware gemacht wurden: Die »Verwandlung« traf sicherlich auch die Ressourcen der Erde, aber außerdem solche weniger greifbaren Phänomene wie Risiko, Zeit, Naturschönheit. Die Konsequenzen dieser Prozesse für unsere Psychologie, unsere Kultur und unsere Kosmologie sind Gegenstand einer anderen, umfassenden sozialwissenschaftlichen Literatur geworden, in deren Mittelpunkt der Begriff der »Entfremdung« steht.

Doch vom Standpunkt der materiellen Prozesse blieben die zwei entscheidenden Verwandlungsvorgänge die »Kommerzialisierung« des Bodens und die »Proletarisierung« der Arbeit. Das Weltsystem-Konzept baut hier wiederum auf vertrauten Begriffen auf, setzt jedoch den Akzent darauf, daß es *der weltweite Prozeß* der Verwandlung in Warenform ist, der als Wesen des Kapitalismus angesehen werden muß. Weder veräußerlicher Boden noch Lohnarbeit definieren die kapitalistische Weltwirtschaft; ihr Definitionsmerkmal ist vielmehr der strukturelle Zwang, mehr Boden zu veräußern und mehr Arbeit zu proletarisieren. Dies bedeutet notwendigerweise, daß die *Kombination* von allodialen und nicht-allodialen Formen des Bodenbesitzes, von »freien« und »zwangsverpflichteten« (oder »unfreien«) direkten Produzenten für das Funktionieren des Systems an allen Punkten seiner historischen Existenz von zentraler Bedeutung war und ist.*

* Der Begriff *Allod* bezieht sich auf einen im mittelalterlichen Recht lehensfreien, dem Lehensträger persönlich gehörenden Grund und Boden. *(Anm. d. Übers.)*

Es bedarf der Feststellung, daß dies ein Prozeß ist, der sich seiner Asymptote nähert und eben deshalb die Beziehungen untergräbt, die es dem System ermöglichen zu funktionieren. Das ist auch gar nicht anders zu erwarten, wenn man die kapitalistische Weltwirtschaft als ein System begreift, das eine natürliche Geschichte hat.

3. Mechanisierung

Die zwei nicht-politischen »Revolutionen«, die am häufigsten zur Charakterisierung der modernen Welt herangezogen werden, sind die »industrielle Revolution« und die »wissenschaftlich-technische Revolution«. Als Arnold Toynbee im 19. Jahrhundert den Ausdruck »industrielle Revolution« prägte, behauptete er implizit, daß es etwas Wichtigeres oder Wesentlicheres gebe als ein politisches Phänomen wie die Französische Revolution und daß dieses Etwas das Wachstum von großen verarbeitenden Industrien mit einem hohen Anteil von fixem Kapital sei. Daraus folgte die erhebliche Steigerung der menschlichen Arbeitsleistung dergestalt, daß der »Output« pro gegebenem »Input« vervielfacht wurde. Der Stellenwert der »wissenschaftlich-technischen Revolution« bestand darin, die Möglichkeit der »industriellen Revolution« zu erklären.

Auch hier akzeptiert unsere Weltsystem-Perspektive wiederum das Grundkonzept, bemüht sich jedoch darum, von dessen »nationalem« Schwerpunkt und dichotomischen Vorstellungen: industrielle versus nicht-industrielle (bzw. landwirtschaftliche) Tätigkeit, wegzukommen. Statt dessen vertreten wir die Auffassung, daß es ein *weltweites Kontinuum* der Mechanisierung *aller* Produktionsprozesse (einschließlich der landwirtschaftlichen) gibt. Es ist nicht im mindesten zu bezweifeln, daß es zum Zeitpunkt der sogenannten »industriellen Revolution« Ende des 18. Jahrhunderts eine deutliche technologische oder soziale Zäsur gab. In den letzten Jahren ist eine Fülle von Arbeiten erschienen, in denen von »früheren« industriellen Revolutionen die Rede ist.[32] Wir sprechen auch von »späteren«. Es ist durchaus möglich, daß der gesamte Prozeß durch alle geschichtlichen Phasen der kapitalistischen Weltwirtschaft als ganze hindurch ein Prozeß stetiger Steigerungen ist.

Zwei Fragen sind entscheidend: 1. die Frage, wie sich der wachsende Anteil des fixen gegenüber dem variablen Kapital auf das Verhältnis zwischen Kapital und Arbeit auswirkt; 2. die Frage, inwiefern die fortwährende weitere Mechanisierung der Produktionsprozesse gebunden ist an die fortwährende Neubestimmung der »zentrumstypischen« Produktionsaktivitäten und die fortwährende Verlagerung der zentralen, semiperipheren und peripheren Gebiete.

III. Einige Hypothesen über das moderne Weltsystem als System

In den letzten Jahren ist – wenigstens in einer vorläufigen Form – ein allgemeines Paradigma für Weltsystem-Untersuchungen erarbeitet worden; die Entwicklung einiger der wichtigsten Begriffswerkzeuge ist in Angriff genommen, das Paradigma ist bereits auf konkrete historische Fälle als Interpretationsschema angewandt worden. Was nun vonnöten ist, um weitere Arbeit an diesem Paradigma zu leisten, ist die Klärung einer Reihe von Arbeitshypothesen über die Wirkungsweisen des modernen Weltsystems *als System* und die anschließende Überprüfung der Plausibilität dieser Hypothesen anhand empirischer Daten.

Die letztere Aufgabe klingt selbstverständlicher, als sie ist, denn es ist nicht gewiß, ob die einschlägigen Daten überhaupt oder in ausreichendem Maße verfügbar sind. Das liegt daran, daß die meisten Daten historisch über Staatsstrukturen gesammelt worden sind und von Wissenschaftlern, die davon ausgingen, daß der Staat die logische Einheit sei, auf die »lokale« Erkenntnisse zu extrapolieren wären. Daher sind viele der Phänomene, die wir untersuchen möchten, in den vorhandenen Datensammlungen nicht erfaßt. Daraus folgt, daß wir für viele unserer Hypothesen die geeigneten Meßinstrumente erst finden und die Datenbasis erst schaffen müssen.

Ziel unseres Forschungsprogramms ist, ein Weltsystem-Paradigma zu begründen, es zu übersetzen in eine Reihe klarer Hypothesen, welche Erwartungen hinsichtlich des historischen Kurses der kapitalistischen Weltwirtschaft, ihrer großen Kontinuitäten und Wandlungen über Zeit darstellen, und diese Hypothesen zu überprüfen mit Hilfe von Maßstäben, die wir selbst erarbeiten müssen, und unter Anwendung von Daten, die wir einerseits sammeln, andererseits erst entdecken müssen.

Innerhalb des Weltsystem-Konzepts zur kapitalistischen Weltwirtschaft werden wir unsere Hypothesen auf drei permanente Antinomien des Systems beziehen:

A. Wirtschaft – Politik: Die Wirtschaft ist primär eine »Weltstruktur«, aber politisches Geschehen vollzieht sich primär im Rahmen und aufgrund von Staatsstrukturen, deren Grenzen enger sind als die der Wirtschaft.

B. Angebot – Nachfrage: Das Weltangebot ist primär eine Funktion marktorientierter »individueller« Produktionsentscheidungen; die Weltnachfrage ist primär eine Funktion »gesellschaftlich« determinierter Einkommensverteilung.

C. Kapital – Arbeit: Kapital wird durch Aneignung des von Arbeit produzierten Surplus akkumuliert, aber je mehr Kapital akkumuliert wird, desto kleiner wird die Rolle der Arbeit in der Produktion.

A. Wirtschaft – Politik

Die Struktur der kapitalistischen Weltwirtschaft (*eine* Wirtschaft, aber viele Staaten) bedingt, daß es nicht eine, sondern zwei Konfliktbeziehungen gibt: 1. die Beziehung der wirtschaftlichen *Regionen* des Zentrums zu den peripheren Wirtschaftsregionen; 2. die Beziehung der herrschenden *Staaten* zu den beherrschten Staaten. Diese beiden Subantinomien sind aufeinander bezogen und korrelieren tendenziell miteinander, aber sie sind nicht identisch, und es wäre gut, sie einzeln und nacheinander zu analysieren. Natürlich ist dieser Vorschlag im Grunde nicht neu. Traditionellerweise werden die zwei Subantinomien als zwei getrennte Spezialgebiete betrachtet: Die erste ist das Spezialgebiet von Wirtschaftswissenschaftlern, die sich mit dem internationalen Handel befassen; die zweite ist das Gebiet von Politikwissenschaftlern, die sich mit internationalen Beziehungen befassen (oder Historikern, die sich für die Geschichte der Diplomatie interessieren). Wir bestehen jedoch darauf, daß es eine enge *theoretische* (also nicht nur pragmatische) Verbindung zwischen diesen beiden Subantinomien gibt.

Wenn man von einer Arbeitsteilung innerhalb des Weltsystems spricht, so bedeutet das, daß die verschiedenen geographischen Gebiete, aus denen sich das System zusammensetzt, auf spezifische Produktionsaufgaben spezialisiert sind. Zwar wandelt sich der Charakter der spezifischen Aufgaben über Zeit, doch gilt für alle Zeiten, daß diese Aufgaben nicht denselben wirtschaftlichen Gewinn einbringen. In der Weltwirtschaft geht »Komplementarität« mit Ungleichheit einher. Das Weltsystem kann also begriffen werden als eine gemäß der Verteilung der Produktionsaufgaben differenzierte Einheit, die man sich in eingeschränkter Analogie als ein System der »Schichtung« denken könnte.

Der Charakter der Produktionsspezialisierung hat sich im Laufe der Geschichte gewandelt. Aber welche Erzeugnisse auch immer produziert wurden, das Zentrum hat sich stets auf Wirtschaftstätigkeiten mit vergleichsweise hohem Mechanisierungsgrad, hohen Gewinnspannen, hohen Löhnen und hochqualifizierten Arbeitskräften spezialisiert (ursprünglich praktisch sämtliche Verarbeitungsindustrien), während der Peripherie nur das Gegenteil blieb (ursprünglich hauptsächlich Landwirtschaft und Bergbau). Die Semiperipherie weist dagegen eine Mischung aus zentralen und peripheren Wirtschaftsaktivitäten auf: Sie betreibt Außenhandel in zwei verschiedenen Richtungen.

1. Unsere Grundannahme in der Analyse der Zentrum-Peripherie-Beziehungen lautet, daß der Begriff des *internationalen* Handels eigentlich irreführend ist. Wir gehen aus von der Unterscheidung zwischen rein »lokalen« Märkten (Märkte, die mit langsamen Transportmitteln in maximal 24 Stunden zu erreichen sind) und *allen* größeren Märkten, unabhängig davon, ob bei der größeren Transaktion politische Grenzen überschritten werden oder nicht. Sodann folgern wir, daß alle »größeren« Transaktionen Bestandteil sind von und eingeschränkt sind durch etwas, das man als »Weltmarkt« bezeichnen kann.

Die herkömmliche Literatur kennt natürlich den Unterschied zwischen lokalen und größeren Märkten. Doch die meisten Autoren nehmen eine Unterteilung der »größeren« Märkte vor – zuallermindest in nationale Märkte einerseits und den internationalen Markt andererseits. (Manche fügen »regionale« Märkte hinzu, wobei die »Region« manchmal kleiner ist als der Staat, wenn der Staat groß ist, und manchmal mehrere Staaten umfaßt.) Auf einem bestimmten Stand der Analyse mag dies zweifellos eine sinnvolle Taxonomie sein. Was wir ablehnen, ist die implizierte Abfolge der Entwicklung: *erst* nationale Märkte, *dann* erweiterter Außenhandel, der auf einen internationalen Markt ausgerichtet ist.

Wir gehen statt dessen von einer radikal anderen Annahme aus. Lassen Sie uns etwas vorstellen, was wir – in Ermangelung eines besseren herkömmlichen Ausdrucks – »Warenketten« nennen. Gemeint ist damit folgendes: Man nehme einen fertigen Konsumartikel und verfolge die Reihe der in diesen Artikel eingegangenen Inputs zurück – die vorherigen Verarbeitungsgänge, die Rohstoffe, die Transportmechanismen, die Arbeit, die in jeden einzelnen Arbeitsvorgang, und die Nahrung, die in die Arbeiter »eingegangen« ist. Diese vermaschten Prozesse nennen wir eine Warenkette. Wäre der fertige Konsumartikel beispielsweise ein Kleidungsstück, dann gehörten zu der Kette die Verarbeitung des Stoffs, das Garn etc., der Anbau der Baumwolle sowie die Reproduktion der an diesen produktiven Tätigkeiten beteiligten Arbeitskräfte.

Wir könnten diese Ketten auf verschiedene Weisen quantifizieren. Wir könnten ihre Zahl ausrechnen, vielleicht jeden einzelnen fertigen Konsumartikel als eine Einheit zählen. Wir könnten ihr physikalisches Volumen messen. Wir könnten ihren Gesamtwert berechnen (auf eine der vielen Arten, Wert zu berechnen). Wir könnten ihr Bedeutungsgewicht (weight of »criticality«) für das Funktionieren der Weltwirtschaft bewerten. Wir könnten auch verschiedene Messungen miteinander kombinieren. Für den Augenblick wollen wir jedoch dieses Messungsproblem, das freilich mehr ein konzeptuelles denn ein technisches ist, beiseite lassen.

Wir stellen fest, daß es solche Warenketten in der Geschichte der kapitalistischen Weltwirtschaft gegeben hat. Die »traditionelle« Annahme ist die, daß solche Warenketten sich zunächst innerhalb der Grenzen von Staaten entwickelten und später über die Staatsgrenzen hinauszuwachsen begannen. Manche sehen darin sogar einen linearen Trend, die sogenannte stetige »Internationalisierung« des Kapitals. Unsere Hauptthese besagt das Gegenteil. Wie immer man die Warenketten auch mißt, wir behaupten:

1.1. Es gibt ebensoviele (wenn nicht mehr) Warenketten, die über Staatsgrenzen hinausreichen, wie solche, die innerhalb bestehender Staatsgrenzen bleiben.

1.2. Wahrscheinlich gibt es in dieser Hinsicht keinen signifikanten Unterschied zwischen 1500 und 1975 (d. h., es gibt *keinen* linearen Trend zur »Internationalisierung«, da die Situation von Anfang an in hohem Maße »internationalisiert« war).

1.3. Es gibt Ausnahmen von 1.1. für bestimmte *Zeiten und Orte* (d. h., es gibt eine relative Konzentration von Warenketten innerhalb staatlicher Grenzen bzw. »merkantilistischen Rückzug«), aber solche Ausnahmen sind:

1.3.1. temporär und niemals für *sämtliche* Gebiete der Weltwirtschaft gleichzeitig kennzeichnend;

1.3.2. verbunden mit bestimmten Staatsarten (schwachen »Zentralstaaten« oder »semiperipheren« Staaten);

1.3.3. verbunden mit bestimmten Zeiten in den Zyklusmustern (die Zeiten, in denen die Abwesenheit politischer »Hegemonie« mit der Anwesenheit ökonomischer »Kontraktion« zusammenfällt).

2. Staaten weisen innerhalb ihrer Grenzen häufig mehr als eine Art von Wirtschaftszone auf. Dennoch können wir Staaten primär als zentral, semiperipher oder peripher charakterisieren, und zwar insofern, als die politischen Strukturen des Staates tendenziell von den Bedürfnissen der beherrschenden Zonen bestimmt werden.

Welche Arten von Wirtschaftstätigkeiten innerhalb bestehender Staaten die beherrschenden sind, wechselt im Laufe der Zeit – manchmal aufgrund von Veränderungen der politischen Grenzen, häufiger jedoch aufgrund bewußten staatlichen (und staatlich gestützten privaten) Handelns an bestimmten Wendepunkten in den Zyklusmustern der Weltwirtschaft. In diesem Sinne und entsprechend kann man sagen, daß Staaten »Mobilität« besitzen, und zwar sowohl aufwärts- als auch abwärtsgerichtete Mobilität. Aufwärtsgerichtete Mobilität wird häufig mit dem Begriff »Entwicklung« belegt, aber in einer Weltsystem-Perspektive kann sich dieser Begriff sinnvollerweise nur auf das System als ganzes beziehen, nicht auf bestimmte Staaten.

Daher ist eine der zentralen Fragen die, wie sich die Gesamtentwicklung des Weltsystems (gemessen beispielsweise in Form von Berechnungen des Volumens oder Werts der Produktionsanlagen oder der erzeugten Güter, anhand des Mechanisierungsgrades etc.) zum Gleichgewicht zwischen verschiedenen ökonomischen »Schichten« des Systems und deren relativem »Wohl« verhält.

2.1. Nachdem wir also Staaten oder »Regionen« als zentral, semiperipher oder peripher klassifiziert und ihre *Verteilung* über Zeit gemessen haben – wie groß die gemessene Menge auch immer sei –, behaupten wir, daß die relative Bedeutung jeder einzelnen Schicht durch die ganze Geschichte der kapitalistischen Weltwirtschaft hindurch (sagen wir von 1500 bis 1975) mehr oder weniger konstant bleibt, da das System als ganzes Zwänge im Sinne der Aufrechterhaltung einer bestimmten Mischung von zentralen, semiperipheren und peripheren Aktivitäten erzeugt.

Staatsapparate beeinflussen die Verteilung der wirtschaftlichen Aufgaben, indem sie in den natürlichen Gang des Weltmarktmechanismus »eingreifen« – um Monopole zu schaffen oder abzuschaffen, Produktionsaktivitäten zu subventionieren oder zu verteuern, die erzeugten Güter zu vernichten oder durch Zölle zu schützen. Daraus folgt, daß die Stärke der Staatsapparate (verstanden als deren Fähigkeit, ihre Politik gegen Widerstand im Innern und Opposition von außen durchzusetzen) eine entscheidende Variable im Prozeß des zyklischen Funktionswandels in der Weltwirtschaft ist. (Unter Stärke des Staatsapparates verstehen wir *nicht* die Willkürlichkeit der Macht der Führung und ebensowenig das Ausmaß der Bürokratisierung; wir meinen damit die Wirksamkeit von Entscheidungen, wie immer diese zustande gekommen sein mögen.)

2.2. Die Stärke des Staatsapparates wechselt mehr oder minder direkt mit dem Grad der »Zentralität« (»coreness«) des jeweiligen Staates.

Wenn neue Staaten oder Regionen in die kapitalistische Weltwirtschaft eingegliedert werden, weil letztere »expandiert«, dann wird ihnen normalerweise zunächst die periphere Rolle zugewiesen (allenfalls – und dies nur ausnahmsweise – die semiperiphere). Ökonomisch nennt man diesen Vorgang »Peripherisierung«. Daraus folgt als Unterthese:

2.2.1. Die Eingliederung neuer Gebiete in die Weltwirtschaft als »Staaten« oder »Kolonien« von Gebieten, die zuvor politische Einheiten waren, bedeutet normalerweise eine Schwächung ihrer politischen Maschinerie.

Variationen lassen sich auch *innerhalb* des Zentrums des Weltsystems beobachten. Es gibt zwei Hauptmuster: Entweder ein Staat des Zentrums ist im Verhältnis zu anderen Zentralstaaten hinsichtlich der

Leistungsfähigkeit in allen drei Hauptwirtschaftsbereichen (Produktion, Handel, Finanzen) dominant, oder keiner dominiert eindeutig. Wir beschreiben den ersteren Fall als Hegemonie, den zweiten als Rivalität. Überlegenheit im Produktionsbereich heißt, daß die für eine gegebene Periode »modernste« Industrieproduktion überwiegend in dem fraglichen Staat angesiedelt ist und daß dieser Staat in der Lage ist, solche Produktion unter Konkurrenzbedingungen in andere Staaten des *Zentrums* ebenso zu exportieren wie in die Peripherie und die Semiperipherie. Überlegenheit auf dem Gebiet des Handels heißt, daß der Wert des Außen- und Frachtguthandels eines Zentralstaates verglichen mit dem anderer Staaten des *Zentrums* der höchste ist und daß die Dienstleistungen dieses Staates von anderen Staaten des *Zentrums* in Anspruch genommen werden. Überlegenheit auf dem Gebiet der Finanzen heißt, daß der Wert des Kapitals, das über Staatsgrenzen hinweg gespart, verliehen oder exportiert wird, in einem Zentralstaat verglichen mit den anderen der höchste ist und daß dieser Staat Bankgeschäfte für andere Staaten des *Zentrums* tätigt.

Da relative Leistungsfähigkeit ein brüchiger Vorteil ist, ergibt sich, daß andere Zentralstaaten ständig mit dem Hegemonialstaat »gleichziehen« und ihn übertreffen. Es gibt zwei Hauptgründe für die Unsicherheit der Hegemonie. Erstens verbessern oder diversifizieren andere Zentral- und sogar semiperiphere Staaten ihren Produktionsapparat in einer Weise, daß sie – mindestens in manchen Bereichen – ebenso effizient produzieren wie die Hegemonialmacht, wobei sie den Vorteil des »Spätergekommenen« haben und die neuesten Maschinen erwerben können. Der zweite Grund ist der, daß die Leistungsfähigkeit der Hegemonialmacht selbst sinkt. Ihre Produktionskosten sind besonders anfällig für die Lohnforderungen einer Arbeiterschaft, die nicht nur langfristig besser organisiert ist, sondern deren Forderungen im Interesse des für die Ausnutzung des hegemonialen Vorteils entscheidenden »Arbeitsfriedens« tendenziell auch eher erfüllt werden.

Solche Zeiten der Hegemonie sind in der Geschichte ziemlich rar. Tatsächlich lassen sich nur drei eindeutige Beispiele feststellen: die Vereinigten Provinzen 1625-1650/72; Großbritannien 1815-1850/73; die Vereinigten Staaten 1945-1967 (?). Da eine derartige Konzentration staatlicher Macht in der Realität der kapitalistischen Weltwirtschaft so außergewöhnlich ist, müssen wir überprüfen, ob bedeutende ökonomische oder politische Veränderungen mit diesen »Zeiten der Hegemonie« verbunden sind.

Um zu erklären, warum sie historisch so selten sind, müssen wir zunächst die Gründe für den Aufstieg einer Macht des Zentrums zur Hegemonialmacht angeben. Das entscheidende Moment ist offenbar, im Anschluß an eine Periode des Niedergangs ehedem führender

Produzenten den kompetitiven agro-industriellen Produktionsvorteil auf dem Welt*markt* zu erlangen.

2.3. Wir behaupten, daß der Produktionsvorteil den Handelsvorteil und dieser wiederum den Finanzvorteil bedingt, und zwar jeweils mit zeitlicher Verzögerung; daß der Verlust des Vorteils in derselben Reihenfolge eintritt, und daß die Überlappungszeit folglich kurz ist.

Eine Frage, die sich offensichtlich aufdrängt, ist die, wo in diesem Schema der militärische Vorteil auftritt. Daher hier eine Unterthese:

2.3.1. Wir behaupten, daß der militärische Vorteil etwa zur gleichen Zeit auftritt wie der Handelsvorteil, also später als der Produktionsvorteil, aber früher als der Finanzvorteil, und daß er dazu dient, die Hegemonie abzusichern (»lock in«).

Da Hegemonie die Überlegenheit in bezug auf jedweden Aspekt des *Marktes* bedeutet, besteht die Hauptfunktion des Staatsapparates der *Hegemonial*macht nicht darin, (künstliche) »marktfremde« Vorteile zu schaffen, sondern die Marktmechanismen offen zu halten. Daraus folgt:

2.4. Im eigenen Land praktiziert die Hegemonialmacht relativen Liberalismus in der Politik, Siegesbewußtsein (»triumphalism«) in der Kultur und predigt (mehr denn praktiziert) Handelsfreiheit in der Wirtschaft; überall außerhalb des eigenen Landes benutzt die Hegemonialmacht ihren Einfluß (und wo nötig ihre militärische Stärke) dazu, die Barrieren abzubauen, welche die Ströme des Weltmarktes hemmen.

Da die Hauptbarrieren, die andere Staaten des Zentrums (und der Semiperipherie) gegen die Hegemonialmacht aufrichten können, sich aus deren politischer Herrschaft über periphere Gebiete ableiten, folgt als Unterthese:

2.4.1. Die Hegemonialmacht befürwortet »Entkolonisierung«, wenn sie auf dem Weg zur Hegemonie ist; sie praktiziert »informelle Herrschaft«, wenn sie im Besitz der Hegemonie ist; der Verlust der Hegemonie führt tendenziell zu einer neuen Kolonisierungswelle.

Wenn wir uns nun den anderen Mächten des Zentrums und den semiperipheren Mächten zuwenden, so unterstellen wir, daß sie alle ein dauerndes Interesse daran haben, die Vorteile der Hegemonialmacht zu schmälern, wo sie irgend können. Dieses Interesse wird insbesondere durch eine Situation weltwirtschaftlicher Kontraktion verstärkt, welche die Umverteilung der Produktionsaufgaben dringender macht. Wir behaupten:

2.5. Wann immer eine Periode des Niedergangs einer Hegemonialmacht einsetzt und insbesondere wenn diese mit einer weltwirtschaftlichen Abwärtsbewegung gepaart ist, versuchen andere relativ starke Staaten, merkantilistische Barrieren aufzubauen – um sich selbst herum (und wenn möglich einen »Hoheitsbereich«).

Umgekehrt folgt als Unterthese:

2.5.1. Je schwächer die Wirtschaft der Kolonialmacht in Zeiten der Hegemonie ist, desto mehr hat sie bei einer Entkolonisierung zu verlieren und desto stärker widersetzt sie sich derselben.

2.5.2. Je stärker die Wirtschaft einer peripheren politischen Einheit ist, desto rascher wird sie in der Lage sein, die »Entkolonisierung« zu erlangen.

Die Kombination dieser beiden Tendenzen ermöglicht uns, alternative Muster des Welthandels zu beschreiben:

2.6.1. Obwohl in Hegemonialzeiten mehr Handel unter den Ländern des Zentrums stattfindet als in Zeiten von Konkurrenz, wenn die Zollbarrieren am höchsten sind, ist der Handel selbst dann nicht vollkommen »frei«. Vielmehr herrscht eine gewisse Arbeitsteilung in der Herstellung von »zentralen« Produkten, um die Position jedes einzelnen Zentralstaates als Produzent »zentraler« Güter zu schützen. (Konkret wird schließlich wohl jeder einzelne Zentralstaat nur so viele »zentrale« Güter importieren, wie er exportiert.) In Krisenzeiten verschwindet diese Regelung tendenziell, indem jeder Zentralstaat seine »zentrumstypische« Produktion diversifiziert, und der Handel zwischen den Staaten des Zentrums geht zurück.

2.6.2. In Zeiten weltwirtschaftlicher Stagnation importieren die semiperipheren Staaten weniger Industrieprodukte aus den Staaten des Zentrums, und die Steigerung ihrer Fähigkeit, Industriegüter innerhalb der eigenen Staatsgrenzen zu produzieren, wird gefördert; das Umgekehrte gilt für Zeiten weltwirtschaftlicher Expansion.

2.6.3. In Zeiten der Hegemonie zeigt die Peripherie insgesamt die Tendenz, ihre Handelsbeziehungen umzuorientieren: weg von anderen Staaten des Zentrums, hin zur Hegemonialmacht; in Zeiten der wiederkehrenden Konkurrenz unter den Staaten des Zentrums tendieren die einzelnen Staaten der Peripherie dazu, in eine bestimmte Einflußzone oder ein »Zollgebiet« einbezogen zu werden.

B. Angebot – Nachfrage

Wenn es so ist, daß es im fortschreitenden Leben der kapitalistischen Weltwirtschaft sowohl zyklische Rhythmen als auch säkulare Trends gibt, dann rückt die empirische Frage in den Mittelpunkt, inwiefern diese beiden Formen von »Bewegungen« miteinander korrelieren, miteinander verknüpft sind, aufeinander zurückwirken.

Die eine Form von Bewegungen (zyklische Rhythmen) sagt etwas aus über ein fortschreitendes »System«, das *alternierende Muster* hat, *die sich wiederholen.* Die andere Form von Bewegungen (säkulare Trends) sagt etwas aus über ein System, das entsteht, auf bestimmten

Bahnen fortschreitet und schließlich verschwinden wird; mit anderen Worten: ein System, das *Trends* hat, *die die Struktur verändern.* (Nebenbei sei erwähnt, daß der Hintergrund bestimmter heißer Debatten in der Sozialwissenschaft nicht selten entgegengesetzte Auffassungen darüber sind, ob ein Phänomen oder Prozeß am besten in der Sprache der zyklischen Rhythmen oder in der der säkularen Trends beschrieben werden könnte.)

Wenn es so ist, daß es sowohl sich wiederholende zyklische Rhythmen als auch strukturverändernde säkulare Trends gibt, dann folgt daraus, daß die Art und Weise ihrer Verknüpfung eine Spannung zwischen Wiederholung und Wandel ausdrückt. Daher die Behauptung:

1. Der Prozeß struktureller Veränderung ist verknüpft und synchronisiert mit immer klareren Mustern des zyklischen Rhythmus im fortschreitenden Leben der kapitalistischen Weltwirtschaft.

Insbesondere bedeutet dies:

1.1. Welche zyklischen Muster auch immer zu beobachten sind, die Länge des Pendels (die Summe zweier Phasen) ist über Zeit reduziert worden (was heißen kann, daß die Kondratieff-Zyklen des 19. Jahrhunderts im Grunde neue Versionen früherer A- und B-Phasen sind, die länger waren).

n Rhythmus im fortschreitenden Leben der kapitalistischen Weltwirtschaft.

Insbesondere bedeutet dies:

1.1. Welche zyklischen Muster auch immer zu beobachten sind, die Länge des Pendels (die Summe zweier Phasen) ist über Zeit reduziert worden (was heißen kann, daß die Kondratieff-Zyklen des 19. Jahrhunderts im Grunde neue Versionen früherer A- und B-Phasen sind, die länger waren).

Die »Integration« der kapitalistischen Weltwirtschaft nimmt über Zeit zu, und zwar in dem einfachen Sinne, daß die Marktmechanismen mit der Zeit stärker koordiniert werden, was das Ergebnis sowohl sozialen Wandels als auch technologischen Fortschritts ist. Daraus folgt:

1.2. Das »timing« der zyklischen Rhythmen erweist sich *zunehmend* als zwischen zentralen, semiperipheren und peripheren Gebieten der Weltwirtschaft synchronisiert.

Doch wenn die zyklischen Rhythmen grundsätzlich Rhythmen von Expansion und Kontraktion und die säkularen Trends im wesentlichen linear sind, dann müssen ihre widersprüchlichen Bewegungen auf besondere Weise zusammenwirken. Mit anderen Worten: Die linearen Trends bewegen sich selbst in Zeiten, die als Zeiten der »Kontraktion« zu definieren sind, auf einer aufsteigenden Kurve. Ergo folgt:

1.3. Die graphische Darstellung der kombinierten Indizes der strukturellen Prozesse (wie immer dies operational definiert sein mag) müßte ein stufenartiges Muster zeigen (worin die »B«-Phasen, in denen die zyklischen Kontraktionen mit den säkularen Aufwärtstrends zusammenwirken, durch einen horizontalen Vektor symbolisiert sein müßten).

Da man annehmen kann, daß die durch die säkularen Trends herbeigeführten strukturellen Veränderungen derart auf die zyklischen Rhythmen zurückwirken, daß deren Form sich gezwungenermaßen ändert, ergibt sich folgende Unterthese:

1.3.1. Die besonderen Aspekte der Weltwirtschaft, die in »B«-Phasen »stagnieren«, sind im Verlauf der Geschichte des modernen Weltsystems mit hoher Wahrscheinlichkeit jeweils andere (was sich ausdrückt in besonderen Veränderungen in der Technologie und damit verbundenen Veränderungen im Umfang der Produktion).

Die zyklischen Schwankungen der weltwirtschaftlichen Wachstumsrate lassen sich aus den periodischen Störungen des Angebot-Nachfrage-Mechanismus erklären, der mit Produktion und Konsumtion zusammenhängt. Die »Krise« der Kapitalakkumulation ist letztlich zurückzuführen auf die Diskrepanz zwischen Produktion und Konsumtion. Allgemeines Wirtschaftswachstum vorausgesetzt, wächst die Weltproduktion von Kapitalgütern zur Aufrechterhaltung des allgemeinen Wachstums (ständige Erneuerung verbesserter Investitionen von fixem Kapital) in einer höheren Rate als die Weltproduktion von Lohngütern/Konsumgütern, die wiederum über die Weltnachfrage wächst. Aber während das »Angebot« von individuellen und konkurrierenden Produktionseinheiten kommt, deren Ziel die Maximierung/Optimierung ihrer Gewinne (als Mittel zur weiteren Expansion) ist, ist die »Nachfrage« in erster Linie eine Funktion der Einkommensverteilung, die gesellschaftlich/politisch bestimmt ist (beispielsweise bleibt der Reallohn im allgemeinen über lange Zeiträume hinweg relativ stabil, ist also selbst eine Funktion der Profit- und Wachstumsanforderungen der Kapitalakkumulation).

2. Wir vertreten also die Auffassung, daß die weltweite Produktion von Investitionsgütern in aller Regel größer ist als die weltweite Nachfrage nach Konsumgütern, die letztlich beschränkt ist durch die Kaufkraft der weltweiten Schicht der Lohnempfänger. »Überproduktion« hat zu tun mit »unzureichender« Nachfrage und führt ebenso zu »Krisen« und »Kontraktion«, wie unausgelastete Kapazitäten in Produktionsbetrieben auftreten.

2.1. Die Perioden der Expansion bedeuten normalerweise nicht nur eine Nettosteigerung der Produktionsniveaus in aller Welt, die mit der Ausweitung der Weltproduktion von exportfähigen Agrarerzeugnissen (cash-crop production) beginnt und sich sukzessive auf die Verarbeitungsbetriebe auswirkt, sondern sie bedeuten auch eine Umverteilung der weltweiten Effektivnachfrage, die durch eine weitere Proletarisierung der Weltarbeitnehmerschaft zustande kommt.

Da die Nettosteigerung der gesamten Weltproduktion weitere Investitionen in die Produktion exportfähiger Agrarerzeugnisse erfordert, und da die weltweite Proletarisierung der Arbeitnehmerschaft eine weitere Konzentration der Bevölkerung verlangt, folgt als Unterthese:

2.1.1. Perioden der Expansion bedeuten einerseits Steigerungen der Höhe der Investitionsströme aus dem Zentrum in andere Gebiete (outward from the core), andererseits Steigerungen des Ausmaßes der Arbeitnehmer-Migration in der Peripherie (inward from the peripheral areas).

Aber wegen der dauernden Verkettung von zyklischen Rhythmen mit säkularen Trends, gibt es keinen einfachen und plötzlichen Sprung (shift) von Perioden weltweiter Expansion zu Perioden weltweiter Stagnation. Die ersten Anzeichen einer Nachfrage-Krise zeigen sich zunächst nur in bestimmten Gebieten oder Wirtschaftsbereichen, und die *Produzenten* reagieren darauf mit der Steigerung ihrer individuellen Produktion und dem Bestreben, die Produktionskosten zu senken. Das hieße also:

2.2. Zwischen »Expansion« und »Stagnation« gibt es in aller Regel eine »Periode des Übergangs«, die mehr ist als ein kurzes Zwischenstadium und die ein besonderes Muster einer *erhöhten* Akkumulationsrate mit sich bringt. Tritt die erhöhte Rate der Weltkapitalakkumulation im Zusammenhang mit einer abflauenden Weltnachfrage auf, dann ergibt sich als Unterthese:

2.2.1. Übergangsperioden verursachen Erscheinungen ökologischer Auszehrung – vor allem von Boden und Arbeit, insbesondere in peripheren Gebieten (die wiederum den Zusammenbruch des »Übergangsmusters« einer erhöhten Akkumulationsrate verursachen).

Des weiteren folgt:

2.2.2. Übergangsperioden sind durch eine besonders scharfe Ausprägung des Klassengegensatzes und der Repression gekennzeichnet – und dies wieder vor allem in peripheren Gebieten.

Die Periode des Abschwungs oder der Kontraktion der Weltwirtschaft ist nicht das spiegelförmige Gegenstück der expansiven Phase, und zwar gerade weil die säkularen Trends im Widerspruch zu den zyklischen Rhythmen stehen (woraus das stufenartige Muster der weltwirtschaftlichen Entwicklung resultiert). Die Abschwungsperiode des langen Zyklus setzt sich auf einer höheren Stufe der weltwirtschaftlichen Entwicklung, in einer anderen historischen Periode fort. Daher:

2.3.1. Während Boden und Arbeit in einigen peripheren Gebieten in der Periode des Übergangs vom Aufschwung und dann in der Phase der Kontraktion »ausgezehrt« werden, muß dies nicht für allen Boden und alle Arbeit der Peripherie gelten. (Z. B. kann es vorkommen, daß Staaten des Zentrums da, wo eine weltweite Rezession die Handelsströme unterbricht, die Lieferungen dadurch zu garantieren suchen, daß sie direkte Kontrollen über bestimmte »neue« periphere Regionen innerhalb eines geschlossenen »merkantilistischen« Netzes errichten.)

2.3.2. Perioden der Kontraktion sind durch die Verlagerung bestimmter Produktionstätigkeiten aus peripheren in zentrale und semiperiphere Gebiete gekennzeichnet. (Beispielsweise kann es sein, daß landwirtschaftliche Tätigkeiten, die nicht aus klimatischen Gründen auf periphere Regionen beschränkt sind, in Gebiete des Zentrums »zurückverlagert« werden, die dadurch vorübergehend relativ selbstgenügsam werden – ein Vorgang, den man als Mittel zur Aufrechterhaltung der Gewinnspannen und des Beschäftigungsniveaus im Zentrum auf Kosten der »alten« Peripherie interpretieren kann.)

2.3.3. Perioden der Kontraktion sind durch die Verlagerung von Arbeitsplätzen aus zentralen in semiperiphere, gewöhnlich jedoch nicht in periphere Gebiete gekennzeichnet. (Ein Beispiel für dieses Phänomen läßt sich mit der Fähigkeit semiperipherer Gebiete belegen, Zollschranken aufzurichten, um als Reaktion auf die Unterbrechung des Handelsstromes die lokale Industrie zu beleben.)

Summa summarum beweisen alle diese Beispiele, daß säkularer Trend und zyklische Bewegungen über lange Zeiträume tatsächlich Ausdrucksformen ein und desselben Prozesses in der Weltwirtschaft sind, nämlich des Wachstums in der Kapitalbildung und der stetigen Ausweitung ihrer geographischen Grenzen.

C. Kapital – Arbeit

1. Betrachten wir die zusammenhängende Reihe der zuvor erörterten Möglichkeiten und ordnen Arbeiterhaushalte unter dem Gesichtspunkt ein, wie sie ihr gesamtes Lebenszeiteinkommen erzielen, so kommen wir zu der Auffassung, daß es drei große Kategorien gibt.

Erstens gibt es die Haushalte, die ökonomisch wahrhaft außerhalb der Entwicklung des Systems stehen, obgleich sie geographisch dazugehören, die ihren Lebensunterhalt (wie karg oder üppig auch immer) aus Arbeit in einer Produktion beziehen, die nicht in die Arbeitsteilung der kapitalistischen Weltwirtschaft einbezogen ist. Zweitens gibt es die Haushalte, die ihren Unterhalt ein ganzes Leben lang aus Arbeit in einer Produktion beziehen, die Teil der weltwirtschaftlichen

Arbeitsteilung ist; diese Gruppe lebt von Naturalleistungen derer, für die sie arbeitet, von Zuwendungen staatlicher Ämter oder von »auf dem Markt« gekauften Waren, die sie mit dem Geld (Löhnen) bezahlt, das sie von jenen erhält, für die sie arbeitet. Mit anderen Worten: Die Produktion innerhalb der Weltwirtschaft verschafft dieser Gruppe die Mittel zur Deckung ihrer materiellen Bedürfnisse und »reproduziert« sie so als Arbeiter nicht nur für Wochen oder Jahre, sondern für ein ganzes Menschenalter. Drittens sind da jene Haushalte, die einen Teil ihres Einkommens von »Arbeitgebern« oder »Marktkäufern« bekommen und einen Teil aus direkter Produktion beziehen, sei es aus Eigenproduktion oder aus der Produktion anderer (etwa von Verwandten). Diese Zweiteilung des Lebenseinkommens hat zur Folge, daß die »Arbeitgeber« nicht die vollen Reproduktionskosten tragen müssen. Ein gutes Beispiel für diese Gruppe wären Wanderarbeiter. Freilich erhebt sich hier die entscheidende Frage, inwieweit diese Gruppe von ihren »Arbeitgebern« einen »angemessenen« Anteil der Reproduktionskosten erhält.

Nachdem wir nun die Arbeiterhaushalte in diese drei Kategorien – Haushalte, die von Subsistenzwirtschaft leben (subsistence-redoubt households), Arbeiterhaushalte, die nur zum Teil von Einkommen aus abhängiger Arbeit leben (part-life-time proletarian households), und Arbeiterhaushalte, die ausschließlich von Einkommen aus abhängiger Arbeit leben (life-time proletarian households) – eingeteilt haben, behaupten wir:

1.1. Die Kategorie der »part-life-time proletarian households« ist zu allen Zeiten die Kategorie der Mehrheit gewesen.

1.2. Der Anteil der »life-time proletarian households« ist im Laufe der Zeit gewachsen.

1.3. Länder des Zentrums weisen einen größeren Prozentsatz an »life-time proletarian households« auf als semiperiphere oder periphere Länder. (So könnte man umgekehrt diesen prozentualen Unterschied als bestimmendes Merkmal des Status als »Zentrum« betrachten.)

1.4. Der Anteil der Reproduktionskosten, der vom »Arbeitgeber« oder »Marktkäufer« pro eingesetzte Arbeitskrafteinheit getragen wird, ist im Falle der »life-time proletarian households« bedeutend größer als im Falle der »part-life-time proletarian households«.

1.5. In Zeiten der Expansion kommt es zu einer Statusverschiebung der Haushalte »in eine Richtung«: »subsistence-redoubt households« werden zu »part-life-time households«, »part-life-time households« erlangen den Status von »life-time households«.

1.6. Zeiten der »Kontraktion« bezeichnen die »Auszehrung« und, als Folge davon, das vorzeitige Verschwinden einer erheblichen Zahl von »part-life-time proletarian households« sowie die Rückführung eines Teils von »life-time households« auf den Status von »part-life-time households«.

2. Die Arbeitskraft von »part-life-time proletarian households« kostet das Kapital überall in der Welt weniger als die Arbeitskraft von »life-time proletarian households«, und zwar für genau dieselbe Arbeit. Das liegt nicht nur daran, daß die Reproduktionskosten der ersteren Gruppe zum Teil (gewöhnlich zum größten Teil) von anderen als den »Arbeitgebern« getragen werden (was sich in dem Begriff vom »unbegrenzten Arbeitsangebot« und dessen Auswirkungen auf das Reallohnniveau ausdrückt), sondern auch daran, daß die volle Proletarisierung politische Bedingungen mit sich bringt, die das Wachstum von Arbeiterorganisationen und damit den ständigen Druck, die Löhne zu erhöhen, fördern. In dem Maße, wie Arbeiter »frei« genug sind, voll proletarisiert zu werden (volle Aneignung der Produktionsmittel als Kapital mit dem Ergebnis, daß sämtliche Subsistenzmittel zur Ware werden), werden sie auch »frei« genug, sich zu organisieren. Daraus folgt:

2.1. Das Niveau der Reallöhne (oder deren Äquivalent) ist im Zentrum im Endeffekt tendenziell stets höher als in der Peripherie, für genau dieselbe Menge und Art von Arbeit, und die Differenz wird in dem Maße größer (kleiner), wie die Disparität zwischen Zentrum und Peripherie in bezug auf die Kapitalakkumulation zunimmt (abnimmt).

2.2. »Subsistence households« lassen sich nur unter Zwang in das Heer der »Lohnabhängigen« einreihen (um damit zu »part-life-time proletarian households« zu werden).

Überall in der Welt sind Enteignung von Produktionsmitteln der Subsistenz (vor allem Boden), physischer Zwang (Versklavung, Knechtung als Leibeigene), Zwangsanbau von Agrarerzeugnissen (Besteuerung) usf. die Begleiterscheinungen der Expansion und bewirken die Eingliederung von Arbeitern aus externen Gebieten in die Arbeitsteilung der kapitalistischen Weltwirtschaft. Daraus folgt:

2.3. Die Statusverschiebung hin zu »part-life-time proletarian households« hat insgesamt einen deutlich niedrigeren Lebensstandard zur Folge. Soweit dies der Fall ist, können wir folgende Abstufung feststellen: Haushalte, die ausschließlich von Subsistenzwirtschaft leben, sind im allgemeinen materiell besser gestellt als partiell proletarisierte Haushalte; partiell proletarisierte Haushalte sind im allgemeinen schlechter gestellt als voll proletarisierte Haushalte.

Aus diesem Muster, gekoppelt mit den langfristigen Tendenzen, einen wachsenden Teil der Weltbevölkerung in den Status partiell proletarisierter Arbeitskräfte zu überführen, ergibt sich folgende Verallgemeinerung:

2.4. Langfristig sinkt der Wohlstand des Weltsystems und der

Gesamtheit der Arbeitskräfte der Erde – entgegen einer sehr verbreiteten Annahme steigt er nicht. (Diese abgeleitete Behauptung bzw. »theoretische Erwartung« ist nicht bzw. muß nicht unbedingt unvereinbar sein mit dem Alltagsglauben an das wachsende materielle Wohl der voll proletarisierten Arbeiter in den wenigen Ländern des Zentrums; sie wäre es nur dann, wenn man davon ausginge, daß diese Arbeiter einen großen Teil oder gar die Gesamtheit aller Arbeitskräfte des Weltsystems ausmachten, was weder heute so ist noch überhaupt jemals der Fall war.)

Daraus folgt:

2.5. Die immer wiederkehrenden (aber kaum kontinuierlichen) Steigerungen des Realeinkommens (Konsumtion), die das Weltsystem produziert, werden von anderen als von Arbeitern angeeignet. Die eigentlichen Kapitalisten sind zweifellos Nutznießer, aber zahlenmäßig sind sie nicht sehr bedeutend, und ihr Anteil ist unverändert im Sinken begriffen. Es erscheint mithin wahrscheinlich, daß die langfristigen Nutznießer Selbständige, Techniker, höhere Beamte oder Bürokraten usw. sind, die in hohem Maße ein Kennzeichen der Länder des Zentrums und dort unverhältnismäßig stark konzentriert sind.

3. Die Entwicklung des Kapitals wird gemeinhin so gesehen, daß sie auf drei miteinander verbundenen, aufwärtstendierenden Linien voranschreitet: Akkumulation des Kapitals, die sich im wachsenden Umfang und Wert der (kapitalintensiven) Produktionsmittel ausdrückt; Konzentration des Kapitals, die sich im wachsenden Umfang der Unternehmungen ausdrückt; Zentralisation des Kapitals, die sich ausdrückt im wachsenden Umfang von Eigentum/Kontrolle bei ständig kleiner werdender Zahl von Kapitaleignern/-kontrolleuren. Die (theoretische) Verbindung zwischen den drei Linien in der Gesamtentwicklung sieht folgendermaßen aus:

Der wesentliche Prozeß ist der Prozeß der Akkumulation, der darauf zurückzuführen ist, daß Arbeit Surplus schafft, der vom Kapital angeeignet wird, aber die Form von zunehmend komplizierten (kapitalintensiven) Produktionsmitteln annimmt, und zwar infolge von Preiskonkurrenz und des daraus folgenden Drucks, die Produktionskosten zu senken, oder infolge von Lohnforderungen und des daraus folgenden Drucks, die gestiegenen Produktionskosten zu reduzieren.

3.1. Das übliche Resultat ist dies, daß das Verhältnis von kapitalintensiven (non-human) zu arbeitsintensiven (human) Produktionsmitteln (frei ausgedrückt: das Verhältnis von Kapital zu Arbeit) sich zugunsten des Kapitals entwickelt, was zunehmende Kapitalkonzentration zur Folge hat, wiewohl Produktionsausweitung aufgrund von Konkurrenzdruck oder Expansion als Reaktion auf Absatzchancen ohne irgendeine technische oder organisatorische Veränderung (außer eben größenmäßig) kurzfristig ebenso Konzentration bewirken können.

Die Zentralisation resultiert zum Teil aus Konkurrenz und letztlich monopolartigen Formationen innerhalb immer größerer »Märkte«, aber zunehmend auch aus gelenkten Pools von Geldkapital, die von Finanzagenturen gebildet werden. Daraus folgt:

3.2. Die Zentralisation nimmt tendenziell dann am stärksten zu, wenn die Akkumulationsrate, wie sie sich in der Profitrate ausdrückt, sinkt, d. h. in Perioden der Kontraktion; zunehmende Zentralisation ist ihrerseits eine Bedingung für eine spätere Erhöhung der Konzentration, die in Perioden der Expansion rascher voranschreitet (und deren rasches Fortschreiten in der Tat integraler Bestandteil der Expansion ist, insofern es eine Steigerung der Nachfrage nach Produktionsmitteln zur Folge hat).

Übersetzt man den Gedankengang in eine Reihe von historischen Dimensionen – und sei es auch nur sehr allgemein, sehr vorläufig –, so wird deutlich, daß unsere Darstellung des Mechanismus der kapitalistischen Entwicklung nur einen Teil der realen Bewegung des Gesamtkapitals erfaßt. Der Grund dafür ist, daß der Mechanismus eigentlich nur für Länder des Zentrums mit voll proletarisierter Bevölkerung gilt, in denen *sämtliche* Produktionsmittel Kapital sind. Wir behaupten:

3.3. Das Ausmaß der Akkumulation ist bei weitem größer, als auf der relativ schmalen Grundlage der Mechanismen von Zentralisation und Konzentration zu antizipieren wäre. Solange der Prozeß der Bildung fixen Kapitals fortschreitet, so lange behält auch die sogenannte »ursprüngliche Akkumulation« eine feste Grundlage (Enteignung der mit Tribut gefüllten Schatzkammern der »Reiche« sowie deren Verwandlung in Kapital zu dem Zweck, Waren aus den Ländern des Zentrums zu kaufen).

3.4. Das Ausmaß der Konzentration ist gleichermaßen größer, als gemeinhin angenommen, denn die Verwandlung von Produktionsmitteln der Subsistenz (vor allem Boden) in Kapital (Mittel der Produktion von Kapital durch Warenproduktion mit gemieteten oder gewaltsam angeworbenen Arbeitskräften) vollzieht sich üblicherweise in großem Maßstab (Plantagengröße). Als Alternative dazu vollzieht sich die Verwandlung in Mittel der Warenproduktion mit Mitteln der Subsistenzproduktion in den Händen von Kleinbauern, deren »Surplus« im allgemeinen mehr oder minder stark von den Handelshäusern, die die Vermarktung der Waren übernehmen, angeeignet und an diesem Punkt in den Akkumulationsprozeß hineingeleitet wird, wobei die Konzentration solchen Kleingrundbesitzes in Zeiten der Kontraktion in Wellen auftritt.

3.5. Das Ausmaß der Zentralisation ist nun freilich eine andere Sache; denn die Expansion in externe Gebiete hebt in aller Regel die Zentralisation auf, insofern im Endeffekt Phasen scheinbarer »Dezentralisierung« erzeugt werden: mehr und breiter gestreute Einzelkapitalien. Dies jedoch nur vorübergehend, denn diese »neuen« Kapitalien, die in Peripherien häufiger vorkommen als anderswo, weichen in aller Regel wieder der Zentralisierungstendenz, d. h. der Tendenz, die Dominanz des Zentrums im Akkumulationsprozeß wieder geltend zu machen und voll zur Wirkung zu bringen.

IV. Datenbasis und Meßverfahren

A. Die analytische Bezugsgröße

Wenn es etwas gibt, wodurch sich ein Weltsystem-Konzept von jedem anderen Konzept unterscheidet, dann ist es die Überzeugung, daß die analytische Bezugsgröße ein *Welt*system ist, dessen Definitionsgrundlage *ökonomische* Prozesse und Vermaschungen sind, und nicht irgendwelche anderen Einheiten, die sich nach juristischen, politischen, kulturellen, geologischen oder sonstigen Kriterien definieren lassen.

Überdies ist der Typ von Weltsystem, der als kapitalistische Weltwirtschaft bekannt ist, in den Kategorien von Raum und Zeit definiert. Was den räumlichen Aspekt angeht, so setzt sich die kapitalistische Weltwirtschaft aus verschiedenen Wirtschaftszonen zusammen, deren geographische Lage sich jedoch tendenziell ändert, und die Weltwirtschaft als ganze hat die Tendenz, sporadisch zu expandieren. Was den zeitlichen Aspekt betrifft, so unterliegt die kapitalistische Weltwirtschaft langen Wellen zyklischer Art; und sie wandelt auch selbst ihre Struktur in säkularen Entwicklungsmustern.

Das bedeutet, daß jedwede Forschung über die kapitalistische Weltwirtschaft notwendigerweise versuchen muß, die ständig sich ändernden (und keineswegs von selbst erkennbaren) räumlichen und zeitlichen Grenzen, innerhalb derer soziales Handeln sich vollzieht, zu beschreiben, um beobachten zu können, welche Prozesse jeweils ablaufen – wobei zu beachten ist, daß diese Grenzen selbst das Ergebnis jener Prozesse sind.

Die Forschung muß mithin aus theoretischen ebenso wie aus praktischen Gründen vor und zurück gehen: von vorläufigen Vermutungen über Grenzen zur Analyse und Berechnung der Prozesse, mit deren Hilfe wiederum die Grenzen neubestimmt werden können, innerhalb derer Beobachtungen angestellt werden sollten. (Es besteht

Hoffnung, daß der intellektuelle Effekt der einer Spirale und nicht der eines bloßen Kreises ist.)

Am Anfang ist vor allem erforderlich, sich über einige vorläufige Kriterien schlüssig zu werden, mit deren Hilfe Gebiete, die Teil der kapitalistischen Weltwirtschaft sind, von externen Gebieten unterschieden werden können.[33] Mit anderen Worten, wir brauchen vorläufige Kriterien zur Unterscheidung von Zentrum, Semiperipherie und Peripherie, und wir brauchen vorläufige Kriterien zur Unterscheidung von Zeiten langfristiger Expansion und relativer Kontraktion (sowie der »Übergangsperiode«) der Weltwirtschaft als ganzer.

B. Die Prozesse der Weltwirtschaft

Die Prozesse, von denen wir sprechen, konstituieren die Weltwirtschaft nicht nur, sie rekonstituieren sie auch fortwährend. Unsere Hypothesen sind sämtlich Hypothesen über diese Prozesse und enthalten Vermutungen über Grenzen.

Die Datenbasis und die Meßverfahren für jeden einzelnen der weltwirtschaftlichen Prozesse sind selbst eine Sache extensiver Forschung und im gewissen Sinne tatsächlich der Hauptgegenstand des vorliegenden Forschungsprogramms. Dies gilt um so mehr, als das Gros der quantitativen und der qualitativen Daten, die bisher gesammelt worden sind, sich auf andere Analyseeinheiten beziehen als auf diejenige, welche die Grundlage des vorliegenden Programms bildet. Die gängige analytische Bezugsgröße war und ist der Nationalstaat. Die Mehrzahl der Daten, über die Sozialwissenschaftler verfügen, stammt aus Statistiken der einzelnen Staaten oder von privaten Organisationen, die ihre Daten im Rahmen nationaler Parameter kollationieren. Selbst die Daten, die von Sozialwissenschaftlern selbst zusammengetragen wurden, sind auf nationaler Ebene gesammelt oder auf dieselbe extrapoliert worden, was seine Ursache in den ihre Arbeit leitenden Paradigmen hat.

Das soll nicht heißen, daß diese Daten nicht nützlich wären; aber sie sind unvollständig und sparen ganze Aktionsräume aus. Außerdem müssen sie, wofern sie überhaupt vorhanden sind, weitgehend überarbeitet werden, wenn sie einen sinnvollen Bezug zu Hypothesen über die Weltwirtschaft herstellen sollen. Dies ist einerseits deshalb nötig, weil die Staatsgrenzen in manchen Fällen mit den Wirtschaftsgrenzen nicht nur nicht korrelieren, sondern ausgesprochen quer zu ihnen verlaufen; andererseits deshalb, weil viele Prozesse des Weltsystems, die wir beobachten wollen, ihrem Charakter nach vermascht und nicht kumulativ sind.

Daher ist es nicht unser Interesse, hier im einzelnen darzulegen, wie wir mit den vorhandenen Messungen umzugehen pflegen. Was wir tun können, ist, zu *illustrieren*, wie wir das Problem angehen, indem wir einen Prozeß auswählen und die strittigen Fragen erörtern, die in der Analyse auftauchen. Wir haben hier den Arbeitsprozeß ausgewählt, jenen Prozeß, der Gegenstand der unter III.C.1. aufgestellten Hypothesen ist.

Arbeits*prozesse*, mitunter gesellschaftliche Produktionsverhältnisse oder Formen der Arbeitskontrolle genannt, sind in der gesammelten Literatur der Sozialwissenschaften ausführlich beschrieben. Die Kategorien, die zur Konzeptualisierung sich wandelnder Prozesse benutzt werden, sind überwiegend juristische und beschreiben in der Regel das Gegensatzpaar Arbeiter–»Arbeitgeber« im Kontext einer »Firma«. Beispielsweise sprechen wir von Lohnarbeitern und unterscheiden sie von selbständigen (»selfemployed«) Handwerkern oder Landwirten oder Kleinhändlern, auch von »Leibeigenen« oder Sklaven sowie von Pächtern, die »Pachtzins« (rent) zahlen, oder »Kleinpächtern«, die mit einem Teil der von ihnen erzeugten Produkte bezahlen (who »share« crops). Was in dieser Ansammlung möglicher Titel die gesellschaftliche Stellung eines Arbeiters von der eines anderen unterscheidet, sind in erster Linie juristische »Rechte«. Sklaven können ihre Arbeit nicht aufgeben, aber man kann sie gegen ihren Willen auf einen anderen Arbeitsplatz versetzen. »Leibeigene« können ihre Arbeit nicht aufgeben, doch sie können nicht versetzt werden. Lohnarbeiter können ihre Arbeit aufgeben, sie können aber auch »gefeuert« werden; man kann sie jedoch nicht gegen ihren Willen versetzen. Pächter können gehen (was sie etwas kostet) oder entlassen werden (obschon nur an einem Endpunkt des Pachtverhältnisses, etwa im Todesfall). Die Reihe ließe sich fortsetzen.

Eine andere Unterscheidung hat mit dem Strom von Waren, Dienstleistungen und Geld zu tun. Lohnarbeiter erhalten Geld und leisten Dienste; sie haben keine Kontrolle über das Produkt. Sklaven erhalten Waren und leisten Dienste; sie haben keine Kontrolle über das Produkt. Leibeigene mögen Waren oder Dienste oder Geld geben und bekommen dafür das Recht, das Produkt oder einen *Teil* der von ihnen erzeugten Produkte zu kontrollieren. Etc.

Aller Drang moderner Geschichte und Sozialwissenschaft besteht darin, eine langfristige historische Wandlung der Arbeitsprozesse von Formen der »Zwangsarbeit« zu »freier« Lohnarbeit und von Waren- und Dienstleistungsströmen zu Geldverkehr zu erfassen. Wir stimmen dieser Verallgemeinerung in Grenzen zu.

Nun gibt es eine aus dieser Verallgemeinerung gefolgerte These, die besagt, daß Formen von »Zwangsarbeit« sowie Waren- und Dienstleistungsverkehr »traditional« oder »feudalistisch« oder »vorkapitalistisch« und »freie« Lohnarbeit und Geldverkehr »modern« oder

»kapitalistisch« oder gar »rational«[34] sind. Dieser Aussage stimmen wir *mitnichten* zu. Sie ist das Kernstück des »entwicklungsorientierten« Paradigmas, gegen das das Weltsystem-Konzept steht. Sie ist die Grundlage für Behauptungen von der Art, daß *repartimiento*-Arbeit auf *haciendas* im 17. Jahrhundert in Lateinamerika[35], Sklaverei auf Plantagen im amerikanischen Süden[36], das System des »share-cropping«[37] oder Gesellschaften wandernder Kakao-Farmer Anfang des 20. Jahrhunderts in Westafrika[38] vorkapitalistische Erscheinungen waren, die allenfalls »äußerlich« (über »Austausch«) eine Beziehung zu einer kapitalistischen Weltwirtschaft hatten.

Nehmen wir an, wir gingen nicht von dem Gegensatzpaar Arbeiter–»Arbeitgeber« in einer »Firma«, sondern vom Arbeiterhaushalt aus und wollten herausfinden, welches die Quellen, die Formen und die Höhe des *Lebenszeit*-Einkommens eines solchen Haushalts sind. Wir haben schon die Behauptungen vorgestellt, die wir mit diesem Ansatz überprüfen könnten. Offensichtlich kämen wir zu einer ganz anderen Taxonomie, wenn wir folgendes Kontinuum zugrundelegen: vom lokal produzierenden »subsistence-redoubt«-Arbeiterhaushalt zum »part-life-time«-Lohnarbeiterhaushalt zum »life-time«-Lohnarbeiterhaushalt. Hier wird schnell offenbar, daß die Anwendung einer derartigen Taxonomie eine erhebliche Umgruppierung der herkömmlichen Kategorien zur Folge hätte. Der typische Industriearbeiter und der Plantagensklave sind in dieser Taxonomie durchaus verwandt, aber der Plantagensklave und der Tagelöhner stehen einander fern. »Bauer« wird zu einem gänzlich unbrauchbaren Begriff, weil er grundverschiedene Typen von Arbeitern in ein und dieselbe Kategorie einordnet.

Die Frage ist, wie wir relevante Daten gewinnen. Offensichtlich brauchen wir ziemlich klare ethnographische Bilder von Lebenszyklen scheinbar unterschiedlicher Produktionssysteme, die erhellen würden: a) die Veränderung der Beschäftigungsstrukturen (»employment« patterns) über die ganze Lebenszeit, aber auch die vielfältigen Beschäftigungsmuster eines Arbeiters im Laufe einer Woche; b) die effektive Definition des Haushalts und die wechselnden Muster der Zusammensetzung der Haushaltsmitglieder (männlich/weiblich, jung/alt); c) die Quellen von Lebenseinkommen aus »Schenkung« und »Rente«. Wir vermuten, daß derlei Ethnographien, einmal erstellt, zeigen, daß im Hinblick auf die einzelnen Muster/Strukturen *geringere* Unterschiede zwischen den herkömmlichen Kategorien von Arbeitern bestehen, als gemeinhin angenommen wird.

Neben dem »Einkommen« müßten wir untersuchen, wie die Mittel zum Überleben und zur Reproduktion erworben werden – ob durch Kauf auf einem »Markt«, durch Subsistenzwirtschaft oder durch den Empfang eines »Geschenks«/einer Schenkung. Obwohl wir dabei mit

Sicherheit große Unterschiede entdecken werden, rechnen wir auch hier damit, daß sie *geringer* sind als normalerweise angenommen.

Im Kontext unserer theoretischen Prämissen möchten wir nun drei entscheidende Vergleiche anstellen: Strukturunterschiede (differences in patterns) entsprechend den Wirtschaftszonen (Zentrum, Semiperipherie, Peripherie); Strukturunterschiede entsprechend dem langfristigen zyklischen Moment (Expansion, »Übergang«, relative Kontraktion); Strukturunterschiede entsprechend dem säkularen Stadium der Weltwirtschaft als ganzer. Hier müßten wir dann unsere vorläufigen Feststellungen über räumliche und zeitliche Grenzen heranziehen.

Könnten wir die vorhandenen Daten gebrauchen? Selbstverständlich – in dem Sinne, daß nun sowohl ethnographische Beschreibungen von Produktionsprozessen im allgemeinen als auch quantitative Daten für bestimmte Produktionsprozesse existieren. Aber wir würden einen großen Teil dieser Daten *anders einordnen* müssen, und natürlich gäbe es erhebliche Lücken, die wir würden füllen müssen, mitunter tatsächlich von Grund auf.

Mit einiger Mühe könnten wir freilich zu einem angemessenen Niveau[39] quantifizierter Daten (mindestens Größenordnungen) kommen, das es uns ermöglichen würde, unseren Hypothesen eine sicherere Grundlage zu geben, ja, sie vielleicht so umzuformulieren, daß genauere Forschung möglich wird.

C. Die Forschungsaufgaben

Im Lichte unserer Position zur analytischen Bezugsgröße und den Prozessen der Weltwirtschaft meinen wir, daß sich sechs konkrete Forschungsaufgaben stellen, die es uns ermöglichen werden, die Arten von Information zu sammeln, die wir brauchen, um unsere Thesen zu untermauern.

Aufgabe 1: Begrenzung der Weltwirtschaft

Die Begrenzung der kapitalistischen Weltwirtschaft ist eine zweifache Aufgabe: 1. methodologisch – in dem Sinne, daß »Begrenzungs«-Kriterien festgelegt werden müssen; 2. empirisch – im Sinne einer Vorarbeit für die nachfolgende Aufgabe, die geographische Ausdehnung der Weltwirtschaft über Zeit kartographisch darzustellen. Operational ist die Spezifizierung der Grenzen eine Voraussetzung für die Quantifizierung der Weltwirtschaft. Die Grenzen sind nicht beliebig. Die Vorbedingung *und* die Bedingung für ihre Spezifizierung entscheiden sich vielmehr danach, ob sie theoretisch angemessen sind. Mit anderen Worten: Die Ausdehnung und die Ausmaße der Grenzen bestimmen die Proportionen der Weltwirtschaft als System.

Die Weltwirtschaft wird durch zwei Arten von Grenzen konstituiert: »innere« Grenzen und »äußere« Grenzen, die ihre Entsprechung in dem – wie wir es nennen möchten – *intensiven* und *extensiven* Wachstumsmuster der Weltwirtschaft über Zeit haben. Die vergangenen fünf Jahrhunderte haben die säkulare Expansion der »äußeren« Grenzen der Weltwirtschaft gesehen, so daß es heute keine Gebiete mehr gibt, die für die Weltwirtschaft »extern« sind. Es gehört also zu dieser Forschungsaufgabe, die Kriterien zu bestimmen, die nötig sind, um Wirtschaftsregionen danach zu unterscheiden, ob sie während der verschiedenen historischen Perioden weltwirtschaftlich »intern« oder »extern« waren.

Die »inneren« Grenzen, deren Expansion und Kontraktion entsprechend den zyklischen Trends der Weltwirtschaft vor sich geht, stehen in einem engen Zusammenhang mit der wechselnden Nutzung der Landgebiete und häufig mit der Einbeziehung oder dem Ausschluß der dort lebenden Bevölkerung. Deshalb lassen sie sich leichter kartographisch darstellen. Das heißt, obwohl die »inneren« Grenzen zum Teil durch die Schwankungen der Bevölkerungsdichte konstituiert werden, wechselt ihre Ausdehnung größtenteils mit zyklischen Veränderungen in der Kostenstruktur der Bodennutzung. Dies zeigt sich an solchen zyklischen Erscheinungen wie Landgewinnung (Bonitierung) und Landaufgabe (Wüstungen). Auch die gängigen Muster der Kohleförderung zeigen den Zusammenhang zwischen zyklischen Trends der Weltwirtschaft und dem Intensitätsgrad der Nutzung ökonomischer Ressourcen. Ein schlichtes Kumulieren *nationaler* Zahlen über Ressourcennutzung kann die aktuellen Intensitätsgrenzen (die proportionale Verteilung) der *welt*wirtschaftlichen Ressourcennutzung verschleiern.

Methodologisch markiert die »Begrenzung der Weltwirtschaft« den *Prozeß* der Grenzkonstituierung. D. h., wir müssen lernen zu identifizieren, was begrenzt werden soll. Wie oben angedeutet und in dem Begriff von »weltwirtschaftlich externen« Regionen impliziert, werden die Grenzen durch eine bestimmte Abfolge von Prozessen innerhalb geographischer Perimeter konstituiert. Die Abfolge der Prozesse ist natürlich je nach ihrem historischen Kontext und ihrer Funktion in der weltwirtschaftlichen Arbeitsteilung eine andere und entspricht den Beziehungsgeflechten, die mit unterschiedlichen Produktionssystemen jeweils verbunden sind.

Was die Spezifizierung der »äußeren« Grenzen angeht, so können wir diese Prozeßabfolgen in drei Etappen bestimmen:

1. Identifizierung der »Wachstumspole« (z. B. Städte, Häfen, Fabriken etc.), die sowohl die Expansion der Weltwirtschaft tragen als auch die umliegenden Zulieferungssysteme (z. B. Nahrungsmittel, Arbeit, Zwischengüter) zentralisieren.

2. Identifizierung der Strukturen des Handels mit weltwirtschaftlichen »Bedarfsgütern« (»essentials«). Dies verlangt systematische Untersuchungen und Entscheidungen (zu Messungszwecken) hinsichtlich der anhaltenden Kontroverse über »Bedarfsgüter« als Gegensatz zu »Luxusgütern«. Möglicherweise können wir Anhaltspunkte für die operationalen Änderungen der weltwirtschaftlichen Grenzen finden, indem wir die wechselnde Bedeutung von Transportwegen zu Lande und/oder zur See dokumentieren.

3. Begreifen, wie das Verhältnis zwischen weltwirtschaftlichen Grenzen und staatlich kontrollierten Grenzen aussieht. Der Staat mit seiner zentralisierenden (und kolonisierenden) Funktion vereinigt natürliche und wirtschaftliche Regionen unter seiner Kontrolle (beispielsweise indem er Bodengesetze erläßt, Steuern erhebt, Transportsysteme aufbaut). In bestimmten Fällen kann dies Auswirkungen auf die Art und Weise der Eingliederung von Märkten oder Arbeitsrekrutierungsquellen in die Weltwirtschaft haben. Haben wir das Verhältnis zwischen staatlicher und weltwirtschaftlicher Expansion erst einmal begriffen, dann verfügen wir über eine weitere Methode, mit deren Hilfe wir vom Phänomen der Expansion/Konsolidierung der Staatsgrenzen zur Forschung über die Begrenzung der Weltwirtschaft vordringen können.

Aufgabe 2: Kartographische Darstellung der im ständigen Wandel begriffenen weltwirtschaftlichen Arbeitsteilung

Das organisierende Prinzip dieser Arbeit ist die kategorische Differenzierung der drei Ebenen des Weltsystems: Zentrum, Semiperipherie und Peripherie. Diese Ebenen bzw. Zonen, die sich durch ihre jeweils andere ökonomische Funktion innerhalb der weltwirtschaftlichen Arbeitsteilung sowie durch ihre Klassenstruktur, politische Organisation und die Formen der Arbeitskontrolle voneinander unterscheiden, strukturieren das Ensemble der Produktionsprozesse, welche die kapitalistische Weltwirtschaft konstituieren. Ziel dieser Arbeit ist es, den jeweils relativen Beitrag dieser differenzierten Zonen der Weltwirtschaft zur Produktion lebensnotwendiger Güter wie Getreide, Fleisch, Holz, Textilien, Zucker, Metalle (Edel- wie Industriemetalle) usw. über Zeit zu dokumentieren.

Die daraus resultierende differenzierte Verteilung von Produktionsprozessen wird zeigen, daß es sich hierbei nicht um eine beliebige, sondern um eine *systematisch* auf die Weltwirtschaftszonen *bezogene* Verteilung handelt. Das heißt z. B., die relative Verteilung von Fabrik- und Plantagensystemen nach Zonen begründet *empirisch* den differenzierten Charakter weltwirtschaftlicher Produktionsstrukturen.

Über Zeit zeigen solche Strukturen »ungleichmäßiger Entwicklung« den Aufstieg und Niedergang von Produktionsregionen entsprechend der Ausdifferenzierung des Systems in Zonen. Mit anderen Worten: Ziel dieser Forschung ist es, die sich wandelnde Lage von »Populationen« (»peoples«) in einer sich wandelnden weltwirtschaftlichen Arbeitsteilung darzustellen.

Aufgabe 3: Synthese der Untersuchungen über die zyklischen Bewegungen der Weltwirtschaft
Zu dieser Aufgabe gehört die Überprüfung von Untersuchungen, die sich mit den zyklischen Bewegungen ökonomischer und sozialer Indizes der Weltwirtschaft befassen, wobei das Ziel ist, den gegenwärtigen Wissensstand in bezug auf Weltwirtschaftszyklen anzugeben.[40]

Als Modell einer solchen Synthese von Theorien und Daten dient uns die Arbeit von Fernand Braudel und Frank Spooner (a.a.O.). Ausgehend von der historischen Entwicklung der Preise (bezogen auf Währungen, Edelmetalle, Bedarfsgüter und Reallohnindizes) nehmen Braudel und Spooner eine Neubewertung der Historiographie der unterschiedlichen Beziehungen vor, wie sie über Zeit zwischen Wirtschaftsregionen und Monetarsystemen in Europa zu beobachten waren. Ein Teil dieser Arbeit befaßte sich notwendigerweise mit der Wechselwirkung zwischen säkularen Trends der drei untersuchten Jahrhunderte (1450-1750) und den mit den diversen zyklischen Bewegungen verbundenen Demarkationen und Periodizitäten (diese rangieren beispielsweise vom Kondratieff-Zyklus, der sich über ein halbes Jahrhundert erstreckt, über den Labrousseschen Zwischenzyklus, der 15 Jahre dauert, bis zu den kürzesten saisonalen Zyklen, die sich auf das Erntejahr beziehen). Die Synthese der Autoren brachte sowohl die Differenzierungen als auch die zunehmende Integration der aufeinanderfolgenden Konjunkturimpulse eines europaweiten Wirtschaftsrhythmus zum Ausdruck. Uns erscheint diese Methode sinnvoll.

Dem vorliegenden Forschungsprojekt geht es freilich um ein breiteres Spektrum konstruierter Trends als nur um Preisentwicklungen (price series), die allerdings eine wesentliche Komponente der »Geschichte der Zyklen« (»serial history«) sind. Unsere Aufgabe wird also sein zu klassifizieren: den jeweiligen theoretischen Rahmen der Untersuchungen; ihre (explizite/implizite) analytische Bezugsgröße; Art und Umfang der verwendeten Daten; die Methode, mit deren Hilfe Parameter für Zyklen gefunden werden können; Dauer (timing) und Wechselwirkung von Zyklen; die Vergleichbarkeit der beobachteten zyklischen Trends usf. Eine derartige Überprüfung gilt der inneren Stimmigkeit der Untersuchungen, sowohl was ihren Begriffsrahmen als auch die Meßverfahren angeht.

Aufgabe 4: Erfassung der typischen Organisationseinheiten von Produktionsprozessen

Zu dieser Aufgabe gehört es, eine Reihe von Indikatoren für die unterschiedliche Komplexität und geographische Verteilung der Produktionsprozesse im internationalen Maßstab zu entwickeln, und zwar im Kontext des Verhältnisses Kapital – Arbeit. Obwohl dieses Verhältnis als ein konstantes organisierendes Prinzip der Produktion bestehen bleibt, variieren sein Inhalt und Charakter sowohl im Hinblick auf seinen besonderen historischen Ort als auch auf den Weltsystem-Zusammenhang. Mit anderen Worten: Obwohl das Beziehungsgeflecht, das in dem Begriff »Produktionssystem« (»putting-out system«) erfaßt ist, sich nach Art und Umfang durchaus so fortentwickelt haben mag, daß es die Ebene eines lokalen Phänomens im Sinne einfacher Stadt-Hinterland-Beziehungen im Europa des 18. Jahrhunderts überwunden hat und im 20. Jahrhundert zu einem transnationalen Phänomen geworden ist, welches das System multinational operierender Konzerne – das Ergebnis der Ausweitung der Größe der Produktionseinheiten und des Produktionsumfangs – einschließt, ist der erste Typ doch immer noch weitverbreitet, und zwar insofern, als lokale Produktionsprozesse heute in einigen peripheren Regionen der Weltwirtschaft Seite an Seite mit dem neuen (transnationalen) Produktionstyp bestehen.

Die Vielfalt der Produktionssysteme (z. B. Kleinhandwerk, Manufaktur, Plantagensystem, Bergbau, Fabriksystem, Viehzucht, »sharecropping«, multinationale Produktion) muß nach Zeit und Ort ihres Vorkommens klassifiziert werden. Zur Klassifizierung der aktuellen *Arten* von Produktionssystemen nach Zeit und Ort gehört auch ihr jeweiliger Bezug (in gängiger Wirtschaftsterminologie: die »rückwärtigen und vorwärtigen Verkettungen«) zur Sozioökonomie, in die sie eingebettet sind.

Die letztere Kennzeichnung schließt die Klärung der Frage ein, inwiefern die Produktionseinheiten in die Wirtschaftssysteme integriert sind, und umgekehrt, inwiefern die Ökonomien in die Reproduktion der Produktionseinheit einbezogen sind. Diese Systeme von Austauschbeziehungen haben entscheidende Bedeutung für die Definition des Charakters und des Einflusses der Weltproduktion an Bedarfsgütern – das Ziel dieser speziellen Arbeit. Das heißt, unser Interesse ist, die mit der Bedarfsgüterproduktion verbundenen Parameter und Beziehungsgeflechte zu dokumentieren, um Populationen/lokale nicht-monetarisierte Ökonomien zu erfassen, die als Zulieferer in solche Produktion eingegliedert sind. Solche Informationen geben Aufschluß über Phänomene wie: Art (und Quellen) der Rekrutierung von Arbeitskräften, Quantität und Qualität von Nicht-Lohneinkommen und folglich über die Zonen, die Nahrungsmittel liefern, über

Transportsysteme, den Stand der Technologie (im ungleichen Verhältnis) usf. Mit anderen Worten: Uns interessiert der Zusammenhang von Subsistenzkonsumtion und Warenkonsumtion. Es gibt eine wachsende Zahl von Forschungsarbeiten, die sich damit befassen, daß Subsistenzregionen der Weltwirtschaft billige Arbeitskraft für die Warenproduktion liefern.[41]

Aufgabe 5: Messen der Nettokapitalakkumulation (Kapitalbildung minus Disakkumulation) auf weltwirtschaftlicher Ebene*

Diese Aufgabe besteht darin, Methoden zu finden, mit deren Hilfe der Verlauf der Weltkapitalakkumulation bewertet werden kann. Auch hier geht es wiederum nicht an, nur nationale Daten zu kumulieren; vielmehr müssen wir uns darauf konzentrieren, die Aspekte der systembedingten *Vermaschung* der Weltwirtschaftszonen, hier bezogen auf die Nettokapitalakkumulation, herauszuarbeiten. Anders gesagt: Die Bedingung für die Existenz des »multinationalen Konzerns« als einer im »Zentrum« verankerten akkumulierenden Produktionseinheit ist der Transfer von Kapital aus der »Peripherie« (wie er in vielen Fällen auch Wettbewerbsschranken für das Wachstum der lokalen Produktionskapazität bedingt).

Die übergeordnete Aufgabe ist also zunächst, die Interdependenz der Prozesse der Kapitalakkumulation in der Weltwirtschaft, die verschiedene Produktionsprozesse in sich vereinigt, zu spezifizieren. Dies ist die Voraussetzung dafür, das Nettowachstum der Produktionskapazitäten, wie es sich in den weltwirtschaftlichen Produktionsziffern unmittelbar niederschlägt und aus diesen herleitet, zu messen. Die Bedeutung dieser Aufgabe besteht in der Bewältigung dessen, was bis dato als theoretisch unabdingbar, aber praktisch unmöglich galt, nämlich den Beitrag nicht-monetarisierter Wirtschaftsprozesse zur Kapitalakkumulation zu messen. Daneben wollen wir systematisch die vielfältigen Quellen der Staatseinkünfte prüfen und klären, inwiefern Staatsausgaben Formen von Kapitalakkumulation und Disakkumulation sind. So ließe sich eindeutig feststellen, auf welche Weise die Produktionskapazitäten in der kapitalistischen Weltwirtschaft hauptsächlich wachsen, und weiter, welches der wesentliche Kontext der bisher gemessenen Kapitalströme (Gold und Geld) ist.

* Disakkumulation schließt ein: Abschreibung für Wertminderung; Veralten (das Ergebnis von Veränderungen der Kostenstruktur); Rezessionseffekte; vorsätzliche Vernichtung (durch Krieg oder aus anderen Gründen); Surplusverbrauch (»Zehren von Kapital«).

Aufgabe 6: Erfassung der Formation der Arbeitskräfte im weltwirtschaftlichen Rahmen

Diese Aufgabe erfordert die Aufzeichnung der verschiedenen institutionalisierten Formen von Arbeit und deren Zusammenhang mit den differenzierten Weltwirtschaftszonen in unterschiedlichen historischen Perioden. Zweifellos wird sie in den anderen fünf Aufgaben schon antizipiert, bedarf jedoch der systematischen Erarbeitung als eigene Aufgabe. Die Quantifizierung der verschiedenen Arbeiterkategorien über Zeit bildet eine weitere Methode, mit deren Hilfe die Weltwirtschaft und der fortschreitende Prozeß der Nettokapitalakkumulation analysiert werden können. Als eine weitere Quelle weltwirtschaftlicher Daten bietet sie a) den wesentlichen Rahmen für neue Untersuchungen und Hypothesen über spezifische Migrationsmuster und die weltwirtschaftliche Verschiebung von Arbeitskräften (ein Beispiel wäre das Verhältnis zwischen der kaukasischen Migration und dem Sklavenhandel als zwei verschiedenen Formen der Arbeitskräfteverschiebung, die je anderen Perioden der Entwicklung der kapitalistischen Weltwirtschaft entsprechen); b) die Möglichkeit, eine Korrelation zwischen langen zyklischen Trends der Weltwirtschaft und bestimmten Formen und geographischen Verschiebungen von Beschäftigung und Arbeitslosigkeit herzustellen; c) die Möglichkeit, den im Laufe der weltwirtschaftlichen Entwicklung veränderten Platz von Frauen und Kindern im Heer der Arbeitskräfte begrifflich neu zu fassen; d) systematische Daten für die Untersuchung der Auswirkungen, die die Wandlung des Arbeitsprozesses auf die Lebensqualität in der Familie, am Arbeitsplatz und im ganzen Gemeinwesen hat.

Anmerkungen

1 Vgl. I. Wallerstein, *A World-System Perspective on the Social Sciences*, in: *British Journal of Sociology*, XXVII, 3. September 1976, S. 343-353.

2 Siehe beispielsweise United Nations, *The Economic Development of Latin America and Its Principal Problems*, New York 1950; Raúl Prebisch, *Commercial Policy in the Underdeveloped Countries*, in: *American Economic Review Papers and Proceedings*, Mai 1959; Werner Baer, *The Economics of Prebisch and ECLA*, in: *Economic Development and Cultural Change*, Januar 1962.

3 Die Logik dieser Position wird verfolgt von S. J. Patel, *Depressed Exporters: The Hard Core of Development Problems*, in: *Economia Internazionale*, XXIV, 3/4, August-November 1971, S. 543-559; vgl. jedoch Jagdish Bhagwati, *A Sceptical Note on the Adverse Secular Trend in the Terms of Trade of Underdeveloped Countries*, in: *Pakistan Economic Journal*, X, 4, Dezember 1950, S. 1-11.

4 Ragnar Nurkse, *Problems of Capital Formation in Underdeveloped Countries*, Oxford 1953; Gunnar Myrdal, *Development and Underdevelopment: A Note on the*

Mechanism of National and International Economic Inequality, Kairo 1956.

5 Die Schriften hierzu sind mannigfaltig. Paul Barans einflußreiche Arbeit ist *The Political Economy of Growth*, New York: Monthly Review Press 1957. In späteren Büchern finden sich die diversen Schriften von Samir Amin, F. H. Cardoso, Theotonio dos Santos, André Gunder Frank, Tamas Szentes.

6 Vgl. z. B. A. D. Roberts, *The Sub-imperialism of the Baganda*, in: *Journal of African History*, III/3, 1962, S. 435-450.

7 Ruy Mauro Marini, *Subdesarollo y revolución*, Mexiko: Siglo XXI, 5. überarbeitete Auflage 1974.

8 Vgl. I. Wallerstein, *Semi-peripheral Countries and the Contemporary World Crisis*, in: *Theory and Society*, III/4, Winter 1976, S. 461-484.

9 Die ursprüngliche Formulierung findet sich in Arghiri Emmanuel, *Unequal Exchange*, New York: Monthly Review Press 1972. Zu der anhaltenden Debatte siehe u. a. Oscar Braun, *Comercio internacional e imperialismo*, Buenos Aires: Siglo XXI, 1973; Samir Amin, *L'échange inégal et la loi de la valeur*, Paris: Edition Anthropos, IDEP, 1973; E. Somaini, A. Emmanuel, L. Boggio & M. Salvati, *Salari, sottosviluppo, imperialismo*, Turin: Giulio Einaudi Ed. 1973.

10 Vgl. Paul Samuelson, *Trade-Pattern Reversals in Time-Phased Ricardian Systems and International Efficiency*, in: *Journal of International Economics*, V/4, 1975, S. 309-365; zu einer Erwiderung von Arghiri Emmanuel siehe *Gains and Losses from the International Division of Labor*, in: *Review*, I/2, Herbst 1977.

11 Vgl. André Gunder Frank, *Über die sogenannte ›ursprüngliche Akkumulation‹*, im vorliegenden Band. Die Frage wurde erstmals zur Zeit des Ersten Weltkrieges diskutiert. Vgl. Rosa Luxemburg, *Die Akkumulation des Kapitals*, 3. Aufl. Frankfurt: Verlag Neue Kritik 1969, und Nikolaj Bucharin, *Imperialism and Accumulation of Capital*, New York: Monthly Review Press 1972 (daselbst auch die englische Ausgabe von R. Luxemburg).

12 Vgl. Philip C. Jessup, *A Modern Law of Nations*, New York: Macmillan 1949.

13 Walter L. Dorn, *Competition for Empire, 1740-1763*, New York: Harper Torchbooks 1963, S. 1. Dorn beschränkt sich in seinen Ausführungen auf Europa, weil er das 18. Jahrhundert behandelt. Heute gilt die Aussage für die ganze Welt.

14 Vgl. Charles Tilly (Hrsg.), *The Formation of National States in Western Europe*, Princeton: Princeton University Press 1975, passim. Siehe auch die zahlreichen Schriften von Stein Rokkan.

15 Dies wird im einzelnen dargestellt in Richard Koebner und Helmut Dan Schmidt, *Imperialism: The Story and Significance of a Political Word, 1840-1960*, Cambridge: University Press 1964.

16 J. A. Hobson, *Imperialism: A Study*, Erstveröffentlichung 1902; V. I. Lenin, *Der Imperialismus als höchstes Stadium des Kapitalismus*, Erstveröffentlichung 1916.

17 Eine für diese Gruppe typische Argumentation findet sich in Kwame Nkrumah, *Neo-Colonialism: The Last Stage of Imperialism*, New York: International Publishers 1965.

18 Der Begriff wurde erstmals 1940 von C. R. Fay gebraucht; umfassende Geltung erhielt er dann in dem Artikel von John Gallagher und Ronald Robinson, *The Imperialism of Free Trade*, in: *Economic History Review*, VI/1, 1953.

19 Obwohl der Begriff »Weltkrieg« erst im 20. Jahrhundert geprägt wurde, verweisen Wissenschaftler heute darauf, daß es der Dreißigjährige Krieg war, in dem erstmals »der ganze Kontinent in zwei einander bekriegende Lager gespalten wurde«. J. V. Polisensky, *The Thirty Years War*, Berkeley: University of California Press 1971, S. 257.

20 Vgl. I. Wallerstein, *The Rise and Future Demise of the World Capitalist System: Concepts for Comparative Analysis*, in: *Comparative Studies in Society and History*; XVI, 4. September 1974, S. 387-415, dt. Übersetzung im vorliegenden Band.

21 Die erste große Arbeit, die sich schwerpunktmäßig mit diesem Thema befaßte, war wohl Pierre Moussa, *Les nations prolétaires*, Paris: Presses Univ. de France 1959.

22 Kondratieffs Artikel erschien zuerst auf russisch, dann auf deutsch in den zwanziger Jahren. Ins Englische übersetzt erschien er unter dem Titel *The Long Waves in Economic Life*, in: *Review of Economic Statistics*, XVII, 6. November 1935, S. 105-115. Die frühe russische Debatte ist zusammengefaßt in G. Garvey, *Kondratieff's Theory of Long Cycles*, in: *Review of Economic Statistics*, XXV, 6. November 1943, S. 203-220.

23 Wahrscheinlich die einflußreichste, sicherlich die umfangreichste Arbeit war: Joseph Schumpeter, *Business Cycles*, 2 Bände, New York: McGraw-Hill 1939.

24 Hierzu muß einschränkend gesagt werden, daß es einige synthetische Arbeiten gab: Alvin H. Hansen und R. V. Clemence (Hrsg.), *Readings in Business Cycles and National Income*, New York: Norton 1953; Leon H. Dupriez, *Des mouvements économiques généraux*, 2 Bände, Louvain: I.R.E.S. de l'Univ. de Louvain 1947; Gaston Imbert, *Des mouvements de longue durée Kondratieff*, Aix-en-Provence: La Pensée Universitaire 1959. Imbert bringt auf den Seiten 501-517 eine lange Literaturliste.

25 Siehe u. a. W. W. Rostow, *The Developing World in the Fifth Kondratieff Upswing*, in: *Annals of the A.A.P.S.S.*, Nr. 420, Juli 1975, S. 111-124, sowie jetzt derselbe, *The World Economy*, London: Macmillan, 1978.

26 Siehe die Zusammenfassung dieser Daten in F. P. Braudel und F. Spooner, *Prices in Europe from 1450 bis 1750*, in E. E. Rich und C. H. Wilson (Hrsg.), *The Economy of Expanding Europe in the Sixteenth and Seventeenth Centuries*, Band IV von *The Cambridge Economic History of Europe*, Cambridge: University Press 1967, S. 374-486.

27 Siehe Marie Kerhuel, *Les mouvements de longue durée des prix*, Rennes: thèse pour le doctorat en droit, Juli 1935; Jenny Griziotti-Kretschman, *Il problema del trend secolare nelle fluttuazioni dei prezzi*, Pavia: Publ. della R. Università di Pavia 1935. Siehe auch einen früheren Artikel von C. Bresciani-Turroni, *Movimenti di lungha durata dello sconto e dei prezzi*, in: *Giornale degli Economisti*, II, 1917, S. 1-11.

28 François Simiand, *Les fluctuations économiques à longue période et la crise mondiale*, Paris: Alcan 1932.

29 Siehe C.-E. Labrousse, *Esquisse du mouvement des prix et des revenues en France au XVIIIe siècle*, Paris: Lib. Dalloz 1932, 2 Bände.

30 Besondere Berechnungen über 700 Jahre wurden angestellt von B. H. Slicher van Bath, *The Agrarian History of Western Europe A. D. 500-1850*, New York: St. Martins 1963; vgl. die zahlreichen Arbeiten von Pierre Chaunu. Siehe auch die lange editorische Einführung von Ruggiero Romano in: *I prezzi in Europa dal XIII secolo a oggi*, Turin: Einaudi Ed. 1967.

31 Hier handelt es sich um die klassische Debatte über die Natur des »Übergangs vom Feudalismus zum Kapitalismus«. Vgl. Marx, Weber, Dobb versus Sweezy etc.

32 Es war John U. Nef, der dieses Thema zuerst anschnitt. Siehe die diversen Aufsätze in *The Conquest of the Material World*, Chicago: University of Chicago Press 1964.

33 Zu einem Hinweis darauf, wie dies geschehen könnte, vgl. die empirischen Ausführungen über Afrikas Verhältnis zur kapitalistischen Weltwirtschaft in I. Wallerstein, *Africa in a Capitalist World*, in: *Issue*, III/3, Herbst 1973, S. 1-11; vgl. auch ders., *The Three Stages of Africa's Involvement in the World Economy*, in: P.C.W. Gutkind und I. Wallerstein (Hrsg.), *The Political Economy of Contemporary Africa*, Beverly Hills: Sage 1976, S. 30-57.

34 Die Nicht-»Rationalität« vorkapitalistischer Formen ist für Weber zentral. Vgl. *The Theory of Social and Economic Organization*, New York: Oxford University Press 1972, S. 276 ff.

35 Ernesto Laclau, *Imperialism in Latin America*, in: *New Left Review*, Nr. 67, Mai/Juni 1971, S. 19-38. Vgl. auch Lesley Boyd Simpson, *Many Mexicos*, Berkeley: University of California Press 1967, S. 111.

36 Eugene D. Genovese, *The Political Economy of Slavery*, New York: Pantheon 1967; vgl. Charles Verlinden, *The Beginnings of Colonization*, Ithaca: Cornell University Press 1970.

37 Siehe die Debatte im *Journal of Economic History*, XXXIII, März 1973, zwischen Roger Ransom und Richard Sutch (*Debt Peonage in the Cotton South After the Civil War)* und Joseph D. Reid, Jr. *(Share-cropping as an Understandable Market Response – the Post-Bellum South)*.

38 Siehe die Skepsis gegenüber dieser Standardauffassung von Sozialanthropologen in Polly Hill, *Migrant Cocoa-Farmers of Southern Ghana*, Cambridge: University Press 1963, passim und insbesondere Anhang VII, 6, *Linguistic Economics*, S. 214-217.

39 Wir sind uns sehr wohl der großen Gefahr »scheinbarer Genauigkeit« bewußt, die gut beschrieben ist in Oskar Morgenstern, *On the Accuracy of Economic Observations*, 2. Auflage, Princeton: Princeton University Press 1963, besonders Kapitel III, S. 62-69.

40 Zu solchen Untersuchungen zählen Sven Nilson, *Growth and Stagnation in the European Economy*, Genf: U.N.E.C.E. 1954; W. A. Lewis, *World Production, Prices, and Trade*, in: *Manchester School of Economic and Social Studies*, XX, 1962, S. 105-138; Angus Maddison, *Growth and Fluctuation in the World Economy, 1870-1960*, in: *Banca Nazionale del Lavoro*, Nr. 61, Juni 1962, S. 127-195.

41 Die Literatur über das moderne Südafrika etwa ist sehr umfangreich. Siehe als Beispiel Bernard Magubane, *The Native Reserve (Bantustans) and the Role of the Migrant Labor Systems in the Political Economy of South Africa*, in: H. Safa und B. M. DuToit (Hrsg.), *Migration and Development*, Paris: Moutou 1975, S. 225-269.

Huri Islamoğlu und Çağlar Keyder
Ein Interpretationsrahmen für die Analyse des Osmanischen Reiches

In diesem Aufsatz schlagen wir eine neue Lektüre (und Formulierung) der osmanischen Geschichte vor. Diese Lektüre leitet sich von bestimmten Begriffen und theoretischen Konstruktionen her, welche die Grundlage eines in den Sozialwissenschaften neu entstehenden Paradigmas bilden.[1] Wir hoffen, daß die von uns vorgeschlagene Lektüre als begrifflicher Bezugsrahmen für die Bestimmung neuer Forschungsprobleme dienen kann.

Das neue Paradigma hat vielfältige Vorläufer: Althusser und Balibar (1968) für die Morphologie der Produktionsweise, A. G. Frank (1967) für die Begriffe »Zentrum« und »Peripherie« und I. Wallerstein (1974) für die Bestimmung von Weltreich und Weltwirtschaft als adäquaten Untersuchungseinheiten.[2] Im Rahmen dieses Paradigmas müßte die Rekonstruktion der osmanischen Geschichte den Übergang vom Weltreich (in dem die asiatische Produktionsweise dominant war) zu einer Region mit peripherem Status in der kapitalistischen Weltwirtschaft beschreiben. Im folgenden werden wir die von uns vorgeschlagene Lesart vorstellen. Zuvor möchten wir jedoch versuchen, die gegenwärtige Literatur zu charakterisieren und zu kritisieren.

1. Kritik des gegenwärtigen Paradigmas

Um zu erkennen, in welchen theoretischen Schranken die Historiographen der osmanischen Geschichte befangen sind, ist es geboten, die ihrer Arbeit zugrunde liegenden impliziten Prämissen zu explizieren. Obgleich diese Prämissen nicht als solche artikuliert werden, werden sie von den Osmanisten geteilt und sind in einem solchen Grade in ihrer Forschungsarbeit enthalten, daß man zu Recht behaupten kann, die betreffenden Wissenschaftler arbeiteten im Rahmen ein- und desselben Paradigmas. Um die gängigen Prämissen dieses Paradigmas aufzuzeigen, haben wir drei repräsentative Werke zur osmanischen Geschichte ausgewählt: H. İnalcık, *The Ottoman Empire*; Gibb und Bowen, *Islamic Society and the West* und B. Lewis, *The Emergence of Modern Turkey*.[3] Jedem dieser Bücher kommt der Rang eines Standardwerks für eine der beiden Perioden zu, die den zeitlichen Rahmen für die Rekonstruktion der Geschichte des Reiches abstecken – die beiden erstgenannten behandeln das »Goldene Zeitalter« und die Anfänge des Niedergangs, während sich das zuletzt genannte Werk vorrangig mit der Reformära und der »Verwestlichung« befaßt.[4]

Innerhalb dieser Periodisierung, in der sich die Prämissen des Paradigmas widerspiegeln, schält sich das Untersuchungsobjekt als eine Summierung von nicht-integrierten Institutionen heraus. In allen drei Werken wird in der Analyse davon ausgegangen, daß jede Institution ihren eigenen Existenzraum und folglich ihre eigene Geschichte hatte; daß jede Institution sich ihrer eigenen »Idee« gemäß entwickelte und verfiel, als sie dieser »Idee« nicht mehr entsprach. Der Niedergang von Institutionen resultierte nicht aus ihnen inhärenten Faktoren, sondern aus externen Faktoren, z. B. Bevölkerungswachstum, einem beispiellosen Preisauftrieb, Veränderungen in der Handelsstruktur oder der wachsenden militärischen und ökonomischen Macht des Westens. Das bedeutet jedoch nicht, daß in den genannten Werken jeder Institution die gleiche Aufmerksamkeit zuteil wird. Es gibt privilegierte Institutionen wie z. B. das System der Landvergabe oder die Zentralbürokratie, und anhand ihrer jeweiligen Geschichte wird die Geschichte des Reiches nachgezeichnet. Die Geschichte des Reiches ihrerseits wird dergestalt strukturiert, daß einem Goldenen Zeitalter eine Periode des Niedergangs gegenübergestellt wird, wobei die zeitliche Gliederung der privilegierten Institution als Vorbild dient. Mithin stehen »Blüte« und »Niedergang« aller Institutionen zusammengenommen für die Perioden des Goldenen Zeitalters und des Niedergangs des Systems als Ganzem. Wenn von Reform von Institutionen die Rede ist, ist nicht ihre Wiederherstellung in alter Gestalt gemeint, sondern ihre Ersetzung durch neue Institutionen, welche die Funktionen der absterbenden Institutionen erfüllen. So gelangt man zu der These, daß es sich hierbei in Wirklichkeit um eine Umbildung von außen handelte, um neuen Anforderungen zu genügen, die aus dem modernisierenden Einfluß des Westens erwuchsen.

Wird Geschichte als lineares Fortschreiten vom Goldenen Zeitalter zum Niedergang und dann zur Umbildung von Institutionen nach westlichem Vorbild rekonstruiert, so liegt dem eine Analyse der osmanischen Gesellschaft von einer bestimmten Weltanschauung aus zugrunde. Diese Anschauung wird durch ihr getreues Festhalten an der »Idee« der nahöstlichen Gesellschaft charakterisiert.

İnalcık baut seine Geschichtsschreibung auf der »Idee« der nahöstlichen Gesellschaft auf, wie sie mittels juristischer Texte projiziert wird. Darin, daß diese »Idee« und ihr »realer« Bezugsbereich in eins gesetzt werden, schlägt sich die Annahme nieder, daß die philologische Entschlüsselung dieser Texte zur Erkenntnis der »wirklichen« Gesellschaft führen werde. So wird die Totalität zu einer ideologisch bestimmten: Die Gesellschaft ist die Idee, die sie von sich selbst hat, und ihre Geschichte ist die Lektüre von Texten, in denen sich diese Idee entfaltet.[5] Der »Idee« zufolge war die osmanische Gesellschaft in zwei funktional definierte Gruppen geteilt. Die Herrschenden, personifiziert im absoluten Souverän, bildeten eine »militärische« Klasse. Diese umfaßte alle Gruppen, die den absoluten Herrscher bei der Erfüllung seiner Funktion, die öffentliche Ordnung zu errichten und den Beherrschten Gerechtigkeit und Schutz zu gewähren, unterstützten und vertraten. Die zweite Gruppe, die der Untertanen *(rāyā)*, setzte sich aus Ackerbauern, Handwerkern und Kaufleuten zusammen.[6] Diese bildeten eine Klasse, deren Mehrprodukt in Form von Steuern in Einklang mit den Bedürfnissen der Herrschenden kanalisiert wurde. Daher waren die Beziehungen zwischen Herrschenden und Beherrschten durch Reziprozität und Zirkularität gekennzeichnet. Die Beherrschten schuldeten dem Souverän absoluten Gehorsam und mußten zum Zweck der Erhaltung seiner Macht und Autorität Steuern zahlen, damit er sie gegen Unbill schützen, Armeen aufstellen und einen Verwaltungsapparat zur Aufrechterhaltung der öffentlichen Ordnung errichten konnte. Dieser Apparat existierte, damit die herrschende Klasse die Einnahmequellen in Form von Steuern kontrollieren und somit das Gedeihen des Staates gewährleisten konnte.[7] Die solcherart definierte Klassenstruktur beruhte auf einer »Idee« des Staates, der diesen mit der absoluten Gewalt des Souveräns gleichsetzte und Gerechtigkeit sowie Aufrechterhaltung der öffentlichen Ordnung als für seinen Fortbestand wesentlich erachtete.[8] Unter Voraussetzung dieser ideologischen Struktur des Staates leiten sich seine einzelnen Funktionen von der globalen Funktion ab, die ewige Ordnung zu erhalten und die Interessen der Untertanen zu wahren. Folglich werden die Institutionen, mit deren Hilfe diese Funktionen erfüllt wurden, als Emanationen des ideologischen Wesens des Staates aufgefaßt.[9] Darum geht İnalcık bei seiner Analyse der spezifischen osmanischen Institutionen wie Palast, Zentralbürokratie, Provinzialverwaltung und *tīmār*-System* nicht auf die wechselnden Funktionen oder die Evolution der realen Wirkungsweise dieser Institutionen ein,

* Ein System der Landvergabe. Der Inhaber eines *tīmār* hatte dem Staat administrative und militärische Leistungen zu erbringen; anders als der Steuerpächter, der nur einen bestimmten Anteil an den Einnahmen beanspruchen konnte, konnte er sämtliche Einnahmen aus dem *tīmār* einbehalten. Da seine Beziehung zu dem direkten Produzenten rein finanzieller Natur war, ist dieses System nicht mit dem europäischen Feudalismus gleichzusetzen, und in der Übersetzung verwendete Begriffe wie »Lehen« enthalten eine gewisse Unschärfe. *(Anm. d. Ü.)*

sondern auf die Evolution der Staatsideologie, wie sie sich in jeder dieser Institutionen spiegelte. Sein Problem besteht darin, für die Kohärenz des Ganzen eine Erklärung zu liefern. Während die Institutionen direkte Träger der Staatsideologie waren, war – insbesondere in den Städten – das Wirtschaftsleben (İnalcık spricht vom »sozialen und ökonomischen Leben«) von einer solchen direkten Kontrolle relativ unabhängig. Doch konkretisierte sich auch hier das ideologische Selbstverständnis des Staates, da die Organisation des städtischen Wirtschaftslebens dem Prinzip des islamischen Ideals folgte (ein Beispiel ist das Gildensystem). So wurde die Integration von vertikalen Elementen – den Institutionen – und dem horizontalen »sozialen und ökonomischen Leben« durch Vermittlung der Ideologie gewährleistet.

Aus dieser ideologischen Funktionsweise der Gesellschaft folgt, daß der Niedergang des Systems nicht aus seiner inneren Dynamik entstand, sondern mit Hilfe externer Faktoren erklärt werden muß. In İnalcıks Darstellung der osmanischen Geschichte sind diese externen Faktoren die inflationäre Entwicklung der Preise gegen Ende des 16. Jahrhunderts und die Veränderungen in der Struktur des Handels, die dazu führten, daß die Kontrolle des Staates über die Wirtschaft geschwächt und er mithin außerstande gesetzt wurde, seine ideologische Funktion wahrzunehmen. Angesichts der ökonomischen und politischen Überlegenheit des Westens, die sich gegen Ende des 16. Jahrhunderts abzeichnete, mußten die Osmanen erkennen, daß diese Institutionen »überlebt waren und nicht in die neue Ära paßten«.[10] Die Anpassung an neue Bedingungen erforderte somit, die ideologische Reinheit der Institutionen zu korrumpieren, was zugleich ihren Niedergang signalisierte. Folgt man İnalcık, so ist die osmanische Geschichte vom 17. Jahrhundert an die Geschichte dieses Niedergangs.

Wie İnalcık legen auch Gibb und Bowen ihrer geschichtlichen Darstellung die Analyse von Institutionen zugrunde. Auch sie stehen vor dem Problem, für die Kohärenz eines nicht integrierten Ensembles von Institutionen eine Erklärung zu finden.[11] In Übereinstimmung mit der von ihnen gewählten Untersuchungseinheit – einer Zivilisation mit islamischer Substanz – weisen sie der religiösen Ideologie, d. h. dem Islam, die Rolle zu, die Totalität zu gewährleisten. Damit bleibt ihr Ansatz der historischen Tradition des 19. Jahrhunderts verhaftet, die über Aufstieg und Fall von Zivilisationen meditiert. Im Bezugsrahmen dieser Vorstellung von atomisierten Zivilisationen gelangen Gibb und Bowen zu der Auffassung, daß die islamische Gesellschaft bis zu ihrem ersten wirklichen Kontakt mit dem Westen – der napoleonischen Invasion – in »Isolation« lebte. Deshalb kann ihr Niedergang mit der »nachlassenden Kraft des islamischen Geistes« erklärt werden. Diese Vorstellung des Niedergangs kennzeichnet auch das orientalistische Paradigma, das die Geschichte islamischer Gesellschaften als eine Geschichte begreift, in der auf einen Höhepunkt im frühen Mittelalter ein kontinuierlicher Niedergang folgte. Die Vertreter des orientalistischen Paradigmas räumen zwar ein, daß die Gründung des Osmanischen Reiches diesen linearen Prozeß des Niedergangs aufhielt, doch ignorieren sie diese Anomalie und richten ihre Aufmerksamkeit mit pedantischer Genauigkeit auf das Goldene Zeitalter der Hochzivilisation. Eben diese Anomalie aber bildet das Objekt von Gibbs und Bowens Geschichtsschreibung. Um die Funktionsweise der osmanischen Gesellschaft erklären zu können, sind sie gezwungen, neben dem orientalistischen Paradigma noch eine Reihe anderer Prämissen heranzuziehen – jene des »Orientalischen Despotismus«.[12]

Diesen Prämissen zufolge war die Gesellschaft streng in Herrschende und Beherrschte geteilt. Die ersteren waren von den letzteren abgesondert und hinter dem Gitterwerk von Institutionen verschanzt, mittels derer sie ihre absolute Herrschaft über die Beherrschten ausübten. Die Beherrschten waren in atomisierte »Autonomien« *(autonomies)* wie Dörfer, Volksstämme, Stadtviertel und Gilden zersplittert und nur durch ökonomische und religiöse Bindeglieder integriert. Diese Gesellschaft war durch »Statik« gekennzeichnet.

Ausgehend von diesen Prämissen gelingt es Gibb und Bowen jedoch nicht, ihr Ziel zu erreichen, nämlich die interne Dynamik der osmanischen Gesellschaft aufzuzeigen. Ihre Analyse bleibt vielmehr statisch. Erstens trägt ihr Schema nicht dem Umstand Rechnung, daß die Gruppen innerhalb der »regierenden und herrschenden Institution« *(ruling institution)*, nämlich Verwaltungsbeamte *(bureaucrats)*, Soldaten und *'ulemā** jeweils Sonderinteressen verfolgten; statt dessen werden sie als einheitliche Teile der Zentraladministration verstanden. Die Beziehungen zwischen diesen Gruppen waren daher durch vollkommene Harmonie gekennzeichnet. Zweitens nehmen Gibb und Bowen eine strenge Scheidung der Herrschenden von den Beherrschten an und ignorieren somit die Rolle, welche die Verwaltungsbeamten als Vermittler zwischen der Zentraladministration und den lokalen Gruppen für den Zusammenhalt des Systems spielten. Drittens lassen sie außer acht, daß die Zentralregierung zum Zweck der sozialen Kontrolle von lokalen Notabeln Gebrauch machte, insofern sie davon ausgehen, daß die Erfüllung von Aufgaben, die zur Aufrechterhaltung der Zentraladministration erforderlich waren (z. B. Steuereintreibung), auf die Mitglieder der regierenden und herrschenden Institution beschränkt war.[13] Ebensowenig berücksich-

* Islamische Gelehrte, Theologen. *(Anm. d. Ü.)*

tigen Gibb und Bowen, daß die Beherrschten durch den Mechanismus von internen Marktverflechtungen und Binnenhandel in das System integriert waren. Da sie sich in dieser Weise auf den Bezugsrahmen eines Ensembles unverbundener »Autonomien« beschränken, können sie weder die Funktionsweise der osmanischen Gesellschaft erklären noch ihre potentielle Dynamik lokalisieren, die in dem komplexen Muster von Verbindungen zwischen den verschiedenen Gruppen gesucht werden muß. Und den Zusammenhalt der Gesellschaft sehen sie in einer weiteren Institution, der religiösen, gewährleistet.

Unter gleichzeitiger Verwendung der Prämissen des orientalischen Despotismus und des orientalistischen Paradigmas zeichnen Gibb und Bowen das Bild einer Gesellschaft, die durch »Statik« gekennzeichnet und in ihrer zivilisationsmäßigen Besonderheit »isoliert« ist. Veränderungen müssen mit Hilfe externer Faktoren erklärt werden. Gibb und Bowen, die sich in einem kulturgeschichtlichen Kontext bewegen, erblicken diesen externen Faktor in der napoleonischen Invasion und dem nachfolgenden Eindringen der Ideen der Französischen Revolution in die osmanische Gesellschaft. Sie vermuten, daß von diesen Ideen Säkularisierung und Freiheit bei der Transformierung einer Gesellschaft mit islamischer Substanz und despotischer Regierungsform eine Schlüsselposition innegehabt haben.[14] Damit ignorieren sie die Beziehungen, die auf ökonomischer Ebene zwischen der osmanischen Gesellschaft und dem Westen existierten und die sich vom 16. Jahrhundert an anbahnende Integration dieser Gesellschaft in die Weltwirtschaft. Wie wir sehen werden, ist dieser Mangel auch für das Buch von Lewis kennzeichnend.

Während für İnalcık und für Gibb und Bowen das Osmanische Reich in seinem Goldenen Zeitalter das privilegierte Objekt der Analyse ist, verlagert das Buch von Lewis den Schwerpunkt auf die Periode des Niedergangs und der »Verwestlichung«. Dementsprechend macht Lewis in seinem Begriffsapparat Anleihen bei einem anderen Bezugsrahmen, nämlich bei der »Modernisierungs-Theorie«.[15] Zuerst ermittelt er die Gründe für den Niedergang des Reiches und benennt dann die Stadien der Anleihen bei der »westlichen Tradition«. Für Lewis ist der Wendepunkt der osmanischen Geschichte der Herbst 1793, als Selim III. nach Paris schrieb, um Techniker und Rekruten anzufordern.

Das 19. Jahrhundert war Zeuge weiterer Bemühungen, die Kluft zu füllen, die sich durch den unablässigen Niedergang der Institutionen des Reiches auftat. Dies gestattete allmählich die Übernahme europäischer Institutionen und der »abendländischen Weltanschauung«. Die Transmissionsmechanismen wurden spezifiziert und der »Einfluß des Westens« abgeschätzt. Ideologische Anleihen überflügelten jedoch schon bald tatsächliche Modernisierung von Institutionen, ein Umstand, der einen Konflikt zwischen Reformern und Reaktionären hervorrief.[16] Schließlich erreichte die kurzlebige Revolution der Jungtürken mit der Gründung der Türkischen Republik den Höhepunkt ihrer 1789 gewonnenen Ideen.

Mit diesem Modell institutioneller Anleihen befaßt sich eine ganze Reihe von Veröffentlichungen, deren Interesse den militärischen und administrativen Reformen gilt, die mit Selim III. einsetzten und zu denen die Versuche aus der Tanzimat-Periode und danach zählen.[17] Ein gemeinsames Merkmal dieser Veröffentlichungen ist, daß das Interesse ihrer Autoren bestimmten Elementen des Überbaus gilt.

Selbstverständlich hatte Lewis nicht die Absicht, eine Wirtschaftsgeschichte zu schreiben. Aber sein Buch ist ein Beispiel für die ausschließliche Betonung politischer und ideologischer Faktoren, die sich in nahezu der gesamten »Modernisierungs-Theorie« findet. Während auf die ökonomische Integration in den Kapitalismus kaum eingegangen wird, nimmt die Erörterung institutioneller und rechtlicher Reformen einen breiten Raum ein. Mithin gibt es keine theoretische Darstellung der Auswirkungen der kapitalistischen Durchdringung und folglich auch keine Aussagen über die Beziehungen zwischen neuer Rechtsprechung und den Erfordernissen des Handelskapitals, um nur ein Beispiel zu nennen. Da diese Verbindung mit der kapitalistischen Weltwirtschaft nicht theoretisch erfaßt wird, bleibt die strukturelle Stellung des Landes innerhalb der Weltwirtschaft unbeachtet. Lewis dient die politische Entwicklung Frankreichs als Modell. Das verzerrte Abbild des bürgerlichen Modells im Spiegel der Peripherie wird dank der segensreichen Modernisierungsoptik auf wundersame Weise geglättet. Uns geht es freilich darum, mit dem Begriff der »Peripherisierung« gerade die Eigentümlichkeit dieser Verzerrung einzufangen.

2. Die osmanische Gesellschaftsformation

Die Analyse des gegenwärtig herrschenden Paradigmas in der Darstellung der osmanischen Geschichte führt uns zu der Schlußfolgerung, daß eine neue Definition des Untersuchungsobjekts angebracht ist, denn das gegenwärtige Paradigma kann die verschiedenen Bereiche, die es behandelt, weder strukturell noch zeitlich zulänglich erfassen. Seine Problemstellung ist auf eine dichotomische zeitliche Einteilung der osmanischen Geschichte beschränkt, die mit den implizit der historischen Forschung zugrunde liegenden theoretischen Prämissen in Einklang steht. Ein hybrider institutioneller Funktionalismus einerseits und eine unausgereifte Auffassung von

Modernisierung andererseits – das ist der Bezugsrahmen, in dem sich gegenwärtig der größte Teil der Forschung zur osmanischen Geschichte bewegt. In diesem Abschnitt wollen wir versuchen, einen Bezugsrahmen zu formulieren, der sowohl die verschiedenen Elemente der Struktur zu einem sinnvollen Ganzen integrieren als auch mit Hilfe einer Periodisierung, die sich am Begriff der Peripherisierung orientiert, die beiden unzusammenhängenden Zeitblöcke des 16. und 19. Jahrhunderts verbinden kann.

Dieser Bezugsrahmen ist die theoretische Konstruktion der »Gesellschaftsformation«. Die osmanische Gesellschaftsformation war durch eine *dominante asiatische Produktionsweise* gekennzeichnet[18], in der die Kontrolle der Zentralgewalt über Produktion und Aneignung des Mehrprodukts den entscheidenden Reproduktionsmechanismus darstellte. Das Ganze wurde gemäß den Erfordernissen dieser Produktionsweise reproduziert, enthielt jedoch auch Formen von *kleiner Warenproduktion* und, natürlich, *Kaufmannskapital.* In ihren späteren Stadien umfaßte die Gesellschaftsformation auch »feudalisierte« Bereiche; diese blieben jedoch der Arbeitsteilung untergeordnet, wie sie von der im Staat konkretisierten herrschenden Klasse auferlegt wurde. Wir wollen nun erörtern, wie diese verschiedenen ökonomischen Praxisformen durch die politische Kontrolle des Staats integriert wurden.

Die *asiatische Produktionsweise* ist durch unabhängige bäuerliche Produktion gekennzeichnet, wobei die Bauern keine autonomen Einheiten bilden, sondern Teile einer größeren Einheit sind, deren Grenzen durch die Reichweite der staatlichen Gewalt abgesteckt sind. Die Integration des bäuerlichen Produzenten in die größte Einheit geschieht vermittels der Abgabe seines Mehrprodukts in Form von Steuern an den Staat und vermittels des ideologischen-rechtlichen Apparats, der die Matrix für die staatliche Abschöpfung des landwirtschaftlichen Mehrprodukts darstellt. Somit gewährleistet diese Integration die politische Festlegung der Arbeitsteilung innerhalb des Systems.

Die auf den Staat konzentrierte Ideologie der herrschenden Klasse entsprach dieser politischen Kontrolle über die Ökonomie. Daher setzte sich in den Bauern der Glaube fest (ein Glaube, der durch die rechtliche Praxis bestärkt wurde), daß alles Land dem Sultan gehörte und daß der Staat keine Akkumulation von Land zuließ, um die ewige Ordnung zu bewahren. In den Städten wurde eine ähnliche ideologische Funktion von den *hisba*-Vorschriften für die Praxis der Gilden erfüllt. Selbst die Handelstätigkeit war mit ideologischen Vorschriften belegt: *riba*, Wuchergeschäfte, waren verboten, obgleich den Kaufleuten als Klasse für ihren Beitrag zur »Mehrung des Reichtums des Landes« Schutz und Privilegien gewährt wurden.

Der Staat ist nicht auf die politische Instanz beschränkt; er ist das dominante vertikale Element, welches das System der asiatischen Produktionsweise bestimmt. Mit Hilfe seines Verwaltungsapparats kontrolliert er Steuereinnahmen und somit die Produktion des landwirtschaftlichen Mehrprodukts.[19] In der ursprünglichen Ausformung des Osmanischen Reichs wurde diese Funktion des Staates mit Hilfe der Institution des *tīmār*[20] wahrgenommen. *Tīmār* war der Gattungsbegriff für ein System von Lehen, deren Vergabe den Zweck hatte, eine Provinzarmee zu unterhalten. Die Empfänger der Lehen waren Staatsbeamte, die befugt waren, in dem ihnen als *tīmār* zugewiesenen Gebiet die traditionelle Naturalsteuer des *öşr*[21] zu kassieren. Diese Belehnten *(sipāhīs)* mußten als Gegenleistung für das Privileg der Steuereinnahme eine bestimmte Anzahl berittener Soldaten unterhalten und in Kriegszeiten zur Verfügung stellen; außerdem fungierten sie als Verwaltungskader, der die Zentralgewalt auch in den kleinsten Dörfern repräsentierte. Gemeinsam mit dem *kadi*, dem Vertreter des Rechts, der die Vollmacht hatte, die *šerī'at** und das Gesetz des Sultans anzuwenden, bildeten die *sipāhīs* eine bürokratische Schicht, die auf lokaler Ebene die politischen und ideologischen Funktionen des Staates reproduzierte.

Der *sipāhī* nahm die traditionelle Naturalsteuer ein; wenn die ihm zustehenden Produkte auf den nächsten Markt kamen, hatten die Bauern Fronarbeit zu leisten. Um seiner Verpflichtung nachzukommen, die Soldaten mit Pferden und Waffen auszurüsten, benötigte der *sipāhī* Bargeld, das er sich durch den Verkauf des Mehrprodukts verschaffte. Das Recht zur Steuereinnahme wurden den *sipāhīs* für einen festgelegten Zeitraum verliehen. Das Amt ging zwar häufig vom Vater auf den Sohn über, doch der *kadi*, der nur Istanbul verantwortlich war, gebot möglichen Mißbräuchen des *sipāhī* Einhalt.[22] Das *tīmār*-System trat nach dem 16. Jahrhundert außer Kraft. Wir werden später die Gründe für seinen Niedergang und das System der Steuerpacht erörtern, das an seine Stelle trat.

Auch die Integration des städtischen Handwerks und des Handels in die Gesellschaftsformation wurde mittels staatlicher Kontrolle erreicht. Diese Kontrolle bewirkte eine ökonomische Arbeitsteilung, die gewährleistete, daß das Überschußprodukt in seiner benötigten Naturalform an den Ort seiner Verwendung gelangte.

In der osmanischen Gesellschaftsformation wurde die städtische Handwerksproduktion nach strengen staatlichen Vorschriften *(hisba)* von Gilden betrieben.[23] Der Staat kontrollierte den Produktionsprozeß, d. h. die Zuweisung von Rohstoffen sowie Quantität und Qualität der produzierten Güter; außerdem setzte er die Preise fest. Die

* Das religiöse Gesetz. *(Anm. d. Ü.)*

Überwachung der städtischen Produktion wurde zum Teil durch den Mechanismus der staatlichen Kontrolle über den Binnenhandel garantiert. Der Staat lenkte den Fluß der Rohstoffe und verhängte Exportverbote, um sicherzustellen, daß die Gilden mit den erforderlichen Rohstoffen versorgt wurden. Andererseits wurden Fertiggüter auf autorisierten Märkten verkauft. Die staatliche Kontrolle über Input- und Output-Preise und über die Größenordnung der Produktion verhinderte wirksam Kapitalakkumulation innerhalb der Gildenstruktur. Zugleich machte der Staat sowohl durch die Besteuerung der auf den Märkten verkauften Güter als auch durch seine Stellung als Hauptankäufer der handwerklichen Erzeugnisse im Zirkulationsprozeß seinen Anspruch auf das Mehrprodukt geltend.

Obgleich der Handel im allgemeinen nicht den *hisba*-Vorschriften unterlag, welche die Gilden regierten, übte der Staat über Binnen- und Außenhandel strenge Kontrollen aus. Der Binnenhandel, der das Funktionieren einer weitgehend monetarisierten Ökonomie mit einer entwickelten Arbeitsteilung gewährleistete, war in einem System regionaler und überregionaler Märkte organisiert. Die Märkte wurden mit offizieller Genehmigung des Staates errichtet, und ihr Standort wurde administrativ festgelegt.[24] Bei den regionalen Märkten handelte es sich um Wochenmärkte in Dörfern und kleinen Städten. Sie erfüllten vielfältige Funktionen. Staatsbeamte, die ihr Gehalt in Form von Naturalsteuern erhielten, machten einen Teil ihrer Einkünfte zu Bargeld; Bauern verkauften einen Teil ihrer Erzeugnisse, um das für die Zahlung bestimmter Steuern notwendige Bargeld zu bekommen; städtische Gilden und ländliche Handwerker erwarben ihre Rohstoffe und Nahrungsmittel und verkauften ihre Produkte. Es gab auch städtische Märkte, auf denen Gilden ihre Rohstoffe erwerben konnten. Andere Märkte wurden an Handels- und Heerstraßen errichtet, um den Bedarf von Karavanen und Truppen zu decken, die große Strecken zurücklegten. Überregionale Märkte (Messen), die vor allem in den Balkanprovinzen des Reichs jährlich oder halbjährlich abgehalten wurden, sorgten dafür, daß Güter aus den entfernteren Regionen des Reichs ausgetauscht werden konnten. Der Staat förderte alle diese Märkte, gewährleistete die Sicherheit von Kaufleuten und ihren Waren auf den Handelsstraßen und Marktplätzen und überwachte genau die geschäftlichen Transaktionen.[25] Märkte waren ebenfalls eine wichtige Quelle von Einnahmen in Form von Marktabgaben *(baç pazar)*, die im Verhältnis zu den geschäftlichen Transaktionen festgelegt wurden. Diese Einnahmen flossen entweder Staatsbeamten zu, die mit einem Gebiet belehnt worden waren, oder wurden an Beamte verpachtet, die heftig um diese Privilegien konkurrierten. Zusätzlich zu Marktsteuern verschaffte der Binnenhandel dem Staat Einnahmen in Gestalt von Zollabgaben, die an Staatsbeamte und große Kaufherren verpachtet wurden.[26] In Übereinstimmung mit ihrer Politik der Förderung des Binnenhandels beseitigten die Osmanen die meisten Zölle *(octroi)* in Anatolien und auf dem Balkan, die aus der vorosmanischen Zeit datierten. Sie erhoben jedoch einige bedeutende Zölle wie die in Istanbul und Diyabakir, die einerseits als Einnahmequelle, andererseits als Mittel zur Kontrolle des Güterflusses dienten.

Das Bemühen, den Güterfluß zu lenken, war ein Hauptmotiv für die staatliche Kontrolle über den Binnenhandel. Neben der Überwachung von Märkten wurde diese Kontrolle durch die Vergabe von Lizenzen an Kaufleute ausgeübt. Der Verkauf der Lizenzen verschaffte dem Staat Einnahmen. Wichtiger ist allerdings, daß der Staat dadurch, daß er das Recht zum Kauf von Gütern auf lokalen Märkten auf offiziell zugelassene Kaufleute beschränkte, den Fluß der Güter in die großen Städte, vor allem Istanbul, sicherstellte. Die Versorgung Istanbuls wurde somit durch die staatliche Kontrolle über den Binnenhandel gewährleistet.[27] Angesichts des Preisanstiegs für Getreide und Rohstoffe in Westeuropa gegen Ende des 16. Jahrhunderts wurde es für den Staat freilich zunehmend schwieriger, die Kontrolle über Kaufleute auszuüben, die es vorzogen, die Waren auf profitableren Märkten zu verkaufen. Schmuggel war an der Tagesordnung. Diese Krise, die den Staat außerstande setzte, den Güterfluß zu kontrollieren, ist durch die wachsende Zahl von Regierungserlassen, die den Schmuggel verbieten, und die Versuche, das Verbot von Exporten durchzusetzen, hinreichend belegt.[28]

Wir haben gesehen, daß die staatliche Kontrolle über den Binnenhandel mehrere Funktionen im Sinne des Systems auf einmal erfüllte. Erstens wurde auf diese Weise das Ausmaß der Handelstätigkeit und somit die Akkumulation von Handelskapital kontrolliert. Zweitens wurde mit Hilfe von Restriktionen, Genehmigungen und Verboten der Warenfluß innerhalb des Osmanischen Weltreichs reguliert. Das verbürgte eine Arbeitsteilung, die dazu diente, die Klasse, die das Mehrprodukt erhielt, mit den Waren zu versorgen, die sie für ihren Konsum benötigte. Im geschriebenen Gesetz des Reiches schlug sich diese Zielsetzung in der Formulierung von der »Notwendigkeit, Istanbul zu versorgen« nieder. Drittens – und dies ist im Hinblick auf den Zusammenhalt der Gesellschaftsformation die wichtigste Funktion – stellte der Binnenhandel das Verbindungsglied zwischen der asiatischen Produktionsweise (mit ihren bäuerlichen Produzenten und steuereinnehmenden Staatsbeamten) und der kleinen Warenproduktion in den städtischen Gilden dar. Somit stiftete das Kaufmannskapital den konkreten gesellschaftlichen Zusammenhalt, den auf der politischen Ebene der Staat garantierte. *Aus dieser entscheidenden Stellung des Binnenhandels folgt, daß eine Schwächung der politischen*

Kontrolle über seine Funktionsweise die Gefahr einer Auflösung des Systems heraufbeschwor. Mit anderen Worten, *in einem solchen Falle wäre die Reproduktion des Systems nicht mehr garantiert gewesen.* Wie wir später sehen werden, setzte sich diese Tendenz zur Auflösung tatsächlich durch, als der Binnenhandel der administrativen Kontrolle entglitt (ein Prozeß, der infolge der Anreize zum Schmuggel während der inflationären Entwicklung der Preise einsetzte) und sich allmählich mit dem Außenhandel verband. *Diese Entwicklung ist zugleich die Geschichte der Peripherisierung des Osmanischen Weltreichs.*

Der Außenhandel in der osmanischen Gesellschaftsformation war keineswegs auf Luxusgüter beschränkt, er umfaßte neben den für die Gilden notwendigen Rohstoffe auch Nahrungsmittel. Auch hier erfüllte die staatliche Kontrolle Funktionen im Sinne des Systems, ähnlich denen, wie wir sie am Binnenhandel erörtert haben. Diese Kontrolle war an Lizenzen gekoppelt, die Kaufleuten das Recht gaben, mit Bedarfsgütern zu handeln. Der Verkauf solcher Lizenzen bildete eine erhebliche Geldquelle für den Staat. Tatsächlich war das Kaufmannskapital durch die Rolle der Handelslizenzen sowie durch Steuerpacht und Wuchertätigkeit als Geldkapital in das System eingebunden. Kaufleute als Bankiers waren die Hauptgläubiger des Staates, und als Steuerpächter schossen sie dem Staat beträchtliche Summen vor.[29]

Seit seinen Anfängen im 14. Jahrhundert war der osmanische Staat bestrebt, eine Kontrolle über internationale Handelswege zu errichten. Diese Überlegung bestimmte weitgehend die Struktur der territorialen Expansion des Osmanischen Reiches.[30] Im 16. Jahrhundert monopolisierten die Osmanen den Seiden- und Gewürzhandel. Bursa wurde zu einem Umschlagplatz für den Ost-West-Handel, an dem Seide aus dem Iran und Gewürze und Farben aus Indien gegen europäische Wolltuche ausgetauscht wurden; Akkerman, Kilia und Kaffa (Kefe) am Schwarzen Meer waren Umschlagplätze für den Handel mit Polen, Rußland und der Krim, hier wurden die Produkte des Ostens und Anatoliens via Bursa und Istanbul sowie Nahrungsmittel aus dem Mittelmeerraum gegen Weizen, Felle und Eisenwaren aus dem Norden getauscht.[31] Italienische Städte – Venedig, Genua und Florenz – vermittelten den Handel mit Westeuropa. Die Kontrolle über diesen Handel wechselte zwischen diesen Staaten, je nachdem, wie ihre politischen Beziehungen zu der osmanischen Regierung sich entwickelten. Im 16. Jahrhundert erlangte Ragusa allmählich eine Monopolstellung, Venedig blieb jedoch trotz des Verlusts seiner Vormacht in der Levante bis zum 17. Jahrhundert weiterhin im Gewürz- und Seidenhandel aktiv.[32] Tatsächlich beeinträchtigten die portugiesische Entdeckung des Seewegs um das Kap und der nachfolgende Versuch, den Gewürzhandel auf diese neue Route zu dirigieren, das Volumen des Handels, der auf den traditionellen Routen abgewickelt wurde, nur unwesentlich.[33] Obgleich sich osmanisch-persische Kriege und soziale Unruhen in Anatolien gegen Ende des 16. Jahrhunderts auf den Verkehr auf dem Landweg negativ ausgewirkt haben mögen, wurde Europa nach wie vor von Alexandrien und Aleppo mit Gewürzen beliefert. Erst als Engländer und Holländer in der zweiten Hälfte des 17. Jahrhunderts in den Indischen Ozean vorgedrungen waren, wurde der Gewürzhandel von den osmanischen Territorien abgezogen.[34]

Der Durchgangshandel für Seide hatte ein ähnliches Schicksal. Nachdem die Seidenstraße durch Ostanatolien gegen Ende des 16. Jahrhundert unterbrochen war, verlor Bursa seine Bedeutung als wichtigster Umschlagsplatz für diesen Handelszweig. Dies ging mit dem Eintritt der Engländer, Franzosen und Holländer in den Levantehandel und mit der Verdrängung Venedigs als Europas Hauptlieferant von Seide via Aleppo zusammen. Für eine kurze Zeitspanne, nämlich bis zur Mitte des 17. Jahrhunderts, bevorzugten europäische Kaufleute in Aleppo und Izmir syrische Seide. Doch sobald Holländer und Engländer ihre Hegemonie im Indischen Ozean errichtet hatten, belieferten sie Europa mit Seide aus Persien, Bengalen und China.[35]

Diese Entwicklung hatte vielfältige Auswirkungen auf das osmanische System. Erstens zerstörte sie eine bedeutende Einnahmequelle des Staats (Zollabgaben aus dem Durchgangshandel). Zweitens verloren Städte wie Bursa und Aleppo ihre Funktion als Handels- und Industriezentren. Drittens signalisierte die Verlagerung der Handelsrouten den Aufstieg der Atlantikwirtschaft und eine neue Form von Kommerzialisierung *(commercialisation)**, die, wie wir später darlegen werden, das System unterminieren sollte.

Die aktive Beteiligung der Engländer, Franzosen und Holländer am Levantehandel, die in der zweiten Hälfte des 16. Jahrhunderts einsetzte, läßt sich als Übergangsstadium in der Einbeziehung des osmanischen Systems in die Weltwirtschaft charakterisieren. Dieser Handel umschloß neben Seide und Gewürzen auch Stapelgüter wie Baumwolle und Wolle für die entstehenden europäischen Industrien. In den achtziger Jahren des 16. Jahrhunderts gewährte die osmanische Regierung den Engländern, die Mohairgarn, Baumwolle und Seide importierten und Wolltuche, Zinn und Stahl verkauften, Handelsprivilegien. Im letzten Viertel des 17. Jahrhunderts war England

* Für diesen Prozeß der Zersetzung subsistenzwirtschaftlicher Formen durch das Handelskapital wird im folgenden der Begriff »Kommerzialisierung« verwendet werden. *(Anm. d. Ü.)*

die größte Handelsnation in der Levante, bis es schließlich von Frankreich überflügelt wurde, das bis zum Ende des 18. Jahrhunderts seine Vormachtstellung behauptete.[36] Auf osmanischer Seite zeigte sich dies in der Intensivierung des Handels mit Frankreich, der im Export von Baumwolle und Baumwollfaden und dem Import von Tuch bestand: Izmir und Selanik stiegen zu wichtigen Häfen auf. In der gleichen Periode erhöhten sich die Baumwollexporte nach Mitteleuropa auf dem Landweg.[37]

Die Belebung des Außenhandels blieb jedoch nicht auf Baumwollexporte beschränkt. Angesichts der gegen Ende des 16. Jahrhunderts einsetzenden steigenden Nachfrage nach Rohstoffen und Getreide und der daraus resultierenden inflationären Entwicklung der Preise in Westeuropa fanden diese Waren ihren Weg auf die europäischen Märkte nicht über die regulären, vom Staat kontrollierten Außenhandelskanäle, sondern durch *Schmuggel.* In dieser Periode gab es zudem ein starkes Bevölkerungswachstum. Der osmanische Staat verhängte in Anbetracht der erheblichen Nachfrage nach Rohstoffen und Getreide in den Städten strenge Exportverbote. Damit lieferte er einen zusätzlichen Anreiz zum Schmuggel. Die Folge war eine Schwächung der staatlichen Kontrolle über den Außenhandel, eine Entwicklung, die vielfältige Konsequenzen hatte. Sie ließ Getreide und für die Gilden notwendige Rohstoffe knapp werden, was dazu führte, daß die Preise für diese Güter stiegen. Dieser inflationäre Trend wurde durch das Einströmen von europäischem Silber zusätzlich verstärkt. Die Gildenproduktion war von der Konkurrenz billiger europäischer Erzeugnisse bedroht. Der Palast als Hauptankäufer von Nahrungsmitteln geriet in den Sog stetig wachsender Ausgaben.

Die Zunahme von illegalen Exporten hatte seine Ursache im Eindringen von Handelskapital in den Agrarsektor. Selbst Staatsbeamte, die mit Land belehnt waren, betrieben mit ihren Produkten Schmuggel. *Das Volumen dieses Handels und die damit verknüpfte Entwicklung von Warenproduktion im Reich hingen weitgehend von der Dynamik der sich entfaltenden kapitalistischen Ökonomie außerhalb seiner Grenzen ab.* Doch entscheidend war, daß die Veränderungen der Handelsstruktur schließlich in die Integration des osmanischen Systems als Lieferant von Rohstoffen und Importeur von Fertiggütern in die Weltwirtschaft mündeten, d. h. in seine Peripherisierung.

Wie unser historischer Exkurs zeigt, kann der Außenhandel nicht als ein Faktor innerhalb des Systems, das von der politischen Rationalität des Staates dominiert wird, begriffen werden. Die Schwankungen des Außenhandels infolge von Verschiebungen, die sich außerhalb des vom osmanischen Staat kontrollierten Gebiets abspielten, waren die Hauptvariable für die Unterminierung dieser Rationalität. Wegen seiner geographischen Lage konnte sich das Osmanische Reich nicht von Entwicklungen abkapseln, die sich in der nunmehr privilegierten Domäne der »eigentlichen« Geschichte vollzogen: in Westeuropa.

3. Widersprüche innerhalb der Gesellschaftsformation

Die osmanische Gesellschaftsformation, wie wir sie beschrieben haben, enthielt bestimmte Widersprüche, die sich »konjunkturell« manifestierten. Diese Widersprüche, von denen wir einige bereits erwähnt haben, waren der Funktionsweise der Gesellschaftsformation inhärent. In ideologischen Interpretationen der osmanischen Geschichte waren es externe Faktoren, die den Zusammenbruch des Gleichgewichts, das sich vom Palast aus bis in die fernsten Gebiete des Reiches erstreckt hatte, hervorriefen. Der von uns vorgelegte Erklärungsansatz beschreibt externe Faktoren in der Weise, daß sie Widersprüche aktualisieren, die latent innerhalb der Gesellschaftsformation existieren. So wirkten beispielsweise Verschiebungen in der strukturellen Stellung, die das Osmanische Reich gegenüber der Weltwirtschaft einnahm, nur deshalb zerstörerisch, weil im osmanischen System selbst bereits Handelskapital am Werk war.

Da wir die Gesellschaftsformation als eine »Verbindung« dargestellt haben, in der die asiatische Produktionsweise dominant war, können wir unmittelbar zwei getrennte Orte des Widerspruchs identifizieren: Widersprüche, die der asiatischen Produktionsweise innewohnen, und solche, die aus ihrer Verbindung mit einer Gesellschaftsformation hervorgehen.

Es wurde oben erwähnt, daß der Produktionsprozeß in der *asiatischen Produktionsweise* zwischen den unmittelbaren Produzenten und jenen, die das Mehrprodukt aneignen, keine Konflikte oder Konfrontationen erzeugt. Der einzelne Bauer tritt nur zu dem Steuereinnehmer in Kontakt, der im Namen der Zentralgewalt handelt, und zwar *nach* dem Produktionsprozeß, den er als freier Bauer vollzog.[38] Darin unterscheidet sich die asiatische Produktionsweise von der Sklavenhaltergesellschaft und der feudalen und kapitalistischen Produktionsweise: Der Klassenkonflikt wird nicht im Produktionsprozeß erfahrbar. So ist denn die interne Dynamik der asiatischen Produktionsweise nicht im Inter-Klassenkonflikt, sondern im Intra-Klassenkonflikt zu suchen. Wir bezeichnen mit dem Begriff »Klasse« jene Gruppen, die aufgrund einer genau bestimmten Stellung in der Gesellschaftsstruktur einen Anspruch auf das Mehrprodukt haben.

In der osmanischen Gesellschaftsformation besaßen nur *Staatsbeamte* einen Anspruch auf das Mehrprodukt. Diese Klasse, die das Mehrprodukt erhielt, bestand aus mehreren Fraktionen, die den einzelnen Staatsfunktionen entsprachen. Die Fraktionen waren die

Empfänger eines *tīmār*, also Marktinspektoren und Steuerpächter, die alle die Aufgabe der Steuereintreibung wahrnahmen; ferner *'ulemā*, Richter und Verwaltungsbeamte in Istanbul, die die ideologischen, rechtlichen und administrativen Funktionen des Staates erfüllten. Innerhalb der Klasse, die das Mehrprodukt kassierte, waren, je nach den Umständen, Stratifikationen möglich, so z. B. eine Trennung zwischen der *'ulemā* und der Bürokratie oder zwischen dem Militär und dem Palast.[39] Tatsächlich war das Militär vom 17. Jahrhundert an bis zur Abschaffung der Janitscharentruppe im Jahre 1826 von der Zentralgewalt effektiv unabhängig, ein Umstand, der es den Janitscharen erlaubte, die Kontrolle über bestimmte Einnahmequellen zu erlangen.[40] Es gab jedoch noch einen anderen Konflikt wegen der Steuereinkünfte, der permanent und strukturell bedingt war. Er hatte seine Wurzel in der Institutionalisierung der Steuereintreibung. Die Zentralgewalt bedurfte sowohl für die Eintreibung von Steuern als auch zum Zweck der ideologischen-politischen Legitimation *lokaler Repräsentanz.* Die den lokalen Repräsentanten verliehene Autorität drohte auf Kosten des Palasts zu wachsen. So wirkte dieser Konflikt innerhalb der Klasse als eine *zentrifugale* Kraft, die lokale Potentaten begünstigte, die ihre relative Unabhängigkeit von der Zentralgewalt proklamierten.

Wann immer der Prozeß der Trennung von der Zentralgewalt vollzogen war, wurde eine neue Einheit gebildet, welche die größere Einheit kopierte. Im 18. Jahrhundert z. B. setzten die *âyan**, die von der Hohen Pforte relativ unabhängig agierten, ihre lokale Gewalt an die Stelle der Gewalt des Sultans; im übrigen kopierten sie alle Funktionen der Zentralgewalt.[41] Selbstverständlich erlangten nicht alle *âyan* eine solche Autonomie. Die meisten kleineren *âyan* konnten lediglich einen Teil des für Istanbul bestimmten Mehrprodukts für sich abzweigen; sie trafen Tributabkommen mit dem Palast, in denen sie ihren Anteil an den Steuereinnahmen erhöhten. Unter diesen Umständen blieben die politischen und ideologischen Institutionen von der Zentralgewalt abhängig; die *kadis* und Gemeindeverwalter wurden vom Palast ernannt. Die *âyan* vergrößerten ihren Anteil am Mehrprodukt, ohne die Reproduktion des Systems zu verändern. Diese Entwicklung der kleineren *âyan* entspricht vielleicht dem, was als *»Feudalisierung«* bezeichnet worden ist. Hier findet eine Parzellierung im ökonomischen Sektor statt, ohne daß es zu einer Loslösung von dem politischen-ideologischen Verband des Staates kommt. Man sollte jedoch bedenken, daß diese »Feudalisierung« oder vielmehr *Lokalisierung der Macht* nicht den Übergang zum Feudalismus markierte. Die lokalen Potentaten blieben der Zentralgewalt politisch

* Lokale Potentaten *(Anm. d. Ü.)*

untergeordnet, und die Arbeitsteilung innerhalb des Reiches wurde nicht wesentlich beeinträchtigt, sofern »Feudalisierung« nicht mit Kommerzialisierung zusammenging.

Die unmittelbare Auswirkung dieser Entwicklungen auf die Verhältnisse, welche die asiatische Produktionsweise charakterisieren, war ein relativer Rückgang des Steuereinkommens der Zentralgewalt. Der Staat war auf effiziente Abschöpfung des Mehrprodukts angewiesen, und dies nicht nur zur Deckung seiner Ausgaben, sondern auch deshalb, weil nur so die Herausbildung rivalisierender Machtzentren verhindert werden konnte, die zur Institutionalisierung ihrer Gewalt das Mehrprodukt benötigten. Somit bedrohte der relative Rückgang der Steuereinnahmen die Schlüsselposition des Staates für die Reproduktion der Gesellschaftsformation auf doppelte Weise. Eine Krise der Steuereinnahmen bedeutete, daß die politischen-ideologischen (und natürlich auch disziplinarischen) Funktionen des Staates nicht wirksam erfüllt werden konnten; darüber hinaus signalisierte sie das Entstehen konkurrierender Machtstrukturen.

Wir behaupten nicht, daß, historisch gesehen, der Hauptgrund für die Krise der Steuereinnahmen die lokale Usurpierung des Mehrprodukts war. Tatsächlich waren ab dem Ende des 16. Jahrhunderts Krisen der Steuereinnahmen im osmanischen Staat die Regel, und es scheint, daß Maßnahmen zur Bekämpfung der defizitären Tendenzen die Politik der Pforte beherrschten. Die unmittelbaren Gründe für die Entwicklung zu Ende des 16. Jahrhunderts waren die wachsenden Militärausgaben, die Bevölkerungszunahme in Anatolien und die inflationäre Entwicklung der Preise. Wir werden die Folgen dieser »aktualisierenden« Faktoren am Ende dieses Abschnitts erörtern.

Wir haben gesagt, daß die Reproduktion der osmanischen Gesellschaftsformation eine politische Kontrolle über die Arbeitsteilung einschloß. Diese ließ sich nur dadurch erreichen, daß der Aktionsradius des Kaufmannskapitals beschränkt wurde. Daß es Kaufmannskapital gab, hatte die Produktion von Waren für den Markt zur Folge. Tatsächlich konnte das Kaufmannskapital mit Hilfe der strengen staatlichen Überwachung des Marktes in politisch akzeptablen Grenzen gehalten werden. Für den Erfolg dieser politischen Kontrolle und für die wirkungsvolle Reproduktion der Gesellschaftsformation war es jedoch unerläßlich, daß der Staat als Ort der Institutionen, die politische Kontrolle ermöglichten, gegenüber dem Kaufmannskapital eine mächtige Position behielt. Das Kaufmannskapital tendiert zu seiner erweiterten Reproduktion durch Einbeziehung eines größeren Teils der ökonomischen Aktivität in die Sphäre der Warenproduktion. Diese Tendenz bedrohte die Reproduktion der osmanischen Gesellschaftsformation. Der potentielle Widerspruch zwischen der Warenproduktion und der politischen Rationalität der osmanischen

Gesellschaftsformation brach schließlich auf, als das Kaufmannskapital im Reich in den Kreislauf der Kapitalverwertung der kapitalistischen Weltwirtschaft integriert wurde. Nun expandierte das Kaufmannskapital in Bereiche, die früher der Warenproduktion verschlossen gewesen waren. Wie wir später zeigen werden, konnte die periphere Transformation, die dieser Expansion folgte, nur sehr bedingt Entwicklungen der Produktivkräfte inaugurieren. Proto-Industrialisierung beispielsweise bildete sich aufgrund ihrer potentiellen Konkurrenz zu importierten Fertiggütern nicht als organisatorische Form heraus. Wie Tilly und Tilly in einem Überblick über die europäische Historiographie bemerkt haben, ist das Fehlen proto-industrieller Aktivität eines der Unterscheidungsmerkmale, welche die heutige Peripherie charakterisieren.[42] Die Gründe dafür liegen in der Zerstörung der Handwerkszweige, die in der Phase ihrer Konkurrenz mit importierten Fertiggütern stattfand. Andererseits waren kleine Warenproduktion einzelner landwirtschaftlicher Betriebe und feudalisierte Produktion exportfähiger Agrarerzeugnisse Formen, die sich leicht mit dem Kaufmannskapital verbanden.

Wir haben uns theoretisch mit zwei der möglichen Widersprüche innerhalb der Gesellschaftsformation, wie wir sie definiert haben, befaßt. Obgleich noch andere Widersprüche eine Rolle spielten, läßt sich behaupten, daß auch hier das Ergebnis sich in die oben dargelegten Kategorien einfügen wird: Es handelt sich um Tendenzen entweder zur Parzellisierung der ökonomischen und politischen Kontrolle oder zur Ausweitung des in den Markt integrierten Bereichs und mithin zur Schwächung der politischen Kontrolle über die Ökonomie.

Diese Tendenzen dürfen jedoch nicht isoliert von gegenwirkenden Kräften und von externen Faktoren, welche die Bedingungen dafür schaffen, daß sie sich historisch-konkret geltend machen können, betrachtet werden. Wir werden daher zwei dieser externen Faktoren analysieren, auf die Osmanisten sich berufen haben, um Anpassung oder Niedergang von Institutionen des Reiches zu erklären. Und wir werden zu zeigen versuchen, wie sich ihre Wirkungsweise vermittels der Struktur der Widersprüche, die der Gesellschaftsformation eingeschrieben sind, entfaltet. Diese Faktoren, die in unterschiedlichem Grade exogen sind, erscheinen in der gleichen Zeitperiode: die inflationäre Entwicklung der Preise, Bevölkerungszunahme und Verlagerung der Handelsrouten. Es ist daher kaum möglich, die Effekte dieser Faktoren zu trennen, um sie jeweils gesondert zu untersuchen. Zum Zweck einer einführenden Darlegung werden wir uns auf Bevölkerung und Preise konzentrieren; Verlagerungen der Handelsrouten sind oben erörtert worden und werden im Zusammenhang mit der inflationären Entwicklung der Preise kurz skizziert werden.

Das *Bevölkerungswachstum* im Osmanischen Reich gegen Ende des 16. Jahrhunderts war durch ein deutliches Anwachsen der Zahl der Nicht-Produzenten im Verhältnis zu den Produzenten und ein Anwachsen der städtischen Bevölkerung im Verhältnis zur ländlichen Bevölkerung gekennzeichnet.[43] Die Dynamik dieses Prozesses steckte in dem für präkapitalistische Formationen typischen Muster von Reaktionen auf demographische Veränderungen. Angesichts der Inflexibilität der landwirtschaftlichen Produktion waren diese Ökonomien trotz anfänglicher Erweiterung der urbaren Fläche nicht in der Lage, die wachsende Bevölkerung zu ernähren. Die Subsistenzkrise manifestierte sich zuerst im Agrarsektor und erzwang die Abwanderung der Bevölkerung in städtische Gebiete, in denen die Armee, Verwaltungsinstitutionen und die Städte selbst privilegierte Empfänger des begrenzten Nahrungsmittelkontingents waren.[44]

Im Osmanischen Reich schlug sich ein großer Teil der entwurzelten ländlichen Bevölkerung nach Istanbul und anderen Städten durch oder trat in religiöse Schulen (Medresen) ein. Die Vagabundage der neuen Städter schuf Probleme, die häufig dadurch gelöst wurden, daß der Staat sie in seinen Dienst nahm. Auch die Medresen wurden zu einem Problem, denn die Mittel dieser frommen Stiftungen, die unter den Auswirkungen der inflationären Preisentwicklung bereits geschrumpft waren, hielten den Erfordernissen, die aus einer vergrößerten Schülerzahl resultierten, nicht stand. Zuweilen nahmen die zukünftigen *'ulemā* den Bauern mit Gewalt Lebensmittel fort, zuweilen versuchte die Administration der Medrese ihre Steuergrundlage auf Kosten der Bauern zu erweitern.

So schlug sich das Bevölkerungswachstum in einer Verschärfung des Kampfes nieder, den die Fraktionen der Klasse, die sich das Mehrprodukt aneignete, um die Steuereinnahmen führten, insbesondere dort, wo die dem System innewohnende konflikthafte Tendenz lokalisiert war, *nämlich in der Auseinandersetzung zwischen Zentralregierung und Provinzverwaltungen.* Die Zahl der Soldaten der Zentralarmee, der Janitscharen und der Palastangestellten stieg, der Druck auf die Staatskasse verstärkte sich. Um ihre wachsenden Ausgaben zu finanzieren, war die Zentralregierung gezwungen, in außerordentlichen Steuern *('avārīż)* und durch den Verkauf von Steuerpachten zusätzliche Einnahmequellen zu erschließen.[45] Zugleich erweiterte sich – vor allem in Anatolien – die Gefolgschaft der Provinzadministratoren, da beschäftigungslose Bauern zunehmend dazu übergingen, sich als irreguläre Soldaten zu betätigen (Levends).[46] Provinzverwalter, die ihren Bedarf mit den ihnen zugeteilten Einnahmen nicht mehr decken konnten, nahmen Zuflucht zu Banditentum auf dem Lande. Da sie der Zentralregierung keine berittenen Soldaten mehr stellten, brachten sie den Staat um seinen

Anteil an den Steuereinnahmen. Darüber hinaus zwang ihre Ausplünderung der Landwirtschaft die Bauern zur Flucht, was zu Aufständen und einem Verfall der landwirtschaftlichen Produktion führte.

Der Prozeß, in dessen Verlauf die Zentralverwaltung ihre Kontrolle über die Einnahmequellen einbüßte und diese von Provinzverwaltern und den *'ulemā* in den Medresen okkupiert wurden, verdichtete sich in den *Ǧelālī*-Aufständen[47] – einem Vorspiel zur »Feudalisierung« des Systems in Anatolien.

Mit dem Bevölkerungswachstum ging ein Anstieg der Zahl der Stadtbewohner einher. Bereits bestehende Städte dehnten sich aus, und einige Dörfer entwickelten sich zu Städten. Die Verstädterung wurde jedoch nicht ausschließlich durch den Bevölkerungsdruck hervorgerufen, und zumindest in den Anfangsphasen hatte das Bevölkerungswachstum das Output-Volumen und den vermarkteten Überschuß erhöht. Die Expansion der lokalen Märkte und des regionalen Handels war gleichermaßen das Ergebnis der Vergrößerung der Stadtbevölkerung und einer intensivierten Warenproduktion in der Landwirtschaft. Zusammen mit der schwindenden Kontrolle der Zentralgewalt über die Provinzverwaltungen hätte dies dazu führen können, daß sich das *Kaufmannskapital* vollständig der politischen Kontrolle des Staats entzog. Doch die Verwüstung der Landwirtschaft im Gefolge der *Ǧelālī*-Aufstände, die Landflucht der Bauern und die Re-Nomadisierung bremsten die Tendenz zur völligen Monetarisierung der landwirtschaftlichen Produktion.

Ein anderer Trend des 16. Jahrhunderts, der zum Teil vom Bevölkerungswachstum verursacht wurde, zum Teil eine weltweite Tendenz widerspiegelte, war die *inflationäre Entwicklung der Preise.* Die Veränderung in der Handelsstruktur, die in der wachsenden Aktivität des Kaufmannskapitals, wie sie im Schmuggel ihren Ausdruck fand, sich bekundete, hatte zur Folge, daß der osmanische Markt mit spanischen *reales* überschwemmt wurde.[48] Daß der Real allgemein benutzt wurde, ohne in osmanische Währung (akçę) konvertiert zu werden, war ein Zeichen dafür, daß das osmanische System der Bewegung der Weltpreise ausgesetzt war. Da der Staat infolgedessen kein Prägemonopol mehr hatte und da er eine Währung, die er nicht gemünzt hatte, nicht verfälschen konnte, *verlor er die Kontrolle über seine Währung.* Mithin war ihm eines der traditionellen Mittel, sinkenden Einnahmen entgegenzuwirken, genommen. *Mit dem Schwinden seiner Kontrolle über den Außenhandel und der Zunahme des Schmuggels als Reaktion auf europäische Nachfrage konnte der Staat nicht länger seine Aufgabe wahrnehmen, die Preise im Weltreich festzusetzen.* Die Preisbildung außerhalb des Weltreichs und die steigende Differenz zwischen verordneten Preisen und Weltpreisen trugen zur Befreiung des Kaufmannskapitals bei. Gleichzeitig bedeutete der Preisanstieg, den der Schmuggel schürte, daß die Staatsausgaben, in Geld ausgedrückt, ebenfalls steigen mußten, wohingegen bestimmte Steuern, die herkömmlicherweise alle 30-40 Jahre festgelegt wurden[49], zurückgingen.

Die *Krise der Einnahmen*, die im 16. Jahrhundert ihren Anfang nahm, wurde durch eine *Erhöhung der Ausgaben* verschärft. Die wichtigste Erhöhung betraf den Bedarf des Militärs. Veränderungen in der Kriegstechnologie verlagerten das Schwergewicht von der Kavallerie zur Infanterie – es mußte ein stehendes Heer unterhalten werden, der Palast mußte eine wachsende Zahl von Janitscharen einquartieren und ernähren (und besolden). Die Janitscharen, zumeist in Istanbul stationiert, mußten pünktlich ihren Sold bekommen.[50] Diese Entwicklung besiegelte zugleich den Untergang des *tīmār*-Systems als einer Form der Abschöpfung von Einnahmen. Die neue Form der Steuereintreibung, die das fiskalische System nunmehr beherrschte, war die *Steuerpacht.* Die Praxis der Steuerpacht, d. h. die Verpachtung genau bezeichneter Einnahmen an den höchsten Bieter, war von Anfang an ein integraler Bestandteil des osmanischen Steuersystems *(iltizām)* und für die Zentralgewalt stets die Hauptquelle ihrer Liquidität gewesen. Sie war jedoch ursprünglich auf bestimmte Einnahmequellen wie Zollabgaben, ferner die allen Nicht-Moslems auferlegte Kopfsteuer oder die Schafsteuer beschränkt gewesen. Vom Beginn des 17. Jahrhunderts an wurde das *iltizām*-System auf die traditionelle Agrarsteuer des *öşr* angewandt. Die Einnahmen auf imperialen Gütern, auf *vaqif**-Gütern und auf ehemaligem *tīmār*-Land wurden ausnahmslos verpachtet.[51]

Im 16. Jahrhundert, als nur bestimmte Einnahmen verpachtet waren, fungierten jüdische Kaufherren aus Istanbul dem Staat als Gläubiger und fanden dadurch eine Verwertungsdomäne, in der Kaufmannskapital und Geldkapital austauschbar waren. Sie liehen dem Palast im Handel akkumuliertes Geld, erlangten damit das Privileg zu weiterem Handel, während sie gleichzeitig für ihre Darlehen Zinsen bezogen.

Weil das *System der Steuerpacht* für Besitzer von flüssigen Geldmitteln so vorteilhaft war, erwies es sich als äußerst geeignet für ein Milieu, in dem Geldvermögen, die während der Inflationsperiode angehäuft worden waren, dominierten.[52] Der finanzielle Bedarf des Staates traf so mit den Bedürfnissen der Neureichen zusammen, von denen einige selbst hohe Verwaltungsbeamte, Janitscharen oder *'ulemā* waren. Es waren also die Kaufleute nicht mehr die einzigen, die Steuerpachten erwarben. Am Ende des 17. Jahrhunderts hatte sich das System der Steuerpacht bereits ausgebreitet. Da sie in kurzer

* Fromme Stiftungen. *(Anm. d. Ü.)*

Zeit den größtmöglichen Gewinn herauszupressen trachteten, richteten die Steuerpächter die ihnen überlassenen Einnahmequellen zugrunde. Um dem entgegenzuwirken, wurde 1695 ein neues System erdacht, das Steuerpachten auf Lebenszeit gewährte *(malikâne)*. Zugleich erhielt der Steuerpächter das Recht, seine Domäne unabhängig von staatlicher Aufsicht zu bewirtschaften und seine erwarteten Einnahmen zu verkaufen.[53]

Die Hauptfunktion des Steuerpächters bestand darin, dem Staat Geld zu verschaffen. Sein vertraglich festgelegtes Verhältnis zum Staat war rein pekuniärer Art – der Staat war der Empfänger von Geldkapital, das ihm schon vor der Einnahme von Steuern vorgeschossen wurde. Der Steuerpächter war somit – anders als der *sipāhī* – nicht verpflichtet, während des Prozesses der Realisierung seiner Zinsen die ideologische-politische Beziehung zwischen dem direkten Produzenten und dem Staat zu perpetuieren. Ihm ging es darum, den Ertrag des vorgeschossenen Kapitals zu maximieren. Obgleich er gesetzlich an die traditionellen Steuerraten gebunden war, versuchte er ständig, diese Grenzen zu überschreiten. Das gelang ihm auch häufig, vor allem dann, wenn er gleichzeitig noch eine Verwaltungsposition innehatte.

Steuerpächter besorgten dem Staat Kredite und erhielten das Recht, Steuern einzunehmen. In der Landwirtschaft konstituierten sie einen neuen Sachverhalt: *den Wucher.*[54] Zwar nahm der Wucher niemals solche Ausmaße an, daß er das kleinbäuerliche Eigentum zerstört hätte. Dennoch war er ein Mittel, die Ausbeutung zu verschärfen und Bauern an feudalisierte Produktionsstätten zu binden, so z. B. als *sharecroppers.** Der Wucher beschleunigte sowohl die Kapitalakkumulation als auch die Zerrüttung des freien Status der Bauernschaft.

Beide Entwicklungen untergruben die Reproduktion des Systems, die von der Beibehaltung des Kleineigentums auf dem Lande abhing.[55] Geldkapital kann sich wie das Kaufmannskapital mit allen Formen der präkapitalistischen Produktion verbinden.[56] Wie dieses zerstört es die Grundlagen der politischen Reproduktion des Systems. Dies geschah auf zweierlei Weise: erstens vermittelte es den Aufstieg der *âyan*, andererseits beschleunigte es die Kommerzialisierung.

Steuerpächter waren gesetzlich (und tatsächlich) der Zentralgewalt gegenüber rechenschaftspflichtig. Während ihnen die lokalen Administratoren beim Umgang mit widerspenstigen Steuerzahlern militärischen Beistand leisteten, mußten sie ihrerseits ihren finanziellen Rechenschaftsbericht den Verwaltungsbeamten zur Kontrolle vorlegen. Dieser Kontrollmechanismus konnte freilich nicht funktionie-

* Kleinpächter, die unter Kontrolle des Grundherrn arbeiten. *(Anm. d. Ü.)*

ren, wenn Steuerpächter und Buchprüfer ein- und dieselbe Person waren oder wenn der lokale Administrator gleichzeitig Steuerpächter war. Über diese Personalunionen stand das System der Steuerpacht in engem Zusammenhang mit der Herausbildung lokaler Potentaten.

Zu Beginn des 18. Jahrhunderts hatten sich manche Steuerpächter lokaler Herkunft zu lokalen Potentaten oder *âyan* gemausert. Sie waren einst Kaufleute, Geldwechsler oder Provinz-*'ulemā* gewesen und hatten als Unterpächter von Kaufherren oder hohen Beamten aus Istanbul Steuerpachten erhalten. Die reich gewordenen Unterpächter waren in der Regel auch die lokalen Vertreter von Provinzstatthaltern *(mütesellim)*. Sie konnten so der ökonomischen Akkumulation politische Gewalt hinzufügen und wurden in dieser Rolle als *âyan* bekannt.[57]

Die bedeutenderen *âyan*, die während des 18. Jahrhunderts zu einem Problem wurden, waren Provinzbeamte, die ursprünglich von der Pforte ernannt worden waren.[58] Sie machten sich die Schwäche der Zentralgewalt zunutze und versuchten, sich auf Dauer als Statthalter zu etablieren. Der Mechanismus, kraft dessen sie Steuerpachten für das gesamte Gebiet erwerben konnten, das ihrer administrativen Gewalt unterstand, erlaubte ihnen außerdem, eine Klientel von lokal mächtigen Unterpächtern aufzubauen. Das System der Steuerpacht war daher sowohl als Mittel zur ökonomischen Bereicherung als auch als Mechanismus zur Errichtung von politischer Gewalt von Bedeutung.

Eine andere Entwicklung, die durch das System der Steuerpacht beschleunigt wurde, war die Entstehung von kommerziellen Zwekken dienenden Landgütern *(çiftlik)* im 18. Jahrhundert. Das befestigte System der Steuerpacht hatte bereits die ideologische Wechselbeziehung zwischen dem Produzenten und dem Staat zerstört und eine intensivierte Ausbeutung des Bauern befördert. Neben der wachsenden europäischen Nachfrage nach Weizen, Mais, Baumwolle und Tabak bildete dies für Steuerpächter, insbesondere für jene, die eine *mâlikane* innehatten, einen Anreiz, mehr und mehr auf kommerzieller Basis für den Markt zu produzieren.[59] Auf dem Balkan, in Thrazien (das den Markt von Istanbul belieferte) und in Westanatolien, wo sich Izmir im Laufe eines Jahrhunderts von einer kleinen Küstenstadt zu einem bedeutenden Exporthafen entwickelte, wurden große *çiftliks* errichtet.[60]

Çiftliks sind ein Beispiel für eine auf kommerzielle Zwecke eingeschworene Bewirtschaftung, bei der leibeigene Bauern oder *sharecroppers* beschäftigt wurden. Abgesehen davon, daß sie eine neue Arbeitsorganisation einführten, änderten *çiftliks* auch das traditionelle Anbaumuster. Exportfähige Agrarerzeugnisse traten an die Stelle von Subsistenzanbau. Die Besitzer von *çiftliks* akkumulierten Handelsprofite, die sie durch den direkten Verkauf dieser Agrarerzeugnisse an europäische Händler erzielten. Diese Verkäufe waren illegal, da die festgesetzten Preise im Reich stets niedriger waren als die Preise, die auf Exportmärkten kassiert werden konnten. Die Messen auf dem Balkan im 18. Jahrhundert sowie ähnliche Phänomene in Anatolien in der zweiten Hälfte des 18. und zu Beginn des 19. Jahrhunderts müssen in diesem Zusammenhang interpretiert werden.

Für die Bauern, von denen sich die meisten in Schuldknechtschaft befanden, bedeutete das *çiftlik*-System eine schwerwiegende Verschlechterung ihres Status und, ökonomisch, eine Steigerung der Ausbeutungsrate.[61] Die meisten Steuerabgaben an den Staat waren weiterhin zu entrichten, während die *çiftlik*-Besitzer vom Bauern neben Arbeitsleistungen die Hälfte seines Produkts nach Abzug des *öşr* verlangten. Überdies verloren die Bauern unter dem *çiftlik*-System ihre Besitzrechte. Viele *çiftliks* auf dem Balkan waren kleine Festungen und wurden von bewaffneten Männern *(kircalis)* bewacht, welche die Bauern zur Flucht zwangen, um auf diese Weise Land für Produktion auf kommerzieller Basis zu gewinnen.

Was das politische System angeht, so trug die Entstehung des *çiftlik*-Systems unverkennbar zu seiner Zerstörung bei. Zwei Phänomene, die das *çiftlik*-System zur Folge hatte, sind Elemente in einem Prozeß der Peripherisierung: Kommerzialisierung der Produktion und, wichtiger noch, ein veränderter Status der Bauernschaft. Aus der Organisationsform der *çiftliks* empfing die Integration des osmanischen Systems in die kapitalistische Weltwirtschaft einen irreversiblen Antrieb. Zu Beginn des 19. Jahrhunderts wurde durch eine Zentralisierungswelle der Prozeß rückgängig gemacht, der zur Herausbildung von *âyan* geführt hatte; das Wachstum der Landwirtschaft auf kommerzieller Basis hingegen setzte sich unaufhaltsam fort.

4. Peripherisierung und Kolonialstaat

Wir haben bis jetzt isolierte Entwicklungslinien der osmanischen Gesellschaftsformation erörtert, die zu ihrer Auflösung als Weltreich führten. In dem Maße, wie die Produktion zur Warenproduktion wurde und diese Waren in den Kreislauf des Verwertungsprozesses des industriellen Kapitals eintraten, machte sich die Peripherisierung geltend. Zur Peripherie werden heißt, in die internationale Arbeitsteilung eintreten und mithin keine in sich geschlossene Reproduktionseinheit mehr sein.

Die isolierten Komponenten der Steuerpacht, des Schmuggelhandels, der Preis- und Bevölkerungsbewegungen gewinnen an Bedeutung, wenn sie als Beitrag zu einer solchen Integration in den Kreislauf des Weltkapitals analysiert werden. Zuvor muß erwähnt werden, daß der Zeitpunkt dieser Integration von einer Region zur anderen variierte. Der Balkan wurde vom Beginn des 18. Jahrhunderts an in die europäische Ökonomie integriert; für Ägypten und die Levante setzte dieser Prozeß im ersten Viertel des 19. Jahrhunderts ein; in Anatolien erhöhte sich das Handelsvolumen mit Beginn der dreißiger Jahre des 19. Jahrhunderts erheblich. Natürlich lassen sich für diesen Prozeß, dessen Anfänge sich, wie wir oben zeigten, bis ins 16. Jahrhundert zurückverfolgen lassen, keine genauen Daten angeben.

Ebensowenig ist es möglich, eine einzige Form von Peripherisierung zu beschreiben. Auch hier bildeten sich je nach Region verschiedene Formen heraus: kommerziell bewirtschaftete *çiftliks* auf dem Balkan, große Baumwollplantagen in Ägypten[62], kleine Warenproduktion bäuerlicher Betriebe in Westanatolien. Die Arbeitsorganisation reichte von *sharecropping* über Lohnarbeit in kapitalistischen landwirtschaftlichen Betrieben bis hin zu Familienbetrieben, die eigenen Grund und Boden bearbeiteten. Zwar waren Nahrungsmittel und Rohstoffe die wichtigsten Exportprodukte, doch in Westanatolien wurden auch handgewebte Teppiche zu einem Produkt der Peripherie.

Der Handel wurde von ausländischen Handelsgesellschaften und Kaufleuten organisiert, die in einer Handvoll Städten (Selanik, Istanbul, Izmir, Beirut, Alexandrien) ihren Sitz hatten. Handelskapital ausländischer Herkunft ging mit dem einheimischen Kapital, das sich in diesem Falle in den Händen ethnischer Minderheiten befand, eine Arbeitsteilung ein. Juden, Griechen und Armenier betätigten sich als Zwischenhändler zwischen englischen, französischen, italienischen und deutschen Kaufleuten und den direkten Produzenten.[63]

Der Außenhandel des Osmanischen Reiches nahm in den ersten drei Jahrzehnten des 19. Jahrhunderts zu, vor allem als im östlichen Mittelmeer Dampffrachter verkehrten.[64] Wachsender Import von europäischen Fertiggütern führte zum Niedergang der Gildenproduktion und der ländlichen Handwerkszweige, während Rohstoffe nun auf Exportmärkte dirigiert wurden.[65] Nach dem Abschluß von Handelsverträgen mit Ländern des Zentrums im Jahr 1838 und mit den Anfängen des Eisenbahnbaus wurde das Eindringen von Kaufmannskapital selbst in der resistentesten Region des Reiches, Anatolien, beschleunigt.[66] Ausländisches und lokales Handelskapital konnten aufgrund von Gesetzesreformen in legalem Rahmen fusionieren. Zudem errichtete ausländisches Kapital in der Region von Izmir kapitalistische landwirtschaftliche Betriebe, die allerdings bedeutungslos blieben.[67]

Die Geschichte des ausländischen Kapitals, der öffentlichen Schulden und des Handels in der zweiten Hälfte des 19. Jahrhunderts ist typisch für einen Peripherisierungsprozeß und zu bekannt, als daß sie hier wiederholt werden müßte.[68] Wir wollen aber kurz auf die politischen Begleiterscheinungen eingehen.

Die Entwicklungen der ökonomischen Integration spiegelten sich nicht automatisch in der politischen Szene wider. In den Anfangsstadien gab es zwischen der neuen ökonomischen Orientierung des Reiches und der alten – der asiatischen Produktionsweise angemessenen – Form des Staates erhebliche Inkongruenzen. Das erzeugte Widersprüche, die manifest wurden, als die rechtlichen und politischen Erfordernisse des Handelskapitals mit den bestehenden Institutionen zusammenstießen. Wenn wir einen »Kolonialstaat« als jene Form des Staates in der Peripherie definieren, der in erster Linie den Bedürfnissen des Handelskapitals entspricht, können die politischen Transformationen des Osmanischen Reiches im 19. Jahrhundert als Übergang von einem Staatsmechanismus von asiatischem Typus zu einem Kolonialstaat gedeutet werden. »Modernisierung« und »Reform« des Osmanischen Reiches sollten in diesem Bezugsrahmen beurteilt werden.

Man darf jedoch nicht vergessen, daß sich diese Transformation nicht allein auf Betreiben des Handelskapitals oder, genauer gesagt, auf Betreiben der Staaten des Zentrums, was letztlich dem Handelskapital zugute kam, vollzog. Sie folgte auch den ökonomischen Vorstellungen der Bürokratenklasse und den Ideologien einer herrschenden Klasse, die sich eng an »westlich-moderne« Ideen anlehnten.[69]

Mit der Transformation des Staates in einen Kolonialstaat verlor das osmanische System seine Eigentümlichkeit. Es war fortan ökonomisch wie politisch von der kapitalistischen Produktionsweise bestimmt. Seine weitere Geschichte konnte und kann nur noch innerhalb der Dynamik des kapitalistischen Weltsystems analysiert werden, dessen integralen, wenn auch funktional differenzierten Bestandteil es bildet.

Anmerkungen

1 Vgl. Aidan Foster-Carter, *From Rostow to Gunder Frank: Conflicting Paradigms in the Analysis of Underdevelopment*, in: *World Development*, IV, 3, 1976, S. 167-180. Foster-Carters neues Paradigma ist auf einen entwicklungstheoretischen Ansatz beschränkt. Wir beziehen uns auf eine andere Richtung soziologischer, anthropologischer und historischer Literatur, deren repräsentative Arbeiten sich in folgenden Zeitschriften finden: *Critique of Anthropology, Economy and Society, Journal of Peasant Studies.*

2 Vgl. L. Althusser und E. Balibar, *Lire Le Capital*, Paris 1968 (deutsch: *Das Kapital lesen*, Reinbek bei Hamburg 1972); André Gunder Frank, *Capitalism and Underdevelopment in Latin America*, New York 1967 (deutsch: *Kapitalismus und Unterentwicklung in Lateinamerika*, Frankfurt/M. 1969); Immanuel Wallerstein, *The Modern World-System*, New York 1974.

3 H. İnalcık, *The Ottoman Empire: The Classical Age, 1300-1600*, New York 1973; H. A. R. Gibb und H. Bowen, *Islamic Society and the West*, I, London/New York 1962; B. Lewis, *The Emergence of Modern Turkey*, New York 1968.

4 Die gegenwärtig zur osmanischen Geschichte durchgeführte Forschung läßt sich anhand dieser beiden zeitlichen Blöcke klassifizieren. Die meisten der in letzter Zeit verfaßten Dissertationen wählen als Zeitraum ihrer Untersuchung entweder das sechzehnte oder das neunzehnte Jahrhundert.

5 Vgl. Aziz Al-Azmeh, *What is the Islamic City?*, in: *Review of Middle East Studies*, Nr. 2, 1975.

6 Die Teilung der osmanischen Gesellschaft in zwei Klassen, nämlich in Militär und *rāyā*, hat ihren Ursprung in der Arbeit von N. Itzkowitz, *Eighteenth-Century Ottoman Realities*, in: *Studia Islamica*, XVI, 1962, S. 73-94. Itzkowitz' Arbeit entstand als Kritik an A. H. Lybyer, *The Government of the Ottoman Empire in the Time of Suleiman the Magnificent*, New York 1966, der die Institutionen der osmanischen Gesellschaft in Institutionen des Herrschers und des Islam eingeteilt hatte. Vgl. auch Ö. I. Barkan, *Edirne askerï kassamina ait tereke defterleri (1545-1659) (Offizielle Aufzeichnungen für die militärischen Einrichtungen in der Provinz Edirne)*, in: *Belgeler*, III, 5-6, 1966, S. 1-479.

7 Eine ausführliche Darstellung dieser Zirkularität findet sich in H. İnalcık, *Capital Formation in the Ottoman Empire*, in: *Journal of Economic History*, XXXIX, 1, 1969, S. 97-140. Diese traditionelle Vorstellung ist in dem klassischen Werk von Nizam ül-Mülk, *Siyasatnâme*, formalisiert worden. Das Original ist in persischer Sprache; die englische Übersetzung von Hubert Darke trägt den Titel *The Book of Government; or Rules for Kings*, New Haven 1960.

8 Eine Analyse, in der die *gāzī*-Tradition als der zentrale Faktor im Aufbau des osmanischen Staats angesehen wird, liefert P. Wittek, *The Rise of the Ottoman Empire*, London 1938.

9 Eine umfassende Analyse der islamischen Staatsideologie bietet Marshall G. Hodgson, *The Venture of Islam, I. Conscience and History in a World Civilization*, Chicago 1974.

10 H. İnalcık, *The Ottoman Empire*, a.a.O., S. 3.

11 Roger Owen hat das Werk von Gibb und Bowen einer kritischen Analyse unterzogen; diese liegt den folgenden Ausführungen in weiten Teilen zugrunde. Vgl. Roger Owen, *The Middle East in the Eighteenth Century – an ›Islamic‹ Society in Decline: a Critique of Gibb and Bowen's* »Islamic Society and the West«, *in: Review of Middle East Studies*, Nr. 1, 1975, S. 101-112.

12 Zur Historiographie des »Orientalischen Despotismus« vgl. die Darstellung von Perry Anderson in *Lineages of the Absolutist State*, London 1974. Die zeitgenössischen Analysen, die auf der Idee des »Orientalischen Despotismus« basieren, haben ihren Ursprung in dem Werk von Karl A. Wittfogel, *Oriental Despotism*, New Haven 1957 (deutsch: *Die orientalische Despotie*, Frankfurt/Berlin/Wien 1977, Neuaufl.).

13 Zur Rolle der Notabeln vgl. A. H. Hourani, *Ottoman Reform and the Politics of Notables*, in W. R. Polk und R. I. Chambers (Hrsg.), *Beginnings of Modernization in the Middle East: the Nineteenth Century*, Chicago 1968, S. 41-68 und Kemal H.

Karpat, *Structural Change, Historical Stages of Modernization, and the Role of the Social Groups in Turkish Politics*, in K. Karpat u. a., *Social Change and Politics in Turkey: A Structural-Historical Analysis*, Leiden 1973, S. 11-92.

14 Eine Darstellung, wie sich die Idee der Säkularisierung im osmanischen Kontext entwickelte, findet sich in Niyazi Berkes, *The Development of Secularism in Turkey*, Montreal 1964.

15 Der Ausdruck »Modernisierungs-Theorie« wird von uns verwendet, um das liberale Paradigma in der entwicklungstheoretischen Literatur zu bezeichnen, das in den fünfziger und sechziger Jahren geläufig war und in der Zeitschrift *Economic Development and Cultural Change* vertreten wurde. Das Standardwerk zur Modernisierung für den Mittleren Osten ist Daniel Lerner, *The Passing of Traditional Society: Modernizing the Middle East*, New York 1958. Dieses Paradigma erhielt seine vollendetste Darstellung in einer Konferenz, die treffenderweise in Chicago abgehalten wurde. Vgl. Polk und Chambers, *a.a.O.*

16 Bezüglich des Ausmaßes dieser ideologischen Anleihen vgl. Serif Mardin, *The Genesis of Young Ottoman Thought: A Study in the Modernization of Turkish Political Ideas*, Princeton 1962.

17 Vgl. Roderic H. Davison, *Reform in the Ottoman Empire, 1856-1876*, Princeton 1963; F. E. Bailey, *British Policy and the Turkish Reform Movement: A Study in Anglo-Turkish Relations, 1826-1853*, New York 1970; Stanford J. Shaw, *Between Old and New*, Cambridge 1971; ferner eine Reihe von Dissertationen, die bei S. Shaw angefertigt wurden.

18 Unter asiatischer Produktionsweise verstehen wir eine Situation, in der der landwirtschaftliche Produzent ein freier Bauer ist und sein Mehrprodukt vom Staat in Form von Steuern angeeignet wird. Nur Staatsbeamte gehören zur Klasse derjenigen, die das Mehrprodukt aneignen. Somit ist die Reproduktionseinheit durch die Reichweite der politischen Gewalt definiert. Diese Situation spiegelt eine bestimmte Verbindung *(articulation)* von politischer, ideologischer und ökonomischer Ebene wider. Daher existiert die asiatische Produktionsweise als eine Produktionsweise, vorausgesetzt, daß wir die Definition von L. Althusser und E. Balibar, *a.a.O.*, akzeptieren.

Ende der sechziger und Anfang der siebziger Jahre gab es in der Türkei eine Diskussion über den Charakter des Osmanischen Reichs. Diese Diskussion begann mit Sencei Divitçioğlu, *Asya Tipi Üretim Tarzi ve Osmanli Toplurnu (Die osmanische Gesellschaft und die asiatische Produktionsweise)*, Istanbul 1967, worin dieser die These aufstellte, daß das Osmanische Reich ein Beispiel für die asiatische Produktionsweise sei. Orthodoxere Teilnehmer an der Diskussion verwarfen diese Auffassung und prägten so weithergeholte Begriffe wie »zentralisierter Feudalismus«. Diese Diskussion wurde jedoch in einem engen Bezugsrahmen geführt; wesentliche Begriffe wie »Gesellschaftsformation« oder »Dominanz« blieben unberücksichtigt. Daher blieben selbst die theoretisch anspruchsvollsten Beiträge deskriptiv und letztlich empiristisch. Dieses Urteil läßt sich auf die gesamte Literatur ausdehnen, die in den sechziger Jahren (zum größten Teil in *La Pensée*) veröffentlicht wurde und den Begriff der asiatischen Produktionsweise zum Ausgangspunkt nahm.

19 Der in diesem Abschnitt vorgetragene Gedankengang wurde ursprünglich von Çağlar Keyder formuliert. Vgl. Çağlar Keyder, *The Dissolution of the Asiatic Mode of Production*, in: *Economy and Society*, V, 2, 1976, S. 178-196.

20 *Timârs* gab es nicht nur bei Einnahmen aus der Landwirtschaft, sondern auch bei Einnahmen aus dem Bergbau, etc. Vgl. Halil İnalcik, *Hicri 815 Tarihli Suret-i*

Defter-i Sancak-i Arvanid (Kopie der offiziellen Aufzeichnungen für die Provinz Arvanid, Jahr 815 Hicri), Ankara 1954. Als Beschreibung der Institution vgl. Ö. L. Barkan *Les formes de l'organisation du travail agricole dans l'Empire Ottoman aux XVe et XVIe siècles*, in: *Revue de la faculté des sciences écconomiques de l'Université d'Istanbul, 1939-1940*. Halil İnalcık, *The Ottoman Empire*, a.a.O. und Gibb und Bowen, *Islamic Society and the West*, a.a.O., verwenden für die Beschreibung der *tīmār*-Institution eine für den Feudalismus geltende Terminologie. Als Darstellung der seldschukischen Ursprünge vgl. C. Cahen, *Ikta*, in H. A. R. Gibb u. a. (Hrsg.), *The Encyclopaedia of Islam*, 2. Aufl., Leiden 1960, S. 1088-1091. *Tīmār*-Systeme galten nicht für die Einnahme aller Steuern. Auf Kronland wurden entweder Steuerpächter oder besoldete Staatsbeamte mit der Steuereintreibung betraut.

21 *Öşr* war eine traditionelle islamische Steuer, die einem Zehntel des Jahresprodukts entsprach. Eine Beschreibung osmanischer Steuern findet sich bei Halil İnalcık, *Osmanlıtarda Raiyyet Rüsumd (Osmanische Steuern)*, in: *Türk Tarik Kurumu Belleten*, XXIII, 92, 1959, S. 575-610 und Lüfti Güçer, *XVI-XVII. Asirlarda Osmanli Imparatorluğunda Hububat Meselesi ve Hububattan Alinan Vergiler (Die Frage von Getreide und Getreidesteuern im Osmanischen Reich während des 16. Jahrhunderts)*, Istanbul Universitesi Yayim 1075, Iktisat Fakültesi 152. Gyula Kaldy Nagy, *The effects of tīmār system on agricultural production in Hungary*, in L. Ligeti (Hrsg.), *Studia turcica*, Budapest 1971, S. 241-248 beschreibt die Anfänge und Auswirkungen des *tīmār*-Systems in Ungarn.

22 Rechtliche und administrative Gewalten waren nicht eindeutig voneinander getrennt. So war der *sipāhī* auch ermächtigt, Geldstrafen zu verhängen und einzufordern. Vgl. Halil İnalcık, in T. Naff und R. Owen (Hrsg.), *Studies in Eighteenth Century Islamic History: Decline or Change* (in Vorbereitung). Die Beziehung zwischen *sipāhī* und *kadi* wird erörtert in: Halil İnalcık, *Adaletnâmeler* (»Rechtsstatuten«), in: *Belgeler*, II, 3-4, 1965, S. 49-145.

23 Zu den osmanischen Gilden vgl. G. Baer, *The Administrative Economic, and Social Functions of Turkish Guilds*, in: *International Journal of Middle East Studies*, I, Januar 1970, S. 28-50. Zu den *hisba*-Vorschriften vgl. Halil İnalcık, *Capital Formation, a.a.O.*

24 Suraiya Faroqhi, *Sixteenth century periodic markets in various Anatolian sancaks: Içel, Hamid, Karahisar-i Sahib, Kütahya, Aydın and Menteşe*, in: *Journal of Economic and Social History of the Orient* (in Vorbereitung) insistiert auf dieser administrativen Festlegung. Vgl. auch Lüfti Güçer, *XVI-XVIII. inci Asirlarda Osmanli Imparatorluğunun Ticaret Politikası (Die Handelspolitik des Osmanischen Reiches vom 16. bis zum 18. Jahrhundert)*, Manuskript o. J. zur Lage und Verwaltung von Märkten. Märkte gab es auch außerhalb der Siedlungsgebiete; gewöhnlich waren sie dann größer. Im 16. Jhdt. nahm als Reaktion auf die ökonomische Umwelt die Zahl der Dorfmärkte zu. Nach dem 16. Jhdt. nahmen periodische Messen sowohl in Anatolien als auch auf dem Balkan zahlenmäßig zu, ein Umstand, der auf eine stärkere Einbeziehung der Bauernschaft in den Handel deutet. Ein Verzeichnis der Messen auf dem Balkan im 18. Jhdt. findet sich in N. Svoronos, *Le commerce de Salonique au XVIIIe siècle*, Paris 1956. Zu den Märkten auf dem Balkan vgl. I. Asdrachas, *Aux Balkans du XVe siècle: producteurs directs et marchés*, in: *Etudes balkaniques*, VI, 3, 1970, S. 36-59.

25 Um Pässe und Straßen zu schützen, wurde die *derbent*-Organisation errichtet. Als Gegenleistung zur Erhaltung von Straßen, Brücken und Pässen wurden den Bauern Steuerermäßigungen gewährt. In der Zeit der *Ǧelālī*-Aufstände und der

Bauernflucht wurde die Erhaltung dieser Routen eingestellt, wodurch die Sicherheit der Kaufleute bedroht war. Zur *derbent*-Organisation vgl. Cengiz Orhonlu, *Osmanli Imparatorluğunda Derbent Teskilati (Derbent-Organisation im Osmanischen Reich)*, Istanbul 1967.

26 Vgl. Mehmet Genç, *A Comparative Study of the Life Term Tax Farming Data and the Volume of Commercial and Industrial Activities in the Ottoman Empire during the Second Half of the 18th Century*, in: *Symposium on South Eastern European and Balkan Cities and Industrial Revolution in Western Europe*, A.O.E-.S.I.E., 22.-27. März 1976, Hamburg, zur Steuerpacht bei inländischen Zolleinnahmen *(muqāṭa'a)*.

27 Zu den Maßnahmen des Palasts für die Versorgung Istanbuls vgl. Lüfti Güçer, *XVIII. Yüzyil Ortalarında Istanbul'un İaşesi Için Lüzumlu Hububatin Temini Meselesi (Die Versorgung Istanbuls mit Getreide in der Mitte des 18. Jahrhunderts)*, in: *Iktisat Fakültesi Mecmuası*, XI, 1-4, 1949-1950, S. 397-416. Vgl. auch R. Mantran, *Istanbul dans la seconde moitié du XVIIe siècle*, Paris 1962, und M. M. Alexandrescu-Dersca, *Contribution à l'étude de l'approvisionnement en blé de Constantinople au XVIIIe siècle*, in: *Acta Orientalia et Studia*, Société des Sciences Historiques et Philologiques de la République Populaire Roumaine, Section d'Etudes, 1957, S. 13-37.

28 Schmuggel wurde entlang der Küste betrieben, und zwar gewöhnlich von griechischen Schiffen, die auf den Ägäischen Inseln stationiert waren. Seine Bedeutung für die Kommerzialisierung der Landwirtschaft und für die Entstehung der griechischen Bourgeoisie war groß, vor allem während des 18. Jhdts. Die Geschichte des Schmuggels, in den zuweilen »feudalisierte« Grundherren verwickelt waren, muß noch geschrieben werden. Maurice Aymard, *Venise, Raguse, et le commerce du blé pendant la seconde moitié du XVIe siècle*, Paris 1966, weist beispielsweise dem illegalen Handel nur eine kleine Rolle zu, wohingegen Traian Stoianovich seine Bedeutung anerkennt. Vgl. *Land Tenure and Related Sectors of the Balkan Economy, 1600-1800*, in: *The Journal of Economic History*, XIII, 4, 1953, S. 398-411; *Le maïs dans les Balkans*, in: *Annales E.S.C.*, XXI, 5, Sept.-Okt. 1966, S. 1026-1040; und *Le maïs arrive dans les Balkans*, in: *Annales E.S.C.*, XVII, 1, Januar-Juni 1962, S. 84-93.

29 Vgl. Halil İnalcık, *Capital Formation*, a.a.O.

30 Die persischen Kriege können als der Versuch interpretiert werden, sich den Handel auf der Seidenstraße und wesentliche Seidenvorräte zu sichern (so z. B. mit der Eroberung von Täbris). Die Kriege mit den Karamani zielten darauf ab, den Handel mit Ägypten anzuknüpfen. Ziel der Balkan-Kampagnen im 15. Jahrhundert war es, die Belgrad-Straße (die königliche Straße des Byzantinischen Reiches) zu erobern, um Venedig umgehen zu können. Vgl. Radovan Samardžić, *Belgrade, centre économique de la Turquie du Nord au XVIe siècle*, in: *La Ville balkanique, XVe-XIXe siècles, Studia Balcanica*, Sofia 1970, S. 33-44.

31 Zum Handel von Bursa vgl. Halil İnalcık, *Bursa and the Commerce of the Levant*, in: *Journal of the Economic and Social History of the Orient*, III, 2, 1960, S. 131-147. Zum Schwarzmeer-Handel vgl. Halil İnalcık, *The Ottoman Empire*, a.a.O.

32 Zum Handel von Ragusa vgl. J. Tadic, *Le commerce en Dalmatie et à Raguse et la décadence économique de Venise au XVIIIe siècle*, in: *Aspetti e cause della decadenza economica veneziana nel secolo XVII*, Atti del convegno 27 giugno – 2 luglio 1957. Venezia, Isola di San Giogio Maggiore. *Civiltà Veneziana Studi*, 9, Venedig 1961, S. 237-274. Zu Venedig vgl. R. Woolf, *Venice and the Terraferma:*

Problems of the Change from Commercial to Landed Activities, in B. S. Pullan (Hrsg.), *Crisis and Change in the Venetian Economy in the Sixteenth and Seventeenth Centuries*, London 1968; F. Braudel, *The Mediterranean World in the Age of Philip II*, I, New York 1972; W. Heyd, *Histoire du Commerce du Levant au Moyen Age*, Amsterdam 1959 und Maurice Aymard, *a.a.O.*

33 Der wichtigste Artikel zum mediterranen Gewürzhandel ist Frederic C. Lane, *The Mediterranean Spice Trade: Further Evidence of its Revival in the 16th Century*, in: *American Historical Review*, XLV, 3, April 1940, S. 571-590. Vgl. auch R. Mantran, *L'Empire Ottoman et le commerce asiatique aux 16e et 17e siècles*, in D. S. Richards (Hrsg.), *Islam and the Trade of Asia*, Philadelphia 1970, S. 169-179.

34 Vgl. Niels Steensgaard, *The Asian Trade Revolution of the Seventeenth Century: The East India Companies and the Decline of the Caravan Trade*, Chicago 1974.

35 Zum Seidenhandel vgl. Ralph Davis, *English Imports from the Middle East, 1580-1780*, in M. A. Cook (Hrsg.), *Studies in the Economic History of the Middle East from the Rise of Islam to the Present Day*, London/New York 1970, S. 193-206. Zum englischen Handel in der Levante vgl. T. S. Willan, *Some Aspects of English Trade with the Levant in the Sixteenth Century*, in: *English Historical Review*, Bd. 70, Nr. CCLXXVI, Juli 1955, S. 399-410; und A. C. Wood, *History of the Levant Company*, New York 1964.

36 Zum französischen Handel vgl. P. Massom, *Histoire du commerce français dans le Levant au XVIIIe siècle*, New York 1967. Vgl. auch Robert Paris, *L'Histoire du commerce de Marseille, V: 1660-1789. Le Levant*, Paris 1957.

37 Zu Selanik vgl. N. Svoronos, *a.a.O.*; zum Handel auf dem Landweg vgl. Traian Stoianovich, *The Conquering Balkan Orthodox Merchant*, in: *The Journal of Economic History*, XX, 2, Juni 1960, S. 234-313; und Virginia Paskaleva, *Osmanlı Balkan Eyaletlerinin Avrupah Devletlerle Ticaretleri Tarihine Katki (1700-1850) (Ein Beitrag zur Geschichte des Handels zwischen den Balkanprovinzen des Osmanischen Reiches und den europäischen Staaten)*, in: *Istanbul Üniversitesi Iktisat Fakültesi Mecmuasi*, XXVII, 1-2, 1967-68, S. 265-292.

38 Der Bauer war in dem Sinne »frei«, daß er kein Leibeigener war. Seine Freizügigkeit war allerdings beschränkt. Wenn er sein Dorf für immer verlassen wollte, mußte er eine Steuer entrichten und wenn er sein Land drei Jahre hintereinander nicht bestellte, konnte es konfisziert werden. Vgl. Ö. L. Barkan, *XV. ve XVI. asırlarda Osmanlı Imparatorluğunda, a.a.O.*, und ders. *Türkiye'de servaj var mi idi? (Gab es in der Türkei Leibeigenschaft?)*, in: *Türk Tarih Kurumu Belleten*, XX, 1-3, 1956, S. 237-246.

39 Mehmend II konfiszierte z. B. *vaqif*-Ländereien der *'ulemā*-Fraktion *(faction)* und erweiterte das *tīmār*-Gebiet. Sein Sohn hingegen unterstützte die *'ulemā*-Fraktion, die ihm zur Thronnachfolge verhalf. Im 19. Jahrhundert kämpften die *'ulemā* und die staatlichen Beamten darum, die Zentralverwaltung zu kontrollieren.

40 Insbesondere die der Gilden. Janitscharen wurden auch Steuerpächter und betrieben Schmuggel.

41 Das berühmteste Beispiel ist Mehmed Ali in Ägypten. Andere sind Tependelenli Ali auf dem Balkan und Çapanoğlu und Karaosmanoğlu in Anatolien. Vgl. K. Karpat, *a.a.O.*

42 Charles Tilly und Richard Tilly, *Agenda for European Economic History in the 1970's*, in: *Journal of Economic History*, XXXI, 1, März 1971, S. 184-198.

43 Ö. L. Barkan, *Tarahi Demografi Araştırmalan ve Osmanli Tarihi (Untersuchungen zur Entwicklung der Bevölkerungsstatistik und der osmanischen Geschich-*

te), in: *Türkiyat Mecmuasi*, X, 1951-1953, S. 1-27; und ders. *XVI. Asrm ikinci yarisinda Türkiye'de fiyat hareketleri (Preisbewegungen in der Türkei in der zweiten Hälfte des 16. Jahrhunderts)*, in: *Türk Tarih Kurumu Belleten*, XXXIV, 136, 1970, S. 557-607. M. A. Cook, *Population Pressure in Rural Anatolia, 1450-1600*, New York/London 1972 und Leila Erder und Suraiya Faroqhi, *Population Rise and Fall in Anatolia, 1550-1620*, in: *Middle East Studies* (in Vorbereitung) beweisen die Zunahme der osmanischen Bevölkerung und bestätigen damit Braudels Hypothese, daß sich im 16. Jahrhundert im Mittelmeerraum ein allgemeiner Bevölkerungsaufschwung vollzog. Daß die städtische Bevölkerung relativ stärker anstieg, zeigt Ronald C. Jennings, *Urban Population in Anatolia in the Sixteenth Century: a Study of Kayseri, Karaman, Amasya, Trabzon, and Erzurum*, in: *International Journal of Middle East Studies*, VII, 1, 1976, S. 21-57.

44 Die gleiche These findet sich bei Emmanuel Le Roy Ladurie, *The Peasantry of Languedoc*, Urbana 1974, der sich auf Braudel, *a.a.O.*, bezieht.

45 *Avarız* waren ursprünglich Sondersteuern, wurden jedoch aufgrund der permanenten Krise der Einnahmen bald zu regulären Steuern.

46 Zu den Levends (oder Seeleuten) vgl. Mustafa Cezar, *Osmanli Tarihinde Levendler (Levends in der osmanischen Geschichte)*, Istanbul 1965 und Halil İnalcık, *The Origin of Ayans*, in T. Naff und R. Owen (Hrsg.), *Studies in Eighteenth Century Islamic History: Decline or Change*, in Vorbereitung.

47 *Ğelālī*-Aufstände ist der Sammelname für Unruhen und Banditentum in Anatolien von den neunziger Jahren des 16. Jahrhunderts bis zur Mitte des 17. Jahrhunderts. Bevölkerungsdruck und die inflationäre Entwicklung der Preise waren vermutlich die Gründe für diese Bewegung, der sich kleinere *sipāhīs*, Medrese-Schüler und irreguläre Soldaten aus dem Gefolge von Provinzverwaltern anschlossen. Die Zentralgewalt bewaffnete ausnahmsweise die Bauernschaft, um die Banditen zu bekämpfen, wodurch sie noch mehr Rebellen schuf. Bauern flüchteten sich aus den verwüsteten Landgebieten in befestigte Städte oder die unwegsamen Gebirgsgegenden (vgl. Xavier de Planhol, *Les fondements géographiques de l'histoire de l'Islam*, Paris 1968. Zur Literatur über die Aufstände zählen Mustafa Akdağ, *Celalı Isyanlam 1550-1603 (Ğelalī-Aufstände, 1550-1603)*, Ankara 1963; und William Griswold, *Political Unrest and Rebellion in Anatolia, 1605-1609*, unveröffentlichte Dissertation, U.C.L.A. 1966. Es könnte sein, daß nach dem Auftreten von *âyan* die Banditen in deren Gefolge aufgesogen wurden. Vgl. Neşei Çağatay, *Osmanli 'Imparatorluğu arazı ve reaya kanunnamelerinde ilhak edilen memleketlerin âdet ve kanunları ve istilahlarin izleri (Traditionen und Gesetze von annektierten Ländern in der osmanischen Land- und Bauerngerichtsbarkeit)*, Bericht Nr. III, in: *Türk Tarih Kongresi*, Ankara 1948.

48 Zu den Auswirkungen der inflationären Entwicklung der Preise im Osmanischen Reich vgl. Barkan, *Research on the Ottoman Fiscal Surveys, a.a.O.* und ders., *The Price Revolution of the Sixteenth Century: a Turning Point in the Economic History of the Near East*, in: *International Journal of Middle East Studies*, VI, Pt. 1, 1975, S. 3-28. Vgl. auch Mustafa Akdağ, *Osmanli Imparatorluğunun kuruluş ve inkişaf devrinde Türkiye'nin iktisadi vaziyeti (Die ökonomische Situation in der Türkei in der Zeit der Gründung und des Aufstiegs des Osmanischen Reichs)*, in: *Türk Tarih Kurumu Belleten*, XII, 51, 1949-50, S. 498-564; und Halil Sahillioğlu, *XVII. asrin ilk yarısında Istanbul'da Tedavüldeki Sikkelerin Rāyi (Der Wechselkurs von zirkulierenden* sikke *in Istanbul in der ersten Hälfte des 17. Jahrhunderts)*, in: *Belgeler Dergisi*, I, 2, 1964, S. 223-228.

49 Eine Beschreibung dieser Festsetzung und eine Beurteilung der Volkszählun-

gen als Quellen findet sich in Ö. L. Barkan, *Research on the Ottoman Fiscal Surveys, a.a.O.*

50 Sie erhielten nicht nur Sold, sondern zudem von jedem neuen Sultan »Geschenke«, die eine erhebliche Belastung für den Staatsschatz darstellten. Alle 33 Jahre, wenn das Mondjahr um genau ein weiteres Jahr hinter dem Sonnenjahr zurückblieb, mußte den Janitscharen ein Extrasold in Höhe des Solds für drei Monate gezahlt werden. Diese *sivış*-Jahre trafen mit den schlimmsten Krisen des Staatsschatzes zusammen und führten zu Rebellionen der Janitscharen. Vgl. Halil Sahillioğlu, *Sivış Year Crises in the Ottoman Empire*, in: M. A. Cook, *a.a.O.*, S. 230-252.

51 Zum Niedergang des *tīmār*-Systems vgl. Mustafa Akdağ, *Timār rejimin bozuluşu (Auflösung des* tīmār-*Systems)*, in: *Ankara Üniversitesi Dil ve Tarih Coğrafya Dergisi*, IV, 1945, S. 419-431; und B. Cvetkova, *L'évolution du régime féodal turc de la fin du XVI jusqu'au milieu du XVIII siècle*, in D. Kossav u. a. (Hrsg.), *Etudes historiques à l'occasion du XIe congrès international des sciences historiques, Stockholm, August 1960*, Sofia 1960, S. 171-206.

52 Zu dieser Akkumulation vgl. Mehmet Genç, *Osmanlı Maliyesinde Malikāne Sistemi* (Das malikāne-*System in der osmanischen Finanzverwaltung)*, in: *Türk İktisat Tarihi Semineri*, Ankara 1975.

53 Zum *malikāne*-System vgl. Mehmet Genç, *A comparative study*, a.a.O. und Halil İnalcik, *The Origin of Ayans, a.a.O.*

54 Natürlich gibt es zum Wucher in der Landwirtschaft nicht viele Belege. Vgl. aber Ronald C. Jennings, *a.a.O.*; vgl. auch Suraiya Faroqhi, *Agricultural Activities in a Baktashi Center: the Tekke of Kizil Deli, 1750-1830*, in: *Südost-Forschungen*, 1977, und Halil İnalcık, *Suleiman the Lawgiver and Ottoman Law*, in: *Archivum Ottomanicum*, I, 1969, S. 105-138.

55 Vgl. Karl Marx, *Das Kapital*, III, Kap. 36.

56 Vgl. Karl Marx, *Das Kapital*, III, IV. Abschnitt.

57 Zum Ursprung der *âyan* vgl. H. İnalcık, *The Origin of Ayans, a.a.O.*, des weiteren vgl. zu den *âyan* K. Karpat, *a.a.O.*

58 Es geht uns hier in erster Linie darum, den Zusammenhang zwischen Steuerpacht und der Entstehung lokaler Potentaten aufzuzeigen. Unser Interesse gilt nicht der Frage, wie sich ihre lokale Machtbasis ursprünglich herausbildete; ebensowenig versuchen wir, die Bedeutung dieser Gruppe im Kontext der osmanischen Geschichte zu beurteilen. Es sollte jedoch erwähnt werden, daß die Entwicklung von *âyan* eines der am wenigsten untersuchten Probleme in der osmanischen Geschichtsschreibung ist. Unsere Darstellung ist ein Versuch, sie in den Kontext der »Feudalisierung« zu stellen.

59 Zur Landwirtschaft zu kommerziellen Zwecken auf dem Balkan vgl. Christo Gandev, *L'apparition des rapports capitalistes dans l'économie rurale de la Bulgarie du nord-ouest au cours du XVIIIe siècle*, in: *Etudes historiques à l'occasion du XIe congrès, a.a.O.*, S. 207-220. Vgl. auch die in Anmerkung 28 zitierten drei Artikel von Traian Stoianovich.

60 Zur Genese von *çiftliks* vgl. H. İnalcık, *Adaletnâmeler, a.a.O.*; zu den *çiftliks* auf dem Balkan vgl. auch T. Stoianovich, *Land Tenure and Related Sectors, a.a.O.*

61 Zur Darstellung der Veränderung des Status der Bauernschaft unter dem *çiftlik*-System vgl. Suraiya Faroqhi, *Rural Society in Anatolia and the Balkans During the Sixteenth Century*, in: *Turcia: Revue d'études turques*, 1977.

62 Vgl. E. R. J. Owen, *Cotton Production and the Development of the Cotton Economy in Nineteenth Century Egypt*, in C. Issawi (Hrsg.), *The Economic History*

of the Middle East, 1800-1914, Chicago 1966, S. 417-429; und Helen Rivlin, *The Agricultural Policy of Muhammed Ali in Egypt*, Cambridge 1961.

63 Vgl. A. J. Sussnitzki, *Zur Gliederung wirtschaftlicher Arbeit nach Nationalitäten in der Türkei*, in Issawi (Hrsg.), *a.a.O.*, S. 115-125.

64 Vgl. Dominique Chevallier, *Western Development and Eastern Crisis in the Mid-Nineteenth Century: Syria Confronted with the European Economy*, in Polk und Chambers, *a.a.O.*, S. 205-222.

65 Vgl. M. A. Ubicini, Auszüge aus *Letters from Turkey*, in Issawi (Hrsg.), *a.a.O.*, S. 43-45, und Omer C. Sarç, *Tanzimat ve Sansyimiz (Das Tanzimat und unsere Industrie)*, in Issawi (Hrsg.), *a.a.O.*, S. 48-59.

66 Zum Wortlaut des englisch-türkischen Handelsabkommens von 1838 vgl. Issawi (Hrsg.), *a.a.O.*, S. 39-40; für das Eisenbahnprojekt vgl. W. von Pressel, *Les chemins de fer de Turquie*, in Issawi (Hrsg.), *a.a.O.*, S. 92-93.

67 Vgl. Orkan Kurmuş, *The Role of British Capital in the Economic Development of Western Anatolia, 1850-1913*, Unveröffentlichte Dissertation, University of London 1974.

68 Vgl. Donald C. Blaisdell, *European Financial Control in the Ottoman Empire: A Study of the Establishment, Activities, and Significance of the Administration of the Ottoman Public Debts*, New York 1966.

69 Zu den Einnahmeproblemen der Bürokratie und ihrer Verbindung zur Peripherisierung vgl. Çağlar Keyder, *a.a.O.*

Hamza Alavi
Indien und die koloniale Produktionsweise

1. Zur Vorgeschichte der Diskussion um koloniale Produktionsweise

In einer wissenschaftlichen Diskussion über die »Produktionsweise in der indischen Landwirtschaft« haben marxistische indische Agrarökonomen wichtige Fragen aufgeworfen.[1] Diese Diskussion steht im Kontext erheblicher Veränderungen, die sich in den letzten Jahren in der indischen Landwirtschaft vollzogen haben, Veränderungen, die einst als »Grüne Revolution« gefeiert wurden. Wegen der in ihrem Gefolge eingetretenen Widersprüche in den Klassenverhältnissen auf dem Lande (wie in der Ökonomie überhaupt) sind heute sowohl die konservativen Urheber als auch die radikalen Kritiker der »Grünen Revolution« gezwungen, sich nicht mehr nur auf Rechtfertigung oder Verdammung zu beschränken, sondern Wesen und Bedeutung dieser strukturellen Veränderungen zu analysieren und zu beurteilen.

Die indische Diskussion über die Produktionsweise entzündete sich an dem Problem, ob es in der indischen Landwirtschaft in den letzten 15 bis 20 Jahren einen deutlichen Übergang von einer feudalen zu einer kapitalistischen Produktionsweise gegeben hat. Ähnliche Fragen sind auch im Hinblick auf andere Länder erörtert worden, und tatsächlich hat die Kontroverse zwischen A. G. Frank und Ernesto Laclau über Feudalismus und Kapitalismus in Lateinamerika den theoretischen Ausgangspunkt für die indische Diskussion gebildet.[2] Die Wortführer der indischen Diskussion haben europäische (auch russische) geschichtliche Parallelen sowie in Zusammenhang damit formulierte Theoreme herangezogen; Verweise auf die chinesische Erfahrung oder chinesische theoretische Beiträge fehlen überraschenderweise gänzlich. Noch schwerer dürfte allerdings der Einwand wiegen, daß, indem man die Agrarwirtschaft in den Mittelpunkt der Betrachtung rückt, der Begriff der »Produktionsweise« zu eng gefaßt wird. Es lassen sich insbesondere der Begriff des »Feudalismus« in Indien (in der Periode der direkten Kolonialherrschaft) und das zeitgenössische Phänomen des agrarischen »Kapitalismus« mit allen ihren Implikationen nur dann theoretisch fassen, wenn man sie in den Kontext der *weltweiten Struktur des Imperialismus* stellt. Unter Berücksichtigung dieser Tatsache müßten wir zu einer begrifflichen Bestimmung der kolonialen Produktionsweise und ihrer strukturellen Besonderheit, die sie ebenso vom Feudalismus wie vom Kapitalismus der Metropolen unterscheidet, gelangen.

Die gegenwärtigen Veränderungen müssen im Zusammenhang damit geprüft werden, welche Anforderungen seit Erlangung der Unabhängigkeit und seit der Industrialisierung an die indische Agrarwirtschaft gestellt wurden, welche Maßnahmen einander ablösten, um diesen Anforderungen zu genügen und welche Dilemmata und Widersprüche diesen Maßnahmen zugrunde lagen. Diese Maßnahmen wiederum müssen vor dem Hintergrund der sich wandelnden Klassenkoalitionen im politischen System Indiens untersucht werden. Für die Zeit nach Erlangung der Unabhängigkeit bedeutet das die Beachtung der komplexen Klassenbasis des *Indian National Congress*, jener Partei, die seit der Unabhängigkeit zumindest auf der Ebene der Zentralregierung im indischen Staat dominant gewesen ist. Die Klassenbasis des *Congress* ist nicht gleichgeblieben; die Veränderungen werfen ein Licht auf die einschneidenden Kurswechsel in der landwirtschaftlichen Entwicklungspolitik, die Ende der fünfziger Jahre vorgenommen wurden.

Nach gängiger Anschauung umfaßte der *Indian National Congress* vor der Unabhängigkeit nahezu das gesamte Spektrum der sozialen Klassen Indiens. Ausgenommen waren die Großgrundbesitzer, die zu jener Zeit enge Bündnispartner des britischen Radsch waren (und die islamischen Mittelschichten, das Rückgrat der *Muslim League*, die schließlich den Staat Pakistan erkämpfen sollte, sowie die aufstrebenden Gruppen aus den Kasten der Unberührbaren, welche die Führung der *Scheduled Castes' Federation* stellten, und andere derartige Gruppen). Im *Congress* waren Kommunistische Partei und Sozialisten ebenso wie die extreme Rechte vertreten. Seine Führung lag jedoch fest in den Händen von Leuten, die aus der gebildeten Mittelschicht stammten und die aufsteigende indische Bourgeoisie als mächtige Gönner hinter sich wußten. Im Verlauf des nationalen Kampfes begannen die bürgerlichen, vor allem aber die kleinbürgerlichen Führer und Kader des *Congress*, die allein gegen das britische Radsch nichts ausrichten konnten, zunehmend untere Klassen für die nationale Sache zu mobilisieren. So war die Führung des *Congress* beispielsweise trotz der Opposition von Mahatma Gandhi und anderen maßgeblich an der Gründung des *All India Trade Union Congress* (AITUC) im Jahre 1920 beteiligt. Pandit Nehru war eines der Gründungsmitglieder und späterer Präsident des AITUC. Ebenso wird der Führung des *Congress* die Mobilisierung der Bauernschaft zugeschrieben. Auch hier spielte der *Congress* eine ambivalente Rolle, denn während er von der Bauernschaft verlangte, für den *Congress* und den nationalen Kampf einzutreten, tat er seinerseits kaum etwas für die Bauern. Es war Gandhi, der die Doktrin einer »Treuhandschaft« aufstellte, Klassenfrieden predigte und die Grundherren als »Treuhänder« der ausgebeuteten Bauern vorsah. Wenn Gandhi »Bauernkämpfe« anführte, so waren es Kämpfe, die sich nicht gegen die Grundherren, sondern – vornehmlich in Form von Steuerboykott-Kampagnen – gegen das britische Radsch richteten. Dennoch machte dieser Kontakt mit der Bauernschaft viele Führer und Kader der Kongreßpartei, darunter auch Jawaharlal Nehru, für eine populistische Ideologie empfänglich. Außerdem erkannte der *Congress*, daß die Grundherrenklasse die wichtigste soziale Kraft war, die sich ihm entgegenstellte und die Kolonialherrschaft unterstützte. In ihren Reden wandten sich *Congress*-Mitglieder gegen die Grundherren und verlangten eine Landreform.

Die Geschichte der indischen Landreform ist die Geschichte der zunehmenden Abschwächung von radikalen Versprechen, in denen sich die populistische Ideologie niederschlug, die zu jener Zeit von der Kongreßpartei proklamiert wurde. In Übereinstimmung mit dieser Ideologie wurde die Rückgabe des Bodens an seinen Bebauer und die Abschaffung aller Zwischenpächter zwischen dem direkten Produzenten und dem Staat gefordert. Die entsprechende Gesetzgebung wurde getrennt nach Länderparlamenten in unterschiedlicher Gestalt verabschiedet. In den Einzelstaaten war die Macht der Grundbesitzer jedoch größer als auf nationaler Ebene, so daß die Gesetzgebung durchweg nur eine blasse Version der ursprünglichen Vorschläge enthielt, die ihrerseits von einer Bürokratie, welche selbst von den Interessen der grundbesitzenden Klassen nicht frei war, lustlos in die Praxis umgesetzt wurde. Das »Scheitern« von Landreformen in Indien ist ausreichend dokumentiert und wird allgemein zugegeben, so daß wir an dieser Stelle nicht auf Einzelheiten eingehen müssen.[3]

In der Strategie der landwirtschaftlichen Entwicklung, wie sie unmittelbar nach Erlangung der Unabhängigkeit verfolgt wurde, sollten Landreformen durch *Community Development* und den *National Extension Service* ergänzt werden, um die ländliche Infrastruktur auszubauen und neue Techniken einzuführen. Jawaharlal Nehru fühlte sich dieser Aufgabe verpflichtet, und seine anfänglichen Ansprüche waren recht hochfliegend. 1955 verkündete er: »Ich glaube, in den letzten Jahren ist in keinem Land der Welt etwas geschehen, das seinem Inhalt nach so bedeutend und seiner Zielsetzung nach so revolutionär ist wie die *Community Projects* in Indien. Sie verändern das Gesicht des ländlichen Indiens.«[4] Diese zunächst verfolgte Strategie deckte sich mit einflußreichen Ideen aus den Vereinigten Staaten, wo damals die Philosophie des *Community Development* und der Verbreitung neuer Technologien durch einen *National Extension Service* florierte. Gutachten über die Fortschritte der *Community Development Projects*, darunter auch Berichte der *Programme Evaluation Organisation* der Regierung[5], bestätigten allerdings nicht die optimistischen Erwartungen. Man war jedoch bereit zu lernen. Einen interessanten Ausdruck fand diese Lernbereitschaft darin, daß im Juli 1956 gleichzeitig zwei mit weitgehenden Befugnissen ausgestattete Delegationen nach China entsandt wurden, um landwirtschaftliche Kooperativen bzw. landwirtschaftliche Planung zu studieren.[6] Wie nicht weiter überrascht, wurde in ihren Berichten festgestellt, daß der bemerkenswerte Erfolg der Chinesen auf der Umwälzung der Klassenstruktur auf dem Lande beruhte und daß ohne vergleichbare Eingriffe in Indien kaum ein Erfolg zu erzielen sei: »Um ein Klima zu schaffen, das der Gründung von landwirtschaftlichen Kooperativen förderlich ist, [...] sollten vor allem Gleichheit und Nicht-Ausbeutung die Leitgedanken sein. Bei der Erzeugung eines solchen Klimas wird Landreformen eine entscheidende Rolle zukommen.«[7] Diese Auffassung wurde von vielen einflußreichen Regierungsberatern wiederholt. So schrieb z. B. Daniel Thorner: »Doch der Erfolg landwirtschaftlicher Kooperativen setzt bei den Dorfbewohnern ein Mindestmaß an sozialer Gleichheit, politischer Demokratie und ökonomischer Lebensfähigkeit voraus. Diese Vorbedingungen fehlen in den indischen Dörfern. [...] Zwei Dinge müssen geschehen: 1. Die Macht des Dorfoligarchen muß gebrochen werden [...], und 2. die Regierung muß zu einem Instrument der kleinen Leute werden.«[8] Die Schranken allmählicher Veränderungen lagen offen zutage; ohne massiven Druck gegen die auf dem Lande dominierenden Klassen war kein Fortschritt zu erzielen. Diese Erkenntnis leitete den Prozeß der Distanzierung von der radikalen Einstellung ein.

Das anfängliche Interesse für radikale Lösungen des ländlichen Entwicklungsproblems resultierte nicht nur aus einer populistischen Ideologie, wenngleich diese Ideologie bei *Congress*-Mitgliedern unmittelbar nach Erlangung der Unabhängigkeit dieses Interesse erheblich bestärkte. Zwei der im politischen System Indiens dominanten Klassen, nämlich die einheimische Bourgeoisie und die ausländische imperialistische Bourgeoisie, verfolgten eine noch grundsätzlichere Absicht. Beide waren sich bewußt, daß nur ein erheblicher Überschuß an landwirtschaftlichen Produkten die Versorgung der Industrie mit Rohstoffen und die ernährung der Städte gewährleisten konnte. Sie waren durchaus bereit, die Interessen der Großgrundbesitzer zu opfern. Es war damals eine weitverbreitete Annahme, daß die kleinbäuerliche Wirtschaft fortschrittlicher als die »feudale« Ausbeuterwirtschaft sei, weil diese dem Produzenten keine Anreize bot. Man glaubte, daß die Produktivität per *acre* auf den kleinen Anwesen höher sei. So war die am Kleinbauern orientierte Strategie durch die ökonomischen Bedürfnisse der Bourgeoisie gerechtfertigt. Gestützt wurde diese Auffassung durch Daten, die unter anderem von einer Reihe *Farm Management Studies* sowie von zahlreichen sonstigen Untersuchungen und Statistiken geliefert wurden, auf deren Erstellung man ein Heer von Ökonomen ansetzte. Diese machten sich daran, die kleinbäuerliche Wirtschaft zu erläutern und zu preisen.[9]

Bald erkannte man jedoch, daß die Prämissen, auf denen die am Kleinbauern orientierte Strategie beruhte, in Wirklichkeit nicht stimmten. Zwar führte im Falle des Kleinbauern intensive Mitarbeit von Familienangehörigen zu einer höheren Produktivität per *acre*, doch fehlten ihm die Ressourcen und Kapazitäten, die landwirtschaftlichen Techniken so weitgehend zu verbessern, daß die Produktivität deutlich gestiegen wäre. Hinzu kommt, daß der Kleinbauer mit seinem winzigen Stück Land nur einen sehr kleinen Teil seiner Erzeugnisse vermarkten konnte, so daß eine Steigerung seiner Produktivität den vermarktbaren Überschuß proportional nur geringfügig erhöhte. Der Bourgeoisie lag in erster Linie nicht daran, daß sich die *Produktivität* des Kleinbauern erhöhte und dementsprechend seine Lage verbesserte; ihr ging es vor allem darum, daß sich der *vermarktbare Überschuß* erhöhte, den sie für die industrielle Entwicklung benötigte.

Man sah ein, daß die chinesische Landreform keine kleinbäuerliche Ökonomie geschaffen hatte. Die Zerschlagung der Macht der Grundherrenklasse war vielmehr bloß ein entscheidendes Stadium in einer dynamischen revolutionären Bewegung gewesen, die in der ländlichen Gesellschaftsstruktur neue Energien freisetzte. Mit Gruppen zur gegenseitigen Hilfe, Kooperativen etc. wurde der Übergang zu einer radikalen Neuordnung der ländlichen Gesellschaftsstruktur und Ökonomie vollzogen, einer Neuordnung, die bemerkenswerte Entwicklungssprünge und Produktivitätssteigerungen nach sich zog – und ein Anwachsen des vermarktbaren Überschusses, das den Aufbau in den Städten stützte. Schon bald erkannte man, daß eine Rückkehr zur kleinbäuerlichen Wirtschaft in Indien – sofern dies überhaupt möglich war – in eine Sackgasse führen würde. So verflog denn rasch die Begeisterung für die am Kleinbauern orientierte Strategie der landwirtschaftlichen Entwicklung. Ein äußerst wichtiger Faktor für die Zurücknahme der populistischen Strategie und namentlich für die Formulierung der neuen Strategie dürfte jedoch die Neuformierung der sozialen Kräfte im postkolonialen Staat gewesen sein, wie sie sich in den fünfziger Jahren herauskristallisierte. Zwischen der indischen Bourgeoisie, der imperialistischen Bourgeoisie und den auf dem Lande herrschenden Grundherren bildete sich eine neue Beziehung heraus. Vor Erlangung der Unabhängigkeit hatte die einheimische Bourgeoisie die nationale Befreiung unterstützt und sowohl die imperialistische Bourgeoisie (wenngleich nicht geschlossen und nicht ohne Fälle von Kollaboration) als auch die einheimische »feudale« Klasse bekämpft, die auf der Seite des Kolonialregimes stand. Das leistete dem Mythos Vorschub, daß es in Indien ein

Bündnis zwischen der Bourgeoisie und der Bauernschaft gab, das die Grundlage der indischen »Demokratie« bildete (unter anderem wurde dieser Mythos von Barrington Moore in seinem Buch propagiert[10]). In Wirklichkeit freilich übertrug die Aufnahme des allgemeinen Wahlrechts in die indische Verfassung von 1951 den ländlichen Machthabern, d. h. den Grundherren, welche die parteipolitischen Bindungen in den Dörfern dominierten, eine neue politische Rolle.

Im Zusammenhang mit den Wahlkämpfen knüpfte die Führung der Kongreßpartei neue Verbindungen zu diesen lokalen Machthabern, so daß die einst antagonistischen Beziehungen in ihr Gegenteil verkehrt wurden. Für die Grundherren ihrerseits waren enge Verbindungen zu dem neuen Regime nicht weniger wertvoll als ihre früheren Verbindungen zum Kolonialregime. Rolle und Einfluß dieser lokalen Machthaber in der Machtstruktur Indiens werden weithin zugestanden. Ein liberaler Wissenschaftler, ein Anthropologe, bezeichnete sie als »Stimmbanken«[11], ein anderer, der ein bedeutendes Werk über die Kongreßpartei (die er sehr bewundert) verfaßt hat, verweist auf folgenden Tatbestand:

»Familien, welche die pro-britische Gerechtigkeitspartei unterstützt hatten, schlossen sich nach Erlangung der Unabhängigkeit der Kongreßpartei an. Viele Großgrundbesitzerfamilien, darauf bedacht, sich vor der beabsichtigten Landreformgesetzgebung zu schützen, traten dem *Congress* bei. In einigen Fällen wirkten sie in der Gesetzgebenden Versammlung mit, um auf die Gestaltung der Gesetze Einfluß nehmen zu können. In jedem Fall ist der Einfluß, den sie darauf genommen haben, wie die Gesetzgebung von lokalen Beamten interpretiert und ausgeführt wurde, infolge ihrer Mitarbeit in der lokalen Kongreßpartei und in lokalen Regierungsstellen erheblich gewachsen.«[12]

Während auf nationaler Ebene die einheimische und die imperialistische Bourgeoisie die strategischen Entscheidungen der Regierung beeinflußten, wurde der maßgebliche Teil des Parteiapparats des *Congress* von den grundbesitzenden Klassen übernommen. Es gab ein neues Bündnis zwischen den drei dominanten Klassen, und es konnte keine Rede mehr davon sein, daß einheimische und ausländische Bourgeoisie die Interessen der grundbesitzenden Klassen, die nun ihre Verbündeten waren, antasteten.

Mit dem Ende der britischen Kolonialherrschaft wuchs der amerikanische Einfluß in Indien kontinuierlich, wenngleich er Anfang der fünfziger Jahre noch nicht so deutlich hervortrat, weil die indischen Bekenntnisse zur Blockfreiheit in ausgeprägtem Gegensatz zu dem von McCarthy initiierten Kreuzzug gegen den Kommunismus standen. Mit der Krise des zweiten indischen Fünfjahresplans im Jahre 1958 und der gravierenden Abhängigkeit der indischen Wirtschaft von US-Hilfe wurde der amerikanische Einfluß jedoch durchdringend und manifest – dem standen, obgleich nur partiell, Kontakte zwischen der indischen Bourgeoisie und der Sowjetunion entgegen, welche die Philosophie der »Blockfreiheit« aufgeweicht hatten. In nahezu allen Bereichen begann amerikanische »Beratung« bei der Gestaltung der indischen Politik eine wachsende Rolle zu spielen.

Die Wende in der landwirtschaftlichen Entwicklungspolitik leitete ein von der *Ford Foundation* geförderter Bericht[13] amerikanischer Experten ein. Darin wurde ein politischer Kurswechsel empfohlen, nämlich eine Abkehr von den populistischen Partizipationskonzeptionen des *Community Development* und deren Ersetzung durch technische Lösungen für das Problem der landwirtschaftlichen Entwicklung unter Beibehaltung der bestehenden Klassenstruktur. Aus diesem neuen Konzept entstand das *Intensive Agricultural District Programme* oder – wie es häufiger genannt wird – *Package Programme*. Dieses Programm befaßte sich vorrangig mit »Maßnahmen zur unmittelbaren Steigerung der landwirtschaftlichen Produktion anstelle von Maßnahmen zur Verbesserung der allgemeinen Rahmenbedingungen für Entwicklung oder unmittelbare Wohlfahrt«.[14] Außerdem maß dieser Plan dem Kriterium der Rentabilität des großen landwirtschaftlichen Betriebes als Unternehmen mehr Bedeutung bei als dem Vorsatz, die wirtschaftlich bankrotte (wenn auch per *acre* ertragreichere) kleinbäuerliche Ökonomie zu stützen. Schließlich machte die neue Politik Vorschläge, wie den ökonomisch lebensfähigen Produzenten, d. h. letztlich den reichen Bauern und Grundherren, neue materielle Inputs sowie Kredite zur Verfügung gestellt werden sollten. Diese Produzenten sollten Düngemittel, neues Saatgut, Pumpanlagen für Tiefbrunnen und vielfältige landwirtschaftliche Maschinen erhalten, die sich der Kleinbauer mit seinem winzigen Stück Land schlechterdings nicht leisten konnte. Vor allem aber sollten die reichen Bauern erhebliche Kredite erhalten, um ihnen neue Inputs zu ermöglichen. Das war der *Package Plan*.

Vor dem Hintergrund dieses Wandels in der landwirtschaftlichen Entwicklungsstrategie vollzog sich der Aufstieg des »kapitalistischen Bauern« in den sechziger Jahren, den die gegenwärtige Diskussion über die »Produktionsweise in der indischen Landwirtschaft« analytisch und theoretisch zu fassen sucht. Es ist die »Grüne Revolution«, die einst gerühmt, doch schon bald mit wachsender Besorgnis betrachtet wurde.[15] Die Grüne Revolution (und die Veränderungen, die sie ankündigten) bewirkten eine großangelegte Vertreibung von *sharecroppers** und ihre Ersetzung durch Traktoren amerikanischer und sowjetischer Herkunft. Dementsprechend wurde nur noch eine weitaus geringere Anzahl von ganzjährig beschäftigten Lohnarbeitern

* Kleinpächter von Parzellen, die sie nach Anweisung des Grundbesitzers gegen einen Anteil am Ernteertrag bearbeiten. *(Anm. d. Üb.)*

und *sharecroppers* benötigt. Viele Bauern mit kleinem Grundbesitz, die früher ihr Auskommen gefunden hatten, weil sie zusätzlich ein wenig Land pachten konnten, waren dazu nun nicht mehr in der Lage. Da ihre Landwirtschaft mit der geringen Bodenfläche, die ihnen geblieben war, nicht mehr lebensfähig war, sahen sie sich gezwungen, das wenige Land, das sie noch besaßen, zu verkaufen. Während der Reichtum einiger weniger Großgrundbesitzer sich enorm vermehrte, kam es zu einer allgemeinen Verelendung breiter Schichten der ländlichen Bevölkerung.

Zweitens war die Nachfrage nach Arbeitskräften überaus widersprüchlich, ein Umstand, der vermutlich viel dazu beigetragen hat, auf dem Lande Militanz zu erzeugen. *Sharecroppers* und ganzjährig beschäftigte Arbeiter wurden verdrängt – der Grad der ganzjährigen Beschäftigung sank erheblich. Die *saisonbedingte* Nachfrage nach Arbeitskräften hingegen nahm infolge der hohen Ertragssteigerungen und der Vergrößerung der Anbaufläche (mit Hilfe von Bewässerung) um ein Vielfaches zu. Einerseits zerriß das Band der Abhängigkeit zwischen den Grundherren und ihren ganzjährig beschäftigten, abhängigen Pächtern; andererseits waren die Grundherren und reichen Bauern nun mehr denn je auf Gelegenheitsarbeiter angewiesen, auf Leute also, die ihnen gegenüber keine langfristigen Verpflichtungen hatten. Die Verhandlungsposition der Arbeiter verbesserte sich merklich, da die Nachfrage nach Gelegenheitsarbeitern beträchtlich gestiegen war. Hinzu kommt, daß zur Erntezeit der Zeitfaktor von entscheidender Bedeutung ist und die Grundbesitzer es sich nicht leisten können, Zeit damit zu vergeuden, widerspenstige Arbeiter gefügig zu machen, während die reife Ernte noch auf dem Feld steht. Deshalb hat die Militanz der Landarbeiter in beispielloser Weise zugenommen.

Drittens hat die (ungeachtet der Stagnation in der kleinbäuerlichen Wirtschaft) enorm angewachsene Produktivität der großen landwirtschaftlichen Betriebe, auf die der Löwenanteil der Anbaufläche entfällt, den vermarktbaren Überschuß *überproportional erhöht*, weil hier praktisch der gesamte Mehrertrag für den Markt zur Verfügung steht. Dadurch sind die Bareinkommen und auch die Barausgaben der großen Grundbesitzer stark gestiegen, ein Faktor, der die Inflation geschürt hat. Als Folge der Inflation sind die Realeinkommen der Kleinbauern, denen die Ressourcen fehlen, um von der Grünen Revolution profitieren zu können, und deren Erträge unverändert geblieben sind, absolut gesunken. Zugleich hat die Vertreibung von *sharecroppers* große Teile der *»labouring poor«* auf dem Lande verelenden lassen. Auch die Arbeiterklasse und die unteren Mittelschichten in den Städten haben unter den Auswirkungen der Inflation gelitten, wohingegen die einheimische und die ausländische Kapitalistenklasse vom Verkaufsboom profitiert haben. Die Verelendung der unteren Klassen hat jenes Klima politischer Militanz geschaffen, das wir heute in Indien vorfinden. Die Verelendung der Kleinbauern schließlich, die dem wachsenden ökonomischen Druck nicht standhalten konnten, hat zunehmend zu Notverkäufen von Land geführt, das nur zu bereitwillig von den neureichen Großgrundbesitzern aufgekauft wurde. Verglichen mit der gemäßigt egalitären Richtung, welche die Entwicklungen in den fünfziger Jahren aufgrund der – wie mangelhaft auch immer betriebenen – Bodenreformen nahmen, sehen wir heute eine gegenläufige Bewegung, denn die Konzentration des Grundbesitzes hat zugenommen. So ist die gegenwärtige Strategie nicht bloß ein Ergebnis der Ungleichheit auf dem Lande, sondern verstärkt diese sogar noch. Wir haben es mit einem merkwürdigen Paradox zu tun, dem Modell einer Entwicklung, die nicht nur großen Reichtum für einige wenige, sondern gleichzeitig und zwangsläufig größere Armut für die vielen geschaffen hat.

Das neue Modell der »kapitalistischen Bewirtschaftung« kristallisierte sich bereits heraus, als die offizielle Politik noch von den Prämissen der am Kleinbauern orientierten Strategie ausging. Wie aus einer 1962 veröffentlichten Untersuchung von S. C. Gupta hervorgeht, zeichnete sich dieses neue Modell bereits 1953/54 ab. Die folgenden Zahlen untermauern Guptas wichtigste Ergebnisse:

	Erntejahr 1953/54	
Größe des Grundbesitzes	Haushalte in Prozenten	Besitzfläche in Prozenten
unter 5 *acres**	74,73%	16,32%
über 10 *acres*	12,77%	65,26%

* 1 *acre* = ca. 0,4 ha. *(Anm. d. Ü.)*

Wie nicht weiter überrascht, zeigt Gupta, daß auch andere landwirtschaftliche Vermögenswerte in ähnlich ungleichen Proportionen distribuiert waren. Weniger zu erwarten gewesen war allerdings, daß sich auch Pachtland nicht primär in der Hand von landlosen Bauern oder Bauern mit extrem kleinen Grundbesitz befand, wie gemeinhin angenommen wurde; vielmehr war dieses Land gleichfalls weitgehend auf Großbauern übergegangen, die auf kommerzieller Basis wirtschafteten. Nicht weniger als 60% der Pachtfläche befand sich in der Verfügungsgewalt von Großbauern mit mehr als 10 *acres* Grundbesitz, während die zahlreichen armen Bauern mit weniger als 5 *acres* Grundbesitz nicht mehr als 20% der Pachtfläche besaßen.

Gupta nahm eine Klassifizierung der Bauern in folgender Rangordnung vor:

1. *Kapitalistische Bauern:* Hierbei handelt es sich um Bauern, die den »Anbau *vorwiegend* mittels gelöhnter Arbeitskräfte und Kapitalinvestitionen betreiben (d. h. sie decken mindestens 50% ihres Bedarfs an Arbeitskräften mit Lohnarbeitern). Sie produzieren im wesentlichen um des Profits willen, und der Hauptteil ihres Outputs ist für den Markt bestimmt«. Um eine Vorstellung davon zu vermitteln, welche Macht sie in der Agrarwirtschaft darstellten, gibt Gupta als Schätzung an, daß ihnen, setzt man die Mindestgröße bei 20 *acres* und darüber an, etwa 6-7% der landwirtschaftlichen Betriebe gehörten. Er stellt fest, daß diese kapitalistischen Bauern »das notwendige Maß an Tatkraft, Kapital und technischem Können besitzen, um mit einem Minimum an Kosten ein Maximum an Produktivität je Arbeiter zu erzielen und den höchsten Profit per *acre* herauszuschlagen«.

2. *Marktorientierte große Familienbetriebe:* In diesen landwirtschaftlichen Betrieben wird der Anbau hauptsächlich mit Hilfe von Familienangehörigen vorgenommen, wenngleich auch hier Arbeiter beschäftigt werden. Sie »erzielen einen beachtlichen vermarktbaren Überschuß und sind infolgedessen marktorientiert«. Zum Zweck der Klassifizierung empirischer Daten legt Gupta für diese Klasse als Kriterium zugrunde, daß sie zwischen 10 und 20 *acres* Land besitzt (die Zahlen variieren in den verschiedenen Teilen Indiens) und mindestens 50% ihres Output vermarktet. Die so definierten landwirtschaftlichen Betriebe machten 1953/54 etwa 18% der bewirtschafteten Besitzungen aus, doch stellten sie einen prozentual höheren Anteil am vermarktbaren Überschuß. Sie decken etwa ein Drittel bis zur Hälfte ihres Bedarfs an Arbeitskräften mit gelöhnten Arbeitern. Sie investieren zwar Kapital, doch ihre Investitionskapazität ist nicht erheblich, und sie bemühen sich, einen maximalen Gebrauch von der Arbeitskraft der Familienangehörigen und gelöhnter Arbeiter zu machen.

3. *Kleineigentümer:* Diese befinden sich am unteren Ende der Hierarchie. Obgleich auf sie etwa drei Viertel aller Anwesen entfallen, haben sie nur sehr wenig Land. Sie benötigen den größten Teil des Output ihrer winzigen, zersplitterten Anwesen, um ihr Dasein zu fristen, und können nur einen äußerst geringen Überschuß vermarkten. »Die Kleineigentümer leiden eher unter hohen Preisen für landwirtschaftliche Produkte, als daß sie davon profitierten [. . .], da sie nur einen kleinen Teil ihres Produkts vermarkten. [. . .] Andererseits figurieren sie dort, wo sie auf Einkommen aus Nebenbeschäftigungen angewiesen sind, hauptsächlich als Käufer von landwirtschaftlichen Erzeugnissen, und deren hohe Preise höhlen ihr Realeinkommen aus.« Gupta fährt fort: »Sie haben alle Übel der indischen Landwirt-

schaft zu tragen: Bevölkerungsdruck und winzige, zersplitterte Anwesen, gravierende Unterbeschäftigung, niedrige Produktivität – alle diese Probleme sind ihre Probleme.« Guptas Untersuchung macht deutlich, daß es irreführend ist, Stereotypen, die hier nur auf die Kleineigentümer angewandt werden, zur Beschreibung der gesamten Agrarwirtschaft zu benutzen. Während der größte Teil der ländlichen Bevölkerung arm und rückständig war, wurde der größte Teil des Bodens von einigen wenigen Großbauern äußerst effizient und rentabel bestellt: »In Indien gibt es zwar Kleinbauern, aber keine kleinen landwirtschaftlichen Betriebe.«

Zuweilen wird heute die Ansicht vertreten, daß Gupta den Grad der kapitalistischen Entwicklung in der indischen Landwirtschaft zu Beginn der fünfziger Jahre überschätzt habe. Unstreitig ist seine These falsch, sie sei von der Bourgeoisie bewußt in Gang gesetzt worden, denn diese machte die kapitalistische Entwicklung erst später zur Grundlage ihrer landwirtschaftlichen Strategie. Er schreibt: »Mit der Einsetzung der indischen Bourgeoisie in die Staatsmacht hat die kapitalistische Produktionsweise ihre Vorherrschaft errichtet. In einer kapitalistischen Ökonomie erwies sich der auf der Landwirtschaft lastende Feudalismus als Anachronismus und mußte beseitigt werden.« Wie oben dargelegt, gründete die staatliche Politik, die von der einheimischen und der imperialistischen Bourgeoisie bestimmt wurde, zu Beginn der fünfziger Jahre noch auf der am Kleinbauern orientierten Strategie, was sich im Engagement für Landreformen, *Community Development* etc. ausdrückte.

Ungeachtet der gegenteiligen Prämissen der staatlichen Politik hatte jedoch der Großbauer seine Zukunft selbst in die Hand genommen. Die Folie für den Aufstieg der Großbauern bildete die enorme Preiserhöhung für landwirtschaftliche Produkte während des Krieges, nach der lang anhaltenden Depression der dreißiger Jahre. Dadurch erhielten die Großbauern neben umfangreichen finanziellen Ressourcen auch einen Investitionsanreiz. Hinzu kommt, daß nach dem Krieg vielfältige neue Inputs erhältlich waren, welche die Investitionen sinnvoll machten. Die Großbauern prosperierten nicht deshalb, weil die an der Macht befindliche Bourgeoisie sie gefördert hätte; sie prosperierten kraft der Logik des kapitalistischen Systems. Erst später, in den sechziger Jahren, machte sich die Kapitalistenklasse die neue Politik rückhaltlos zu eigen, zu einer Zeit, als der Großbauer seine Brauchbarkeit für die Zwecke der Bourgeoisie bereits unter Beweis gestellt und sich zudem eine feste Position in der Struktur der Staatsmacht erobert hatte.

In den zwei Jahrzehnten, die seit 1953/54 – den Jahren, auf die sich Guptas Angaben beziehen – vergangen sind, hat sich der Trend zur Ausweitung der »kapitalistischen Bewirtschaftung« spürbar beschleunigt. Das gilt einerseits für die Anwendung neuer Inputs in Form von moderner Technologie, andererseits für die Ersetzung von *sharecroppers* (Pächtern unter Kontrolle des Grundherrn) durch Lohnarbeiter. Betrachten wir die Entwicklungen anhand von *Wachstumsraten*, so scheint ein tiefgreifender Wandel stattgefunden zu haben. Von 1961 bis 1971 stieg die Zahl der Traktoren um mehr als das Fünffache, die Zahl der Diesel- und Elektropumpen um das Fünffache und die Zahl der Tiefbrunnen nahezu um das Achtunddreißigfache. Der Düngemittelverbrauch nahm um das Neunfache zu und die mit neuen, hochertragreichen Saatgutarten bestellte Fläche um das Elffache. Diese Entwicklung verläuft regional ungleichmäßig; in verschiedenen Regionen gibt es Enklaven, in denen die Veränderungen einen gründlichen Wandel in der indischen Landwirtschaft zu signalisieren scheinen.

Diese Veränderungen müssen jedoch im Bezugsrahmen der gesamten indischen Agrarwirtschaft gesehen werden, und so sollte man die absoluten Größen der Veränderungen zu der enormen landwirtschaftlichen Nutzfläche Indiens in Korrelation setzen. Wenn wir statt Prozentangaben absolute Zahlen nehmen, erscheinen die Veränderungen – so bedeutend sie auch sind – eher bescheiden. So stieg beispielsweise die Zahl der Traktoren von nur 31 000 im Jahr 1961 auf 173 000 im Jahr 1971 – angesichts des Volumens der indischen Agrarwirtschaft eine recht mäßige Zahl. Tatsächlich ist der Wandel in der chemischen und biologischen Technologie, mit dem die Tiefbrunnenentwicklung einhergeht, weitaus beeindruckender als der Wandel, der sich im Zusammenhang mit der Vorbereitung des Saatfeldes in der mechanischen Technologie vollzogen hat; auch das Ernten ist weiterhin arbeitsintensiv. Der erstgenannte Umstand ist auf eine bessere Wasserversorgung zurückzuführen, die in erster Linie auf einer stärkeren Ausnutzung des Grundwassers beruht. Dadurch wird nicht nur die Vorratsmenge vergrößert, sondern es steht hier – anders als bei Kanalwasser – auch der Zeitpunkt der Zufuhr unter der Kontrolle des Bauern. Die pünktliche Zufuhr von Wasser ist bei der Verwendung von Düngemitteln von Bedeutung. Da jene Elemente der mechanischen Technologie, die mit der erhöhten Wasserversorgung zusammenhängen, im Gegensatz zu Traktoren keine direkten Auswirkungen auf die »Produktionsverhältnisse« haben, können wir sie als gesonderte Kategorie fassen. Zu dieser Kategorie zählen auch Inputs der chemischen Technologie (und die biologische Technologie der neuen Saatgutarten), die den Ertrag beeinflussen, aber keine Arbeitskräfte ersetzen. Wie wir gesehen haben, stieg die Anzahl der Tiefbrunnen im Vergleich zu Traktoren prozentual weitaus stärker an; sie nahm von 19 000 im Jahr 1961 auf 718 000 im Jahr 1971 zu. Der Düngemittelverbrauch (für den eine vermehrte und pünktliche Versorgung mit Wasser eine notwendige Bedingung ist) erhöhte sich von 300 000 Tonnen im Jahr 1961 auf 2,8 Mio. Tonnen im Jahr 1971; die mit verbesserten Saatgutarten bestellte Fläche wuchs von 2 Mio. Hektar auf 23 Mio. Hektar an. Diese Zahlen müssen vor dem Hintergrund einer Gesamtfläche von 350 bis 400 Mio. *acres* gesehen werden. Die Modernisierung der indischen Landwirtschaft ist zwar eindrucksvoll, doch muß noch viel getan werden, bevor wir mit guten Gründen von einem qualitativen Wandel sprechen können.

Untersuchungen neueren Datums haben zur Vorsicht geraten, wenn es darum geht, das Ausmaß der jüngsten Veränderungen, die der Grünen Revolution zugeschrieben werden, zu interpretieren. Wie wir gesehen haben, hat es in der indischen Landwirtschaft ständig technologische Veränderungen gegeben, und zwar infolge der kriegsbedingten Preiserhöhungen für landwirtschaftliche Produkte, der Akkumulation bedeutender Ressourcen in den Händen reicher Bauern und der zunehmenden Investition in die Landwirtschaft in dem Maße, wie nach den kriegsbedingten Knappheiten neue Inputs möglich wurden. Diese Veränderungen kontrastieren mit der Stagnation während der Depression der dreißiger Jahre, doch gibt es Anzeichen dafür, daß auch schon davor in der Agrarwirtschaft umfangreiche Investitionen getätigt wurden. Es überrascht daher nicht weiter, wenn wir nun erfahren: »[...] die *Tendenz der Wachstumsrate* in der Landwirtschaft zeigt in der Periode der sogenannten ›Grünen Revolution‹ einen deutlichen *Rückgang*. Die tatsächliche landwirtschaftliche Produktion seit 1964/65 liegt durchwegs unter der Kurve, die sich ergäbe, wenn man die Kurve der Produktionsserievon 1947/48 bis 1964/65 weiterverlängerte; mit Ausnahme des einzigen Rekordjahres 1971 gilt dies auch für Getreide.«[16] Auch die Angaben, die sich auf Veränderungen in den »Produktionsverhältnissen« beziehen, müssen mit Vorsicht aufgenommen werden. Obwohl Zensuszahlen für *sharecroppers* einen deutlichen Rückgang und für Lohnarbeiter einen deutlichen Anstieg ausweisen, ist dies, wie weithin zugegeben wird, in erheblichem Maße eine rein fiktive Veränderung, insofern *sharecroppers* einfach als Lohnarbeiter deklariert werden. (Diese nominelle Korrektur wird vorgenommen, um die Landreformgesetzgebung zu umgehen.) Ein relativ verläßlicher Index für das Ausmaß tatsächlichen Wandels in diesem Punkt dürfte die Anzahl der Traktoren sein. Doch auch hier müssen mehrere Faktoren berücksichtigt werden. Einerseits führt die Bedeutung wirtschaftlicher Größenverhältnisse bei solchen »unteilbaren« Inputs wie Traktoren dazu, daß viele Traktorbesitzer, deren eigener Grundbesitz nicht groß genug ist, um den Traktor voll auszulasten, ihn an andere Kleinbauern vermieten, die ihr Land mit Hilfe von Familienangehörigen selbst bestellen. Soweit dies der Fall ist, ersetzt der Traktor in erster Linie Arbeitstiere. Der Kleinbauer kann auf sein Ochsengespann verzichten und die hohen Futterkosten einsparen, die ihn heute angesichts der größeren Produktivität von ausreichend bewässertem, gedüngtem Land, das von Futterpflanzen auf exportfähige Agrarerzeugnisse umgestellt werden kann, vergleichsweise teuer zu stehen kommen. Eine neuere Untersuchung der »Traktorisierung« in einigen Dörfern des Pandschab ergab, daß dort von 952 Haushalten 160 Haushalte zusammen 60 Traktoren besaßen; diese Traktoren wurden vermietet, so daß nicht weniger als 731 Haushalte gemeinsam einen Traktor benutzten. Andererseits muß man beachten, daß die Traktorbesitzer gewöhnliche *sharecroppers* überbieten können und in den untersuchten Dörfern 76% des gepachteten Bodens auf sich vereinigten. Welche Auswirkungen sich insgesamt ergeben, läßt sich nicht durch apriorische Kriterien bestimmen, sondern muß – sowohl was ihre Größe als auch ihre Richtung anbetrifft – an Ort und Stelle ermittelt werden.[17] In dieser Hinsicht haben wir bislang nur unzureichende Daten.

Das Pandschab gilt allgemein als eine der Regionen, in denen die kapitalistische Bewirtschaftung weiter fortgeschritten ist als anderswo. 1969/70 begannen Ashoka Rudra und seine Mitarbeiter, die Situation im Pandschab zu untersuchen, um herauszufinden, ob dort in der Agrarwirtschaft ein deutlicher Übergang vom Feudalismus zum Kapitalismus stattgefunden hat. Sie gelangten zu dem Schluß, daß dies nicht der Fall sei. Ihre Schlußfolgerung beruhte auf statistischen Überprüfungen der als Kriterium für kapitalistische Bewirtschaftung angenommenen positiven Korrelation zwischen folgenden Variablen (und nicht nur hohen Werten für jede einzelne von ihnen):

I. Der Anteil von Baraufwendungen für Löhne per *acre*
II. Der prozentuale Anteil am Gesamtprodukt, der vermarktet wird
III. Der Wert von modernen Ausrüstungsgütern per *acre*
IV. Der Wert des Output per *acre*

Rudras Ergebnisse wurden von Utsa Patnaik scharf kritisiert.[18] Patnaik differenzierte zwischen zwei Aussagen, nämlich: »Unter den verschiedenen Klassen in der nicht-kapitalistischen Agrarwirtschaft gibt es eine kleine, aber wachsende Klasse, die als ›kapitalistisch‹ bezeichnet werden kann«, und einer anderen, sehr viel weitergehenden: »Die Landwirtschaft ist durch eine vollständige oder nahezu vollständige Polarisierung in zwei Hauptklassen – Kapitalisten und Lohnarbeiter – charakterisiert.« Patnaik behauptet, daß Rudras statistische Kriterien nur für die zweite, weitergehende Aussage von Belang seien, was aber, wie sie ausführt, von ihm gar nicht intendiert war. Andererseits haben sie keine Relevanz für die erste Aussage, die hier eigentlich zur Debatte stand.

Wir wollen hier keine Vorentscheidung über die »Produktionsweise« treffen (und auch unseren Vorschlag, nämlich den Begriff einer

»kolonialen Produktionsweise« mitsamt ihrer post-kolonialen Entwicklung zunächst ausklammern). Doch selbst dann, wenn wir für den Augenblick die These der gleichzeitigen Existenz einer »feudalen« und einer »kapitalistischen« Produktionsweise akzeptieren, so wie sie in der Diskussion jeweils begrifflich gefaßt werden, muß man sich vor Augen halten, daß diese Formulierungen ein wesentliches Problem unberücksichtigt lassen – das Problem des notwendigen Widerspruchs zwischen Produktionsweisen in der historischen Entwicklung. Eine neue, im Entstehen begriffene Produktionsweise steht in Widerspruch zu der alten, sich zersetzenden Produktionsweise. Akzeptiert man dieses marxistische Postulat, dann ist es unerläßlich, in jedem Stadium der historischen Entwicklung festzustellen, welche Produktionsweise dominant ist und mithin die Hauptwidersprüche im Klassenkampf repräsentiert. Mao Tse-tung hat dieses Postulat in seiner Schrift *Über den Widerspruch* erläutert. Es geht nicht einfach darum, ob kapitalistische Produktionsverhältnisse *existieren*, ebensowenig darum, ob sie alle feudalen Relikte beseitigt haben, sondern es geht um das relative Gewicht beider Produktionsweisen, um die Stellung der sie einander gegenüber repräsentierenden Klassen und somit um die Richtung des politischen Konflikts und das Wesen des Klassenkampfes. Keiner der an der Diskussion Beteiligten hat bewiesen, daß es einen Konflikt zwischen der neuen ländlichen »Kapitalistenklasse« und den »feudalen« Grundherren gibt, sofern sich beide überhaupt strukturell unterscheiden lassen.

2. Vorläufer der Diskussion um koloniale Produktionsweise

Um die strukturelle Bedeutung der neuen Entwicklungen zu beurteilen und festzustellen, ob sie »in der indischen Landwirtschaft eine kapitalistische Produktionsweise« begründet haben, ziehen die Wortführer der Diskussion vier Hauptkriterien heran, auf die sie allerdings in unterschiedlicher Weise eingehen.[19] McEachern faßt diese Kriterien wie folgt zusammen:

»Um den Übergang vom Feudalismus zum Kapitalismus unter Bedingungen des Kolonialismus zu beurteilen, stützt man sich auf folgende Indikatoren: Erstens das Ausmaß, in dem Warenproduktion verallgemeinert war. Zweitens das Ausmaß, in dem landlose Arbeiter eine freie Lohnarbeiterschaft bildeten (wie frei konnte Lohnarbeit in einer Situation sein, in der es nur begrenzt alternative Beschäftigungsmöglichkeiten und einen hohen Grad an Verschuldung gab?). Drittens das Ausmaß, in dem das Kapital auf dem Lande in der Zirkulationssphäre verblieb und nicht die Produktionsverhältnisse berührte. Viertens die Bedeutung von Pachtverhältnissen in der Agrarproduktion. Oft hat es den Anschein, als ob die Situation in der Landwirtschaft vor allem deshalb als semifeudal beschrieben wurde, weil man Pachtwesen und *share-cropping* für unvereinbar mit Kapitalismus hielt.«

Der Ausgangspunkt für die Diskussion läßt sich in der Kontroverse zwischen André Gunder Frank und Ernesto Laclau finden.[20] Wie wir meinen, heben beide jeweils einen Aspekt der Produktionsweise auf Kosten eines anderen hervor. Frank spricht in bezug auf die brasilianische Landwirtschaft vom »Mythos des Feudalismus« und betont, daß sie bereits Teil eines kapitalistischen Weltsystems sei und ohne Berücksichtigung dieser Tatsache nicht als Produktionsweise bestimmt werden könne. Die brasilianische Landwirtschaft sei in ein System verallgemeinerter Warenproduktion einbezogen. Wir möchten uns jedoch der Auffassung derer anschließen, die dargelegt haben, daß dies allein durchaus noch keine hinreichende Bedingung dafür ist, sie als »kapitalistische Produktionsweise« zu definieren. Leider gibt es bei den an der gegenwärtigen indischen Diskussion Beteiligten eine Tendenz, die Angriffe gegen Frank in dieser Frage so weit zu treiben, daß der wichtige Punkt, den er zutage fördert, aus den Augen verloren oder übergangen wird. Es handelt sich dabei um einen Hauptaspekt des gesamten theoretischen Problems. Frank hebt zu Recht einen Gesichtspunkt hervor, der für Marxens *theoretische* Bestimmung der »feudalen Produktionsweise« zentral ist. Dieser Gesichtspunkt, der sich aus den spezifischen Merkmalen des *west*europäischen Feudalismus herleitet, besagt, daß es sich um ein System von lokal begrenzter Produktion und Aneignung handelte. Die Bezeichnung »Feudalismus« ist aber (in deskriptivem Sinne) auch auf die Gesellschaftsformation und die Produktionsweise angewandt worden, die sich erst viel später – vom 16. Jahrhundert an – in *Ost*europa herausbildeten, und zwar unter dem Einfluß der wachsenden Nachfrage des Westens nach Getreide infolge der frühen und raschen kapitalistischen Entwicklung sowie der Verstädterung und des Bevölkerungswachstums in westeuropäischen Ländern. Man könnte sagen, daß Osteuropa dadurch zum Zentrum der kapitalistischen Entwicklung im Westen in eine Beziehung trat, die einer kolonialen Beziehung analog ist, und daß es sich bei der Produktionsweise Osteuropas um eine proto-koloniale Produktionsweise handelte, um einen Vorläufer von später weltweit sich durchsetzenden Tendenzen. Die Geschichte Polens begann mit seiner Kolonisierung als Hinterland von England und Deutschland.

Die »zweite Leibeigenschaft« in Osteuropa (ein deskriptiver Terminus, den Engels in einem Brief an Marx verwendet) hing mit der Produktion von Getreide für die Märkte des Westens zusammen. So stellt Perry Anderson fest: »Der Getreidehandel wird oft als der wesentlichste Grund für die ›Zweite Leibeigenschaft‹ in Osteuropa angeführt.«[21] Doch die »feudale Produktionsweise« ist keineswegs mit Leibeigenschaft identisch. Anderson meint dazu: »In der Tat war im frühen 14. Jahrhundert die Leibeigenschaft ziemlich überall in Norditalien verschwunden, zwei oder drei Generationen bevor der gleiche Prozeß in Frankreich oder England ablief«; doch war die Aufhebung der Leibeigenschaft noch keine zureichende Bedingung für die Auflösung der »feudalen Produktionsweise«, die vielmehr bestehen blieb. Ebensowenig schließt Leibeigenschaft in Osteuropa den strukturellen Begriff einer frühen Form der »kolonialen Produktionsweise« aus, so wie auch die »koloniale Produktionsweise« als theoretische Erklärung in lateinamerikanischen Ländern nicht deshalb ausgeschlossen ist, weil es dort Bedingungen der Leibeigenschaft gibt. Um Franks Argument zu wiederholen: *Angesichts der Tatsache, daß die koloniale Wirtschaftsstruktur in die Struktur des metropolitanen Kapitalismus eingebettet ist, läßt sich mit dem Begriff der »feudalen Produktionsweise«, der im Hinblick auf die historische Realität Westeuropas konzipiert wurde, die strukturelle Besonderheit der kolonialen Produktionsweise nicht erfassen.*

Frank betont, daß das feudale System »ein *geschlossenes* System ist bzw. ein System, das mit der umgebenden Welt kaum verbunden ist. [...] Aber diese Geschlossenheit und die dualistische Natur sind weder mit der vergangenen noch mit der gegenwärtigen Realität Brasiliens vereinbar. [...] Der Kapitalismus verkörpert und entwikkelt sich nur in einem einzigen kapitalistischen System: ›brasilianischer Kapitalismus‹, ›São-Paulo-Kapitalismus‹ oder ›amerikanischer Kapitalismus‹ sind nur Sektoren dieses einzigen weltumspannenden Systems.«[22] Man kann Frank für diese Behauptung insofern kritisieren, als sie eine begriffliche Verschmelzung mehrerer Klassen zu einer einzigen, nämlich der »Weltkapitalistenklasse«, annimmt. Die brasilianischen Grundbesitzer, die indische Bourgeoisie und die imperialistische Großbourgeoisie: sie alle wären eine einzige Klasse, die Kapitalisten der Welt. Sie alle wären nur verschiedene Teile dieser einzigen Klasse. Doch genau das würde ihre wechselseitige strukturelle Abgrenzung verwischen.

Um die strukturelle Besonderheit dieser verschiedenen Klassen in der hierarchischen Struktur des Weltkapitalismus zu erfassen, ist es notwendig, analytisch und theoretisch eine *»koloniale Produktionsweise«* zu definieren. Dabei dürfen wir jenen von Frank hervorgehobenen wichtigen Aspekt der kolonialen Produktionsweise nicht außer acht lassen, nämlich ihre Integration in ein kapitalistisches Weltsystem, *so daß sich ihre strukturelle Besonderheit nur in diesem Rahmen begreifen läßt.* Die Bedeutung von Franks Einsicht liegt darin, daß es ihm gelang, begrifflich darzustellen, wie der Imperialismus in die

Struktur der Kolonie *verwoben* ist, eine Vorstellung, die sehr viel weitergeht als die Vorstellung einer Beherrschung von außen. Parallel zu dieser *externen Integration* der Struktur der kolonialen Ökonomie muß der Begriff einer »kolonialen Produktionsweise« auch ihre *interne Zerrissenheit* (*»disarticulation«*, ein Aspekt, den Amin hervorgehoben hat) und ihre Reintegration *unter imperialistischer Hegemonie* berücksichtigen.

Während Frank sich damit befaßt, wie die koloniale Agrarwirtschaft einem weltweiten kapitalistischen System assimiliert und untergeordnet wird, stellt Laclau die Beziehungen innerhalb der Produktionsstätte in den Mittelpunkt seiner Überlegungen, d. h. die Beziehungen zwischen dem direkten Produzenten, der in mühseliger Arbeit das Land bestellt, und seinem Herrn, der ihn ausbeutet. Er verweist auf das Fehlen freier Lohnarbeit in der brasilianischen Landwirtschaft, ein Zeichen dafür, daß diese nicht »kapitalistisch« sei. Am Rande sei vermerkt, daß Laclau dabei anscheinend die lateinamerikanische Agrarwirtschaft mit dem »feudalen Regime auf den Haziendas« gleichsetzt, so daß seine begriffliche Bestimmung der Produktionsweise wichtige Elemente, die es außer den Haziendas in der lateinamerikanischen Agrarwirtschaft gibt, ausklammert. Diese Elemente aber ließen sich wohl kaum im begrifflichen Rahmen einer feudalen Produktionsweise fassen. Laclau geht jedoch von der These aus, daß der marxistische Begriff der »Produktionsweise« auf einer bestimmten Definition von Produktionsverhältnissen beruhe und daß die Produktionsweise in der lateinamerikanischen Landwirtschaft dadurch bedingt sei, daß sie nicht auf freier Lohnarbeit, sondern auf höriger Arbeit gründe. Er schreibt:

»Wenn Marxisten davon sprechen, daß eine demokratische Revolution die Spuren des Feudalismus hinwegfegt, dann verstehen sie unter Feudalismus etwas ganz anderes als Frank. Für sie bedeutet Feudalismus kein geschlossenes System, das noch nicht von Marktmechanismen durchdrungen ist, sondern ein allgemeines Ensemble außerökonomischer Zwänge, die auf der Bauernschaft lasten, einen großen Teil des Surplus absorbieren und dadurch den Prozeß der inneren Differenzierung der ländlichen Klassen und folglich die Expansion des Agrarkapitalismus verzögern.«[23]

Der zitierte Satz faßt mehrere Kriterien zusammen, von denen jedes verdient, geprüft zu werden. Wir sind bereits auf die Frage der verallgemeinerten Warenproduktion eingegangen, die unserer Auffassung nach mit der theoretischen Bestimmung einer feudalen Produktionsweise unvereinbar ist. Im übrigen behaupten wir allerdings, daß es verallgemeinerte Warenproduktion ebenso in einer »kolonialen Produktionsweise« wie in einer »kapitalistischen Produktionsweise« geben kann; die Existenz verallgemeinerter Warenproduktion impliziert mithin nicht unbedingt eine kapitalistische Produktionsweise.[24] Zweitens greift Laclau in seiner Charakterisierung den Begriff des »außerökonomischen Zwanges« auf. Dieser Begriff wird auf die lateinamerikanische Situation übertragen, weil hier die Beziehungen zwischen dem direkten Produzenten und seinem Herrn die *gleiche Form* annehmen wie in der feudalen Leibeigenschaft. Ob sie dem Wesen nach gleich sind, bleibt dahingestellt; wir werden diese Frage am Beispiel Indiens untersuchen. Drittens bemerkt Laclau, daß die Feudalherren »einen großen Teil des Surplus absorbieren«. Es erhebt sich sofort die Frage nach dem restlichen – und zwar einem recht erheblichen – Teil des Surplus, der vom metropolitanen Kapital absorbiert wird, ein Umstand, der mit der »kolonialen Produktionsweise« erklärt werden muß. Anders als bei der feudalen Produktionsweise läßt sich somit die Aneignung des Surplus in einer kolonialen Ökonomie im Rahmen der lokalen Produktions- und Aneignungseinheit nicht restlos erklären.

Laclau übersieht zwar nicht das von Frank aufgezeigte Problem, daß die brasilianische Agrarwirtschaft in ein kapitalistisches Weltsystem eingebettet ist und andererseits kapitalistische Verhältnisse (Produktionsverhältnisse? Austauschverhältnisse?) in sie eingehen. Er faßt das Problem jedoch dergestalt, daß er eine analytische Trennung durchführt und eine feudale und eine kapitalistische Produktionsweise postuliert, die in der einen Gesellschaftsformation oder, wie er es nennt, in dem einen »Wirtschaftssystem« *koexistieren.* Diese Formulierung wirft ein Problem auf. Wenn es sich hier um zwei verschiedene Produktionsweisen in einer einzigen Gesellschaftsformation handelte, dann müßte nach marxistischer Auffassung zwischen beiden ein *Widerspruch* bestehen. Man weiß jedoch, daß sich in Brasilien wie auch in den anderen Ländern der Dritten Welt die »feudale Produktionsweise« in der Landwirtschaft in keinem antagonistischen Widerspruch zum Imperialismus befindet, sondern vielmehr in seinem Dienst steht. Der Imperialismus zerstört solche Formen nicht, sondern erzeugt oder bewahrt sie. Dies spiegelt sich darin wider, daß Laclau das Wesen der »Koexistenz« beider Produktionsweisen notwendigerweise mechanistisch zerlegt. Handelte es sich hier tatsächlich um zwei verschiedene Produktionsweisen in einer einzigen Gesellschaftsformation, wären sie in wechselseitigem Gegensatz und Widerspruch dialektisch aufeinander bezogen. Laclau erklärt uns, daß der brasilianische Feudalismus mit dem Kapitalismus »verbunden« sei und spricht in der Tat von der *»unauflöslichen Einheit,* die zwischen der Aufrechterhaltung feudaler Rückständigkeit auf der einen Seite und dem sichtbaren Fortschritt der bürgerlichen Dynamik auf der anderen Seite besteht«.[25] Das könnte man als korrekte Darstellung der brasilianischen Realität akzeptieren. Doch diese *Einheit* besteht eben deshalb, weil sie eine hierarchische strukturelle Beziehung innerhalb einer einzigen Produktionsweise, nämlich der *kolonialen Produktionsweise*, ausdrückt. Wenn man behauptet, daß es sich hier um zwei verschiedene Produktionsweisen in einer einzigen Gesellschaftsformation (oder einem einzigen Wirtschaftssystem) handelt, muß man entweder den notwendigen strukturellen Widerspruch zwischen beiden bestimmen und folglich die oben zitierte Formulierung ablehnen, die eine mechanistische Einheit postuliert, oder man muß die marxistische Auffassung widerlegen, daß zwischen koexistierenden Produktionsweisen in einer einzigen Gesellschaftsformation notwendigerweise ein Widerspruch besteht, weil die eine im Aufstieg und die andere in Auflösung begriffen ist.[26]

Wir können im vorliegenden Fall keinen Widerspruch zwischen kolonialem »Feudalismus« und metropolitanem Kapitalismus postulieren, denn der letztere erzeugt und stützt den ersteren. Die spezifischen strukturellen Merkmale der kolonialen Agrarwirtschaft bilden sich kraft der Tatsache heraus, daß das imperialistische Kapital die Binnenwirtschaft der Kolonie auseinanderreißt *(to disarticulate)* – um Amins Begriff zu verwenden – und die intern auseinandergerissenen Segmente der kolonialen Ökonomie extern in die metropolitane Ökonomie integriert. Der Imperialismus ist weit davon entfernt, eine revolutionäre Umwälzung »feudaler« Produktionsverhältnisse in der kolonialen Agrikultur (als einer von ihm verschiedenen, zu ihm in antagonistischem Widerspruch stehenden Produktionsweise) zu versprechen, vielmehr erzeugt und verstärkt er sie. Beide sind in der Tat, wie Laclau sagt, in einer »unauflöslichen Einheit« verbunden (wenngleich diese Formulierung zu stark ist), weil sie im Rahmen der kolonialen Produktionsweise zusammengefaßt sind und keine verschiedenen und antagonistischen Produktionsweisen darstellen. Ihre »Einheit« verdankt sich der einheitlichen Struktur des Imperialismus, der Zentrum und Peripherie in einer einzigen Formation vereint umfaßt; ihre Widersprüche lassen sich nur im Gesamtzusammenhang einer »Akkumulation im Weltmaßstab«[27] begreifen.

In der indischen Diskussion nimmt man die von Laclau vorgebrachten Prämissen und Thesen allzu bereitwillig auf, während man Franks Problemstellung völlig vernachlässigt hat. So stellen die Wortführer der Diskussion Erwägungen an, ob die Produktionsweise in der indischen Kolonialperiode eine »feudale« war, ferner, ob sie heute einer »kapitalistischen« Produktionsweise weicht und anhand welcher Kriterien sich der Übergang von der einen Produktionsweise zur anderen beurteilen läßt. Die Schwierigkeit, die darin liegt, Laclaus Kriterien auf die ältere Produktionsweise in Indien anzuwenden, wurde in einer Untersuchung von Utsa Patnaik aufgedeckt. Patnaiks Arbeit richtet sich gegen die Untersuchung von Rudra und seinen Mitarbeitern und hat die indische Diskussion in Gang gesetzt.

Im indischen Kontext stieß man auf eine wesentliche analytische und theoretische Schwierigkeit. Patnaik schreibt: »Ein einzigartiges Merkmal der indischen Agrarstruktur, wie sie sich in der Kolonialperiode unmittelbar vor der Unabhängigkeit entwickelt hatte (ein Merkmal, das sie von vergleichbaren anderen ehemaligen Kolonialländern unterschied), war das Vorhandensein und Anwachsen einer großen, ganzjährig *(full time)* beschäftigten Landarbeiterschaft.« Diese machte 1931 nicht weniger als 31,2% der von der Landwirtschaft lebenden Bevölkerung aus. Wie Patnaik darlegt, könnte diese Schätzung womöglich zu niedrig sein, denn wenn man die »große Zahl unspezifizierter Arbeiter [...], die in ihrer Mehrheit vermutlich als landwirtschaftliche Lohnarbeiter tätig waren«, einbezöge, läge der prozentuale Anteil dieser Klasse sogar bei 38%. Das zeigt eine zentrale Schwierigkeit an. Wenn Lohnarbeit das einzige Kriterium für die kapitalistische Produktionsweise wäre, dann, so führt sie aus, »müßten wir behaupten, daß es [...] selbst in der Kolonialperiode [...] zumindest seit 1930 einen bedeutenden kapitalistischen Sektor in der Landwirtschaft gegeben hat, der 20 bis 25% der bebauten Fläche umfaßte (auch wenn Plantagen ausgenommen sind)«.[28] Sie fährt fort: »Das wäre meiner Ansicht nach eine oberflächliche und falsche Behauptung. Bewirtschaftung auf der Grundlage von Lohnarbeit ist eine notwendige, aber nicht hinreichende Bedingung für kapitalistische Organisation.«

Bevor Patnaik jedoch andere Bedingungen für eine »kapitalistische Landwirtschaft« angibt, löst sie das Problem, das sich mit dem Faktum von Lohnarbeit in der älteren Produktionsweise stellt, bereits dadurch, daß sie die Kategorie der »Lohnarbeiter« begrifflich in »unfreie Arbeiter« wendet. Das wollen wir sogleich näher prüfen. Patnaiks Argument lautet:

> »Die ländlichen Lohnarbeiter in Indien sind tatsächlich insoweit frei, als sie nicht an ein bestimmtes Stück Land gebunden sind; angesichts mangelnder Arbeitsmöglichkeiten sind sie jedoch letztlich an die Landwirtschaft als Hauptquelle ihres Lebensunterhalts gebunden. [...] Das Fehlen von alternativen Beschäftigungsmöglichkeiten legt ihnen Beschränkungen auf, die der früheren expliziten Bindung an den Boden entsprechen. Die mittellose Arbeiterschaft ist völlig unorganisiert [...], wodurch gewährleistet ist, daß die Löhne einzig von der Nachfrage bestimmt werden und praktisch kaum für die Subsistenz ausreichen ... Ob sie den Anbau mit Hilfe von gelöhnten Arbeitern betreiben oder das Land Pächtern überlassen, ist für solche Grundbesitzer eine rein kontingente, reversible Entscheidung.«[29]

Doch wenn auf diese Weise aus Lohnarbeit unfreie Arbeit geworden ist, stehen wir vor einem weiteren Problem: Wenn die Situation des ländlichen Lohnarbeiters so ist, wie Patnaik sie beschreibt, wie wird er dann zum »freien Lohnarbeiter«, wenn er für einen kapitalistischen Bauern zu arbeiten beginnt oder – was wahrscheinlicher ist – wenn sein Herr zu »kapitalistischen« Bewirtschaftungsmethoden übergeht? War er zuvor unfrei? Ist er jetzt frei? Wenn er unfrei bleibt, wie steht es dann um das Kriterium der »freien Lohnarbeit«, die als eine notwendige Bedingung für die Definition kapitalistischer Produktionsverhältnisse postuliert wird?

Um sinnvolle Einsichten in dieses Problem zu gewinnen, sollten wir Lenins Analyse in *Die Entwicklung des Kapitalismus in Rußland* beachten. Lenin unterschied scharf zwischen dem »ländlichen Proletariat« und den anderen armen Bauern. Gegen die menschewistischen Auffassungen beharrte er darauf, daß sich der Kapitalismus nicht nur in der städtischen Industrie, sondern auch auf dem Lande, in der Agrikultur, entwickelte. Den Vorstellungen der Narodniki von der »revolutionären« Rolle der Dorfgemeinschaft widersprach er mit dem Begriff eines revolutionären »ländlichen Proletariats«. In seinen Untersuchungen über die Rolle der Klassen auf dem Lande in der Revolution hat Lenin dann die scharfe Unterscheidung zwischen dem ländlichen Proletariat und den anderen armen Bauern aufgegeben. Wir haben Lenins Schriften und seine revolutionäre Praxis in einem Aufsatz eingehend erörtert[30] und wollen hier einen, wie uns scheint, gewichtigen Punkt wiederholen: daß der »unfreien Arbeit« für Patnaiks »dominante Grundherren« und der »freien« Arbeit für kapitalistische Bauern eine Bedingung gemeinsam ist, nämlich die Abhängigkeit – eine persönliche Abhängigkeit – vom jeweiligen Herrn, eine Bedingung, die nicht statisch, sondern an bestimmte Umstände geknüpft und verletzbar ist. Wenn strukturelle Veränderungen die Bedingungen zerstören, welche die Abhängigkeit in dem einen Fall begründen, dann zerstören sie zugleich die Bedingungen, die sie in dem anderen Fall begründen. Wir haben den Sachverhalt kürzlich so dargelegt:

»Die Vorstellung eines ›ländlichen Proletariats‹ legt nur zu leicht eine Analogie zu dem Industrieproletariat einerseits und eine scharfe Abgrenzung gegen die anderen armen Bauern, wie beispielsweise *sharecroppers* in einer ›feudalen‹ Produktionsweise, nahe. In Wirklichkeit unterscheidet sich die Lage des ländlichen Lohnarbeiters nur wenig von der des *sharecropper* [. . .], und die Lage beider steht in deutlichem Gegensatz zu der des städtischen Proletariats. Das gemeinsame Kennzeichen beider Kategorien von armen Bauern ist ihre direkte und persönliche Abhängigkeit von ihrem Grundherren.«[31]

Wir haben erwogen, unter welchen Bedingungen diese »Abhängigkeit« zerstört wird, und zwar nicht nur im Fall des Lohnarbeiters, sondern auch im Fall des *sharecropper*, wie zahlreiche Beispiele von Militanz und revolutionärem Kampf der Bauern gezeigt haben. Doch diese Überlegungen reichen nicht aus, um die theoretischen Probleme zu klären. Diese müssen vielmehr im begrifflichen Rahmen der kolonialen Produktionsweise gelöst werden.

Paresh Chattopadhyay wendet sich in dieser wie auch in einigen anderen Fragen gegen Patnaik. Er weist darauf hin, daß im Marxismus »freie Arbeit« einen doppelten Sinn hat: Einerseits ist der Arbeiter frei, seine Arbeitskraft an jeden beliebigen Unternehmer zu verkaufen, andererseits ist er des Eigentums an Produktionsmitteln beraubt, frei davon und kann nichts als seine Arbeitskraft verkaufen. Deshalb behauptet Chattopadhyay:

»Wenn die ländlichen Arbeiter in Indien keine andere Ware als ihre Arbeitskraft besäßen und nicht an *bestimmte Arbeitgeber* gebunden wären, dann erfüllten sie unserer Ansicht nach Marxens Bedingung. Sie könnten in der gleichen Weise an die Landwirtschaft gebunden sein, wie die industriellen Lohnarbeiter an die Industrie ›gebunden‹ sind; doch ist dies bedeutungslos, soweit es die Herausbildung des Kapitalismus auf dem Lande betrifft.«[32]

Das zentrale Kriterium, auf das Patnaik ihre Unterscheidung zwischen der heutigen »kapitalistischen« Produktionsweise in der indischen Landwirtschaft und der ihr vorausgehenden präkapitalistischen, »feudalen« Produktionsweise gründet, ist *Reinvestition des Surplus* und Kapitalakkumulation. Sie wendet dieses Kriterium allerdings nicht im Kontext der kolonialen Produktionsweise als ganzes an, sondern im verengten Kontext der Landwirtschaft, ja, sogar des einzelnen Unternehmens, des landwirtschaftlichen Betriebs. Sie schreibt: »Unter den spezifischen historischen Bedingungen, die wir skizziert haben, können wir Lohnarbeit nicht als *zureichende* Bedingung ansehen, um einen *landwirtschaftlichen Betrieb als kapitalistisch* [Hervorhebung H. A.] zu bezeichnen. Das Kriterium der Akkumulation und Reinvestition muß ebenfalls spezifiziert werden. [. . .] Durch welchen Mechanismus tritt an die Stelle der ›antediluvianischen‹ Formen des Kapitals jene Form, die als einzige die Produktionsweise ändern kann, *nämlich Kapital in der Sphäre der landwirtschaftlichen Produktion*?«[33] Auf dieses Argument hat A. G. Frank folgendermaßen geantwortet: »Zu sagen, daß erweiterte Reproduktion und Akkumulation ein Kriterium des Kapitalismus ist, ist eine Sache; zu sagen, daß die Landwirtschaft deshalb nicht kapitalistisch ist, weil das Surplus nicht direkt in die Landwirtschaft oder gar in die Landwirtschaft im gleichen geographischen Raum investiert wird, sondern für Investitionen in die Industrie – womöglich in Großbritannien – aufgesogen wird, ist etwas ganz anderes.« Frank zitiert Patnaiks Behauptung: »Unter den spezifischen historischen Bedingungen, die wir skizziert haben, können wir Lohnarbeit nicht als zureichende Bedingung ansehen, um einen *landwirtschaftlichen Betrieb* [Hervorhebung von Frank] als kapitalistisch zu bezeichnen«, und schreibt: »So hat Utsa Patnaik nun die ökonomische Formation, mit der sie sich befaßt, beim Namen genannt: es ist der landwirtschaftliche Betrieb! Und das ist kein Zufall.«[34]

Frank hat seinen Angriffspunkt gut gewählt. Hier zeigt sich, in welche Schwierigkeit wir geraten, wenn wir unseren Bezugsrahmen zu sehr einschränken und, ohne andere Aspekte der Produktionsweise zu berücksichtigen, ins Zentrum der Argumentation einen enggefaßten Begriff von »Produktionsverhältnissen« stellen, um zu beweisen, daß der Übergang zu einer kapitalistischen Landwirtschaft vollzogen ist. Andererseits können die Probleme, auf die Patnaik und Chattopadhyay aufmerksam gemacht haben, nicht einfach ad acta gelegt werden. Wir glauben, daß ihre Analyse wichtige Momente des Problems geklärt hat, und obschon wir noch einen weiten Weg bis zu einer analytischen und theoretischen Bestimmung der »kolonialen Produktionsweise« vor uns haben, so haben sie uns diesem Ziel doch ein Stück näher gebracht. Patnaik sieht in der Tat den größeren Rahmen des Problems. Sie grenzt ihre eigene Position explizit ab 1. gegen jene, die »in diesen Entwicklungen eine starke Tendenz in Richtung auf die kapitalistische Transformation der Produktionsweise, die bislang infolge präkapitalistischer Beziehungen in der Landwirtschaft auf ein niedriges Niveau von Technik und Produktivität beschränkt blieb«, wahrnehmen, und 2. gegen jene, die »die Bedeutung dieser Entwicklungen schmälern [und] betonen, daß auch weiterhin präkapitalistische Beziehungen in der Landwirtschaft vorherrschen. Damit bestreiten sie implizit, daß eine rasche Transformation der indischen Landwirtschaft in Richtung auf den Kapitalismus möglich ist«.[35] Das läßt mehrere Fragen offen: 1. Würde sie – wie Laclau – die Koexistenz zweier Produktionsweisen postulieren, ohne zugleich einen Widerspruch zwischen beiden zu postulieren, oder 2. würde sie Widersprüche postulieren und wenn ja, welche Produktionsweise hielte sie dann für dominant und worin sähe sie das Wesen und den Ort der Widersprüche zwischen beiden (was wäre das Wesen der Klassenkoalitionen und -antagonismen), oder 3. gibt es, wie wir behaupten, tatsächlich nur eine einzige Produktionsweise, die koloniale Produktionsweise, deren begriffliche Bestimmung weder anhand eines diffusen allgemeinen Begriffs des weltweiten Kapitalismus noch einer mechanistischen Einheit des »Feudalen« und »Kapitalistischen«, sondern nur anhand ihrer hierarchischen Strukturierung in einem weltweiten imperialistischen System erfolgen kann.

Patnaik rekurriert auf den größeren Kontext der Agrarwirtschaft.[36] Sie schreibt:

»In Indien [. . .] kam es nie dazu, daß die inneren Widersprüche seiner präkapitalistischen Produktionsweise in eine integrierte Herausbildung kapitalistischer Produktionsverhältnisse und verallgemeinerter Warenproduktion mündeten. [. . .] Wir sehen, daß verallgemeinerte Warenproduktion im Prozeß der imperialistischen Ausbeutung von außen *oktroyiert* wurde. Indien war gezwungen, sich in das Geflecht der weltweiten kapitalistischen Austauschbeziehungen einzufügen; seine präkapitalistische Wirtschaft wurde zerstört. [...] Unter den spezifischen Bedingungen, wie sie der Imperialismus in Indien schuf, implizierte verallgemeinerte Warenproduktion nicht, daß sich *in der Landwirtschaft* [Hervorhebung H. A.] automatisch kapitalistische *Produktions*verhältnisse herausbildeten. Sie führte zu einer ungeregelten Kapitalentwicklung in der Sphäre des *Tausches*, zu einer lang andauernden Zersetzung der präkapitalistischen Produktionsweise, *ohne daß es zu einer Rekonstitution auf kapitalistischer Grundlage kam*« [Hervorhebung von H. A.]. Diese Bemerkungen weisen auf die Problematik der kolonialen Produktionsweise hin. In der Tat fügt Patnaik hinzu: »Es hieße den Satz, daß ›Lohnarbeit und Kapital stets zusammen auftreten‹, äußerst mechanistisch verstehen, wenn wir den Imperialismus und somit die Besonderheit des kolonialen Systems ganz außer acht ließen.«[37]

Auch Chattopadhyay vertritt nachdrücklich die Ansicht, daß die Besonderheit der kolonialen Transformation Indiens nicht anhand einer mechanistischen Dichotomie von »feudalen« und »kapitalistischen« Sektoren, sondern nur mittels eines einheitlichen Konzepts der kolonialen Situation bestimmt werden kann. Er stellt fest:

»Die Briten bewahrten und zerstörten die Bedingungen von Indiens vorkapitalistischer Ökonomie, sie beschleunigten und verzögerten die Entwicklung des Kapitalismus in Indien. [...] Diese präkapitalistischen Verhältnisse konnten fortbestehen, weil der Imperialismus sie bewahrte und dadurch das Wachstum des Kapitalismus in Indien behinderte. Wir bezweifeln jedoch nicht, daß der Kapitalismus als Trend in der indischen Landwirtschaft eine Realität ist. [...] Wir sollten hinzufügen, daß der Kapitalismus als Trend in der Landwirtschaft im Kontext der allgemeinen Entwicklung des Kapitalismus im kolonialen Indien in Erscheinung trat.«[38]

Chattopadhyay markiert deutlich den widersprüchlichen und dialektischen Charakter der kolonialen kapitalistischen Entwicklung, etwas, das in manchen anderen Formulierungen fehlt. Ebenso klar und explizit erkennt Banajee die Problematik der kolonialen Produktionsweise. Er »lehnt sowohl ihre Charakterisierung als feudal wie auch ihre Charakterisierung als kapitalistisch ab und behauptet, daß Kolonialismus als spezifische Produktionsweise verstanden werden muß, die weder feudal noch kapitalistisch ist, obwohl sie auf verschiedenen Ebenen beidem gleicht«.[39] In diesem Zusammenhang geht Banajee auch auf die politischen Implikationen der genannten Charakterisierungen ein. Die These vom »Feudalismus« ist benutzt worden, um die Auffassung zu stützen, daß die gegenwärtige Epoche eine Epoche des Kampfes einer revolutionären Bourgeoisie gegen den Feudalismus ist, ein Umstand, der den Kampf gegen den Sozialismus zurückstellt, bis die »bürgerlich-demokratische Revolution« abgeschlossen ist. Andererseits greift Patnaik die These A. G. Franks an und kritisiert jene, die, ihr zufolge, schließen: »Deshalb sind alle diese Länder ›kapitalistisch‹. Folglich kann das einzig mögliche Sofortprogramm einer revolutionären politischen Partei in allen diesen Ländern nur eine *sozialistische* Revolution sein!« Mit Recht kritisiert Banajee auch die These, die, gewöhnlich aus Franks frühen Äußerungen abgeleitet, besagt, daß es heute ein globales und einheitliches kapitalistisches System gibt, das überall in gleicher Weise operiert. Er schreibt:

»Der Prozeß, in dem bestimmte Gebiete der Welt in einen von der kapitalistischen Produktionsweise dominierten Weltmarkt einbezogen werden, wurde mit einem Prozeß verwechselt, in dem in diesen Gebieten die kapitalistische Produktionsweise errichtet wird. [. . .] Der Unterschied zwischen diesen Auffassungen – Integration eines bestimmten Gebietes in einen vom Kapitalismus dominierten Weltmarkt/lokale Errichtung der kapitalistischen Produktionsweise – läßt sich nur mit Hilfe einer *Theorie des Kolonialismus* herausarbeiten.«

Die indische Diskussion ist, im ganzen genommen, deshalb wertvoll gewesen, weil sie das Problem der *kolonialen Produktionsweise* ins Licht gezogen hat. Bevor wir im nächsten Abschnitt das Wesen der kolonialen Transformation in Indien und das Wesen der daraus resultierenden Produktionsverhältnisse in der Landwirtschaft zu ermitteln versuchen, wollen wir einen Aspekt des Themas hervorheben, der noch nicht berührt worden ist. Die Diskussion hat sich mit direkten Formen der Ausbeutung der Arbeiter in der indischen Agrarwirtschaft befaßt, wie sie von »feudalen« Grundherren, die *sharecroppers* beschäftigen, und von »kapitalistischen Bauern«, die Lohnarbeiter beschäftigen, betrieben wird. Im Zusammenhang damit hat man zu ergründen gesucht, auf welche Weise das Surplus angeeignet wird und wie sich die Agrarwirtschaft in die koloniale verallgemeinerte Warenproduktion einfügt. Es gibt jedoch ein wesentliches Element der Agrarwirtschaft, dessen *strukturelle* Rolle Beachtung verdient. Drei Viertel der landwirtschaftlichen Betriebe (wiewohl nur ein sehr kleiner Teil der Anbaufläche) gehören Kleineigentümern oder sogenannten »Mittelbauern«. Eine Analyse der kolonialen Produktionsweise muß nicht nur die Stellung der oben genannten, sondern auch dieser letztgenannten Gruppe in der Wirtschaftsstruktur bestimmen.

3. Analytische Bestimmungen

Um die »koloniale Produktionsweise« theoretisch zu fassen, könnte es von Nutzen sein, zuvor die marxistische Auffassung der »feudalen Produktionsweise« zu studieren und in diesem Licht die präkapitalistische Ökonomie Indiens vor der Kolonialisierung sowie die vom Kolonialismus bewirkten Transformationen zu betrachten.

Eine *Produktionsweise* ist eine komplexe Einheit. Nur zu oft wird diese komplexe, dialektische Einheit auf eine enggefaßte Definition von »Produktionsverhältnissen« reduziert, wobei das Interesse allein den *Formen* der Beziehungen zwischen dem direkten Produzenten, d. h. dem Arbeiter (sei dieser nun ein Industrie- oder ein Landarbeiter), und der Klasse, die seine Arbeitskraft ausbeutet, gilt. »Produktionsverhältnisse« können nicht schlicht als dyadische Beziehungen zwischen dem Arbeiter und seinem »Herrn« verstanden werden, denn diese Beziehungen bestehen – und können nur bestehen – kraft der eine dialektische Einheit bildenden Totalität der Basis-Überbau-Formation einer Gesellschaft. Teile oder Aspekte dieser Einheit lassen sich nicht losgelöst vom dialektisch sich entwickelnden Ganzen (und seinen inneren Widersprüchen) begreifen. Selbst die analytische Dichotomie des »Basis-Überbau«-Begriffs wird allzuoft nicht in einem theoretischen, sondern in einem empirischen Sinne interpretiert, so daß dieses oder jenes Verhältnis der Basis, ein anderes hingegen dem Überbau zugeordnet wird. Es handelt sich hier um eine weitgespannte Frage, auf die wir zwar verweisen müssen, die wir aber in diesem Aufsatz nicht eingehend untersuchen können.

Wir möchten hier aber betonen, daß jede Auffassung von »Produktionsweise« inadäquat ist, der enggefaßte Verhältnisse zugrunde gelegt werden, die willkürlich der »Basis« zugeordnet werden. Die Kontroversen in den jüngsten Diskussionen (einschließlich der zwischen Frank und Laclau) sind von großem Wert gewesen, weil sie die Definition von Produktionsweise über den Begriff der »Produktionsverhältnisse« hinaus erweitert haben (obgleich die Definition immer noch recht eng gefaßt ist), denn die Definition von *Produktionsweise* erschöpft sich nicht in der von »Produktionsverhältnissen«. Man hat auch andere Aspekte hervorgehoben, nämlich verallgemeinerte Warenproduktion (oder ihr Fehlen), ferner die Weise, in der das Surplus angeeignet wird, und den Unterschied zwischen einfacher Reproduktion von vorkapitalistischen Wirtschaftssystemen und erweiterter Reproduktion und Kapitalakkumulation im Kapitalismus. Dennoch bleibt ein stark »ökonomistischer« Akzent bestehen. Will man zu einer adäquaten begrifflichen Bestimmung von Produktionsweise gelangen, so ist es unerläßlich, zu Beginn die komplexe, dialektische Einheit des Ganzen zu betonen und auf der Notwendigkeit zu insistieren, *alle Aspekte dieser Einheit zu berücksichtigen.* In einer marxistischen Analyse gibt es einen Unterschied zwischen einer solchen umfassenden begrifflichen Bestimmung von *»Produktionsweise«* und dem Begriff einer *»Gesellschaftsformation«*, der darin besteht, daß jene eine theoretische Konstruktion ist, die ein kohärentes und historisch genau umrissenes Geflecht von Produktions- und Aneignungsverhältnissen definiert, in einer Gesellschaftsformation jedoch mehrere in dialektischem Gegensatz zueinander stehende Produktionsweisen präsent sein können: Während eine Produktionsweise im Aufstieg begriffen ist, befindet sich eine andere gerade deshalb in Auflösung.

Die übertriebene und fälschliche Betonung, die auf die *Form* der Beziehung zwischen dem direkten Produzenten und seinem Herrn gelegt wird, hat in der Erörterung der Produktionsweise Verwirrung gestiftet; sie hat namentlich den Blick dafür verstellt, daß sich infolge der Kolonialisierung Wesen und Bedeutung solcher Beziehungen grundlegend verändert haben. Selbst wenn die *Form* einer solchen Beziehung häufig die gleiche bleibt, werden ihr Charakter und ihre Bedeutung einer revolutionären Transformation unterzogen. *Aus diesem Grund ist es falsch, koloniale Ökonomien als Ökonomien zu beschreiben, in denen vorkapitalistische Beziehungen und »kapitalistische« Verhältnisse »koexistieren«.* Solche Beziehungen werden infolge der Kolonialisierung transformiert und sind nicht länger »präkapitalistisch«. So hat man in Indien das Phänomen des *sharecropping* mit einem »feudalen« Verhältnis gleichgesetzt, in Lateinamerika die augenscheinlichen Leibeigenschaftsbeziehungen als »feudal« definiert. Doch in beiden Fällen besitzen diese Verhältnisse – abgesehen von ihrer äußeren Form – nicht mehr den wesentlichen Charakter von »feudalen« Beziehungen. Das ist eines der zentralen Probleme, die es zu klären gilt (und dementsprechend das Problem der sogenannten »Koexistenz« von feudaler und kapitalistischer Produktionsweise in einer kolonialen Struktur).

Ein für *präkapitalistische* Produktionsweisen – mithin auch für die »feudale Produktionsweise« – entscheidender Faktor ist, daß sie der Ausbeutung von Boden und Naturkräften auf einem niedrigen technischen Niveau Schranken setzen. Der enorme Zuwachs an Macht des Menschen über die Natur infolge der Vergegenständlichung von (körperlicher und geistiger) Arbeit in Kapital und Technologie, wodurch die außerordentlichen Produktivitätssteigerungen im Kapitalismus ermöglicht wurden, waren ihnen fremd. So war die *feudale* Produktionsweise auf kleine Warenproduktion und Naturalwirtschaft beschränkt, in der nicht nur Herstellung und Aneignung des Produkts, sondern auch die Machtstruktur im wesentlichen lokal begrenzt waren; Fernhandel war ein ebenso marginales Phänomen wie die Machtstruktur feudaler Königreiche, die denn auch labil und zerbrechlich war.

Angesichts der einer Kapitalakkumulation gesetzten Barrieren war die feudale Ökonomie auf die Luxuskonsumtion der Feudalherren zugeschnitten. Sie war mithin ein System der »einfachen Reproduktion«, das im Gegensatz zum System der »erweiterten Reproduktion« des Kapitalismus steht, in dem ein beträchtlicher Teil des Surplus in die Kapitalakkumulation eingeht und die organische Zusammensetzung des Kapitals erhöht (d. h. zu »kapitalintensiveren« Produktionsmethoden führt). In einer kolonialen Produktionsweise finden wir keines dieser Charakteristika. Der Grad an Investitionen, die wir insbesondere in den letzten Jahren in der kolonialen Agrarwirtschaft beobachtet haben, ist nur möglich gewesen, weil die koloniale Agrarwirtschaft in die hochindustrialisierte imperialistische Weltwirtschaft eingebettet ist (das gleiche gilt für die untergeordnete industrielle Entwicklung, die sich unter der Ägide der metropolitanen Bourgeoisie in der Kolonie selbst vollzogen hat). Zweitens finden wir in der »kolonialen Produktionsweise« anstelle einfacher Reproduktion ein System der erweiterten Reproduktion, deren Wesen allerdings in einer für die koloniale Produktionsweise spezifischen Weise deformiert ist. Das ist darauf zurückzuführen, daß ein nennenswerter Teil des in der kolonialen Agrarwirtschaft (sowie in der kolonialen Industrie) erzeugten Surplus von der imperialistischen Bourgeoisie angeeignet wird und nicht in der kolonialen Ökonomie selbst, sondern im imperialistischen Zentrum in die erweiterte Reproduktion eintritt. Es ist ein Merkmal der kolonialen Produktionsweise, daß die erweiterte Reproduktion und die damit einhergehende Erhöhung der organischen Zusammensetzung des Kapitals nicht der Kolonie, aus der das Surplus stammt, sondern der imperialistischen Bourgeoisie zugute kommen.

Ein weiterer Aspekt der feudalen Produktionsweise ist, daß verallgemeinerte Warenproduktion fehlt. Hier handelt es sich um einen kontroversen Punkt: Obgleich mit der Leibeigenschaft in Polen und Osteuropa verallgemeinerte Warenproduktion einherging, da die landwirtschaftliche Produktion dem Export diente, wird diese Produktionsweise häufig als »feudale« Produktionsweise beschrieben. Man muß jedoch zu bedenken geben, daß die feudale Produktionsweise nicht mit Leibeigenschaft gleichgesetzt werden darf. Es ist bekannt, daß selbst im klassischen Feudalismus Westeuropas verschiedene Formen der Beziehung zwischen dem direkten Produzenten und seinem Herrn nebeneinander bestanden – Feudalismus ist nicht mit Leibeigenschaft identisch. Verallgemeinerte Warenproduktion war in Osteuropa deshalb möglich, weil die Agrarwirtschaft dieser Länder in den Umkreis der im Industrialisierungsprozeß befindlichen Ökonomien des Westens hineingezogen wurde. Sie war nicht von der östlichen Leibeigenschaft, sondern vom westlichen Kapitalismus hervorgebracht. Ich habe deshalb vorgeschlagen, dieses System nicht als eine reine Form der feudalen Produktionsweise, sondern als ein System der *proto-kolonialen Produktionsweise* aufzufassen. Auch in der Dritten Welt wird verallgemeinerte Warenproduktion durch und für die imperialistische Ökonomie betrieben. Daß die Agrarwirtschaft der Länder der Dritten Welt den Bedürfnissen des Imperialismus untergeordnet ist, insofern diese Länder als Lieferanten von Nahrungsmitteln und Rohstoffen fungieren müssen (viele von ihnen sind zur Monokultur verdammt), ist eine Binsenweisheit. Amin hat außerdem mit Nachdruck darauf hingewiesen, daß ihre Ökonomien intern auseinandergerissen *(disarticulated internally)* sind[40], so daß Segmente der kolonialen Ökonomien nicht miteinander Handel treiben; sie sind einzig über ihre Kanäle zu den metropolitanen Ökonomien miteinander verbunden und diesen folglich untergeordnet. Der Begriff der internen Zerrissenheit der kolonialen Ökonomie ist für ein Verständnis der kolonialen Produktionsweise von entscheidender Bedeutung.

Die Frage nach der Form der Beziehung zwischen dem direkten Produzenten und der Ausbeuterklasse läßt sich nur im Rahmen der Machtstruktur sowie der legalen und institutionellen Strukturen begreifen, in die jene Beziehungen eingebettet sind. Laclau z. B. hat als bestimmend für das Feudalverhältnis in Lateinamerika ein »allgemeines Ensemble außerökonomischer Zwänge, die auf der Bauernschaft lasten«, beschrieben, und andere Autoren haben diese Beschreibung wiederholt. Wir können jedoch Bedeutung und Wesen solcher durch Zwang geprägten Verhältnisse und das Wesen des »Zwangs« nicht ohne Rekurs auf die Struktur der kolonialen Staatsmacht erfassen. Der Unterschied zwischen dem politischen System des Feudalismus und dem bürgerlichen Kolonialstaat mit seinem rechtlichen und institutionellen Rahmen scheidet die in beiden Fällen scheinbar gleichen Formen von Beziehungen voneinander. Dieser ungemein wichtige Umstand wird infolge einer engen ökonomistischen Interpretation des Marxismus allzu oft übersehen. Andererseits läßt Patnaik beispielsweise die Bedeutung des Eigentums an Grund und Boden außer acht, das die Briten in Indien auf gewissermaßen unredliche Weise begründet haben. Sie beschwört statt dessen den Begriff einer »relativen Autonomie des Überbaus« und deutet damit an, daß die Formen der Basis und die Formen des Rechts nicht miteinander in Einklang standen. Ihrer Meinung nach gab es deshalb eine »notwendigerweise ungenaue Entsprechung zwischen Produktionsverhältnissen einerseits und rechtlichen Formen (sowie anderen Elementen des Überbaus) andererseits«.[41] Bei näherer Prüfung erweist sich jedoch, daß diese Auffassung in sich widersprüchlich ist, insofern den »Produktionsverhältnissen« selbst hier ein Moment des »Überbaus« zugrunde liegt, nämlich die angeblich direkte, mittels »Zwang« ausgeübte Herrschaft des Grundherrn über den Bauern. Doch eben das Wesen dieser direkten, durch »Zwang« geprägten Beziehung steht zur Debatte und muß sorgfältig untersucht werden.

Ein wesentlicher Aspekt der feudalen Produktionsweise, der ihrer lokal begrenzten Produktion und Aneignung entspricht, ist ihre lokal begrenzte Machtstruktur. Feudale Königreiche waren labile Zusammenschlüsse; der wahre Ort ihrer Macht war an der Basis, in den Händen der lokalen Herren. Die Dialektik zwischen Zentralgewalt und lokaler Macht ließ diese Königreiche zu einem komplexen Staatswesen werden. Anderson bezeichnet dieses Phänomen als »Parzellierung der Souveränität«: »[...] die politische Souveränität [zentrierte sich] niemals in einem einzigen Punkt. [...] Die Funktionen des Staats waren nach unten in vertikale Zuordnungen aufgelöst; die politischen und ökonomischen Beziehungen aber waren auf jeder dieser Ebenen integriert. Diese Parzellierung der Souveränität war konstitutiv für die gesamte feudale Produktionsweise.«[42] Doch das Kolonialregime unterwarf die Macht der lokalen Herren im Kontext seines *bürgerlichen Kolonialstaats* seiner eigenen Struktur institutionalisierter Macht. In Anbetracht dieser entscheidenden und einschneidenden Veränderung schrieb ich vor einiger Zeit, daß die bürgerliche Revolution in den Kolonien bereits von der imperialistischen Bourgeoisie vollzogen wurde, die als integrale und notwendige Ergänzung ihrer ökonomischen Herrschaft in den Kolonien einen bürgerlichen Staat, bürgerliches Eigentum und einen Apparat von bürgerlichen Gesetzen und Institutionen schuf.[43] Diejenigen, die von der Notwendigkeit einer bürgerlich-demokratischen Revolution in den Kolonien sprechen, fassen das Problem falsch auf, denn sie übersehen eins: Weder in Rußland noch in China war von der imperialistischen Bourgeoisie ein solcher bürgerlicher Staat errichtet worden.

Vor dem Hintergrund dieser Skizzierung der Hauptkriterien einer feudalen Produktionsweise können wir uns der *Situation Indiens* und der Transformation, die sich im Gefolge seiner kolonialen Unterwerfung vollzog, zuwenden. Erstens: Im *präkolonialen Indien* waren Grund und Boden *kein Eigentum*, über das nach bürgerlichem Recht verfügt werden konnte, sondern ein *Besitz*, der dem lokalen Herrn kraft seiner Gewalt zu Gebote stand. Es erinnert an die Dialektik zwischen Zentralgewalt und lokaler Macht in den feudalen Königreichen Europas, daß die Mogulkaiser dennoch den – allerdings nicht immer erfolgreichen – Versuch unternahmen, die lokalen Herren zu »ernennen«. Diese profitierten ihrerseits häufig von der Legitimität, die solcherart ihrem Besitz verliehen wurde, weil dies in ihren Rivalitäten mit anderen lokalen Herren einen Aktivposten darstellte. Mit den Worten Henry Maines: »Im vorkolonialen Indien war Grund und Boden ein Aspekt von Herrschaft, ging diese nun von der Person eines Radscha, von der Körperschaft eines *bhaichara*-(Brüderschafts-)

Dorfes oder der Person eines *zamindar* aus, der einem römischen *pater familias* sehr nahe kommt. So war die indische Auffassung von Grundbesitz auch politisch.«[44] Grund und Boden waren noch keine Ware, wie es unter der kolonialen institutionellen Struktur der Fall sein sollte.

Tatsächlich war Land im vorkolonialen Indien noch nicht die wertvollste Ressource, denn gemessen an der Anzahl von Menschen, die zu seiner Bearbeitung zur Verfügung standen, war es im Überfluß vorhanden. Der wirklich kostbare Besitz waren Arbeitskräfte. Um den Arbeiter ausbeuten zu können, war es daher unerläßlich, ihn *unfrei* zu machen. Er mußte mittels Zwang gehalten werden. Erst als unter dem Kolonialregime alles Land angeeignet war, der Arbeiter also keinen Zugang mehr zu »herrenlosem« Land hatte und folglich nur noch seine Arbeitskraft verkaufen konnte, entstanden die Bedingungen, ihn in Freiheit ausbeuten zu können. So erfahren wir über das präkoloniale Indien: »Angesichts der Knappheit an Menschen, die den Boden bestellten, besaßen *zamindars* das Recht, die Pächter am Verlassen des Landes zu hindern und sie zu zwingen, das gesamte urbare Land des *zamindar* zu bestellen.«[45] Über den direkten Produzenten erhob sich eine Hierarchie von parasitären und mächtigen »Zwischenpächtern«, die – ähnlich wie im europäischen Feudalismus – eine Pyramide bildeten. Sie *besaßen* das Land nicht, hatten aber »Anrechte« auf einen Teil des Produkts. *Das Surplus wurde eindeutig mit Hilfe von Gewalt abgepreßt.*

Im 19. Jahrhundert wurde von den Briten ein Mythos propagiert, dem zufolge das Land im Indien der Moguln Eigentum des Kaisers war. Die Briten zitierten beispielsweise Bernier, jenen berühmten Reisenden, der Mythen ausstreute, die der Mogulkaiser vielleicht selbst gern glaubte: »Der Großmogul ist Eigentümer von jedem *acre* Land im Königreich.« Diese Auffassung haben einflußreiche Männer des Kolonialregimes wie James Grant und vor allem James Mill (der ebenfalls in die Dienste der Ostindienkompanie getreten war) aufgegriffen und ausführlich erörtert. Wie Eric Stokes ausführt, hatte diese Auffassung den Vorteil, die Ansprüche der Kolonialmacht auf einen beträchtlichen Teil des Surplus aus der indischen Landwirtschaft zu legitimieren, da sie die Nachfolge der Mogulkaiser angetreten hatte.[46] Das Kolonialregime in Indien hatte erhebliches Interesse an der direkten Abschöpfung des Surplus aus der Landwirtschaft. Bis zur Erweiterung des Eisenbahnnetzes in der zweiten Hälfte des 19. Jahrhunderts, als es möglich wurde, die indische Agrarwirtschaft durch den *Anbau exportfähiger Erzeugnisse* in großen Mengen auszubeuten, weil diese nun billig in die Städte der Metropolen transportiert werden konnten und sie mit Nahrungsmitteln und Rohstoffen versorgten, lastete das Kolonialregime hauptsächlich durch direkte Abschöpfung des Surplus in Form von drückenden »Grundsteuern« auf der indischen Landwirtschaft.

Doch es bahnten sich bereits wesentliche Veränderungen an. Zu den wichtigsten zählt die *Institutionalisierung des Privateigentums an Grund und Boden.* Die Schaffung eines Systems von Grundeigentum hing eng mit dem System der Grundsteuer-»Regelungen« zusammen, das 1793 mit dem berühmten *Permanent Settlement* in Bengalen seinen Anfang nahm, dem zufolge der Kolonialstaat 90% der Pachteinnahmen aus Grund und Boden erhalten sollte. Grund und Boden waren allerdings nun zu einer Ware geworden, die im Rahmen des bürgerlichen Rechts veräußert werden konnte. Boden, der sich nicht in privater Hand befand, wurde als Kronland betrachtet und vom Staat angeeignet. Der überausgebeutete Bauer konnte nicht mehr hoffen, seinem habgierigen Herrn entfliehen und sich auf »herrenlosem« Land ansiedeln zu können, denn dieses war nun Eigentum der Krone. Die so erfolgte Aneignung des gesamten Bodens und das Bevölkerungswachstum mündeten in einer Situation, in der der Grundbesitzer nicht mehr, wie oben erwähnt, auf den direkten Produzenten »Zwang« ausüben mußte, denn nun war der arme Bauer »frei« und konnte bloß noch seine Arbeitskraft verkaufen. Es stand ihm jetzt frei, seinen Herrn zu verlassen – und zu verhungern. Obgleich die *Form* der Beziehung zwischen dem direkten Produzenten und dem Grundherren unverändert blieb, nämlich *sharecropping*, hatte sich ihre Substanz gewandelt. *Sie gründete nicht mehr auf direktem Zwang, sondern auf den ökonomischen Gesetzen einer kapitalistischen Gesellschaft und den ökonomischen Sachzwängen, die sie jenen auferlegt, denen durch die Institutionalisierung des Privateigentums der Zugang zu den Produktionsmitteln versperrt ist.*

Darüber hinaus transformierte das Kolonialregime die feudale, lokal begrenzte Produktionssnssyys-y-d Aneignungsweise durch vollständige Umwälzung der Agrarwirtschaft in der zweiten Hälfte des 19. Jahrhunderts, als Eisenbahnen und Dampfschiffe Rohstoffe wie Baumwolle, Indigo, Jute und andere Erzeugnisse, die nun von den indischen Bauern angebaut werden mußten, nach England transportierten. Dies vollzog sich vor dem Hintergrund der Zerstörung der indischen Industrie und der Verelendung der Handwerker, die das Heer der Bedürftigen auf dem Lande anschwellen ließen. Statt daß es zu einem lokalen Austausch zwischen indischen Handwerkern und Bauern kam, wurden die Erzeugnisse der Landwirtschaft an ferne Ufer verschifft und Fertiggüter importiert. Die indische Ökonomie wurde auseinandergerissen und dem Kolonialismus untergeordnet. Ihre Elemente waren nicht mehr intern und direkt integriert, sondern nur noch vermittels der einzelnen Verbindungen, die ihre verschiedenen Segmente mit der metropolitanen Ökonomie verknüpften. Sie war keine feudale Produktionsweise mehr, sondern bereits in eine koloniale Produktionsweise transformiert worden. Infolge dieser Zerrissenheit nahm die verallgemeinerte Warenproduktion in der Kolonie einen anderen Charakter als im imperialistischen Zentrum an.[47] Es war eine auseinandergerissene verallgemeinerte Warenproduktion – eben eine koloniale Form von deformierter verallgemeinerter Warenproduktion.

Schließlich war die koloniale Produktionsweise – anders als die ihr vorausgehende feudale Produktionsweise – nicht mehr ein System der einfachen, sondern ein *System der erweiterten Reproduktion.* Doch auch hier müssen wir die aus ihrem kolonialen Status resultierende *Deformation* wahrnehmen. Die Folgen der internen Zerrissenheit der kolonialen Ökonomie und die Abschöpfung des Surplus durch die Kolonialmacht führten dazu, *daß die erweiterte Reproduktion nicht innerhalb der kolonialen Ökonomie, sondern nur über das imperialistische Zentrum realisiert werden konnte.* Der aus der Kolonie abgeschöpfte Mehrwert trug zur Kapitalakkumulation im Zentrum bei und erhöhte dort die organische Zusammensetzung des Kapitals (d. h. die »Kapitalintensität von Investitionen«), während die koloniale Ökonomie ausblutete. *Die koloniale Form der erweiterten Reproduktion war die einer deformierten erweiterten Reproduktion.*

Der Kapitalmangel der kolonialen Ökonomie und die entsprechende Herabsetzung der organischen Zusammensetzung des Kapitals (d. h. geringere Kapitalintensität von Investitionen) in der Kolonie spiegelte sich in ihrem niedrigeren Lohnniveau wider. Im Falle arbeitsintensiver Industrien hat sich dadurch dem metropolitanen Kapital die Gelegenheit zu einem gewinnbringenden Kapitalexport in die Kolonien geboten – es konnte eine höhere Profitrate realisieren. In diesem Zusammenhang sollten wir die besondere Rolle beachten, welche die zahlreichen mittellosen Kleineigentümer, auf die rund 75% der landwirtschaftlichen Betriebe im modernen Indien entfallen, in der kolonialen Produktionsweise spielen. Da diese landwirtschaftlichen Betriebe meist nicht einmal die Existenz der bäuerlichen Familien sichern können, sind Familienmitglieder gezwungen, eine zusätzliche Beschäftigung zu suchen, und zwar nicht lediglich in den Dörfern, sondern auch in der unter kolonialen Auspizien entwickelten städtischen Industrie. Das senkte die Reproduktionskosten der Arbeitskraft erheblich und ermöglichte es, die Löhne noch stärker zu drücken, als es sonst der Fall hätte sein können. Somit ist der kleinbäuerliche Sektor der Agrarwirtschaft, der nur einen unbedeutenden vermarktbaren Überschuß erzeugt und der kolonialen Bourgeoisie im Zusammenhang mit der landwirtschaftlichen Produktion nur einen geringen direkten Profit einbringt, durchaus keine quantité négligeable. Er ist nicht bloß ein nicht-integriertes Element, das neben der Ökonomie der reichen Bauern, die direkt auf die Produktion exportfähiger Agrarprodukte und die Erzeugung des Überschusses für die koloniale Ökonomie zugeschnitten ist, auf die eine oder andere Weise außerhalb der kolonialen Produktionsweise sein Dasein fristet. *Auch die Klasse der Kleineigentümer ist in die koloniale Produktionsweise integriert, denn sie ist ein geschätzter Lieferant von billigen Arbeitskräften; sie gewährleistet die für die koloniale Ökonomie notwendige billige Reproduktion der Arbeitskraft.* Ihre Existenz senkt die Reproduktionskosten der Arbeitskraft und daher das Niveau der Mindestlöhne in der kolonialen Ökonomie. Auch hier würde man der strukturellen Zugehörigkeit dieser Klasse zu der kolonialen (kapitalistischen) Wirtschaftsstruktur nicht gerecht, bezeichnete man sie als »präkapitalistisch«. Ebensowenig aber ist sie »kapitalistisch«. Ihre strukturellen Merkmale lassen sich wiederum nur im Rahmen einer strukturellen Bestimmung der »kolonialen Produktionsweise« angeben.

Mittels der Untersuchung von Entwicklungen in der indischen Agrarwirtschaft haben wir bestimmte strukturelle Merkmale herausgearbeitet. Bevor wir uns einigen weitergehenden Fragen zuwenden, die sich in bezug auf den Begriff der kolonialen Produktionsweise ergeben, möchten wir unsere Darstellung der indischen Entwicklungen mit einigen generellen Bemerkungen abschließen. Erstens: Wir stoßen allzuoft auf die apriorische Annahme, es bestünde ein Interessenkonflikt zwischen der sogenannten »feudalen« oder »semifeudalen« Klasse der Grundherren und der Bourgeoisie. Derlei Annahmen liegt die Auffassung zugrunde, es gäbe eine Koexistenz von in dialektischem Gegensatz zueinander stehender »feudaler« und »kapitalistischer« Produktionsweise – die Existenz dieses Klassenkonflikts wird a priori vorausgesetzt, Tatsachen werden in die Schablone theoretischer Prämissen gepreßt, und Fälle von politischer Rivalität, die sich einer solchen Erklärung nicht fügen, werden gleichwohl als Beispiel für Konflikte zwischen dem »bürgerlichen« *Congress* und oppositionellen Parteien und Gruppen, die man als »feudal« etikettiert, »erklärt«. Eine solche Interpretation tut der Realität Gewalt an, denn wir erkennen *innerhalb* der Kongreßpartei ein Bündnis zwischen der Bourgeoisie und den Grundbesitzern. Ebensowenig gibt es Anzeichen für einen Konflikt zwischen den sogenannten »kapitalistischen Bauern« und den sogenannten »feudalen Grundherren«. Statt dessen erweist sich, daß die am Großbauern orientierte Strategie den Interessen der indischen wie der ausländischen Bourgeoisie gedient hat, indem sie die notwendige Steigerung des vermarktbaren Überschusses an landwirtschaftlichen Produkten gewährleistet hat. Zumindest in dieser Hinsicht stimmen die Interessen der ausländischen imperialistischen Bourgeoise, der einheimischen Bourgeoisie sowie der

Grundherren und reichen Bauern überein.

Zweitens schreibt die gegenwärtige Anwendung neuer Technologien und die entsprechende Erhöhung der »organischen Zusammensetzung des Kapitals« (d. h. die steigende Kapitalintensität von Investitionen) in der indischen Landwirtschaft eine Entwicklung fort, die von der Depression der dreißiger Jahre und durch den Weltkrieg unterbrochen worden war; gleichwohl handelt es sich hierbei um eine Entwicklung neuen Ausmaßes. Diese ist jedoch nur im Rahmen des Kolonialverhältnisses und in Zusammenhang mit der metropolitanen Industrieproduktion (sowie der abhängigen einheimischen Industrieproduktion) möglich gewesen, die neue technologische Ressourcen verfügbar gemacht haben. Auch hier handelt es sich nicht um eine Quelle eines strukturellen Konflikts, sondern um eine strukturelle Übereinstimmung von Interessen.

Drittens hat die Entwicklung des »Kapitalismus« in der indischen Landwirtschaft, soweit sie stattgefunden hat, in den betroffenen Gebieten weitgehende Verarmung der unteren Klassen hervorgerufen. Sie hatte direkte Konsequenzen für die Armen auf dem Lande, insofern sie die ständigen Arbeitskräfte (*sharecroppers* etc.) abschaffte. Auch wenn sich die saisonbedingte Nachfrage nach Arbeitskräften erhöhte, entschädigt dies nur teilweise für den Verlust eines regelmäßigen Einkommens. Dies betrifft jedoch nicht nur die Armen auf dem Lande, sondern hat auch indirekte Auswirkungen auf die Kleinbauern, die städtischen unteren Mittelschichten und die städtischen Arbeiter. Der Grund dafür ist der stark inflationäre Effekt der enorm gestiegenen Ausgaben der Grundbesitzer und reichen Bauern, deren Einkommen sich vervielfacht haben und einen erheblichen Anteil an den gesamten nationalen Konsumausgaben bilden. Der rasche Preisanstieg hat die Realeinkommen dieser unteren Klassen ausgehöhlt. Wir haben hier das Modell einer Entwicklung vor uns, die Reichtum für einige wenige und gleichzeitig und notwendigerweise Armut für die große Mehrheit geschaffen hat. Sie hat zudem viele Kleineigentümer ins Elend gestoßen, so daß sie ihr Land an die Großbauern verkaufen müssen und in die Reihen der landlosen Armen absinken. Die Armen auf dem Lande – Kleineigentümer wie landlose Arbeiter – haben keine Reserven, mit deren Hilfe sie Knappheitsperioden überstehen könnten, und jede schlechte Ernte zieht heute eine Hungersnot nach sich, in der Millionen sterben.

Schließlich sei noch erwähnt, daß die *Militanz der Bauern* zugenommen hat. Das liegt nicht nur an der fortschreitenden Verarmung, die vor allem die Kleineigentümer (Mittelbauern) erfaßt hat, sondern auch daran, daß zwischen den ständig beschäftigten *sharecroppers* oder Lohnarbeitern und ihren Herren das Band der ökonomischen Abhängigkeit zerreißt, wenn sie entlassen werden. Andererseits ist infolge der enormen Erweiterung der bebauten Fläche und der Steigerung der Erträge die saisonbedingte Nachfrage nach Arbeitskräften zur Erntezeit erheblich gestiegen. Das hat die Verhandlungsposition der landlosen Arbeiter gestärkt, vor allem zur Erntezeit. Die Militanz der Bauern in Indien hat ein bislang ungekanntes Ausmaß erreicht. Der sich herausbildende Konflikt läßt sich nicht als ein Widerspruch zwischen einer »feudalen« und einer »kapitalistischen« Produktionsweise erklären. Es gibt keinen Konflikt zwischen der städtischen und ländlichen Bourgeoisie einerseits und den Grundbesitzern andererseits – auch die einheimische und die ausländische Bourgeoisie haben aufgrund der steigenden Warenpreise prosperiert. Ebensowenig gibt es einen Konflikt, in dem die Lohnarbeiter (das »ländliche Proletariat«?) eine andere Stellung einnehmen als die übrigen unteren Klassen auf dem Lande, nämlich *sharecroppers* und »Mittelbauern« mit Kleineigentum. Die Stellung der Klassen ist ihre strukturelle Stellung in der kolonialen Produktionsweise, und die Konflikte sind die Konflikte der kolonialen Produktionsweise; sie gehören keineswegs der feudalen oder der kapitalistischen Produktionsweise an.

Bis jetzt hat sich unsere Diskussion um die Entwicklungen in der indischen Agrarwirtschaft und ihre strukturellen Implikationen gedreht. Um die koloniale Produktionsweise begrifflich zu erfassen, müssen wir freilich auch die anderen – internen wie externen – Aspekte der indischen Ökonomie in ihrer historischen Entwicklung beachten. Was den letztgenannten Zusammenhang angeht, *so haben wir bei seiner Betrachtung strukturelle Merkmale betont, die für die* koloniale *Produktionsweise spezifisch sind, vor allem die interne Zerrissenheit und die externe Integration in die metropolitane Ökonomie.* Als Folge der einheimischen industriellen Entwicklung, die in Indien ein höheres Niveau als in anderen Kolonialländern erreicht hat, sind diese Merkmale jedoch Veränderungen unterworfen worden. Betrachten wir die strukturellen Veränderungen, die sich ergeben haben, so werden wir von dem Begriff der Struktur der kolonialen Produktionsweise zu dem der *postkolonialen* Produktionsweise gelangen. Im nächsten Abschnitt wollen wir darauf kurz eingehen.

4. Koloniale und postkoloniale Produktionsweise

Bevor wir ein angemessenes Verständnis der »kolonialen Produktionsweise« begründen können, muß unsere Erörterung in mehreren Hinsichten näher bestimmt werden. Namentlich zwei Fragenkomplexe laden zu weiteren Überlegungen ein. Erstens: Aus den Kriterien, die wir zur Bestimmung der *kolonialen Produktionsweise* herangezogen haben, insbesondere aus der Tatsache, daß die verallgemeinerte

Warenproduktion und die von der kolonialen Ökonomie erzeugte erweiterte Reproduktion vom imperialistischen Zentrum vermittelt (und deformiert) werden, folgt, daß die »koloniale Produktionsweise« für sich genommen keine vollständige Einheit bildet. Sie kann nur unter Rekurs auf jene größere strukturelle Formation analytisch und theoretisch gefaßt werden. Das führt uns zu der Frage, ob wir überhaupt berechtigt sind, von einer kolonialen Produktionsweise zu sprechen. Sollten wir nicht statt dessen von einer eine globale Einheit umfassenden imperialistischen Produktionsweise sprechen? Diese Überlegung lockt uns auf ein äußerst heikles Gebiet; wir stoßen hier auf bedeutende theoretische Schwierigkeiten, die nicht einfach zu lösen sind. In welchem Sinne können wir die *Einheit eines Weltimperialismus* postulieren? Läge einer solchen Einheit die Vorstellung seiner Homogenität zugrunde oder gehen wir von einer hierarchischen Einheit der imperialistischen Länder, beispielsweise unter Hegemonie der Vereinigten Staaten, aus? Oder halten wir sie vielmehr für gespalten und erkennen die Existenz inter-imperialistischer Rivalitäten an? Wie dem auch immer sein mag, wir können diese Fragen offensichtlich nicht a priori, per definitionem, beantworten. Erkennt man eine tatsächliche oder theoretisch mögliche Gespaltenheit des Imperialismus an, so führt das in die begriffliche Fassung der strukturellen Unterordnung jener kolonialen Ökonomien, die nicht ausschließlich an eine einzige imperialistische Macht gebunden sind, Komplexität ein. Wir haben es hier nämlich mit einem Problem zu tun, das für die marxistische Theorie neu ist. Die marxistische Theorie kennt das Problem der gleichzeitigen Existenz mehrerer in dialektischem Gegensatz zueinander stehenden Produktionsweisen in einer einzigen Gesellschaftsformation, sie hat aber noch nicht das Problem erkannt, daß eine Produktionsweise in mehreren Gesellschaftsformationen vorkommen (in den imperialistischen Zentren wie in der Kolonie) und daher nur als Teil des größeren Ganzen hinreichend begrifflich erfaßt werden kann. In diesem Licht gestehen wir zu, ja betonen sogar, *daß die strukturelle Formation, die wir als »koloniale Produktionsweise« bezeichnen, keine in sich abgeschlossene Entität ist*; insofern machen wir vielleicht keinen konventionellen Gebrauch von dem Terminus »Produktionsweise«. Wenn wir ihn in dieser Weise benutzen, modifizieren wir ihn. Da es jedoch möglich ist, wenn auch nicht die vollständige Einheit, so doch die strukturelle Kohärenz der »kolonialen Produktionsweise« zu spezifizieren, verstoßen wir nicht gegen den konventionellen Gebrauch. Die Suche nach einer alternativen Terminologie könnte ein semantisch ergiebiges Unterfangen sein; doch spielt das hier wohl kaum eine Rolle. Angesichts der präzisen Bedeutung, die wir mit diesem Terminus verknüpfen, meinen wir, daß »koloniale Produktionsweise« ein gültiger und befriedigender Ausdruck für den hier untersuchten theoretischen Begriff ist.

Der zweite Fragenkomplex befaßt sich damit, welche Implikationen die ihr innewohnenden Klassenkoalitionen und -widersprüche für die koloniale Produktionsweise haben, und zwar im Hinblick auf das Wachstum des inländischen Kapitalismus im Bereich der Industrieproduktion sowie seine Einbeziehung in und Durchdringung durch das metropolitane Kapital, d. h. seine Unterordnung unter den Imperialismus. Wie wir gezeigt haben, vollzog die imperialistische Bourgeoisie in den Kolonien die bürgerliche Revolution. Sie schuf einen bürgerlichen Staat und einen bürgerlichen rechtlichen und institutionellen Rahmen, um die Durchdringung der kolonialen Ökonomie durch das metropolitane Kapital strukturell zu ergänzen. Kraft der gleichfalls erfolgenden Transformation der feudalen Verhältnisse auf dem Lande in kapitalistische Verhältnisse wurde die koloniale Produktionsweise, die eine *kapitalistische* Produktionsweise ist, in Gang gesetzt. Die Bedingungen zur Entwicklung des inländischen Kapitals standen bereit. Diese Entwicklung wirft zwei Fragen auf. Erstens: Welche Auswirkungen hat die inländische kapitalistische Entwicklung auf die interne Zerrissenheit der kolonialen Ökonomie? Zweitens: Wie geht diese Entwicklung in die Struktur des Imperialismus ein und welche Widersprüche bestehen zwischen der einheimischen und der imperialistischen Bourgeoisie?

Um die letztgenannte Frage zuerst aufzugreifen: Man wird sich daran erinnern, daß in Indien sowie in einigen anderen Kolonialländern der inländische Kapitalismus bereits gegen Ende des Ersten Weltkrieges genügend Fortschritte gemacht hatte, um Lenin und seine Genossen auf dem Zweiten Kongreß der Kommunistischen Internationale 1920 zu einer Diskussion über die Rolle der sogenannten »nationalen Bourgeoisie« zu veranlassen. Spekulative Thesen, die in dieser frühen Debatte vorgebracht wurden, sind von Zeit zu Zeit wieder beschworen worden, um ein prinzipienloses kollaboratives Vorgehen zu rechtfertigen, das sozialistischen Bewegungen aufgezwungen wurde; eines der ersten und katastrophalsten Beispiele dafür ist das »Bündnis«, das schließlich 1927 in China zu Tschiang Kai-scheks erfolgreicher Konterrevolution führte. Diese Frage ist heute für die Diskussion in der kommunistischen Bewegung Indiens zentral. Wir wollen hier nicht näher darauf eingehen, sondern lediglich die Implikationen unserer eigenen Analyse aufzeigen. Wir haben gesagt, daß sich eine neue Art von struktureller Abhängigkeit zwischen der indischen Bourgeoisie und den imperialistischen Bourgeoisien herausgebildet hat, die im Kontext eines sich wandelnden Musters von industrieller Entwicklung steht, namentlich in dem (für die Großbourgeoisie bedeutsamen) Sektor forschungsintensiver Industrien. Wir erörterten dies 1964 in dem Aufsatz *Imperialism, Old and New*, wo wir einen strukturellen Wandel im Muster von ausländischen Investitionen in Indien zwischen 1911 und 1956 nachwiesen und auf die neue Basis der Beziehung zwischen der indischen Großbourgeoisie und den ausländischen Bourgeoisien in Form technologischer Zusammenarbeit aufmerksam machten. Diese theoretische Analyse bildete den Rahmen für eine umfassende empirische Untersuchung von Kidron, in der sie bestätigt wurde. Wir gelangten zu dem Schluß, daß es in der *postkolonialen* Situation eine strukturell neue Basis der Unterordnung des (großen) inländischen Kapitals unter den Imperialismus gibt und daß zwischen beiden innerhalb einer hierarchischen Beziehung eine *Interessenkonvergenz* besteht. Diese neue Basis unterscheidet sich radikal von der, welche die Unterordnung der »Kompradorenbourgeoisie« in der *kolonialen Situation* bestimmte, als einige Widersprüche zwischen der entstehenden indischen Bourgeoisie, die aus diesem Kontext hervorging, und dem Imperialismus zutage traten. Die neue strukturelle Basis der imperialistischen Unterwerfung ist für eine Betrachtung der postkolonialen Produktionsweise und der Basis des postkolonialen Staats zentral.[48]

Der andere Aspekt der einheimischen kapitalistischen Entwicklung betrifft direkt unsere begriffliche Bestimmung der *kolonialen Produktionsweise*, für die wir folgende Bedingungen spezifiziert hatten: 1. deformierte verallgemeinerte Warenproduktion, insofern die koloniale Ökonomie intern auseinandergerissen ist und sich der Kreislauf des Warenaustausches nur auf dem Weg über das imperialistische Zentrum vollzieht, 2. eine deformierte erweiterte Reproduktion, insofern der Mehrwert von und in der metropolitanen Kapitalakkumulation realisiert wird. Die einheimische kapitalistische Entwicklung in Indien hat die Produktion eines breiten Fächers von Waren, insbesondere Konsumgütern, gefördert. Dadurch hat sich, obschon nur teilweise, die Struktur der verallgemeinerten Warenproduktion verändert. Diese ist heute in höherem Maße internalisiert, so daß die interne Zerrissenheit der indischen Ökonomie zumindest bis zu diesem Grad gemildert ist. Die externe Abhängigkeit besteht zunehmend auf dem Gebiet von Investitionsgütern und forschungsintensiver Technologie und nicht mehr, wie früher, in bezug auf Industrieprodukte überhaupt. Im übrigen hat die inländische kapitalistische Entwicklung zur Folge, daß ein wachsender Teil des Mehrwerts intern, von der einheimischen Kapitalistenklasse, angeeignet wird. Dadurch wird die Struktur der deformierten, über die metropolitane Bourgeoisie und die metropolitane Kapitalakkumulation stattfindenden erweiterten Reproduktion teilweise modifiziert; *der Prozeß der erweiterten Reproduktion wird stärker internalisiert.* Diese strukturellen Unterschiede trennen die *postkoloniale* von der kolonialen Produktionsweise. Dies ist für eine Betrachtung des postkolonialen Staates von entscheidender Bedeutung. Die Unterscheidung zwischen dem »kolonialen« und dem »postkolonialen« Status gilt nicht nur auf politischer Ebene. Man kann sagen, daß es in Indien im großen und ganzen eine gewisse zeitliche Übereinstimmung zwischen dem Übergang von der kolonialen zur postkolonialen Produktionsweise und zu der Erlangung der politischen Unabhängigkeit gibt. Das kann man von den meisten Ländern Afrikas kaum behaupten, da diese nur politisch unabhängig geworden sind. Und im Falle lateinamerikanischer Länder, die indirekter Kolonialherrschaft unterworfen waren, kann und muß die postkoloniale Phase auf der Ebene der strukturellen Veränderungen bestimmt werden, die z. B. Brasilien oder Mexiko von einigen der vollständig abhängigen zentralamerikanischen Republiken unterscheiden. Die »Dependenz«-Theorie verwischt solche Unterschiede. Wir meinen, daß der Begriff der kolonialen und der postkolonialen Produktionsweise auch in Zusammenhang mit diesen anderen Ländern untersucht werden muß, damit wir zu einer adäquaten begrifflichen Bestimmung der heutigen kapitalistischen Welt gelangen.

Anmerkungen

1 Die meisten Beiträge sind in der Vierteljahresbeilage *Review of Agriculture (RA)* zum *Economic and Political Weekly (EPW)* erschienen. Zu den wichtigsten Beiträgen zählen:

Ashoka Rudra, A. Majid und B. D. Talib, *Big Farmers of the Punjab*, in: *EPW (RA)* IV (39), 27. September 1969 und IV (52), 27. Dezember 1969

Ashoka Rudra, *In Search of the Capitalist Farmer*, in: *EPW (RA)* (26), 27. Juni 1970

Ashoka Rudra, *Capitalist Development in Agriculture: A Reply*, in: *EPW* VI (45), 6. November 1971. (Antwort auf Patnaik.)

Utsa Patnaik, *Capitalist Development in Agriculture: A Note*, in: *EPW (RA)* VI (39), 25. September 1971

Utsa Patnaik, *Capitalist Development in Agriculture: A Further Comment*, in: *EPW (RA)* VI (52), 25. Dezember 1971. (Antwort auf Rudra.)

Utsa Patnaik, *On the Mode of Production in Indian Agriculture: A Reply*, in: *EPW (RA)* VII (40), 30. September 1972. (Antwort auf Chattopadhyay.)

Utsa Patnaik, *Capitalism in Agriculture*, in zwei Teilen erschienen in: *Social Scientist* Nr. 2, September 1972 und Nr. 3, Oktober 1972.

Paresh Chattopadhyay, *On the Question of the Mode of Production in Indian Agriculture: A Preliminary Note*, in: *EPW (RA)* VII (13), 25. März 1972.

Paresh Chattopadhyay, *Mode of Production in Indian Agriculture: An Anti-Kritik*, in: *EPW (RA)* VII, Dezember 1972. (Antwort auf Patnaik.)

Jairus Banajee, *For a Theory of Colonial Modes of Production*, in: *EPW* VII (52), 23. Dezember 1972.

Ranajit Sau, *On the Essence of Manifestation of Capitalism in Indian Agriculture*, in: *EPW (RA)* VIII (3), 31. März 1973.

2 André Gunder Frank, *Capitalism and Underdevelopment in Latin America*, 1967 (deutsch: *Kapitalismus und Unterentwicklung in Lateinamerika*, Frankfurt/Main 1969).

Ernesto Laclau, *Feudalism and Capitalism in Latin America*, in: *New Left Review* Nr. 67, Mai/Juni 1971 (wiederabgedruckt in E. Laclau, *Politics and Ideology in Marxist Theory*, London 1977).

3 Das Gesamtergebnis der »Bodenreform« wurde vor kurzem von Wolf Ladejinsky zusammengefaßt. Er schrieb: »Für ganz Indien gerechnet betrug Ende 1970 die ›deklarierte überschüssige Fläche‹ nur 2,4 Mio *acres* und die ›verteilte Fläche‹ gerade die Hälfte davon oder 0,3% der gesamten Anbaufläche Indiens.« Wolf Ladejinsky, *Land Ceilings and Land Reform*, in: *EPW* VII, 5.-7. Februar 1972.

Es gibt zahlreiche detaillierte Untersuchungen der Landreformgesetzgebung und ihrer Durchführung in verschiedenen Staaten. Eine der besten ist die Untersuchung für den Staat Bombay von V. M. Dandekar und G. J. Khudanpur, *The Working of the Bombay Tenancy Act 1948*, Puna 1957. Vgl. auch Daniel Thorners bekannte Vorlesungen: *The Agrarian Prospect in India. Five Lectures on Land Reform Delivered at the Delhi School of Economics*, Neu-Delhi 1956.

Die Frage der in diesem Zusammenhang auftretenden Klassenkoalitionen untersucht mit großer Klarheit Suhas Chattopadhyay. Er schreibt: »Um dieses (vom *Congress* erklärtermaßen verfolgte) Ziel zu erreichen, war ein Frontalangriff notwendig, der die feudalen und halbfeudalen Fesseln der Bodenbesitzverhältnisse gesprengt hätte. Doch die Landreformen wurden bewußt nicht auf dieses Ziel gelenkt, weil die herrschende Bourgeoisie nicht bereit war, ihr Klassenbündnis mit den Grundherren zu opfern.« Suhas Chattopadhyay, *On the Class Nature of Land Reforms in India since Independence*, in: *Social Scientist*, November 1973, S. 21.

4 *Jawaherlal Nehru on Community Development*, Government of India 1958, S. 35.

5 Die *Programme Evaluation Organisation* der Planungskommission gab eine Reihe von *Annual Evaluation Reports on the Working of Community Projects and N.E.S. Blocks* heraus, die dieses Bild durchgängig erhärten.

6 Government of India, Planungskommission, *Report of the Indian Delegation to China on Agrarian Cooperatives*, Neu-Delhi 1957 und *Report of the Indian Delegation to China on Agricultural Planning and Techniques*, Neu-Delhi 1956.

7 *Report of the Indian Delegation to China on Agrarian Cooperatives*, S. 150.

8 Daniel Thorner, *Context for Cooperatives in Rural India*, in: *Economic Weekly*, 13. Jahresnummer, Februar 1962. Vgl. auch vom gleichen Autor: *Agricultural Cooperatives in India*, London 1962.

9 Nachdem A. K. Sen solche Untersuchungen für sechs indische Regionen geprüft hatte, kam er zu dem Schluß, daß der entscheidende Faktor, der die höhere Produktivität der ›kleinen landwirtschaftlichen Betriebe‹ erklärte, nicht in der Größe des Betriebes zu suchen war. Entscheidend waren vielmehr Unterschiede zwischen landwirtschaftlichen Betrieben, die auf der Arbeit von Familienmitgliedern und solchen, die auf Lohnarbeit basierten, wobei erstere produktiver sind. Vgl. *An Aspect of Indian Agriculture*, in: *Economic Weekly*, 13. Jahresnummer, Februar 1962.

10 Barrington Moore, *Social Origins of Dictatorship and Democracy*, London

1967, Kapitel VI (deutsch: *Soziale Ursprünge von Diktatur und Demokratie*, Frankfurt/Main, 1969).

11 F. G. Bailey, *Politics and Social Change – Orissa in 1959*, London 1963.

12 Myron Weiner, *Party Building in a New Nation: The Indian National Congress*, Chicago 1967, S. 154 f.

13 Government of India, Ministry of Food and Agriculture und Ministry of Community Development and Cooperation, *Report on India's Food Crisis and Steps to Meet It*, Neu-Delhi 1959.

14 J. W. Mellor u. a., *Developing Rural India*, Ithaca 1968, S. 83.

15 Der analytische und kritische bibliographische Artikel von T. J. Byres, in dem dieser 104 Stichpunkte auflistet, ist immer noch der beste Führer für die einschlägige Literatur auf diesem Gebiet. Vgl. T. J. Byres, *The Dialectic of India's Green Revolution«*, in: *South Asian Review*, Bd. 5, Nr. 2, Januar 1972. Wichtige Beiträge, die seit Niederschrift dieses Artikels veröffentlicht wurden, sind unter anderem: 1) Francine Frankel, *India's Green Revolution – Economic Gains and Political Costs*, Princeton 1971; 2) Harry M. Cleaver u. a., *The Contradictions of the Green Revolution*, in: *Monthly Review*, Jg. 24, Juni 1972, S. 80-128; 3) Hari Sharma, *The Green Revolution in India*, in Kathleen Gough und Hari Sharma (Hrsg.), *Imperialism and Revolution in South Asia*, 1973. Vgl. auch die zahlreichen Beiträge in der Vierteljahresbeilage *Review of Agriculture* zum *Economic and Political Weekly*, Bombay.

16 *Structural Causes of the Economic Crisis*, Bericht der Economic Research Unit of the Indian Statistical Institute, in: *Economic and Political Weekly*, X (3), 18. Januar 1975.

17 S. N. Jodha, *A Case of the Process of Tractorisation*, in: *Economic and Political Weekly*, Review of Agriculture, IX (52), 28. Dezember 1974.

18 Utsa Patnaik, *Capitalist Development in Agriculture: A Note, a.a.O.* Ihre in diesem Artikel vorgebrachte Kritik beantwortete Rudra in seinem Artikel *Capitalist Development in Agriculture: A Reply, a.a.O.* Eine weitere Klärung dieser Fragen unternahm Patnaik in *Capitalist Development in Agriculture: Further Comment, a.a.O.*

19 In einem unveröffentlichten Referat »The Mode of Production in India« hat mein Kollege Doug. McEachern eine übersichtliche Zusammenfassung der Diskussion geliefert.

20 A. Gunder Frank, *Capitalism and Underdevelopment in Latin America*, 1967, Kap. IV.

Ernesto Laclau, *Feudalism and Capitalism in Latin America*, in: *New Left Review*, Nr. 67, Mai/Juni 1971.

21 Perry Anderson, *Passages from Antiquity to Feudalism*, 1974, S. 258 (deutsch: *Von der Antike zum Feudalismus*, Frankfurt/Main 1978, S. 314).

22 A. Gunder Frank, *a.a.O.*, S. 239 f. (Neuübersetzung des Zitats aus dem Englischen von d. Ü.)

23 Ernesto Laclau, *a.a.O.*, S. 28.

24 In diesem Punkt vertrete ich eine andere Ansicht als Banajee (der in dem o. a. Artikel, in welchem er auf gewinnbringende Weise verschiedene Fragen anschneidet, ebenfalls den Begriff einer ›kolonialen Produktionsweise‹ vorschlägt). Banajee betrachtet die Leibeigenschaft in Osteuropa als eine ›reine Form‹ des Feudalismus. Als Kriterium dafür dient ihm die Form der Beziehung zwischen dem direkten Produzenten und seinem direkten Ausbeuter, in diesem Fall die Leibeigenschaft. Diese Auffassung steht in Widerspruch zu Banajees eigener fruchtbareren Einsicht, daß

solche Formen in einer gegebenen Produktionsweise variieren können. Meiner Ansicht nach ist jenes Kriterium für eine theoretische Bestimmung einer Produktionsweise zu eng gefaßt. Ich betrachte lokal begrenzte Produktion und Aneignung sowie einfache Reproduktion als ausschlaggebend für die Definition einer feudalen Produktionsweise, und im Gegensatz zu Banajee bin ich der Meinung, daß verallgemeinerte Warenproduktion mit der feudalen Produktionsweise unvereinbar ist. Auch Laclau nimmt auf die ›zweite Leibeigenschaft‹ in Osteuropa Bezug, und es ist ersichtlich, daß Banajees Auffassungen stark von Laclau beeinflußt sind.

25 E. Laclau, *a.a.O.*, S. 28.

26 Weder die Wortführer der indischen Diskussion über die Produktionsweise noch Laclau berücksichtigen das Problem des ›Widerspruchs‹ zwischen Produktionsweisen. Aspekte dieses Problems werden in Mao Tse-tungs Schrift »Über den Widerspruch«, in: *Ausgewählte Werke*, Bd. I und Bd. II, erörtert.

27 Samir Amin, *Accumulation on a World Scale*, New York 1974.

28 Utsa Patnaik, *Capitalist Development in Agriculture: A Note*, in: *a.a.O.*, S. A–124.

29 *Ebd.*

30 Vgl. Hamza Alavi, *Peasants and Revolution*, in: *Socialist Register 1965*, abgedruckt in: *Les Temps Modernes*, Nr. 306, Januar 1972 *(Paysans et revolution)* und in Kathleen Gough und Hari Sharma (Hrsg.), *Imperialism and Revolution in South Asia*, New York 1973.

31 Hamza Alavi, *Rural Bases of Political Power in South Asia*, in: *Journal of Contemporary Asia*, IV (4), 1974. In diesem Zusammenhang möchten wir auf Lenins Frühwerk »Die Entwicklung des Kapitalismus in Rußland« verweisen, wo er die Entwicklung des Kapitalismus in der russischen Landwirtschaft und die Entstehung eines ländlichen Proletariats untersucht. Seine frühen, allzu optimistischen Aussagen über die Rolle des ländlichen Proletariats in der Revolution sollten jedoch schon bald modifiziert werden. Diesen Punkt habe ich im Zusammenhang mit dem revolutionären Kampf der Bolschewiki in meinem Artikel »Peasants and Revolution« untersucht. Dieser Artikel wurde erstmals im *Socialist Register 1965* veröffentlicht und in der Folge verschiedentlich abgedruckt, unter anderem auch in Kathleen Gough und Hari Sharma (Hrsg.), *Imperialism and Revolution in South Asia*, 1973.

32 Paresh Chattopadhyay, *On the Question of the Mode of Production in Indian Agriculture: A Preliminary Note*, in: *a.a.O.*, S. A–45.

33 Utsa Patnaik, *On the Mode of Production in Indian Agriculture: A Reply*, *a.a.O.*, S. A–148.

34 A. Gunder Frank, *On ›Feudal‹ Modes, Models and Methods of Escaping Capitalist Reality*, in: *Economic and Political Weekly*, Jg. VIII, Nr. 1, 6. Januar 1973, S. 36 f.

35 Utsa Patnaik, *Capitalism in Agriculture*, in: *Social Scientist*, Nr. 2, September 1972, S. 16.

36 Patnaik schreibt: »Einige der bisherigen marxistischen Analysen sind vor allem deshalb theoretisch unbefriedigend, weil sie die Landwirtschaft als einen isolierten Sektor für sich behandeln und nicht explizit zur übrigen Ökonomie in Beziehung setzen«, *ebd.* Doch ihre eigene Analyse führt uns in dieser Richtung auch nicht viel weiter. Abgesehen von einem Hinweis auf die Tatsache, daß es in der Kolonialzeit nur eine schwache industrielle Entwicklung gab, konzentriert sich ihre Analyse fast ausschließlich auf die Agrarwirtschaft.

37 Utsa Patnaik, *On the Mode of Production in Indian Agriculture: A Reply*, *a.a.O.*, S. A–149.

38 Paresh Chattopadhyay, *Mode of Production in Indian Agriculture: An Anti-Kritik, a.a.O.*, S. 190 f.

39 Jairus Banajee, *For a Theory of Colonial Modes of Production*, in: *Economic and Political Weekly*, VII (52), 23. Dezember 1972, S. 2499.

40 Samir Amin, *Accumulation on a World Scale*, 1974, passim.

41 Utsa Patnaik, *On the Mode of Production in Indian Agriculture: A Reply, a.a.O.*, S. A–146.

42 Perry Anderson, *Von der Antike zum Feudalismus*, a.a.O., S. 176.

43 Vgl. Hamza Alavi, *The State in Post-Colonial Societies*, in: *New Left Review*, Nr. 74, Juli/August 1972, abgedruckt in Kathleen Gough und Hari Sharma (Hrsg.), *Imperialism and Revolution in South Asia*, 1973; *L'Etat dans les Sociétés post-coloniales*, in: *Les Temps Modernes*, Nr. 314/315, September/Oktober 1972.

44 Zitiert nach Walter Neale, *Land is to Rule*, in R. E. Frykenberg (Hrsg.), *Land Control and Social Structure in Indian History*, 1969, S. 7.

45 S. Nural Hassan, *Zemindars under the Mughals*, in: Frykenberg (Hrsg.), *a.a.O.*, S. 28. Vgl. auch S. Nural Hassan, *Thoughts on Agrarian Relations in Mughal India*, 1973 und Irfan Habibs Standardwerk *The Agrarian System of Mughal India*, 1963.

46 Eric Stokes, *The English Utilitarians and India*, 1959. Die ideologische Diskussion unter den Kolonialherren untersucht Ranajit Guha auf brillante Weise in *A Rule of Property for Bengal*, 1963.

47 Zum Begriff der ›internen Zerrissenheit‹ *(internal disarticulation)* von kolonialen Ökonomien vgl. Samir Amin, *Accumulation on a World Scale*, 1974, passim.

48 Hamza Alavi, *Imperialism, Old and New*, in: *Socialist Register 1964 (Le Nouvel Imperialisme*, in: *Les Temps Modernes*, 219/220, August/September 1964); Hamza Alavi, *Indian Capitalism and Foreign Imperialism* (Besprechung von M. Kidron, *Foreign Investments in India*, 1966), in: *New Left Review*, Nr. 37, Mai/Juni 1966, und Hamza Alavi, *The State in Post-Colonial Societies*, in: *New Left Review*, Nr. 74, Juli/August 1972 (*L'Etat dans les sociétés post-coloniales*, in: *Les Temps Modernes*, Nr. 314/315, September/Oktober 1972), abgedruckt in Kathleen Gough und Hari Sharma (Hrsg.), *Imperialism and Revolution in South Asia*, 1973.

Dieter Senghaas und Ulrich Menzel
Autozentrierte Entwicklung trotz internationalem Kompetenzgefälle. Warum wurden die heutigen Metropolen Metropolen und nicht Peripherien?

1. Etappen der Entwicklungsforschung

Die Entwicklungsforschung hat sich in den vergangenen dreißig Jahren in mehreren Etappen entfaltet. Ihr Schwerpunkt lag dabei meist auf der Auseinandersetzung mit den jeweils aktuellen Entwicklungsproblemen der Dritten Welt. Angesichts des großen Machtungleichgewichts zwischen »Mutterländern« (Metropolen) und »Kolonialländern« (Peripherien) überrascht es nicht, daß auch diese Forschung noch viele Jahre nach dem Zweiten Weltkrieg von einer typisch metropolitanen Blickrichtung ausging. Diese bestimmte bis vor kurzem noch vielfältige Versionen der sogenannten *Modernisierungstheorie*[1].

In einer *ersten,* fast zwanzigjährigen *Etappe* der Entwicklungsforschung wurde in der Regel unterstellt, daß die Entwicklung der hochindustrialisierten westlich-kapitalistischen Gesellschaften einem (mehr oder weniger) einheitlichen Modernisierungsweg gefolgt sei, und daß die Entwicklung von sogenannten Nachzüglern oder Spätentwicklern (wozu auch alle Länder der Dritten Welt zu rechnen sind) einem *vergleichbaren Modernisierungsprozeß* entspreche. In diesem Zusammenhang wurden zum Teil makrohistorische Stadientheorien vorgelegt; andere Forschungen waren bescheidener und thematisierten nur ausschnitthaft Teilprozesse eines jedoch auch hier für allgemein gültig unterstellten Modernisierungsvorgangs. Dabei entstanden Teiltheorien über politische, soziale und psychische Modernisierung sowie sogenannte Diffusions- und Mobilisierungstheorien, mit deren Hilfe in empirischen Untersuchungen die Ausmaße der Modernisierung einzelner Gesellschaften, sozialer Klassen und Gruppen und von Individuen analytisch erschlossen werden sollten.[2] Im Rückblick scheint diese inhaltliche Orientierung darauf zurückzuführen zu sein, daß ihre Vertreter – von bemerkenswerten Ausnahmen abgesehen[3] – sich weder um eine differenzierte historisch-vergleichende und systematische Analyse der Entwicklung westlich-kapitalistischer Metropolen noch um eine historisch informierte Analyse von Entwicklungsländern bemühten, bevor sozio-ökonomische

Gesetzmäßigkeiten von vermeintlicher Allgemeingültigkeit formuliert wurden.

Obgleich die Entwicklungsforschung dieser Orientierung noch bis in die Mitte der 70er Jahre vorherrschend war, kann die *zweite Phase der Entwicklungsforschung* mit dem Beginn einer systematischen erfahrungswissenschaftlichen Kritik an der modernisierungsanalytischen Entwicklungsforschung angesetzt werden. Wie erwähnt, ging die Entwicklungsforschung der ersten Etappe von einem Idealtypus westlich-kapitalistischer Entwicklung aus, um in seinem Lichte konkrete politische, sozio-ökonomische und sozialpsychologische Erscheinungen der Dritten Welt zu diagnostizieren. Die meisten empirischen Analysen waren deshalb nicht auf eine Untersuchung der Entwicklungspfade der heute hochindustrialisierten westlich-kapitalistischen Industriegesellschaften gerichtet, sondern auf vielfältige Aspekte der Entwicklungsproblematik in der Dritten Welt. In ihren Aussagen zu dieser Problematik wurde die Unangemessenheit der Modernisierungstheorie am deutlichsten, und es war nur konsequent, daß auch die Kritik, von wenigen Ausnahmen abgesehen, sich fast ausschließlich auf modernisierungstheoretische Beiträge zur Entwicklungsländerforschung konzentriert hat. Das in den 60er und 70er Jahren sich unleugbar abzeichnende Scheitern der praktischen Entwicklungspolitik nationaler Regierungen und internationaler Organisationen hat dieser zunächst eher akademischen Kritik Glaubwürdigkeit verliehen. Obgleich die Ölkrise von 1973 und die Glaubwürdigkeit bzw. Nichtglaubwürdigkeit von Modernisierungstheorie nichts miteinander zu tun haben, konnte diese Theorie, soweit sie auf die Dritte Welt bezogen war, spätestens seit diesem Ereignis als erschüttert gelten; ein alternativer Erklärungsansatz, dessen erste Formulierungen in die Mitte der 60er Jahre zurückreichen, kam schließlich zum Durchbruch.

In diesem neuen Ansatz wird radikal mit dem Universalismus der Modernisierungstheorie gebrochen. Die Entwicklung der Dritten Welt wird nicht als ein Modernisierungsprozeß (mit universell gültigen Merkmalen) von Nachzüglern und Spätentwicklern, sondern als Folge der Eingliederung in eine ungleiche internationale Arbeitsteilung innerhalb der Weltwirtschaft, die seit dem 16. Jahrhundert von den kapitalistischen Metropolen beherrscht wird, interpretiert. In einer Fülle von Analysen wurden Rolle und Funktion der Dritten Welt in der Weltwirtschaft seit dem Beginn der Neuzeit erhellt sowie neue Studien über wichtige Sektoren und ganze Länder erstellt. Auf der Grundlage dieser Forschung haben sich allmählich die Umrisse einer *Theorie des peripheren Kapitalismus* herausgebildet, in der die besonderen Merkmale des *peripheren* gegenüber dem *metropolitanen* Kapitalismus markiert wurden, wobei metropolitaner und peripherer

Kapitalismus als eine dialektisch aufeinander bezogene Einheit begriffen werden.[4] In ihr kommt dem metropolitanen Kapitalismus eine dominante Rolle zu, dem peripheren Kapitalismus eine in der Realität angelegte, durch die Asymmetrie zwischen Metropolen und Peripherien bedingte Zweitrangigkeit. Das analytische Bindeglied zwischen beiden bildet eine übergeordnete, heute erst in Umrissen sich abzeichnende *Theorie kapitalistischer Akkumulation im Weltmaßstab*.[5]

Auf der Grundlage dieser Forschung kann die Prämisse der überkommenen Modernisierungstheorie als widerlegt gelten; auch können die bekannten, oben zitierten Teiltheorien der Modernisierungsforschung, insofern sie Aussagen über die Entwicklungsdynamik der Dritten Welt enthielten, nicht mehr ohne weiteres aufrechterhalten werden. Offen bleibt dagegen die Frage, ob die Modernisierungstheorie angemessene Aussagen über die Entwicklung der heute hochindustrialisierten westlich-kapitalistischen Gesellschaften zu machen imstande ist.

Die Kritik an der Modernisierungstheorie hat sich, wie erwähnt, auf deren Beitrag zur Erforschung der Entwicklungsdynamik der Entwicklungsländer konzentriert. Eine an Differenziertheit und Intensität vergleichbare Auseinandersetzung mit dem aktuellen oder potentiellen Beitrag der Modernisierungstheorie über die Entwicklungsdynamik der Metropolen liegt kaum vor. Nur wenige, wenn auch gewichtige Ansätze für eine derartige Auseinandersetzung sind zu beobachten; sie haben bisher jedoch noch nicht zu Differenzierungen in der Theorie des metropolitanen Kapitalismus geführt, die denjenigen, welche in der Theorie des peripheren Kapitalismus erreicht wurden, vergleichbar wären.[6] Eine systematische Thematisierung der dominanten Pole kapitalistischer Weltwirtschaft, also der Metropolen, steht noch aus, obgleich auch hier erste weitreichende Forschungen und Erklärungsansätze zu beobachten sind, die den Beginn einer *dritten Phase von Entwicklungsforschung* kennzeichnen.[7] In ihr wird eine systematische Forschung, die gleichermaßen sozialwissenschaftlich und historisch angelegt ist, jene ersten umrißhaften Aussagen einer *Theorie kapitalistischer Akkumulation im Weltmaßstab* in Analysen zu übersetzen haben, in denen die Dynamik der Entwicklung einzelner Metropolen und der Metropolen untereinander sowie ihre jeweilige Folgewirkung auf die Entwicklungsdynamik von Peripherien innerhalb kapitalistischer Weltwirtschaft als Ausdruck ein- und desselben Problemfeldes begriffen werden. Eine solche Forschung orientiert sich an der historisch gewachsenen dialektischen Totalität von Metropolen und Peripherien; sie wird um so erfolgreicher sein, je differenzierter ihr die Analyse von Metropolen, von Peripherien und von den Vermittlungsstrukturen und -prozessen zwischen Metropolen und Peripherien gelingt.[8]

Die im folgenden entwickelten Fragestellungen für eine entwicklungstheoretisch relevante Forschung über die Entwicklungsdynamik der Metropolen sind als partieller Ausgangspunkt für eine Entwicklungsforschung gedacht, die einen substantiellen Beitrag zu der genannten dritten Etappe von Entwicklungsforschung liefern soll. Angesichts des erreichten Standes theoretischer Diskussion müssen sie, für sich allein genommen, unzureichend erscheinen, weil sie sich nur auf den Versuch einer differenzierten *Analyse der kritischen Frühphase der Entwicklung von Metropolen* beziehen, ohne die angedeutete Totalität der Entwicklung von Metropolen *und* Peripherien angemessen zu durchleuchten. Eine solche heuristische Akzentsetzung ist ein Arbeitsprogramm auf Zeit; dieses läßt sich nur dadurch rechtfertigen, daß es bis heute keine einigermaßen informative, komparativ angelegte theoretische *und* empirische Studie über die kritische Frühphase der Entwicklungswege metropolitaner Gesellschaften gibt, also über einen Zeitabschnitt, in dem, wie hier unterstellt wird, die entscheidende Weichenstellung für eine Entwicklung metropolitanen Typs und gegen drohende Peripherisierung erfolgte. Die im folgenden Abschnitt entwickelten Fragestellungen fügen sich also ausschnitthaft in die beginnende Entwicklungsforschung der dritten Etappe ein. Ihre systematische Beantwortung käme einem weiteren Baustein gleich, von denen noch viele erforderlich sein werden, um schließlich zu einer wirklich substantiellen Theorie kapitalistischer Akkumulation im Weltmaßstab zu gelangen. Lägen die gesuchten Antworten auf die im folgenden zu entwickelnden Fragestellungen vor, so würde manche aktuelle entwicklungspolitische Kontroverse, beispielsweise jene über das Programm einer autozentrierten Entwicklung, im Lichte historischer Erfahrungen eher entscheidbar, als dies heute der Fall ist.[9]

2. Zur Analyse von Frühphasen kapitalistischer Metropolen im Lichte aktueller Theorien und Doktrinen über Entwicklungsländer

2.1. *Zur Begründung der analytischen Perspektive*

Die Beobachtung, die den in diesem Abschnitt zu entwickelnden Fragestellungen zugrunde liegt, ist mit derjenigen Friedrich Lists vergleichbar, die dieser mehrfach in den 30er und 40er Jahren des vergangenen Jahrhunderts in entwicklungstheoretischer und entwicklungspraktischer Absicht formulierte.[10] List begriff die internationale Ökonomie als hierarchisch strukturiert. An der Spitze weltwirtschaftlicher Hierarchie befand sich zu seiner Zeit England mit einer in allen Sektoren relativ hochproduktiven Ökonomie und einem bemerkenswerten Ausmaß an Selbststeuerungsfähigkeit. Auf der zweiten Stufe sah List Völker, von denen er annahm, daß sie gegebenenfalls mit England gleichziehen könnten, sofern sie spezifische außenwirtschaftspolitische und intern-entwicklungspolitische Maßnahmen ergreifen würden, die gegen ihre drohende Peripherisierung als Folge einer Penetration von seiten der in jeder Hinsicht produktiveren englischen Ökonomie zu richten seien. Zu Ländern der zweiten Stufe zählte List einen Teil derjenigen, die noch im 19. Jahrhundert tatsächlich ihren »Entwicklungsdurchbruch« erreichten, insbesondere die USA, Frankreich und Deutschland (welches als nationaler Territorialstaat zu Lists Zeit noch nicht existierte). Daß List die Mehrzahl der Länder der Dritten Welt (er dachte jedoch insbesondere an die zu Beginn des 19. Jahrhunderts unabhängig gewordenen Staaten Lateinamerikas) als Peripherien abgeschrieben hat, soll hier nur am Rande erwähnt werden.

Die Begründung der Entwicklungstheorie Lists braucht an dieser Stelle nicht wiederholt zu werden; der aktuelle Bezug dieser Theorie wurde andernorts erläutert.[11] In unserem Zusammenhang stellt sich die Frage, warum die von List seinerzeit ausgewählten »Anwärter« für Entwicklung – und eine inzwischen noch viel größere Zahl von Ländern (»Nachzügler«) – *nicht* peripherisiert worden sind, obgleich sie in eine hierarchisch strukturierte internationale Ökonomie eingegliedert waren und während langer Jahrzehnte ihrer kritischen frühen Entwicklungsphasen in gegebene asymmetrische Weltmarktstrukturen eingegliedert blieben, während die Länder der Dritten Welt tatsächlich durchweg peripherisiert wurden. Warum sind die erstgenannten Länder einer drohenden Peripherisierung entgangen, die List für den Fall prognostizierte, daß sie sich nicht wirksam gegen nachteilige gesamtgesellschaftliche und gesamtwirtschaftliche sowie sektorale Folgewirkungen einer offenen, »kosmopolitisch« strukturierten Weltwirtschaft schützten und sich also in einem offenen Freihandelssystem »treiben« ließen? Das *Listsche Konzept* konzentriert sich auf ein Strukturproblem, das jüngst Jochen Röpke treffend wie folgt umschrieb: »Internationaler Handel zwischen Ländern unterschiedlicher Entwicklungskompetenz ohne Beschränkung der internationalen Konkurrenz hemmt die endogene Steigerung der Entwicklungsfähigkeiten der zurückgebliebenen Länder und blockiert durch die Internationalisierung des Binnenmarktes die schöpferische Funktion des Wettbewerbs auf den nationalen Märkten.«[12] Gleichzeitig den Blick auf das 19. Jahrhundert und auf die augenblickliche Situation zwischen Metropolen und Peripherien richtend, betont Röpke, daß, wenn freier Wettbewerb zwischen Ländern unterschiedlichen Fähigkeitsniveaus stattfinde, die Unternehmer jenes Landes von ihrer Umwelt überfordert würden, das durch ein relativ geringes Fähigkeitsniveau gekennzeichnet sei.

»Der internationale Wettbewerb konfrontiert sie mit zu schwierigen Aufgaben, die gerade bei erfolgsmotivierten, mit kalkulierten Risiken arbeitenden Schumpeterschen Unternehmern kein leistungsmotiviertes Handeln aktualisieren. Solche Probleme werden sie daher auch nicht anregen, ihre Fähigkeiten zu steigern, sondern werden diesen Unternehmern vielmehr ihre Hilflosigkeit gegenüber den Herausforderungen der überlegenen Konkurrenten drastisch vor Augen führen und sie in ihrem Handeln entmutigen. Länder mit geringem Fähigkeitsniveau werden daher zwar [. . .] ein Maximum an Nutzen mit ihren gegebenen Ressourcen erzielen, also auf einer höheren Indifferenzkurve tauschen (vorausgesetzt, diese Länder sind in der Lage, eine Reallokation ihrer vollbeschäftigt bleibenden Ressourcen entsprechend der neuen optimalen Konsum- und Produktionspunkte durchzuführen – was mit guten Argumenten bezweifelt werden kann). Mit dem wohlfahrtsmaximierenden Import von Gütern des Weltmarktes konfrontieren sie jedoch ihre Unternehmer mit neuerungsentmutigenden Problemen: Sie importieren Hilflosigkeit. Die innovative Rekombination der vorhandenen Produktionsmittel und damit die zukünftige wirtschaftliche Entwicklung werden gehemmt. Freier Wettbewerb zwischen Nationen unterschiedlicher Fähigkeit kommt einer Protektion des etablierten Exporteurs gleich. [. . .] Eigenständige und dauerhafte Versuche zur Steigerung der durchschnittlichen ›Manufakturkraft‹ (List) sind unter diesen Umständen nur sehr schwer möglich, auch bei Ländern, die politisch unabhängig sind oder waren, also nicht als Kolonialländer von ihren Mutterländern als Hinterland der Metropole betrachtet wurden.«[13]

Röpke folgert aus seinen Überlegungen, daß die Herausforderungen des Weltmarkts auf ein Niveau mittlerer Schwierigkeit gesenkt werden müßten, um ausreichende Impulse für eine eigenständige Entwicklung zu vermitteln – daß also Überprotektion und Unterprotektion zu vermeiden seien. »Nach unserem Ansatz ist Protektionismus entwicklungsschädigend, wenn er zu einer Unterforderung (bei zu hohem) oder zu einer Überforderung (bei zu niedrigem) Schutz der unternehmerischen Kompetenz führt.«[14]

Wenn die Kompetenzniveaus der west- und nordeuropäischen, der nordamerikanischen, ozeanischen und japanischen »Entwicklungsanwärter« und »Nachzügler« unterhalb desjenigen Englands (und später unterhalb derjenigen anderer führender Metropolen) lagen, wie ist ihr schließlicher Entwicklungserfolg zu erklären, d. h. ihre Fähigkeit, im Listschen Sinne umfassend »produktive Kräfte zu produzieren«? Eine systematisch-vergleichende Untersuchung, die die aufgewiesene Entwicklungsproblematik im Hinblick auf die meisten heutigen OECD-Staaten thematisiert, liegt nicht vor. Warum, so fragen wir, ist es der Schweiz mit knapp 2 Millionen Menschen zwischen 1760 und 1840 gelungen, eine der englischen Entwicklung vergleichbare Dynamik zu entfalten und englischem »Kompetenzdruck« standzuhalten?

Welches Instrumentarium, das dem Entwicklungsdurchbruch schließlich förderlich war, wurde in den größeren der Nachzügler-Staaten eingesetzt, also in Frankreich, Preußen-Deutschland, Rußland, den USA? Wie hielten kleinere Länder wie Belgien und Schweden dem mehrfachen Kompetenzdruck stand? Wodurch erklärt sich der Entwicklungserfolg von Ländern wie Dänemark und Norwegen, die sich auf die Produktion von agrarischen Gütern und Dienstleistungen spezialisierten und die trotz starker Abhängigkeit von wenigen auswärtigen Kunden und trotz derart extremer Spezialisierung metropolitane Ökonomien wurden *und* blieben? Und welche Faktoren haben dazu beigetragen, daß Österreich der Durchbruch gelang, während die südosteuropäischen Länder mit nicht ungünstiger Ressourcenausstattung mehr oder weniger Peripherie-Ökonomien wurden? Und warum wurden aus Ländern mit starker exportorientierter Rohstoff- und Nahrungsmittelproduktion (wie Australien, Neuseeland und Kanada) keine typischen Exklavenökonomien, sondern breitgefächerte metropolitane Ökonomien? Warum ist Japan seit der Mitte des 19. Jahrhunderts eine Metropole und nicht eine Peripherie geworden, obgleich eine Reihe von Faktoren Japan, wie zuvor und später andere asiatische Länder, zur Peripherie prädestiniert hätte?[15]

Unter vergleichender Perspektive beeindruckt zunächst, daß dieser »Entwicklungserfolg« sowohl in flächenmäßig großen als auch in kleinen, in bevölkerungsstarken und bevölkerungsarmen, in ressourcenreichen und ressourcendürftigen, in kulturell und klimatisch unterschiedlich gelagerten Ländern und unter historisch keineswegs identischen Voraussetzungen möglich wurde. Noch erstaunlicher ist, daß es unter diesen Ländern solche mit und ohne Kolonialbesitz, solche mit ungebrochener politischer Unabhängigkeit wie mit langem kolonialem oder quasikolonialem Status (wie Australien, Neuseeland, USA, Kanada, Norwegen, Finnland) gab[16]. Unter welchen Bedingungen haben diese Länder, retrospektiv gedacht, ihr »Entwicklungsziel« erreicht?

2.2. Aktuelle Fragestellungen als Ausgangspunkt der Analyse historischer Fälle

Zu Beginn der Analyse der kritischen Frühphasen westlich-kapitalistischer Metropolen soll auf zwei Typen von Theorien (und die in ihnen implizit enthaltenen oder explizit formulierten praktischen Konsequenzen) zurückgegriffen werden.

Erstens ist an die *gängigen Entwicklungstheorien* zu denken, die in den vergangenen dreißig Jahren der entwicklungspolitischen Diskussion hinsichtlich der Dritten Welt zugrunde lagen und heute noch weithin die praktisch verfolgte Entwicklungspolitik – trotz aller inzwischen formulierten Kritik – legitimieren. Diesen Theorien wurde *Eurozentrismus* vorgeworfen, und der Vorwurf besteht sicherlich zu Recht. Dabei ist offen geblieben, ob diese Theorien überhaupt oder annäherungsweise die kritischen Entwicklungsphasen metropolitaner Gesellschaften, also den Zeitabschnitt bis zur Erreichung der sozio-ökonomischen Grundlage für ein sich selbsttragendes Wachstum, angemessen erfassen, oder ob ihre Problematik nicht vielmehr darin besteht, daß in ihnen Spätphasen (in der Regel) kapitalistischer Entwicklung idealtypisch überhöht und die Ergebnisse solcher stilisierten Analyse dann auf die Frühphase dieser Entwicklung und auf die heutigen Entwicklungsländer kurzschlüssig projiziert wurden. Was wäre aus potentiellen Metropolen geworden, wären sie den theoretischen Grunddevisen gegenwärtiger Entwicklungspolitik gefolgt? Der Sachverständigenrat zur Begutachtung der gesamtwirtschaftlichen Entwicklung in der Bundesrepublik Deutschland hat in seinem Jahresbericht 1977 lapidar geschrieben: »Die Chance der Entwicklungsländer ist der Freihandel.« Man projiziere für einen Augenblick eine solche Formel hypothetisch zurück in die Jahre 1760 bis 1914 und stelle sich die Frage, wie viele der Anwärter und Nachzügler, die sich zu metropolitanen Gesellschaften und Ökonomien tatsächlich herausgebildet haben, ihren späteren Entwicklungsstand nur deshalb erreichten, weil sie sich einer solchen Devise gegenüber äußerst vorsichtig oder gar ablehnend verhielten. Oder haben sie wirklich gerade wegen einer Beachtung dieser Devise entscheidende Entwicklungsdurchbrüche erlebt – und wäre damit Lists These und Entwicklungsprogrammatik falsifiziert? Erst eine systematische Untersuchung vermag diese Frage zu beantworten, wenngleich die Listsche Skepsis *prima facie* einigermaßen plausibel erscheint.

Der zweite Typus von Theorie, mit der die kritischen Frühphasen metropolitaner Entwicklung untersucht werden sollen, besteht in der in den vergangenen fünf bis zehn Jahren entwickelten *Theorie des peripheren Kapitalismus* bzw. in theoretischen Teilstücken, die einer solchen Theorie zuzuordnen sind. Damit sollen eine historische Entwicklung und eine soziale Wirklichkeit mit theoretischen Aussagen konfrontiert werden, die – wissenschaftsgeschichtlich und systematisch gesehen – über eine andersartige historische Entwicklung und soziale Wirklichkeit gewonnen wurden.[17] Die Theorie des peripheren Kapitalismus entstand in dem Bemühen, zu einer angemessenen Analyse von Genesis und Strukturdynamik unterentwickelter Gesellschaften und Ökonomien zu gelangen. Die dabei gewonnenen Erkenntnisse sollen nunmehr bei der Analyse *metropolitaner* Entwicklung eingesetzt werden, um, wie wir vermuten, zu entwicklungstheoretisch neuen Erkenntnissen über *Voraussetzungen und Verlaufsbedingungen nichtperipherisierender Entwicklungswege* zu gelangen.[18] Teiltheorien aus der neueren entwicklungstheoretischen Diskussion über die Herausbildung von Peripherie-Gesellschaften und Peripherie-Ökonomien in der Dritten Welt sollen benutzt werden, um zu erkunden, warum die heutigen metropolitanen Gesellschaften und Ökonomien in den Frühphasen ihrer Entwicklung nicht zu Peripherien wurden, obgleich sie sich wie Entwicklungsländer innerhalb einer immer stärker hierarchisch strukturierten internationalen Ökonomie entwickeln mußten. Dabei ist nicht davon auszugehen, daß die metropolitane Entwicklung im Lichte dieser Teiltheorien vollgültig analysierbar wäre; es ist vielmehr zu vermuten, daß sich auf diesem Weg eine Reihe von kritischen entwicklungsfördernden und entwicklungshemmenden Faktoren besser ermitteln läßt, als wenn in einem ersten Schritt von den gängigen Theorien über die historische Entwicklung metropolitaner Gesellschaften und Ökonomien ausgegangen würde. Überdies ist ein derartiges methodisches Vorgehen bisher in der Forschung nicht versucht worden.[19]

Nicht alle der in den folgenden Unterabschnitten aufgelisteten Fragen werden sich in extenso beantworten lassen. *In diesem Beitrag kommt es erst einmal darauf an, das Problemfeld insgesamt und Typen von Fragen vorzustellen.* Auch dürfte es im Laufe der Zeit zu einer Verdichtung der hier nur aufgelisteten Fragestellungen kommen. Die Auflistung hat auch die Funktion, Entwicklungsforscher zu ermuntern, die in der Dritten-Welt-Forschung gewonnene Expertise bei der Untersuchung metropolitaner Entwicklungswege fruchtbar zu machen.[20]

Das den Fragestellungen zugrunde liegende Erkenntnisinteresse richtet sich also auf *die Analyse der hier hypothetisch als erforderlich unterstellten Bedingungen einer erfolgreichen Gegensteuerung gegen drohende Peripherisierung von potentiellen Metropolen innerhalb einer hierarchisch strukturierten internationalen Ökonomie.* Eine solche inhaltliche Orientierung könnte sich im Forschungsprozeß ganz oder teilweise als fragwürdig erweisen. Aber auch ein solcher Befund wäre ein wichtiger Erkenntnisfortschritt, denn er ist auf dem gegenwärtigen Stand der Forschung weder positiv noch negativ zu begründen.[21]

2.2.1. Einige Fragestellungen aus dem Umkreis heutiger Entwicklungsdoktrinen

In vorherrschenden Entwicklungstheorien und entwicklungspolitischen Doktrinen, also in der offiziellen Entwicklungsprogrammatik, wird heute den Ländern der Dritten Welt empfohlen, sich in die internationale Arbeitsteilung unter Berücksichtigung komparativer

Vorteile einzugliedern. Von verstärkten Transferleistungen (Kapital, Technologie, unternehmerische Fähigkeiten) werden entscheidende Entwicklungsimpulse erwartet. Im einzelnen ergeben sich für unseren Untersuchungsgegenstand folgende Bündel von Fragen:

1. Motto: *»Die Eingliederung in die internationale Arbeitsteilung nach Maßgabe komparativer Vorteile ist der Kernschlüssel zur Entwicklung.«*

- In welchen Phasen ihrer Entwicklung praktizierten die Entwicklungsanwärter und Nachzügler unter den westlich-kapitalistischen Metropolen Freihandel? In welchen Phasen verhielten sie sich protektionistisch?
- Spielte dabei die Auseinandersetzung über die Freihandelsdoktrin überhaupt eine Rolle?
- Wie korrelierte, retrospektiv betrachtet, ihre faktische Entwicklung mit ihrem seinerzeitigen Verhalten hinsichtlich Freihandel bzw. Protektionismus?
- Gab es spezifische Mischungsverhältnisse von Freihandelsorientierung und protektionistischem Verhalten, z. B. dergestalt, daß in selektiven Bereichen einer freihändlerischen Orientierung gefolgt wurde, während andere Bereiche protektionistischem Schutz unterstellt wurden? Erfolgten Spezialisierungen auf bestimmte Sektoren, Branchen, Produkte und Verarbeitungsstufen innerhalb einer solchen kombinierten Orientierung?
- Nahmen über Zeit Spezialisierungen innerhalb der internationalen Ökonomie zu oder wurden sie abgebaut?
- In welchen sozioökonomischen Bereichen glaubte man auf Protektionismus verzichten zu können? In welchen versuchte man, von vornherein nicht mit produktiveren Ökonomien zu konkurrieren?
- Behinderte oder beschleunigte Protektionismus die Entwicklung? Welche Rolle spielten insbesondere Embargo-Situationen (von der Art der napoleonischen Kontinentalsperre[22])?

2. Motto: *»Vor allem Außenhandel ist der dynamische Motor von Entwicklung.«*

- In welcher relativen Größenordnung stand die Produktion von Gütern für den Verbrauch im Binnenmarkt zur Produktion von Gütern für den Export?
- Welche Palette von Produkten wurde importiert? Läßt sich, über Zeit betrachtet, ein allmählicher Übergang zum Export von höher verarbeiteten Gütern gegenüber anfänglich nur einfach verarbeiteten Produkten bzw. gegenüber dem bloßen Export von Rohstoffen beobachten?
- Läßt sich umgekehrt das Phänomen der Desmanufaktur beobachten?

3. Motto: *»Verstärkte Transferleistungen führen zu entscheidenden Entwicklungsimpulsen.«*

- Lassen sich Transferleistungen aus dem Ausland (Kapital, Technologie, qualifizierte Arbeitskräfte, Management) in einem derartigen Ausmaß feststellen, daß durch sie eine evtl. vorhandene Kapitalknappheit, mangelnder Unternehmergeist, mangelnde Managementfähigkeiten und eine mangelnde technische Kompetenz kompensiert worden wären?

- Unter welchen, wenn überhaupt, restriktiven Bedingungen operierten die Akteure derartiger Transfers? Gab es besondere gesetzliche Bestimmungen? Wurde die Mobilität ausländischer Aktivitäten im Binnenmarkt gefördert oder behindert? Wie wurden sie gesteuert, falls überhaupt?
- Für welchen Markt produzierten ausländische Akteure im Binnenmarkt (Export, Konsum/Produktionsgüter, Massenkonsum/gehobener Konsum, Staat, Rüstung, Dienstleistungen)? Führte ihre Tätigkeit zu einer Art von Importsubstitution? Gab es Impulse zu Vorgängen, die man heute als Exportdiversifikation bezeichnen würde? Belasteten diese Aktivitäten die Zahlungsbilanz der betroffenen Länder, und welche Folgewirkungen lassen sich für die allgemeine Entwicklungsdynamik feststellen?
- Welche Rolle spielte bei diesen Transfervorgängen die Interaktion von Privatinitiative und Staatsapparat (z. B. bei Staatsanleihen und Staatsaufträgen)?
- Wurden ausländische Aktivitäten im Binnenmarkt durch spezifische Anreize oder Garantien von seiten des jeweiligen Staatsapparates angelockt (»scramble for incentives«)?

4. Motto: *»Verstärkter Technologie-Transfer ist unentbehrlich für eine zügige und erfolgreiche Entwicklung«*
- Welche Rolle spielte die ausländische Technologie im Entwicklungsverlauf überhaupt? Läßt sich das beobachten, was man heute »selektive Kooperation« nennt?
- In welchem Maße leisteten ausländische Experten Entwicklungsbeiträge? Wurden qualifizierte Arbeitskräfte, Wissenschaftler, Ingenieure usf. im Ausland ausgebildet? Bildeten Ausländer im Inland solche Träger von Entwicklung aus?
- In welchem Maße wurden ausländische Technologien, Managementmethoden, Ausbildungssysteme, Rechts- und Verwaltungssysteme usf. kopiert bzw. auf eigene Bedürfnisse ausgerichtet? Wie kam es zu Fähigkeiten, fremde Technologie, überhaupt Fremdes, kritisch zu verarbeiten?
- Welche Formen des Technologietransfers sind zu beobachten: Lizenzen, Werkspionage, Abwerbungen, unbefugtes Kopieren, Import von Musterstücken oder kompletten Produktionsanlagen usw.?

2.2.2. *Einige Fragstellungen aus dem Umkreis der Theorie des peripheren Kapitalismus*

Auf eine allgemeine Aussage gebracht, besagt diese Theorie, daß Unterentwicklung das Ergebnis von struktureller Abhängigkeit innerhalb einer asymmetrisch strukturierten internationalen Ökonomie ist. Als ein Ergebnis von Prozessen der Peripheriesierung drückt sich Unterentwicklung in struktureller Heterogenität aus. Im einzelnen ergeben sich folgende Bündel von Fragen:

1. Beobachtung:
»Periphere Gesellschaftsformationen sind strukturell verkrüppelt und in sektoraler (moderner vs. traditioneller Sektor), regionaler (Wachs-

tumspole vs. Hinterland) und sozialer (im traditionellen vs. im modernen Sektor Beschäftigte) Hinsicht durch strukturelle Heterogenität gekennzeichnet.«

- Wie ist es den Entwicklungsanwärtern und Nachzüglern gelungen, sektoral vollständige Ökonomien aufzubauen (falls überhaupt), und welche Metropolen mußten aus welchen Gründen auf Teilstücke verzichten (z. B. wegen Rohstoffmangel)?
- Durch welche Maßnahmen konnten fehlende Teilstücke kompensiert werden (Außenhandel, verstärkte Staatsintervention)?
- Welche Produktivkraftentfaltung fand in welchen Sektoren statt, und welches Zusammenwirken von Sektoren lag der Kapitalbildung zugrunde? Welche Rolle spielten dabei vorangehende oder parallele Leistungssteigerungen der Landwirtschaft? Wie gestaltete sich das Verhältnis von Konsumgüter- zu Produktionsgüterindustrien? Welche Rolle spielte die Erzeugung von Gütern für den gehobenen Konsum, den Staatskonsum und den Massenkonsum? Welcher Typ von Wirtschaftsbranche (Kapitaleinsatz, technische Komplexität usf.) wurde in der Abfolge von Entwicklungsphasen zum jeweils dynamischen Leitsektor?
- Welche Rolle spielten in den Kapitalbildungsprozessen Verarmung bzw. Reallohnsteigerungen? Wie ist die vielfach zu hörende Devise »growth first, redistribution later«, mit geschichtlichem Material konfrontiert, zu bewerten?
- Welche Faktoren trugen dazu bei, daß in Frühphasen der Entwicklung der heutigen Metropolen trotz der Existenz von Wachstumspolen und Hinterland, trotz technologisch unterschiedlicher Produktivitätsniveaus usf., also trotz einer beobachtbaren Zerklüftung der überkommenen Gesellschaft, über Zeit betrachtet eine wachsende Kohärenz und eine tendenzielle Homogenisierung (Durchkapitalisierung) der Gesellschaften und Ökonomien zu beobachten sind?
- Sind die typischen Alimentierungsfunktionen des »traditionellen« Sektors (Wanderarbeiter, Bereitstellung von Nahrungsmitteln, Rohstoffen und Exportgütern, Steuerleistungen) zu beobachten? Welche Bedeutung hatten sie für den Entwicklungsprozeß? Wie wurden sie überwunden?

2. Beobachtung:
»Unterentwickelte Länder sind durch Marginalität gekennzeichnet; in ihnen bleibt ein großer Teil der Arbeitskräfte von produktiver Tätigkeit freigesetzt.«

- Wie ist es metropolitanen Ökonomien gelungen, eine auch in ihnen massiv freigesetzte (proletarisierte) Arbeitskraft allmählich produktiv in den Reproduktionsprozeß einzugliedern?
- In welchem Wechselverhältnis standen Wirtschaftswachstum und Bevölkerungswachstum? Welche Rolle spielte die Emigration in andere Kontinente bzw. die Binnenwanderung bei Flächenstaaten?
- Gab es in angebbaren Phasen der Entwicklung metropolitaner Ökonomien überhaupt jene Erscheinung, die wir heute als Marginalität bezeichnen? Und in welchem Ausmaße? Falls ja, wie kam es zu ihrer Überwindung?

3. Beobachtung:
»Die Entwicklung der Dritten Welt unterliegt einem kontinuierlichen Ressourcenabfluß, der die eigene Entwicklungsdynamik hemmt.«

- Gab es einen Ressourcenabfluß auch aus einzelnen Metropolen? Falls ja, warum haben sich diese Metropolen trotz solchen Abflusses breit entwickeln können?
- Hat es Abwehrmaßnahmen gegen solche Abflüsse von Surplus gegeben?
- Sind Formen ungleichen Tausches zu beobachten?
- Welchen Beitrag leistete jener Surplus, der aus anderen Ländern kam, für die metropolitane Entwicklung (Verhältnis von interner zu externer Akkumulation)?

4. Beobachtung:
»Die defekte Entwicklung der Dritten Welt ist u. a. in der Übertragung von metropolitanen Konsummustern, Wertvorstellungen und Erziehungsinhalten begründet.«

- Welche Rolle spielte bei der Entwicklung westlich-kapitalistischer Metropolen die Übertragung von Konsummustern? Kommt ihr eine positive Signalwirkung mit sozialer Breitenwirkung zu? Wirkte eine solche Übertragung hemmend oder entwicklungsfördernd und also in die Breite dynamisierend?
- Kam es zu einer selektiven Steuerung bei der Absorption und Adaption von Konsummustern aus Ökonomien höherer Produktivität?
- Lassen sich in bestimmten Phasen Versuche der Abschottung beobachten?

5. Beobachtung:
»Obgleich formal unabhängig, unterliegen die Länder der Dritten Welt weiterhin neokolonialen Abhängigkeitsbeziehungen. Dadurch wird eine eigenständige Entwicklung verhindert.«

- Welches Ausmaß asymmetrischer Interdependenz zwischen höher und weniger entwickelten Ökonomien läßt sich in den Frühphasen heutiger Metropolen beobachten?
- Ist es hinsichtlich der damaligen Zeit überhaupt sinnvoll, von »asymmetrischer Interdependenz« zu sprechen?
- Welche Rolle spielte die Konsolidierung des wirtschaftlichen Territorialstaates sowie die Nationalstaatsbildung (und die ihr zugrundeliegende Standardisierung von Recht, Administration, Sprache, Kommunikation und Kultur)? Welcher Stellenwert kommt dabei dem Militär, der Rüstung und Kriegen zu?
- Welche Korrelation besteht zwischen dem Ausmaß an Steuerungserfordernissen zur Erreichung eines sich selbst tragenden Wachstums auf der einen Seite und politischen Systemmerkmalen auf der anderen Seite?
- Welche konkreten Institutionen des politischen und wirtschaftlichen Systems wie etwa Kartelle, Banken, Gewerkschaften, Genossenschaften oder der Staat selber waren zu dieser Steuerung notwendig?
- Warum waren die Eliten in den Anwärter- und Nachzügler-Gesellschaften offensichtlich wenig anfällig, zu Kompradorenbourgeoisien herabzusinken, bzw. wie konnte, falls vorhanden, ein solcher Status überwunden werden?

- Warum ist es der Masse der Menschen gelungen, obgleich, sie in die Rolle abhängiger Lohnarbeit gedrängt wurde, sich politisch zu organisieren sowie politische Rechte und soziale Errungenschaften faktisch durchzusetzen?
- Welche Rolle spielten dabei politische und gewerkschaftliche Organisationen von Arbeitern und Bauern, welche Rolle Absatz-, Ankaufs- und Konsumgenossenschaften?
- Gab es in den Frühphasen metropolitaner Entwicklung überhaupt Abhängigkeitsbeziehungen von der Art »neokolonialer Strukturen«, oder sind nicht sehr frühzeitig vielfältige Versuche gelungener Gegenpenetration zu beobachten?

2.3. *Erste Vermutungen über eine im einzelnen noch nicht begründbare theoretische Beobachtung*

Betrachtet man die Abfolge der Geschichte westlich-kapitalistischer Metropolen (Deutschland, West- und Nordeuropa, USA, Kanada, Australien, Neuseeland, Japan), sozialistischer Metropolen (UdSSR, Osteuropa) und der wenigen sozialistischen Entwicklungsländer (China, Nordkorea, Albanien, Kuba) im »modernen Weltsystem« (Wallerstein), so läßt sich im Rückblick auf die vergangenen 200 Jahre eine wachsende Politisierung der entwicklungspolitischen Problematik, weiterhin eine wachsende Ausdehnung der für erforderlich gehaltenen entwicklungspolitischen Steuerungsmechanismen sowie eine Verlagerung der sozialen Träger von Entwicklung beobachten. Im Hinblick auf den *gesamten* Zeitraum erscheint die These plausibel, daß eine entwicklungspolitisch motivierte Gegensteuerung gegen drohende Peripherisierung, wo immer erfolgreiche Entwicklungswege eingeschlagen wurden, an Tiefe und Breite zunahm.

War es für die ersten westlich-kapitalistischen Metropolen, denen als Vorreiter ein Entwicklungsdurchbruch (»industrielle Revolution«) gelang (England, höchstwahrscheinlich auch die Schweiz und Belgien), noch möglich, mit beschränkten außen- und innenwirtschaftlichen Steuerungsmaßnahmen auf der Grundlage konkurrenzkapitalistischer Entwicklung, mit Privatunternehmern und freigesetzter Lohnarbeit als sozialen Trägern, Entwicklung voranzutreiben[23], so ist eine weitergehende staatliche Intervention in Außenwirtschaftspolitik und interner Entwicklungspolitik schon in den Ländern der »zweiten Stufe« (List) augenfällig. Auf sie gemünzt, entstanden nicht von ungefähr Theorien wie die Friedrich Lists, in denen die Prämissen der liberalen klassischen Freihandelsdoktrin problematisiert wurden (Lists »Theorie der Produktion von produktiven Kräften« im Unterschied zur liberalen »Theorie der Werte«). Obgleich unter komparativen Gesichtspunkten noch zu klären ist, wie Staatsinterventionismus jeweils entwicklungspolitisch instrumentiert wurde, scheint doch das staatsinterventionistische Instrumentarium insgesamt angewachsen zu sein und, wie wir vermuten, jeweils einen entscheidenden entwicklungspolitischen Stellenwert gewonnen zu haben.

In seinen komparativ-historischen Untersuchungen hat Alexander Gerschenkron nachgewiesen, wie eine politisch »virulent« werdende Entwicklungsproblematik zur Aktivierung und Stärkung von spezifischen Institutionen (z. B. von Banken wie im Fall Preußen/Deutschland als Vermittlungsinstanzen von Kapitalakkumulation) und von spezifischen sozialen Kräften (z. B. Staatsklassen), denen bei den Vorreitern industrieller Entwicklung keine vergleichbare markante Rolle zukam, beitrug.[24] Im Falle Dänemark etwa wäre die besondere Rolle des Genossenschaftswesens und der ländlichen Volkshochschulen, in den Fällen Australien und Neuseeland die Gewerkschaften als Steuerungsinstitutionen zu nennen.

Besonders deutlich wird diese Verlagerung weg von einer wenig interventionistischen und im wesentlichen konkurrenzkapitalistischen Entwicklungsdynamik und hin zu einer massiven staatsinterventionistischen Entwicklung, wenn man Vorreiter wie England mit dem in diesem Zusammenhang signifikanten Fall Japan (seit Mitte des vergangenen Jahrhunderts) vergleicht.[25] Bemerkenswert ist dabei nicht nur das Anwachsen massiver Staatsintervention in *allen* binnen- und außenwirtschaftlichen Dimensionen, sondern auch die Verlagerung der sozialen Trägerschaft von Entwicklung. Bekanntlich wurde in Japan die industrielle Entwicklung nicht von einem konkurrenzkapitalistisch agierenden Privatunternehmertum inszeniert, sondern von den Repräsentanten der Meiji-Restauration, also von einer Staatsklasse, die ein japanisches Unternehmer- und Bürgertum im westlichen Sinne erst von oben her geschaffen hat. Wo immer in einem solchen Spektrum zwischen England/Schweiz einerseits und Japan andererseits die übrigen Fälle westlich-kapitalistischer metropolitaner Entwicklung zu lokalisieren wären, ist erst durch konkrete Untersuchungen auszumachen – durch Untersuchungen, die von der in diesem Beitrag entwickelten analytischen Perspektive auszugehen hätten. Dabei ist keineswegs zu unterstellen, daß diese Fälle, je nach Zeitpunkt ihres Entwicklungsdurchbruchs, auf einem linearen Spektrum zwischen den beiden Grenztypen zu lokalisieren sind. Zu fragen ist, aus welchen Gründen welche Entwicklungsprofile jeweils zum Zuge kamen, welche Rolle der Zeitpunkt des Entwicklungsdurchbruchs und die Art und das Ausmaß der Eingliederung in die jeweils erreichte Struktur internationaler Arbeitsteilung spielten, welches Gewicht internen Faktoren (wie der Kräftekonstellation zwischen Klassen) und politischen Systemmerkmalen zukommt.

Es kann nicht bezweifelt werden, daß sich die Entwicklungsproblematik in jenen Fällen dramatisch politisiert hat, in denen es zum

Bruch mit dem kapitalistischen Weltsystem gekommen ist. In diesen Fällen hat sich das entwicklungspolitische Instrumentarium qua Planwirtschaft erheblich erweitert, und es sind neue Träger von jetzt *sozialistischer Entwicklung* zu beobachten. Während die Sowjetunion nach 1928 einen eigenbestimmten Entwicklungsweg auf der Grundlage einer staatlich geplanten Wirtschaft verfolgte, blieb sie dennoch aufgrund ihrer Import-Export-Beziehungen in einem beachtlichen Grade in den kapitalistischen Weltmarkt eingegliedert. Davon zeugen außenwirtschaftliche Daten, aber auch tiefgreifende Auseinandersetzungen über die Rolle der Beziehungen zum kapitalistischen Weltmarkt während der sogenannten Industrialisierungsdebatte der 20er Jahre. Ein solches Ausmaß an Eingliederung ist im Falle Nordkoreas undAlbaniens nach dem Zweiten Weltkrieg sowie Chinas nach 1949, drei Fällen eindeutigen Bruchs mit dem kapitalistischen Weltsystem, während vieler Jahre nicht zu beobachten. Wirtschaftlich relevante Außenbeziehungen bestanden hier während der kritischen Entwicklungsphasen vor allem mit anderen sozialistischen Ländern, und auch diese wurden mehr oder weniger in der Folge politisch-ideologischer Konflikte erheblich gestört bzw. ganz unterbrochen.[26] Da die Ökonomien hochindustrialisierter sozialistischer Länder in der Regel allenthalben produktiver sind als die sozialistischer Entwicklungsländer, entsteht ein Problem zwischen Vorreitern und Nachzüglern innerhalb des sozialistischen Teils der Weltwirtschaft, das demjenigen ähnlich ist, das typischerweise zwischen unterschiedlich produktiven Ökonomien im Rahmen einer freihändlerisch organisierten kapitalistischen Weltwirtschaft auftritt. Es zeichnet sich auch hier eine wachsende und sich strukturell verfestigende Kluft ab zwischen Ökonomien metropolitanen Typs und Ökonomien, die zu einer Art von Peripherien umfunktioniert zu werden drohen, sofern diese nicht bewußt einem solchen Trend entgegenwirken. Der relativ offen ausgetragene Streit Nordkoreas, Albaniens und Chinas mit der Sowjetunion über Struktur und Inhalt internationaler Arbeitsteilung zwischen *sozialistischen* Ländern ist hierfür ein interessanter Beleg.[27]

Politisierung der Entwicklungsproblematik führte in diesen Fällen zu einer Quasi-Autarkie auf Zeit, die – soweit beobachtbar – eine Politisierung *aller* Lebensbereiche voraussetzt. Während in *allen* Fällen, in denen ein Bruch mit der kapitalistischen Weltwirtschaft erfolgte, die Entwicklung von *Gegeneliten* gesteuert wird, verlagerte sich innerhalb des sozialistischen Bereichs der soziale Träger autozentrierter Entwicklung von der *Arbeiterklasse* (SU) auf die *Bauern* (China/Nordkorea/Albanien), allein schon deshalb, weil es in den zeitlich späteren Fällen ein umfangreiches industrielles Proletariat nicht gab.[28]

Die hier angedeutete Profilverschiebung in der Abfolge von Entwicklungsversuchen zwischen den ersten Vorreitern (wie England und der Schweiz) und den letzten signifikanten Fällen (wie China, Nordkorea und Albanien) läßt sich zum gegenwärtigen Zeitpunkt nur umrißhaft aufweisen, keineswegs schon im einzelnen ausführen. Der Schritt zurück zur Analyse westlich-kapitalistischer Metropolen ist unerläßlich, um einen fundierten Ausgangspunkt für die weitere detaillierte Analyse der Abfolge solcher Profilverschiebungen zu gewinnen, deren Kenntnis eine wichtige Grundlage der weiteren inhaltlichen Ausgestaltung von Entwicklungstheorie, insbesondere einer praxisorientierten Theorie autozentrierter Entwicklung, ist. Ob die hier unterstellte Tendenz der zunehmenden Politisierung der Entwicklungsproblematik allein auf die *wachsende Hierarchie* zwischen Vorreitern, Anwärtern, Nachzüglern und peripherisierten, jedoch zu autozentrierter Entwicklung entschlossenen Gesellschaften zurückzuführen ist, läßt sich im Augenblick noch nicht definitiv sagen.

Zu fragen ist also, ob wachsende Hierarchisierung internationaler Ökonomien und drohende bzw. vertiefte faktische Penetration zu jedem Zeitpunkt in den vergangenen zweihundert Jahren zur Dramatisierung der politischen Voraussetzungen für eine selbständige Entwicklung führten. Ist erfolgreiche Entwicklung mit der Tendenz zu einer entwicklungspolitisch motivierten Selektivität in den zwischenwirtschaftlichen und zwischengesellschaftlichen Beziehungen verknüpft – einer Selektivität, die unterschiedliche Grade von Protektion einschließt? Wachsen dabei die innergesellschaftlichen Lernkosten für einen autozentrierten Entwicklungsweg in der Zeitabfolge, und wird deshalb die Option für eine solche Entwicklung politisch immer schwieriger?

Der Ausblick auf Fälle jenseits westlich-kapitalistischer Metropolen sollte Fragestellungen akzentuieren, die gerade in der Analyse der Abfolge von Entwicklungswegen westlich-kapitalistischer Metropolen erstmals systematisch ins Spiel zu bringen sind.

Zu fragen ist:

1. Ist gezielte Gegensteuerung, für die einst Friedrich List politisch-wissenschaftlich agitierte, tatsächlich einer der zentralen Faktoren für einen erfolgreichen Entwicklungsgang bei einzelnen *westlich-metropolitanen Gesellschaften* gewesen? Greift die Kategorie der Dissoziation?
2. Falls ja, welches waren die *externen und internen Bedingungen für eine derartige Gegensteuerung?* Welches die konkreten *Instrumentarien?* Falls nein, welche Faktoren waren statt dessen für die Herausbildung autozentrierter Entwicklungswege verantwortlich?
3. Läßt sich die in diesem Abschnitt vorgetragene *Trendvermutung* einer Verschärfung der Entwicklungsproblematik und der Drama-

tisierung von Gegensteuerung angesichts der Abfolge westlich-kapitalistischer Gesellschaften tatsächlich aufrechterhalten?

3. Anknüpfungspunkte

Die neuere sozialwissenschaftliche Diskussion gibt nur sporadische Antworten auf solche Fragen, was nicht weiter verwundert, da sie bisher insbesondere nicht von den in Abschnitt 2.2.2. formulierten Problemen her metropolitane Entwicklungswege untersucht hat.[29] Im wesentlichen wird deshalb die konkrete Analyse zunächst auf verfügbare gesellschaftsgeschichtliche Monographien über metropolitane Entwicklungswege zurückgreifen müssen; dabei wird wirtschafts- und sozialgeschichtlichen Beiträgen ein besonderer Stellenwert zukommen.[30] Nur nach systematischer Durchsicht dieser für jedes Land in unterschiedlichem Maße verfügbaren Literatur wird es möglich sein, jene Bereiche zu benennen, in denen mit Hilfe von Sekundäranalysen ausreichende Antworten auf die formulierten Fragen gegeben werden können, während zugleich Forschungslücken für Primäranalysen sichtbar werden.[31]

Ungeachtet einer Sichtung solchen Materials, die für die Vorklärung der Fragestellungen unerläßlich ist, lassen sich einige Anknüpfungspunkte insbesondere in der systematischen wirtschaftsgeschichtlichen Diskussion der vergangenen Jahre angeben. In diesem Abschnitt sollen diese Anknüpfungspunkte kurz umrissen werden.

3.1. Analyse der Ausgangssituation

Für das Untersuchungsvorhaben lassen sich jene systematischen Beiträge insbesondere zur *europäischen Wirtschaftsgeschichte* fruchtbar machen, in denen die *Ausgangssituation* der Entwicklung jener metropolitanen Gesellschaften und Ökonomien diagnostiziert wird, denen *als erste* Entwicklungsdurchbrüche gelungen sind. In ihnen wird u. a. gefragt, ob England wirklich einsam an der Spitze des Prozesses stand, der, analytisch verkürzt und nicht ganz angemessen, als »industrielle Revolution« bezeichnet wird. Waren die anderen Gesellschaften, denen auf dem europäischen Kontinent mit einer gewissen Zeitverzögerung ein vergleichbarer Durchbruch glückte, wirklich die ersten »Nachzügler«? Verfügte das Frankreich der zweiten Hälfte des 18. Jahruunderts und des beginnenden 19. Jahrhunderts nicht sogar über günstigere Bedingungen als England in der vergleichbaren Zeit? Und läßt sich nicht auch die Schweiz als »first industrial nation« bezeichnen, womit gewöhnlich England etikettiert wird?[32] Waren am Ende des 18. und zu Beginn des 19. Jahrhunderts die Unterschiede in der durchschnittlichen wirtschaftlichen Produktivität der betreffenden Nationalökonomien bzw. von einzelnen ihrer Sektoren so erheblich, daß die von List beschriebene Problematik auch wirklich virulent war? Waren die Unterschiede in der Mobilität der Faktoren Kapital und Arbeit, im Ausmaß der Binnenmarkterschließung, in der Aufgliederung der Infrastruktur, in der Verfügung über natürliche Ressourcen und in den politisch-rechtlichen Institutionen dergestalt, daß von Anfang an *unterschiedliche* Entwicklungspotentiale vorlagen, die England zum unbestrittenen Vorreiter, alle anderen zu Nachzüglern bestimmten?

Es überrascht nicht, daß in der wirtschaftsgeschichtlichen Literatur Fragen dieser Art höchst nuancenreich beantwortet werden. In den vergangenen Jahren scheint sich jedoch folgende Bewertung herausgebildet zu haben: Mehr Aufmerksamkeit wird der Beobachtung gewidmet, daß die Voraussetzungen für eine Reihe von »industriellen Revolutionen«, also für Produktivitätsfortschritte und technologische Durchbrüche mit entsprechenden Voraussetzungen und Konsequenzen für Herrschafts-, Gesellschafts- und Wirtschaftsstruktur, nicht nur in England als der vermeintlich »first industrial nation« vorlagen, sondern auch in anderen Ländern. Obgleich nicht unkontrovers, dürfte Rostow einen gewissen Konsensus hinsichtlich der Ausgangsbedingungen für die Industrialisierungsprozesse in Europa formuliert haben:

»Aus der Perspektive der Wachstumstheorie beobachten wir in dem Jahrhundert vor 1783 einen endemischen Prozeß von St. Petersburg bis zu den amerikanischen Kolonien hinsichtlich dessen, was ich die Vorbedingungen für den take-off nennen würde. Die landwirtschaftlichen Erträge dehnten sich aus; die heimischen Märkte wurden mit neuen Straßen und Kanälen verbunden; der internationale Handel wuchs an, einschließlich all der Aktivitäten, die in seinem Gefolge entstehen; Manufakturwaren, auf noch handwerklicher Basis hergestellt, nahmen zu; die Städte wuchsen überproportional; die wissenschaftliche Revolution hat viele Menschen an vielen Plätzen dazu gebracht, mechanische Lösungen für ökonomische und technische Probleme auszumachen. Was innerhalb der Staaten des Westens (und auch Rußlands) unterschiedlich ist, ist der Grad und das Ausmaß der Bewegung in diese Richtungen. Ohne mich auf kontrafaktische Geschichtsschreibung einzulassen, ist es nicht unvernünftig anzunehmen, daß früher oder später diese allenthalben wirksamen Kräfte zu einem take-off auch anderswo in Europa (oder in den Vereinigten Staaten) geführt hätten, falls England nicht den Weg gewiesen hätte. Ein solcher take-off wäre wahrscheinlich nicht sehr viel später gekommen, und die Baumwolltextilien wären so wie in England der führende Sektor gewesen. Nachdem England den Weg in den letzten zwei Jahrzehnten des 18. Jahrhunderts wies, veränderte sich zu einem gewissen Grad der Charakter des Industrialisierungsprozesses.«[33]

Überlegungen wie die hier zitierten haben jüngst zu Zweifeln geführt, ob es sinnvoll ist, angesichts solcher Ausgangssituation die

Frage zu stellen, warum in *England* an erster Stelle die industrielle Revolution sich entfaltete. Alternativ soll vielmehr gefragt werden: »Warum war die industrielle Revolution im 18. Jahrhundert überhaupt wahrscheinlich?« Und: »Warum war sie in England wahrscheinlich?« Sowie: »Gab es Faktoren, welche die Wahrscheinlichkeit einer industriellen Revolution auch im Frankreich des 18. Jahrhunderts hoch erscheinen lassen?«[34] Die Frage nach Vorreiter und Nachzüglern würde zumindest im Hinblick auf den *Entwicklungsdurchbruch* der *ersten* Industriegesellschaft (also Englands) entdramatisiert. Dabei bleibt eine solche Perspektivverschiebung natürlich umstritten, je mehr Autoren in England *spezifische Sonderbedingungen* zu erkennen glauben.

Ungeachtet der vergleichbaren oder unterschiedlichen Ausgangsbedingungen der *ersten* industriellen Nationen und der unterschiedlichen Wahrscheinlichkeit ihres zeitlichen Durchbruchs zu Industriegesellschaften ist unbestritten, daß – *nachdem* England in eine Führungsrolle hineingewachsen war – wenigstens auf Zeit (ungefähr während der ersten Hälfte des 19. Jahrhunderts) die Kluft zwischen England und den ersten industriellen Nationen auf dem Kontinent eher zu- als abgenommen hat.[35] Neben einer gewissen, jedoch nicht allzu großen technologischen Lücke zwischen England und dem Kontinent scheinen auch andere Faktoren wie ein weniger erschlossener Binnenmarkt, ein weniger erschlossenes Kommunikations- und Transportsystem und eine weniger ausgeglichene Faktorausstattung (mineralische Ressourcen, Kapital, Arbeit, Unternehmertum) einem schnellen, dem englischen vergleichbaren Wachstum anfänglich hinderlich gewesen zu sein, so daß in der Tat sich auf Zeit eine Lücke zwischen England und den nunmehr »Nachzügler« werdenden Gesellschaften auftat. Auch scheint eine plausible Hypothese zu sein, daß angesichts dieser Situation »Protektion absolut notwendig für das Überleben der meisten kontinentalen Industrien war. [. . .] Jedoch stellte Protektion keine vollgültige Lösung dar, und sie konnte die Dinge zumindest hinsichtlich auswärtiger Märkte nur verschlimmern; solche Märkte, insbesondere in den überseeischen Ländern, waren jene, wo die Nachfrage nach 1815 am spektakulärsten anstieg. Sie zugunsten Englands aufzugeben, hieß, ein geringeres Wachstum, das nur auf der Entwicklung der heimischen Märkte beruhte, zu akzeptieren.«[36]

Unklar, weil nicht systematisch-vergleichend untersucht, bleibt in der wirtschaftsgeschichtlichen Diskussion, warum und inwieweit staatsinterventionistische und protektionistische Instrumentarien im Unterschied zu freihändlerischer Orientierung im konkreten Fall jeweils mit welchem Erfolg oder Mißerfolg eingesetzt worden sind, wenn man von Kindlebergers bemerkenswerten vergleichenden Untersuchungen über eine spätere Phase der industriellen Entwicklung Europas absieht.[37]

3.2. Erste Versuche einer Typologie

Die vorangegangenen Überlegungen beziehen sich auf die Szenerie der Entwicklungsgeschichte der *ersten* industriellen Nationen am Ende des 18. Jahrhunderts und in der ersten Hälfte des 19. Jahrhunderts. Es konnte Wirtschaftshistorikern nicht verborgen bleiben, daß sich Entwicklungsprofile verschieben, je mehr sich die Analyse zeitlich von dieser Szenerie auf spätere Jahrzehnte zubewegt und auf Länder gerichtet ist, deren Industrialisierungsprozeß später einsetzte. Dennoch ist es erstaunlich, daß sich nur *ein* Wissenschaftler mit der in einer solchen Konstellation sich ergebenden Entwicklungsproblematik eingehender beschäftigt hat. Anfang der 50er Jahre hat Gerschenkron die These aufgestellt, daß ein Land, welches um so rückständiger zu Beginn seines Industrialisierungsprozesses ist, desto eher einen anderen Entwicklungspfad als denjenigen der »Vorreiter« durchlaufe, der sich durch folgende Faktoren auszeichne: eine höhere industrielle Wachstumsrate und größere Betriebsgrößen in der Industrie, eine erhebliche Konzentration auf die Produktion von Produktionsgütern gegenüber Konsumgütern und ein weniger schnelles Ansteigen des durchschnittlichen Konsumtionsniveaus; die besondere Rolle, welche institutionellen Faktoren wie dem Staatsapparat und dem Bankenwesen bei der Beschleunigung der Industrialisierung zukommt; den geringeren Beitrag der Landwirtschaft zum wirtschaftlichen Wachstum.[38] Gerschenkrons These wurde selten einer systematischen Untersuchung ausgesetzt[39], und seine eigenen empirischen Forschungen haben sich auf wenige Fälle wie das zaristische Rußland, Preußen-Deutschland, Bulgarien und Italien konzentriert. Seine Überlegungen stimmen in der Tendenz mit der in Abschnitt 2.3. formulierten Trendhypothese überein, obgleich es gegenwärtig nicht möglich ist, die von ihm angegebenen Kriterien als allgemein zutreffend zu akzeptieren.[40] Es ist jedoch kein Zufall, daß Gerschenkron seine These in Auseinandersetzungen mit Beispielen gewonnen hat, die *nicht* in den Umkreis der *ersten* »Nachzügler« gehören; vielmehr handelt es sich um Fälle, bei denen Ausgangsbedingungen, beispielsweise im Sinne der oben zitierten Aussage von Rostow, nicht oder nur zum Teil existierten. Doch handelt es sich andererseits um Fälle, bei denen keineswegs von vornherein *prinzipielle* Entwicklungshemmnisse anzunehmen sind, wie insbesondere die neuere Literatur über Ressourcenausstattung und die Entwicklungsversuche im südosteuropäischen Raum nach 1850, auf den Gerschenkrons Analyse auch gerichtet war, aufweist. Die in diesem Raum akzentuiert auftretende, in unserer Trendhypothese zum Ausdruck gebrachte Entwicklungsproblematik dokumentiert sich in einer, wie uns scheint, unvergleichlich intensiven entwicklungspolitischen Diskussion im Sinne Lists – einer Diskussion, die explizit auf List zurückgeht und, wie bei List selbst, in kritischer Auseinandersetzung mit der »Schule« der freihändlerischen englischen Nationalökonomie geführt wurde. Angesichts unterschiedlicher interner Ausgangsbedingungen und eines unterschiedlichen externen Rahmens für eigene Industrialisierungsprozesse (konfrontiert waren die Nachzügler der zweiten Hälfte des 19. Jahrhunderts nicht nur mit dem Kompetenzdruck eines einzigen Vorreiters, sondern mit dem mehrerer), überrascht es nicht, daß eher Protektion als Freihandel zur angemessenen entwicklungspolitischen Devise erklärt wird[41], und sich das entwicklungspolitische Instrumentarium im Sinne der Gerschenkronschen Diagnose verlagert hat, ohne daß dadurch ein Entwicklungserfolg garantiert gewesen wäre.

Solche Beobachtungen haben Autoren wie Gerschenkron zu ersten Versuchen einer *Typologisierung von Formen wirtschaftlichen Wachstums* veranlaßt. Er unterscheidet beispielsweise die Industrialisierung *autochthonen* Typs von einer *abgeleiteten* Industrialisierung. Die Vorreiter-Gesellschaften würde er dem ersten Typ zurechnen, während er Dänemarks agroindustrielle Evolution seit Mitte des 19. Jahrhunderts (»oder wenigstens einige ihrer Elemente«) als abgeleitete Industrialisierung begreift.

»[. . .] abgeleitete Industrialisierung muß eher als außergewöhnlich und nicht als vorherrschender Industrialisierungstyp in Europa betrachtet werden. Man geht nicht fehl, wenn man unterstellt, daß ein kleines Land mit einem geringeren Standard an Volkserziehung und mit einem fehlenden leichten Zugang zu aufnahmefähigen auswärtigen Märkten natürlich gänzlich unfähig sein würde, das dänische Modell zu reproduzieren. Die industrielle Geschichte Bulgariens bietet eine überzeugende Bestätigung für diese Annahme. Von kleineren zu den größeren Ländern übergehend, kann man weiterhin annehmen, daß man vergeblich eine abgeleitete Industrialisierung in irgendeinem größeren europäischen Land erwarten kann.«[42]

Es werden noch andere typologische Unterscheidungen von Gerschenkron angeboten, die sich z. B. auf das Ausmaß staatsinterventionistischer Entwicklungspolitik und auf die Güterzusammensetzung in einer ersten längeren Phase der Industrialisierung (Produktionsgüter im Unterschied zu Konsumgütern) beziehen. Gerschenkrons Typologie war ein erster Versuch zu Beginn der 60er Jahre, der, soweit wir sehen, eine einzige Parallele in Hoselitz' Vorschlag für eine Typologie der Formen wirtschaftlichen Wachstums gefunden hat.[43]

Die Bausteine für Hoselitz' Typologie sind drei Gruppen von Dichotomien, die er miteinander kombiniert, woraus sich acht mögliche Idealtypen ergeben. Folgende Dichotomien hält Hoselitz für relevant:

- Unterschieden wird *expansives* (man könnte auch sagen: extensives) von *intensivem* wirtschaftlichen Wachstum. Diese Unterscheidung ist mit der gängigen identisch, in der Wachstum aufgrund von Kapitalausweitung einem Wachstum als Folge von Kapitalintensivierung gegenübergestellt wird. Kommt wirtschaftliches Wachstum zustande aufgrund einer Mobilisierung noch brachliegender ungenutzter Ressourcen (USA, Kanada) oder durch intensivere Benutzung relativ knapper Ressourcen aufgrund einer besseren Kombination dieser Ressourcen mit zusätzlichem Kapital und einer relativ reichlich vorhandenen Arbeitskraft (Schweiz, Dänemark, Holland)?
- Weiterhin werden *dominante* von *satellitenhaften* Formen des Wirtschaftswachstums unterschieden. Der Grenzfall einer dominanten Form wäre Autarkie, wo nichts importiert und exportiert wird und die Kapitalbildung sich unabhängig von ausländischen Anleihen vollzieht. Der gegenteilige Grenzfall wäre der Prototyp einer satellitenhaften Wachstumsform. Annäherungsweise würden nach Hoselitz die Entwicklung der USA im 19. Jahrhundert und die Entwicklung der Sowjetunion seit den späten 20er Jahren unseres Jahrhunderts zu den dominanten Formen gezählt werden, Während die Entwicklung Dänemarks seit dem Ende der 70er Jahre im vergangenen Jahrhundert satellitenhaft erfolgte.
- Eine weitere Untersuchung wird zwischen *autonomer* und *induzierter* Wirtschaftsentwicklung getroffen. Autonom ist eine solche, in der die wesentlichen Entscheidungsfunktionen bei unabhängigen Privatpersonen liegen, während induzierte Wirtschaftsentwicklung auf staatsinterventionistischer Politik aufbaut und im Grenzfall von einem Plansystem ausgeht. Als autonom wäre beispielsweise die erste Entwicklungsphase Kanadas, als induziert die Entwicklung Japans seit der Meiji-Restauration zu nennen.

Bei Kombination der genannten dichotomischen Kriterien ergeben sich acht Typen von Formen wirtschaftlichen Wachstums:

1. Expansiv, dominant, autonom: USA von 1830-1890
2. Expansiv, dominant, induziert: SU von 1928 bis zur Gegenwart
3. Expansiv, satellitenhaft, autonom: Australien bis 1914 oder Kanada bis 1900
4. Expansiv, satellitenhaft, induziert: Mandschurei unter japanischer Herrschaft
5. Intensiv, dominant, autonom: Frankreich oder Deutschland im 19. Jahrhundert
6. Intensiv, dominant, induziert: Japan seit 1868
7. Intensiv, satellitenhaft, autonom: Dänemark, Schweiz vor 1914
8. Intensiv, satellitenhaft, induziert: Volksdemokratien Osteuropas

Auf Hoselitz' nunmehr fünfzehn Jahre zurückliegenden Versuch einer Typologisierung kann mit einigen Einschränkungen zurückgegriffen werden[44], obgleich zwei wesentliche Dimensionen ergänzend beachtet werden müßten – erstens die Stellung der einzelnen Gesellschaften und Ökonomien innerhalb der jeweiligen Hierarchie internationaler Arbeitsteilung, zweitens die zeitliche Verortung der Entwicklungsetappen innerhalb der Geschichte der neueren internationalen Ökonomie. Bei Berücksichtigung beider Faktoren wird eine Dynamisierung der nunmehr extrem statisch anmutenden Typologie möglich, und es ist durchaus eine offene Frage, ob dann die von Hoselitz gewählten dichotomischen Kategorien noch analytisch genügen. Auch muß eine solche Typologie, sofern sie im Rahmen des hier vorgestellten Untersuchungsvorhabens erstellt wird, sämtliche Fälle metropolitaner Entwicklung erfassen. Sie muß also umfassend, zeitlich dynamisiert und hinsichtlich der variablen Position der genannten Länder innerhalb einer sich selbst weiterentwickelnden Hierarchie internationaler Arbeitsteilung und deren Rückwirkung auf die einzelnen Entwicklungsprofile informativ sein.[45]

3.3. Das Problem der Analyseeinheit

In der bisherigen Darstellung wurde stillschweigend unterstellt, daß *Nationalstaaten* – oder doch jene territorialen Gebilde, die im Laufe der europäischen Geschichte in den vergangenen zweihundert Jahren zu durchkapitalisierten Nationalstaaten wurden – die selbstverständlichen Einheiten für die angestrebte Analyse sind. Es wurde oben schon angedeutet, warum eine solche methodische Option innerhalb der dort gekennzeichneten dritten Etappe der Entwicklungsforschung nur noch im Sinne eines vorläufigen Arbeitsprogramms zu rechtfertigen ist. Dieser heuristischen Begründung ist an dieser Stelle nichts hinzuzufügen. Erwähnt werden soll jedoch, daß eine solche Orientierung am »Nationalstaat« auch jüngst in einer Diskussion unter Wirtschaftshistorikern, Spezialisten englischer und kontinentaleuropäischer Entwicklung, erörtert wurde, ohne daß die Auseinandersetzung zu einem schlüssigen Ergebnis führte.[46] Ihren Ausgang hatte die Diskussion von einer Studie Sidney Pollards genommen, in der dieser den »nationalen Ansatz« für fragwürdig erklärte und das ganze Europa als angemessenen analytischen Fokus postulierte – Europa, in dem ein *einziger* Industrialisierungsprozeß stattgefunden habe.

»Wir (die Wirtschaftshistoriker, DS/UM) neigen dazu, jedes Land wie eine Pflanze in einem getrennten Blumentopf zu behandeln, als ein Gewächs, das sich je unabhängig in eine erkennbare Industriegesellschaft gemäß eines genetischen Codes entwickelt, der gänzlich in ihrem Samen schon enthalten ist. Aber dies ist nicht die Art, wie die Industrialisierung Europas sich abspielte. Vielmehr handelt es sich bei ihr um einen einzigen Prozeß: Pflanzen hatten gemeinsame Wurzeln und waren einem gemeinsamen Klima ausgesetzt. Weiterhin war die Entwicklung und die Chronologie der industriellen Revolution in jedem Gebiet zutiefst durch deren Lokalisierung innerhalb des allgemeinen Fortschritts industrieller Revolution berührt – durch diejenigen Länder, welche vorangingen wie auch durch diejenigen, die nachfolgten; und diese relative Rolle muß Teil jeder Beschreibung oder Analyse sein.«[47]

Eine der Konsequenzen dieser Deutung besteht darin, nicht nur Europa als eine Einheit zu begreifen, sondern die überkommenen nationalen Analyseeinheiten zu desaggregieren, um schließlich zu einem auf Europa und *regional-lokal* orientierten Ansatz der Forschung zu kommen. Pollard betont, daß es nur so möglich sei, herauszufinden, warum innerhalb nationaler Gesellschaften manche Regionen sich mit eigenem Entwicklungsprofil entwickelten und andere nicht, und warum innerhalb ein und derselben politisch-rechtlich-institutionellen Rahmenbedingungen die Entwicklungsprozesse von Industrieregionen sich sehr voneinander unterschieden, obgleich sie den *gleichen* nationalen Bedingungen unterworfen waren, während sie auf der anderen Seite oft große Ähnlichkeiten mit Industrieregionen aufwiesen, die sich innerhalb anderer politischer Rahmenbedingungen entfalteten.[48] Europa muß, diesem Autor zufolge, als »one single macrodevelopment area« begriffen werden, will man gerade die Besonderheiten der Entwicklungsprofile verständlich machen.

»Die englische industrielle Revolution nahm den Lauf, den sie einschlug, weil u. a. elastische Exportmärkte für die Produkte ihrer Fabriken verfügbar waren; die Textilweberei in Deutschland konnte expandieren, weil die Fabriken in England schon existierten; und die holländische, dänische und schweizerische Landwirtschaft wurde im Hinblick auf die Existenz nahegelegener großer Industriebevölkerungen aufgebaut. Die industrielle Revolution in Europa war nicht nur die nationale Wiederholung eines einzigen Entwicklungsmusters; es handelte sich bei ihr um die kontinuierliche Anpassung an eine kontinentweite Entfaltungsmöglichkeit.«[49]

Für die Pollardsche These spricht, daß das Europa des frühen 19. Jahrhunderts nicht nur durch wechselseitige Handelsbeziehungen geprägt war; Europa war auch, diesem Autor zufolge, schon ein »einheitlicher« Markt für Kapital, Fertigkeiten, unternehmerische Initiative, für Ideen und technisches Wissen. In einer Monographie hat Pollard den Beginn der europäischen Integration deshalb bei 1815 angesetzt, und seine Untersuchungen, wie die anderer Wissenschaftler, haben jüngst das hohe Ausmaß an Interpenetration und Durchlässigkeit zwischen den Nationen Europas aufgewiesen.[50] Gegen Pollard ließe sich allerdings einwenden, daß nach der Blüte des Freihandels in der Mitte des 19. Jahrhunderts, dessen hervorragende

Ereignisse der Fall der englischen Kornzölle (1846), das Ende der Navigationsakte (1849) und der englisch-französische Cobden-Vertrag (1860) waren, im Zuge der Großen Depression und des Auftretens industrieller Nachzügler auf der europäischen und Welt-Bühne eine Renationalisierung von Wirtschaftspolitik und Wirtschaftsdoktrinen feststellbar ist, die sich im Übergang zu Schutz- oder gar Prohibitivzöllen der großen Länder (Deutschland 1879, Schweden 1888/92, Rußland 1891 – »Mendelev-Tarif«, Frankreich 1892 – »Mélines-Tarif«) äußert, und der sich auch die nun nicht mehr nur auf England orientierten kleineren Länder nicht entziehen können.

Die Frage, die sich angesichts dieser Beobachtungen stellt, ist die nach der Gewichtung der von Pollard hervorgehobenen Tatbestände. Es ist zu vermuten, daß seine Interpretation der »Industrialisierung im Europa des 19. Jahrhunderts als einem einzigen Prozeß mit einer eigenen ökonomischen Logik« die in den bisherigen Abhandlungen vernachlässigte Dimension der sich immer wieder strukturell verändernden *Hierarchie internationaler Arbeitsteilung* im Blick hat, ohne daß mit dieser Kategorie explizit gearbeitet würde.[51] In weiteren Untersuchungen wird sich herausstellen müssen, welche Rolle politischen und institutionellen Steuerungen zur *Abwehr* abträglicher Einflüsse der »europäischen Wirtschaft« auf individuelle nationale Wirtschaften sowie zur *Förderung* nationaler Wirtschaften mit dem Ziel einer Positionsverbesserung innerhalb »europäischer Wirtschaft« tatsächlich zukommt. In diese Richtung ergänzt, könnte Pollards Anregung für die dritte Etappe von Entwicklungsforschung fruchtbar gemacht werden. Eine solche Erweiterung ist um so mehr geboten, als geklärt werden muß, warum die von Pollard hervorgehobenen Industrieregionen nicht, wie später in der Dritten Welt, zu Wirtschaftsenklaven wurden, sondern im Rahmen *europäischer* (und internationaler) Wirtschaft zu Wachstumspolen mit gesamtwirtschaftlichen *nationalen* Ausweitungseffekten.[52]

3.4. Die Frage nach der Verursachung

Jahrelang war die Entwicklungsforschung auf der Suche nach den *»preconditions«* erfolgreicher Entwicklungsprozesse, ohne jemals zu mehr als einer listenmäßigen Reihung von Faktoren zu gelangen, deren Gewichtung im einzelnen offen blieb.[53] Letztlich lag solchen Bemühungen genau jene Vorstellung zugrunde, die Pollard bildlich, wie oben zitiert, als genetischen Entwicklungscode umschrieben hat. Muß man heute Autoren, die wie Kindleberger nicht nur über eine wirtschafts- *und* sozialwissenschaftliche Expertise verfügen, sondern auch historisch-komparativ arbeiten, folgen, wenn sie angesichts des Problems der Verursachung methodische Ratlosigkeit und theoretischen Agnostizismus verbreiten? So schreibt Kindleberger über das Ergebnis seiner sehr eingehenden Untersuchung des ökonomischen Wachstumsprozesses von Frankreich und Großbritannien zwischen 1851 und 1950:

»Diese Arbeit hat jedoch nicht irgendeine substantielle Generalisierung hervorgebracht, welche erklären könnte, warum Großbritannien eine höhere Ebene des Pro-Kopf-Ausstoßes als Frankreich aufrechterhalten konnte, und warum es manchmal schneller und manchmal langsamer gewachsen ist. Was zutage gefördert wurde, ist die tatsächliche Unmöglichkeit, durch Rückgriff auf die Geschichte irgend etwas Positives hinsichtlich von Wachstumstheorien zu beweisen; weiterhin wurde die Neigung von Wirtschaftshistorikern (bei nur wenigen Ausnahmen) zur Übergeneralisierung offenkundig. Es ist offensichtlich, daß dies eher entmutigende als allgemeine Schlußfolgerungen sind.«[54]

Trotz dieses »nihilistischen« Befundes sind zwei Bemerkungen Kindlebergers von Bedeutung. Einmal seine These, daß eine generelle Theorie des Wachstums eine Theorie sein müsse, in der eine Gewichtung wechselseitig substituierbarer konstitutiver Faktoren eines Wachstumsprozesses erfolgen müsse (»a theory of coefficients of substitution among ingredients in the growth process«[55]). Diese methodische Beobachtung weist darauf hin, daß es keinen einheitlichen Entwicklungsrhythmus gibt, und daß in Entwicklungswegen, je nach internen und externen Bedingungen, auf Zeit substituierbare Faktoren mit unterschiedlichem Gewicht wirksam sind.[56] Mit dieser Beobachtung hängt die zweite zusammen, der zufolge es nicht sinnvoll ist, konventionellen Kausalitätsvorstellungen folgend, unabhängige und abhängige Variablen zu suchen, wenn alle Variablen in einem komplexen Rückkopplungssystem jeweils aufeinander zurückwirken[57], also – wie in anderem Zusammenhang formuliert – konfigurative Kausalität vorliegt[58], und einzelne Variablen in unterschiedlichen Konstellationen auch eines einzigen Entwicklungswegs höchst verschiedenartige Stoßrichtungen aufweisen.

Ohnehin scheint es sinnvoller zu sein, einen Vorschlag von Karl W. Deutsch aufzunehmen, wonach die erfolgreiche Integration einer nationalen Gesellschaft und Ökonomie eher das Ergebnis des fließbandähnlichen Zusammenwirkens einer Reihe von verursachenden Faktoren ist, deren Aufeinanderfolge probabilistisch von Fall zu Fall höchst variabel sein kann.[59] Deutsch benutzt das Bild eines »nicht allzu gut organisierten Fließbandes auf der Grundlage stochastischer Prozesse mit Warteschlangen«, um methodische Versuche zurückzuweisen, die den Verursachungsszenarien von Entwicklungswegen vermittels gängiger sozialwissenschaftlicher Kausalitätsvorstellungen (einfache und multiple Korrelationsanalyse, ökonometrische Analyse, Pfadanalyse – alles Variationen eines vergleichbaren Typus von Kausalitätsbestimmung) auf die Spur zu kommen hoffen.

Im Unterschied zu Kindleberger vermuten wir, daß die so reformierte Kausalitätsproblematik »lösbar« ist, je mehr Entwicklungsforschung historisch-vergleichend arbeitet und kontextspezifische (im Unterschied zu universellen) Erklärungen sucht. Doch erscheint es nicht sinnvoll, jegliche universelle Gesetzlichkeit auszuschließen, worüber hier eine letzte Vermutung formuliert werden soll.

Ging die Entwicklungsforschung der ersten Etappe fälschlicherweise von unterstellten universellen Gesetzlichkeiten aller Entwicklungs*prozesse* aus, so ist doch zu vermuten, daß erfolgreiche Entwicklungsprozesse zumindest im ökonomischen Bereich eher zu ähnlichen als zu kontrastreichen Strukturprofilen führen.[60] Das jeweilige »Fließbandprodukt« ist nicht ein in jeder Hinsicht identisches Gebilde. Doch bauen lebensfähige, dicht vermaschte Ökonomien *im Endeffekt* auf vergleichbaren Elementen auf, *ohne daß die Herausbildung solcher Ökonomien in der Regel vergleichbaren Entwicklungszenarien folgt.* Universell sind also nicht Entwicklungswege; wenn von Universalität überhaupt zu reden ist, dann, bei allen Nuancen und Variationen im einzelnen, im Hinblick auf Endbausteine, die sich auf unterschiedliche Weise herausbilden und im Endeffekt zu Ökonomien des metropolitanen Typs zusammenfügen. Zu diesen Bausteinen gehören eine leistungsfähige Landwirtschaft, eine zunehmende Ausdifferenzierung des Industriesektors, in dem industriell sowohl Konsumgüter als auch Produktionsgüter produziert werden, eine enge Vermaschung von Landwirtschaft und Industrie, eigene technologische Kapazitäten als Grundlage von Innovationsprozessen und für die Anpassung fremder Technologie an eigene Bedürfnisse, die Herausbildung dichter Infrastrukturen und die Fähigkeit zur selektiven Kooperation in größeren übernationalen Wirtschaftskreisläufen. Derart identische ökonomische Strukturmuster sind *als Endprodukte* unterschiedlicher Entwicklungswege mit höchst unterschiedlichen politischen Systemmerkmalen und Gesellschaftsstrukturen vereinbar.

Kann diese Beobachtung als richtig unterstellt werden, so würden sich den Entwicklungsländern auch heute noch unter im einzelnen zu spezifizierenden Bedingungen alternative Entwicklungswege eröffnen, wobei die aus ihnen resultierenden ökonomischen Strukturprofile mit denen metropolitaner Ökonomie in der kapitalistischen oder sozialistischen Version eher identisch wären, als daß sie sich grundlegend von einem solchen Strukturprofil unterscheiden würden oder gar könnten.

Schlußbemerkung

Es ging im vorliegenden Beitrag nicht darum, inhaltsreiche Antworten auf die diskutierten Fragen zu geben. Eher verstehen die Autoren ihn als einen ersten Bericht aus laufender Forschung, als Werkstattbericht. Daß die hier entwickelten Perspektiven für Untersuchungen fruchtbar sind, hoffen wir in nicht allzu ferner Zeit dokumentieren zu können. Auch steht zu hoffen, daß andere Wissenschaftler sich einem solchen Unternehmen anschließen werden, weshalb wir diesen eher konzeptuellen Beitrag veröffentlichen. Die Diskussion in Abschnitt 3 sollte Ansatzpunkte zur Kooperation vor allem mit Wirtschaftshistorikern anzeigen. Andererseits ist die systematische Sichtung einer fast unerschöpflichen allgemeinen monographischen Literatur über einzelne Fälle (allgemeine Fallstudien über Länder und ihre Wirtschaftssektoren) vermittels der in Abschnitt 2.2. entwickelten Fragestellung die vordringlichste Aufgabe. Sie verspricht erste substantielle Antworten.

Anmerkungen

1 Eine kritische Aufarbeitung findet sich u. a. in Peter Flora, *Modernisierungsforschung*, Opladen 1974; H. C. F. Mansilla, *Entwicklung als Nachahmung. Zu einer kritischen Theorie der Modernisierung*, Meisenheim 1978; Samuel Eisenstadt, *Tradition, Wandel und Modernität*, Frankfurt 1979.

2 Vgl. die repräsentative Zusammenstellung in Wolfgang Zapf (Hrsg.), *Theorien des sozialen Wandels*, Köln 1969 (mit Bibliographie).

3 Zu den Ausnahmen zählen insbesondere die Arbeiten von Reinhard Bendix (siehe unten Anm. 29), von Alexander Gerschenkron (siehe unten Anm. 24), die frühe Studie von Karl W. Deutsch, *Nationalism and Social Communication. An Inquiry into the Foundations of Nationality*, Cambridge 1966[2]; K. de Schweinitz, *Industrialization and Democracy*, Glencoe 1964; sowie die neueren Konzeptualisierungen von Stein Rokkan, *Dimensions of State Formation and Nation-Building. A Possible Paradigm for Research on Variations within Europe*, in Charles Tilly (Hrsg.), *The Formation of National States in Western Europe*, Princeton 1975, S. 562-600. Von einer welthistorischen Perspektive geht aus S. N. Eisenstadt, *The Political Systems of Empires*, London 1963. Mit Vorbehalten, da stark aus US-amerikanischer Sicht geschrieben, wäre noch zu nennen S. P. Huntington, *Political Order in Changing Societies*, New Haven 1968. Jetzt auch Reinhard Bendix, *Kings or People. Power and the Mandate to Rule*, Berkeley 1978.

4 Vgl. Dieter Senghaas (Hrsg.), *Peripherer Kapitalismus*, Frankfurt 1974; Samir Amin, *Die ungleiche Entwicklung*, Hamburg 1975; sowie die bibliographischen Angaben in Manfred Wöhlcke u. a., *Die neuere entwicklungstheoretische Diskussion*, Frankfurt 1977.

5 Vgl. Samir Amin, *L'accumulation à l'échelle mondiale*, Paris 1971[2].

6 Siehe u. a. die Überlegungen von Charles Tilly, *Western State Making and Theories of Political Transformation* in dem vom selben Autor herausgegebenen, in Anmerkung 3 zitierten Band (dort S. 601-638); weiterhin vor allem Hans-Ulrich Wehler, *Modernisierungstheorie und Geschichte*, Göttingen 1975, sowie immer noch

Gerhard Brandt, *Industrialisierung, Modernisierung, gesellschaftliche Entwicklung,* in: *Zeitschrift für Soziologie,* Bd. 1, Heft 1, 1972, S. 5-14.

7 Vgl. Immanuel Wallerstein, *The Modern World System,* New York 1974; Perry Anderson, *Passages from Antiquity to Feudalism* und *Lineages of the Absolutist State* sowie zwei angekündigte Folgebände, London 1974 ff.; Andre Gunder Frank, *L'accumulation à l'échelle mondiale, 1500-1800,* Paris 1977; Hartmut Elsenhans, *Geschichte und Ökonomie der europäischen Welteroberung,* Frankfurt (i. V.). In gleiche Richtung weisend, wenn auch nicht gleichermaßen differenziert Ekkehart Krippendorff, *Internationales System als Geschichte,* Frankfurt 1975.

8 Siehe im vorliegenden Band den Beitrag von I. Wallerstein und T. Hopkins, S. 151 ff.

9 Siehe im vorliegenden Band den Beitrag von Dieter Senghaas, S. 376 ff.

10 Friedrich List, *Das nationale System der politischen Ökonomie,* Tübingen 1959 (Erstausgabe 1841). Einen ähnlichen Stellenwert, wenn auch nicht so systematisiert, haben Alexander Hamiltons, *Report on Manufactures* (von 1791) in Harold C. Syrett (Hrsg.), *The Papers of Alexander Hamilton,* New York 1961 ff., Bd. 10, S. 1-340; sowie S. J. Witte, *Report of the Minister of Finance to His Majesty on the Necessity of Formulating and Thereafter Steadfastly Adhering to a Definite Program of a Commercial and Industrial Policy of the Empire* (von 1899) in Theodore H. v. Laue, *A Secret Memorandum on the Industrialization of Imperial Russia,* in: *The Journal of Modern History,* Bd. 26, 1954, S. 60-74. Als einschlägiger Beitrag aus diesem Jahrhundert siehe die in Anmerkung 41 zitierten Studien von Mihail Manoilesco.

11 Dieter Senghaas, *Weltwirtschaftsordnung und Entwicklungspolitik. Plädoyer für Dissoziation,* Frankfurt 1978², S. 75 ff.

12 Jochen Röpke, *Der Einfluß des Weltmarkts auf die wirtschaftliche Entwicklung,* in H. Giersch u. a., *Weltwirtschaftsordnung und Wirtschaftswissenschaft,* Stuttgart 1978, S. 30-52, Zitat S. 44. Siehe vom selben Autor *Probleme des Neuerungstransfers zwischen Ländern unterschiedlicher Entwicklungsfähigkeit,* in: *Ordo,* Bd. 29, 1978, S. 245-279.

13 Ebd., S. 39.

14 Ebd., S. 45.

15 Hierzu jetzt explizit die Studie von Frances Moulder, *Japan, China and the Modern World Economy,* Cambridge 1977.

16 Weshalb allein schon die Suche nach einem einzigen »set of prerequisites« für Entwicklungsdurchbrüche abwegig erscheinen muß.

17 Gefragt wird also nicht, welche Lehren Entwicklungsländer aus der europäischen Erfahrung ziehen können – eine Frage, die u. a. Knut Borchardt explizit stellte (siehe seinen Beitrag *Europas Wirtschaftsgeschichte – ein Modell für Entwicklungsländer?,* in Rudolf Braun u. a., (Hrsg.), *Gesellschaft in der industriellen Revolution,* Köln 1973, S. 343-366); erprobt wird die Nützlichkeit der Theorie des *peripheren* Kapitalismus für die Untersuchung spezifischer Aspekte der Entwicklung des *metropolitanen* Kapitalismus als ein rein analytischer Vorgang.

18 Dieses methodische Vorgehen wurde im Zusammenhang der Analyse von vier sozialistischen Entwicklungsländern schon erfolgreich erprobt. Siehe die Verweise in Anmerkung 26.

19 Als interessanter Beitrag zur wechselseitigen Befruchtung einer auf Metropolen und Peripherien gerichteten Entwicklungsforschung siehe Paul Bairoch, *Die Dritte Welt in der Sackgasse. Die Entwicklung vom 18. bis zum 20. Jahrhundert,* Wien 1973.

20 Siehe hierzu Dieter Senghaas, *Plädoyer für eine Reorientierung von Entwicklungsforschung*, in K. M. Khan und V. Matthies (Hrsg.), *›Hilfswissenschaft‹ für die Dritte Welt oder ›Wissenschaftsimperialismus‹*, München 1976, S. 119-142.

21 Eine knappe, von gängigen wirtschaftswissenschaftlichen Fragestellungen ausgehende Diskussion der unterschiedlichen Entwicklungsprofile in der überkommenen Weltwirtschaftsordnung findet sich in W. Arthur Lewis, *The Evolution of the International Economic Order*, Princeton 1978, sowie ders., *Growth and Fluctuations, 1870-1913*, London 1978.

22 Vgl. dazu F. Crouzet, *Wars, Blockade and Economic Change in Europe 1792-1815*, in: *Journal of Economic History*, Bd. 24, 1964, S. 567-588.

23 Obgleich zu bedenken ist, daß die Phase *merkantilistischer Politik*, einer Schutzpolitik eigener Art, der industriellen Revolution voranging. Siehe jetzt Perry Anderson, Anm. 7.

24 Alexander Gerschenkron, *Economic Backwardness in Historical Perspective*, Cambridge 1966 (besonders sein gleichnamiger Aufsatz ebd. S. 5-30); ders., *Continuity in History and other Essays*, Cambridge 1968.

25 Zu Japan siehe Jon Halliday, *Political History of the Japanese Capitalism*, New York 1976 sowie Senghaas, a.a.O., Anm. 11, S. 88 ff. Mit Einschränkungen wäre als ähnlich gelagerter Fall die Wittesche Administration in der Spätphase des zaristischen Rußlands zu nennen, wo seit etwa 1890 ebenfalls eine Staatsklasse eine kapitalistische Industrialisierung zu initiieren suchte, wobei der schließliche Erfolg allerdings sich infolge des 1. Weltkriegs und der Oktoberrevolution nicht mehr einstellen konnte. Zu Rußland vgl. Theodore H. von Laue, *Sergei Witte and the Industrialization of Russia*, New York u. London 1963 und Jürgen Nötzold, *Wirtschaftspolitische Alternativen der Entwicklung Rußlands in der Ära Witte und Stolypin*, Berlin 1966.

26 Zur Analyse dieser Fälle siehe Ulrich Menzel, *Theorie und Praxis des chinesischen Entwicklungsmodells. Ein Beitrag zum Konzept autozentrierter Entwicklung.* Mit einem Vorwort von Dieter Senghaas, Opladen 1978; Gerd Wontroba / Ulrich Menzel, *Stagnation und Unterentwicklung in Korea. Von der Yi-Dynastie zur Peripherisierung unter japanischer Kolonialherrschaft.* Mit einem Vorwort von Dieter Senghaas, Meisenheim 1978; Rosemarie Juttka-Reisse, *Agrarpolitik und Kimilsungismus in der Volksrepublik Korea. Ein Beitrag zum Konzept autozentrierter Entwicklung.* Mit einem Vorwort von Dieter Senghaas, Meisenheim 1979; Wolfgang Ruß, *Der Entwicklungsweg Albaniens. Ein Beitrag zum Konzept autozentrierter Entwicklung.* Mit einem Vorwort von Dieter Senghaas, Meisenheim 1979. Bei der jüngst zu beobachtenden Reintegration der VR China muß berücksichtigt werden, daß China inzwischen über eine weitgehend kohärente Ökonomie verfügt und vor diesem Hintergrund auf dem Weltmarkt agieren kann. Ähnliches gilt für die beginnende oder bevorstehende Integration in den Fällen Albanien und Nordkorea. Zu China siehe Dieter Senghaas, *Wo steht China – Wohin bewegt sich China?*, in: *Aus Politik und Zeitgeschichte*, Beilage zum *Parlament*, B/8, 1979, vom 24. 2. 1979, S. 21-30.

27 Vgl. im vorliegenden Band S. 394 ff.

28 Um in einer späteren Entwicklungsphase natürlich schwerpunktmäßig auf den im Industriesektor Tätigen aufzubauen.

29 Siehe insbesondere Reinhard Bendix, *Nation-Building and Citizenship*, London 1977², insbesondere S. 361 ff.

30 Zur Terminologie siehe Jürgen Kocka, *Sozialgeschichte*, Göttingen 1977, S. 97 ff.

31 Diese Literatur ist zunächst kaum noch überschaubar, doch siehe als nützliche, die Literatur anfänglich erschließende Werke Carlo Cipolla und Knut Borchardt (Hrsg.), *Europäische Wirtschaftsgeschichte* (The Fontana Economic History of Europe), Stuttgart 1976 ff. (4 Bde.); *The Cambridge Economic History of Europe*, Bde. VI, VII, London 1966 und 1978; Pierre Léon u. a., *L'industrialisation en Europe au XIXe siècle*, Paris 1972; F. Crouzet u. a., *Essays in European Economic History*, London 1969; Rudolf Braun u. a. (Hrsg.), *Industrielle Revolution*, Köln 1972 (mit Bibliographie); als umfassende Monographien W. O. Henderson, *Britain and Industrial Europe 1750-1870. Studies in British Influence on the Industrial Revolution in Western Europe*, Liverpool 1954; ders., *The Industrialization of Europe 1780-1914*, London 1969; R. E. Cameron, *France and the Economic Development of Europe 1800-1914*, Princeton 1961; A. Milward and S. B. Saul, *The Economic Development of Continental Europe, 1780-1870*, London 1973; dieselben, *The Development of the Economies of Continental Europe, 1850-1914*, London 1977; David Landes, *Der entfesselte Prometheus. Technologischer Wandel und industrielle Entwicklung in Westeuropa von 1750 bis zur Gegenwart*, Köln 1973; Paul Bairoch, *Commerce extérieur et développement économique de l'Europe* au XIXe siècle, Paris 1976. Zur Bewertung der Entwicklung wirtschaftshistorischer Beiträge siehe Otto Büsch, *Industrialisierung und Geschichtswissenschaft*, Berlin 1969; F. Crouzet, *The Economic History of Modern Europe*, in: *Journal of Economic History*, Bd. 31, 1971, S. 135-152; Richard Tilly und Charles Tilly, *Agenda for European Economic History in the 1970s*, in: ebd., S. 184-198; Richard Tilly, *Das Wachstumsparadigma und die europäische Industrialisierungsgeschichte*, in: *Geschichte und Gesellschaft*, Bd. 3, 1977, S. 98-108.

32 P. Mathias, *The First Industrial Nation. An Economic History of Britain 1700-1914*, London 1969; bzw. Phyllis Deane, *The First Industrial Revolution*, Cambridge 1967.

33 Walt W. Rostow, *The Beginning of Modern Growth in Europe. An Essay in Synthesis*, in: *Journal of Economic History*, Bd. 33, 1973, S. 547-579, Zitat S. 573/574. Siehe auch ders., *How it all Began. Origins of the Modern Economy*, New York 1975.

34 N. F. R. Crafts, *Industrial Revolution in England and France. Some Thoughts on the Question ›Why was England First?‹*, in: *Economic History Review*, Bd. 30, 1977, S. 429-441. Der Autor schlägt vor, Entwicklungsprozesse als probabilistisch angelegte Suchprozesse zu begreifen (siehe auch Anm. 59). Unter methodischen Gesichtspunkten jetzt wichtig Patrick O'Brien und Çağlar Keyder, *Economic Growth in Britain and France, 1780-1914. Two Paths to the Twentieth Century*, London 1978; weiterhin allgemein Peter Mathias, *British Industrialization: Unique or Not?*, in Pierre Leon u. a., a.a.O., Anm. 31, S. 497-507.

35 Siehe hierzu den instruktiven Beitrag von F. Crouzet, *Western Europe and Great Britain: ›Catching up‹ in the First Half of the Nineteenth Century*, in A. J. Youngson (Hrsg.), *Economic Development in the Long Run*, London 1972, S. 98-125.

36 Ebd., S. 103.

37 Charles Kindleberger, *Group Behavior and International Trade*, in: *Journal of Political Economy*, Bd. 59, 1951, S. 30-46. Zur variablen Rolle von Protektion und Freihandel siehe jetzt Charles Kindleberger, *The Rise of Free Trade in Western Europe, 1820-1875*, in: *Journal of Economic History*, Bd. 35, 1975, S. 20-55 (wiederabgedruckt in ders., *Economic Response. Comparative Studies in Trade, Finance and Growth*, Cambridge 1978). Als relevantes älteres Werk zu diesem Thema Georges B.

Curtiss, *Protection and Prosperity. An Account of Tariff Legislation and its Effect in Europe and America*, London 1896.

38 Siehe insbesondere *The Approach to European Industrialization* in Alexander Gerschenkron, *Economic Backwardness in Historical Perspective*, Cambridge 1962, S. 353-364.

39 Siehe Steven L. Barsby, *Economic Backwardness and the Characteristics of Development*, in: *Journal of Economic History*, Bd. 29, 1969, S. 449-472; Paul R. Gregory, *Some Empirical Comments on the Theory of Relative Backwardness. The Russian Case*, in: *Economic Development and Cultural Change*, Bd. 22, 1974, S. 654-665.

40 Dazu fehlt insbesondere eine Sichtung von Fällen wie USA, Kanada, Australien, Neuseeland; weniger von Japan, das ein klarer Fall für Gerschenkrons These ist. Weiterhin fehlen die skandinavischen Länder, Frankreich, Österreich, die Schweiz und Spanien.

41 Zu diesen interessanten Fällen siehe Wolfgang Zorn, *Umrisse der frühen Industrialisierung Südosteuropas im 19. Jahrhundert* in: *Vierteljahresschrift für Wirtschafts- und Sozialgeschichte* Bd. 57, 1970, S. 500-533; John Lampe, *Varieties of Unsuccessful Industrialization: The Balkan States Before 1914*, in: *Journal of Economic History*, Bd. 35, 1975, S. 56-85; William Ashworth, *Typologies and Evidence: Has Nineteenth-Century Europe a Guide to Economic Growth?*, in: *Economic History Review*, Bd. 30, 1977, S. 140-158; Alois Brusatti (Hrsg.), *Die wirtschaftliche Entwicklung* = Bd. 1 von Adam Wandruszka / Peter Urbanitsch (Hrsg.), *Die Habsburgermonarchie 1848-1918*, 9 Bde., Wien 1973, passim; sowie die ergiebige Monographie von Ivan Berend und György Ranki, *Economic Development in East-Central Europe in the 19th and 20th Centuries*, London 1974. Zur dortigen List-Rezeption u. a. Victor Vasiloiu, *Der Einfluß F. Lists auf den rumänischen wirtschaftlichen Gedanken im 19. Jahrhundert*, Düsseldorf 1939; Franz Wolf, *Friedrich List's Beziehungen zum öffentlichen Leben und zur Volkswirtschaft Ungarns*, Diss. Wien 1943 sowie Mihail Manoilesco, *Die nationalen Produktivkräfte und der Außenhandel*, Berlin 1937 und ders., *Die theoretische Problematik des Außenhandels. Synthese, Beweisführung, Polemik*, in: *Weltwirtschaftliches Archiv*, Bd. 51, 1940, S. 1–82. Über die frühe wegweisende rumänische Diskussion über Entwicklungstheorie und Entwicklungspolitik siehe jetzt Kenneth Jowitt (Hrsg.), *Social Change in Romania, 1860-1940. A Debate on Development in a European Nation*, Berkeley 1978.

42 *The Typology of Industrial Development as a Tool of Analysis*, in Alexander Gerschenkron, *Continuity of History and other Essays*, Cambridge 1968, S. 77-97, Zitat S. 81/82.

43 Bert F. Hoselitz, *Wirtschaftliches Wachstum und sozialer Wandel*, Berlin 1969, S. 54 ff. (wiederabgedruckt in *Geschichte und Ökonomie*, hrsg. von H. U. Wehler, Köln 1973, S. 104-120). Im Hinblick auf den Zusammenhang von agrarischer Entwicklung und der Herausbildung politischer Systeme sei natürlich auch auf Barrington Moore, *Soziale Ursprünge von Diktatur und Demokratie*, Frankfurt 1974, verwiesen.

44 Diese Einschränkungen beziehen sich sowohl auf Hoselitz' Typenpalette, seine Länderzuordnung wie auch die Zuordnung der Perioden. Es ist z. B. zweifelhaft, ob Länder wie Dänemark und die Schweiz in eine Kategorie gehören, oder ob nicht grundsätzlich zwischen solchen kleinen europäischen Ländern unterschieden werden müßte, die reine Satelliten wie etwa Dänemark, Norwegen und Finnland waren, und solchen, die in Teilbereichen mit den großen Ländern konkurrierten wie

Belgien, Schweiz und Schweden. Auch die Abgrenzung zwischen induzierter und autonomer Entwicklung ist nicht in jedem Fall problemlos. Dabei sei nur auf die Wirtschaftspolitik Alexander Hamiltons in den USA ab 1790 oder die staatsinterventionistische Tradition Rußlands seit Peter dem Großen bis zu Sergei J. Witte verwiesen.

45 Obgleich nicht uninteressant, kann die im folgenden Artikel entwickelte Typologie gemessen an den genannten Kriterien nicht befriedigen: Irma Adelman und Cynthia Taft Morris, *Growth and Impoverishment in the Middle of the Nineteenth Century,* in: *World Development,* Bd. 6, 1978, S. 245-273. Andererseits ist dieser Artikel besonders wichtig, weil in ihm zwei Expertinnen der Entwicklungsländerforschung sich der Analyse metropolitaner Entwicklung zugewandt haben.

46 Otto Büsch u. a. (Hrsg.), *Industrialisierung und ›europäische Wirtschaft‹ im 19. Jahrhundert,* Berlin 1976.

47 Sidney Pollard, *Industrialization and the European Economy,* in: *Economic History Review,* Bd. 26, 1973, S. 636-647, Zitat S. 637.

48 In gleiche Richtung argumentierend siehe William Ashworth, a.a.O., Anm. 41, passim und Wolfram Fischer, *Wirtschaft und Gesellschaft im Zeitalter der Industrialisierung,* Göttingen 1972, S. 464 ff.

49 Pollard, a.a.O., Anm. 47, S. 644.

50 Sidney Pollard, *European Economic Integration 1815-1970,* London 1974; Henderson 1972 und Cameron in Anm. 31.

51 Hier ließe sich dann auch der Pollardsche mit dem Wallersteinschen Ansatz vermitteln.

52 Dieser Ansatz führt sicher weiter als Treue, der bei der Analyse der Besonderheiten regionaler Individualität beharren will und damit eine weitere Analyseeinheit ins Spiel bringt, nämlich die ausschließliche Untersuchung lokaler Industrialisierung wie etwa der des Ruhrgebiets. Vgl. dazu Treues Kommentar in Büsch u. a., a.a.O., Anm. 46, S. 34.

53 Siehe u. a. die Diskussion in Crafts, a.a.O., Anm. 34 sowie in R. M. Hartwell, *Die Ursachen der industriellen Revolution. Ein Essay zur Methodologie,* in: Rudolf Braun u. a. (Hrsg.), a.a.O., Anm. 31, S. 35-58.

54 Charles Kindleberger, *Economic Growth in France and Britain 1851-1950,* New York 1969², S. 324.

55 Ebd., S. 325.

56 Eine Beobachtung, die früh Gerschenkron explizit formulierte.

57 Kindleberger, a.a.O., Anm. 54, S. 325.

58 Dieter Senghaas, *Aufrüstung durch Rüstungskontrolle,* Stuttgart 1972, S. 81 ff.

59 Karl W. Deutsch, *National Integration: Some Concepts and Research Approaches.*

60 Eine frühe Diskussion findet sich in Walther G. Hoffmann, *Stadien und Typen der Industrialisierung,* Jena 1931; weiterhin Simon Kuznets, *Modern Economic Growth. Rate, Structure and Spread,* New Haven 1966.

III. Aktuelle Kontexte

Samir Amin
›Self-reliance‹ und die Neue internationale Wirtschaftsordnung

1. Zur aktuellen Problematik

Die Jahrzehnte nach dem Zweiten Weltkrieg waren durch den Aufschwung der Befreiungsbewegung auf drei Kontinenten gekennzeichnet. In Asien und Afrika setzte diese sich vor allem zum Ziel, die nationale Unabhängigkeit wiederzugewinnen und dadurch zu verteidigen, daß man die militärischen Bündnisse ablehnte, mit deren Hilfe die Vereinigten Staaten die Politik der Länder der Dritten Welt zu dominieren suchten. In der Regel freilich bedrohten weder die Ziele noch die Methoden der wirtschaftlichen Entwicklung die Grundzüge der internationalen Arbeitsteilung, wie sie sich im letzten Jahrhundert herausgebildet hatte. So akzeptierte man im allgemeinen das Modell einer außenorientierten und abhängigen Entwicklung. Das objektive Scheitern dieses Modells sowie ihre zunehmend schwierigeren Probleme veranlaßten die Länder der Dritten Welt, allmählich eine neue Strategie einzuschlagen, um durch Stärkung ihrer wirtschaftlichen Unabhängigkeit die wiedergewonnene politische Unabhängigkeit zu konsolidieren.

Die neue Entwicklungsstrategie macht sich in drei einander ergänzenden Aspekten geltend: 1. in der Entscheidung für eine ›eigenständige‹ *(self-reliant)* Entwicklung, die dem Prinzip folgt, sich auf die eigenen Ressourcen zu stützen; 2. in der Vorrangstellung, die der Kooperation und wirtschaftlichen Integration der Länder der Dritten Welt eingeräumt wird (›kollektive *self-reliance*‹), 3. in der Forderung nach einer neuen Weltwirtschaftsordnung, die auf höheren Rohstoffpreisen und einer Kontrolle über natürliche Ressourcen, auf dem Zugang von Produzenten der Dritten Welt zu den Märkten der entwickelten Länder sowie auf einem beschleunigten Technologietransfer beruhen soll.

Man wird leicht begreifen, daß sich solche allgemeinen Losungen – selbst wenn sie vernünftig sind – unterschiedlich interpretieren lassen. Abgesehen davon, daß lokale Gruppen, die sich nur eine abhängige Entwicklung vorstellen können, den abgedroschenen demagogischen Versuch unternehmen, diese Losungen aufzugreifen, und daß gewisse externe Kräfte, die den Zielen der neuen Weltwirtschaftsordnung in der Praxis feindlich gegenüberstehen, ein opportunistisches Lippenbekenntnis dazu ablegen, bleiben selbst dann, wenn tatsächlich versucht wird, eine neue Weltordnung durchzusetzen, einige ernstzunehmende Differenzen bestehen, sowohl was die obersten Zielsetzungen als auch die Mittel zu ihrer Erreichung anlangt.

Im Grunde geht es um die Frage, ob sich die Alternativen so bestimmen lassen, wie wir es gerade getan haben, nämlich losgelöst von obersten Zielsetzungen, d. h. der Entscheidung zwischen Sozialismus und Kapitalismus. Mit anderen Worten: Ist das Ziel einer *autonomen* kapitalistischen Entwicklung in den Ländern der Dritten Welt ein realistisches Ziel? Denn wenn die entwickelten kapitalistischen Ökonomien auch nicht wirtschaftlich autark sind, so sind sie doch eigenständig. In ihrem Fall ist es sinnvoll, von Interdependenz zu sprechen – auch zwischen ungleichen Partnern (denn der französische Kapitalismus ist dem deutschen oder amerikanischen Kapitalismus nicht ebenbürtig). Die peripheren kapitalistischen Ökonomien hingegen sind bislang außenorientiert und abhängig, nicht aber ›interdependent‹ gewesen. Können sie ›eigenständig‹ werden, ohne sich aus dem Weltsystem des Waren-, Technologie- und Kapitalaustausch zurückzuziehen? Können sie dadurch ›eigenständig‹ werden, daß sie das Weltsystem zu einer Neuorientierung zwingen und anstelle einer bisher ungleichen eine ebenbürtige Arbeitsteilung durchsetzen? Können sie dieses Ziel mit den Mitteln erreichen, die das Programm der neuen Weltwirtschaftsordnung bestimmen? Diese Fragen müssen beantwortet werden.

Um es zusammenzufassen: Stellt die jüngste Entwicklung in der Dritten Welt unsere Theorie des peripheren Kapitalismus in Frage? Ich möchte in Erinnerung rufen, daß dieser Theorie zufolge ein grundlegender Unterschied zwischen dem Modell einer eigenständigen Akkumulation und jenem Modell besteht, welches das periphere kapitalistische System beschreibt, und daß somit alle Theorien abgelehnt werden, die von linearen ›Entwicklungsstadien‹ ausgehen. Diese Theorie schließt die Vorstellung aus, es könne in der Peripherie einen reifen, autonomen Kapitalismus geben, und behauptet, daß hier ein sozialistischer Bruch mit dem (kapitalistischen) System objektiv notwendig ist. In diesem Sinne behauptet sie weiterhin, daß die nationale Befreiungsbewegung kein Entwicklungsstadium des Kapitalismus auf internationaler Ebene, sondern eine Periode in der sozialistischen Transformation der Welt darstellt. Diese Frage kehrt immer wieder, wenn auch ständig in neuer Gestalt. In eben dieser neuen Gestalt wollen wir sie im vorliegenden Aufsatz untersuchen.[1]

2. Über metropolitanen Kapitalismus

Die bestimmende Verbindung in einem eigenständigen kapitalistischen System ist die, welche den Sektor der Massenkonsumgüterproduktion mit dem Sektor der Investitionsgüterproduktion verknüpft. Diese bestimmende Verbindung ist für die historische Entwicklung des Kapitalismus im Zentrum des Systems (Europa, Nordamerika und Japan) kennzeichnend. Diese Wechselbeziehung verweist auf eine abstrakte Definition der ›reinen‹ kapitalistischen Produktionsweise und wurde als solche von Marx im *Kapital* analysiert. Marx zeigte, daß in der kapitalistischen Produktionsweise ein *objektiver* (d. h. *notwendiger*) Zusammenhang zwischen der Rate des Mehrwerts und dem Entwicklungsstand der Produktivkräfte herrscht. Die Mehrwertrate ist ausschlaggebend für die Struktur der gesellschaftlichen Verteilung des Nationaleinkommens (seine Aufteilung in Löhne und Profit) und infolgedessen für die Struktur der Nachfrage (die Löhne bilden die Hauptquelle für die Nachfrage nach Massenkonsumgütern, während die Profite ganz oder teilweise ›zu Investitionszwecken gespart‹ werden). Der Entwicklungsstand der Produktivkräfte drückt sich in der gesellschaftlichen Arbeitsteilung aus, d. h. im zweckmäßig proportionierten Einsatz der Arbeitskräfte in den beiden Sektoren.

Obgleich dieses Modell schematisch ist, beschreibt es doch den Kern des Systems. Wenn es von äußeren Beziehungen abstrahiert, so bedeutet das nicht, daß sich die Entwicklung des Kapitalismus im Rahmen nationaler Autarkie (ökonomischer Selbstgenügsamkeit) vollzieht, sondern nur, daß die wesentlichen Beziehungen in dem System unter Abstraktion von äußeren Beziehungen erfaßt werden können. Genauer gesagt, äußere Beziehungen unterliegen der Logik und den Erfordernissen der eigenständigen *internen* Akkumulation. Darüber hinaus bringt das Modell klar den historisch *relativen* Charakter der Unterscheidung zwischen Massenkonsumgütern und Luxusgütern zum Ausdruck. Strenggenommen lassen sich Güter nur dann als ›Luxusgüter‹ bezeichnen, wenn die Nachfrage nach ihnen dem konsumierten Teil des Profits entspringt, während die aus den Löhnen stammende Nachfrage mit dem Fortschritt der Produktivkräfte wächst. Um das Problem verstehen zu können, ist jedoch die historische Abfolge der Arten von ›Massenkonsumgütern‹ von entscheidender Bedeutung. In den Anfängen des Systems beschleunigte die Struktur der Nachfrage die Agrarrevolution, da sie einen *Inlandsmarkt* für Nahrungsmittel schuf. Daher ging der Agrarkapitalismus der Expansion und Reife der kapitalistischen Produktionsweise in der Industrie voraus.

Aus diesem Modell können wir somit drei wichtige Schlußfolgerungen ziehen:

1. In den Regionen, die zu Zentren des kapitalistischen Weltsystems werden sollten, erwuchs die kapitalistische Produktionsweise aus einem internen Auflösungsprozeß der vorkapitalistischen (hier:

feudalen) Produktionsweisen. Diese Auflösung der feudalen Produktionsverhältnisse in der europäischen Agrargesellschaft bildet den sozialen Rahmen, der die berühmte ›Agrarrevolution‹ begünstigt, welche der ›industriellen Revolution‹ vorausgeht, ja, sie erst ermöglicht. Die vorangegangene Produktivitätssteigerung in der Landwirtschaft macht es möglich, eine (proletarisierte) ›Überschußbevölkerung‹ vom Lande zu vertreiben und schafft zugleich einen Überschuß an vermarkteten Nahrungsmitteln, der zur Reproduktion dieses Proletariats notwendig ist.

2. Zwar variieren die Klassenbündnisse, die das Gedeihen neuer kapitalistischer Verhältnisse in der Industrie ermöglichen, räumlich und zeitlich, doch drückt sich in ihnen stets der gleiche wesentliche Umstand aus – es handelt sich immer um ein Bündnis zwischen der neuen dominanten Klasse (der Industriebourgeoisie) und den Grundbesitzern (entweder Bauern, wie nach einer Revolution vom französischen Typus, oder Großgrundbesitzern, wenn – wie in England oder Deutschland – die ehemaligen feudalen Grundbesitzer eine neue Funktion annehmen und in den Markt integriert werden) im Rahmen eines reifen und starken Nationalstaates.

3. So formt die Unterordnung von äußeren Beziehungen (ökonomischer und politischer Art) unter die Erfordernisse der internen Akkumulation allmählich das kapitalistische Weltsystem. Dieses bildet sich heraus als eine Reihe von eigenständigen und interdependenten zentralen Formationen (auch wenn sie ungleich fortgeschritten sind) und von peripheren Formationen, die der Logik der Akkumulation in den sie dominierenden Zentren unterworfen sind.

Wir gelangen also zu dem Schluß, daß die Vorstellung einer einzelne ›Stadien‹ durchlaufenden Entwicklung (wobei lediglich einige Länder historisch noch nicht so weit sind wie andere) zwar im großen und ganzen auf die allmähliche Konstituierung der Zentren, nicht aber auf die Peripherien zutrifft.

Eben diese Schlußfolgerung aber liegt in Wirklichkeit den expliziten oder impliziten Differenzen in allen Diskussionen über die Zukunft der Dritten Welt zugrunde. Deshalb müssen wir uns nun der Frage zuwenden, welche Stadien die Peripherien in ihrer Formierung und Evolution durchlaufen und welches ihre mutmaßlichen Zukunftsperspektiven sind. Die (unserer Theorie) entgegengesetzte Auffassung behauptet nämlich (explizit oder implizit), daß die unterentwickelten Ökonomien ungeachtet ihrer von außen bewirkten Genese über die spezifischen Stadien ihrer Evolution auf die Konstituierung reifer eigenständiger Ökonomien zusteuern, und daß diese – aus Gründen, die nicht in den Bereich unserer Untersuchung fallen – entweder ›kapitalistisch‹ oder ›sozialistisch‹ sein könnten.

3. Über peripheren Kapitalismus

Betrachten wir nun, welche Evolutionsstadien die Peripherien des kapitalistischen Weltsystems durchlaufen haben, zumindest seit Mitte des letzten Jahrhunderts. Dieses Modell der Akkumulation an der Peripherie des Weltsystems beginnt, vom Zentrum gesteuert, damit, in der Peripherie einen Exportsektor zu schaffen, der bei der Entstehung und Gestaltung des Marktes die entscheidende Rolle spielen wird. Der *Grund*, der die Schaffung dieses Exportsektors ermöglicht, muß in den Bedingungen gesucht werden, die seine Errichtung ›rentabel‹ werden lassen. Das nationale Kapital der Zentren muß keineswegs infolge unzureichender Absatzmöglichkeiten im Zentrum in die Peripherie ausweichen; es wird dies aber tun, wenn es dort eine bessere Verwertung erzielen kann. Der Ausgleich der Profitrate teilt diese höheren Gewinne um und benutzt den Kapitalexport als Mittel, dem tendenziellen Fall der Profitrate entgegenzuwirken. Der *Grund* für die Schaffung eines peripheren Exportsektors liegt also darin, daß die Peripherie Produkte liefert, die Bestandteile des konstanten Kapitals (Rohstoffe) oder des variablen Kapitals (Nahrungsmittel) sind, und zwar zu Produktionskosten, die niedriger sind als die Produktionskosten für gleiche Produkte (oder, im Falle bestimmter Produkte, für deren Ersatz) im Zentrum.

Dies bildet den Bezugsrahmen für die *Grundzüge* der Theorie des *ungleichen Tausches*. Der Export von Produkten aus der Peripherie ist in dem Maße von Bedeutung, wie der Unterschied zwischen den Arbeitseinkommen größer als der Unterschied zwischen der jeweiligen Produktivität ist. Das aber ist möglich, weil die periphere Gesellschaft mit allen – ökonomischen wie außerökonomischen – Mitteln dieser neuen Funktion dienstbar gemacht wird, nämlich für den Exportsektor relativ billige Arbeitskräfte zu stellen.

Die grundlegende Verbindung, die den Prozeß der Kapitalakkumulation im Zentrum charakterisiert und in der objektiven Beziehung zwischen Lohnniveau und Entwicklungsstand der Produktivkräfte ihren Ausdruck findet, verschwindet hier also vollständig. Das Lohnniveau im peripheren Exportsektor ist so niedrig, wie es die ökonomischen, sozialen und *politischen* Bedingungen erlauben. Der Entwicklungsstand der Produktivkräfte ist heterogen (während er im eigenständigen Modell homogen war), nämlich fortgeschritten (und zuweilen sehr weit fortgeschritten) im Exportsektor und rückständig in der ›restlichen Ökonomie‹. Diese Rückständigkeit (die vom System aufrechterhalten wird) ist die Bedingung dafür, daß der Exportsektor von billigen Arbeitskräften profitieren kann.

Unter diesen Umständen ist der Inlandsmarkt, der durch die Entwicklung des Exportsektors hervorgebracht wird, begrenzt und verzerrt. Die geringe Ausdehnung des Binnenmarktes erklärt, warum die Peripherie nur ein begrenztes Kapitalvolumen aus dem Zentrum anzieht, obwohl sie eine bessere Verwertung bietet. Der Widerspruch zwischen Konsumtions- und Produktionskapazitäten wird auf der Ebene des gesamten Weltsystems (Zentrum plus Peripherie) dadurch überwunden, daß der Markt im Zentrum expandiert, während die Peripherie – die ihren Namen mit vollem Recht trägt – lediglich eine untergeordnete und beschränkte Funktion erfüllt. Diese Dynamik führt zu einer wachsenden Konzentration des Reichtums im Zentrum.

Sobald der Exportsektor eine bestimmte Größe erreicht hat, entsteht jedoch ein Inlandsmarkt. Verglichen mit dem Markt, wie ihn der autozentrierte Prozeß hervorgebracht hat, vernachlässigt er (relativ) die Nachfrage nach ›Massenkonsumgütern‹ und begünstigt die Nachfrage nach ›Luxusgütern‹. Wenn das gesamte Kapital, das im Exportsektor investiert wird, ausländischer Herkunft wäre und seine Gewinne ausnahmslos in das Zentrum zurückflössen, bliebe der Inlandsmarkt auf die Nachfrage nach Massenkonsumgütern beschränkt, und diese Nachfrage wäre um so geringer, je niedriger das Lohnniveau ist. Ein Teil dieses Kapitals ist jedoch lokalen Ursprungs. Außerdem beruhen die Methoden, mit deren Hilfe niedrige Arbeitseinkommen garantiert werden sollen, auf einer Stärkung der verschiedenen lokalen Gesellschaftsklassen, die als Transmissionsriemen dienen – mancherorts sind dies *latifundistas*, andernorts Kulaken, handeltreibende Kompradorenbourgeoisie, Staatsbürokratie usw. Daher gründet der Inlandsmarkt *hauptsächlich* auf der Nachfrage dieser sozialen Schichten nach ›Luxusgütern‹.

Dieses Schema entspricht tatsächlich der historischen Realität in der *ersten Phase des imperialistischen Systems.* Ihre Blüte erlebte diese Phase zweifellos zwischen 1880 und 1914, doch setzte sie in Lateinamerika schon früher ein und hat zuweilen, so z. B. in Schwarzafrika, weitaus länger gedauert (bis in die fünfziger Jahre dieses Jahrhunderts). Es ist das Zeitalter des ›Kolonialpakts‹, der kolonialen und halbkolonialen Form der Herrschaft über die Peripherie.

Dieses Modell weist gegenüber dem autozentrierten Modell drei qualitativ unterschiedene Merkmale auf:

1. Das kapitalistische Modell wird hier mittels politischer Herrschaft ›von außen aufgepfropft‹. Vorkapitalistische Agrarverhältnisse werden nicht aufgelöst, sondern (und das ist etwas ganz anderes) verzerrt, weil sie den Akkumulationsgesetzen der sie dominierenden kapitalistischen Produktionsweise in den Zentren unterworfen werden. Das zeigt sich am Fehlen einer vorgängigen ›Agrarrevolution‹, d. h. an der Stagnation der landwirtschaftlichen Produktivität.

2. Bei den Klassenbündnissen, die den politischen Rahmen für die

Reproduktion des Systems bilden, handelt es sich in erster Linie nicht um interne Klassenbündnisse, sondern um ein internationales Bündnis zwischen dem Kapital der dominanten Monopole und seiner (untergeordneten) ›Verbündeten‹, um einen umfassenden Ausdruck zu benutzen: den ›Feudalherren‹ (womit das breite Spektrum von dominanten Klassen in den vorkapitalistischen Agrarsystemen gemeint ist) und der ›Kompradorenbourgeoisie‹. Es gibt keinen wirklich reifen, unabhängigen Nationalstaat, der diesen lokalen Klassen dient, sondern nur Administrationen, die direkt (im Fall von Kolonien) oder indirekt (im Fall von Halbkolonien) dem Monopolkapital dienen.

3. Äußere Beziehungen unterliegen in diesem Fall nicht der Logik einer internen Entwicklung, sondern sind vielmehr die Triebkraft dieser Entwicklung, deren Richtung und Tempo sie bestimmen.

4. Die Importsubstitutionsphase im peripheren Kapitalismus

Die erste Phase des Imperialismus ist nun vorüber. Welche Kräfte führten dazu und welche Art von Evolution tritt an ihre Stelle?

Motor der Veränderung ist die *anti-imperialistische nationale Befreiungsbewegung*. Diese Bewegung umfaßt drei gesellschaftliche Kräfte: 1. das (noch im Entstehen begriffene) überausgebeutete Proletariat, 2. die Bauernmassen, die doppelt ausgebeutet werden: zum einen von den sie dominierenden lokalen Klassen (den ›Feudalherren‹), zum anderen vom Monopolkapital, das die ›Feudalherren‹ in den ›Weltmarkt‹ hineingezogen hat, und 3. die nationale Bourgeoisie. Sie ist in diesem Stadium eher eine ›potentielle‹ denn eine ›reale‹ Klasse und trachtet danach, die Konditionen der internationalen Arbeitsteilung zu ändern, um eine eigene ökonomische Basis zu erhalten. Denn die internationale Arbeitsteilung des ›Kolonialpakts‹ ist einfach: Die Peripherie exportiert lediglich Primärgüter, mit denen sie alle Fertiggüter kaufen muß, die zur Deckung ihres Bedarfs notwendig sind, vor allem für die Luxuskonsumtion; eine eigene Industrie wird ihr nicht zugestanden. Die nationale Bourgeoisie und das Proletariat kämpfen um die Führung der nationalen Befreiungsbewegung, d. h. um die Führung der Bauernerhebung.

Im allgemeinen endete diese erste Phase mit dem Sieg der nationalen Befreiungsbewegung unter Führung der Bourgeoisie. Dieser Sieg zwang den Imperialismus, die Konditionen der Arbeitsteilung zu revidieren, und ermöglichte so der Dritten Welt den Beginn der Industrialisierung. Wir können diesen Sieg datieren: In einigen Ländern wurde er früher errungen (z. B. in Mexiko mit der 1911 beginnenden Revolution, in der Türkei mit Kemal Atatürk, in Ägypten mit der Wafd, in Brasilien und Argentinien in Form des ›Populismus‹), in den anderen später (in Südasien nach dem Zweiten Weltkrieg, in Afrika mit der Erlangung der Unabhängigkeit in den sechziger Jahren, etc.). Mit Ausnahme von Ostasien und Kuba, wo die nationalen Befreiungsbewegungen in diesem Stadium einen Rückzug aus dem imperialistischen Weltsystem betrieben, verfolgte die siegreiche nationale Bourgeoisie sonst durchweg eine Industrialisierungsstrategie, die inzwischen einen Namen hat: die Strategie der Importsubstitution.

Da das periphere Modell durch die spezifische Verbindung gekennzeichnet ist, die in der Verknüpfung von Exportsektor und Luxusgüterkonsumtion ihren Ausdruck findet, wird die Industrialisierung mittels Importsubstitution ›vom Ende her aufgerollt‹, d. h. es werden Produkte hergestellt, die den fortgeschritteneren Entwicklungsstadien des Zentrums entsprechen, mit anderen Worten: dauerhafte Konsumgüter. Diese Produkte absorbieren in hohem Grade Kapital und knappe Ressourcen (qualifizierte Arbeitskraft usw.). Das Resultat ist unweigerlich eine *verzerrte* Zuteilung von Ressourcen zugunsten dieser Produkte und zum Nachteil der Produktion von Massenkonsumgütern. Dieser Sektor wird systematisch benachteiligt: Er weckt keine ›Nachfrage‹ nach seinen Produkten und zieht weder Kapital noch Arbeitskräfte an, so daß seine Modernisierung gewährleistet wäre. Das erklärt die Stagnation der ›Subsistenzlandwirtschaft‹, deren potentielle Produkte nur eine geringe Nachfrage hervorrufen und deren Anteil an knappen Ressourcen zu klein ist, als daß ernsthafte Veränderungen möglich wären. Jede auf ›Rentabilität‹ beruhende ›Entwicklungsstrategie‹ führt (bei gleichbleibender Struktur der Einkommensverteilung, der relativen Preise und der Nachfrage) notwendigerweise zu dieser systematischen Verzerrung.

Unter ›sozialem‹ Gesichtspunkt betrachtet, bringt dieses Modell ein spezifisches Phänomen hervor: die *Marginalisierung* der Massen. Darunter verstehen wir eine Reihe von Mechanismen verschiedenster Art, welche die Massen verarmen lassen: Proletarisierung, Halbproletarisierung und Verarmung ohne Proletarisierung bei den Bauern, Verstädterung und massive Zunahme von städtischer Arbeitslosigkeit und Unterbeschäftigung usw. Arbeitslosigkeit und Unterbeschäftigung erfüllen hier eine andere Funktion als im autozentrierten Modell: Die hohe Arbeitslosenrate sichert sowohl im Export- wie im Luxusgütersektor minimale Löhne, die relativ unflexibel und ›eingefroren‹ sind; Löhne figurieren hier nicht gleichzeitig als Kosten und als ein Einkommen, das eine Nachfrage erzeugt, wie es für das autozentrierte Modell lebenswichtig ist, sondern nur als Kosten, während die Nachfrage andernorts, nämlich im Ausland oder im

Einkommen der privilegierten Gesellschaftsklassen, ihren Ursprung hat.

Dieser ›von außen gesteuerte‹ Typ von Entwicklung, der trotz der zunehmenden Diversifizierung der Wirtschaft, ihrer Industrialisierung usw. fortdauert, ist kein ›erster Sündenfall‹ oder ein ›deus ex machina‹, der dem Modell der abhängigen peripheren Kapitalakkumulation äußerlich wäre, denn dieses ist ein Modell der *Reproduktion* seiner funktionalen sozialen und ökonomischen Bedingungen. Die Marginalisierung der Massen ist die spezifische Bedingung für die Integration einer Minorität in das Weltsystem, sie garantiert dieser Minorität ein wachsendes Einkommen, das die Nachahmung ›europäischer‹ Konsummuster begründet. Die Ausweitung dieses Konsummusters gewährleistet die ›Rentabilität‹ des Luxusgütersektors und festigt die soziale, kulturelle, ideologische und politische Integration der privilegierten Klassen.

In diesem Stadium von Diversifizierung und Verstärkung der Unterentwicklung treten neue Mechanismen von Herrschaft und Abhängigkeit in Erscheinung. Es handelt sich um kulturelle und politische, aber auch um ökonomische Mechanismen: technologische Abhängigkeit und Beherrschung durch transnationale Konzerne. Der Luxusgütersektor erfordert kapitalintensive Investitionen, die nur die großen transnationalen oligopolistischen Konzerne vornehmen können und die die materielle Grundlage der technologischen Abhängigkeit bilden. In diesem Stadium treten aber auch komplexere Formen der Eigentumsstruktur und der wirtschaftlichen Leitung auf. Die Erfahrung zeigt, daß die Beteiligung von privatem oder staatlichem lokalen Kapital am Prozeß der Industrialisierung mittels Importsubstitution – in welch untergeordneter Rolle auch immer – durchaus üblich ist. Sie zeigt außerdem – zumindest in den großen Ländern –, daß es möglich sein kann, einen Investitionsgüter produzierenden Sektor aufzubauen, sofern die Entwicklung des Export- und des Luxusgütersektors einen ausreichend großen Markt geschaffen hat. Der Investitionsgütersektor wird häufig vom Staat ins Leben gerufen. Allerdings bedeutet die Entwicklung einer Basisindustrie und eines öffentlichen Sektors keineswegs, daß das System auf eine reife, eigenständige Form zusteuert, denn der Investitionsgütersektor wird hier nicht zur Entwicklung der Massenkonsumtion benutzt, sondern dient der Steigerung von Export und Luxusgüterproduktion.

Diese zweite Phase des Imperialismus stellt also keineswegs ein ›Stadium‹ auf dem Weg zur Konstituierung einer eigenständigen Ökonomie dar. Sie vollzieht keine frühere Phase der autozentrierten Entwicklung nach, sondern erweitert vielmehr die erste, von außen gesteuerte Phase. So gilt:

1. Es hat noch immer keine ›Agrarrevolution‹ stattgefunden. Hier

müssen wir allerdings eine gewisse Einschränkung machen: Die an der Macht befindliche Bourgeoisie hat häufig einige ehemalige Verbündete des Imperialismus ausgeschaltet und unter anderem einige Landreformen durchgeführt, auf deren Grundlage zuweilen eine kapitalistische Entwicklung in der Landwirtschaft in Gang gesetzt worden ist (die ›Grüne Revolution‹). Kann diese Entwicklung die ursprüngliche Rückständigkeit der Landwirtschaft ›aus der Welt schaffen‹ und das periphere Modell dem autozentrierten Modell annähern? Diese Frage kann nicht in der ›Theorie‹, sondern nur anhand von ›Tatsachen‹ beantwortet werden. Wie wir feststellen können, ist die relative Rückständigkeit der Landwirtschaft an dem paradoxen Punkt angelangt, wo die Länder der Dritten Welt, deren Bevölkerung zum größten Teil auf dem Lande lebt, Nahrungsmittel importieren. Diese Fehlentwicklung hat nicht etwa einen mysteriösen Grund, sondern einen politischen: In unserer Epoche muß die Bourgeoisie von Klassen unterstützt werden, welche die Bauern dominieren können, auch wenn diese Klassen eine breitere Basis haben sollten (Kulaken anstelle von Großgrundbesitzern); sie kann nicht von den Bauernmassen unterstützt werden, deren Interessen in Widerspruch zu ihren eigenen stehen. Während die Bourgeoisie in den Zentren ›genügend Zeit‹ für eine allmähliche ursprüngliche Akkumulation hatte, die auf einem Bündnis mit den Bauern beruhte, sehen sich die Bourgeoisien der Peripherie einer Umklammerung von zwei Seiten ausgesetzt: zum einen dem äußeren Druck der Monopole, zum anderen der internen Gefahr des Sozialismus.

2. Die dominanten Klassenbündnisse bleiben international: Die Bourgeoisie nimmt den Platz der ehemaligen ›Feudalherren‹ und Kompradoren als untergeordneter Verbündeter des Imperialismus ein. Damit verliert die Bourgeoisie in der zweiten Phase ihren vormals nationalen Charakter und wird zur Kompradorenbourgeoisie. Der ›Nationalstaat‹, den sie dominiert, bleibt deshalb schwach und ist nur mangelhaft integriert.

3. Die Fortführung des Entwicklungsprozesses bleibt vom Export abhängig, der weiterhin im wesentlichen in Rohstoffen besteht. Diese Hauptfinanzierungsquelle für die notwendigen Importe von Ausrüstungsgütern bestimmt letztlich die Wachstumsraten, und in diesem Sinne wird das Wachstum noch immer von außen gesteuert.

5. Die Forderung nach einer Neuen internationalen Wirtschaftsordnung

Die Krise dieser zweiten Phase des Imperialismus setzte mit der Forderung nach einer ›neuen Weltwirtschaftsordnung‹ ein. Reduziert man diese Forderung auf ihren Kern, so scheint sie folgendes zu bedeuten: Die Realpreise für die von den Ländern der Dritten Welt exportierten Rohstoffe sollen angehoben werden, damit diese Länder zusätzliche Ressourcen erhalten, die zusammen mit dem Import fortgeschrittener Technologien ein neues Industrialisierungsstadium ermöglichen könnten. Hinzukommen müßten umfangreiche Exporte in die Zentren, und zwar von Erzeugnissen, welche die Peripherie aufgrund vorteilhafter natürlicher Ressourcen und einer Fülle von billigen Arbeitskräften günstig produzieren kann – daher die Forderung, für diese Industrieprodukte Zugang zu den Märkten entwickelter Länder zu erhalten.

Seit 1973 bildet diese Forderung das klar erkennbare gemeinsame Ziel aller Länder der Dritten Welt. Sie wird als notwendige und zureichende Bedingung für die Vollendung der politischen Unabhängigkeit angeführt, insofern sie dieser eine ökonomische Basis gibt. Sie wird zudem als eine mögliche gemeinsame Forderung aller Staaten der Dritten Welt, ungeachtet ihrer jeweiligen gesellschaftlichen Optionen und internationalen Sympathien, dargestellt.

Diese neue Situation wirft einige wesentliche Fragen auf, die gründlich diskutiert werden müssen. Der erste strittige Punkt ist, ob die lokale Bourgeoisie – die in diesen Staaten im allgemeinen dominiert – den ›Imperialismus bekämpfen‹ und ihren Standpunkt durchsetzen kann. Zuweilen wird behauptet, die neue internationale Arbeitsteilung sei das strategische Ziel des Imperialismus selbst. Folglich sei diese Forderung von den Monopolen, insbesondere den nordamerikanischen, manipuliert und drücke kein spezifisches Ziel der Dritten Welt aus, das zur Strategie des Imperialismus in Widerspruch stünde. Die Vertreter dieser Auffassung stellen gewöhnlich innerimperialistische Konflikte (Vereinigte Staaten, Europa, Japan) über den offensichtlichen Nord-Süd-Konflikt. Wir wissen, daß diese ›Theorie‹ im Zusammenhang mit der Ölpreiserhöhung durch die OPEC-Länder im Jahr 1973 florierte, und zwar in rechten wie auch in linken (und sogar ultralinken) Versionen. Doch die Tatsachen widerlegen diese Interpretation. In Wirklichkeit spiegelt diese Theorie nur die naiven Vorstellungen einer Ultralinken wider, deren Wunschdenken es entgegenkäme, wenn die Bourgeoisien auf der Weltbühne als monolithischer Block aufträten, um (auf dem Papier) die Aufgaben des Proletariats, die ihrer Meinung nach überall die gleichen sind, zu ›vereinfachen‹, denn unter diesen Umständen müßte das Proletariat nicht die Widersprüche zwischen den einzelnen Bourgeoisien berücksichtigen.

In der Vergangenheit gab es Zusammenstöße zwischen der Bourgeoisie der Peripherien und dem Imperialismus. Der Übergang von der ersten zur zweiten Phase des Imperialismus war nicht von den Monopolen ›geplant‹: er wurde von der nationalen Befreiungsbewegung erzwungen, mit der die Bourgeoisie der Peripherien dem Imperialismus das Recht auf eine eigene Industrie abrang. Wie wir jedoch festgestellt haben, transformierte die Industrialisierungsstrategie, die in dieser zweiten Phase verfolgt wurde, die Beziehungen zwischen der Bourgeoisie der Peripherien und den Monopolen. Die periphere Bourgeoisie verlor ihren nationalen Charakter und wurde zum untergeordneten Verbündeten des Imperialismus, indem sie sich in die neue Arbeitsteilung einfügte. Dieser Verbündete rebelliert heute und verlangt für diese Arbeitsteilung neue Konditionen. Er wird dadurch zwar nicht ›national‹, denn seine Forderung ist direkt im Kernstück des Systems angesiedelt; gleichwohl rebelliert er. Sollte diese Rebellion erfolgreich sein, so würde sie lediglich eine neue Phase des Imperialismus einleiten, die durch eine neue Arbeitsteilung gekennzeichnet ist. Denn ›theoretisch‹ läßt sich diese neue Teilung zweifellos ›absorbieren‹, ›kooptieren‹ – allerdings nur ›theoretisch‹, denn entscheidend in der Geschichte sind die unerwarteten Ereignisse, und solche Ereignisse (die für den Kapitalismus schwerwiegende Folgen haben können) können in der mit Widersprüchen befrachteten Übergangsphase von der zweiten zur dritten ›theoretisch‹ möglichen Phase des Imperialismus hier und da in den Peripherien oder den Zentren durchaus eintreten.

Die zweite strittige Frage ist, ob diese mögliche dritte Phase ein Stadium auf dem Weg zur Autonomie der Peripherien darstellte oder nicht. Die Bourgeoisien der Dritten Welt behaupten, daß dies der Fall sei, so wie sie das schon zu Beginn der zweiten Phase behaupteten. Doch die Tatsachen haben diese Illusionen, die damals von einem großen Teil der Linken in der Dritten Welt geteilt wurden, Lügen gestraft.

Ich selbst meine, daß eine erfolgreiche Durchsetzung der von der peripheren Bourgeoisie aufgestellten Forderungen keineswegs ein neues Stadium einer Entwicklungslinie konstituierte, die allmählich zum Gedeihen von reifen kapitalistischen Formationen wie in den Zentren führte. Die Vorstellung einer linearen, über Stadien verlaufenden Entwicklung wird auch diesmal unweigerlich widerlegt werden. Dies aus dem – fundamentalen – Grund, daß die neue Arbeitsteilung auf dem Export billiger Fertiggüter aus der Peripherie beruhen würde, d. h. auf dem Export von Gütern, deren niedrige Lohnkosten es (bei gleicher Produktivität wie im Zentrum) ermöglichten, im Weltsystem als Ganzem die Profitrate zu erhöhen. Der weltweite Ausgleich der Profitrate würde dann die relativen Preise modifizieren und somit diesen Extra-Werttransfer aus der Peripherie ins Zentrum verschleiern. Mit anderen Worten: Die neue Arbeitsteilung würde den ungleichen Tausch perpetuieren und verschärfen. Darüber hinaus würde diese ungleiche Arbeitsteilung wie in den vorangegangenen

Phasen die zum Nachteil der Massenkonsumtion verzerrte Nachfragestruktur in den Peripherien perpetuieren. Daher bliebe die Entwicklung des Weltsystems fundamental ungleich, und die äußere Nachfrage wäre weiterhin die Hauptantriebskraft dieser immer noch abhängigen Entwicklung.

Müssen wir noch hinzufügen, daß in diesem Rahmen von erneuter Abhängigkeit auch die Rückständigkeit der Landwirtschaft perpetuiert würde? Zweifellos müssen hier einige Einschränkungen gemacht werden, denn immerhin würde der Kapitalismus den landwirtschaftlichen Fortschritt fortsetzen, den er in der zweiten Phase des Imperialismus in Gang brachte. Dies geschähe aber sicherlich in einem weitaus langsameren Tempo, als es im traditionellen und neuen Exportsektor sowie im Sektor der Luxusgüterproduktion für den Inlandsmarkt zu erwarten ist, da diese Sektoren vom massiven Import der weltweit fortgeschrittensten Technologien profitieren.

Vor diesem Hintergrund können wir uns mit Recht fragen, welche Bedeutung die Losungen von ›eigenständiger Entwicklung‹ und ›kollektiver *self-reliance*‹, die mit der Forderung nach dieser neuen internationalen Arbeitsteilung einhergehen, tatsächlich haben können.

Die erste dieser Losungen wäre im Grund nichts anderes als eine ideologische Rechtfertigung der (unhaltbaren) Behauptung, daß eine ›über progressive Stadien‹ verlaufende Entwicklung in einem Weltsystem mit (ungleicher) Arbeitsteilung zu ökonomischer Unabhängigkeit führen müßte.

Zugleich erhält die zweite Losung – ›kollektive *self-reliance*‹ – in dieser Perspektive eine Bedeutung, wenn auch eine ganz bestimmte. In den ersten zwei Phasen des Imperialismus gab es keinerlei ›Kooperation‹ zwischen Ländern und Regionen der Peripherie. Die peripheren Ökonomien, die ausschließlich außenorientiert waren und deren Industrialisierung auf die Sättigung ihrer Binnenmärkte beschränkt war, hatten untereinander nichts auszutauschen. Abgesehen von dem gemeinsamen Kampf für eine Erhöhung der Preise für ihre Primärexporte (durch Produzentenzusammenschlüsse) verlangt auch die dritte Phase der ungleichen Arbeitsteilung theoretisch keine weitere positive Kooperation zwischen den Ländern der Dritten Welt, da die ›zweite Runde‹ der peripheren Industrialisierung ihren Impuls von Exporten in die Zentren bezöge. Die Tatsache, daß die Länder der Dritten Welt äußerst ungleiche Ausgangspositionen haben, von dieser neuen Arbeitsteilung zu profitieren, bleibt bestehen. Die Länder, um deren ökonomisches Potential (reichhaltige natürliche Ressourcen, weiter fortgeschrittene Proletarisierung usw.) und politische Stabilität (›Legitimation‹ der Macht der schwachen lokalen Bourgeoisie, militärische Stärke usw.) es am besten bestellt ist, könnten auf dem Weg der neuen Abhängigkeit rascher Fortschritte erzielen, wenn sie auch in den weniger entwickelten Ländern Märkte hätten und zu den Rohstoff- und Nahrungsmittelvorräten dieser Länder direkten und billigen Zugang bekämen. Hier ist natürlich die Problematik des sogenannten Sub-Imperialismus von Bedeutung.

Ein Beispiel soll diesen Gedanken der Verflechtung von ›Dritter‹ und ›Vierter‹ Welt in dem neuen globalen Rahmen illustrieren. Unter günstigen politischen Bedingungen – was heute keineswegs der Fall ist – hätten die Länder am Persischen Golf, Ägypten und der Sudan gemeinsam eine gute Ausgangsposition. Der Golf würde das Kapital beisteuern, die Exportindustrie wäre in Ägypten konzentriert, und der Sudan würde Nahrungsmittel nach Ägypten exportieren. Sehen wir uns den Mechanismus dieser Verflechung näher an. Selbst dann, wenn die sudanesische Landwirtschaft ›modernisiert‹ würde, um den notwendigen exportfähigen Überschuß zu liefern, wäre ihre Produktivität noch lange Zeit niedriger als die der fortgeschrittenen Länder. Um jedoch in Ägypten die niedrigstmöglichen Löhne zu garantieren, müßten die sudanesischen Nahrungsmittel auf dem ägyptischen Markt mit den nordamerikanischen konkurrieren können. Das wäre nur dann möglich, wenn die sudanesischen Bauern überausgebeutet würden (die Arbeitseinkommen ungleicher wären als die jeweilige Produktivität). Die ägyptischen Proletarier ihrerseits wären überausgebeutet, denn es wären ihre Hungerlöhne, die in Verbindung mit ihrer relativ hohen Produktivität den Export ihrer Produkte in die Zentren ermöglichten. Hier würde sich ein doppelter und miteinander verquickter ungleicher Tausch zugunsten des Zentrums auswirken; der Sudan wäre nicht mehr direkt vom Zentrum abhängig, sondern würde Partner der höher rangierenden Peripherie werden, in der die Exportindustrie konzentriert wäre.

6. Perspektiven alternativer Entwicklung

Wenn dies der Gehalt der neuen Phase des Imperialismus ist, kann dann die dreifache Forderung nach nationaler Autonomie, kollektiver *self-reliance* und einer neuen Weltordnung nicht etwas ganz anderes bedeuten und andere Ziele verfolgen? Und wenn ja, unter welchen Bedingungen?

Während sich die neo-imperialistische Interpretation des zur Debatte stehenden Programms an einer neuen ungleichen internationalen Arbeitsteilung festmacht, die sowohl die internen Strategien als auch die Ziele einer Kooperation innerhalb der Dritten Welt bedingt, erhält das gleiche Programm eine ganz andere Bedeutung, wenn man in entgegengesetzter Richtung vorgeht, d. h. wenn man *zuerst* die internen Ziele einer wirklich eigenständigen Entwicklung für die

Massen definiert und *dann* ermittelt, wie man die Weltordnung verändern muß, um die Verwirklichung dieser Ziele zu fördern.

Eine wahrhaft eigenständige Entwicklung ist zwangsläufig eine Entwicklung, die den Massen zugute kommt, weil die von außen gesteuerte Entwicklung in allen Phasen der Evolution des imperialistischen Systems letztlich nur den privilegierten dominanten Klassen nützt, die ein Bündnis mit den Monopolen eingehen. Umgekehrt folgt daraus, daß eine Entwicklung für die Massen *national* und *eigenständig* sein muß. Denn um den Bauernmassen zu dienen, muß die Industrialisierung vorab darauf gerichtet werden, die landwirtschaftliche Produktivität zu heben. Ebenso ist es, um den städtischen Massen zu helfen, notwendig, die Luxusproduktion für den Inlandsmarkt und den Export aufzugeben, da beide auf der Reproduktion billiger Arbeitskräfte beruhen. Sehen wir uns diese authentische Strategie, die zugleich *nationale Unabhängigkeit* und *sozialen Fortschritt* verfolgt, näher an.

Bis jetzt hat man nicht erlebt, daß die Industrialisierung der Dritten Welt zum landwirtschaftlichen Fortschritt beigetragen hat. Im Gegensatz zu den Ländern des Zentrums, in denen die ›Agrarrevolution‹ der ›industriellen Revolution‹ vorausging, haben die Länder der Peripherie diese importiert, ohne mit dem erstgenannten Stadium begonnen zu haben. Daraus erwachsen die für diese Länder typischen Verzerrungen und die erneute Abhängigkeit, die sie fesselt. Als erstes müssen wir ›den Rückwärtsgang einschalten‹. Die Industrie in der Dritten Welt ist bislang in dem Sinne parasitär gewesen, daß sie ihre Akkumulation sowohl real (sie bezieht ihre Arbeitskräfte aus der Landflucht) als auch finanziell (hohe Besteuerung, für die Bauern ungünstige interne *terms of trade* etc.) auf Auspressung der Landwirtschaft gegründet hat, ohne als Gegenleistung einen *take-off* der Landwirtschaft zu unterstützen. Wie läßt sich dieser Kurs ändern? Es liegt auf der Hand, daß alle Kosten–Nutzen-Kriterien, die zwangsläufig auf einer Reproduktion von bestehenden Preis- und Einkommensverteilungsstrukturen beruhen, fallengelassen und durch andere grundlegende Kriterien für die Zuteilung von Ressourcen ersetzt werden müssen. Damit hängen zwei wesentliche Fragen zusammen, auf die wir hier nur verweisen wollen: 1. Wie muß ein ›moderner‹ Industriesektor, für den neue Richtlinien formuliert worden sind, mit dem Sektor der ländlichen Kleinindustrien verbunden werden, der die latenten Kräfte des Fortschritts direkt mobilisieren kann? 2. Warum ist – auch bei einem niedrigen Entwicklungsstand der Produktivkräfte – die hier erforderte gesellschaftliche Form die landwirtschaftliche Kollektivierung und nicht die ›private‹ Landwirtschaft, selbst wenn diese durch eine radikale Bodenreform neu geordnet sein sollte? Nur unter diesen Bedingungen wird die Landwirtschaft – die als erstes ihren historischen Rückstand aufholen muß – in der Lage sein, eine gesunde Industrialisierung zu finanzieren und einen Überschuß an Nahrungsmitteln zu liefern, der zur Sicherung der nationalen Unabhängigkeit ausreicht.

Ebenso muß die Industrie in den Dienst der armen städtischen Massen gestellt werden und darf nicht länger von ›Rentabilitätskriterien‹ geleitet werden, die den privilegierten Inlandsmarkt und Exporte in die entwickelten Zentren begünstigen.

Diese neu geordnete Industrie kann ihre technologischen Vorbilder keinesfalls vorgefertigt in den entwickelten Ländern finden. Ebensowenig kann sie sie in den überholten Technologien der Zentren entdecken und deren Produktionstechniken von gestern übernehmen, wie es der Topos einer ›intermediären Technologie‹ nahelegt. Das liegt daran, daß sich hier ein anderes Problem stellt, denn im Fall der Peripherien muß die Industrialisierung die Agrarrevolution ermöglichen, während sie im Zentrum auf dieser Revolution gründete. Deshalb geht es in Wirklichkeit nicht um die Bedingungen für einen ›Technologietransfer‹, sondern darum, Bedingungen herzustellen, die einer Kreativität auf diesem Gebiet förderlich sind, und dies nicht aus Gründen eines ›kulturellen Nationalismus‹, sondern aus objektiven Gründen. Hinzu kommt noch ein anderes Problem: Die übernommenen Technologien sind zwangsläufig Träger von kapitalistischen Produktionsverhältnissen, während der gesellschaftliche Rahmen, den die Agrarrevolution und die städtische Mobilisierung brauchen, sozialistisch sein muß. Es handelt sich hier um eine grundsätzliche Frage, in der sich die Tatsache widerspiegelt, daß der Sozialismus in der Peripherie eine Notwendigkeit und nicht etwa das Ergebnis einer »frei« wählbaren ideologischen oder moralischen Motivation ist. Wir werfen diese Frage beiläufig auf; hierin liegt der Grund, warum wir weiterhin die Auffassung vertreten werden, daß die nationale Befreiungsbewegung der Peripherie in erster Linie ein Stadium in der sozialistischen Umgestaltung der Welt und erst in zweiter Linie eine Phase in der Entwicklung des Kapitalismus darstellt.

Obgleich das Modell einer eigenständigen Entwicklung in der Theorie nicht mit Autarkie synonym ist, kann es doch – ob wir das nun wollen oder nicht – aus offenkundigen internen oder externen politischen Gründen dazu führen. Dies trifft nicht nur für große Länder zu – wie es die Erfahrung der UdSSR und Chinas zeigt –, sondern es kann auch für kleine Länder gelten (Korea, Vietnam, Kambodscha, Kuba, Albanien). Obwohl Autarkie an sich also nicht mit eigenständiger Entwicklung synonym ist (man denke an Burma), kann sie unter bestimmten historischen Umständen die Bedingung dafür sein.

Erzwungene Autarkie kann allerdings, wenn sie zu drastisch oder gar total ist, eigenständige Entwicklung auch behindern, insofern sie Extrakosten einschließt, die in manchen Fällen überaus belastend sein können. Es geht schließlich nicht darum, jede Theorie komparativer Kostenvorteile abzulehnen, sondern nur darum, festzuhalten, daß das Argument von komparativen Kostenvorteilen an Gültigkeit verliert, wenn die internationale Arbeitsteilung ungleich ist. Ein Land, das sich für eine eigenständige, den Massen zugute kommende Entwicklung entscheidet, kann in eine Situation kommen, in der es verhältnismäßig billiger ist, bestimmte Inputs, die zur Beschleunigung seiner Entwicklung notwendig sind (so z. B. in einigen Fällen Energie oder bestimmte Rohstoffe oder Investitionsgüter) zu importieren als auf sie zu verzichten.

Um Probleme dieser Art zu bewältigen, könnten die befreiten Staaten der Dritten Welt kollektiv in doppelter Weise vorgehen:

Die erste Weise besteht in gegenseitiger Unterstützung. Die Länder der Dritten Welt mit reichhaltigen natürlichen Ressourcen, welche gewöhnlich einzig und allein zum Nutzen der entwickelten Länder ausgebeutet werden, könnten untereinander die Rohstoffe austauschen, die für ihre nationalen Projekte einer eigenständigen Entwicklung von Nutzen sind. Diese Importe laufen gegenwärtig fast immer über die entwickelten Zentren, die die ›Rohstoffmärkte‹ kontrollieren und die Zahlungsmöglichkeiten zentralisieren. Diese Zwischeninstanz könnten die befreiten Länder der Dritten Welt durch Abkommen über gegenseitige Unterstützung (Handelsabkommen und multilaterale Zahlungsabkommen) umgehen. Darüber hinaus könnte ein Technologieaustausch die Entwicklung geeigneter Produktionstechniken beschleunigen, denn die Länder der Dritten Welt müssen häufig sehr ähnliche Probleme lösen. Wie wir sehen, unterscheidet sich diese Form von Kooperation innerhalb der Dritten Welt erheblich von dem, was im neoimperialistischen Bezugsrahmen vorgesehen war. Wir sprechen nicht mehr von ›gemeinsamen Märkten‹, welche die Entwicklungsunterschiede nur reproduzieren und vertiefen, sondern schlagen statt dessen Richtlinien für ein ›Kopplungsgeschäft‹ im Geiste der Kooperation vor, das im Dienst einer autonomen nationalen Entwicklung steht.

Die zweite Weise kollektiven Vorgehens intendiert eine Modifizierung der internationalen Arbeitsteilung zwischen entwickelten Ländern und Dritter Welt, deren Ziel ein Abbau der Ungleichheit anstelle einer bloßen ›Erneuerung‹ unter Beibehaltung der Ungleichheit ist. Gegenwärtig ist schon eine große Zahl von Ländern der Dritten Welt für die Idee gewonnen worden, dem Monopol der ›Konsumenten‹ Zusammenschlüsse von Rohstoffproduzenten entgegenzustellen und diese Zusammenschlüsse durch die Einrichtung kollektiver Unterstützungsfonds zu stärken. Eine eigenständige Entwicklungsstrategie bedeutet freilich noch mehr als dies. Sie verlangt als ersten Schritt die nationale (staatliche) Kontrolle über die Ausbeutung der eigenen natürlichen Ressourcen. Darunter verstehen wir nicht nur die formelle Nationalisierung dieser Ausbeutung, sondern *auch* und *vor allem* die für die *interne* Strategie einer eigenständigen Entwicklung notwendige Regulierung des Exportflusses und *Verminderung* des Importflusses. Die gegenwärtige außenorientierte Strategie gründet nämlich auf der genau entgegengesetzten Beziehung: Zuerst werden die Exporte auf die Spitze getrieben – und zwar lediglich bedingt durch die ›Nachfrage‹ (aus den Zentren) –, dann erst erhebt sich die Frage, wie die Exporteinnahmen verwendet werden sollen. Auf dieser Strategie beruht die ungleiche internationale Arbeitsteilung. Ein Abbau der ungleichen Arbeitsteilung bedeutet mit Sicherheit, daß der Exportfluß von Rohstoffen eingedämmt wird. Der unglaubliche Widerstand, den die entwickelte Welt dem entgegensetzt, ist ein Zeichen dafür, daß das Zentrum – ungeachtet noch so vieler schönen Worte – darauf angewiesen ist, die Dritte Welt auszuplündern. Würde dieser Plünderung Einhalt geboten, wären die Zentren gezwungen, ihre Strukturen entsprechend zu modifizieren, um sich einer neuen, weniger ungleichen internationalen Arbeitsteilung anzupassen. Dann und nur dann könnten wir von einer neuen Weltordnung anstatt lediglich von neuen Konditionen der ungleichen internationalen Arbeitsteilung sprechen.

Bei diesen beiden allgemeinen Tendenzen – einer neuen imperialistischen Ordnung und einer Ordnung, die tatsächlich dazu beitrüge, die Völker der Dritten Welt zu befreien – handelt es sich nicht nur um zwei Diskussionsstandpunkte, zwei mögliche theoretische Alternativen. Sie stoßen bereits in der Realität aufeinander und sind Gegenstand täglicher Auseinandersetzungen. Der Hauptgrund dafür liegt in dem widersprüchlichen Charakter der nationalen Befreiungsbewegung. Darin spiegelt sich sowohl die Entwicklung des Kapitalismus als auch seine Krise wider. Kapitalistische und sozialistische Tendenz prallen somit ständig in der Bewegung selbst aufeinander, weil die Kräfte des Kapitalismus hier noch Ausdruck eines schwachen, peripheren und abhängigen Kapitalismus sind, der die Ziele eines reifen Kapitalismus objektiv nicht erreichen kann. Die (kapitalistischen und sozialistischen) Kräfte stoßen in allen Regimes der Dritten Welt aufeinander. Wir wissen sehr gut, daß die kapitalistischen Tendenzen auch in jenen Ländern fortdauern, die mit dem Kapitalismus gebrochen haben. Umgekehrt jedoch haben kapitalistische Staaten in der Dritten Welt nicht den vollständigen Charakter der kapitalistischen Staaten des Zentrums. Daraus erklären sich die Instabilität ihrer Regimes und das breite Spektrum ihrer jeweiligen Situation, das von einem triumphalen Neokolonialismus über einen verschämten oder krisengeschüttelten Neokolonialismus bis hin zu einem Nationalismus reicht, der sich mit dem Kolonialismus in Auseinandersetzung befindet.

Denn die Auseinandersetzung mit dem Imperialismus hat wirklich begonnen. Die Grundgedanken der neuen internationalen Ordnung sind bis jetzt auf vollständige Ablehnung gestoßen (wie es das Scheitern von UNCTAD IV und der Nord-Süd-Verhandlungen beweist). Auf ideologischer Ebene selbst versucht der Club of Rome, diesen Grundgedanken ein Ersatzkonstrukt entgegenzusetzen. Tatsache ist, daß die Grundgedanken einer Neuen internationalen Wirtschaftsordnung das Bestreben einschließen, natürliche Ressourcen zu kontrollieren und Nationalstaaten zu stärken, Programme, die der Imperialismus nicht akzeptiert. Deshalb möchte der Imperialismus die neue Ordnung durch das ›Rio-Projekt‹ *(Reshaping of the International Order)* ersetzen. Bei dem ›Rio-Projekt‹ handelt es sich um eine ideologische Formulierung der Notwendigkeit, einige Industriezweige der Zentren unter den Fittichen der multinationalen Konzerne in die Peripherien auszulagern.[2]

Die neue ungleiche Arbeitsteilung käme, theoretisch gesehen, den Bourgeoisien der Peripherien *und* den Monopolen der Zentren gelegen, denn der Transfer von Industriezweigen würde es ermöglichen, im Zentrum wieder eine Reservearmee von Arbeitslosen zu schaffen, die ein Vierteljahrhundert voller Wachstum derart reduziert hat, daß das System seine ›normale‹ Flexibilität verloren hat. Diese Arbeitslosigkeit würde die Mehrwertrate im Zentrum selbst erhöhen. Längerfristig würde das Zentrum die neuen Aktivitäten weiterentwickeln, die das gesamte System kontrollieren – den ›Quartärsektor‹ (Software, Forschung und Entwicklung usw.), die neuen führenden Industrien, den militärischen Sektor – und damit die Bedingungen der sozialdemokratischen Hegemonie im Zentrum erneuern und erweitern.

Doch sind wir, wie wir wissen, langfristig schon alle tot. Gegenwärtig herrscht noch weitgehend Widerstand gegen den Transfer von Industriezweigen. Dieser Widerstand enttäuscht die Hoffnungen der Bourgeoisien der Dritten Welt, die als schwächere Partner die ganze Last der Krise tragen müßten. Unter solchen Umständen wird es unmöglich, die heftigen sozialen Widersprüche in der Dritten Welt zu mildern: Das Nahrungsmitteldefizit wächst, die Errichtung von Exportindustrien wird auf unbestimmte Zeit vertagt usw. Deshalb könnten sich die politischen Bedingungen in einer Richtung verändern, die dem Beginn einer eigenständigen Entwicklung günstig sind. Das ist die Realität: der Kampf der Dritten Welt gegen die imperialistische Hegemonie. Aus vielen Gründen ist dieser Kampf noch heute die Hauptkraft der Transformation der Welt.

Anmerkungen

1 Meine theoretische Position ist ausführlich entwickelt in Samir Amin, *Die ungleiche Entwicklung*, Hamburg 1975.

2 Der RIO-Bericht an den Club of Rome, *Wir haben nur eine Zukunft. Reform der internationalen Ordnung* (Leitung: Jan Tinbergen), Opladen 1977.

Johan Galtung

Arme Länder gegen reiche, arme Menschen gegen reiche. Wem wird die Neue Weltwirtschaftsordnung nützen?

1. Über die Auswirkungen der Neuen Weltwirtschaftsordnung auf arme Länder

Wie schon der Name verrät, haben das Instrument der Neuen Weltwirtschaftsordnung und damit zusammenhängende Resolutionen und Übereinkommen internationalen Charakter.[1] Sie befassen sich mit der internationalen, nicht aber mit der intranationalen Wirtschaftsordnung – es sei denn indirekt, wie aus der Hypothese hervorgeht, daß Veränderungen auf der einen Ebene nicht nur zu Veränderungen, sondern überdies zu positiven Veränderungen auf der anderen Ebene führen werden. Es gibt eine implizite Hypothese, der zufolge eine Umverteilung der Weltressourcen zugunsten der armen Länder – so daß sie diesen in größerer Menge zufallen als zuvor und diese Länder in stärkerem Maße Nutzen davon haben als zuvor, ja sie sogar in höherem Grade kontrollieren können als zuvor – letztlich auch den Armen in armen Ländern zugute kommen wird.[2] Diese Hypothese wollen wir im folgenden überprüfen.

Beginnen wir mit der Annahme, daß die Neue Weltwirtschaftsordnung und das in Zusammenhang damit stehende Instrumentarium arme Länder tatsächlich reicher machen werde, wobei unterstellt wird, daß diese Länder jeweils eine homogene Entität, ein undifferenziertes Ganzes bilden, wie es in Theorie und Praxis der internationalen Ökonomie geschieht. Es liegt nun keineswegs auf der Hand, daß sich ihre *relative* Stellung verbessern wird, doch steht zu vermuten, daß eine Verbesserung der *terms of trade* und andere Maßnahmen sogar kurzfristig diese Wirkung erzielen können, wie am Ergebnis der überaus erfolgreichen OPEC-Aktionen abzulesen ist.[3] *Die Frage ist dann, was mit den Armen in diesen Ländern geschieht.*

Um diese Frage zu erörtern, ist der Begriff des *Surplus* von Nutzen: Was bleibt übrig, wenn die Produktionskosten einschließlich der Mindestkosten zur Reproduktion der Arbeitskräfte (hierzu zählen auch zukünftige Arbeitskräfte, so daß der Unterhalt einer Familie – und sei es auch nur auf dem Existenzminimum – möglich sein muß) abgezogen sind? Ein Großteil des Surplus wird von den unteren Schichten der Gesellschaft erzeugt.[4] Die Frage ist nun, ob es dort bleibt oder ob es nach »oben« transportiert wird. Ein Teil des Surplus tritt an der Spitze der Gesellschaft ein.[5] Die Frage ist wiederum, ob es dort bleibt oder ob es nach »unten« sickert *(to trickle downward)*. Wie aus Tabelle 1 zu ersehen ist, läßt das im Prinzip vier Typen von Gesellschaften entstehen:

Tabelle 1. *Was geschieht in einem Land mit dem Surplus?*

		An der Spitze eintretendes Surplus	
		bleibt an der Spitze	sickert nach »unten«
Von unteren Schichten erzeugtes Surplus	wird nach »oben« transportiert	I exploitative Gesellschaften	II Wohlfahrts-staaten
	bleibt »unten«	III duale Gesellschaften	IV progressive Gesellschaften

Beginnen wir nun unsere Analyse, indem wir die vier Kombinationen erläutern.

Die erste Kombination ist für die Länder der Dritten Welt die heute bekannteste: Das von den unteren Schichten erzeugte Surplus wird nach »oben« transportiert; das Surplus, das an der Spitze eintritt, bleibt auch dort. Als Folge davon leben die Massen weiterhin im Elend, unter Umständen verschlechtert sich ihre Lage sogar, während die Eliten mit Hilfe des Surplus von unten und von außen ihren Lebensstandard rasch verbessern. Die sozialen Ungleichheiten verschärfen sich mit jedem Jahr, zugleich tritt das vitale Interesse, das die Eliten an der Aufrechterhaltung der Strukturen haben, die das Surplus ihnen selbst zufließen lassen, mit der Zeit immer klarer hervor. Hier handelt es sich eindeutig um *exploitative Gesellschaften*. Eine ihrer grundlegenden Methoden besteht darin, kleine landwirtschaftliche Produzenten *(farmers and peasants)* für ihre Erzeugnisse sehr schlecht zu bezahlen und sie gleichzeitig von der Geldwirtschaft abhängig zu machen, denn sie müssen sich an ihr beteiligen, um für die Produktion benötigte Güter und für die Reproduktion benötigte Dienstleistungen zu erhalten. Desgleichen werden Arbeitern und den in unteren Dienstleistungskategorien Beschäftigten Minimallöhne gezahlt. Um dieses System aufrechtzuerhalten, bedarf es im allgemeinen eines Repressionsapparats, damit die Spaltung von Arbeitern und Bauern und deren innere Zersplitterung gewährleistet und somit Bewußtseinsbildung und Mobilisierung der Massen verhindert werden.[6]

Zur zweiten Kategorie zählen Gesellschaften, in denen das Surplus nach »oben« transportiert wird, dann aber wieder nach »unten« sickern kann. Dieses Phänomen ist typisch für die *Wohlfahrtsstaaten* in der Ersten Welt und, bis zu einem gewissen Grade, auch in der Zweiten Welt (die sozialistischen Länder). Die Löhne, die den Arbeitern im Sekundär- und Tertiärsektor der Gesellschaft gezahlt werden, stellen zwar immer noch lediglich einen Bruchteil des Marktwertes der Güter und Dienstleistungen dar, die sie produzieren oder zu deren Produktion sie beitragen – dies gilt insbesondere für den Sekundärsektor.[7] Doch gleichzeitig tritt der Staat mit einer riesigen Maschinerie zur internen Umverteilung auf den Plan: progressive Besteuerung und andere Maßnahmen zur Besteuerung der relativ Wohlhabenden, ferner Bereitstellung von Geldern, über die der Staat zum Zweck einer Umverteilung in Form von Sozialleistungen wie öffentlichem Gesundheits-, Bildungs-, Transport- und Kommunikationswesen (oder in Form einer Subventionierung dieser Bereiche) verfügen kann. Das System kann kaum anders als bürokratisch sein, da das Surplus zuerst intensiv hochgepumpt und dann wieder hinuntergeleitet werden muß, was mehr oder minder Aufgabe der Bürokratie ist. Doch im Endergebnis pflegen die sozialen Ungleichheiten relativ konstant zu bleiben. Verbessern die Eliten ihren Lebensstandard, so auch die Massen – in respektvollem Abstand zwar, aber mehr oder weniger parallel.[8]

Die dritte Kombination findet sich selten: Das an der Spitze erzeugte Surplus bleibt an der Spitze, und das von den unteren Schichten erzeugte Surplus bleibt ebenfalls »unten«. Wir denken hier an eine bestimmte Kategorie von Gesellschaften, die tatsächlich *echte duale Gesellschaften* sind: Es gibt einen modernen/städtischen/eingegliederten Sektor, der möglicherweise wie die oben erwähnten Kombinationen I oder II betrieben wird; daneben gibt es noch einen Sektor in der Gesellschaft, der *völlig* außerhalb steht und *unberührt* vom ersten Sektor, *wahrhaft* marginalisiert ist. Weder profitiert dieser Sektor von möglichen *trickle-down*-Effekten, noch wird er ausgebeutet oder der Ausbeutung für wert erachtet. Wir denken hier an verschiedene Nomadenvölker und an Ureinwohner, die sich in abgeschiedenen Landesteilen halten können. Natürlich sind sie nur insoweit marginalisiert, als sie nicht als Reservearmee von Arbeitskräften benutzt werden, die je nach Konjunkturzyklus herangezogen oder hinausgeworfen werden können.

Schließlich gibt es noch die vierte Kombination, den Typ *progressive Gesellschaft:* Das Surplus, das an der Spitze eintritt oder erzeugt wird, wird (zumindest teilweise) nach unten transportiert; das Surplus, das von den unteren Schichten erzeugt wird, bleibt (im großen und ganzen) »unten«. Nur bei diesem Typus von Gesellschaft wird es möglich sein, wirksam die Kluft zwischen den Armen und den

Reichen zu schließen und gleichzeitig den Lebensstandard der Armen zu heben – zwei äußerst wichtige politische Ziele, die logisch und empirisch voneinander unabhängig sind. Der Mechanismus zur Verwirklichung dieser Ziele besteht in einem hohen Grad lokaler *self-reliance*, der es lokalen Gemeinwesen erlaubt, für ihre Primärkonsumtion ihre eigenen Produktions-Konsumtions-Zyklen zu entwerfen, wobei sie selbst entscheiden, welcher Teil ins Zentrum der Gesellschaft gelangt, um auf gleicher Basis ausgetauscht zu werden.[9] Eine unerläßliche Vorbedingung scheint zu sein, Grund und Boden so zu verteilen, daß er Besitz derer bleibt, die ihn bearbeiten, sei es nun individuell oder kollektiv. Eine weitere Bedingung ist offenbar ein relativ geringer Grad von Monetarisierung der Wirtschaft, damit die Versuchung nicht übermächtig wird, Boden zur Produktion von Agrarerzeugnissen zum Zweck des internen und externen Exports zu nutzen, um dafür Konsumgüter zur Befriedigung nicht grundlegender Bedürfnisse zu erwerben. Gleichzeitig müssen diese beiden Bedingungen durch wirksame Kanäle ergänzt werden, mit denen die Ressourcen in Form von Dienstleistungen verschiedenster Art von oben nach unten geleitet werden können. Es erübrigt sich zu erwähnen, daß die Volksrepublik China seit Einführung der Volkskommunen ein Beispiel für eine Gesellschaft aus dieser Kategorie von Ländern darstellt[10]; es ließen sich noch andere nennen, die in diese Kategorie gehören, doch sind es kaum mehr als allenfalls ein Dutzend der Länder, die zur Gruppe der 77 zählen.[11]

Die Frage ist, wie die Neue Weltwirtschaftsordnung und damit verbundene Maßnahmen das allgemeine Bild beeinflussen werden, welche Auswirkungen diese Veränderungen der internationalen Wirtschaftsstruktur auf die und innerhalb der vier Typen von Ländern haben werden. Zum Zweck der Diskussion können wir Typ II und III ausklammern und uns auf die Länder der Dritten Welt konzentrieren, die entlang der Diagonale in Tabelle 1 angesiedelt sind, und zwar hauptsächlich in der ersten Kategorie.

Nehmen wir einmal als gegeben an, daß das als Neue Weltwirtschaftsordnung bezeichnete Bündel von Maßnahmen nicht nur eine Umverteilung von Kapital, sondern auch eine Umverteilung von Technologie zugunsten der armen Länder enthält. Konkret wird dies so aussehen, daß in ein Land der Dritten Welt ein wachsender Fluß von Finanzhilfen und Investitionsgütern und/oder technischen Plänen und Ausbildungsprogrammen gelangt. So wie dieser Fluß nun einmal ist, tritt er gewöhnlich in der Hauptstadt des Landes ein und wird im allgemeinen nach »oben« weitergeleitet. Das Auffangbecken für Kapital müssen in der Regel zunächst die führenden Banken des Landes, insbesondere die Staatsbanken sein, das Auffangbecken für Technologie hingegen öffentliche oder private Gesellschaften und/

oder Forschungsinstitutionen. Kurz, der Kapital- und Technologiestrom ergießt sich zunächst in das Zentrum des Empfängerlandes, da die Peripherie schon per definitionem für derlei kein geeignetes Auffangbecken ist.[12]

Sodann erhebt sich die Frage, inwieweit das Land über adäquate Kanäle zur Weiterleitung dieser Inputs in das Hinterland verfügt. Das darf nicht mit Kanälen zur Umverteilung des Surplus verwechselt werden, beispielsweise in Form von Gesundheits- und Bildungswesen. Hier geht es vielmehr um folgendes Problem: Besitzt das Land ein Netz von Kreditinstituten, die in der Lage sind, finanzielle Mittel lokal so zu plazieren, daß sie lokal arbeiten können, und besitzt das Land ein Netz von Institutionen, die imstande sind, die technologischen Inputs in lokalem Rahmen zum Einsatz zu bringen? Die Antwort ist offensichtlich sowohl ja als auch nein: In einigen Fällen existieren diese Netze, in anderen nicht. Gibt es sie nicht, so muß dies am Ergebnis allerdings nicht allzu viel ändern, denn diese Netze tendieren dazu, eine Vielzahl von Mini-Zentren in Bezirkshauptstädten und selbst in kleineren Städten oder gar ausgesprochenen Kleinstädten zu bilden, die eine Imitation der Institutionen in der Hauptstadt sind, welche ihrerseits eine Imitation der Länder der Ersten Welt (oder zumindest ihrer Hauptstädte) sind. Geld »an sich« füllt keine leeren Mägen, sondern nur nachdem es zur Produktion oder zum Kauf von Lebensmitteln benutzt worden ist. Gleiches gilt für Technologie – sie muß erst einmal produzieren.

Doch die aus reichen Ländern importierte Technologie ist in der Regel kapitalintensiv, forschungsintensiv und verwaltungsintensiv (sie erzeugt sogar Forscher, Bürokraten und Kapitalisten); sie erfordert qualifizierte Arbeit und kann nur unter sehr speziellen Bedingungen eingesetzt werden: Es bedarf einer Konzentration von Kapital, Forschern und Bürokraten, hingegen nur relativ weniger Arbeiter. Anders gesagt, es bedarf eines städtischen Milieus mit einer Bevölkerungsstruktur, die sich kaum von der unterscheidet, die man in reichen Ländern findet. Solche Strukturen werden hungrige Massen vom Lande anziehen, doch da sie von diesem Typ von Technologie nicht absorbiert werden, wird dies zu einer enormen Verslumung im Umkreis der Städte führen. Hier findet eine Wechselwirkung zwischen dem erhöhten Zufluß von Kapital und kapitalintensiver Technologie statt – das eine wird benutzt, um die andere zu kaufen. Je mehr Bargeld zur Verfügung steht, desto stärker wird die Neigung sein, kapitalintensive Technologien kapitalsparenden vorzuziehen, vor allem dann, wenn diese Technologien zusätzliche Arbeitsplätze für Forscher, Bürokraten und Kapitalisten schaffen – für den ganzen Klüngel derjenigen, denen die Landeplattformen für diese Inputs unterstellt sind, um es einmal zynisch auszudrücken.

Kurz gesagt, unsere These ist, daß der Zufluß von außen die Peripherie des Empfängerlandes entweder überhaupt nicht oder aber in einer Weise erreicht, daß Enklaven geschaffen werden, die von Slums umgeben sind. Daß der Fluß die zahllosen wirklich armen Menschen in der Welt erreichen wird, erscheint unwahrscheinlich, es sei denn, es herrschen in dem Land spezielle Bedingungen – nämlich die von uns oben beschriebenen einer Gesellschaft des Typs IV: Das von unteren Schichten erzeugte Surplus bleibt »unten«, und das an der Spitze eintretende Surplus sickert nach »unten«. In solchen Ländern können die eintretenden Inputs in Dienstleistungen auf dem Gesundheits-, Bildungs-, Transport- und Kommunikationssektor umgesetzt werden, die in einer Weise subventioniert werden, daß sie für die Massen erreichbar sind, statt in Luxuskonsumgüter oder Kapitalgüter für die Produktion von Dingen verwandelt zu werden, die für die Massen nicht erreichbar sind, bzw. zwar erreichbar sind, aber keine Grundbedürfnisse befriedigen (wie z. B. kohlensäurehaltige nicht-alkoholische Getränke).

Es scheint inzwischen mehr als hinreichende Beweise dafür zu geben, daß kapital- und forschungsintensive Technologien in der Regel Güter und Dienstleistungen produzieren, die von jenen, die nicht als Produzenten beteiligt sind, nicht konsumiert werden können, weil sie zu teuer sind.

Das verweist auf die andere interne Hauptstrategie: Bedingungen zu schaffen, unter denen jedermann sich an der Produktion dessen beteiligen kann, was zur Befriedigung materieller Grundbedürfnisse notwendig ist. Die Erfahrung scheint folgendes zu zeigen: Wenn kleine landwirtschaftliche Produzenten eine wirkliche Kontrolle über den Boden erhalten, dann nutzen sie ihn vorab dazu, Nahrungsmittel anzubauen – d. h. etwas, womit sie den lokalen Bedarf decken können – und nicht exportfähige Agrarerzeugnisse.[13] Nahrungsmittelproduktion, die dem lokalen Konsum dient, verkürzt den Wirtschaftskreislauf der Nahrungsmittel und senkt dadurch Ausgaben für Lagerung, Verpackung und Transport. Gleiche Argumente lassen sich in bezug auf Bekleidung und Behausung anführen, daß nämlich so weit wie möglich lokale/traditionelle Technologien und lokale Materialien verwendet werden sollten.

Der sicherste Weg zu garantieren, daß lokale natürliche Ressourcen an Ort und Stelle zur Befriedigung materieller Grundbedürfnisse benutzt werden, besteht darin, die Kontrolle über diese Ressourcen der lokalen Bevölkerung zu übertragen, und zwar mit Modellen lokaler *self-reliance,* die eine Beteiligung der Massen einschließen. Diese Bedingungen sind ihrem Wesen nach politisch, doch schließlich ist die Frage insgesamt im Grunde eine politische und keine in einem beschränkten, technischen Sinn ökonomische.

Bis jetzt lautet unser Gedankengang, daß das Bündel von Maßnahmen, das als Neue Weltwirtschaftsordnung bekannt ist, in den Fällen, da es in Gesellschaften der Kategorie I eingegeben wird, die Ungleichheiten eher erhöhen als mindern und nicht per se das Niveau der materiellen Bedürfnisbefriedigung der Bedürftigsten, d. h. der untersten 25, 33 oder gar 50 und mehr Prozent heben wird. Wir können nun einen Schritt weitergehen: Die Situation wird sich nicht nur nicht verbessern, sondern wahrscheinlich weiter verschlechtern. Mit anderen Worten, wir wenden uns gegen die oft vorgetragene Behauptung, der zufolge Abbau der Ungleichheit und Hebung des Lebensstandards der unteren Schichten der Bevölkerung Maßnahmen sind, die in den Bereich der Innenpolitik fallen und durch innenpolitische Handlungen gelöst werden müssen, so daß dabei Maßnahmen, die von außen kommen, ja selbst nur dabei Argumente als Einmischung in innere Angelegenheiten gelten. Die Aufgabe der Neuen Weltwirtschaftsordnung und darauf bezogener Maßnahmen bestünde demzufolge darin, die äußeren Bedingungen bereitzustellen, damit es *dann, wenn* sich die Struktur des jeweiligen Landes verändert, nicht nur zu einer gerechteren Verteilung kommt, sondern auch der Kuchen größer sein wird, den es zu verteilen gilt.

Diese Art von Argumentation zieht eine Trennungslinie zwischen *internationalen* und *intra-nationalen* Angelegenheiten und teilt beide in unrealistischer Weise voneinander ab. Darüber hinaus werden Maßnahmen oder Argumente von außen, die einen Abbau von Ungleichheiten bewirken bzw. befürworten, als »Politik« betrachtet, wohingegen Maßnahmen, die in der Regel Ungleichheiten verstärken und den untersten Lebensstandard nicht heben, sondern womöglich weiter senken, als nicht politisch angesehen werden, als bedauerliche Konsequenzen eines natürlichen Laufs der Dinge, die möglicherweise irgendwann in der Zukunft, »wenn die Zeit reif ist«, aus der Welt geschafft werden können.

Die Situation der Länder in Kategorie I kann durch Maßnahmen, die in Zusammenhang mit einer Neuen Weltwirtschaftsordnung stehen, wenigstens auf fünferlei Weise verschlechtert werden.

Erstens: Mit besseren und stabileren Preisen für Rohstoffe und exportfähige Agrarerzeugnisse wird die Versuchung, natürliche Ressourcen für Exportzwecke zu verwenden, selbstverständlich wachsen. Es ist nicht nur möglich, sondern sogar wahrscheinlich, daß als Folge davon weniger Land für lokal konsumierte Nahrungsmittel verfügbar sein wird und daß auch andere Arten von natürlichen Ressourcen in geringerem Maße für eine lokale Konsumtion zur Verfügung stehen werden, die für die Massen durchweg erreichbar ist und Grundbedürfnisse befriedigt.

Zweitens: Aufgrund von Exporten (einschließlich des internen

Exports von der Peripherie eines Landes zur Hauptstadt oder in anderen Kombinationen) ändert sich die Struktur der Kontrolle über Ressourcen. Ein Anbau zur lokalen Konsumtion oder zum – häufig nicht durch Geld vermittelten – Austausch in relativ kleinen Wirtschaftskreisläufen läßt sich mit einer hochgradig dezentralisierten Kontrolle über die Ressourcen vereinbaren. Sobald exportfähige Agrarerzeugnisse angebaut und exportiert werden, strömt an äußerst wenigen Punkten des Landes Geld ein, zuweilen sogar nur an einem Punkt (dem Bankinstitut, das berechtigt ist, Transaktionen in ausländischer Währung vorzunehmen). Monetarisierung und Ausrichtung auf den internationalen Handel pressen den Ressourcenfluß in einen engen Kanal, der von Bürokraten oder Kapitalisten oder von beiden zusammen leicht kontrolliert werden kann. Früher drehte sich ein Großteil der Diskussionen darum, ob diese Ressourcen einer öffentlichen oder einer privaten Kontrolle unterstehen sollten, und man nahm an, daß öffentliche Kontrolle zumindest potentiell der Bevölkerung im allgemeinen mehr Nutzen bringen werde als private Kontrolle. Da wir heute wissen, wie öffentliche Gelder für Prestigeprojekte verwendet werden können, von steigenden Militärausgaben und der Erhaltung lokaler Eliten an der Macht ganz zu schweigen[14], sollten wir uns vielleicht mehr mit der Frage beschäftigen, ob die Kontrolle in der Hand von Eliten liegt oder aber breiter gestreut ist, und nicht damit, welche Elite im einzelnen die Kontrolle ausübt.

Drittens: Bei einem solchen Muster von Kontrolle ist zu erwarten, daß die Eliten Wege finden werden, die Inputs so zu nutzen, daß dies sich zumindest nicht nachteilig auf ihre Interessen auswirkt. Man muß nicht das Bild von Luxusimporten heraufbeschwören (z. B. den legendären Mercedes), es genügt schon, an die Expansion von Enklaven zu denken, wodurch die Elite absolut und relativ anwächst. Hieraus könnte man zu der Ideologie kommen, daß die Elite schließlich das gesamte Land umfassen werde[15]; doch das hieße vergessen, auf Grund welcher Bedingungen eine Elite existieren kann: Es muß andere geben, die produzieren und so schlecht bezahlt werden, daß sie ein Surplus erzeugen, das zur Erhaltung der Elite ausreicht. Anders gesagt, die Bedingung für Eliten ist die fortwährende Existenz der Massen wenn schon nicht im eigenen Land, so doch in einem anderen Land. Die Erste Welt konnte aufgrund von Schulwesen, Wohlfahrtsstaatspraktiken und allgemeiner politischer Partizipation, vor allem aber aufgrund der Tatsache, daß die Massen der Dritten Welt einen Großteil der Arbeit leisteten, expandieren. Die Eliten der Dritten Welt können in bezug auf ihre Massen (welche die wahre Vierte Welt darstellen, denn diese besteht aus armen Menschen, nicht aus armen Ländern) in etwa das gleiche tun, was aber soll die Vierte Welt machen? Sie kann ihrerseits das Kunststück nicht vollbringen, denn es gibt keine Welten mehr, die ausgebeutet werden könnten. Folglich sind die Massen in hohem Grade davon abhängig, wie die Eliten diese Inputs benutzen, was wiederum teilweise von den von diesen Eliten bevorzugten Strukturen und teilweise von ihren Einstellungen abhängt. Folgt man dem obigen Gedankengang, so ergibt sich daraus: Wenn die zur inneren Restrukturierung benutzten Instrumente im wesentlichen auf kapitalintensiven Technologien beruhen, dann muß mit großer Wahrscheinlichkeit mit einer Zementierung der Elite-Enklaven gerechnet werden, wobei die jeweiligen Einstellungen der Eliten keine Rolle spielen.

Viertens: Die meisten dieser Eliten verlegen sich auf eine bestimmte Art von kapitalintensiven Investitionen; sie erhöhen die Stärke des Militärs und der Polizei. Jedermann weiß, daß die kapitalintensiven Technologien, die als Waffen bekannt sind, auf dem Markt erhältlich sind; desgleichen ist es eine bekannte Tatsache, daß dies einer der Wege ist, auf denen die Erste Welt einen großen Teil des Geldes zurückbekommt, das infolge von – aus der Sicht der Dritten Welt – verbesserten *terms of trade* »verlorengeht«.[16] Die Frage ist, wie diese Militär- und Polizeiapparate benutzt werden. Man geht wohl kaum fehl in der Annahme, daß sie zumindest teilweise zur internen Repression eingesetzt werden können, um den Status quo aufrechtzuerhalten.[17] Das wiederum führt zu der Frage, ob es für die Massen leichter ist, ihre eigenen Eliten zu bekämpfen, als den anti-imperialistischen Kampf gegen ausländische Eliten zu führen. Und eine These wäre, daß ersteres offenbar schwieriger ist. Dafür gibt es verschiedene Gründe: In einem Krieg gegen einen äußeren Feind (wie z. B. die alten kolonialen und neokolonialen Mächte des Westens) tendiert zumindest ein Teil der lokalen Bourgeoisie zur Seite des Volkes im allgemeinen (während der andere Teil zu viele vitale Interessen an einer ausländischen Herrschaft hat); die Ausländer begehen aufgrund ihrer mangelnden Kenntnis lokaler Umstände vermutlich grobe Fehler, was ihrer ungeheuren materiellen Stärke teilweise Abbruch tut, und zudem ist es den Ausländern wohl nicht im gleichen Maße möglich wie den lokalen Eliten, in die entferntesten Winkel des Landes einzudringen sowie Spione und Denunzianten in Betriebe, Schulen, ja selbst Familien einzuschleusen. Andererseits hat es den Anschein, als ob Befreiungskriege, die von einem nationalen Bündnis zwischen Eliten und Massen getragen werden, häufig in eine Befreiung münden, die den Eliten die Durchsetzung ihrer Interessen ermöglicht und mithin zu einem Typus von Gesellschaft führen, der der Kategorie I entspricht. Dies scheint um so mehr zuzutreffen, je einfacher die Befreiung errungen wurde: Nur wenn der Krieg wirklich erbittert geführt wurde, so erbittert, daß nur noch die Massen, die nichts mehr zu verlieren hatten, wirklich im Kampfe ausharrten, scheint gewährleistet, daß zumindest etwa eine Generation lang das System, das nun eingeführt wird, tatsächlich dem Volk zugute kommt.

Fünftens: Das System perpetuiert sich selbst, denn die Neue Weltwirtschaftsordnung ist international, was heißt, daß ähnliche Prozesse auch in anderen Ländern stattfinden werden, wodurch eine Interessenharmonie zwischen den Eliten hergestellt wird. Die Vorstellung: »Wenn ich dir helfe, einige von deinen Gütern zu exportieren, dann hilfst du mir, einige von meinen Gütern zu exportieren, und wir beide können besser kontrollieren, was in unseren Ländern geschieht« wäre eine unausgesprochene Grundlage dieser Harmonie. Es sollte erwähnt werden, daß sich diese Harmonie durchaus mit markigen, gegen die Erste Welt gerichteten Worten vereinbaren läßt, da ein gemeinsames Interesse bestünde, den armen Ländern ein größeres Stück vom Kuchen des Weltreichtums zuzuschieben bzw. es den reichen Ländern abzunehmen. Tatsächlich kann diese anti-imperialistische Sprache eine Hauptquelle der Legitimation nach unten, d. h. vor den Massen, sein und die gesamte Bevölkerung zu der Annahme verleiten, daß Arbeit für arme Länder per se schon Arbeit für arme Menschen sei.

Auf ein wichtiges, wiewohl vorübergehendes Merkmal dieser Interessenharmonie sollte hingewiesen werden: Sie erstreckt sich gleichfalls auf alle Länder entlang der Diagonale in Tabelle 1, von den reaktionärsten bis zu den progressivsten. Sie alle haben beispielsweise ein Interesse an verbesserten *terms of trade:* die konservativen Regimes, weil sie darin eine Chance sehen, die Eliten zu bereichern; die radikalen Regimes, weil sie darin eine Chance erblicken, das Lebensniveau des Volkes zu heben. Aus diesem Grunde kann die »Solidarität der Dritten Welt« aufrechterhalten werden: Selbst wenn die Prämissen einer Befürwortung abhängig davon, wo das Land auf der Diagonale angesiedelt ist, völlig andere sein können, so können doch die Schlußfolgerungen die gleichen sein. Die Verteilung entlang der Diagonale ist jedoch äußerst ungleichmäßig; es scheint angebracht anzunehmen, daß zumindest hundert Länder der Dritten Welt in Kategorie I angesiedelt sind und daß höchstens ein Dutzend – einschließlich der sozialistischen Länder der Dritten Welt – unter Kategorie IV fallen. Etwa die Hälfte der Länder in Kategorie I haben ein Militärregime.[18]

Das Bild, das wir bis jetzt gezeichnet haben, ist ein pessimistisches. Als analytischer Ausgangspunkt dienen ihm bestimmte Darstellungen der internen Realitäten, wie wir sie in den meisten Ländern der Dritten Welt vorfinden, und somit liegt der Schluß nahe, daß der Eintritt von mehr Ressourcen an der Spitze diese Realitäten nicht zum Besseren wenden, sondern sie womöglich verstärken und in die falsche Richtung weiterentwickeln wird. Wir wollen daher Gegenthesen entwickeln und versuchen, einige mögliche Trends in entgegengesetzter Richtung aufzuzeigen, die aus der Neuen Weltwirtschaftsordnung und damit zusammenhängenden Maßnahmen erwachsen könnten.

Das grundlegende Argument wäre, daß die Neue Weltwirtschaftsordnung in Ländern der Dritten Welt Veränderungen bewirken wird. Diese Veränderungen werden indirekt zu einem höheren Lebensstandard der Massen und zu verminderter Ungleichheit führen, auch wenn sie nicht direkt und kurzfristig spürbar sein werden. Es gibt hier mehrere mögliche intermediäre Variablen, von denen einige in der liberalen, andere in der marxistischen Theorie angeführt werden.

So verweist die *liberale* Entwicklungstheorie auf die allgemeinen Auswirkungen von Industrialisierung, die darin bestehen, den Menschen »modernere« Einstellungen aufzuprägen. Industrialisierung ist nicht nur eine Produktionsweise, sie ist darüber hinaus eine Lebensform, und diese Lebensform wird auf andere Sektoren der Gesellschaft überspringen und einen grundlegenden Wandel verursachen. Genauer gesagt, aus der Einführung moderner Technologie ergeben sich *spin-off*-Effekte: Die Herausforderung, die Technologie zu adaptieren, sie zu verändern, ja sogar neue Technologie zu erfinden, wird zu Formen von Kreativität führen, die ihrerseits dem Volk im allgemeinen zugute kommen werden.

Dem *marxistischen* Standpunkt wird es wohl mehr um die Klassenverhältnisse gehen, die sich im Gefolge der Einführung dieser Art von Technologie herauskristallisieren, insbesondere um die Herausbildung eines Industrieproletariats. Wenn das Industrieproletariat als fortschrittliche Kraft gilt, da es eine Kraft ist, die befähigt ist, mittels einer Revolution eine sozialistische Gesellschaft aufzubauen, dann ist die Wirkungskette Industrialisierung → Industrieproletariat → Klassenkampf → Revolution ein solcher Mechanismus zur Veränderung, selbst wenn dieser Prozeß Zeit erfordert.

Gegen die liberale Theorie läßt sich allerdings einwenden, daß wir – träfe sie zu – die von ihr postulierte Wirkung bereits sehen müßten, da die westliche Penetration der Dritten Welt mit Hilfe von Investitionen in Investitionsgüter keineswegs ein neues Phänomen ist. In vielen dieser Länder findet dieser Prozeß bereits seit mehr als hundert Jahren statt, ohne daß diese Wirkung erkennbar wäre, was vermutlich an dem oben erwähnten Enklave-Effekt liegt. Was die marxistische Theorie anlangt, so scheinen zahlreiche Erfahrungen darauf hinzuweisen, daß das Industrieproletariat in das Zentrum dieser peripheren Länder als industrielle »Arbeiteraristokratie«[19] integriert wird und einen deutlichen Abstand zwischen sich und dem wahren Proletariat der Dritten Welt, den ländlichen Massen, herstellt. Andere Fragen ergeben sich hinsichtlich der Kosten, die entstehen, wenn eine Revolution als Instrument eingesetzt wird, um einen höheren Lebensstandard und verminderte Ungleichheit herbeizuführen – doch freilich sollte diese Art von Kosten-Nutzen-Analyse zur Kosten-Nutzen-Analyse der gegenwärtigen Gesellschaft mit ihrem immensen Leiden infolge weitverbreiteten Elends in ein Verhältnis gesetzt werden.

Schließlich gibt es das Argument, daß es der Dritten Welt gelungen ist, durch kollektives Handeln ihre Solidarität zu einem wesentlichen Akteur auf der weltpolitischen Bühne werden zu lassen, und zwar einem sowohl intern wie extern dynamischen Akteur. Durch Solidarität und das Betonen von Gemeinsamkeiten beeinflussen die progressiveren Länder der Dritten Welt möglicherweise die weniger progressiven und zwingen sie dazu, einige Mechanismen einzuführen, mit denen das von den unteren Schichten erzeugte Surplus »unten« bleibt und das an der Spitze eintretende Surplus zumindest bis zu einem gewissen Grade zugunsten der unteren Schichten umverteilt wird. Dafür spricht zwar manches, doch gibt es ebenfalls ein wichtiges empirisches Gegenargument: Die Länder in Kategorie IV (China, Nordkorea, Nordvietnam, Kuba, ferner Länder wie Algerien, Tansania, Sri Lanka, in einer bestimmten Periode auch Peru und vielleicht noch einige andere) bildeten ihre gegenwärtige interne Struktur nicht infolge verbesserter *terms of trade* oder ähnlicher internationaler Maßnahmen heraus. Die Veränderungen vollzogen sich aufgrund interner Kämpfe und trotz (oder vielleicht gerade wegen) extrem feindlicher externer Umstände. Dennoch dient der Fall von Tansania oder Sri Lanka als Beweis, daß eine Revolution im klassischen Sinn keine notwendige Bedingung ist. Anders gesagt, ein Land kann eine »weiche« Elite haben, die aus mancherlei Gründen, zu denen Idealismus und weitgehende Identifizierung mit dem Volk im allgemeinen zählen (andere sind vermutlich darin zu suchen, daß sie aufgeklärt genug ist zu sehen, woher der Wind weht), bedeutende Veränderungen der Strukturen in ihren Ländern initiieren. Ein Teil davon mag sich aufgrund äußeren Drucks und Erfahrungen in anderen Ländern vollziehen, und in diesem Rahmen ist es sicherlich nicht unmöglich, daß die Solidarität der Dritten Welt und die internationale Gemeinschaft der UNO-Familie eine gewisse Rolle spielen und die Ausbreitung fortschrittlicher Gedanken erleichtern.[20]

Bislang haben wir nur Verhältnisse innerhalb von Ländern der Dritten Welt betrachtet, wie sie sich aus der Neuen Weltwirtschaftsordnung ergeben. Wie aber steht es mit den Beziehungen zwischen Ländern? Um einer Beantwortung dieser Frage näherzukommen, könnte man versuchen, den gleichen Gedanken wie in Tabelle 1 zugrunde zu legen. Das Resultat ist dann Tabelle 2:

Tabelle 2. *Was geschieht zwischen Ländern mit dem Surplus?*

		Im reicheren Lande erzeugtes Surplus bleibt dort	*Im reicheren Lande erzeugtes Surplus* wird in ärmerem Land investiert etc.
In ärmerem Land erzeugtes Surplus	wird in reicheres Land transportiert	A	B exploitative Beziehungen
	bleibt dort	C wechselseitig unabhängig	D

Wir gehen hier von der Annahme aus, daß die beiden Länder der Dritten Welt angehören, daß aber eines von beiden reicher ist, mehr »Inputs« im herkömmlichen Sinn als das andere besitzt. Das Problem ist nun, was mit dem erzeugten Surplus geschieht. Hier lassen sich zwei Möglichkeiten unterscheiden: es bleibt im Heimatland oder es wird in Form von Krediten, Zuschüssen oder in sonst einer Form in dem ärmeren Land investiert. Dieses Land erzeugt seinerseits ein gewisses Surplus, und die Frage ist, ob es nach »oben« transportiert, in das reichere Land »abgesaugt« wird oder im ärmeren Land verbleibt. Daraus ergeben sich vier Kombinationen, vier mögliche Beziehungen, von denen A und D unwahrscheinlich sind, während B und C äußerst wahrscheinlich sind, ersteres noch mehr als letzteres. Im erstgenannten Fall wird Surplus investiert, beispielsweise in Energie oder Rohstoffe oder in eine Vermarktungsinfrastruktur, und Surplus kommt auch wieder zurück – wobei vorausgesetzt wird, daß das letztere Surplus das erstere übersteigt, damit sich ein »Geschäft« ergibt. Auf diese Weise werden wechselseitige Abhängigkeitsbeziehungen geschaffen: beide Länder (oder Gruppen innerhalb beider Länder) hängen von der Aufrechterhaltung und sogar der Expansion dieses Typus von Wirtschaftskreislauf ab. Gleichzeitig ist die Beziehung in der Regel exploitativ, d. h. ein unverhältnismäßig großer Teil des Surplus landet am Ende in einem der beiden Länder, gewöhnlich in dem reicheren. Das heißt, es bestehen nicht nur Unterschiede zwischen Entwicklungsländern, sondern sie lassen sich nachgerade in eine neue Typologie einordnen: Länder, die sich an der Spitze, und Länder, die sich am unteren Ende von ökonomischen Beziehungen befinden. Dieses Verhältnis, das relativ bedeutungslos war, solange der Handel zwischen diesen Ländern minimal war (weil sie alle mit den metropolitanen Mächten der Ersten Welt Handel trieben), gewinnt in dem Maße an Bedeutung, wie sich die Handelsbeziehungen ausweiten. Mögliche Kandidaten[21] für solche Spitzenpositionen in der Wirtschaftshierarchie der Dritten Welt wären Brasilien für Lateinamerika, Nigeria für das Afrika südlich der Sahara, Iran (und vielleicht auch Saudi-Arabien) für die arabische Welt und Westasien, Indien für Südasien, Indonesien (und vielleicht Singapur) für Südostasien, Südkorea (und vielleicht Hongkong) für Ostasien – Länder, deren Entwicklung sich im Grunde im Kielwasser des Landes vollzieht, das als erstes Land außerhalb des klassischen Westens diesen Weg einschlug: Japan. Es handelt sich hierbei überwiegend um große Länder, deren Größe ihre Armut wettmacht.

Es sollte festgehalten werden, daß es einen Zusammenhang zwischen den Typologien der Tabellen 1 und 2 gibt: Damit ein Land Teil von Kategorie B in Tabelle 2 wird, muß es eine Wirtschaftsstruktur wie die Länder der Kategorie I in Tabelle 1 haben. Um international operieren zu können, bedarf es einer Konzentration von ökonomischen Ressourcen an zentralen Punkten des Landes, ferner bedarf es Eliten, die bürokratische, kapitalistische und andere Eignungen besitzen und in der Lage sind, diese Ressourcen international einzusetzen. Wenn das von unteren Schichten erzeugte Surplus in der Regel »unten« bleibt und das an der Spitze eintretende Surplus in der Regel durch wohlfahrtsstaatliche Praktiken etc. nach »unten« gelangt, dann werden außenhandelsorientierte Eliten in ihrer Investitionstätigkeit eingeschränkt.

Wiederum läßt sich die Frage stellen, ob die Neue Weltwirtschaftsordnung im allgemeinen die Entstehung solcher Strukturen begünstigen oder behindern wird. In gewisser Hinsicht ergibt sich die Antwort bereits durch einen Teil der Analysen, die sich an die Typologie von Tabelle 1 anschlossen: Wenn die Neue Weltwirtschaftsordnung es erleichtert, daß sich Länder herausbilden, in denen das Surplus an der Spitze akkumuliert wird, dann entsteht das Problem, was mit dem Surplus geschehen soll; ferner die Frage, wieviel davon durch Luxuskonsumtion absorbiert werden kann. Auslandsinvestitionen stellen eine Möglichkeit dar, und erhöhte Kooperation der Dritten Welt auf dem Gebiet von Handel und Finanzen wird zunehmend zu Wirtschaftskreisläufen führen, die sich innerhalb der Dritten Welt abspielen. In Anbetracht der enormen Asymmetrien zwischen und innerhalb von Ländern müssen diese Kreisläufe aus den vielen genannten Gründen beinahe zwangsläufig exploitativ werden. Daher ist es wahrscheinlich, daß in den nächsten Jahren die rückhaltlosen Anhänger einer ökonomischen Kooperation in der Dritten Welt die Reicheren in den reicheren Ländern der Dritten Welt und gewiß nicht die Ärmeren in den ärmeren Ländern der Dritten Welt sein werden.

Kommen wir zum Schluß: Wir haben nun eine Typologie von drei Typen von Ländern der Dritten Welt erarbeitet: herrschende, exploitative Gesellschaften; beherrschte, exploitative Gesellschaften; progressive Gesellschaften. Noch vor wenigen Jahren wurden alle diese Gesellschaften von der Ersten Welt beherrscht. In dem Maße, wie dieser Druck abnimmt, und zwar nicht zuletzt infolge solidarischen Handelns, ist damit zu rechnen, daß sich neue Beziehungen und eine neue soziale Dialektik innerhalb von und zwischen Ländern herausbilden werden. In diesem Zusammenhang wird die Neue Weltwirtschaftsordnung eine bedeutende Rolle spielen – einerseits kraft ihrer selbst und andererseits insofern sie bestehende Trends im Weltwirtschaftssystem festschreibt.[22]

2. Über die Auswirkungen der Neuen Weltwirtschaftsordnung auf reiche Länder

Bislang haben wir die Beziehungen innerhalb von und zwischen Ländern der Dritten Welt erörtert. Wie aber steht es mit den Auswirkungen, welche die Neue Weltwirtschaftsordnung und damit zusammenhängende Maßnahmen vermutlich in den reichen, industrialisierten Ländern haben werden? Welche Auswirkungen wird es auf die Industriegesellschaft im Westen, wie wir sie kennen, haben, wenn in der Welt nicht nur ein, sondern zwei, drei, viele Japans – d. h. nicht-westliche Länder, die die westliche Strategie praktizieren – mit dem Westen konkurrieren, und zwar in ihren eigenen Ländern, in der Dritten Welt im allgemeinen und in der Ersten (und Zweiten) Welt?

Will man heute über die Zukunft der Industriegesellschaft sprechen, muß man eine klare Vorstellung von der Bedeutung des Terminus »Industriegesellschaft« haben und dieses Problem in einem globalen Kontext untersuchen. Eine »Industriegesellschaft« ist eine Gesellschaft, in der ein großer Teil des gesamten Wirtschaftssystems einem Zweck dient: der Umwandlung von Rohstoffen in Fertigfabrikate – mit anderen Worten, der *Verarbeitung* in großem Maßstab und mit Hilfe von Maschinen. Selbstverständlich hat es in der menschlichen Gesellschaft schon immer eine Umwandlung von Rohstoffen gegeben, doch unter dem Industrialismus als einem System macht Massenproduktion es möglich, in einem derartigen Ausmaß zu produzieren, daß nicht nur der Markt im näheren Umkreis der Fabrik rasch gesättigt ist. Das gleiche gilt nach einiger Zeit auch für den nationalen Markt. Und so entsteht die Notwendigkeit, im Ausland einen Absatzmarkt für die Produkte und darüber hinaus die Produktionsfaktoren im Rohzustand zu finden, nämlich Rohstoffe, die häufig noch durch »Rohkapital« und »Roharbeit« (unqualifizierte Arbeit) ergänzt werden. Es besteht mithin ein unverkennbarer Zusammenhang zwischen dem *Grad der Verarbeitung* (wie sehr die ursprünglichen Rohstoffe verändert worden sind), dem *Volumen der Verarbeitung* (dem Produktionsausstoß) und der *Ausdehnung des damit verbundenen Wirtschaftskreislaufs* (womit die geographische Ausdehnung des Gebietes bezeichnet werden soll, aus dem Rohfaktoren herangezogen und in dem Produkte vermarktet werden).

So wie sich die Weltwirtschaftsgeschichte entwickelt hat, spielen nicht nur Bezirke innerhalb von Ländern, sondern auch ganze Länder, ja Ländergruppen in diesen die Welt zunehmend umfassenden Wirtschaftskreisläufen unterschiedliche Rollen. In wenigen Worten ausgedrückt: Einige Teile übernehmen die Verarbeitung, während andere die Produkte erhalten und die Faktoren, insbesondere die Rohstoffe, stellen. Wenn wir unsere Aufmerksamkeit auf Länder richten, dann deshalb, weil Länder sich insbesondere unter dem Gesichtspunkt der Industrialisierung ungleichmäßig entwickelt haben. Dieser Umstand führt zu *Strukturen von vertikaler Arbeitsteilung*, der zufolge einige Länder die Aufgaben einer Industriegesellschaft übernehmen, während andere die Aufgaben von nicht-industrialisierten Gesellschaften erfüllen. Das führt zu der Teilung, die heute oft mit den Worten »entwickeltere Länder« und »weniger entwickelte Länder« (MDCs = *more developed countries* und LDCs = *less developed countries*) ausgedrückt wird. Es sollte hervorgehoben werden, daß es dafür keine logische Notwendigkeit gibt. Man könnte sich auch eine Entwicklung vorstellen, die zu einer *horizontalen* Arbeitsteilung führt, dergestalt, daß alle Länder in annähernd dem gleichen Grad industrialisiert, doch zugleich auch spezialisiert wären, so daß sie in Austausch miteinander treten könnten. Das ist innerhalb der industrialisierten Welt tatsächlich weitgehend der Fall, und hierin besteht ein Großteil des Welthandels, doch ist in der Welt von heute der vertikale oder *intersektorale Handel*, bei dem Fertigfabrikate in eine Richtung fließen und Rohstoffe in die andere, der politisch prekärste und wichtigste. Dieser Handel steht im Mittelpunkt der Neuen Weltwirtschaftsordnung, und Ziel des vorliegenden Aufsatzes ist es, dazu eine bestimmte Perspektive zu entwerfen.

Als ein guter Ausgangspunkt erscheint uns die Aufstellung eines *Index der Handelszusammensetzung*. Der Index basiert auf dem Außenhandel aller Länder und mißt, inwieweit ein Land an der Spitze der vertikalen Arbeitsteilung liegt, nämlich ausschließlich oder vorwiegend Fertigfabrikate exportiert sowie ausschließlich oder vorwiegend Rohstoffe und Halbfabrikate importiert. Hier die Ergebnisse:

Tabelle 3. *Index der Handelszusammensetzung: einige ausgewählte Länder**

1. *Japan*	+ 106,68	38. UdSSR	– 46,42
2. *Italien*	+ 78,42	111. Niger	– 140,72
3. *Großbritannien*	+ 74,30	112. Sambia	– 144,06
4. *BRD*	+ 67,42	113. Äthiopien	– 144,52
5. Hongkong	+ 63,32	114. Burma	– 144,98
6. Südkorea	+ 58,44	115. Venezuela	– 146,24
7. CSSR	+ 52,54	116. Gambia	– 148,14
8. Schweiz	+ 39,70	117. Uganda	– 162,70
9. DDR	+ 30,16	118. China	– 200,00
10. *Frankreich*	+ 29,52		
17. *USA*	+ 13,52		

* Zahlen errechnet von Amalendu Guha für das *World Indicators Program* des Fachbereichs Konflikt- und Friedensforschung an der Universität Oslo.

Wir haben nur für 20 von 118 Ländern Daten präsentiert, da die Schlußfolgerung auf der Hand liegt: An der Spitze der Tabelle stehen die Länder, die am internationalen Handel als industrialisierte Länder teilnehmen, am unteren Ende befinden sich die Länder, deren Ökonomie eine ergänzende Funktion erfüllt, insofern sie im internationalen Handel als Absatzmärkte und Lieferanten von Rohstoffen fungieren. (Im Grunde sollten wir auch zu den anderen »Rohfaktoren« – »Rohkapital« und »Roharbeit« – Daten besitzen, doch ist es überaus schwierig, solche Daten in systematischer Form zu erhalten.)

Wie aus der Tabelle zu ersehen ist, nehmen die industrialisierten Länder in diesem Index der vertikalen Arbeitsteilung tatsächlich die Spitzenpositionen ein. Japan steht dabei nicht nur an erster Stelle, sondern führt den Zahlen zufolge auch weit vor den nächsten Ländern in dieser Reihe, nämlich Italien, Großbritannien und der Bundesrepublik Deutschland. Man sollte auch beachten, daß nach diesen vier führenden Industriemächten zwei Länder kommen, die sich weniger selbst mit Industrieproduktion befassen, als vielmehr anderen hierfür einen Ort bieten – Hongkong und Südkorea –, danach zwei sozialistische Länder Europas und natürlich die Schweiz. Erst dann folgt Frankreich. Und die Vereinigten Staaten sind, was manchen überraschen mag, weit unten auf der Liste an 17. Stelle aufgeführt. Die Erklärung ist jedoch einfach: Die USA exportieren eine erstaunlich große Menge von Rohstoffen und Halbfabrikaten und importieren auch eine beträchtliche Menge von Fertigfabrikaten – nicht zuletzt aus Japan.

Die andere Supermacht, die Sowjetunion, befindet sich, was den internationalen Handel angeht, annähernd in der gleichen Lage wie die USA, rangiert allerdings auf der Liste sehr viel weiter unten. Es gibt jedoch einen wichtigen Unterschied: Während die Länder, die gewöhnlich als abhängig von den USA gelten, wie z. B. Länder in Lateinamerika und Südostasien, auf der Liste *hinter* den USA rangieren, befinden sich Länder, die oft als abhängig von der Sowjetunion angesehen werden, wie beispielsweise die sozialistischen Länder Osteuropas, auf der Liste *vor* der Sowjetunion. Somit ist die westliche militärische und politische Supermacht im Verhältnis zu den von ihr abhängigen Länder auch eine ökonomische Supermacht, während sich die östliche militärische und politische Supermacht ökonomisch gesehen gegenüber den von ihr »abhängigen« Ländern in einer unterlegenen Position befindet.[23]

Am unteren Ende der Liste haben wir acht Länder aufgeführt, wobei die Volksrepublik China den Abschluß bildet. Mit Ausnahme von Venezuela sind die Länder, die auf der Liste vor China rangieren, durchweg sehr arme Länder. Das trifft zwar weder auf China noch auf Venezuela zu, doch der internationale Handel dieser beiden Länder ist so geartet, daß sie sich, soweit es den Handel betrifft, am unteren Ende der vertikalen Arbeitsteilung befinden.

Welche Schlußfolgerungen lassen sich aus einer solchen Tabelle im Hinblick auf die Zukunft ziehen (wobei wir unter Zukunft die Zeit bis zum Beginn der achtziger Jahre, also die nahe Zukunft, verstehen)? Eine gewisse Vorstellung von dem, was geschehen wird, läßt sich gewinnen, wenn man die Kombinationen der sechs Länder untersucht, die in der Tabelle unterstrichen sind. Zunächst einmal waren es diese sechs Länder, deren Repräsentanten im Herbst 1975 in Rambouillet zusammentrafen und die Erklärung von Rambouillet verfaßten, in der die Bedeutung von fortgesetztem Wirtschaftswachstum sowie von Harmonie und Kooperation zwischen allen Ländern der Welt hervorgehoben wird. In gewisser Hinsicht orientierte sich diese Erklärung deutlich am Status quo, denn sie pries die Vorzüge der alten Weltwirtschaftsordnung und verlangte im Grunde nichts weiter als noch mehr davon. Das ist freilich nicht verwunderlich, wenn man bedenkt, daß vier der sechs Länder Spitzenpositionen einnehmen und die zwei übrigen ebenfalls weit vorne liegen: Wenn man sich in einem System an der Spitze befindet, dann wird man wohl auch an dessen Fortbestand interessiert sein.

Ein tieferer Zusammenhang erschließt sich, wenn man die sechs Länder in zwei Gruppen von je drei Ländern einteilt, so daß Japan, Italien und die Bundesrepublik Deutschland die eine und Großbritannien, Frankreich und die USA die andere Gruppe bilden. Worin besteht die Bedeutung dieser Ländergruppen? Die Antwort lautet: In ihrem Beitrag zum internationalen Kriegsgeschehen während der letzten Generation. Die Länder in der ersten Gruppe waren die Achsenmächte, die in dem als Zweiter Weltkrieg bekannten großen

Kräftemessen als Herausforderer antraten, um die Hegemonie der zweiten Gruppe über die Weltwirtschaft zu erschüttern. Man kann wohl mit Sicherheit behaupten, daß die Achsenmächte durchaus nichts gegen die vertikale Arbeitsteilung in der Welt einzuwenden hatten, sondern lediglich wünschten, sie selber stünden an der Spitze des Systems. Da 1945 alle drei Länder besiegt wurden, stellt sich die Frage, warum sie heute dennoch an der Spitze stehen. Die Antwort ist wiederum einfach: Wie das Beispiel zeigt, kann sich eine Niederlage durchaus bezahlt machen. Die Ausrüstungsgüter waren zerstört, doch die unzerstörbaren Qualifikationen in den menschlichen Hirnen blieben erhalten und konnten zur Produktion der modernsten Ausrüstungsgüter benutzt werden, die schon bald die veraltete Maschinerie der Alliierten überflügelten. Wie bei einer Firma, die den Bankrott erklärt, können internationale Verpflichtungen für null und nichtig deklariert und ein neuer Anfang gemacht werden. Anders ausgedrückt, man steigt wie der berühmte Phönix aus der Asche. Dazu gehören offensichtlich erhebliche Fähigkeiten und Initiativen, und zudem sollte man beachten, daß diese drei Länder infolge des Zweiten Weltkrieges keine Kolonien mehr besaßen und daher weder in die mehr oder minder kriegerischen Operationen verwickelt waren, derer es zur Aufrechterhaltung der Kolonialherrschaft bedurfte, noch Verpflichtungen gegenüber den Kolonien hatten. Für Japan, Italien und die Bundesrepublik Deutschland stand nach dem Krieg die ganze Welt offen – sie mußten ihren internationalen Handel nicht asymmetrisch in einen Handel mit Kolonien und mit Nicht-Kolonien aufspalten.

Daraus geht schon hervor, woher die zweite Gruppe in den letzten Jahren ihren Ruhm bezieht: Es handelt sich hier um die Länder, die stärker als alle anderen am Dritten Weltkrieg beteiligt gewesen sind, d. h. an der langen und traurigen Serie von Kriegen, die sich in den dreißig Jahren von 1945 bis 1975 auf mindestens 116 Kriege belief.[24] Die meisten dieser Kriege waren nationale Unabhängigkeitskriege bzw. – von der anderen Seite her gesehen – Kriege zur Aufrechterhaltung der Kolonialherrschaft oder Minderheitsherrschaft, und die drei erwähnten Länder waren daran maßgeblich beteiligt.

Wenn daher die Repräsentanten sechs Länder an Orten wie Rambouillet zusammenkommen und Erklärungen abgeben, wird die restliche Welt kaum etwas anderes erwarten, als daß der Inhalt dieser Erklärungen auf eine Beibehaltung des Status quo zielt. Anders ausgedrückt: Was man mittels Kriegen und Kolonialismus nicht erreichen kann, versucht man, mit Hilfe von Erklärungen und Verhandlungen durchzusetzen. Dem stehen jedoch die Forderungen der Dritten Welt entgegen, wie sie in der Neuen Weltwirtschaftsordnung formuliert sind: bessere *terms of trade*, mehr Kontrolle über alle

Stationen des Wirtschaftskreislaufs im eigenen Land und mehr Handel zwischen den Ländern der Peripherie, jenen Ländern, die auf den unteren Stufen der internationalen Arbeitsteilung stehen – die Mehrheit der Länder der Welt.

Man stelle sich nun vor, daß in den kommenden Jahren die Forderungen dieser Länder zunehmend in die Tat umgesetzt werden, so daß sich die ökonomische Landkarte der Welt verändern und der internationale Handel neue Bahnen einschlagen wird. Wenn wir die Länder an der Spitze als Länder des Zentrums und die Länder am unteren Ende als periphere Länder bezeichnen, ergibt sich eine einfache Formel: Der vertikale Handel zwischen Ländern des Zentrums und der Peripherie ist die Handelsstruktur, die reduziert werden wird. Es handelt sich hierbei um die Handelsstruktur, die sich in Tabelle 3 widerspiegelt: Fertigfabrikate fließen in die eine Richtung, Halbfabrikate und Rohstoffe in die andere. Statt dessen werden die weniger entwickelten Länder mehr Kontrolle über die Rohstoffe, die Produktionsanlagen und den Verteilerapparat im eigenen Lande erlangen und sich dies zunutze machen, um für die eigenen Märkte und einen vermehrten Handel miteinander Fertigfabrikate herzustellen. Es wird unter Umständen eine Übergangsphase geben, in der die vertikale Arbeitsteilung um den Preis besserer *terms of trade* für die weniger entwickelten oder weniger industrialisierten Länder beibehalten werden kann; doch das bedeutet nur, daß die Länder an der Spitze der Liste für Rohstoffe mehr werden zahlen müssen (die Mechanismen, mit deren Hilfe dies geschieht, wie Neufestlegung des Preisindex, Stützungsfonds, Ausgleichsfonds, sind heute wohlbekannt).

Welche Konsequenzen werden sich aus alledem für die Länder im Zentrum ergeben? Sicherlich bedeutet es nicht das Ende der Industrieländer – so einfach geht es in der Geschichte nicht zu. Erstens gibt es die Möglichkeit, daß sie wieder auf das Mittel des Krieges zurückgreifen, wobei sie diesmal die Spaltung aus der Zeit des Zweiten Weltkriegs gewiß vergessen und sich zusammenschließen werden – doch diese Möglichkeit sollte ausgeklammert werden, da sie gegenwärtig zum Glück äußerst unwahrscheinlich ist.

Zweitens besteht die Möglichkeit, daß sie nicht nur für bessere *terms of trade* bezahlen, sondern zudem mit den heutigen nicht-industrialisierten Ländern eine mehr horizontal ausgerichtete Arbeitsteilung eingehen werden, nämlich viel mehr von deren Industriegütern importieren und von den eigenen Rohstoffen exportieren werden (wobei letzteres für Länder wie Japan und die Schweiz eine schwierige Lösung ist, obgleich natürlich niemand genau weiß, was sich in den Bergen dieser Länder finden läßt, ganz zu schweigen von dem, was sich unter dem Meeresboden vor Japan verbergen mag).

Drittens, und das ist die wichtigste Möglichkeit: So wie die Länder der Peripherie den Handel miteinander erhöhen werden, so können sich auch die Länder des Zentrums gegenseitig verstärkt als Absatzmärkte und als Rohstoffquellen benutzen (wie es bis zu einem gewissen Grade bereits geschieht). Doch hier müssen wir uns fragen, ob dies eine praktikable Lösung ist. Anders gesagt: Ist in den stärker industrialisierten Ländern der Welt die Nachfrage nach Investitionsgütern und dauerhaften wie nicht-dauerhaften Konsumgütern wirklich so groß – wobei man nicht zuletzt das niedrige Bevölkerungswachstum in Rechnung stellen sollte[25] –, daß sie die gesamten Auswirkungen einer Neuorientierung des internationalen Handels absorbieren kann, bei der sich die Länder des Zentrums vorrangig aufeinander beziehen müssen? Und die gleichermaßen beunruhigende Frage: Inwieweit sind die Länder des Zentrums tatsächlich in der Lage, die benötigte Menge an Rohstoffen zu liefern, nicht zuletzt auf dem Gebiet der Energie?

Das führt zu relativ skeptischen Voraussagen für die Industrieländer einschließlich Japans. Wenn zu viel produziert wird, gibt es gewöhnlich zwei Möglichkeiten, nämlich entweder die Nachfrage zu erhöhen oder die Produktion zu drosseln. *Die Nachfrage kann man mindestens auf dreierlei Weise erhöhen:* indem man die Märkte *räumlich* erweitert (d. h. indem man externe Märkte findet, vor allem für neue Bevölkerungsgruppen)[26], indem man die Märkte *zeitlich* ausdehnt, und zwar durch geplanten Verschleiß, neue Moden und modische Gags, das Einführen und Verschwindenlassen von neuen Produkten auf dem Markt, und durch die Vernichtung von Gütern, wie es in einem *Krieg* geschieht. *Die Produktion kann man auf dreierlei Weise einschränken:* durch *Arbeitslosigkeit,* durch gedrosselte Produktion infolge von *weniger Arbeitsstunden* pro Tag, pro Woche, pro Monat und/oder pro Jahr und durch eine *niedrigere Produktivität* (arbeitsintensivere Produktionsmethoden). Das sind die sechs Möglichkeiten, unter denen die reichen Industrieländer wählen können. Überflüssig zu sagen, daß es sich hier nicht um Wahl in dem Sinne handelt, daß sich die Möglichkeiten gegenseitig ausschließen. Es ist ganz offensichtlich, daß diese Länder in den letzten Jahren zumindest von fünf der sechs Möglichkeiten Gebrauch gemacht haben. Bei der sechsten Möglichkeit handelt es sich um einen zunehmenden Einsatz von arbeitsintensiven Produktionsmethoden oder, anders gesagt, um eine Wiederaufnahme oder Neuschöpfung von stärker handwerklich geprägten Produktionsformen mit dem Ziel, die Produktivität zu senken.

Doch selbst wenn es keine Wahl im strengen Sinne des Wortes gibt, bleibt die Frage, auf welche Möglichkeit der Schwerpunkt gelegt wird, und es ist interessant, in diesem Licht über die westliche Option

Überlegungen anzustellen. So folgt aus dem Gesagten, daß eine echte *räumliche* Erweiterung von Märkten eine Option ist, die zumindest nach einer Spanne von etwa zehn Jahren kaum mehr offensteht, weil die Länder der Dritten Welt selbst für ihren Bedarf produzieren werden. In diesem Prozeß werden zwar, wie erwähnt, die weniger Begünstigten möglicherweise von den mehr Begünstigten, nämlich den Ländern wie Brasilien, Nigeria, Iran und Indien ausgebeutet; doch das ist eine andere Frage und schafft vom Standpunkt der Industrieländer aus keine günstigeren Bedingungen. Die Welt ist eben zu klein; ob es Leben auf dem Mars gibt, ist äußerst zweifelhaft, und wo niemand lebt, kann man auch nichts verkaufen.[27]

Desgleichen darf man wohl annehmen, daß auch eine *zeitliche* Ausdehnung von Märkten eine Option ist, die kaum mehr offensteht, sondern vermutlich bereits den Sättigungspunkt erreicht hat. Die Reaktionen, die vor allem von Jugendlichen, aber auch von vielen anderen gegen geplanten Verschleiß von Produkten kommen, haben ein beträchtliches Ausmaß angenommen.[28] In gewisser Hinsicht haben die Japaner den Weg gewiesen, denn japanische Produkte werden im allgemeinen langlebiger und stabiler als die Produkte der westlichen Konkurrenten hergestellt. Die Zeiten, als diese Konkurrenten von »billigen japanischen Imitationen« und »schäbigen japanischen Erzeugnissen« sprachen, sind lange vorbei, ebenso die Zeiten der »billigen japanischen Arbeitskraft«. Wer Japan anschwärzen will, um angesichts der ökonomischen Erfolge, die der japanische Industrieapparat heute zeitigt, eine akzeptable Erklärung zu liefern, muß andere Argumente anführen, wie beispielsweise die Umweltverschmutzung. Damit haben die Kritiker sicherlich recht, denn die Umweltverschmutzung in Japan ist erheblich.[29] Doch dieses Argument wird wohl kaum vorgebracht, um Japan aus einer Umweltkrise zu helfen, sondern um von der Plattform westlicher Arroganz ein schlechtes Bild von Japan zu verewigen.

Schließlich gibt es noch die Option eines *Krieges*, für den wir oben zwei Gründe angeführt haben: Krieg als Mittel, um eine Position in der Weltwirtschaftsstruktur zu erobern (Zweiter Weltkrieg) oder aufrechtzuerhalten (Dritter Weltkrieg) und/oder als Mittel, eine ausreichende Menge von Fertigfabrikaten einschließlich Investitionsgüter zu vernichten, damit der ganze Prozeß wieder von vorne anfangen kann. Natürlich würde ein Krieg niemals offen im Namen solcher Losungen geführt werden, sondern unter dem Deckmantel eines Krieges »gegen den Kommunismus«, »gegen Terrorismus«, »gegen Subversion« oder »für die Freiheit«, »für wirtschaftliche Harmonie« usf. Unwahrscheinlich zwar, aber nicht gänzlich auszuschließen[30] – und verheerend genug, um sich ernsthaft mit *allen* anderen Optionen zu befassen.

Die wachsende Arbeitslosigkeit ist seit den letzten Jahren in mehreren westlichen Industrieländern ein bekanntes Phänomen[31]; sie sollte nicht als konjunkturelle, sondern als strukturelle Arbeitslosigkeit gesehen werden. Strukturell deshalb, weil sie auf den Verlust an militärischer, politischer und ökonomischer Macht zurückzuführen ist – und im großen und ganzen bekommen die »Dritter-Weltkrieg-Länder« (Großbritannien, Frankreich, USA) die Arbeitslosigkeit stärker zu spüren als die »Zweiter-Weltkrieg-Länder« (Japan, Italien, Bundesrepublik). Den wesentlichen Grund hierfür haben wir oben kurz angedeutet. Es gibt dafür jedoch noch mindestens einen anderen Faktor, wie aus dem Unterschied zwischen dem raschen Niedergang der wirtschaftlichen Position Italiens in der Welt und der Weise, wie Japan und der Bundesrepublik die Wahrung ihrer Position zu gelingen scheint, hervorgeht.[32] Es ist schwierig, diesen Faktor adäquat zu benennen, doch handelt es sich hier vermutlich um eine Frage des Nationalcharakters: Die Japaner und die Deutschen arbeiten mehr. Es könnte durchaus sein, daß sich Italien und Großbritannien viel länger an der Spitze halten könnten, wenn nicht ihren leitenden Schichten sowie ihrer Arbeiterklasse eine kleine Dosis von dieser Mischung aus Puritanismus, Fleiß, harter Arbeit und Disziplin fehlte. Wir sind allerdings der Auffassung, daß solche Faktoren das Unvermeidliche nur hinausschieben können, nämlich weltweit eine symmetrischere Verteilung der Kapazitäten zur Rohstoffverarbeitung, mit anderen Worten, der industriellen Kapazitäten und – als Folge davon – ein relativer Verlust des komparativen Kostenvorteils der Industrieländer. Kurz, die UNIDO-Deklaration von Lima.[33]

Damit verringern sich die zur Wahl stehenden Möglichkeiten auf Arbeitslosigkeit und die anderen Formen einer Drosselung der Gesamtproduktion. Arbeitslosigkeit ist natürlich bereits eingeschränkte Produktion auf einem gegebenen Produktionsniveau – man behält die ursprüngliche Produktivität der Beschäftigten bei, mischt sie mit einer Null-Produktion der Arbeitslosen und speist diese mit Hilfe von Arbeitslosengeld und anderen Maßnahmen ab, um eine Durchschnittsproduktivität aufrechtzuerhalten, die dem erforderten Produktionsvolumen angepaßt ist.

Vom Standpunkt der Arbeitslosen aus ist dies eine unannehmbare Lösung; sie kann nur jenen akzeptabel erscheinen, die die Gesellschaft vom Standpunkt des Managers aus sehen – sei es nun im privaten oder im öffentlichen Sektor.[34] Sie ist selbst dann unannehmbar, wenn das Arbeitslosengeld 90 oder 100% des normalerweise bezogenen Gehaltes ausmacht, aus dem einfachen Grund, weil eine Arbeit zu haben, arbeiten zu können, unauflöslich mit der Würde des Menschen verknüpft ist.[35] Es ist nicht nur eine Pflicht, sondern ein Recht, zur Produktion und damit zur Wohlfahrt der Gemeinschaft beizutragen, der man angehört. Folglich wird man eine Lösung finden müssen, um die Produktion gleichmäßiger auf alle Arbeitsfähigen zu verteilen. Da Produktion = Produktivität × Anzahl der Arbeiter × Anzahl der Arbeitsstunden ist, sollte die Methode darin bestehen, nicht den zweiten, sondern den dritten Faktor zu senken, während der erste unverändert bleibt.

Um dies zu erreichen, gibt es im allgemeinen viele Lösungen. Man kann die Produktivität pro Stunde beibehalten, aber weniger Stunden pro Jahr bzw. letzten Endes pro Menschenleben arbeiten. In der Praxis könnte dies mehrere Formen annehmen: ein 6-Stundentag anstelle eines 8-Stundentags, eine 4-Tagewoche anstelle einer 5-Tagewoche, ein 3-Wochenmonat anstelle eines 4-Wochenmonats, ein 10-Monatsarbeitsjahr anstelle eines 11-Monatsarbeitsjahrs usw., oder auch eine Kombination dieser Möglichkeiten.[36] Das Endergebnis wäre mehr Freizeit, die auf alle möglichen Arten über das Kalenderjahr verteilt wäre; unter Umständen könnte es auch dem Arbeitnehmer oder der Arbeitnehmerin überlassen bleiben, selbst zu entscheiden, wie sich die Freizeit verteilen soll. Das Konzept der Gleitzeit, die man heute in Industrieländern häufig findet, könnte ein Anfang in dieser Richtung sein; *gleiches gilt für ein Mehr an Bildung und Ausbildung und eine Herabsetzung der Altersgrenze für den Ruhestand.*[37]

Diese Lösung birgt offensichtlich ein großes politisches Problem in sich: Während man bei Arbeitslosigkeit hofft, sie zu beseitigen, um zum ursprünglichen oder gar einem erhöhten Produktionsausstoß zurückzukehren und die Produktivität beizubehalten oder womöglich zu steigern, trägt eine Reduzierung der Jahresproduktion eher den Charakter einer Dauermaßnahme – wie die Einführung der 48- oder 40-Stundenwoche. Ist sie einmal eingeführt, ist es schwierig, zum alten Muster zurückzukehren. Natürlich gibt es die Möglichkeit, eine Verminderung der jährlichen Arbeitsstunden durch eine Steigerung der Produktivität pro Stunde auszugleichen – dies könnte eine Übergangslösung für Gesellschaften sein, die immer noch nicht einsehen wollen, daß die Tage gezählt sind, in denen sie die ganze Welt mit ihren Produkten überschwemmen konnten.

Der Gedanke von mehr Freizeit für die Masse der Bevölkerung bringt jedoch noch eine weitere Schwierigkeit mit sich: Es kann durchaus sein, daß die Menschen kein Mehr an Freizeit wollen oder wollen werden. Wenn wir ein schöpferisches Bedürfnis des Menschen postulieren, dann stehen die meisten industriellen Produktionsmethoden und mehr oder weniger industrialisierten und kommerzialisierten Formen von Freizeit zur Kreativität in Widerspruch. Sie laufen hinaus auf eine Kombination von Routinearbeit und standardisierten Freizeitrastern, ob diese nun die Form eines organisierten

Hobbyismus oder des Massentourismus annehmen. An diesem Punkt erscheinen arbeitsintensivere Produktionsmethoden vielen Menschen möglicherweise attraktiv: die Vorstellung, in die Herstellung von Produkten mehr Arbeit und weniger Kapital zu stecken. Es wird allgemein zugestanden, daß dies zu einer höheren Qualität der Produkte führt, wie deutlich an Branchen wie Nahrungsmittel, Bekleidung, Bau oder dem Gesundheits- und Bildungswesen zu sehen ist, wo man sehr leicht Bereiche aufzeigen kann, in denen die Qualität der angebotenen Güter und Dienstleistungen ständig im Schwinden begriffen zu sein scheint.[38] Hinzu kommt noch ein äußerst wichtiger Faktor, der in Industrieländern häufig vergessen wird, daß nämlich *Produzieren ein sozialer Akt ist,* ein Akt der zwischenmenschlichen Kommunikation, und dies geht in standardisierter Massenproduktion mit weltumfassenden Wirtschaftskreisläufen sehr leicht verloren und kann mit arbeitsintensiveren Produktionsmethoden, bei denen Produktionsfaktoren wie Produkte sich in sehr kleinen Wirtschaftskreisläufen bewegen, ebenso leicht wiedergewonnen werden. Das ist der Unterschied zwischen dem Weihnachts- oder Geburtstagskuchen, den Mutter gebacken hat, und jenem, den man im Supermarkt kauft und den vermutlich noch keines Menschen Hand berührt hat.

Es lassen sich allerdings Zweifel anmelden, ob sich diese Art von Argumentation auch auf die Produktion von Gegenständen wie beispielsweise Autos oder Fernsehgeräte anwenden läßt – doch zeigen jüngste Experimente in Fabriken wie Sony in Japan oder Volvo in Schweden deutlich, daß sich zwischen industriellen und handwerklichen Produktionsmethoden sehr interessante Kompromisse finden lassen, die eines Tages vielleicht dazu führen werden, daß ein Auto oder ein Fernseher den Namenszug des Arbeiters tragen wird, der maßgeblich für seine Herstellung verantwortlich war. Aus einem höheren Grad an Arbeitsintensität resultiert jedoch nicht notwendigerweise eine geringere Standardisierung – Arbeiter können wie Roboter gedrillt werden, in einem *kapitalsparenden* Produktionsprozeß hochgradig routinisierte Aufgaben auszuführen.[39]

Die wichtigste Herausforderung für westliche Industriegesellschaften bestünde darin, Produktionsweisen zu entwerfen, die nicht nur die Arbeitsintensität, sondern zugleich die Kreativität erhöhen und es jedermann (nicht nur Intellektuellen) erlauben, auf nicht-entfremdete Weise zu produzieren, so daß das Produkt eine Vergegenständlichung der eigenen Kreativität ist. Was das in der Praxis bedeutet, läßt sich klar erkennen, wenn wir es auf einen ganz bestimmten Produktionsbereich beziehen: Jene Bearbeitung von Papier, die als Schreiben eines Aufsatzes oder Buchs bekannt ist. Dieser Vorgang ist überaus arbeitsintensiv und gilt gewöhnlich als kreatives Unterfangen. Würden industrielle Produktionsmethoden auf dem Gebiet der intellektuellen Produktion praktiziert, könnte es durchaus geschehen, daß Intellektuelle angewiesen würden, beispielsweise jeden Mittwoch haargenau den gleichen Artikel zu produzieren – und zwar ganz gleich, um welchen Verfasser und um welche Zeit es sich handelt –, einfach nur deshalb, weil das »Amt für Text-Standardisierung« es verlangt.[40] Dem Einwand, daß die Produzenten in diesem Fall keine Intellektuellen mehr wären, kann man entgegenhalten: »Das stimmt, aber warum sollten sie ein Recht auf eine weniger entfremdete Arbeit haben als die übrige Bevölkerung?«[41] Man kann diesen Punkt gar nicht genug betonen, da der Bewußtseinsgrad und die Bereitschaft, nicht nur eine gerechter verteilte Partizipation am gesamten Produktionsprozeß der Gesellschaft, sondern auch einen gerechter verteilten Zugang zu kreativer Arbeit zu fordern, in jüngster Zeit erheblich gewachsen sind.[42]

Um zum Schluß zu kommen: Sich auf eine Kombination der Formeln eines Mehr an Freizeit und erhöhter Arbeitsintensität/Kreativität zu verlegen, könnte ein Weg sein, sich für eine weitaus höhere Lebensqualität in den Industriegesellschaften zu entscheiden. Die anderen Optionen: eine Kombination aus Arbeitslosigkeit, aggressiven Vermarktungsstrategien und Erschließung von Rohstoffen auf der ganzen Welt; der ständig wachsende Druck zu kaufen und zu konsumieren, wegzuwerfen und zu verschwenden und die Umwelt zu verschmutzen; und all das auch noch verbunden mit einer ständig drohenden Kriegsgefahr, sehen nicht gerade nach einer glücklichen Alternative aus. Und doch verfolgen unsere führenden Politiker gerade diesen Kurs, bisweilen sogar in dem Bewußtsein (denn so dumm sind sie auch nicht), daß dies eine Sackgasse ist. Dieser Kurs wird verfolgt, weil niemand willens zu sein scheint, das Risiko einzugehen, systematisch eine andere Richtung in die Zukunft einzuschlagen.[43]

Und doch muß genau das getan werden. Die Forderungen der nicht-industrialisierten Länder sowie der unterprivilegierten Gruppen in den Industrieländern (unterprivilegiert nicht so sehr in platt materieller Hinsicht, sondern vielmehr insofern ihnen das Recht auf Arbeit nicht garantiert ist, so wie sie auch kein Recht auf kreative Arbeit haben) werden bald stark genug sein, um die Struktur der Welt und die interne Struktur der Industriegesellschaften zu verändern. Ob das eher auf evolutionärem oder revolutionärem Wege vor sich gehen wird, bleibt abzuwarten. Es liegt in hohem Maße bei den privilegierten Eliten in den Industrieländern selbst. Und für sie sollte all dies keine geringe Herausforderung sein: Es wird eine zentrale Aufgabe sein, neue Produktionsmethoden zu entwerfen, die für die Masse der Bevölkerung befriedigender und mit der sich abzeichnenden Neuen Weltwirtschaftsordnung besser zu vereinbaren sind.[44]

3. Über die Auswirkungen der Neuen Weltwirtschaftsordnung auf das Verhältnis zwischen reichen und armen Ländern

Man stelle sich nun vor, daß die in den beiden vorangegangenen Abschnitten dargestellten Szenarios sich entfalten. Wie sähen dann die Beziehungen zwischen den beiden Gruppen von Ländern aus? Auf der einen Seite gäbe es eine Dritte Welt, die infolge der in Tabelle 1 und 2 dargestellten Vorgänge sich zunehmend in drei Gruppen spalten würde: die herrschenden exploitativen Gesellschaften, die beherrschten exploitativen Gesellschaften und eine (Minderheits-) Gruppe von progressiven Gesellschaften, die unter Umständen in die Richtung der beiden anderen Gruppen tendieren; auf der anderen Seite gäbe es eine Erste Welt, die den Prozessen ausgesetzt ist, wie Tabelle 3 sie ausdrückt. Wie sähen ihre wechselseitigen Beziehungen aus?

Wir möchten annehmen, daß kurzfristig die Alte Weltwirtschaftsordnung das Bild so stark dominierte, daß die Veränderungen nicht so einschneidend wären. Anders gesagt, die alten Länder des Zentrums werden das ganze Übergewicht, das ihnen vor allem im Zusammenhang mit Strukturen ungleicher Entwicklung noch geblieben ist, benutzen, um die Kontrolle zu behalten, in einigen Fällen auch, um sie wiederzugewinnen. In dem Maße, in dem die Länder der Ersten Welt den Forderungen nach einem integrierten Warenprogramm, nach Ausgleichsfonds, nach Schuldenerlassung, nach Zugang zur Verarbeitung von Produkten und nach mehr Hilfe nicht ausreichend nachkommen[45], wird die Auseinandersetzung in dieser Phase zunehmend schärfer geführt werden. Zum Teil ist diese Auseinandersetzung schon heute zu sehen und zu hören, und sie ist überaus verständlich. So trifft man meiner Erfahrung nach[46] immer häufiger auf folgende zehn Argumente:

- Warum sollten wir auf Atomkraft als Energiequelle oder als Abschreckungsmittel verzichten, wenn ihr es nicht tut – oder bevor ihr es tut?
- Warum sollten wir stärker auf die Umweltauswirkungen unserer Industrialisierung achten, als ihr es in der entsprechenden Phase getan habt?
- Warum sollten wir unseren Arbeitern eure Standards von Löhnen und Arbeitsbedingungen bieten, d. h. andere Standards, als ihr selbst in der entsprechenden Entwicklungsphase zugrunde gelegt habt?
- Warum sprecht ihr plötzlich so viel von »menschlichen Grundbedürfnissen«, wenn ihr ihnen so wenig Beachtung geschenkt habt,

als ihr in unserer Phase gewesen seid?

- Ist der Appell zur Befriedigung der Grundbedürfnisse in Wirklichkeit nicht ein taktisches Manöver, um die Aufmerksamkeit von der Notwendigkeit eines Transfers zwischen Gesellschaften abzulenken und auf den Transfer innerhalb von Gesellschaften hinzulenken?
- Ist der Appell zur Befriedigung der Grundbedürfnisse in Wirklichkeit nicht wiederum ein Schritt zur Manipulation *(managerialism)* der Welt, bei der die Länder, die über die meisten Ressourcen verfügen, ein weiteres Mal die Wirtschaftsströme zwischen und innerhalb von Ländern planen und dirigieren, ja sogar befehlen können, diesmal im Namen der»unteren 40 Prozent«?
- Ist der Appell zur Befriedigung der Grundbedürfnisse in Wirklichkeit nicht sogar ein Vorwand für eine Einmischung in innere Angelegenheiten, vor allem dann, wenn er sich mit einem aggressiven Insistieren auf den Menschenrechten paart?
- Schiebt ihr die Einstellung »Ihr in der Dritten Welt seid weit davon entfernt, auch nur ansatzweise die Grundbedürfnisse zu befriedigen« nicht bloß vor, um die ebenso wichtige oder womöglich noch wichtigere Tatsache zu verschleiern, daß »ihr in der Ersten Welt schon so weit seid, eure Bedürfnisse überzubefriedigen«, und damit die Aufmerksamkeit von den Übeln der reichen Gesellschaften abzulenken und auf die Mängel der armen Gesellschaften hinzulenken?
- Ist nicht das Insistieren auf einer Änderung der Lebensformen und der Losung »Klein ist fein« *(small is beautiful)* in eurem Weltteil – und nach guter alter westlicher Tradition wird das natürlich auch dem Rest der Welt gepredigt – nicht etwas, auf das ihr nur deshalb verfallen seid, weil ihr nicht mehr so groß wie früher sein könnt und uns davon abhalten wollt, auch groß zu werden?
- Erst waren wir arm, und das vor allem deshalb, weil ihr euch auf unsere Kosten bereichert habt; jetzt bringt euch das in Schwierigkeiten und ihr führt eure Probleme als Argument an, warum wir nicht das Boot zum Kentern bringen sollen, in dem wir angeblich alle sitzen.

Diese Liste ließe sich ohne Schwierigkeiten verlängern. Alle Argumente sind durchaus gewichtig, vor allem wenn man die implizite Voraussetzung akzeptiert, daß der Weg, den die Entwicklung der Länder der Dritten Welt nehmen wird, mit geringfügigen Abweichungen der gleiche Weg sein wird, wie ihn die entwickelten Länder verfolgt haben. Geht man jedoch von anderen Voraussetzungen aus und sagt, daß die Entwicklungsländer gerade jetzt die einmalige Chance haben, neue Wege zur Entwicklung einzuschlagen, eben weil sie (noch) nicht vollständig Strukturen erlegen sind, die mit dem westlichen Modell übereinstimmen, verlieren die Argumente an Gültigkeit. In gewisser Hinsicht sind sie symptomatisch dafür, daß man sich nicht *self-reliance* zum Ziel setzt; statt dessen nimmt man Akkumulation als gegeben hin und setzt zur Erreichung dieses Ziels dieselben Mittel ein wie der Westen – möglicherweise sogar eine Ausbeutung der am wenigsten entwickelten Länder. Betrachtet man den oben angedeuteten impliziten Dialog unter dem Aspekt echter *self-reliance*, dann lösen sich die Widersprüche auf: Appell zur Befriedigung der Grundbedürfnisse: *ja*, aber Abhängigkeit von der reichen Welt, um dieses Ziel zu erreichen: *nein*. Das beinhaltet zugleich, daß man der Ersten Welt einen Großteil der Rohstoffe (einschließlich Grund und Boden) vorenthält, die sie zu Luxuskonsumtionszwecken (miß-)braucht – und sie im übrigen selbst zusehen läßt, wie sie ihre (zahlreichen) Probleme eigenständig angeht.[47]

In dem Maße, wie sich der verbale Dialog zwischen der Ersten und der Dritten Welt vertieft und Taten daraus folgen, (wobei sich die Zweite, die sozialistische Welt sehr zurückhält, weil sie in dem Dilemma zwischen einem ideologischen Antikapitalismus einerseits und der Verfolgung kapitalistischer Ziele andererseits steckt) wird sich auch die Spaltung zwischen den drei Gruppen von Ländern der Dritten Welt vertiefen. Die progressiven Länder werden zunehmend an *self-reliance* gewinnen, was eine notwendige, wenn auch nicht zureichende Bedingung dafür ist, progressiv zu werden/ zu bleiben, ja, sie werden sogar eine Art Block von eigenständigen Ländern bilden, sich teilweise aus dem kapitalistischen Weltsystem zurückziehen und wie China nur noch lockere Verbindungen zu ihm aufrechterhalten. Damit stellt sich die entscheidende Frage, was mit den beiden anderen Gruppen geschehen wird, den exploitativen herrschenden und den exploitativen beherrschten Ländern.

Wie aus Tabelle 4 auf Seite 366 zu ersehen ist, gibt es auf diese Frage mehrere mögliche Antworten:

An der Spitze befinden sich die reichen industrialisierten westlichen Wohlfahrtsstaaten (wobei das Wohlfahrtsstaatsmoment mehr oder weniger zutrifft), es folgen die exploitativen herrschenden Länder der Dritten Welt, und ganz unten befinden sich die zwar exploitativen, aber beherrschten Länder der Dritten Welt. Links ist das gegenwärtige Alte Weltwirtschaftsordnung-Modell zu sehen, bei dem bestimmte Länder der Dritten Welt als Brückenköpfe in ganze Regionen hineinragen, möglicherweise auch militärische Funktionen wahrnehmen. In der Mitte befindet sich das, wie wir es nennen könnten, »Fusionsmodell der Neuen Weltwirtschaftsordnung«: Vereinigung der Dritten Welt zu einem Block, der sich auf ebenbürtigem Niveau mit den reichen westlichen Ländern befindet, aber intern vertikale Strukturen von erheblichem Ausmaß aufweist. Und rechts ist ein gut vorstellba-

Tabelle 4. *Mögliche Beziehungen zwischen Ländern der Ersten und der Dritten Welt (Kategorien beziehen sich auf Tabelle 1 und 2)*

Erste Welt Kategorie II, B herrschend	Erste Welt Kategorie II, B herrschend	Erste Welt Kategorie II, B herrschend
↓	↑↓	↑↓
Dritte Welt Kategorie I, B herrschend	Dritte Welt Kategorie I, B herrschend	Dritte Welt Kategorie I, B herrschend
↓	↓	↓
Dritte Welt Kategorie I, B beherrscht	Dritte Welt Kategorie I, B beherrscht	Dritte Welt Kategorie I, B beherrscht
Erste-Welt-Imperialismus Dritte-Welt-Subimperialismus	Dritte-Welt-Imperialismus	Erste- und Dritte-Welt-Imperialismus

res Modell zu sehen, bei dem einige Länder der Dritten Welt in die Erste Welt aufgenommen sind und sich mit der klassischen Ersten Welt zusammenschließen, um alle anderen auszubeuten.

Man sollte beachten, daß zwei Modelle nicht in Tabelle 4 aufgenommen worden sind: das klassische Modell der Alten Weltwirtschaftsordnung, bei dem ein Land der Ersten Welt eine Gruppe – und zwar *seine* Gruppe – von Ländern der Dritten Welt ausbeutet, die ihrerseits untereinander keine Beziehungen haben; und das Modell einer vollständig horizontalen Dritten Welt, die sich aus Ländern zusammensetzt, die nicht nur zu wechselseitigem, sondern gerecht verteiltem Nutzen eine Interaktion eingehen und eine horizontale Beziehung zur Ersten Welt unterhalten. Das erstgenannte Modell gehört der Vergangenheit an, das letztgenannte hoffentlich der Zukunft, freilich einer ferneren Zukunft.[48] Was jedoch eine kurzfristige Voraussage angeht, so stellt sich die Frage, welches der gezeigten Modelle am wahrscheinlichsten ist.

Vermutlich eine Mischung, wobei sich der Schwerpunkt von links nach rechts in Tabelle 4 verschiebt, und dieser Prozeß ist bereits im Gange. Wenn wir unterstellen, daß die *Charta über die ökonomischen Rechte und Pflichten der Staaten* in gewisser Hinsicht eine Magna Charta für die Eliten in den reicheren Ländern der Dritten Welt ist, die interne und externe Ausbeutung selbst in die Hand zu nehmen und mit der Ersten Welt »gleichzuziehen«, dann drückt das zweite Modell eben diesen Tatbestand aus. Zu fragen ist, wie stabil dieses Muster ist. Es gibt Zweifel, ob die Dritte Welt als ganze in diesem

Machtspiel den Anschluß findet – nicht jedoch, was die Fähigkeit einzelner Länder anbetrifft, genügend politischen und ökonomischen Druck auszuüben, um dem Club der Spitzenmächte beitreten zu können. Das sollten allerdings nicht zu viele Länder sein, da sonst keine mehr zur Ausbeutung übrigblieben. Das würde zu zwei Strategien führen: die Aufnahme einiger weniger und ausgewähler Länder der Dritten Welt in den Club der Spitzenmächte *und* den Ausschluß einiger zurückgebliebener Länder der Ersten Welt. Ein solcher Prozeß der allmählichen Ersetzung von Eliten durch Zulassung neuer Kategorien ist von der Gesellschaftsordnung einzelner Länder her wohlbekannt und könnte durchaus weltweit wiederholt werden.[49]

Gleichgültig, welches Modell das Bild bestimmen wird, die beherrschten Länder der Dritten Welt, deren Eliten für Kategorie I als grundlegendes Gesellschaftsmodell eintreten, werden leiden, und die Armen in sämtlichen Ländern der Kategorie I werden im Elend bleiben. Zweifellos wird das weiterhin zu erheblicher sozialer Gärung führen, so daß Länder aus der Kategorie I in den Block der eigenständigen Länder in Kategorie IV überwechseln werden. Dementsprechend wird es Bemühungen geben, die Ausbeutungsketten innerhalb der Dritten Welt im Falle von Ausbruchsversuchen der beherrschten Länder noch fester zu schmieden, und starke Länder der Dritten Welt werden die Muster von Herrschaft verstärken oder schaffen. Zu glauben, die Dritte Welt sei weniger als die Erste zu externer Herrschaft und interner Repression befähigt – sei es mit oder ohne ökonomische Ausbeutung –, ist rassistisch.[50] Mit anderen Worten, wir nehmen an, daß viele Strukturen, die man besonders gut aus der westlichen Welt kennt, in der Dritten Welt eine Neuauflage erleben werden, und das um so mehr, je mehr diese Länder die westlichen Entwicklungsmodelle übernehmen, denn dann werden sie zu aggressivem Verhalten nahezu gezwungen sein, da dies Teil des westlichen Modells ist.[51]

Wie wird sich die Erste Welt bei alledem verhalten? Sie wird versuchen, so lange wie möglich ihre wesentlichen Privilegien zu behaupten und ihre Strategie den Erfordernissen an der Handelsfront anpassen, um die vertikale Arbeitsteilung aufrechtzuerhalten, damit sie das Zentrum-Peripherie-Gefälle der ungleichen Entwicklung noch für einige Jahre ausnutzen kann.[52] Wenn sich das nicht mehr bezahlt macht, wird sie versuchen, den Handel innerhalb der Ersten Welt zu erhöhen, in diesem Fall jedoch die Erste Welt um einige neue Mitglieder aus der Dritten Welt erweitern. Wenn auch das nicht (mehr) funktioniert und die internen Anpassungsmechanismen, die wir im vorangegangenen Abschnitt dargestellt haben, entweder nicht ernsthaft in die Tat umgesetzt oder aber für unzureichend befunden werden, dann bleibt nur noch der *Krieg*. Was man in letzter Zeit von der US-Außenpolitik hören und sehen kann, läßt schon ahnen, unter welcher Fahne ein solcher Krieg geführt werden würde: unter der Fahne der Menschenrechte.[53]

Das ist jedoch nur eine unter vielen Möglichkeiten. Glücklicherweise hat die Erste Welt mehr Verstand, als die Vergangenheit glauben machen sollte – und die Suche nach neuen Lebensformen ist schon seit geraumer Zeit im Gange und wird fortgesetzt.

4. Schlußfolgerungen

Es könnte durchaus sein, daß sich die Neue Weltwirtschaftsordnung vorrangig nicht in der Dritten Welt, sondern in der Ersten Welt auswirken wird, zumindest in dem Maße, wie die Erste Welt dadurch zu qualitativ neuen Entwicklungen angeregt wird. Darin liegt etwas Paradoxes: In dem Maße, wie sich die Dritte Welt »modernisiert«, was nur ein anderer Ausdruck für ihre »Verwestlichung« ist, könnten sich in der Ersten Welt Umwälzungen in Richtung auf etwas qualitativ Neues vollziehen. Das wird Zeit erfordern, doch es gibt viele Anzeichen dafür, daß dieser Prozeß bereits begonnen hat, obgleich diese Anzeichen nicht eindeutig sind. Schließlich dienen von den sechs erwähnten Strategien fünf im wesentlichen der Beibehaltung des Status quo, und diese *werden* natürlich mit großer Energie verfolgt.

Doch könnte das eines Tages zu einer höheren Lebensqualität in den reichen Industrieländern führen, vermutlich allerdings nur auf dem Umweg über eine Krisenperiode. In der Dritten Welt werden sich die Auswirkungen wahrscheinlich eher in erhöhter Ungleichheit innerhalb von und zwischen den Ländern der Dritten Welt, einer Zementierung von Herrschaftsverhältnissen innerhalb von und zwischen den Ländern, einem fortdauernden Elend für die Massen in den meisten dieser Länder und einer Kombination von zwei Prozessen bemerkbar machen: Einzelne Menschen und einzelne Länder werden reich werden und die Grenzlinie zwischen Peripherie und Zentrum überschreiten, desgleichen werden Einzelpersonen und einige Länder sich aus dem System zurückziehen und relativ eigenständig werden – »progressiver«, wie es in Tabelle 1 genannt wird. Was die Außenpolitik anbelangt, so werden sich die Länder der Dritten Welt für die OECD-Welt oder ihre Alternativen, die sowjetische oder die chinesische Welt, entscheiden müssen. Was die Innenpolitik angeht, so werden sie sich für ein zentralisiertes oder ein dezentralisiertes System entscheiden müssen – wobei sich letzteres vermutlich eher mit der OECD-Welt vereinbaren läßt als mit der sowjetischen Welt.

Es gibt schließlich durchaus noch die Möglichkeit, daß es sich bei alledem um eine vorübergehende Phase in der Geschichte der Dritten Welt handelt und daß der Prozeß, den wir heute beobachten, nur der Anfang einer Umwälzung ist, in der die Dritte Welt schließlich zu sich selbst findet – durch regionale, nationale, lokale und individuelle *self-reliance*. Eine solche Möglichkeit sollte man erhoffen und anstreben, denn die anderen Möglichkeiten sind – offen gesagt – nicht allzu attraktiv. Um das voranzutreiben, brauchen wir vor allem freimütige Diskussionen, die den Glauben an vergangene und gegenwärtige Mythen erschüttern, und einen weltumspannenden Dialog, in dem keine Prämisse ungefragt hingenommen und kein Weg unerforscht bleibt. Denn was wir haben, sind nur Fragen; die Antworten stehen noch aus.

Anmerkungen

1 Wir denken hier an die *Erklärung der Sechsten Sondersitzung der UNO* vom Mai 1974 und an die *Charta der ökonomischen Rechte und Pflichten der Staaten*, die am 12. Dezember 1974 von der UN-Vollversammlung verabschiedet wurde. Diese beiden Dokumente drücken die der Neuen Weltwirtschaftsordnung zugrunde liegenden Ideen und Ideale am klarsten aus, während spätere Dokumente als Verhandlungsunterlagen dienten. Eine kurze Analyse der Dokumente findet sich bei Johan Galtung, *Self-Reliance and Global Interdependence: Some Reflections on the ›New International Economic Order‹*, in: *Papers*, Chair in Conflict and Peace Research, Universität Oslo, Nr. 55, 1977.

2 Diese Hypothese ist für gewöhnlich implizit. In den meisten Reden wird auf »Entwicklungsprogramme« Bezug genommen, was nicht notwendigerweise das gleiche ist, wie den Lebensstandard der Bedürftigsten zu heben. Die Charta spricht in Artikel 14 explizit von einer »Mehrung des Wohls und Hebung des Lebensstandards aller Völker, insbesondere in den Entwicklungsländern«. Doch heißt es weiter: »Dementsprechend sollten alle Staaten kooperieren, unter anderem um zunehmend Hindernisse abzubauen, die dem Handel im Wege stehen . . .« – worin mancher wahrscheinlich zumindest kurzfristig einen ausgesprochenen Widerspruch zu dem Ziel erblickt, den Lebensstandard zu heben. Andererseits bedeutet den Lebensstandard eines »Volkes« zu heben nicht unbedingt, Elend zu beseitigen.

3 So konnte Venezuela offenbar infolge der Erhöhung des Ölpreises um das Vierfache sein Pro-Kopf-Einkommen verdoppeln, was nur zu natürlich ist, wenn man bedenkt, daß etwa die Hälfte seiner Wirtschaft mit Öl zusammenhängt.

4 Das ist mehr oder weniger eine Frage der Definition: So wie die Schichtung der menschlichen Gesellschaft aussieht, wird die Mehrheit gewöhnlich *nicht* der Spitze zugerechnet und es obliegt der Mehrheit – sofern es nicht eine wirklich massive Arbeitslosigkeit gibt – den Löwenanteil der Produktion an Gütern und Dienstleistungen zu erbringen.

5 Wir denken hier im Grunde genommen an zweierlei: einerseits das Surplus, das z. B. durch den Export von hochgradig kapital- und forschungsintensiver Technologie an der Spitze erzeugt wird, andererseits das Surplus in Form von – sei es auch nur

in einzelnen Sektoren – positiven Handelsbilanzen, das von der Spitze wenn auch nicht erzeugt, so doch kontrolliert wird.

6 Hier wäre anzumerken, daß sich die Repression nicht nur in physischer Gewalt ausdrücken muß, sie kann auch, wie z. B. bei der erwähnten Spaltung der Fall, einfach in die Gesellschaftsstruktur eingebaut sein. Zur Analyse dieses Phänomens vgl. Johan Galtung, *A Structural Theory of Revolutions,* Rotterdam 1975.

7 Oder trifft auf den Tertiärsektor zumindest weniger zu. Grund dafür ist, daß diese »Arbeiter« in der Regel eine bessere Ausbildung genossen haben und deshalb höhere Gehälter fordern können – und sie auch bekommen. Im großen und ganzen ist das der Masse der Bevölkerung natürlich bekannt, so daß es sich als Strategie für Eltern offensichtlich anbietet, ihre Kinder in die Ausbildungskanäle zu drängen, die schließlich in gutbezahlte Stellungen im Tertiärsektor münden.

8 Ein wichtiger Bestandteil dieses Instrumentariums ist natürlich die Subventionierung von Landwirten in Form einer Subventionierung der Preise für Agrarerzeugnisse.

9 Eine Definition von »auf gleicher Basis« wäre mithin, die Kreisläufe so zu gestalten, »daß ein gleicher Lebensstandard erreicht wird«, also einen Begriff von Austausch zugrunde zu legen, der sich mehr an der Konsumtion orientiert und weniger an der Frage der Produktionskosten.

10 Zur Analyse davon vgl. Johan Galtung und Fumiko Nishimura, *Learning from the Chinese People,* Oslo 1975 (deutsch: *Von China lernen?,* Opladen 1978).

11 Die Länder, an die wir hier denken, sind die sozialistischen Länder der Dritten Welt, in denen sich bislang anscheinend noch keine wachsende Kluft zwischen Eliten und Massen herausbildet: Tansania, Somalia, Madagaskar und Algerien aufgrund ihrer Bemühungen um *self-reliance,* aus dem gleichen Grunde auch Sri Lanka und möglicherweise Peru in einer bestimmten Phase, die inzwischen (1977) der Vergangenheit angehört.

12 Zu einer relativ detaillierten Theorie dieser Auffangbecken für den Fall von Technologie vgl. Johan Galtung, *Development, Environment and Technology,* UNCTAD 1977, Kap. 2. Man sollte hinzufügen, daß sehr wahrscheinlich nur in Ländern mit gut entwickelten Auffangbecken eine effektive Umverteilung überhaupt angestrebt werden kann; die anderen haben in der Regel gar keine Eliten, die profitieren könnten.

13 Vgl. Frances Lappe und Joseph Collins, *Food First,* New York 1977 (deutsch: *Vom Mythos des Hungers: die Entlarvung einer Legende. ›Niemand muß hungern‹,* Frankfurt/Main 1978).

14 Ganz zu schweigen auch von den Privilegien, die den Eliten in »zentralen Planwirtschaften« zufallen. Eine Darstellung dieses Zusammenhangs findet sich in Hedrick Smith, *The Russians,* London 1976 (deutsch: *Die Russen: wie die russischen Menschen wirklich leben, wovon sie träumen, was sie lieben und wie ihr Alltag wirklich aussieht,* Bern–München 1976), insbesondere Kap. 1.

15 Das wäre eine extreme Version der *»trickle-down«*-Theorie. Weltweit gesehen könnte es tatsächlich so scheinen, als ob die Länder mit dem höchsten Pro-Kopf-Einkommen, die nicht nur die reichsten Länder der Welt sind, sondern zugleich auch die Länder, in denen der Reichtum im großen und ganzen am egalitärsten verteilt ist, hierfür ein Beispiel sind. Dabei wird allerdings vergessen, in welch hohem Grade dies auf der Existenz einer großen exploitierbaren Peripherie in der ganzen Welt beruht.

16 Das sogenannte »*Recycling* von Petro-Dollars«. An dieser Stelle sollte hinzugefügt werden, daß das private Waffengeschäft gemessen am Waffenhandel von

Regierungen vermutlich sehr, sehr gering ist, ein weiteres Beispiel dafür, wie irreführend ein Denken in Kategorien des Gegeneinander von »privat« und »öffentlich« ist.

17 Jan Øberg, Fachbereich Konflikt- und Friedensforschung an der Universität Lund, hat dieses Phänomen, das er als »Neue Weltmilitärordnung« bezeichnet, ausführlich untersucht.

18 Selbstverständlich können auch Regimes in den anderen Kategorien Militärregimes sein oder in starkem Maße von der Zustimmung des Militärs abhängen – insbesondere in den Ländern der Kategorie IV.

19 Man sollte sich daran erinnern, daß diese Einsicht von Lenin selbst stammt.

20 Kurz, wir unterstellen, daß fortschrittliche Ideen aus Ländern der Kategorie IV in Ländern der Kategorie I Eingang finden werden. Darin können wir uns freilich irren: Da in der UNO Eliten zusammentreffen, ist es auch gut möglich, daß Eliten aus Ländern der Kategorie IV durch ihre Kollegen aus Ländern der Kategorie I korrumpiert werden und sich ihnen anschließen in dem Bemühen, die Repräsentation von Nicht-Eliten (z. B. durch Lobbies nicht-staatlicher Organisationen) auf ein Minimum oder gar auf Null zurückzudrängen.

21 Es sollte angemerkt werden, daß viele dieser Länder auch als typische Brükkenköpfe des Sub-Imperialismus gelten können. Im übrigen haben mehrere von ihnen bereits einen wirksamen Geheimdienst aufgebaut, dessen Operationsweise sich kaum von der der CIA oder des KGB unterscheidet.

22 Wie Albert Tévoédjré in *For a Contract of Solidarity,* International Institute for Labour Studies, Genf 1976, S. 12, aufzeigt, wurde dies 1964 auf der UNCTAD I in Genf bereits weitgehend formuliert.

23 Zu einigen Implikationen hiervon vgl. Johan Galtung, *European Security and Co-operation: A Sceptical Contribution,* in: *Journal of Peace Research,* 1975 oder in: *Essays in Peace Research,* Bd. V, Kopenhagen 1978, Kap. 2.

24 Die wichtigste Forschungsarbeit zu all diesen Kriegen hat der ungarische Forscher Istvan Kende geleistet. Seine Veröffentlichungen findet man z. B. im *Journal of Peace Research* 1971.

25 Die Wachstumsrate für Europa betrug in der Zeit von 1965-73 0,73% jährlich, für die Sowjetunion 0,99%, für Nordamerika 1,23% – und für Lateinamerika, Afrika und Asien 2,89, 2,67 bzw. 2,33% (World Statistics in Brief, United Nations, New York 1976). Diese Zahlen werfen übrigens ein neues Licht auf das Bevölkerungswachstum in den Entwicklungsländern: Eine Hoffnung für die industrialisierte Welt bestünde darin, daß es so hoch bleibt, damit die Entwicklungsländer nicht in der Lage wären, die Nachfrage zu befriedigen. Das Bevölkerungswachstum geht jedoch im allgemeinen zurück und wird von der industriellen Produktionskapazität der Entwicklungsländer gewiß mit Leichtigkeit überflügelt werden.

26 Das gilt auch für Binnenmärkte: ehemals marginalisierte Gruppen in den Ländern des Zentrums (Minoritäten, die ganz Alten und ganz Jungen) können nach neuen Absatzmöglichkeiten hin überprüft werden.

27 Natürlich besteht immer noch die Möglichkeit, daß es auf anderen Sternen Leben gibt, doch kann man erwarten, daß ihr Nachfrageprofil mit dem Angebotsprofil der westlichen Länder harmonisieren wird? Was wird im übrigen geschehen, wenn die stärksten Länder der Dritten Welt in der Lage sind, sich an der Suche nach Märkten und Rohstoffen im Weltraum zu beteiligen, einschließlich der Suche nach neuen Energiequellen, die den (ölarmen) Ländern zugute kommen sollen?

28 So gibt es das Gerücht, daß die französische Automobilindustrie in der zweiten Hälfte der achtziger Jahre einen Sättigungspunkt sieht, so daß die Produk-

tion nur noch dem Ersatz dienen wird. Eine in Betracht gezogene Option für überschüssige Produktionskapazitäten wären Schneeräumer. Schneeräumer sind schneeintensiv, ein Umstand, der eine Nachfrage nach Fabriken für künstlichen Schnee und mithin mehr Arbeitsplätze schaffen könnte. Wie weit können unsere Gesellschaften in eine solche Richtung gehen?

29 Die Japaner haben sogar zum internationalen Vokabular beigetragen: die Minamata-Krankheit.

30 Diese Möglichkeit auszuschließen hieße soviel wie eine abrupte Abkehr von westlichen internationalen Gepflogenheiten nur eine Generation nach dem überaus brutalen Zweiten Weltkrieg anzunehmen, auf den die Kette von »lokal begrenzten Kriegen« folgte, die sich unserer Auffassung nach zu einem Dritten Weltkrieg addieren. Im übrigen ist es angesichts des Ausmaßes von Rüstung und Waffenhandel ganz ersichtlich, daß Krieg als gegenzyklischer Mechanismus zur Belebung einer schleppenden Konjunktur eingesetzt (oder vorbereitet) wird.

31 Riccardo Petrella hat in seinem *Systèmes Sociaux et Recherche Sociale,* Brüssel, Commission des Communautés Européennes, 1977, S. 32, einige Angaben zusammengestellt, die auf OECD- und »Intersocial«-Daten basieren. Die höchste absolute Zahl von Arbeitssuchenden in den EG-Mitgliedsländern überstieg (Dezember 1976) für die Bundesrepublik, Frankreich, Großbritannien und Italien jeweils über eine Million. Der prozentuale Anteil von Arbeitslosen (der Arbeitssuchenden im Verhältnis zur arbeitsfähigen Bevölkerung) erhöhte sich (in dem Zeitraum von 1973-76) in den USA von annähernd 5 auf annähernd 8%; in Italien von etwa 3,5 auf etwa 6,5%; in Großbritannien von rund 2,5 auf rund 5,5%; in Frankreich von etwas über 2 auf etwas unter 5% und in der Bundesrepublik von 1 auf 4% – mit anderen Worten jeweils um rund 3%, woraus sich auf die Ähnlichkeit der Ökonomien schließen läßt. Da dies zumindest teilweise eine Folge des OPEC-Ölschocks von 1973/74 war und dieser Ölschock wiederum – gemessen an den vollen Implikationen der Neuen Weltwirtschaftsordnung – recht bescheiden war, sehen wir uns zu der Voraussage berechtigt, daß die Auswirkungen einer Umsetzung der Neuen Weltwirtschaftsordnung in die Praxis auf die entwickelten Länder von heute erheblich wären. Man sollte stets daran denken, daß die OPEC-Aktion nur eine Ware betraf (aus der Dritten Welt aber noch viele andere Waren kommen), daß die OPEC-Länder die Ware zwar vorenthielten, doch nur für einen begrenzten Zeitraum und daß es bei der Aktion nur um eine Preiserhöhung ging und (noch) nicht um den Aufbau einer eigenen Verarbeitungsindustrie, um selbst den – materiellen wie nichtmateriellen – Wertzuwachs einzustreichen. Solange eine petrochemische Industrie noch im Aufbau begriffen ist, stehen die Produkte der ganzen Welt zur Verfügung; später könnte voller Gebrauch von Vorzugspreisen für (einige) Länder der Dritten Welt gemacht werden. Es gibt im übrigen Gründe, warum noch immer die Tendenz besteht, statt raffinierter Produkte Rohöl zu exportieren: Während man eine Förderquelle leicht stillegen kann, ist es nicht so einfach, eine 2 Milliarden-$-Raffinerieanlage zu schließen; während man leicht die Schätze in der Vorratskammer der Natur lagern lassen kann, ist es nicht so einfach, Benzin zu lagern, denn das bindet Kapital.

32 Gemessen an der Stellung ihrer jeweiligen Währung auf dem internationalen Markt.

33 Das berühmte 25%-Planziel für das Jahr 2000, das 1974 in Addis Abeba ursprünglich diskutiert wurde, ist vor allem deshalb wichtig, weil es ein Signal für Ungeduld und Dynamik ist. Das Problem besteht jedoch nicht notwendigerweise darin, ob die Dritte Welt es erreichen wird – denn das könnte leichter geschehen als

es gegenwärtig den Anschein hat. So hat der Westen nach dem »Ölschock« in zunehmendem Maße Investitionsgüter exportiert, was bis zum Export schlüsselfertiger Fabrikanlagen geht, um ein »*Recycling* des Petro-Dollars« zu bewirken. Das bedeutet den raschen Aufbau von Produktionskapazitäten, die zumindest geographisch in der Dritten Welt liegen. Sofern unsere Analyse wenn auch nicht als detaillierte Voraussage, so doch als grobe Richtschnur dafür gelten kann, was geschieht und was geschehen wird, kann man wohl vermuten, daß gleichzeitig der industrielle Ausstoß des Westens sinken könnte. Diese beiden Trends aber können sich durchaus in einer Weise entwickeln, daß das 25%-Planziel schon vor dem Jahr 2000 nicht nur erreicht, sondern womöglich übererfüllt wird. Doch diese ganze Denkungsart entspringt dem alten Paradigma, demzufolge das Ziel einer Ökonomie darin besteht, »Reichtum« für das jeweilige Land oder die Ländergruppen zu produzieren, d. h. also nicht unbedingt Grundbedürfnisse zu befriedigen – vgl. den Abschnitt *Schlußfolgerungen* in Johan Galtung, »Self-Reliance and Global Interdependence«, *a.a.O.* (s. Anm. 1). Das hieße nämlich, absolute Ziele im Hinblick darauf zu setzen, was Menschen brauchen, ein Umstand, der dazu führte, daß der direkten oder kurzfristig indirekten Produktion für Grundbedürfnisse Priorität eingeräumt würde, daß das Interesse an kleinen und mittleren Industrien wüchse, usw. Man könnte auch die 25% so definieren, daß damit gemeint wäre: 25% der auf Grundbedürfnisse ausgerichteten Industrie und nicht irgendeine Industrie einschließlich Rüstungsindustrie, Luxuswagenindustrie oder aber Industrien, die völlig entbehrliche Dinge herstellen oder Industrien, die die Umwelt verschmutzen etc.

34 Einer der besten Beweise dafür, wie sehr unsere Gesellschaften Klassengesellschaften sind, ist die Tatsache, daß nicht das Management, sondern Arbeiter entlassen werden, wenn eine Repression/Depression oder eine »Stagflation« »zuschlägt«. Ein Gesetz, das verlangt, daß für jeden entlassenen Arbeiter ein Bürokrat, Kapitalist oder Forscher im selben Betrieb und/oder im großen öffentlichen Forschungs- und Verwaltungsüberbau entlassen werden muß, könnte eine heilsame Wirkung haben, denn es ist immer sehr viel leichter, mit anderer Leute Arbeitsplatz zu spielen als mit dem eigenen.

35 Das Standardwerk hierzu ist Paul F. Lazarsfeld, *Die Arbeitslosen in Marienthal,* Frankfurt/Main 1975, das die Depression in Österreich behandelt.

36 In den OECC-Ländern werden eine Reihe solcher Ansätze bereits in die Sozialpolitik aufgenommen, insbesondere jene mit kürzerer Zeitperspektive – der 6-Stundentag oder die 4-Tagewoche. Im Moment werden solche Maßnahmen oft als Fortschritte gepriesen. Um zu dieser Einstellung zu gelangen, muß man schon eine sehr weltfremde Wahrnehmung des Verhältnisses von Freizeit und allgemeinem Wohlbefinden haben. Wer meint, daß es den Menschen zum Glück gereicht, wenn sie statt Arbeit nur noch Freizeit hätten, sollte sich einmal mit der tristen Lage von Pensionären oder allgemein von Menschen im Ruhestand befassen, obwohl hier zugestandenermaßen der Altersfaktor das Bild beeinflußt. Das beste, was sich über derlei Maßnahmen sagen läßt, ist wohl, daß sie eine Kompensation für langweilige und entwürdigende Arbeitsstunden sind, wie wir weiter unten ausführen.

37 So gehörte die Maßnahme, jüngere Leute länger in der Schule zu lassen und die Altersgrenze für den Ruhestand vorzuziehen zu denen, die Arbeitslosigkeit »reduzieren«, insofern man die Altersspanne der »Aktivbevölkerung« (d. h. das Intervall zwischen Schulabgang und Ruhestand) auf 30 Jahre verkürzt (z. B. vom 25. bis zum 55. Lebensjahr). Wenn man das Recht auf Arbeit und vor allem schöpferische, sinnvolle Arbeit, als Menschenrecht betrachtet, dann sollte der Begriff der »Aktivbevölkerung« eher erweitert als verengt werden und die Jungen und die Alten

nicht ausschließen, sondern einbeziehen, so daß ein jeder zumindest ab dem 4. oder 5. Lebensjahr als »aktiv« betrachtet wird. Überflüssig zu sagen, daß dies die Arbeitslosenstatistiken noch schlechter aussehen ließe und deutlicher den strukturellen und nicht konjunkturellen Charakter einer Ausschließung von der Arbeit enthüllen würde.

38 Es liegt nicht nur daran, daß der »Faktor Mensch« vergessen wird, wenn sich z. B. die Diagnose eines mitfühlenden Hausarztes von einer Diagnose unterscheidet, die über eine große Entfernung von einem Computer erstellt wird, der dies auf der Grundlage von Proben macht. Es ist dies ebenso eine Frage der unterschiedlichen Qualität der Produkte, beispielsweise zwischen handwerklich und industriell hergestellter Bekleidung. Als eine ausgezeichnete Erörterung der Beziehung zwischen Arbeitsstrukturen und anderen Aspekten der modernen Industriegesellschaft vgl. Lewis Yablonsky, *Robopaths, People as Machines,* Baltimore 1972.

39 Darum ging und geht es letzten Endes bei der Sklaverei – womit sehr klar die Grenzen eines jeden Konzepts aufgezeigt sind, das ausschließlich auf Arbeitsintensität abzielt.

40 Wenn man dieses Beispiel an Universitäten bringt, gibt es gewöhnlich ein paar Studenten, die darauf hinweisen, daß der Professor, der immer den gleichen Artikel veröffentlicht, nichts Neues sei – sie würden bereits ein paar von dieser Sorte kennen. Aber das sind natürlich böswillige Studenten!

41 Tatsächlich kann man das Beispiel noch weiter ausspinnen. Man stelle sich einen Computer vor, der für das Verfassen von Aufsätzen programmiert ist und als Inputs 100 Schlüsselbegriffe benutzt (wie Arbeitslosigkeit, Produktivität, Nachfrage, Markt etc.) und sie unter gebührender Berücksichtigung der Syntax der jeweiligen Sprache permutiert, die möglichen Outputs auf den Stil hin abtastet (nicht zu lange Absätze, nicht so häufige Verwendung desselben Wortes, ein Rhythmus, der auf langen Absätzen und kurzen Sätzen basiert usw.) – und man hat das Modell einer industriellen Aufsatz-Produktion. Vielleicht verhielten Intellektuelle sich dann wie die Ludditen und zerstörten solche Maschinen? Vielleicht täten sie darin sogar recht – wie möglicherweise auch die Ludditen, die so oft als Narren der Geschichte gelten, die den »Fortschritt« nicht begriffen.

42 Daß es darum nicht nur linken Intellektuellen geht, läßt sich an den vielen Streiks ablesen, in denen nicht so sehr Lohnerhöhungen, sondern vielmehr ein Mehr an sinnvoller Arbeit gefordert wird (und natürlich auch bessere Arbeitsbedingungen).

43 Zweifellos werden Demokraten damit eine Schwierigkeit haben, solange man unterstellt, daß alle Entscheidungen in diesem Zusammenhang von der Spitze getroffen werden müssen. Das wird aber zu einem enormen Vorteil für Demokratien, wenn man die Wirklichkeit dieser Länder näher ins Auge faßt: Weil sie demokratisch sind (oder insoweit sie demokratisch sind), lassen sie nicht nur eine Diskussion über diese Probleme zu, sondern auch ein Gutteil an Experimenten – z. B. mit neuen Formen von Energie, neuen Formen des Zusammenlebens (Kommunen aller Art) etc., von denen andere – auch auf Makroebene – angeregt werden können. Es stimmt, daß eine autokratischer regierte Gesellschaft, in der die Macht an der Spitze konzentriert ist, unpopuläre Entscheidungen treffen und sie durchsetzen kann, ohne daß die Entscheidungsträger Gefahr laufen, nicht wiedergewählt zu werden – da es keine Wahlen gibt. Aber sie haben eine wesentlich schmalere Basis für ihre Entscheidungen, da sie sich auf keine breite Diskussion und kein Milieu sozialer Experimente beziehen können. Daher sollte man sich sehr in acht nehmen, wenn man die gegenwärtige Krise als Argument gegen die Demokratie

ins Feld führen will.

44 Ein Versuch, einige Implikationen aufzuzeigen, die sich daraus für Lebensformen ergeben, findet sich in Johan Galtung, *Alternative Life Styles in Rich Societies,* in Marc Nerfin (Hrsg.), *Another Development Approaches and Strategies,* Uppsala 1977, S. 106-121.

45 In dem Abschnitt *Schlußfolgerungen* des in Anm. 1 erwähnten Aufsatzes wird der Versuch unternommen, diese Forderungen zu analysieren.

46 Sie wurde in zahlreichen Konferenzen zu diesen Fragen im Laufe der letzten Jahre gewonnen. Der Aspen Workshop im Juni 1977 in Gajareh, Iran, war in dieser Hinsicht besonders nützlich, weil die persischen Teilnehmer kein Blatt vor den Mund nahmen und diese Denkungsart besonders klar zum Ausdruck brachten.

47 Zu einer Analyse der *self-reliance* vgl. Galtung, O'Brien, Preiswerk (Hrsg.), *Self-Reliance,* Lausanne 1977.

48 Andererseits belehrt uns ein Blick auf die skandinavische Wirtschaftsgeschichte des vergangenen Jahrhunderts, in dem Norwegen und Finnland sich ganz unten befanden, daß horizontale Beziehungen selbst dann aufgebaut werden können, wenn die Ausgangsbedingungen eine überaus vertikale Struktur aufweisen (allerdings dauerte es einige Zeit, bis dieser Prozeß abgeschlossen war).

49 In diesem Zusammenhang ließe sich auf den Aufstieg der Arbeiterklasse in Machtpositionen verweisen und man könnte zugleich hinzufügen, daß diejenigen, die in Spitzenpositionen gelangten, gewöhnlich ehedem Arbeiter waren – was analog zu »ehemaligen« Ländern der Dritten Welt zu sehen ist.

50 Der Rassismus rechter Provenienz unterstellt der Dritten Welt gewöhnlich überproportional viel negative Charakteristika; der Rassismus linker Provenienz zu wenig. Ich meinerseits glaube jedoch, daß es Zivilisationen gibt, die sich gegenüber Mensch und Natur mehr oder minder aggressiv verhalten und daß die westliche Zivilisation zu den aggressiveren zählt. Die Fähigkeit, die westliche Zivilisation zu internalisieren, ist jedoch auf alle Rassen der Welt gleichmäßig verteilt.

51 Also noch einmal die Frage: Wie würden die Länder der Dritten Welt das Problem der Überproduktion bewältigen? Würden sie zu internen Mustern aus der Zeit vor der Neuen Weltwirtschaftsordnung ihre Zuflucht nehmen, wenn das Angebot die Nachfrage bei weitem übersteigt?

52 In diesem Zusammenhang sollte die Konvention von Lomé gesehen werden – vgl. *The Lomé Convention and Neo-Capitalism, Papers,* Lehrstuhl für Konflikt- und Friedensforschung an der Universität Oslo, Nr. 20.

53 Das Moralisieren sollte man weniger mächtigen Ländern überlassen – sonst könnte es sehr gefährlich werden.

Dieter Senghaas
Dissoziation und autozentrierte Entwicklung. Eine entwicklungspolitische Alternative für die Dritte Welt

Die vorliegende Untersuchung ist als ein Beitrag zur gegenwärtigen entwicklungstheoretischen und entwicklungspolitischen Diskussion konzipiert.[1] Diese konzentriert sich im Augenblick auf die von der Dritten Welt geforderte Ablösung der alten Weltwirtschaftsordnung durch eine Neue internationale Wirtschaftsordnung.[2] Der vor allem auf internationalen Foren sich abspielende Dialog, der zwischen Konfrontation und Kooperation hin- und herschwankt, hat bisher keine Ergebnisse hervorgebracht, die die überkommene Weltwirtschaftsordnung zu verändern imstande wären. Wie vielfach inzwischen diagnostiziert, droht er in einer Sackgasse zu enden. Gleichzeitig zeichnen sich – ungeachtet aller entwicklungspolitischen Diskussionen – neue Strukturen internationaler Arbeitsteilung ab, die jedoch kaum geeignet sind, die Entwicklungsproblematik einer Lösung zuzuführen.[3]

Angesichts dieser Situation, die an anderer Stelle ausführlich untersucht wurde, werden in dem vorliegenden Beitrag einige derjenigen Faktoren analysiert, die – angesichts bisheriger Erfahrung – die Grundlage für eine relativ erfolgreiche Entwicklung abgegeben haben. Aus dieser Analyse werden einige programmatische entwicklungstheoretische und entwicklungspolitische Schlußfolgerungen zu ziehen sein.

Dabei kommt es im Augenblick nicht darauf an, die praktischen Realisierungschancen einer *dissoziativen* und *autozentrierten* Entwicklungspolitik im einzelnen zu reflektieren. Dies wird die Aufgabe vielfältiger regionen-, länder- und sektorenspezifischer Untersuchungen sein müssen, die jeweils im Lichte der nachfolgenden Überlegungen das bisher verzerrt oder gar nicht erschlossene Entwicklungspotential zu sichten hätten. Gegenstand der nachfolgenden Untersuchung ist auch nicht die Rechtfertigung dissoziativer Entwicklungspolitik als problemloser entwicklungspolitischer Passepartout. In einer politischen und wissenschaftlichen Szenerie, in der fast ausnahmslos von einer weiter aufgefächerten *Integration* und von einer tieferen *Assoziation* der Dritten Welt in den Weltmarkt die Lösung der bekannten Entwicklungsprobleme erwartet wird, mögen die nachfolgenden Überlegungen – wie in der bisherigen Diskussion über »Integration oder Dissoziation« meist geschehen – als zwar theoretisch und historisch triftig, jedoch als praktisch-politisch illusionär gelten. Ist es – trotz allem – erlaubt, weiterhin die Illusionen der praktischen Politik zu befragen?

1. Ökonomische Grundlagen lebensfähiger Ökonomien

Historisch-komparative Untersuchungen machen deutlich, daß erfolgreiche ökonomische und soziale Entwicklung die Herausbildung einer spezifischen Struktur und Dynamik von Kapitalbildung (Kapitalakkumulation) einer Gesellschaft und Ökonomie zur Voraussetzung hat. Unter rein ökonomischen Gesichtspunkten ist die Kombination folgender Faktoren grundlegend:

1. nachdrückliche *Produktivitätssteigerung der Landwirtschaft*, durch die die Ernährungsgrundlage der eigenen Bevölkerung und die Versorgung der Industrie mit agrarischen Rohstoffen gesichert wird;
2. industrielle *Produktion von Konsumgütern,* die für die Masse der Bevölkerung erreichbar sind (*Massen*konsumgütern im Unterschied zu Luxuskonsumgütern);
3. industrielle *Produktion von Produktionsmitteln:* Ausrüstungsgüter für die Landwirtschaft; Produktionsmittel zur Herstellung von Konsumgütern (z. B. Leichtmaschinen-Bau); Produktionsmittel zur Herstellung von Zwischenprodukten (z. B. Schwermaschinen-Bau); Produktionsmittel für die Herstellung von weiteren Produktionsmitteln (Werkzeugmaschinen, Computer, Telekommunikation, Steuer- und Regeltechnik);
4. *Produktion von Zwischenprodukten:* Zwischenprodukte für Konsumgüter (Eisen- und Stahlindustrie, Chemie, Energie); Zwischenprodukte für Produktionsgüter (Eisen- und Stahlindustrie, Energie, NE-Metalle);
5. Herstellung von *Infrastruktur* und *Gütern für den kollektiven Konsum* (Verkehrs- und Kommunikationssysteme, Ausbildungsstätten, Gesundheitswesen usf.).

Die Geschichte von lebensfähigen Ökonomien beruht auf der *differenzierten Herausbildung* und allmählichen *wechselseitigen Verkettung* der genannten Sektoren und Untersektoren. Der hohe Grad an Differenziertheit der Produktionsstruktur und die zunehmenden Wechselbeziehungen und Vermaschungen begünstigen tendenziell Strukturzusammenhalt und Verdichtungen, die diese Ökonomien zu Wirtschafts- und Sozialkörpern mit *hoher Kohärenz* werden lassen. Prinzipiell sind unterschiedliche Kohärenzstärken durch Analysen intrasektorialer und intersektorialer Vermaschung (Input-Output-Analysen) meßbar.

Solche Ökonomien sind zu bestimmten Grundleistungen befähigt:

1. In ihnen wird die Bevölkerungsmehrheit produktiv in die Ökonomie eingegliedert; Menschen finden Arbeit, erhalten Einkommen und werden zu Konsumenten, wodurch – je nach Entwicklungsniveau – in unterschiedlichem Ausmaße Bedürfnisse befriedigt werden können.
2. In ihnen existiert eine innere Beziehung (Kongruenz) zwischen Produktionsapparat, Beschäftigungsniveau, Einkommensverteilung und der Struktur des Konsums (Konsumprofilen).
3. Aus solcher Kongruenz resultiert – langfristig betrachtet – ein organischer Entwicklungsprozeß vom Einfachen zum Komplexen, in dem auf dem jeweils erreichten Entwicklungsniveau die Komplexität der Konsumprofile der organisch gewachsenen Komplexität von Produktionsapparat und Technologie entspricht. Die Höhe der Reallöhne ist tendenziell rückgekoppelt mit der Höhe der Produktivkraftentfaltung.
4. Solche Ökonomien zeichnen sich durch eine hohe Innovationsfähigkeit aus; technischer Fortschritt bestimmt zu einem erheblichen Grade die Entwicklungsdynamik.
5. Strukturwandel ist eine anhaltende Begleiterscheinung solcher Ökonomien (hohe Transformationsfähigkeit), wobei sich unterschiedliche Ausmaße von aktiver und passiver Transformationsfähigkeit (auch in Kombination mit unterschiedlichen Ausmaßen von Innovationsfähigkeit) beobachten lassen.
6. Erfolgreiche Entwicklungsprozesse zeichnen sich durch die wachsende, aufgrund technischen Fortschritts und gesellschaftlichen Wandels jedoch niemals erreichbare Homogenisierung der Produktivitätsniveaus ihrer einzelnen Sektoren aus. Die entscheidende Testfrage ist, ob als Folge von Produktivkraftentfaltung eine Gesellschaft und Ökonomie zerklüfteter (heterogener) oder homogener wird. Die tendenzielle Homogenität zeigt sich in der nie vollständigen, aber doch weitgehenden Übereinstimmung der Kosten von Faktoren wie Boden, Kapital, Arbeit u. a. innerhalb einzelner Branchen sowie in der nie überwindbaren, aber niemals krassen Kluft solcher Faktorkosten zwischen einzelnen Branchen. Durch eine Untersuchung von Reallohnhöhen, Zinssätzen, Profitraten, Produktivitätsniveaus usf. lassen sich die absoluten und die relativen Unterschiede empirisch erfassen.

Jeder erfolgreiche Entwicklungsprozeß war bisher, je nach Ausgangssituation in der Entwicklung der internationalen Ökonomie, durch spezifische Stufenfolgen und Akzentuierung gekennzeichnet. Die neuere historisch-systematische Entwicklungstheorie hat dabei auf die restriktiven Bedingungen aufmerksam gemacht, die die Struktur des modernen *Weltsystems* auf die Art und Form *interner* Entwicklung ausübte; sie hat aber auch die richtungweisende Bedeutung interner politischer und sozioökonomischer Konstellationen für Art und Form einzelner Entwicklungsprozesse erhärtet.[4] Diese durch beide genannte Faktoren bedingte historische Variabilität von Entwicklungsprozessen ist eindrucksvoll; es ist jedoch bemerkenswert, daß sowohl die Entwicklung des *metropolitanen Kapitalismus* in den heutigen OECD-Staaten als auch die Entwicklung *sozialistischer Ökonomie* in der Sowjetunion und den osteuropäischen Gesellschaften, obgleich im einen Fall *kapitalistisch* und im anderen Fall *sozialistisch* inszeniert, zur gleichen, oben angedeuteten Konfiguration von Produktivkraftentfaltung geführt hat. Weiterhin ist bemerkenswert, daß diejenigen Entwicklungsländer, die heute – im Unterschied zu noch vor wenigen Jahrzehnten – nicht mehr zu den akuten Problemfällen der Dritten Welt gehören (wie China, Nord-Korea, Albanien, Kuba), eine systematische Entwicklung ihrer produktiven Kräfte in allen genannten Untersektoren einer lebensfähigen Ökonomie mit dem prognostizierbaren Ergebnis einer vergleichbaren Tiefenstruktur anstreben: durch die Förderung der landwirtschaftlichen Produktivität, durch den Aufbau von industriellen Sektoren für die Herstellung von Produktionsgütern und Technologie, von Zwischenprodukten und Massenkonsumgütern sowie durch den systematischen Ausbau ihrer Infrastruktur.[5]

Alle drei genannten Fälle – metropolitaner Kapitalismus, metropolitaner Sozialismus, sozialistische Entwicklungsländer – *zeichnen sich durch eine identische kohärente Struktur von Kapitalbildung aus,* obgleich die gesellschaftspolitischen Voraussetzungen nicht nur zwischen kapitalistischen und sozialistischen Entwicklungsprozessen, sondern auch innerhalb kapitalistischer und sozialistischer Beispiele höchst markante Unterschiede aufweisen. Keiner dieser Fälle ist krisenfrei; jeder zeigt spezifische Symptome, manche davon sind allumfassend (z. B. die Ökologie-Problematik); doch in allen Fällen ist – auf völlig unterschiedlichem Entwicklungsniveau – die Fähigkeit angelegt, die oben genannten ökonomischen Grundleistungen zu erbringen, die ihrerseits erst die Basis für Sozialleistungen schaffen.[6] (Wobei, solcher Verflechtungsdynamik folgend, diese Sozialleistungen wieder dynamisierend auf ökonomische Grundleistungen zurückwirken.)

2. Strukturmerkmale von Peripherie-Ökonomie

Die Gesellschaften und Ökonomien der Dritten Welt *(Peripherie-Ökonomien)* zeichnen sich durch das genaue Gegenteil dessen aus, was hier als lebensfähige Ökonomie und ihre Grundleistungen skizziert wurde:

1. Nur das *exportorientierte* Segment von Landwirtschaft ist von einiger Dynamik geprägt; zu einer nachdrücklichen, in die Breite wirkenden Produktivitätssteigerung der Landwirtschaft kommt es meist nicht. Damit fehlt eine wesentliche Voraussetzung für einen erfolgreichen Entwicklungsprozeß. Ähnliches gilt hinsichtlich des Rohstoffsektors. Zwar ist er vielerorts hochproduktiv, doch nicht mehr als eine Exklave metropolitaner Ökonomien und also nicht in einen kohärenten binnenwirtschaftlichen Verbund integriert.
2. Die industrielle Produktion von *Massen*konsumgütern *stagniert* relativ zum Import von industriell produzierten Luxuskonsumgütern bzw. in manchen Fällen zur lokalen Produktion von Luxuskonsumgütern. Diese Strukturverzerrung spiegelt die krassen und meist sich verstärkenden Einkommensunterschiede in peripher-kapitalistischen Gesellschaften wider. Auch ist diese Erscheinung ein Reflex der Unfähigkeit solcher Ökonomien, die Masse der Menschen produktiv in den Kapitalbildungsprozeß einzugliedern.
3. Ein Sektor zur eigenen *Produktion von Produktionsmitteln*, Ausrüstungsgütern und Technologie *fehlt* in der Regel, sein Aufbau wurde durch eine asymmetrisch angelegte internationale Arbeitsteilung zwischen metropolitanen Ökonomien und Peripherie-Ökonomien verhindert. Damit gehen Peripherie-Ökonomien lebenswichtige Entwicklungsimpulse verloren. In den wenigen Fällen, in denen es zum Aufbau eines solchen Produktionsapparates kommt, ist er typischerweise auf die dominanten Wachstumspole hin orientiert (z. B. auf die Produktion von Ausrüstungsgütern für die Erzeugung von Luxuskonsumgütern und der für diese erforderliche Infrastruktur).
4. Die *Produktion von Zwischengütern* ist *wenig entwickelt.* Die Folge davon und von der mangelnden Produktion von Ausrüstungsgütern und Technologie ist eine tiefgreifende technologische Abhängigkeit peripher-kapitalistischer Ökonomien von den Industriegesellschaften, welche sich mehr und mehr in eine heillose finanzielle Abhängigkeit übersetzt.
5. Die Güter des *kollektiven Konsums* (Erziehung, Gesundheit u. a.) und die Entwicklung der Infrastruktur haben in der Regel nicht zur Homogenisierung der Gesellschaft der Dritten Welt beigetragen, sondern zur *Akzentuierung der Disparitäten* zwischen Wachstumspolen und Hinterland.

Peripherie-Ökonomien fehlen die für eine lebensfähige Gesellschaft erforderlichen vitalen Produktionssektoren (produktive Landwirtschaft, Massenkonsumgüterindustrie, Ausrüstungsgüterindustrie, in die Breite greifende Infrastruktur), einschließlich ihrer wechselseitigen Vermaschung. Sie sind deshalb als *strukturell verkrüppelt* zu bezeichnen.[7] Ihr Grundproblem besteht nicht darin, daß in ihnen keine Produktivkraftentfaltung erfolgt; das Wirtschaftswachstum der Entwicklungsländer hat z. B. in den Jahren 1950-1975 Größenordnungen gehabt, die in einer vergleichbaren Zeitspanne vor 1950 von den Industriegesellschaften niemals erreicht worden sind.[8] In der Regel handelt es sich bei Peripherie-Ökonomien um ausgesprochene Wachstumsökonomien oder, genauer, um Wachstums*pol*-Ökonomien. Ihr Problem besteht darin, daß dieses Wachstum sich auf wenige, meist exportorientierte Sektoren konzentriert und daß auch dort, wo Industrialisierungsprozesse vorangeschritten sind, die binnenmarktorientierten Wachstumsprozesse sektoral und schichtenmäßig eng begrenzt sind. So kommt es zu der strukturellen *Brüchigkeit* solcher Ökonomien. Für ihre *mangelnde Kohärenz* sind verantwortlich:

1. eine *mangelnde Verflechtung* von Landwirtschaft und Industrie (ausbleibende Vorwärts- und Rückwärtsverkettungen),
2. *ungenügende Produktionstiefe,* d. h. Mangel an vollständigen industriellen Wirtschaftskreisläufen: Ein Teil des Kapitalbildungsprozesses, insbesondere die Produktion von Technologie, Ausrüstungsgütern, zu einem erheblichen Grade von Zwischenprodukten und von Konsumgütern findet in den Industriegesellschaften statt; die ökonomischen Effekte solcher Reproduktion gehen Peripherie-Ökonomien kontinuierlich verloren und schlagen sich in Strukturverkrüppelungen nieder;
3. die innere, soziologisch begründete Tendenz der bisherigen Industrialisierungsetappen, die *Nachfrage einkommensstarker Schichten* (Landoligarchie, Import- Exportoligarchie, städtisches Bürgertum, Mitglieder des Dienstleistungssektors, der öffentlichen Verwaltung, des Militärs, von Teilen der höher bezahlten Arbeiterschaft in städtischen Zentren) zu befriedigen, während die Produktion von Massenkonsumgütern aufgrund der unterdurchschnittlichen oder gar völlig unausgebildeten Kaufkraft der Masse der Menschen (Bauern, informeller Sektor, Arbeiter) relativ stagniert;
4. die daraus folgende, keineswegs natürlich gegebene, sondern historisch gewachsene und soziologisch bedingte *Binnenmarktenge,* die ein Ergebnis unvollständiger Wirtschaftskreisläufe und einer nichtkohärenten Reproduktionsdynamik ist.

3. Zur Genesis von Peripherie-Ökonomien

Unterentwicklung hat nichts mit traditionaler Rückständigkeit zu tun, und sie ist nicht das Resultat mangelnder Produktivkraftentfaltung (denn dann würde es sich um *un*entwickelte Ökonomien handeln); Unterentwicklung ist vielmehr ein Ausdruck *fehlgeleiteter Produktivkraftentfaltung*. Nicht in der Unfähigkeit zur Kapitalbildung liegt das Problem der Ökonomien der Dritten Welt, sondern in einer falsch strukturierten Akkumulation, die sich zum Schaden der Mehrzahl der Menschen auswirkt. Die empirisch zu beobachtende Kapitalbildung ist ungeeignet, den lokalen Markt zu erschließen. Sie ist auf die metropolitanen Ökonomien hin orientiert, sei es aufgrund der forcierten Produktion von Gütern für den Weltmarkt, sei es wegen der Übernahme metropolitaner Konsumgüter, Konsummuster und Technologie, die allesamt ein weit höheres und komplexeres (also kapital- und energieintensiveres und auch kostspieliges) Entwicklungsniveau reflektieren, dessen Produkte in Ökonomien geringerer und verzerrter Produktivkraftentfaltung notwendigerweise zu strukturverzerrenden Fremdkörpern werden müssen.

Diese überkommene Struktur von fehlgeleiteter Kapitalbildung ist das Ergebnis der Eingliederung der Gesellschaften Lateinamerikas, Afrikas und Asiens in eine *ungleiche internationale Arbeitsteilung* während der Phase des Kolonialismus und Imperialismus. Es ist bemerkenswert, daß bis zum heutigen Tage die gängige entwicklungstheoretische Diskussion keinen Begriff von *ungleicher* Arbeitsteilung besitzt. In der Regel folgt sie der klassischen, freihändlerischen außenwirtschaftstheoretischen Dogmatik. Gemäß der dort vorherrschenden Doktrin komparativer Vorteile gewinnen alle am internationalen Handel Beteiligten, insofern sie sich auf die Produktion von Gütern spezialisieren, bei deren Herstellung sie die lokal verfügbare Faktorausstattung (Land, natürliche Ressourcen, Kapital, Arbeitskraft, technologisches Know-how u. a.) am besten einzusetzen vermögen. Niemals wurde in diesem Zusammenhang theoretisch konsequent geprüft, welche konkreten Auswirkungen auf Produktionsstruktur, Einkommensverteilung, Konsumprofile, Arbeitsmarkt und Infrastruktur eine Spezialisierung, die den Postulaten der Doktrin komparativer Vorteile gehorcht, bei Handelspartnern mit *ungleichem* Ausgangsniveau hat. Wäre dies geprüft worden, so hätte sich der fundamentale Unterschied zwischen Handelsstrukturen *symmetrischer* und *asymmetrischer* Natur herausgestellt. Die oben diagnostizierten Effekte einer Peripherie-Ökonomie sind nämlich notwendige Folgen der Einbindung der Ökonomien Lateinamerikas, Afrikas und Asiens in eine *asymmetrisch* strukturierte internationale Ökonomie, die vom metropolitanen Kapitalismus durchsetzt und beherrscht ist. Der metropolitane Kapitalismus zeichnet sich durch relativ produktive lebensfähige Ökonomien aus; seine Dynamik gründet auf der allmählichen systematischen Erschließung der *eigenen* Binnenmärkte. Dies wurde jedoch durch die Beziehungen zu den Überseewirtschaften erleichtert: durch die Ausraubung weiter Teile der Dritten Welt in der Phase der ursprünglichen Akkumulation; durch den Import billiger landwirtschaftlicher und mineralischer Produkte, billiger Energie und billiger Arbeitskraft aus den Kolonien bzw. die Nutzung billiger Arbeitskraft dort für die lokale Produktion von mineralischen und agrarischen Rohstoffen und später von Fertigwaren einfachen Verarbeitungsgrades – Faktoren, die alle zur Verringerung der Produktionskosten in metropolitanen Ökonomien beigetragen haben und heute noch dazu beitragen.

In diesem Prozeß wurde den südlichen Kontinenten nicht nur lokal akkumuliertes Kapital entzogen; viel gravierender ist die Umfunktionierung leidlich lebensfähiger Subsistenzökonomien in *defekte und verkrüppelte Peripherie-Ökonomien,* deren Reproduktionsdynamik spezifische Ergebnisse zeitigt:

1. die Unfähigkeit, die Masse der Menschen produktiv in den ökonomischen Produktionsprozeß einzugliedern;
2. die wachsende Unfähigkeit, die Masse der Menschen mit lokal produzierten landwirtschaftlichen Gütern zu ernähren;
3. die Unfähigkeit, eigene Produktionsmittel, Ausrüstungsgüter, Handwerkszeug, Technologie zu erfinden und herzustellen und andernorts bestehende derartige Güter an lokale Bedürfnisse anzupassen;
4. die Unfähigkeit, demographische Entwicklungen, die ein Ergebnis sozioökonomischer Zerrütung sind, zu beeinflussen;
5. die Unfähigkeit, technischen Fortschritt, der sich auf lokale Problemsituationen richtete, selbst zu inszenieren (Innovationsunfähigkeit). Dies bezeugt den Mangel an Strukturdifferenzierungen, der sich im Extremfall als monokulturelle Ökonomie darstellt.
6. Die Strukturverkrüppelungen drücken sich in einer markanten und wachsenden strukturellen Heterogenität von Peripherie-Gesellschaften und Peripherie-Ökonomien aus. Wird Homogenität bzw. Heterogenität operational mit Indikatoren wie Arbeitsproduktivität, Lohnniveaus, Qualifikation von Arbeit, Organisationsgrad von Kapital und Arbeit, Kapitalintensität bzw. Arbeitsintensität von Produktion usf. gemessen, so wird offenkundig, daß in den Peripherien während der vergangenen Jahrzehnte die Zerklüftung zwischen »modernen« Wachstumspolen und dem Rest der Ökonomie zugenommen hat. Dies gilt für den primären, den sekundären und den tertiären Sektor gleichermaßen. Die Unterschiede z. B. zwischen dem keineswegs im Verschwinden begriffenen Minifundium und den kapitalintensiven, in der Regel für den Weltmarkt, inzwischen aber auch für den gehobenen städtischen Binnenmarkt produzierenden Agro-Business-Konzernen sind sicherlich stärker ausgeprägt als die überkommenen Unterschiede zwischen Minifun-

dium und Latifundium. In anderen Bereichen lassen sich ähnliche Hierarchisierungen beobachten, z. B. zwischen multinational operierenden Konzernen, den lokalen Unternehmungen, dem lokalen Handwerk und dem informellen Sektor.

7. Dieser Heterogenität und Hierarchisierung entspricht eine sehr ungleiche Verteilung von politischer Organisation: Die Mehrzahl der Menschen bleibt oder wird, ungeachtet gegenläufiger Zwischenphasen (z. B. Populismus), politisch entmündigt. Dies steht im Gegensatz zu der steigenden politischen Durchstrukturierung metropolitaner Gesellschaften, insbesondere zu dem hohen politischen Organisationsgrad von Arbeitskraft dort – Resultat eines langwierigen und mühsamen Kampfs der politischen und gewerkschaftlichen Arbeiterbewegung.
8. Aus der Dialektik von fehlgeleitetem Wachstum und Massenelend entsteht ein erheblicher sozialer Konfliktstoff, der die interne Militarisierung der Gesellschaften der Dritten Welt begünstigt. Immer deutlicher wird die Gefahr, daß eine solche nach innen gerichtete Militarisierung die Grundlage für den Aufbau von zwischenstaatlichen und zwischengesellschaftlichen Konfliktfronten bildet.

Karl Schiller hat vor vielen Jahren den Entwicklungsgang der Länder der Dritten Welt im Rahmen der bisherigen Arbeitsteilung wie folgt beschrieben:

»In den überseeischen Rohstoffländern hat der Prozeß bei ihrer Berührung mit der kapitalistischen Welt sozusagen gleich im zweiten Akt eingesetzt (einige Anhänger des Theorems der komparativen Kosten vergessen auch oft, daß in dem Beispiel Ricardos bekanntlich vor Eröffnung des Außenhandels beide Länder, Portugal und England, beide Produkte, Wein und Tuch, produzieren können und sich *nach* Eröffnung auf Wein bzw. Tuch spezialisieren, wobei in jedem Land das jeweilige nationale Beschäftigungsvolumen gehalten wird. Hier ist also *vor* der Spezialisierung schon ein Stadium der Entwicklung der produktiven Kräfte vorausgesetzt). In die Länder wurden moderne Erzeugungen verlagert, die nach dem ›Gesetz‹ für die Teilnahme am Welthandel dort angebracht waren. Der erste Akt der schrittweisen ›Erziehung‹ der gesamten Volkswirtschaft zur modernen Arbeitsweise wurde ausgelassen. So entstand das Bild einer Überseewirtschaft, die zwar hochmoderne Produktion aufweist, aber im wesentlichen nur in solchen Branchen, in denen sie spezialisierter Exporteur ist. Die Überseewirtschaft wurde in ihrem modernen Teil, also nicht etwa in der Breitenstruktur der europäisch-amerikanischen Kernländer, sondern ›punktuell‹, als ergänzende ›Contrastruktur‹ zu dieser entwickelt. Die ›Verbreitungstendenz der Produktion‹ kam in diesen Ländern in voller Breite gar nicht erst zum Durchbruch ... Bisher sind also viele Überseeländer gewissermaßen nur schief oder topplastig allein unter dem Aspekt der ›Weltarbeitsteilung‹ in die moderne Wirtschaft einbezogen.«[9]

Die Frage, was mit den Ländern der Dritten Welt geschehen wäre, wenn sie nicht in die von den Metropolen beherrschte internationale

Arbeitsteilung eingebunden worden wären, ist heute kaum noch von Belang; bedeutsam ist indes die von Schiller diagnostizierte fehlende »Breitenentwicklung« oder die fehlende Entwicklung einer »Breitenstruktur«. Die Aufgabe von Entwicklungstheorie und Entwicklungspolitik besteht darin, jene Voraussetzungen und Maßnahmen zu reflektieren, die eine Entwicklung in die Breite – *eine Ökonomie mit internen, wechselseitig befruchtenden Komplementäreffekten* – ermöglichen.

Eine klare Vorstellung davon, was eine Peripherie-Ökonomie strukturell darstellt, ist unerläßlich, wenn man zu sinnvollen entwicklungspolitischen Leitlinien gelangen will. Werden, wie herkömmlicherweise, die Ökonomien der Dritten Welt als *traditional*-rückständig im Unterschied zu metropolitan-*modernen* Ökonomien begriffen, werden sie als embryonale Konfiguration von Frühphasen metropolitaner Ökonomien, die es nur noch zu dynamisieren gälte, interpretiert, so ist der Fehlschlag der entwicklungspolitischen Strategien schon vorgezeichnet, wie die Entwicklungspolitik in den vergangenen Jahrzehnten beweist. Deshalb ist bei jeder entwicklungspolitischen Maßnahme, gleichgültig, von wo sie ausgeht, die Testfrage zu stellen, wie durch sie die überkommene Struktur von Peripherie-Ökonomie berührt wird. Diese überkommene Struktur ist eine »Tiefenstruktur«, deren wesentliche Merkmale sich in Gesellschaften und Ökonomien der südlichen Kontinente mit unterschiedlichster Produktivkraftentfaltung durchgängig beobachten lassen (in Haiti oder im Senegal genauso wie in Indonesien oder in Brasilien).[10] Dies ist der sachliche Grund dafür, daß aus den vorangegangenen Überlegungen *allgemeine* Konsequenzen gezogen werden können.

4. Kapitalismus und Kryptokapitalismus in den Peripherien

Um die gegenwärtige Entwicklungsproblematik in der Dritten Welt angemessen zu begreifen, ist die Kennzeichnung der dort vorherrschenden Produktionsweisen erforderlich. Es wurde oben gesagt, daß der *metropolitane* Kapitalismus der Homogenisierung unterworfen ist, wobei zumindest im nationalen Rahmen in der Tendenz *integrierte Marktstrukturen* entstehen, in denen spezifische Angleichungs- und Ausgleichungsprozesse stattfinden. Homogenität meint dabei niemals einen erreichten oder gar erreichbaren Ist-Zustand. Die These von der Tendenz zur Homogenisierung meint vielmehr zweierlei: erstens die Tendenz zur *Durchkapitalisierung* aller wesentlichen Lebensbereiche, zweitens die Beobachtung, daß im metropolitanen Kapitalismus intra- sowie intersektorielle Unterschiede z. B. in der

Arbeitsproduktivität immer wieder deutlich hervortreten (z. B. als Folge von technischem Fortschritt und gesellschaftlichem Wandel), jedoch schließlich einem *Ausgleich* unterliegen und sich innerhalb integrierter Marktstrukturen in der Regel in engen Grenzen halten. Auch darf nicht vergessen werden, daß der metropolitane Kapitalismus Bereiche enthält, die sich einer Durchkapitalisierung hartnäckig widersetzen, vor allem die Arbeit von Hausfrauen und Müttern, also die Hausarbeit insgesamt, welche für die ökonomische Reproduktion der gesamten Gesellschaft wesentlich ist.[11] Ungeachtet dessen kann man die These vertreten, *daß im metropolitanen Kapitalismus kapitalistische Produktionsweise in der Tendenz eine exklusive Funktion annimmt* – und damit vor- und nichtkapitalistische Produktionsweisen im Verschwinden begriffen sind.

In Peripherie-Ökonomien herrscht kapitalistische Produktionsweise nur in den dynamischen Leitsektoren vor, während in den nachgelagerten, jedoch auf die dominanten kapitalistischen Wachstumspole ausgerichteten Sektoren höchst unterschiedliche *Produktionsformen* zu beobachten sind. *Periphere Gesellschaftsformationen zeichnen sich durch die Kombination einander hierarchisch zugeordneter Produktionsformen aus.* Daher rührt die erhebliche theoretische Schwierigkeit, diese Produktionsformen, die kapitalistischer Produktion nachgelagert sind, eindeutig zu bestimmen. Handelt es sich um vorkapitalistische, feudale, gemischte Produktionsweisen, um Produktionsweisen eigener Art?

Kapitalistischer Produktionsweise ist die Tendenz zur Umfunktionierung vorgelagerter Produktionsweisen auf die eigenen Bedürfnisse eingeschrieben. Während im metropolitanen Kapitalismus die kapitalistische Produktionsweise in diesem Prozeß eine exklusive, die Ökonomie und Gesellschaft bestimmende Funktion erlangt (worin u. a. die Vitalität des metropolitanen Kapitalismus begründet ist), ist in peripher-kapitalistischen Gesellschaftsformationen zwar beobachtbar, daß von kapitalistischen Wachstumspolen her tendenziell alle Bereiche durchdrungen werden, aber ohne daß in der Regel die kapitalistische Produktionsweise im metropolitanen Sinne exklusiv wird. Angesichts des empirisch belegbaren hohen Umfunktionierung nachgelagerter Produktionsformen auf die dominanten Pole hin, unter Wahrung eines *Scheins von Traditionalität und Nicht-Kapitalistischem,* ist es sinnvoll, diese Produktionsformen nicht als feudale Residuen, als vermeintlich vorkapitalistisch-traditionale Produktionsweisen zu bezeichnen, sondern als *kryptokapitalistische.*

Kryptokapitalistische Produktionsformen existieren nicht autonom und separat; sie sind nur im Zusammenhang mit einer ihnen übergeordneten kapitalistischen Produktionsweise denkbar. Obschon kryptokapitalistische Produktionsformen äußerlich durch nicht-kapitalistische Merkmale geprägt sind (man denke z. B. an den kleinen Waren-Bauern-Produzenten Westafrikas, der über Grund, Boden und Produktionsmittel verfügt, mit deren Hilfe er seine Subsistenz und einen Überschuß erwirtschaftet), haben sie doch *keine eigene Identität*, selbst wo sie den Schein des Andersartigen, des Nichtkapitalistischen, wahren.[12] *Die kapitalistische Produktionsweise versucht, sich die gesamte Ökonomie dienstbar zu machen, ohne in den Peripherien als solche exklusiv zu werden.* Das Resultat ist eine Gesellschaftsformation, die sich durch *strukturelle Heterogenität* auszeichnet.

Die mit diesen Überlegungen zusammengefaßten vielfältigen empirischen Beobachtungen sind deshalb wichtig, weil sie auf die Problematik der überkommenen Dualismustheorie verweisen. Dieser zufolge lassen sich Peripherie-Ökonomien in einen modernen und in einen traditionellen Sektor untergliedern, die im Grunde mehr oder weniger ohne symbiotische Beziehungen koexistieren. Die neuere Diskussion hat auf die Fragwürdigkeit einer solchen Vorstellung aufmerksam gemacht, und die in den Entwicklungsländern in den vergangenen dreißig Jahren verfolgte Entwicklungspolitik hat bewiesen, daß diese Theorie falsch ist. Nach deren Auffassung sollten beispielsweise dualistische Gebilde sich insgesamt »entwickeln« lassen, indem mittels massiver Kapitalinputs, eines Technologietransfers, des Transfers von wissenschaftlichem und Management-Personal der Wachstumspol dynamisiert wird, dessen Dynamik dann auf die restliche Ökonomie derart positiv ausstrahlt, daß aus einer anfänglich dualistisch angelegten Struktur allmählich ein integriertes Gebilde würde, das im kleinen ein Abbild metropolitaner Industriegesellschaften wäre. Daß diese Entwicklungsperspektive getrogen hat, ist heute kaum noch umstritten, obgleich, da es an einem klar umrissenen Begriff von Peripherie-Ökonomie fehlt, die Gründe hierfür nur vage wahrgenommen werden.

Der Peripherie-Kapitalismus ist, obgleich ein Produkt metropolitaner Penetration, *im Ansatz nicht mit der Struktur des metropolitanen Kapitalismus vergleichbar.* Das gilt nicht nur im ökonomischen Bereich, sondern auch für die Sozialstruktur und die politische Organisationsform. Die wesentliche »Leistung« des Peripherie-Kapitalismus besteht in der *ständigen Bereitstellung einer Masse von billiger Arbeitskraft,* die in seinem eigenen Rahmen kontinuierlich reproduziert wird.[13] Auch im metropolitanen Kapitalismus wurde Arbeitskraft freigesetzt und proletarisiert, jedoch von der oben beschriebenen binnenmarktorientierten Reproduktionsdynamik aufgesogen. *Eine ähnliche Binnenmarkterschließung findet in peripher-kapitalistischen Ländern heute nicht statt.* Weder ist der Aufbau einer vergleichbar differenzierten Produktionsstruktur und der aus ihr resultierenden gesamtwirtschaftlich bedeutsamen Verflechtungsdynamik erkennbar, noch besteht die politische Voraussetzung für die Erschließung eigener Binnenmärkte, nämlich die politische Organisation von Arbeitskraft, ohne die gerade die metropolitane Entwicklung nicht möglich gewesen wäre, von anderen Faktoren wie der Ausbreitung standardisierter Arbeitsdisziplin usf. einmal ganz abgesehen.[14]

Wie erwähnt, waren die Peripherie-Ökonomien für die Herausbildung des metropolitanen Kapitalismus in dem Sinne äußerst nützlich, daß durch die von ihnen bereitgestellten Güter (Rohstoffe, Nahrungsmittel, menschliche Arbeitskraft usf.) die Produktionskosten im metropolitanen Kapitalismus niedriger gehalten werden konnten, als dies ohne solche Inputs aus der Dritten Welt möglich gewesen wäre. Bei wachsender gewerkschaftlicher Organisation von Arbeitskraft wurde so die politische Auseinandersetzung zwischen Kapital und Arbeit erleichtert. In diesem Sinne erwies sich für die Entwicklung des metropolitanen Kapitalismus das überkommene Beziehungsmuster zwischen Metropolen und Peripherien als hilfreich und zweckdienlich, *obgleich die eigentlichen Errungenschaften des metropolitanen Kapitalismus aus eigener Kraft resultierten, d. h. ein Reflex der in den jeweiligen Binnenmärkten erfolgenden forcierten Produktivkraftentfaltung sind.*[15]

Die ökonomisch verkrüppelten Strukturen, die eine in die Breite gehende Binnenmarkterschließung in Peripherie-Ökonomien nicht erlauben, sind das Ergebnis eines langwierigen historischen Prozesses, der die Gesellschaften und Ökonomien der Dritten Welt in eine ungleiche internationale Arbeitsteilung – eine koloniale Struktur – mit katastrophalen Konsequenzen eingegliederte. War diese Eingliederung, wie gesagt, für die Entwicklung des metropolitanen Kapitalismus höchst funktional, so erweist sie sich heute, wegen der Verzerrung und Verengung des lokalen Binnenmarktes, als eine Schranke der tiefgreifenden Durchkapitalisierung unter kapitalistischem Vorzeichen. Was entwicklungspolitisch motivierte Kritiker der klassischen liberalen Außenwirtschafts- und Entwicklungstheorie, wie in unserem Lande Friedrich List, zu den Entwicklungschancen der Zentren des metropolitanen Kapitalismus hellsichtig diagnostiziert hatten[16], wird heute zwischen Industriegesellschaft und Dritter Welt bedeutsam.

5. Drei entwicklungspolitische Imperative

Welches sind die entwicklungstheoretischen und praktisch-politischen Schlußfolgerungen aus unserer Analyse? Drei entwicklungspolitische Imperative sollen formuliert und begründet werden: der

Imperativ der *Dissoziation,* der Imperativ der *Restrukturierung,* der Imperativ der *neuen Arbeitsteilung* zwischen den Ökonomien der Dritten Welt.

5.1. Der Imperativ der Dissoziation

Die Dritte Welt hat langfristig nur dann eine Chance, eigenständige und lebensfähige Ökonomien und Gesellschaften aufzubauen, wenn sie sich von der gegebenen internationalen Ökonomie, d. h. von den Metropolen, *auf Zeit abkoppelt.* Wie Karl Schiller dargelegt hat, fehlt diesen Ländern »der erste Akt der Breitenentwicklung«. Die historische Erfahrung kapitalistischer und sozialistischer Entwicklungsprozesse, die einigermaßen lebensfähige Gebilde hervorbrachten, lehrt, daß *ohne entwicklungspolitisch motivierten Schutz eine intensive* (im Unterschied zu einer extensiven) *Produktivkraftentfaltung kaum möglich ist.* Der Merkantilismus, Phasen gezielter Schutzpolitik, erzwungene oder freiwillig selbstauferlegte Autarkie sind unter diesen Gesichtspunkten nur Variationen ein- und desselben Erfordernisses.[17] Und ist es Zufall oder von grundlegenderer Bedeutung, daß in jenem Bereich West- und Mitteleuropas, von dem die Entwicklungsprozesse der Neuzeit ihren Ausgang genommen haben, die Entwicklung durch die »zeitweilige Abschnürung von den Hauptadern des bisherigen Verkehrs« bestimmt worden ist?

»In der Karolingerzeit gruppierte sich in der Tat ein wichtiges Gebiet zum ersten Mal um ein ganz weit im Binnenland gelegenes Zentrum. Die Gesellschaft war vor die Aufgabe gestellt, die binnenländischen Kommunikationen stärker zu entwickeln. Als es ihr im Laufe von Jahrhunderten gelang, war auch von dieser Seite das Erbe der Antike unter neue Bedingungen gestellt. Es wurde der Grund für Formationen gelegt, die die Antike nicht kannte. Von hier aus sind gewisse Unterschiede zwischen den antiken Integrationseinheiten und den anderen, die sich langsam im Abendlande herausbilden, zu verstehen: Staaten, Nationen, wie immer wir diese Einheiten nennen, es sind zum guten Teil um binnenländische Zentren oder Hauptstädte gruppierte und durch binnenländische Adern miteinander verbundene Völkergruppen.«[18]

Ist es nicht gerade das Wachstum der *Binnenlandverflechtung* als Nukleus *politischer Steuerungskapazitäten, ökonomischer Produktivkraftentfaltung* und *kultureller Identifikation,* das typischerweise Peripherie-Gesellschaften abgeht und das sie nicht erlangen können, solange sie wie in den vergangenen Jahrzehnten und Jahrhunderten in die überkommenen Weltmarktstrukturen eingegliedert bleiben?

Selbstbezogenheit mit dem Ziel einer intensiven Produktivkraftentfaltung im eigenen Raum muß nicht identisch sein mit Autarkie, obgleich es, historisch betrachtet, wohl kaum ein Zufall ist, daß angesichts immer größerer Unterschiede zwischen dem durchschnittlichen Produktivitätsniveau von Wirtschaften innerhalb der internationalen Ökonomie der Schutz umfassender und an allen Fronten verstärkt wird, d. h. Autarkie als entwicklungspolitisch motiviertes Instrument an Bedeutung gewinnt. Da Peripherie-Ökonomien, wie oben dargelegt, durch einen Mangel an Innovations- und Transformationsfähigkeit gekennzeichnet sind, wird ein solcher Entwicklungskurs – von den politischen Voraussetzungen einmal abgesehen – unter kurzfristigen Kosten-Nutzen-Kalkülen als verlustreich wahrgenommen. Das interessenbedingte Kalkül ändert jedoch nichts an der entwicklungspolitisch triftigen These, daß sich nur über Dissoziation Entwicklung inszenieren läßt.

Auch unter dissoziativen Prämissen ist Austausch mit den produktiveren, dominanten Metropolen möglich; *doch ist dieser Austausch ein Reflex einer nach innen gerichteten Akkumulationsdynamik*, also zwar zweckdienlich, aber nicht die Dynamik des gesamten Reproduktionsprozesses bestimmend. Austausch wird *selektiv* verstanden, und nur jene selektive Kooperation soll stattfinden, die der Herausbildung einer lebensfähigen Binnenstruktur in den Ländern der südlichen Kontinente zugute kommt. Es handelt sich also, wie in einer Studie über Japan und die Sowjetunion nachgewiesen wurde, um eine »kalkulierte Isolierung bei selektiver Nutzbarmachung des Weltmarktes«[19], wobei die Autoren darauf aufmerksam machen, daß mehr als irgendein anderes Land das heutige China dieses Szenario »der kalkulierten Isolation, des Insistierens auf die Vitalität und Überlegenheit von intern entwickelten Strategien und der selektiven Anleihen« zu wiederholen scheint.

Für die Mehrzahl der Länder der Dritten Welt hieße Dissoziation heute insbesondere: Bruch mit der überkommenen exportorientierten Ökonomie und dafür Mobilisierung von *eigenen* Ressourcen mit dem Ziel der Nutzbarmachung solcher Ressourcen für *eigene* Zwecke. Im einzelnen bedeutete das: Bruch mit einer Rohstoffproduktion, deren Wertschöpfung im wesentlichen in den Metropolen erfolgt; Bruch mit einer exportorientierten Industrialisierung, die sich bald als kostspielig und als neue Sackgasse im Entwicklungsprozeß herausstellen wird; aber auch Bruch mit einer falsch angelegten Importsubstitutions-Industrialisierung, die bekanntlich dort, wo sie betrieben wurde, vor allem die Nachfrage einkommensstarker Schichten befriedigt hat und nicht an der potentiellen Nachfrage der Masse der Verarmten orientiert war.

5.2. Der Imperativ der Restrukturierung

Der zweite Imperativ bezieht sich auf den *Aufbau kohärenter Akkumulationsstrukturen* in den Ländern der Dritten Welt selbst. Eine autozentrierte Entwicklung ist ohne die organische Verbindung folgender Aktivitäten kaum denkbar:

- erneute Prospektierung der lokal verfügbaren Ressourcen;
- lokale Nutzung lokaler Ressourcen;
- Aufbau eines eigenen industriellen Sektors für die Produktion von Produktionsmitteln und Zwischengütern;
- Erfindung und Wiedererfindung passender Technologie sowie Weiterentwicklung und Anpassung bestehender Technologie an lokale Bedürfnisse;
- breit angelegte Produktivitätssteigerung in der Landwirtschaft;
- industrielle Produktion von Massenkonsumgütern, die zur Befriedigung der Grundbedürfnisse der Masse der Menschen geeignet sind;
- Aufbau einer in die Breite wirkenden Infrastruktur.

Nur die Konvergenz dieser Aktivitäten erlaubt eine *schrittweise Erschließung des eigenen Binnenmarktes,* in deren Verlauf die Masse der Bevölkerung in produktive Tätigkeiten eingegliedert wird, Kaufkraft erworben werden kann, wodurch die Nachfrage nach agrarischen und industriellen Ausrüstungs- und Massenkonsumgütern sowie nach privaten und öffentlichen Dienstleistungen an Ort und Stelle, d. h. *an der Befriedigung lokaler Bedürfnisse ausgerichtet,* dynamisiert wird.[20]

Werden einzelne dieser Forderungen inzwischen auch akzeptiert, so kann doch kein Zweifel daran bestehen, daß einem solchen Entwicklungsprogramm, das der Verwirklichung der genannten Faktorenkombination dienlich wäre, widersprochen wird. Der Grund hierfür ist, daß dieses Entwicklungsprogramm gegen die überkommene Doktrin komparativer Kosten und Vorteile verstößt. Was heißt dies?

In einer internationalen Ökonomie, in der nationale Ökonomien verschiedener Entwicklungsniveaus und durchschnittlicher Produktivitätsgrade koexistieren, kann jede Ware (Konsumgüter, Maschinenmarkt, Technologie usf.) von weniger produktiver Ökonomien in Ökonomien höherer Produktivität – Devisen vorausgesetzt – kostengünstiger eingekauft als selbst produziert werden. Erfolgt ein Austausch innerhalb einer asymmetrischen Struktur wie zwischen einer metropolitanen Ökonomie und einer Peripherie-Ökonomie, so führt Entwicklungspolitik auf der Grundlage komparativer Kostenkalküle zur Peripherisierung der minder produktiven Ökonomie: *Die weniger produktive Ökonomie kauft auf dem Weltmarkt in produktiveren Ökonomien kostengünstiger ein – und handelt sich dafür, wenn nicht vorgängig ein autozentrierter Entwicklungsweg beschritten wird, beträchtliche Strukturdefekte ein.* Sie erspart sich die für den Aufbau einer lebensfähigen Ökonomie unerläßlichen Lernkosten, um am Ende der Fähigkeit zur Erfindung, Weiterentwicklung, Anpassung und Produktion von eigenem oder fremdem Handwerkszeug, von Ausrüstungsgütern und Technologie beraubt zu sein.[21] Dies ist der Grund, warum die meisten Länder der Dritten Welt in spezifischen Phasen der Geschichte ihrer Entwicklung zur Unterentwicklung nicht nur einen Verdrängungswettbewerb von industriellen Gütern aus den Metropolen gegenüber handwerklichen Produkten erlebten (was in der metropolitanen Entwicklung eine wichtige Etappe in der Erschließung des eigenen Binnenmarktes war), sondern auch Phasen industrieller Regression, d. h. der Zerstörung einmal erreichter industrieller Entwicklungsstandards.[22]

Die Folge davon ist, daß fremde Maschinen und fremde Technologie sowie die komplexeren Konsumgüter einer Ökonomie mit einer höheren durchschnittlichen Produktivität als *fertige* Produkte in eine weniger und überdies defekt entwickelte Ökonomie transferiert werden und dort notwendigerweise zu ökonomischen Fremdkörpern mit verzerrenden sozioökonomischen Folgewirkungen werden.

Sollen die Länder der Dritten Welt sich wirklich entwickeln, so ist ein Bruch mit einer ungleich strukturierten internationalen Arbeitsteilung und der Doktrin komparativer Kosten unerläßlich; die für den Aufbau einer kohärenten Wirtschaftsstruktur nötigen Kosten müssen – wie dies bei jeder lebensfähigen Ökonomie der Fall war – als *unerläßliche Lernkosten* eingeschätzt werden. Diese sind belastend. Doch sie zu scheuen bedeutete, die jetzigen Strukturdefekte und ihre sozialen Folgen (Arbeitslosigkeit, Marginalität, unsteuerbares Bevölkerungswachstum, Verschuldung, krasse Einkommensungleichheit usf.) in die Zukunft fortzuschreiben.

»Industrialisierung bedeutet [. . .] die schrittweise Entwicklung von Produktionsfähigkeit durch einen steten, langsamen und geduldigen Prozeß des Learning by Doing. Sie bedeutet viel mehr als lediglich die Erstellung bestimmter Produktionskapazitäten, die man ja notfalls auch vom Ausland importieren kann. Wenn die breite Masse der Bevölkerung an der Produktion beteiligt wird und durch diese Produktion Einkommen beziehen soll, müssen entsprechende Voraussetzungen geschaffen werden, um diese breiten Massen in den immer differenzierteren Prozeß der Arbeitsteilung einzugliedern. Dazu ist erforderlich, daß auf breiter Basis die Grundkenntnisse der Alphabetisierung, der Technik und Organisation geschaffen und systematisch weiter gebildet werden. Ebenso müssen die notwendigen organisatorischen Voraussetzungen einer industriellen Produktion geschaffen und alle Beteiligten in entsprechende organisatorische Abläufe eingeübt werden. Eben das sind Dinge, die kein Land importieren kann, sondern die es selbst schaffen muß. Importieren kann man Ideen, bestimmte fertige Problemlösungen, die dann in jedem betreffenden

Land adaptiert werden können. Aber die Adaptationsfähigkeit selbst muß vorhanden, bzw. systematisch aufgebaut und entwickelt werden.«[23]

Die Kritik gilt nicht der Doktrin komparativer Kosten an und für sich. Diese Doktrin erscheint in der Entwicklungsplanung und der Bewertung von Austauschprozessen einigermaßen sinnvoll zu sein, sofern es sich um ziemlich gleichgelagerte Ökonomien handelt (wie z. B. heute Frankreich und die Bundesrepublik), weil in einem solchen Fall die verwandte Ausgangsssituation einen fairen Nutzen für alle Beteiligten erwarten läßt. Folgen Peripherie-Ökonomien der Doktrin komparativen Nutzens und damit Allokationskalkülen der *internationalen* Ökonomie, so steht eine optimale Allokation eines gegebenen Faktorbestandes unter *kosmopolitischen* Gesichtspunkten zu erwarten (z. B. der Einsatz billiger Arbeitskräfte für exportorientierte Produktion von Fertiggütern in freien Produktionszonen), *nicht jedoch die Erschließung des eigenen Entwicklungspotentials, die Gewinnung von Produktionstiefe und Kohärenz.*[24] Auf diesen Sachverhalt hat Friedrich List in der Auseinandersetzung mit den Vertretern der klassischen Ökonomie Englands (Theorie der Werte) aufmerksam gemacht; seine Überlegungen zur Erschließung eignen Entwicklungspotentials legte er in einer Theorie der Produktion produktiver Kräfte nieder.

In den westlich-kapitalistischen Gesellschaften wird heute in der Auseinandersetzung mit den Forderungen der Dritten Welt letztlich auf die Doktrin des Freihandels zurückgegriffen. Wie Friedrich List vor mehr als hundert Jahren dargelegt hat, geht es hierbei um eine Doktrin, die den Interessen hochproduktiver Ökonomien entspricht. In solchen Plädoyers wird vergessen, daß es in der Geschichte jeder einzelnen kapitalistischen Metropole, gleichgültig, ob es sich um bevölkerungsstarke oder -schwächere Gesellschaften handelt, Phasen gegeben hat, in denen nur durch Mißachtung freihändlerischer Wirtschafts- und Entwicklungspolitik, d. h. durch *Mißachtung preismechanischer Steuerung von Entwicklungsprozessen*, ein unerschlossenes Entwicklungspotential erschlossen werden konnte, um einen *eigenen* Binnenmarkt aufzubauen und ihn zu einem integrativen Gebilde zu machen.[25]

Die Anzapfung billiger Arbeitskraft durch Industrien, die aus den metropolitanen Ländern in die Peripherien ausgelagert werden, erschließt nur oberflächlich Entwicklungspotentiale. In Wirklichkeit ist die *Anlagerungsindustrialisierung* entwicklungspolitisch äußerst fragwürdig, sie kommt einer Symptomtherapie gleich: billige Arbeitskräfte – nach der Doktrin komparativer Vorteile die Faktorausstattung par excellence der Dritten Welt – werden für weltmarktorientierte Produktion in Dienst gestellt, ohne daß die strukturellen Ursachen der immer erneuten Erzeugung von billiger Arbeitskraft beseitigt würden. Wie frühere ökonomische Aktivitäten der Industriegesellschaften zur Zeit der Kolonialherrschaft in der Dritten Welt (Rohstoffproduktion, Plantagenbau usf.), so ist auch die Anlagerungsindustrialisierung bruchstückhaft und durch enklavenförmig organisierte Produktion gekennzeichnet. Das zeigt sich deutlich dort, wo die Auslagerung durch Erzeugung arbeitsintensiver Teilprodukte eines in den Industriegesellschaften hergestellten komplizierten Endproduktes dient. Der Enklavencharakter wird auffällig, wenn Anlagerungsindustrialisierungen in sogenannten freien Produktionszonen stattfinden. Weil von außen aufgepfropft und weltmarktorientiert, lösten angelagerte Industrien in der Dritten Welt in der Regel keine nachhaltige Verflechtungsdynamik aus. Als Ergebnis der Anlagerungsindustrialisierung – vermittels derer meist Güter für den Weltmarkt mit gleicher Produktivität wie in den Industriegesellschaften bei kraß ungleicher Entlohnung hergestellt werden – bleibt nur Ausbeutung billiger Arbeitskraft übrig – alle anderen wohlgemeinten entwicklungspolitischen Zielsetzungen bleiben fromme Wünsche. »Aus diesem Grunde«, so ließe sich selbst mit einem Ordo-Liberalen wie Ludwig Erhard folgern, »ist für eine nachhaltige Entwicklung nichts so töricht und falsch, wie die oft vorgetragene Ansicht, Entwicklungspolitik solle vornehmlich in der Förderung des Exports der Entwicklungsländer oberste Priorität genießen.«[26] Einer kosmopolitisch orientierten liberalen Theorie, die die Interessen metropolitaner Ökonomien fördert, erscheint dies als entwicklungspolitisch sinnvoll (wie immer fragwürdig die Begründung im einzelnen auch sein mag), aus der Perspektive der Listschen Theorie der Produktion produktiver Kräfte ist es höchst verwerflich, weil es einem gegebenen Entwicklungs*potential* nicht zur Herausbildung einer lebensfähigen Ökonomie verhilft.

Es ist bemerkenswert, daß die entwicklungspolitisch motivierte Kontroverse über – akademisch gesprochen – die *Theorie der Werte* und die *Theorie der Produktion von produktiven Kräften* nicht lediglich im Entwicklungsprozeß der kapitalistischen Metropolen eine wichtige Rolle spielte (wofür die Theorie und Agitation eines Friedrich List exemplarisch zitiert sei); die gleiche Problematik hat auch die Auseinandersetzung über die internationale Arbeitsteilung und die außenwirtschaftliche Kooperation *zwischen sozialistischen Gesellschaften ungleichen Entwicklungsniveaus* bestimmt. Die chinesisch-sowjetische Debatte über den angemessenen Entwicklungsweg Chinas in der zweiten Hälfte der 50er und in den frühen 60er Jahren bezog sich u. a. auf diese Kontroverse.[27] Auch die Auseinandersetzung zwischen der Sowjetunion und Nord-Korea, ein durch die Größen- und Entwicklungsunterschiede interessanterer Fall, drehte sich in der zweiten Hälfte der 50er Jahre um die Frage, ob ein Entwicklungsland wie Nord-Korea es sich leisten könne, einen Entwicklungsweg zu beschreiten, der dem Aufbau von Schwerindustrie zum Ziel hat, die der Förderung der Leichtindustrie und der Landwirtschaft dienen sollte – oder ob es nicht sinnvoll wäre, zu einer tiefgreifenden Arbeitsteilung zwischen der Sowjetunion und einer auf Teilbereiche der Produktion spezialisierten nordkoreanischen Ökonomie zu kommen.[28] In einem Vortrag beschrieb Kim il Sung 1965 die Kontroverse rückblickend wie folgt:

»Die Antiparteielemente, die innerhalb der Partei ihr Unwesen trieben, die Revisionisten und Dogmatisten im eigenen Lande und im Ausland protestierten laut gegen die Linie, mit Priorität das Wachstum der Schwerindustrie zu verfolgen, während man gleichzeitig die Leichtindustrie und die Landwirtschaft entwickelt. Gemäß ihrer Argumente hätte alles auf die täglichen Konsumbedürfnisse orientiert werden müssen, ohne die Zukunft in Rechnung zu stellen. In letzter Hinsicht war es ihre Absicht, unser Land daran zu hindern, seine eigenen ökonomischen Grundlagen aufzubauen.«[29]

In dem offiziellen Parteiorgan Nord-Koreas hieß es im Herbst 1963:

»Heute haben einige Leute einseitig ihre Übereinkommen mit Bruderstaaten aufgegeben und praktisch die Beziehungen ökonomischer und technischer Kooperation abgeschnitten. Sie brandmarken den Aufbau einer unabhängigen nationalen Ökonomie als eine ›nationalistische Tendenz‹ ... Diejenigen, die sich dem Aufbau einer unabhängigen Ökonomie widersetzen, propagieren an deren Stelle die Errichtung einer ›integrierten Ökonomie‹ der sozialistischen Länder ... Unter dem Vorzeichen von ›integrierter Ökonomie‹ wollen sie die ökonomische Unabhängigkeit von Bruderstaaten beseitigen ... und diese sich unterwerfen.«[30]

An anderer Stelle thematisiert Kim il Sung denselben Sachverhalt systematischer:

»Wir haben keineswegs die Absicht, gegen die wirtschaftliche Zusammenarbeit von Ländern aufzutreten und den Sozialismus abgekapselt aufzubauen. Wogegen wir uns wenden, das sind die Großmachttendenzen, die darauf hinauslaufen, unter dem Vorwand der ›wirtschaftlichen Zusammenarbeit‹ und der ›internationalen Arbeitsteilung‹ die selbständige und komplexe Entwicklung der Wirtschaft eines Landes zu hemmen und sich die Wirtschaft dieses Landes zu unterwerfen. Wir meinen, daß jedes Land auf der Grundlage des Aufbaus seiner eigenen nationalen Wirtschaft mit anderen zusammenarbeiten muß, und daß man erst dann die wirtschaftliche Zusammenarbeit zwischen den Ländern nach den Prinzipien der völligen Gleichberechtigung und des gegenseitigen Vorteils unablässig ausdehnen und weiterentwickeln kann. Heute baut unser Land seine Wirtschaft mit der eigenen Technik, mit den eigenen Ressourcen, mit der Kraft der eigenen Kader und des eigenen Volkes aus und deckt den Inlandbedarf an Erzeugnissen der Schwer- und Leichtindustrie sowie an landwirtschaftlichen Produkten im wesentlichen aus der eigenen Produktion.«[31]

Auch die Auseinandersetzung über internationale Arbeitsteilung und wirtschaftliche Kooperation im Rahmen des COMECON ist ein Indiz für diese Probleme, die zwischen sozialistischen Ländern durchaus von Bedeutung sind.[32] Angesichts der Alternative einer weitgehenden internationalen sozialistischen Arbeitsteilung einerseits und dem relativ kostspieligen Aufbau breiter Landwirtschafts-Industriegefüge andererseits haben sich die Länder Osteuropas offensichtlich für den Listschen Weg entschieden, was sich u. a. in dem relativ geringen Integrationsgrad des COMECON dokumentiert. Insbesondere von den südost-europäischen Staaten, die bis zum Zweiten Weltkrieg durch alle Merkmale peripher-kapitalistischer Gesellschaftsformationen gekennzeichnet waren, wird die internationale Produktionsspezialisierung als ein zwar wichtiges, aber nicht unter allen Umständen und in allen Produktionsbereichen vorrangiges Projekt begriffen. Die Konzentration auf die Mobilisierung und Nutzung der eigenen Ressourcen und Anstrengungen hat, im Rahmen von internationaler Arbeitsteilung, demnach auch zwischen sozialistischen Gesellschaften unterschiedlicher Entwicklungsniveaus eine ähnliche *Schutzfunktion* wie diejenige, die List in seiner Strategie der Dissoziation auf Zeit vorsah.

Die hier nur exemplarisch zitierten Erfahrungen der Entwicklung kapitalistischer *und* sozialistischer Metropolen sowie sozialistischer Entwicklungsländer unterstreichen eine Beobachtung, die jüngst Paul Streeten formuliert hat. In einem Beitrag über *self-reliance* schreibt er, daß das neue Argument auf *Protektion* (wenn auch nicht auf Autarkie) – wenigstens im Prinzip – *aller ökonomischen Aktivitäten* hinauslaufe:

»Die erzieherischen, psychologischen und institutionellen Argumente gegen eine Bewegung hin zu einem weltweiten Freihandel, zu Kapitalflüssen und einer allgemeinen Öffnung deuten auf die Notwendigkeit, *alle* Aktivitäten vor den erodierenden Einflüssen der fortgeschrittenen Welt der Ökonomie zu beschützen und, was noch bedeutender ist, sie weisen auf die Notwendigkeit für konstruktive eigene Anstrengungen, die natürlich nicht automatisch daraus resultieren, daß man auf gleichgesinnte Länder starrt, aber die sicherlich durch eine exzessive außenorientierte Strategie durch die Nachahmung des Lebensstils der Reichen gehindert werden. Derartiges liegt auch der Unterscheidung zwischen self-reliance und Abhängigkeit, zwischen Autonomie und Beherrschung zugrunde. Diejenigen Gruppen von Ländern, welche ihre eigene technologische Kapazität, ihre eigenen sozialen Institutionen und Organisationen (nicht nur in Technologie und Industrie, sondern auch in der Agrarstruktur und in ländlichen Institutionen) entwickeln, werden fähig sein, ihre eigenen Kräfte effektiver zu mobilisieren als diejenigen, die immer darauf starren, wie sie diese Dinge in den metropolitanen Ökonomien besorgen können.«[33]

5.3. Neue Formen von internationaler Arbeitsteilung

Ein dritter entwicklungspolitischer Imperativ richtet sich auf die Herausbildung *neuer Formen von Arbeitsteilung zwischen Ökonomien der Dritten Welt selbst.* Begrifflich wird dieser Imperativ heute als *»collective self-reliance«* umschrieben. Aber eine internationale Arbeitsteilung im subregionalen, regionalen und kontinentalen Bereich – und auch zwischen den drei südlichen Kontinenten – wird wenig erfolgreich sein ohne die Abkopplung der Peripherien von den dominanten Industriegesellschaften. Bleiben diese in den Weltmarkt, so wie er heute besteht, integriert, so bleibt die Idee der kollektiven *self-reliance* ohne wirkliche entwicklungspolitische Bedeutung, da neue, einzelne Ökonomien mit übergreifenden Marktarrangements (z. B. Freihandelszonen und dergleichen) wenig mehr als erweiterte Räume für verstärkte Penetration durch die Metropolen darstellen. Dissoziiert vom Weltmarkt, hätten die Peripherien die Chance, ihre eigenen Ökonomien komplementär zu entwickeln. Dabei käme es nicht nur auf eine Arbeitsteilung im rein ökonomischen Sinne an, sondern auch auf den *Aufbau subregionaler, regionaler und kontinentaler Infrastrukturen,* gemeinsamer Verkehrs- und Kommunikationssysteme, Transportmedien, Versicherungsgesellschaften, Nachrichtenagenturen usf. Dies trüge zur *Enthierarchisierung* der heute kraß hierarchisierten internationalen Gesellschaft bei[34] und damit zur Herausbildung wirksamer Gegengewichte gegen die sogenannten Metropolen.

Wenn man von den primären Erfordernissen einer Entwicklungspolitik ausgeht, nämlich der Befriedigung von Grundbedürfnissen der Masse der Menschen, dann ist die Übersetzung dieses dritten Imperatives in die Praxis auf einer ersten Stufe sinnvoller Entwicklungspolitik weniger dramatisch, als es zunächst den Anschein hat.

> »Bei diesem Aufbau ›von unten‹ geht es um eine Art Bodensatz sozioökonomischer Aktivitäten, die dadurch gekennzeichnet sind, daß sie von allen Menschen benötigt werden und daß sie fast überall produziert werden können. Es handelt sich um Produktion und Nachfrage ›lokaler Güter‹. Ihre notwendige Zusammensetzung zu ermitteln – etwa nach dem ›balanced-growth‹-Schema – ist gerade für die frühen Entwicklungsstadien keine unlösbare Aufgabe, und vor allem: Produktion und Nachfrage dieser Güter sind von der ›Weltwirtschaft‹ relativ unabhängig. Das Abstimmungsproblem stellt sich nicht in voller Schärfe. Es spricht viel dafür, daß in diesem scheinbar bescheidenen Bereich, der aber die große Masse der nicht-integrierten Bevölkerung umfassen würde, die größten Entwicklungschancen für fast alle Entwicklungsländer liegen.«[35]

Der Imperativ *kollektiver self-reliance* hat einen doppelten Zweck: *1.* den Aufbau *wechselseitiger Beziehungsstrukturen* zwischen Gesellschaften und Ökonomien mit ähnlicher Entwicklungsproblematik, die durch die herkömmliche Art der asymmetrischen Eingliederung solcher Ökonomien in die internationale Ökonomie nicht gestiftet werden können. Die *Horizontalisierung* der Beziehungen der Gesellschaften der Dritten Welt untereinander würde die Metropolen als Vermittlungsagenturen zurückdrängen oder ausschalten.[36] *Neue Institutionen*, über die wechselseitige Hilfe möglich wäre, müßten derart sich verdichtende Beziehungsstrukturen ergänzen.

2. Durch eine Stärkung der solidarischen Basis der Dritten Welt könnte sich über rhetorische Proklamationen hinaus das *politische Gewicht* der Dritten Welt gegenüber den Metropolen bedeutsam erhöhen und eine Veränderung der internationalen Arbeitsteilung einleiten, was eine neue, in der Tendenz *multizentrisch strukturierte internationale Ökonomie* (eine wirklich *neue* internationale Wirtschaftsordnung) befördern würde. Die krasse Hierarchie der internationalen Ökonomie, begründet in der Arbeitsteilung zwischen Metropolen und Peripherien, würde einer Struktur weichen, in der es mehr selbständige, wenn auch nicht selbstgenügsame, lebensfähige Wirtschaftsräume mit eigenem autonomen Kommunikations- und Entscheidungsverbünden gäbe. Ob solche Wirtschaftsräume, wie raumwirtschaftliche Theorien nahelegen, nur dort möglich sein werden, wo besondere Bevölkerungsballungen zu beobachten sind[37], wäre noch zu untersuchen. Kollektive *self-reliance* zwischen den Ländern der Dritten Welt würde ohne Zweifel Rückwirkungen auf die Metropolen haben und erzwänge Strukturanpassungen, die das Ausmaß an *self-reliance* auch dort erhöhen müßten. Es ist die Aufgabe einer entwicklungspolitisch und raumwirtschaftsanalytisch inspirierten Theorie multizentrischer Weltwirtschaft[38], diese Zusammenhänge, die bisher durch eine einseitige Betonung der liberalen freihändlerischen Theorie und der ihr eigentümlichen Allokationskalküle verdeckt worden sind, im einzelnen zu bestimmen.

Der Wirtschaftswissenschaftler W. Arthur Lewis hat 1969 die praktische Philosophie, die diesem Imperativ zugrunde liegt, formuliert:

»Es ist wahr, daß der Wohlstand der unterentwickelten Länder in der Vergangenheit davon abhing, was sie den Industriegesellschaften verkaufen konnten, aber es gibt keinen Grund, warum dies weiterhin so sein soll. Die unterentwickelten Gesellschaften haben alle Ressourcen, die sie für ihre eigene Entwicklung benötigen. Zusammengenommen haben sie einen Überfluß an Öl, Fasern, Eisenerz, Kupfer, Bauxit und praktisch jedem anderen Rohstoff. In der Landwirtschaft sind sie vollkommen fähig, durch wechselseitigen Austausch sich selbst zu ernähren, und sie müssen nicht die USA darum bitten, mehr Tee und Kaffee zu kaufen, damit sie amerikanisches Getreide bezahlen können, während sie mehr Getreide für sich selbst erzeugen könnten. Fertigkeiten sind in den unterentwickelten Ländern Mangelware, aber diese können gelernt werden, so daß sie die gesamte industrielle Verarbeitung selbst tätigen könnten. Mit Ausnahme von diesen Fertigkeiten könnte die Entwicklung Asiens, Afrikas und Lateinamerikas sich fortsetzen, selbst wenn der Rest der Welt im Meer versinken sollte. Wenn dem so ist, bedeutet dies, daß diese Länder die Lösung für ihre Probleme selbst besitzen, und sie sollten aufhören, immer nur darüber nachzudenken, was sie den Industriegesellschaften verkaufen können bzw. was sie von diesen selbst einkaufen wollen.«[39]

6. Folgerungen für ein Entwicklungsprogramm autozentrierter Entwicklung

Aus unseren Überlegungen lassen sich nun einige allgemeine Folgerungen für ein Entwicklungsprogramm ziehen, das kurzfristig zu erheblichen Strukturveränderungen führen würde und langfristig – sofern man es mit Nachdruck verfolgte – die Chance einer Lösung der heute diskutierten Entwicklungsprobleme eröffnete. Drei sollen besonders betont werden:

1. eine ausgeglichene proportionierte Akkumulationsstruktur,
2. die Verzahnung von Ressourcen-Mobilisierung und Ressourcen-Nutzung im eigenen Bereich,
3. die organische Entwicklung von einfachen zu komplexen Strukturen.

Zu 1: Nach der gängigen Entwicklungstheorie ist eine Spezialisierung der Entwicklungsländer in ihrem außen- und binnenwirtschaftlichen Verhalten in der internationalen Ökonomie gemäß ihrer »natürlichen Faktorausstattung« erforderlich. Eine autozentrierte Entwicklung setzt jedoch eine *differenzierte* Produktivkraftentfaltung und eine ausgeglichene Kapitalbildung voraus. Sind, wie in vielen Ländern der Dritten Welt, ausreichende natürliche Ressourcen vorhanden, so würde eine derartige Strategie dem Aufbau einer eigenen Schwerindustrie in dem Maße Priorität zuweisen, wie diese *gleichzeitig* zur Dynamisierung der Entwicklung der Landwirtschaft, der Leichtindustrie und des Bergbaus beiträgt.

»Es ist falsch, den Aufbau der Schwerindustrie und die Verstärkung der ökonomischen Grundlage des eigenen Landes zu vernachlässigen; aber es ist nicht weniger irrtümlich, nicht eine Leichtindustrie aufzubauen, deren Aufgabe darin besteht, den Lebensstandard der Menschen zu verbessern. [. . .] Um die Lebensumstände der Menschen zu verbessern, ist es notwendig, rasch die Produktion in ihrer ganzen Breite zu steigern, die Produktion von lebensnotwendigen Gütern zu fördern und die Preise systematisch zu senken.«[40]

Was unter Rentabilitätsgesichtspunkten unsinnig, weil unökonomisch, erscheint, nämlich der Aufbau eines Produktionsapparates, der in einer ersten Phase Güter teurer produziert, als diese auf dem Weltmarkt angeboten werden, gewinnt in einem Prozeß autozentrierter Entwicklung einen strategischen Stellenwert. Das Problem haben zwei nordkoreanische Wirtschaftswissenschaftler so beschrieben:

»Als die Partei begonnen hat, eine neue Entwicklungsrichtung zu verfolgen [nämlich die Schwerindustrie gleichzeitig mit der Leichtindustrie und der Landwirtschaft aufzubauen], gab es eine Fraktion in der Partei, die dagegen war. Auch einige ausländische Freunde intervenierten gegen die Politik unserer Partei. Diese Kreise sagten, man würde zuviel Nachdruck auf die Schwerindustrie legen: ›Wie können denn Maschinen Reis produzieren?‹, fragten sie. Mit anderen Worten wollten sie, daß wir alle Ressourcen und alle ausländische Hilfe ›aufessen‹ würden, und damit gut für eine kurze Zeit leben könnten, um schließlich nichts mehr zu haben. Unsere Partei verwarf diese Linie, weil wir, ohne eine gewisse Priorität der Schwerindustrie zu geben, unfähig gewesen wären, den Lebensstandard der Menschen zu stabilisieren; unsere Verteidigungskraft hätte darunter gelitten, und wir wären unfähig gewesen, die Grundlagen für eine unabhängige nationale Ökonomie zu legen. In der Tat können Maschinen auch Reis produzieren! Die Schwerindustrie ist die Grundlage für die Entwicklung der Landwirtschaft und der Leichtindustrie. Wenn wir mehr Landwirtschaftsmaschinen bauen, produzieren wir mehr Reis; wenn wir mehr Ausrüstungsgüter für die Bauindustrie produzieren, produzieren wir auch mehr Häuser; und mit mehr Schiffahrzeugen fangen wir auch mehr Fische.«[41]

Dieses Beispiel ist hier deshalb angeführt, weil damals, in der zweiten Hälfte der 50er und zu Beginn der 60er Jahre, der nordkoreanischen Führung empfohlen worden ist, mehr Konsumgüter als Maschinen und Ausrüstungsgüter einzuführen und sich im Gegenzug auf die Produktion von Rohstoffen zu konzentrieren. Die Weigerung, dieser Empfehlung zu folgen, und der Wille, sich gängigen Allokationskalkülen zu widersetzen, bildeten die Grundlage für den Aufbau einer *eigenständigen Entwicklung*, die den eigenen Kräften vertraut. Auch handelt es sich hier um einen der wenigen Fälle, in dem die Entwicklungsdevise »Vertrauen auf die eigenen Kräfte« (*self-reliance* oder, wie die Nordkoreaner sagen, *dschudsche*) eine wirklich operative Bedeutung angenommen hat.

Zum Prinzip der Ausgeglichenheit gehört die Balance zwischen den Erfordernissen einer massiven Kapitalbildung auf der einen Seite und den Erfordernissen einer ständigen Verbesserung der materiellen und kulturellen Lebensbedingungen der Masse der Bevölkerung auf der anderen Seite. Eine falsche, weil einseitige Schwerpunktbildung kann katastrophale Folgen für die gesamte Entwicklungsdynamik haben.

Das Prinzip der Ausgeglichenheit bezieht sich auch auf die Mischung der Technologien (im Verhältnis von Arbeitsintensität zu Kapitalintensität), wobei Ausgeglichenheit nicht Gleichförmigkeit in allen Sektoren meint. Gerade in Industrien, in denen Vorprodukte für die weitere Verarbeitung in nachgelagerten Industrien produziert werden, kann auch in einer Ökonomie mit geringerem durchschnittlichen Produktivitätsniveau eine kapitalintensivere Produktion erheblich dynamisierend wirken, allein deshalb, weil durch sie bei entsprechender Berücksichtigung von Skaleneffekten derartige Erzeugnisse kostengünstiger produziert werden können. Diese Erzeugnisse lassen sich dann in weniger kapitalintensiven Verarbeitungsprozessen so weiterbearbeiten, daß die arbeitsparenden Effekte der ersten Stufe durch arbeitschaffende Effekte in der zweiten und in weiteren Stufen aufgefangen werden können. Das setzt jedoch wachsende Kohärenz der lokalen Ökonomie voraus, die ihrerseits durch eine derartige Kombination von Schwerindustrie, Leichtindustrie und Landwirtschaft nachdrücklich verstärkt wird. Die einschlägigen neueren Planungsdebatten in China und Nordkorea nach 1955 haben auf die dabei auftretenden praktischen Probleme hingewiesen, insbesondere auf die Fragwürdigkeit der Unterscheidung zwischen einem Entwicklungsprogramm ausgeglichenen Wachstums und einem unausgeglichenen Wachstum. Führt in einer unausgeglichenen verkrüppelten ökonomischen Struktur eine Strategie unausgeglichenen Wachstums zur weiteren Dynamisierung bestehender Wachstumspole – und damit zur weiteren Zerrüttung ohnehin zerrütteter Strukturen –, so haben Elemente dieser Strategie in einem ausgeglichenen Entwicklungsprozeß durchaus einen positiven Effekt, indem neue »disproportionale« Akzente *auf Zeit* zur weiteren Dynamisierung der Wirtschaftsstruktur gesetzt werden.

Zu 2: Das Wesen einer solchen Entwicklung besteht in der Konvergenz von Ressourcen-Mobilisierung und der schwerpunktmäßigen Ressourcennutzung in der *eigenen* Ökonomie[42] – dies ist genau das Gegenteil dessen, was in den heutigen Peripherie-Ökonomien zu beobachten ist. Damit steht im Zusammenhang, daß Bedürfnisse und Nachfrage zur Deckung kommen. Auch diese Verzahnung ist in den Peripherie-Ökonomien heute nicht gegeben, da die effektive Nachfrage extrem »kopflastig« ist und die Befriedigung der Bedürfnisse der Masse der Menschen nicht die Grundlage der Ökonomie bildet. Dadurch wird die Produktivkraftentfaltung nicht nur verzerrt und fehlgeleitet; es bleiben so auch erhebliche potentielle, also mobilisierbare Entwicklungspotentiale unerschlossen.

Zu 3: Erfolgreiche Entwicklungsprozesse schreiten im wesentlichen vom Einfachen zum Komplexen fort. Dies garantiert Solidität und Breitenwirkung. Daß hierbei, wie oben ausgeführt, disproportionale Entwicklungsimpulse (z. B. durch den selektiven Einsatz einer Technologie, die komplexer ist als der durchschnittlich erreichte technologische Entwicklungsstand) auf die übrige Ökonomie ausstrahlen und auf diese dynamisierend einwirken können, verdeutlicht, daß es sich bei diesem Konzept nicht um ein Plädoyer für eine lineare, bruchlose Entwicklung handelt. Es setzt eine Einkommensverteilung voraus, die die Nachfrage nach standardisierten Massenkonsumgütern anreizt. Der Zuschnitt der Nachfrageprofile in den bestehenden Peripherie-Ökonomien zugunsten komplexer, kapitalintensiver und energieverzehrender dauerhafter Konsumgüter der jeweiligen Oberschicht und des städtischen Mittelstandes steht diesem Konzept entgegen.

Der operationale Test, ob in einem konkreten Fall autozentrierte Entwicklung vorliegt, hängt von der Beantwortung folgender Fragen ab:

- Wächst die Kohärenz einer gesamten Ökonomie im Verlauf des Entwicklungsprozesses?
- Vermag eine solche Ökonomie für die Masse der Menschen bestimmte Grundleistungen als Folge von Entwicklung zu erbringen?
- Wächst die Fähigkeit zur selektiven Kooperation, die der eigenen Entwicklung dienstbar gemacht wird?

Die Lernkosten politischen, administrativen, ökonomischen und technologischen Experimentierens sind auch in einem Prozeß autozentrierter Entwicklung nicht gering zu veranschlagen, doch zahlen sich diese Kosten langfristig, d. h. innerhalb von zwei bis drei Jahrzehnten in einer erhöhten Selbständigkeit, einer einigermaßen kohärenten Wirtschaftsstruktur und in der Befriedigung der Grundbedürfnisse der Masse der Menschen aus.

Die Dritte Welt muß heute von der Erfahrung ausgehen, daß es in den vergangenen dreihundert Jahren keinen einzigen Fall erfolgreicher Entwicklung gegeben hat, in dem nicht zentrale Determinanten autozentrierter Entwicklung kombiniert wirksam gewesen wären:

1. die *differenzierte Produktivkraftentfaltung* in *allen* wesentlichen Bereichen: der Landwirtschaft, der Produktionsgüterindustrie, der Produktion von Zwischengütern, der Erfindung und Produktion von Technologie, der Massenkonsumgüterindustrie, den privaten und öffentlichen Dienstleistungen, mit dem Ziel, Produktionstiefe und Verkoppelungseffekte zu erreichen;
2. die *wachsende Fähigkeit zur Selbstkontrolle und Selbststeuerung* von Politik, Gesellschaft, Ökonomie und Kultur, d. h. die Herausbildung von Autonomie;
3. die erfolgreiche Herausbildung einer *Identität* von Individuen und Kollektiven – und damit von politischer Kultur[43];
4. der *Austausch* mit sozialen Einheiten jenseits der Grenzen, zunächst streng *selektiv*, später aufgefächert.

Das vorherrschende Entwicklungsszenarium steht, wie aus diesem Katalog leicht ersichtlich ist, auf dem Kopf:

1. Austauschprozesse im Rahmen einer ungleichen internationalen Arbeitsteilung führen zu
2. einer deformierten Produktivkraftentfaltung, die

3. das Potential für Selbstkontrolle und Selbststeuerung begrenzt hält und

4. Identitätsfindung nicht erlaubt.

Auf diese Weise werden Autonomie, Selbstkontrolle, Fertigkeiten und Lernkapazität strukturell verzerrt und bleiben beschränkt.

Eine dreifache Revolution – den Begriff im Sinne von *Kehrtwendung* verstanden – ist erforderlich, um eine Lösung der grundlegenden Probleme der Dritten Welt wahrscheinlich werden zu lassen: die Revolutionierung der Produktionsstruktur und ihrer gesellschaftlichen Voraussetzungen, die Revolutionierung von Ideologie und Kultur, einschließlich einer Mobilisierung der Masse der Menschen, die Revolutionierung von Konsumstilen und die Wiedergewinnung eigenständiger technologischer Fertigkeiten.

Bestehen hierzu überhaupt Chancen?

7. Über die Machbarkeit autozentrierter Entwicklung

Die Frage der Übersetzbarkeit der oben erörterten Entwicklungsprogrammatik in die Praxis ist weniger dramatisch, als es zunächst den Anschein hat. Stellt sich diese Frage nicht allen anderen Entwicklungsprogrammen ebenso und gerade auch solchen, die heute schon mit politischer Autorität konkret verfolgt werden? *Sind denn die Alternativen zur autozentrierten Entwicklung wirklich machbar?* Oder werden sie nur für machbar gehalten, weil sie mit politischer Autorität verfolgt werden? Kann die herkömmliche Entwicklungstheorie und Entwicklungspolitik wirklich beanspruchen, ein Rezept zur Lösung der Probleme der Dritten Welt und der internationalen Ökonomie zu haben, wenn es der praktischen Entwicklungspolitik nicht einmal gelingt, die Entwicklungsprobleme im eigenen Umkreis, z. B. im Rahmen der Europäischen Gemeinschaft, trotz höherer Steuerungsmöglichkeiten, größerer Ressourcen und Ausgleichsfonds zu lösen? Verläßt man die Problembereiche der Europäischen Gemeinschaft und nähert sich deren Randzonen, z. B. den südeuropäischen Entwicklungsländern, so ist auch hier zu fragen, wie denn weltweit eine Politik Erfolg haben soll, wenn sie nicht einmal die Entwicklungsprobleme im eigenen Umfeld zu lösen vermag. Ist wirklich von einer exportorientierten Industrialisierung, den kleinen Bauern-Projekten der Weltbank, den Projekten im Rahmen des Weltbeschäftigungsprogramms der internationalen Arbeitsbehörde usf. je einzeln oder kumulativ und kombiniert ein Durchbruch zu erwarten? Warum also können solche Programme, wie immer wohlmeinend oder machiavellistisch sie gedacht sein mögen, zum Inbegriff praxisorientierter und praktikabler Entwicklungspolitik erklärt werden, wo sie doch offensichtlich nicht einmal die selbstgesteckten Entwicklungsziele erreichen? Und warum sollen demgegenüber Überlegungen, die sich um ein alternatives Entwicklungsprogramm bemühen, nur deshalb als illusorisch gelten, weil ihnen in der Mehrzahl der Fälle die Rückendeckung durch politische Autorität fehlt? *Immerhin spricht die historische Erfahrung der Entwicklung westlich-kapitalistischer Metropolen, sozialistischer Metropolen und jener wenigen Entwicklungsländer, die in wenigen Jahrzehnten die krassesten Merkmale von Unterentwicklung überwunden haben, für die Rationalität und praktische Effektivität eines autozentrierten Entwicklungsweges.*

Auch der Einwand, die Geschichte sei nicht wiederholbar, ist wenig triftig. Kein einzelner der zeitlich und strukturell höchst unterschiedlichen Fälle von autozentrierter Entwicklung ist mit einem zweiten genau vergleichbar. Das gilt für die westlichen Metropolen untereinander ebenso wie für die tiefgreifenden ordnungspolitischen Besonderheiten westlich-kapitalistischer Entwicklung einerseits und sozialistischer Entwicklung nach 1917 andererseits. Eine historisch-vergleichende Forschung hat die unterschiedlichen Ausgangssituationen, Rahmenbedingungen usf. aufgewiesen. Dennoch haben alle diese Fälle, wie eingangs betont, im Endergebnis eine ökonomische Grundkonfiguration gemeinsam, die offensichtlich die unerläßliche Grundlage für lebensfähige Gesellschaften und Ökonomien darstellt. In Japan war der Entwicklungsweg Englands nicht wiederholbar, so wenig wie in Nordkorea derjenige der Sowjetunion nachgeahmt wurde. Gleichwohl weisen, trotz aller Unterschiedlichkeiten, England, Japan, die Sowjetunion und Nordkorea *im Endergebnis*, nicht hinsichtlich des Entwicklungsweges, eine erstaunlich *ähnliche Grundkonfiguration* auf. Läßt sich eine solche Erfahrung nicht entwicklungstheoretisch und entwicklungspolitisch fruchtbar machen?

Die Frage nach der Machbarkeit wird erst dann interessant, wenn man die großen Zweifel hinter sich gelassen hat und sich in detailliertere Fragestellungen hineinbegibt, z. B. die folgenden:

- Gibt es Länder in der Dritten Welt, die bei einer Reorientierung ihrer Wirtschaftspolitik auf die Erschließung des eigenen Binnenmarktes (und damit eine Reorientierung ihrer Agrarproduktion auf die lokale Bedürfnisbefriedigung) keine ausreichenden Ressourcen mobilisieren könnten, um die Masse der Bevölkerung selbst ernähren zu können? Wo ließen sich, aufgrund einer solchen Reorientierung, landwirtschaftliche Überschußgebiete entwickeln, die den Nahrungsmittelbedarf solcher Länder mit decken könnten?
- Welche Länder haben ohne große Schwierigkeiten das Potential, eine sektoral vollständige Ökonomie, wie es die Theorie autozentrierter Entwicklung nahelegt, aufzubauen und welche Länder

werden Teilstücke einer an und für sich wünschenswerten vollständigen ökonomischen Struktur nicht aufbauen können, weil ihnen hierzu die erforderlichen natürlichen Ressourcen (z. B. Rohstoffe) fehlen?

- Welche sektoralen Komponenten sind entbehrlich, weil es im Rahmen kollektiver *self-reliance* zu sinnvollen komplementären Entwicklungen über die jeweilige Landesgrenze hinaus kommt (selbstgewählte Unvollständigkeit bei abgesprochener Komplementarität)?
- Vermag politische Steuerung interne Defizite durch Außenbeziehungen zu beheben, so daß strukturelle Lücken auch bei Austauschprozessen mit produktiveren Ökonomien für den weiteren Fortgang autozentrierter Entwicklung gefahrlos kompensiert werden? Die Entwicklung der europäischen Metropolen, Japans und neuerdings Chinas bietet hier vielfältiges Anschauungsmaterial.
- Welche Teilbereiche der Produktionsgüterindustrie sind in einem Prozeß autozentrierter Entwicklung zunächst mit hoher Priorität aufzubauen? Welche Ausrüstungsgüter für die Landwirtschaft und die Massenkonsumgüterindustrie haben potentiell eine Massennachfrage, weshalb für sie das Argument der »Binnenmarktenge« nicht gültig ist? Welche Produktion von Ausrüstungsgütern hat im Produktionssektor selbst die größten Verkettungseffekte und vermag dort ein sich selbst beschleunigendes Wachstum auszulösen? Welche Kombination von Teilsektoren hat, ungeachtet der Lernkosten, den größten Effekt hinsichtlich des Aufbaus und der Verbreitung von technologischen Kenntnissen? Wie gelingt es einem Land oder einer Gruppe von Ländern, die trotz eigener Anstrengungen fremde Technologie einzuführen sich genötigt sehen, dem typischen Zyklus ökonomischer Abhängigkeit zu entrinnen, der jüngst wie folgt beschrieben wurde:

  »Ein Land, das keine Ausrüstungsgüter produziert, sterilisiert seine technologischen Forschungskapazitäten und ist immer weniger fähig, seine Ausrüstungsgüter und seine Technologie zu produzieren: Es muß deshalb mehr einführen, deshalb Devisen erwirtschaften, deshalb neue Finanzquellen suchen, die an die erneute Einführung von Ausrüstungsgütern und an neue Direktinvestitionen gebunden sind, usf.«[44]

- Mit welcher zeitlichen Priorität ist im konkreten Fall der Aufbau autozentrierter ökonomischer Strukturen zu betreiben? Und welchen zeitlichen Horizont gibt es für die Herstellung eines einigermaßen soliden, ausgeglichenen ökonomischen Fundaments?
- Wie läßt sich politische Motivation für eine solche Entwicklung mobilisieren, vorausgesetzt, die politische Führung wäre bereit, diesen Weg einzuschlagen? Durch welche Formen der politischen Organisation lassen sich die unterschiedlichen Forderungen nach

einer massiven Kapitalakkumulation auf der einen Seite und nach der Befriedigung von Grundbedürfnissen auf der anderen Seite praktisch-konstruktiv erfüllen? Welche Struktur politischer Organisation vermag das Akkumulations-Konsum-Dilemma vermittels welcher Mischung von Zentralisierung und Dezentralisierung so zu lösen, daß die für einen Prozeß autozentrierter Entwicklung unerläßliche »Entwicklungsmotivation« der breiten Massen nicht versiegt? Welche Rolle kann hierbei das Erziehungssystem spielen? Welche Bedeutung kommt einer neuen politischen Kultur und einer neuen kulturellen Identität zu? Welche Anknüpfungspunkte in der eigenen Vergangenheit gibt es hierfür? Und welche Erfahrungen aus der Fülle kultureller Errungenschaften anderer Völker lassen sich eklektisch nutzbar machen?

8. Schlußbemerkung

Auf die genannten Fragen gibt es keine vorfabrizierten Antworten, die im einzelnen Falle zufriedenstellten. Eine Fülle von Untersuchungen ist erforderlich, um konkrete, empirisch gesättigte Empfehlungen zu formulieren. Es ist jedoch bemerkenswert, daß in neueren Äußerungen von Entwicklungstheoretikern, die in den vergangenen 15-20 Jahren an prominenter Stelle die überlieferte Entwicklungstheorie und Entwicklungspolitik vertreten haben, die Programmatik autozentrierter Entwicklung ernsthaft rezipiert und diskutiert wird. So hat jüngst Paul Streeten, gegenwärtig Sonderberater der Weltbank, die pragmatischen Implikationen der traditionellen und der neuen Entwicklungstheorie einander gegenübergestellt. Seine Betrachtungen enden mit einer Versöhnung der integrativen und dissoziativen Entwicklungsprogrammatik:

»Die interessante Frage ist nicht, ›gewinnen oder verlieren die Entwicklungsländer von der Koexistenz mit entwickelten Ländern?‹, sondern ›wie können die Entwicklungsländer selektive Politiken verfolgen, die ihnen erlauben, Nutzen aus den positiven Kräften zu ziehen, ohne gleichzeitig sich selbst dem Schaden abträglicher Kräfte auszusetzen?‹ Die Länder sollten also einen genauen Blick auf die Details der gesamten Bilanz werfen, auf die Einträge auf der Soll- und Habenseite, und nicht nur auf die Nettobilanz. Wenn man das Problem derart betrachtet, so stellt sich die Frage, welche selektiven Politiken für Hilfe, Handel, ausländische Investitionen, transnationale Konzerne, Technologie, ausländische Erziehung, Bevölkerungsemigration usf. zu entwerfen sind. Weder eine vollständige Selbstabkapselung, noch eine weit offene Integration wird die korrekte Antwort darstellen, sondern eine Politik des aufgeklärten Differenzierungsvermögens und aufgeklärter Wahlfähigkeit.«[45]

Der auf den ersten Blick sympathisch anmutende Kompromiß zwischen integrativer und dissoziativer Entwicklungsstrategie trägt jedoch nicht. Der empfohlene Mittelweg trügt. Denn auch in der überkommenen Beziehungsstruktur zwischen Metropolen und Peripherien wählen Peripherien aus dem Angebot der Metropolen das aus, was sie für die Förderung des traditionellen Entwicklungsweges für sinnvoll erachten. In diesem Sinne haben Entwicklungsländer auch in den vergangenen Jahrzehnten eine Strategie verfolgt, die aus einer Mischung von Innen- und Außenorientierung bestand.[46] Streetens Empfehlung eines »Mischweges« greift nicht, weil ihr keine Analyse der Struktur- und Reproduktionsdynamik von Peripherieökonomien zugrunde liegt. In seiner Betrachtung reduziert sich das Problem auf unterschiedliche Entwicklungsstile und Entwicklungsakzente *im überkommenen Rahmen.* Nach den Erfahrungen *bewußter* Entwicklungspolitik in den vergangenen drei Jahrzehnten genügt das weder analytisch noch praktisch. *An der gesamtgesellschaftlichen und gesamtwirtschaftlichen Analyse peripherer Gesellschaften und Ökonomien führt kein Weg vorbei, wenn ein fruchtbarer Neuansatz in der Entwicklungspolitik gefunden werden soll.*

Dissoziation verspricht keinen leichten und einfachen Entwicklungsweg.[47] Noch nie war Akkumulation ohne Opfer und Mühsal denkbar. Doch scheint mir die dissoziative Entwicklungsprogrammatik eher aus der Sackgasse herkömmlicher Entwicklungspolitik hinauszuweisen als heute mit politischer Autorität ausgestattete Entwicklungsstrategien. Noch lassen sich die alte internationale Wirtschaftsordnung und die alten Gesellschafts- und Wirtschaftsordnungen in der Dritten Welt leidlich stabilisieren. Doch die Konfliktstoffe wachsen, und die fortschreitende Militarisierung der Dritten Welt ist ein deutliches Zeichen dafür, daß die überkommenen Ordnungen sich ohne verstärkte Repression nicht mehr fortschreiben lassen.[48] Es darf mit guten Gründen angenommen werden, daß die geopolitische und ökonomische Landkarte der internationalen Ökonomie des Jahres 2000 sehr viel anders aussehen wird, als sie sich heute darstellt. Es wäre leichtfertig zu unterstellen, Dissoziation würde im Laufe der Zeit problemlos zum vorherrschenden Entwicklungsprogramm der Dritten Welt. Aber daß die Zahl der »dissoziativen Fälle« zunehmen wird, läßt sich angesichts des Scheiterns der überlieferten Entwicklungspolitik, der sich totlaufenden Nord-Süd-Dialoge auf internationalen Konferenzen und der sich akzentuierenden sozialen Konflikte in der Dritten Welt prognostizieren.[49] Für die Metropolen wäre es wichtig, angesichts prospektiver Umbrüche rechtzeitig zu lernen, *kurzfristige Interessenverluste* und *langfristige potentielle Interessengewinne* deutlich zu unterscheiden. Das freilich setzt ein Gespür dafür voraus, warum eine dissoziative Entwicklungsstrategie die notwendige Grundlage für eine solide Entwicklung in einer langen ersten Phase der breit angelegten Produktivkraftentfaltung ist.[50]

Anmerkungen

1 Dieser Beitrag schließt sich an entwicklungstheoretische und entwicklungspolitische Untersuchungen an, die ich vor kurzem in dem Buch *Weltwirtschaftsordnung und Entwicklungspolitik. Plädoyer für Dissoziation,* Frankfurt: Suhrkamp Verlag 1977 (Edition Suhrkamp 856) veröffentlicht habe. Da dort der Stand der wissenschaftlichen Diskussion eingehend dargestellt ist, verzichte ich im folgenden auf eine ausführliche Annotation.

2 Zur Diskussion über eine Neue Internationale Wirtschaftsordnung siehe u. a. das interessante Buch von Mahbub ul Haq, *The Poverty Curtain. Choices for the Third World,* New York 1976, sowie Albert Fishlow u. a., *Rich and Poor Nations in the World Economy,* New York 1978.

3 Über die sich abzeichnende Struktur einer neuen internationalen Arbeitsteilung siehe Folker Fröbel, Jürgen Heinrichs und Otto Kreye, *Die neue internationale Arbeitsteilung. Strukturelle Arbeitslosigkeit in den Industrieländern und die Industrialisierung der Entwicklungsländer,* Reinbek bei Hamburg 1977.

4 Vgl. hierzu insbesondere Immanuel Wallerstein, *The Modern World System,* New York 1974; André Gunder Frank, *L'accumulation mondiale, 1500-1800,* Paris 1977; Hartmut Elsenhans, *Geschichte und Ökonomie der europäischen Welteroberung,* Frankfurt 1980; sowie die Beiträge der genannten Autoren im vorliegenden Band.

5 Zur Analyse der genannten *sozialistischen Entwicklungsländer* unter Fragestellungen der Theorie autozentrierter Entwicklung siehe Ulrich Menzel, *Theorie und Praxis des chinesischen Entwicklungsmodells.* Mit einem Vorwort von D. Senghaas, Opladen 1978; Rosemarie Juttka-Reisse, *Agrarpolitik und Kimilsungismus in der Demokratischen Volksrepublik Korea.* Mit einem Vorwort von D. Senghaas, Meisenheim am Glan 1979; Wolfgang Ruß, *Der Entwicklungsweg Albaniens.* Mit einem Vorwort von D. Senghaas, Meisenheim am Glan 1979; Horst Fabian, *Der Entwicklungsweg Kubas.* Mit einem Vorwort von D. Senghaas, (i.E.).

Zur historischen Variabilität der europäischen Entwicklung siehe den Beitrag von Stein Rokkan, *Dimensions of State Formation and Nation – Building: A Possible Paradigm for Research on Variations within Europe,* in: Charles Tilly (Hrsg.), *The Formation of National States in Western Europe,* Princeton 1975, sowie S. N. Eisenstadt und Stein Rokkan (Hrsg.), *Building States and Nations,* London 1973, 2 Bde.

6 Es versteht sich von selbst, daß die Entwicklungsprozesse in den drei genannten Typen von Gesellschaften sich nicht linear vollzogen haben. Erhebliche Strukturbrüche sind für sie ebenso kennzeichnend wie die schwierige Herausbildung von ökonomischer Kohärenz und korrespondierenden politischen Konstellationen. Nirgendwo existierte insbesondere ein Entwicklungsplan, den eine dynamische politische Führung und ökonomische Elite nur hätte umsetzen müssen.

7 Dem von Friedrich List entlehnten Begriff der Verkrüppelung entspricht heute die Konzeption *strukturelle Heterogenität.* Zu einer neueren Diskussion dieser

Konzeption siehe Armando di Filippo und Santiago Jadue, *La heterogeneidad estructural. Concepto y dimensiones*, in: *El Trimestre Económico*, Nr. 169, 1976, S. 167-214, und Osvaldo Sunkel, *La dependencia y la heterogeneidad estructural*, in: *El Trimestre Económico*, Nr. 177, 1978, S. 3-20.

8 Eine neuere Analyse findet sich hierzu in David Morawetz, *Twenty-Five Years of Economic Development*, in: *Finance and Development*, September 1977, S. 10-13.

9 Karl Schiller: *Zur Wachstumsproblematik der Entwicklungsländer*, in: *Kieler Vorträge*, Neue Folge Nr. 15, Kiel 1960, S. 8/9.

10 Zur Analyse dieser identischen Tiefenstruktur siehe mein in Anmerkung 1 zitiertes Buch, hier insbesondere S. 65 ff.

11 Vgl. Eva Senghaas-Knobloch: *Weibliche Arbeitskraft und gesellschaftliche Reproduktion. Eine Problemskizze*, in: *Leviathan*, Nr. 4, 1976, S. 543-558.

12 Im genannten Beispiel des kleinen Waren-Bauern-Produzenten Westafrikas ist dies allein schon deshalb der Fall, weil seine Produktion völlig in das nationale und internationale Preisgefüge eingebunden ist, das höhere Produktivitäten reflektiert. In Wirklichkeit handelt es sich bei ihm, der noch über Produktionsmittel verfügt, um eine proletarisierte Existenz – ungeachtet aller scheinbaren Traditionalität. Siehe auch den Beitrag von Hamza Alavi im vorliegenden Band.

13 Vgl. Samir Amin, *Die ungleiche Entwicklung. Essay über die Gesellschaftsformationen des peripheren Kapitalismus*, Hamburg 1975.

14 Am Beispiel europäischer Fälle hat Stein Rokkan in dem in Anmerkung 5 zitierten Beitrag vier typische Phasen von Entwicklung diagnostiziert: die Penetration und Konsolidierung von Territorien, die Standardisierung von Erfahrungen, Sprache, Kultur usf., die Phase der zu erringenden Partizipation und schließlich eine Phase von Redistribution. Im Hinblick auf alle vier Phasen und ihre substantiellen Inhalte ist die Entwicklung in Peripherien grundlegend andersartig.

15 Vgl. hierzu das Vorwort von Samir Amin zu Michel Beaud u. a., *Lire le capitalisme*, Paris 1976.

16 Friedrich List, *Das nationale System der politischen Ökonomie*, Tübingen 1959 (Erstausgabe 1841).

17 Vgl. hierzu auch Harald Jürgensen, *Autarkie und weltwirtschaftliche Arbeitsteilung*, in: *Seewirtschaft. Beiträge zur ökonomischen Entwicklung in Seehäfen und Seewirtschaft*, hrsg. vom Zentralverband der deutschen Seehafenbetriebe, Hamburg 1966, S. 83-93.

18 Norbert Elias, *Über den Prozeß der Zivilisation*, Frankfurt 1976, 2 Bde.; Zitat aus Bd. 2, S. 74. Man vergleiche Elias' Darstellung mit der von Moses Finley über die antike Wirtschaft, in der der Autor die Vordergründigkeit, die extensive Natur und die Randmäßigkeit der antiken Wirtschaft im Mittelmeerraum eindrucksvoll darstellt. Siehe Moses I. Finley, *Die antike Wirtschaft*, München 1977; sowie dagegen über das feudalistische Europa und seinen Übergang zum Kapitalismus Samir Amin, Vorwort zu Kostas Vergopoulos, *Le capitalisme difforme et la nouvelle question agraire*, Paris 1977, wo der Autor den dezentral-kompetitiven und intensiven Charakter der europäischen Entwicklungsdynamik als das Ergebnis einer »peripheren« Ausdrucksform tributärer Gesellschaftsformation beschreibt. Weiterhin vom selben Autor die Kontrastanalysen über die europäische Entwicklung und die des Nahen Ostens in Samir Amin, *La nation arabe*, Paris 1976.

19 Cyril Black u. a., *The Modernization of Japan and Russia. A Comparative Study*, London 1975, insbesondere S. 233 ff. und S. 243 ff.; Zitat S. 235.

Über selektive Abkoppelung (»selective delinking«) siehe jetzt auch Carlos F. Díaz-Alejandro, *Delinking North and South: Unshackled or Unhinged*, in Albert

Fishlow u. a., a.a.O., Anmerkung 2, S. 87-162; Ward Morehouse, *Technological Autonomy and Delinking in the International System. An Alternative Economic and Political Strategy for National Development*, New York: UNITAR (Science and Technology Working Papers Series Nr. 2) 1979; Graciela Chichilnisky, *Development Patterns and the International Order*, in: *Journal of International Affairs*, Bd. 31, Nr. 2, 1977, S. 274-304.

20 Vgl. Rolf Steppacher, *Surplus, Kapitalbildung und wirtschaftliche Entwicklung. Zur Relevanz der Physiokratie und der institutionellen Ökonomie für das Problem der Kapitalbildung in unterentwickelten Ländern*, Liebefeld/Bern 1976.

21 Dieses ist eine der wichtigsten und bleibenden Erkenntnisse Friedrich Lists, die er in Auseinandersetzung mit der englischen klassischen Ökonomie formulierte. Siehe auch Mihail Manoilesco, *Die nationalen Produktivkräfte und der Außenhandel*, Berlin 1937.

22 Zu einem von vielen Beispielen, der Desmanufaktur der Zuckerproduktion in Kuba, siehe Horst Fabian, a.a.O., Anmerkung 5.

23 Alfons Lemper, *Collective self-reliance – Eine erfolgversprechende Entwicklungsstrategie?*, in: *Mitteilungen des Verbands Stiftung Deutsches Überseeinstitut*, Hamburg 1976, Heft 4, S. 61-88, Zitat S. 75/76.

24 Vgl. hierzu Hans-Gerhard Voigt, *Probleme der weltwirtschaftlichen Kooperation*, Hamburg 1969, S. 7 ff., S. 121 ff. und passim; Samir Amin: *L'impérialisme et le développement inégal*, Paris 1976, S. 25-44.

25 André Gunder Frank, *Über die Begrenzung des Binnenmarktes durch die internationale Arbeitsteilung und die Produktionsverhältnisse*, in: Klaus Jürgen Gantzel (Hrsg.), *Herrschaft und Befreiung in der Weltgesellschaft*, Frankfurt 1975, S. 161-211.

26 *FAZ* vom 10. 11. 1976, S. 11.

27 Siehe hierzu Ulrich Menzel, a.a.O., Anmerkung 5, S. 293 ff.

28 Vgl. hierzu Ellen Brun und Jacques Hersh, *Socialist Korea. A Case Study in the Strategy of Economic Development*, New York, 1976, S. 180 ff.

29 Ebd., S. 181.

30 Ebd., S. 184. Eine vergleichbare Debatte fand auch zwischen Rumänien und der Sowjetunion statt.

31 Kim il Sung, *Reden und Aufsätze*, Frankfurt 1971, Bd. 1, S. 289.

32 Vgl. Uwe Stehr, *Sozioökonomische Bedingungen des Außenverhaltens der RGW-Staaten*, Frankfurt 1977 (HSFK-Studie 17).

33 Paul Streeten, *Self-Reliant Industrialization*, Tagung der International Studies Association in St. Louis 1977, S. 22. Siehe hierzu jetzt auch Jochen Röpke, *Probleme des Neuerungstransfers zwischen Ländern unterschiedlicher Entwicklungsfähigkeit*, in: Ordo, Bd. 29, 1978, S. 245-279.

34 In welcher Hinsicht dabei raumwirtschaftliche Überlegungen potentiell hilfreich sein können, hat Hans-Jürgen Harborth vor einigen Jahren schon in einem Aufsatz aufgewiesen *Zur Rolle der Entwicklungsländer in einer multizentrischen Weltwirtschaft*, in: *Jahrbuch für Sozialwissenschaften*, Bd. 22, Heft 2, 1971, S. 244-256. Harborths Überlegungen wären heute aus der Perspektive der Theorie autozentrierter Entwicklung weiter zu entwickeln.

35 Hans Jürgen Harborth, *Anforderungen an eine revidierte Integrationstheorie für Entwicklungsländer*, in: *Integration der Entwicklungsländer in eine instabile Weltwirtschaft. Probleme, Chancen, Gefahren*. Schriften des Vereins für Socialpolitik. Gesellschaft für Wirtschafts- und Sozialwissenschaften, Neue Folge, Bd. 90, Berlin 1976, S. 65-88, Zitat S. 84/85.

36 Vgl. Samir Amin im vorliegenden Band sowie Volker Matthies, *Süd/Süd-Beziehungen und kollektive ›self-reliance‹*, in: *Verfassung und Recht in Übersee*, Heft 1, 1976, S. 59-87, sowie Khushi Khan und Volker Matthies, *Collective Self-Reliance. Programme und Perspektiven der Dritten Welt,* München 1978. Eine kritische Bestandsaufnahme über derzeitige Integrationsbewegungen in der Dritten Welt findet sich in Constantine Vaitsos, *Crisis in Regional Economic Cooperation (Integration) among Developing Countries. A Survey,* in: *World Development,* Bd. 6, 1978, S. 719-769.

37 Hans-Jürgen Harborth, *Dissoziation – mit welchem Ziel?*, in: *Entwicklung und Zusammenarbeit,* Heft 7/8, 1977, S. 17-18.

38 Vgl. hierzu Alfons Lemper, *Handel in einer dynamischen Weltwirtschaft. Ansatzpunkte für eine Neuorientierung der Außenhandelstheorie,* München 1974, Kapitel IV; Hans-Jürgen Harborth, *Neue Industriezentren an der weltwirtschaftlichen Peripherie,* Hamburg 1967; Voigt, a.a.O., Anmerkung 24; Harborth, a.a.O., Anm. 34, sowie jetzt Friedrich Buttler u. a., *Grundlagen der Regionalökonomie,* Reinbek bei Hamburg 1977.

39 W. Arthur Lewis, *Some Aspects of Economic Development,* Accra 1969, S. 15; ders. jetzt *The Evolution of the International Economic Order,* Princeton 1978, passim.

40 Kim il Sung, zitiert nach Brun und Hersh, a.a.O., Anm. 28, S. 154.

41 Ebd., S. 168/169.

42 Vgl. hierzu insbesondere Clive Thomas, *Dependence and Transformation. The Economics of the Transition to Socialism,* New York 1974.

43 Zu dieser Problematik siehe die frühe Studie von Karl W. Deutsch, *Nationalism and Social Communication. An Inquiry into the Foundations of Nationality,* Cambridge 1966².

44 *Le Monde diplomatique,* September 1977, S. 19.

45 Paul Streeten, *Changing Perceptions of Development,* in: *Finance and Development,* September 1977, S. 14-16, Zitat S. 16.

46 Siehe hierzu jetzt Juergen Donges und Lotte Müller-Ohlsen, *Außenwirtschaftsstrategien und Industrialisierung in Entwicklungsländern,* Tübingen 1978.

47 Vgl. hierzu den mit meiner eigenen Position völlig übereinstimmenden Beitrag von Galal A. Amin (Professor für Ökonomie und ökonomischer Berater des Kuweit-Fund for Arab Economic Development), *Dependent Development,* in: *Alternatives,* Bd. 2, 1976, S. 379-403. In diesem Beitrag geht der Autor, wie ich, auf List zurück, um zu einer dissoziativen Entwicklungsprogrammatik zu gelangen. Galal bemängelt, daß den Ländern der Dritten Welt der Wert des Internationalismus gelehrt werde, ehe sie eine nationale sozioökonomische Integration erreicht haben. Er empfiehlt ihnen, eine Politik der Isolierung zu betreiben, ähnlich wie in Japan, Rußland und im heutigen China. Auch die früheren Beispiele von England und Deutschland hält er für instruktiv. Dabei zielt auch er nicht auf eine permanente Isolierung hin, sondern auf eine zeitweilige, wenn auch durchaus ausgedachte Periode der Isolierung, welche solange dauern würde, bis das Land ökonomisch und kulturell mit integrierten Gesellschaften wetteifern kann. »Das Infant-Industry-Argument sollte nicht nur die ganze Ökonomie abdecken, sondern auch ebenso auf das kulturelle wie auf das ökonomische Leben ausgedehnt werden.« »Der wirkliche Unterschied zwischen der alten internationalen Wirtschaftsordnung und der neuen kann deshalb als etwas mehr als der Unterschied zwischen teurem und billigem Verkaufen von Gütern angesehen werden. Für diejenigen, welche die gesamte Transaktion von Kauf und Verkauf nicht nur als ungerecht, sondern als schwächend

verwerfen, macht es wenig Unterschied, welcher Preis angeboten ist. Eine alternative Analogie wäre diejenige des Unterschieds zwischen einem Wettlauf, in dem zwei wetteifernde, aber ungleiche Parteien ungerechtfertigt vom selben Punkt aus starten müssen, und einem anderen Wettlauf, in dem der schwächeren Partei der Vorzug eingeräumt würde, ein paar Schritte vorab loszurennen. Wir sind geneigt, den ganzen Wettlauf als eine Vergeudung der Energien der schwächeren Partei in einem wertlosen Vorhaben zu verwerfen« (S. 402).

48 Die Ereignisse im Iran 1978-79 mögen hier nur als Illustration zitiert werden, daß selbst ausgefeilte Repressionsapparate wie die des Schah-Regimes zusammenbrechen, sobald die elementaren Konfliktstoffe nicht mehr eingedämmt werden können.

49 Siehe hierzu jetzt auch Samir Amin, *De l'avenir des relations économiques internationales,* in: *Dossier,* Nr. 6, der International Foundation for Alternative Development, Nyon 1979, S. 1-16.

50 Es liest sich vielleicht merkwürdig, doch entspricht es den Tatsachen, daß der Sozialismus in Ländern der Dritten Welt vor allem die Funktion hat, aus strukturell heterogenen Gesellschaften strukturell homogene Gebilde zu machen, die – sobald sie intern nach cirka 20 ± 5 Jahren konsolidiert sind – erneut zu Partnern kapitalistischer Metropolen werden können, *ohne sich dabei zu peripherisieren.* Siehe meinen Beitrag *China 1979,* in: Jürgen Habermas (Hrsg.), *Stichworte zur ›Geistigen Situation der Zeit‹,* Frankfurt 1979.

Nachweise

Immanuel Wallerstein ist Leiter des Fernand Braudel Center for the Study of Economics, Historical Systems, and Civilizations an der State University of New York, Binghamton. Der erste in diesem Band veröffentlichte Beitrag erschien unter dem Titel *The Rise and Future Demise of the World Capitalist Systems. Concepts for Comparative Analysis,* in: *Comparative Studies in Society and History,* Bd. 16, Nr. 4, 1974, S. 387-415.

André Gunder Frank ist Professor für Entwicklungsforschung an der School of Development Studies der University of East Anglia in Norwich (England). Sein Beitrag ist mehrfach publiziert worden, u. a. als Einführung in *L'accumulation mondiale, 1500-1800,* Paris 1977, S. 25-61.

Hartmut Elsenhans ist Professor für internationale Beziehungen an der Universität Marburg. Originalbeitrag.

Immanuel Wallersteins und *Terence Hopkins* Beitrag erschien zuerst unter dem Titel *Patterns of Development of the Modern World System* in der Zeitschrift des Braudel Centers, *Review,* Bd. 1, 1977, Nr. 2, S. 111-145.

Huri Islamoğlu und *Çağlar Keyder* sind in Ankara lebende türkische Sozialwissenschaftler, deren Beitrag zuerst in der Zeitschrift des Braudel Centers, *Review,* unter dem Titel *Agenda for Ottoman History,* Bd. 1, Nr. 1, 1977, S. 31-55, erschien.

Hamza Alavi, pakistanischer Sozialwissenschaftler, lehrt heute in England an der University of Manchester. Sein Beitrag *India and the Colonial Mode of Production* erschien ursprünglich in *Socialist Register,* 1975, S. 160-197.

Dieter Senghaas ist Professor für Sozialwissenschaft an der Universität Bremen, und *Ulrich Menzel* ist wissenschaftlicher Mitarbeiter am Projekt »Untersuchung zur Grundlegung einer praxisorientierten Theorie autozentrierter Entwicklung«, dessen Grundsatzpapier der veröffentlichte Beitrag darstellt.

Samir Amin ist Direktor des UNO-Institut Africain de Développement Economique et de Planification in Dakar. Sein Beitrag erschien unter dem Titel *Self-Reliance and the New International Economic Order* in: *Monthly Review,* Bd. 29, Heft 3, 1977, S. 1-21.

Johan Galtung ist Professor am Institut du développement der Universität von Genf und Leiter des Projektes »Goals, Processes and Indicators of Development« der UNO-Universität. Sein Beitrag erschien unter dem Titel *Poor Countries vs. Rich; Poor People vs. Rich. Whom will NIEO Benefit?* als Paper Nr. 63 des Chair in Conflict and Peace Research, Oslo, o. J.

Dieter Senghaas' Beitrag über *Dissoziation und autozentrierte Entwicklung* erschien zuerst als *HSFK-Forschungsbericht* 1/1978.

504 Juan Rulfo, Der Llano in Flammen
505 Carlos Fuentes, Zwei Novellen
506 Augusto Roa Bastos, Menschensohn
508 Alejo Carpentier, Barockkonzert
509 Elisabeth Borchers, Gedichte
510 Jurek Becker, Jakob der Lügner
512 James Joyce, Die Toten/The Dead
513 August Strindberg, Fräulein Julie
514 Sigmund Freud, Eine Kindheitserinnerung des Leonardo da Vinci
515 Robert Walser, Jakob von Gunten
517 Luigi Pirandello, Mattia Pascal
519 Rainer Maria Rilke, Gedichte an die Nacht
520 Else Lasker-Schüler, Mein Herz
521 Marcel Schwob, 22 Lebensläufe
522 Mircea Eliade, Die Pelerine
523 Hans Erich Nossack, Der Untergang
524 Jerzy Andrzejewski, Jetzt kommt über dich das Ende
525 Günter Eich, Aus dem Chinesischen
526 Gustaf Gründgens, Wirklichkeit des Theaters
528 René Schickele, Die Flaschenpost
529 Flann O'Brien, Das Barmen
533 Wolfgang Hildesheimer, Biosphärenklänge
534 Ingeborg Bachmann, Malina
535 Ludwig Wittgenstein, Vermischte Bemerkungen
536 Zbigniew Herbert, Ein Barbar in einem Garten
537 Rainer Maria Rilke, Ewald Tragy
538 Robert Walser, Die Rose
539 Malcolm Lowry, Letzte Adresse
540 Boris Vian, Die Gischt der Tage
541 Hermann Hesse, Josef Knechts Lebensläufe
542 Hermann Hesse, Magie des Buches
543 Hermann Lenz, Spiegelhütte
544 Federico García Lorca, Gedichte
545 Ricarda Huch, Der letzte Sommer
546 Wilhelm Lehmann, Gedichte
547 Walter Benjamin, Deutsche Menschen
548 Bohumil Hrabal, Tanzstunden für Erwachsene und Fortgeschrittene
549 Nelly Sachs, Gedichte
550 Ernst Penzoldt, Kleiner Erdenwurm
551 Octavio Paz, Gedichte
552 Luigi Pirandello, Einer, Keiner, Hunderttausend

553 Strindberg, Traumspiel
554 Carl Seelig, Wanderungen mit Robert Walser
555 Gershom Scholem, Von Berlin nach Jerusalem
556 Thomas Bernhard, Immanuel Kant
557 Ludwig Hohl, Varia
559 Raymond Roussel, Locus Solus
560 Jean Gebser, Rilke und Spanien
561 Stanisław Lem, Die Maske · Herr F.
562 Raymond Chandler, Straßenbekanntschaft Noon Street
563 Konstantin Paustowskij, Erzählungen vom Leben
564 Rudolf Kassner, Zahl und Gesicht
565 Hugo von Hofmannsthal, Das Salzburger große Welttheater
567 Siegfried Kracauer, Georg
568 Valery Larbaud, Glückliche Liebende ...
570 Graciliano Ramos, Angst
571 Karl Kraus, Über die Sprache
572 Rudolf Alexander Schröder, Ausgewählte Gedichte
573 Hans Carossa, Rumänisches Tagebuch
574 Marcel Proust, Combray
575 Theodor W. Adorno, Berg
576 Vladislav Vančura, Der Bäcker Jan Marhoul
577 Mircea Eliade, Die drei Grazien
578 Georg Kaiser, Villa Aurea
579 Gertrude Stein, Zärtliche Knöpfe
580 Elias Canetti, Aufzeichnungen
581 Max Frisch, Montauk
582 Samuel Beckett, Um abermals zu enden
583 Mao Tse-tung, 39 Gedichte
584 Ernst Kreuder, Die Gesellschaft vom Dachboden
585 Peter Weiss, Der Schatten des Körpers des Kutschers
586 Herman Bang, Das weiße Haus
587 Herman Bang, Das graue Haus
588 Hermann Broch, Menschenrecht und Demokratie
589 D. H. Lawrence, Auferstehungsgeschichte
590 O'Brien, Zwei Vögel beim Schwimmen
591 André Gide, Die Rückkehr des verlorenen Sohnes
592 Jean Gebser, Lorca oder das Reich der Mütter
593 Robert Walser, Der Spaziergang
594 Natalia Ginzburg, Caro Michele
595 Rachel de Queiroz, Das Jahr 15
596 Hans Carossa, Ausgewählte Gedichte
597 Mircea Eliade, Der Hundertjährige
599 Hans Mayer, Doktor Faust und Don Juan
600 Thomas Bernhard, Ja
601 Marcel Proust, Der Gleichgültige

602 Hans Magnus Enzensberger, Mausoleum
603 Stanisław Lem, Golem XIV
604 Max Frisch, Der Traum des Apothekers von Locarno
605 Ludwig Hohl, Vom Arbeiten · Bild
606 Herman Bang, Exzentrische Existenzen
607 Guillaume Apollinaire, Bestiarium
608 Hermann Hesse, Klingsors letzter Sommer
609 René Schickele, Die Witwe Bosca
610 Machado de Assis, Der Irrenarzt
611 Wladimir Trendrjakow, Die Nacht nach der Entlassung
612 Peter Handke, Die Angst des Tormanns beim Elfmeter
613 André Gide, Die Aufzeichnungen und Gedichte des André Walter
614 Bernhard Guttmann, Das alte Ohr
616 Ludwig Wittgenstein, Bemerkungen über die Farbe
617 Paul Nizon, Stolz
618 Alexander Lernet-Holenia, Die Auferstehung des Maltravers
619 Jean Tardieu, Mein imaginäres Museum
620 Arno Holz / Johannes Schlaf, Papa Hamlet
621 Hans Erich Nossack, Vier Etüden
622 Reinhold Schneider, Las Casas vor Karl V.
624 Ludwig Hohl, Bergfahrt
627 Vladimir Nabokov, Lushins Verteidigung
628 Donald Barthelme, Komm wieder, Dr. Caligari
629 Louis Aragon, Libertinage, die Ausschweifung
630 Ödön von Horváth, Sechsunddreißig Stunden
631 Bernhard Shaw, Sozialismus für Millionäre
633 Lloyd deMause, Über die Geschichte der Kindheit
634 Rainer Maria Rilke, Die Sonette an Orpheus
635 Aldous Huxley, Das Lächeln der Gioconda
637 Wolf von Niebelschütz, Über Dichtung
638 Henry de Montherlant, Die kleine Infantin
639 Yasushi Inoue, Eroberungszüge
640 August Strindberg, Das rote Zimmer
641 Ernst Simon, Entscheidung zum Judentum
642 Albert Ehrenstein, Briefe an Gott
645 Marie Luise Kaschnitz, Beschreibung eines Dorfes
646 Thomas Bernhard, Der Weltverbesserer
647 Wolfgang Hildesheimer, Exerzitien mit Papst Johannes
648 Volker Braun, Unvollendete Geschiche
649 Hans Carossa, Ein Tag im Spätsommer 1947
651 Regina Ullmann, Ausgewählte Erzählungen
652 Stéphane Mallarmé, Eines Faunen Nachmittag
653 Flann O'Brien, Das harte Leben
654 Valery Larbaud, Fermina Márquez
671 Yehudi Menuhin, Kunst und Wissenschaft als verwandte Begriffe

edition suhrkamp

801 Wlodzimierz Brus, Sozialistisches Eigentum und politisches System
802 Johannes Gröll, Erziehung im gesellschaftlichen Reproduktionsprozeß
803 Rainer Werner Fassbinder, Stücke 3
804 James K. Lyon, Bertolt Brecht und Rudyard Kipling
805 Agnes Heller, Das Alltagsleben. Herausgegeben von Hans Joas
806 Gesellschaft, Beiträge zur Marxschen Theorie 6
807 Gilles Deleuze/Félix Guattari, Kafka. Für eine kleine Literatur
808 Ulrike Prokop, Weiblicher Lebenszusammenhang
809 G. Heinsohn / B. M. C. Knieper, Spielpädagogik
810 Mario Cogoy, Wertstruktur und Preisstruktur
811 Ror Wolf, Auf der Suche nach Doktor Q.
812 Oskar Negt, Keine Demokratie ohne Sozialismus
813 Bachrach/Baratz, Macht und Armut
814 Bloch/Braudel/L. Febvre u. a., Schrift und Materie der Geschichte
815 Giselher Rüpke, Schwangerschaftsabbruch und Grundgesetz
816 Rainer Zoll, Der Doppelcharakter der Gewerkschaften
817 Bertolt Brecht, Drei Lehrstücke: Badener Lehrstück, Rundköpfe, Ausnahme und Regel
818 Gustav Landauer, Erkenntnis und Befreiung
819 Alexander Kluge, Neue Geschichten. Hefte 1-18
820 Wolfgang Abendroth, Ein Leben in der Arbeiterbewegung
821 Otto Kirchheimer, Von der Weimarer Demokratie zum Faschismus
822 Verfassung, Verfassungsgerichtsbarkeit, Politik. Herausgegeben von Mehdi Tohidipur
823 Rossana Rossanda / Lucio Magri u. a., Der lange Marsch durch die Krise
824 Altvater/Basso/Mattick/Offe u. a., Rahmenbedingungen und Schranken staatlichen Handelns
825 Diskussion der ›Theorie der Avantgarde‹. Herausgegeben von W. Martin Lüdke
826 Fischer-Seidel, James Joyces »Ulysses«
827 Gesellschaft, Beiträge zur Marxschen Theorie 7
828 Rolf Knieper, Weltmarkt, Wirtschaftsrecht und Nationalstaat
829 Michael Müller, Die Verdrängung des Ornaments
830 Manuela du Bois-Reymond, Verkehrsformen zwischen Elternhaus und Schule
831 Henri Lefebvre, Einführung in die Modernität
832 Herbert Claas, Die politische Ästhetik Bertolt Brechts vom Baal zum Caesar
833 Peter Weiss, Dramen I
834 Friedensanalysen 2
835-838 Bertolt Brecht, Gedichte in 4 Bänden
839 Géza Róheim, Psychoanalyse und Anthropologie
840 Aus der Zeit der Verzweiflung. Beiträge von Becker/Bovenschen/Brackert u. a.

841 Fernando H. Cardoso/Enzo Faletto, Abhängigkeit und Entwicklung in Lateinamerika
842 Alexander Herzen, Die gescheiterte Revolution
844 Otthein Rammstedt, Soziale Bewegung
845 Ror Wolf, Die Gefährlichkeit der großen Ebene
847 Friedensanalysen 3
848 Dieter Wellershoff, Die Auflösung des Kunstbegriffs
849 Samuel Beckett, Glückliche Tage
850 Basil Bernstein, Beiträge zu einer Theorie
851 Hobsbawm/Napolitano, Auf dem Weg zum ›historischen Kompromiß‹
852 Über Max Frisch II
853 Brecht-Jahrbuch 1976
854 Julius Fučík, Reportage unter dem Strang geschrieben
856 Dieter Senghaas, Weltwirtschaftsordnung und Entwicklung
857 Peter V. Zima, Kritik der Literatursoziologie
858 Silvio Blatter, Genormte Tage, verschüttete Zeit
859 Russell Jacoby, Soziale Amnesie
860 Gombrich/Hochberg/Black, Kunst, Wahrnehmung, Wirklichkeit
861 Blanke/Offe/Ronge u.a., Bürgerlicher Staat und politische Legitimation. Herausgegeben von Rolf Ebbighausen
863 Gesellschaft, Beiträge zur Marxschen Theorie 8/9
864 Über Wolfgang Koeppen. Herausgegeben von Ulrich Greiner
865 Gesellschaft 12
866 Fichant/Pêcheux, Überlegungen zur Wissenschaftsgeschichte
867 Ernst Kris, Die ästhetische Illusion
868 Brede/Dietrich/Kohaupt, Politische Ökonomie des Bodens
870 Umwälzung einer Gesellschaft. Herausgegeben von Richard Lorenz
871 Friedensanalysen 4
872 Piven/Cloward, Regulierung der Armut
873 Produktion, Arbeit, Sozialisation. Herausgegeben von Th. Leithäuser und W. R. Heinz
874 Max Frisch/Hartmut von Hentig, Zwei Reden zum Friedenspreis des Deutschen Buchhandels 1976
875 Eike Hennig, Bürgerliche Gesellschaft und Faschismus in Deutschland
876 Bolius, Erziehungsroman
877 Starnberger Studien 1
878 Leithäuser/Volmerg/Wutka, Entwurf zu einer Empirie
879 Peter Bürger, Aktualität und Geschichtlichkeit
880 Tilmann Moser, Verstehen, Urteilen, Verurteilen
881 Loch/Kernberg u. a., Psychoanalyse im Wandel
882 Michael T. Siegert, Strukturbedingungen von Familienkonflikten
883 Erwin Piscator, Theater der Auseinandersetzung
884 Politik der Subjektivität. Texte der italienischen Frauenbewegung, Herausgegeben von Michaela Wunderle
885 Hans Dieter Zimmermann, Vom Nutzen der Literatur

886 Gesellschaft, Beiträge zur Marxschen Theorie 10
887 Über Hans Mayer, Herausgegeben von Inge Jens
888 Nicos Poulantzas, Die Krise der Diktaturen
889 Alexander Weiß, Bericht aus der Klinik
890 Bergk/Ewald/Fichte u. a., Aufklärung und Gedankenfreiheit. Herausgegeben und eingeleitet von Zwi Batscha
891 Friedensanalysen 5
892 Franz L. Neumann, Wirtschaft, Staat, Demokratie
893 Georges Politzer, Kritik der Grundlagen der Psychologie
895 Umberto Eco, Zeichen. Einführung in einen Begriff und seine Geschichte
897 Ralph-Rainer Wuthenow, Muse, Maske, Meduse
898 Cohen/Taylor, Ausbruchversuche. Identität und Widerstand
901 Der bürgerliche Rechtsstaat. Herausgegeben von Mehdi Tohidipur
902 Ernest Borneman, Psychoanalyse des Geldes
903 Steven Marcus, Umkehrung der Moral
904 Alfred Sohn-Rethel, Warenform und Denkform
905 Beiträge zur Soziologie der Gewerkschaften. Hrsg. von Joachim Bergmann
906 Brecht-Jahrbuch 1977
907 Horst Kern, Michael Schumann, Industriearbeit und Arbeiterbewußtsein
908 Julian Przybós, Werkzeug aus Licht
910 Peter Weiss, Stücke II
913 Martin Walser, Das Sauspiel mit Materialien. Herausgegeben von Werner Brändle
916 Dürkop/Hardtmann (Hrsg.), Frauen im Gefängnis
917 Bowles S./Gintis H., Pädagogik und die Widersprüche der Ökonomie
918 Klaus-Martin Groth, Die Krise der Staatsfinanzen
920 Tagträume vom aufrechten Gang. Sechs Interviews mit Ernst Bloch, Herausgegeben von Arno Münster
921 Silvia Bovenschen, Die imaginierte Weiblichkeit
922 Anderson, Von der Antike zum Feudalismus
923 Sozialdemokratische Arbeiterbewegung, Band 1, Herausgegeben von Wolfgang Luthardt
925 Friedensanalysen 6
927 Ausgewählte Gedichte Brechts, Herausgegeben von Walter Hinck
928 Betty Nance Weber, Brechts ›Kreidekreis‹
929 Auf Anregung Bertolt Brechts: Lehrstücke. Herausgegeben von Reiner Steinweg
930 Walter Benjamin, Briefe 1 und 2. Herausgegeben von Gershom Scholem und Theodor W. Adorno
932 Jugendarbeitslosigkeit. Herausgegeben von Gero Lenhardt
933 Ute Gerhard, Verhältnisse und Verhinderungen
934 Sozialdemokratische Arbeiterbewegung, Band 2, Herausgegeben von Wolfgang Luthardt
935 Literatur ist Utopie. Herausgegeben von Gert Ueding
936 Berger/Heßler/Kavemann, Brot für heute, Hunger für morgen

937 Labrousse, Lefebvre, Soboul u. a. Geburt der bürgerlichen Gesellschaft 1789. Herausgegeben von I. A. Hartig
938 Habermas, Bovenschen u. a., Gespräche mit Marcuse
939 Thomas Brasch, Rotter Und weiter
940 Simone Weil, Fabriktagebuch
941 Ute Volmerg, Identität und Arbeitserfahrung
942 Klaus Eßer, Lateinamerika
943 Gewerkschaften und Strafvollzug, Hrsg. v. Lüderssen u. a.
944 Alexander von Brünneck, Politische Justiz
945 Jacques Derrida, Die Stimme und das Phänomen
948 Thompson/Caspard/Puls; Alltagspraxis, Wahrnehmungsformen, Protestverhalten
949 Julia Kristeva, Die Revolution der poetischen Sprache
954 Elias/Lepenies, Zwei Reden. Theodor W. Adorno-Preis 1977
955 Friedensanalysen 7
956 Brecht-Jahrbuch 1978. Hrsg. Fuegi/Grimm/Hermand
957 Gesellschaft, Beiträge zur Marxschen Theorie 11
958 Friedensanalysen 8
959 Martin Walser, Wer ist ein Schriftsteller?
960 Albert Soboul, Französische Revolution und Volksbewegung
962 Bettelheim/Mészarós/Rossanda u. a., Zurückforderung der Zukunft
963 Starnberger Studien 2
964 Nach dem Protest. Literatur im Umbruch. Herausgegeben von W. Martin Lüdke
966 Kern, Kampf um Arbeitsbedingungen
968 Frauen, die pfeifen. Herausgegeben von R. Geiger, H. Holinka, C. Rosenkranz, S. Weigel
969 Ernst Bloch, Die Lehren von der Materie
970 Giuliano Scabia, Das große Theater des Marco Cavallo
971 Siegfried Kracauer, Jacques Offenbach
974 Jirí Kosta, Abriß der sozialökonomischen Entwicklung der Tschechoslowakei 1945-1977
975 Nathan, Ideologie, Sexualität und Neurose
976 Bernd Jürgen Warneken, Literarische Produktion
979 Bertolt Brecht, Tagebücher 1920-1922
981 Jeanne Favret-Saada, Die Wörter, der Zauber, der Tod
983 Bassam Tibi, Internationale Politik und Entwicklungsländer-Forschung
984 Dieter Kühn, Löwenmusik
985 Agnes Schoch, Vorarbeiten zu einer pädagogischen Kommunikationstheorie
987 Augusto Boal, Theater der Unterdrückten
989 Brecht-Jahrbuch 1979
992 Naturalismus/Ästhetizismus. Herausgegeben von Bürger/Schutte-Sasse
996 Starnberger Studien 3
1000 Stichworte zur ›Geistigen Situation der Zeit‹ 1. Band, Nation und Republik; 2. Band, Politik und Kultur. Herausgegeben von Jürgen Habermas.

Alphabetisches Verzeichnis der edition suhrkamp